आलोचना

आचार्य रामचन्द्र शुक्ल और हिन्दी आलोचना

आचार्य रामचन्द्र शुक्ल और हिन्दी आलोचना

रामविलास शर्मा

राजकमल प्रकाशन

ISBN : 978-81-267-0572-6

मूल्य : ₹995

पहला संस्करण : 1955
दसवाँ संस्करण : 2025

प्रकाशक : राजकमल प्रकाशन प्रा.लि.
1-बी, नेताजी सुभाष मार्ग, दरियागंज
नई दिल्ली-110 002
शाखाएँ : अशोक राजपथ, साइंस कॉलेज के सामने, पटना-800 006
पहली मंजिल, दरबारी बिल्डिंग, महात्मा गांधी मार्ग, प्रयागराज-211 001
1, अनमोल सोराबजी सन्तुक लेन, धोबी तलाव, मरीन लाइंस, मुम्बई-400 002
वेबसाइट : www.rajkamalprakashan.com
ई-मेल : info@rajkamalprakashan.com

मुद्रक : बी.के. ऑफसेट
नवीन शाहदरा, दिल्ली-110 032

AACHARYA RAMCHANDRA SHUKLA AUR HINDI AALOCHANA
Criticism by Dr. Ram Bilas Sharma

शुक्लजी के योग्य (?) शिष्य
डॉ. शिवमंगलसिंह 'सुमन'
को

क्रम

चौथे संस्करण की भूमिका

इस संस्करण में एक नया अध्याय है : 'शुक्ल जी का पुनर्मूल्यांकन और वामपंथी अवसरवाद'। वामपंथी अवसरवाद की भूमि से शुक्ल जी की नुक्ताचीनी कोई नई चीज नहीं है। इस नुक्ताचीनी की मिसालें पुस्तक के पहले अध्याय में हैं। शुक्ल जी ने हिन्दी साहित्य के इतिहास को ब्राह्मणवादी दृष्टि से देखा है, यह पुरानी बात अनेक बार दोहराई गई है। नई बात अब यह कही गई है कि शुक्ल जी राष्ट्रीय स्वाधीनता आन्दोलन के विरोधी थे, सामन्तवाद के समर्थक थे। कबीर से लेकर बोल्शेविक क्रान्ति तक हर प्रगतिशील सामाजिक सांस्कृतिक आन्दोलन के विरोधी थे। अपनी गलत राजनीतिक समझ के अनुरूप उन्होंने साहित्य का विश्लेषण भी गलत किया। इस पुनर्मूल्यांकन में शुक्ल जी के द्विज समर्थक, शूद्र विरोधी होने की बात समेट ली गई है पर आनुषंगिक रूप से; मुख्य रूप से आलोचना उनके राजनीतिक दृष्टिकोण को लेकर की गई है।

समकालीन राजनीति में वामपंथी अवसरवाद की कुछ विशेषताएँ शुक्ल जी के पुनर्मूल्यांकन में दिखाई देती हैं। पहली विशेषता है अंग्रेजी राज की भूमिका को लेकर। इस राज से पहले भारत सामन्ती अन्धकार में डूबा हुआ था, उस अन्धकार से भारत को उबारा अंग्रेजी शिक्षा ने। अंग्रेजी राज के बिना अंग्रेजी शिक्षा का प्रसार हो नहीं सकता था; इसलिए अपने उद्धार के लिए भारत का पराधीन होना आवश्यक था। दूसरी विशेषता है सामाजिक क्रान्ति को लेकर। साम्राज्यवाद से भारतीय जनता का अन्तर्विरोध गौण है, उसका मुख्य अन्तर्विरोध है अपने पूँजीवाद और सामन्तवाद से। यह अन्तर्विरोध सर्वहारा क्रान्ति के बिना दूर नहीं हो सकता। ये दोनों विशेषताएँ त्रोत्स्की और एम.एन. राय के अवसरवाद में मौजूद थीं। फर्क यह है कि उनकी सर्वहारा क्रान्ति शहर के मजदूर करते हैं, अब यह क्रान्ति देहात के खेत मजदूर और निर्धन किसान करते हैं। वर्ग विश्लेषण में नवीनता यह है कि नीची जातियाँ शोषित हैं, ऊँची जातियाँ शोषक हैं। वर्गसंघर्ष का अर्थ हुआ ऊँची जातिवालों से नीची जातिवालों का संघर्ष। मुसलमान इस वर्गसंघर्ष के आसपास कहीं दिखाई नहीं देते। इस दृष्टिकोण से स्वाधीनता आन्दोलन का जो मूल्यांकन किया जाएगा, वह भ्रामक होगा, उसके अनुरूप साहित्य का जो मूल्यांकन किया जाएगा, वह भी भ्रामक होगा।

स्वभावत: शुक्ल जी के इस पुनर्मूल्यांकन का विवेचन करते हुए यहाँ स्वाधीनता आन्दोलन से सम्बन्धित अनेक समस्याओं का विवेचन भी किया गया है।

भारत में साम्राज्यवाद का सामाजिक आधार था सामन्तवाद, किन्तु इस आधार का ऊपरवाला हिस्सा जहाँ अंग्रेजों का सहायक था, वहाँ नीचेवाला हिस्सा तबाह हो रहा था। वामपंथी अवसरवाद के लिए तबाह होते हुए सामन्तवाद और फलने-फूलनेवाले सामन्तवाद में कोई अन्तर नहीं है। चीन की जनवादी क्रान्ति में माओ जे दुंग ने जापान-विरोधी जमींदारों के साथ संयुक्त मोर्चा बनाने की सही नीति पर अमल किया था। वामपंथी अवसरवाद भारत के पुराने सामन्तवाद को उतना ही उत्पीड़क मानता है जितना अंग्रेजी राज को और उसके अन्तर्गत नये सामन्तवाद को। इस तरह वह अंग्रेजी राज के नरसंहारक रूप पर पर्दा डालता है। अंग्रेजी राज में नये महाजनी शोषण के बारे में वह चुपचाप रहता है। हिन्दी के अनेक लेखकों की गहरी सहानुभूति चन्द्रशेखर आजाद जैसे क्रान्तिकारियों के प्रति थी। इन लेखकों में शुक्ल जी भी थे। वामपंथी अवसरवाद इस सहानुभूति के महत्त्व और परिणामों को नजरअन्दाज करता है। स्वाधीनता अन्दोलन में वह लोकमान्य तिलक की भूमिका खास तौर से विकृत रूप में पेश करता है। लेनिन की राय में महात्मा गांधी क्रान्तिकारी थे, यह सिद्ध करने के लिए वह एम.एन. राय का हवाला देता है, पर लेनिन ने तिलक का नाम लेकर जो कुछ लिखा, उसके बारे में चुप रहता है।

ऊपर से वामपंथी अवसरवाद बार-बार सामन्त-विरोध की बात करता है, भीतर से वह सामन्तवाद से इतना प्रभावित है कि उसे स्वाधीनता आन्दोलन का नेता मान लेता है। उसकी राय में मध्यवर्ग के पढ़े-लिखे लोग सामन्त वर्ग का ही एक हिस्सा थे। मध्यवर्ग के बारे में उसकी धारणाएँ काफी जल्दी-जल्दी बदलती हैं; यह वर्ग एक जगह सामन्त वर्ग का प्रतिनिधि है तो दूसरी जगह पूँजीपतिवर्ग का। वामपंथी अवसरवाद देशी पूँजीवाद की सीमित प्रगतिशील भूमिका की बात कहता है, पर नई शिक्षा के प्रसार के लिए सारा श्रेय अंग्रेजी राज को देता है। वह घोषित भी कर देता है कि देशी पूँजीवाद उतना ही रूढ़िवादी है, जितना शेष भारतीय समाज। वह शुक्ल जी के मुकाबले प्रेमचन्द को खड़ा करता है, शुक्ल जी के अन्तर्विरोधों को अतिरंजित ढंग से पेश करता है, उनसे मिलते-जुलते प्रेमचन्द के अन्तर्विरोधों के बारे में चुप रहता है। वह समकालीन किसान-आन्दोलनों से प्रेमचन्द के उपन्यासों का सम्बन्ध गलत ढंग से जोड़ता है; यही नहीं, वह उन आन्दोलनों का विवरण भी गलत ढंग से पेश करता है। वामपंथी अवसरवाद ने जब शुक्ल जी को अपने आक्रमण का विशेष लक्ष्य न बनाया था, तब उस आक्रमण की लपेट में सारा भारतीय साहित्य आ गया था। पचास साल पहले का वह इतिहास शिक्षाप्रद है। अपरिवर्तित ग्राम समाजों के देश भारत में अंग्रेजों ने आकर पहली बार सामाजिक क्रान्ति की—इस धारणा के आधार पर नये-पुराने भारतीय साहित्य का जो मूल्यांकन होगा,

वह उसे अस्वीकारने के अलावा और कुछ कर नहीं सकता। शुक्ल जी का अवसरवादी पुनर्मूल्यांकन उसी पुरातन निषेधमूलक दृष्टिकोण की उपज है।

'शुक्ल जी का पुनर्मूल्यांकन और वामपंथी अवसरवाद'—यह अध्याय ग्यारह अनुभागों में विभाजित है। "साम्राज्यवाद और सामन्तवाद' से आरम्भ करके 'शुक्ल जी और चन्द्रशेखर आजाद', 'प्रेमचन्द और रामचन्द्र शुक्ल' की मंजिलें पार करते हुए "स्वाधीनता आन्दोलन और सर्वहारा क्रान्तिवाद' के विवेचन से समाप्त होता है। हिन्दी के किसी अन्य आलोचक को लेकर इतना वाद-विवाद नहीं हुआ जितना शुक्ल जी को लेकर हुआ है। उनके निधन को पैंतालीस वर्ष हुए पर उनके विरोध और समर्थन में हम बातें इस तरह करते हैं, मानो वह हमारे समकालीन हों! यह उनके साहित्य के ऐतिहासिक महत्त्व का प्रमाण है। शुक्ल जी से सम्बन्धित वाद-विवाद में विद्वान् इस पुस्तक की चर्चा करते रहे हैं, इसके लिए मैं उनका आभारी हूँ। 'आचार्य शुक्ल और ब्रजभाषा की परम्परा' निबन्ध मेरे 'परम्परा का मूल्यांकन' संकलन में आ गया है; अत: इस संस्करण में वह नहीं दिया गया।

—रामविलास शर्मा

दिल्ली
25-1-1987

तीसरे संस्करण की भूमिका

मेरी अधिकांश पुस्तकों की तरह 'आचार्य रामचन्द्र शुक्ल और हिन्दी आलोचना' का सम्बन्ध हिन्दी साहित्य के अन्तर्विरोधों से सामान्यत: और प्रगतिशील साहित्य के अन्तर्विरोधों से विशेषत: है। शुक्ल जी का आलोचना कार्य उन लोगों के रास्ते में बहुत बड़ी रुकावट था जो पूँजीवादी विकास की नवीन परिस्थितियों में अपने सिद्धान्तों को ऐसा जामा पहनाते थे, जिससे उन परिस्थितियों से टकराने की नौबत न आए, उनके अनुकूल बने रहने में सुविधा हो। इन सिद्धान्तों के प्रकाश में वे समकालीन साहित्य की ही ऐसी व्याख्या न करते थे जो उच्च वर्गों के राजनीतिक-सांस्कृतिक हितों के अनुकूल थी, वरन् पुराने साहित्य का विवेचन भी इस ढंग से करते थे कि समकालीन प्रगति-विरोधी प्रवृत्तियाँ ही अधिक शक्तिशाली बनें।

इनके पास एक रस-सिद्धान्त था जिसके आधार पर ये साहित्य को सामाजिक विकास से अलग करके देखते थे। शुक्ल जी ने इस सिद्धान्त की जो नई व्याख्या की थी, उसे देखते हुए साहित्य को सामाजिक विकास से अलग कर लेना सम्भव नहीं था। इस सिद्धान्त की व्याख्या के साथ दर्शन और मनोविज्ञान की विशेष पद्धतियाँ जुड़ी हुई हैं। शुक्ल जी की सबसे बड़ी देन यह थी कि उन्होंने हिन्दी की सैद्धान्तिक आलोचना को एक ठोस दार्शनिक आधार दिया। यदि वर्तमान हिन्दी आलोचना पर नजर डालें तो ज्ञात होगा कि अध्यात्मवाद या परोक्षवादी दार्शनिक प्रवृत्तियों के विरुद्ध संघर्ष प्राय: ठंडा पड़ गया है। शुक्ल जी के समय में ही पूँजीवादी-सामन्ती राजनीतिज्ञों और उनके सांस्कृतिक प्रतिनिधियों ने अध्यात्मवाद का धुआँधार प्रचार किया था। उस प्रचार के विरोध में शुक्ल जी प्राय: अकेले थे। आज का बुद्धिजीवी सीधे अध्यात्मवाद की वकालत नहीं करता, वह आत्मानुभूति की चर्चा के माध्यम से परोक्ष सत्तावाद को साहित्य में प्रतिष्ठित करता है। स्वभावत: उसे यह नितान्त असह्य है कि कोई आलोचना-सिद्धान्तों को भौतिकवादी दर्शन से सम्बद्ध करे; फिर आचार्य रामचन्द्र के आगे पंडित, पीछे शुक्ल, वह तुलसीदास के प्रशंसक, भौतिकवादी विचारधारा से उनका क्या सम्बन्ध हो सकता है?

मनोविज्ञान के क्षेत्र में भाववादी (आइडियलिस्ट) और भौतिकवादी विचारधाराएँ कैसे टकराती हैं, संघर्ष की उस प्रक्रिया से शुक्ल जी पर राय देनेवाले ज्यादातर अपरिचित हैं।

उन्होंने फ्रायड का नाम सुना है। शुक्ल जी ने कहीं कामचेतना को जीवन की मूल प्रेरक शक्ति माना नहीं है, इसलिए उनके समीक्षा-सिद्धान्तों का मनोवैज्ञानिक आधार वैज्ञानिक हो कैसे सकता है?

इस समय विद्यालयों, महाविद्यालयों और विश्वविद्यालयों में आचार्यों का समर्थ दल है जो शुक्ल जी के चिन्तन की मौलिक विशेषताओं से छात्रों को अपरिचित रखता है, 'विश्वप्रपंच' की भूमिका की हवा भी उन्हें लगने नहीं देता। इस समय समाजवादी लेखकों में एक दल उनका है जो संकीर्णता-विरोध के नाम पर उक्त आचार्यों की हाँ-में-हाँ मिलाते हैं, जो विचारधारा के संघर्ष में तटस्थ हैं, या वस्तुवाद के विरुद्ध भाववाद का समर्थन करते हैं। दूसरा दल उनका है जो संशोधनवाद के विरुद्ध संघर्ष के नाम पर हिन्दी साहित्य की समस्त प्रगतिशील परम्परा का तिरस्कार करते हैं, जो मार्क्सवाद के मौलिक मानवतावादी रूप को पहचानने में असमर्थ हैं। तीसरा दल उनका है जो मार्क्सवाद की जड़ता के विरोध के नाम पर फ्रांस, ब्रिटेन या अमरीका की उन साहित्यिक प्रवृत्तियों का अनुकरण करते हैं जो उन देशों के लिए भी ह्रास और पतन की सूचक हैं; इनके विरोध में वहाँ जो साहित्यिक रुझान हैं, उनसे ये अपना दामन बचाए हुए चलते हैं। इन सबसे भिन्न वे थोड़े-से लेखक हैं जो देश की वर्तमान स्थिति से असंतुष्ट होकर पूँजीवाद के समर्थक नहीं बन बैठते, जो पूँजीवाद का विरोध करने के लिए साम्राज्यवाद की दलाली करनेवाले सामन्ती प्रतिक्रियावादी गुटों से गठबन्धन नहीं करते, जिनके लिए हिन्दी साहित्य की प्रगतिशील परम्परा महत्त्वपूर्ण इसलिए है कि वे स्वयं इस परम्परा की एक कड़ी हैं और इस परम्परा से कुछ सीखकर साहित्य रचने का विचार करते हैं। यह पुस्तक ऐसे ही लेखकों और उनके पाठकों के लिए है। मैं यह अच्छी तरह जानता हूँ कि शुक्ल जी की विरासत के लिए संघर्ष करनेवाले अनेक लेखक और साधारण हिन्दी-प्रेमी पाठक हैं। ये लोग हिन्दी की जीवन्त शक्ति हैं; पूँजीवाद के अर्द्धमृत संसार का जो कोलाहल सुनाई देता है, वह श्मशान का कोलाहल है। हमारे सामाजिक-सांस्कृतिक जीवन में जहाँ ऊर्जा की नई तरंगें उठ रही हैं, वहाँ से वह कोलाहल-भूमि काफी फासले पर है।

इस पुस्तक में जो अनेक विद्वानों की आलोचना की गई है, उसका कारण उपर्युक्त वैचारिक संघर्ष है। यह आलोचना सन् '55 में आवश्यक थी, सन् '73 में भी आवश्यक है। सन् '55 के बाद सन् '73 तक रोमांटिक कविता का विरोध बहुत बढ़ गया है। यह विरोध छायावाद की प्रगतिशील देन को अमान्य ठहराता है, किन्तु आत्मानुभूति का झंडा उठाने में छायावादियों से पाँच सौ कदम आगे है। अधिकांश नई कविता के रचयिता लाक्षणिक शैली अपनाने में छायावादियों को मात करते हैं; तुर्रा यह कि ये सब मोहमुक्त, रूमानी भावुकता का विरोध करनेवाले कवि हैं। यथार्थवाद-विरोधी प्रवृत्तियाँ स्वभावत: छायावाद की उन

ह्रासोन्मुखी प्रवृत्तियों का नवीनीकरण हैं जिन्हें स्वयं छायावादी कवियों ने किसी समय त्याग दिया था।

मजे की बात है कि छायावाद का विरोध करनेवाले होनहार कवि शुक्ल जी की मिसाल देंगे—कहेंगे, वह अपनी रूढ़िवादी दृष्टि के कारण छायावादी कवियों के साथ न्याय नहीं कर पाए! यानी शुक्ल जी छायावाद का विरोध करें तो अपराध है, ये उसका विरोध करें तो वह साहित्य की उपलब्धि है! कभी-कभी इस प्रसंग में मुझ पर कृपा करते हुए कहते हैं : "जैसे शुक्ल जी ने छायावाद का विरोध किया पर छायावाद विजयी हुआ, वैसे ही तुम नई कविता का विरोध करते हो, पर नई कविता विजयी होगी।"

विरोध विरोध में फर्क होता है। शुक्ल जी ने छायावादी काव्य की परोक्षवादी प्रकृति और अतिलाक्षणिक शैली का विरोध किया; नई कविता के मोहमुक्त कवि छायावादी काव्य के प्रगतिशील पक्ष का विरोध करते हैं, उसकी परोक्षवादी प्रवृत्ति और अतिलाक्षणिक शैली को अपनाते हैं। छायावाद का विरोध दोनों ने किया, दोनों में अन्तर है।

रूढ़ अर्थ में जिसे नई कविता कहते हैं, उसके लेखक उन तमाम नई कविताओं का विरोध करते हैं जो छायावादी आत्मानुभूतिवाद और अतिलाक्षणिकता से मुक्त हैं, जो छायावादी युग के बाद हिन्दी काव्य का नया प्रगतिशील विकास हैं। रूढ़ अर्थवाली 'नई कविता' के समर्थकों की विशेषता यह है कि प्रगतिशील कविता, प्रयोगवादी कविता, अस्तित्ववादी कविता, अराजकतावादी, जीवनमूल्य-विरोधी कविता—ये सभी उनके लिए नई कविता हैं। वे आधुनिक हिन्दी कविता के अन्तर्विरोधों पर पर्दा डालते हैं, विशेष रूप से मुक्तिबोध के मन में मार्क्सवाद और अस्तित्ववाद को लेकर जो संघर्ष था, उस पर पर्दा डालते हैं। यह कार्य आवश्यक इसलिए होता है कि नई कविता की आड़ में वे प्रगतिशील और प्रगतिविरोधी प्रवृत्तियों को उलझा दें और नई कविता के प्रतिमान यों स्थिर करें कि उनसे मूलत: प्रगतिविरोधी प्रवृत्तियों का समर्थन हो, प्रगतिशील प्रवृत्तियाँ एक तरफ पड़ी रह जाएँ या प्रच्छन्न रूप से उनका विरोध हो। ऐसे लोग छायावाद की प्रगतिशील परम्परा को अस्वीकारते हैं, शुक्ल जी की महत्त्वपूर्ण देन को भी। आधुनिक हिन्दी कविता के विवेचन में मार्क्सवाद के मुकाबले अस्तित्ववाद का झंडा लेकर चलनेवाले आलोचक मुझे शुक्ल जी का रूढ़िवादी अनुवर्ती कहते हैं तो इसमें आश्चर्य की बात नहीं।

विचारधारा के क्षेत्र में विरोधी विचारों की टक्कर हो तो इससे समाज और साहित्य को लाभ होगा। इस समय स्थिति यह है कि वैचारिक संघर्ष या तो ठंडा है या विचार यों उलझाए जाते हैं कि संघर्ष धीमा पड़ जाए, लोग इधर-उधर की बातों में उलझ जाएँ, मूल संघर्ष उनकी आँखों से ओझल हो जाए। इस उलझाव को दूर करने में, सम्भव है, इस पुस्तक से थोड़ी-बहुत सहायता मिले।

शुक्ल जी को रूढ़िवादी कहनेवालों में अब कुछ ऐसे लोग भी सामने आ रहे हैं जो रीतिवादी काव्य और रीतिवादी शास्त्र के खुले समर्थक हैं। दरबारी काव्य की रूढ़ियों के समर्थक शुक्ल जी को रूढ़िवादी न कहेंगे तो और कौन कहेगा?

हिन्दी साहित्य में विचारधारात्मक संघर्ष समाप्त नहीं हो गया। आज मंद है, कल और तीव्र होगा। यह संघर्ष और तीव्र हो—इस दिशा में प्रयासरूप यह पस्तक है। आधुनिक हिन्दी साहित्य के विकास-सन्दर्भ में शुक्ल जी के आलोचना कार्य का अध्ययन अत्यन्त आवश्यक है, यह विश्वास मुझे सन् '55 में भी था; सन् '73 में वह विश्वास और भी दृढ़ हो गया है।

मेरे विचारों से सहमत और असहमत अनेक लेखकों ने अनेक प्रसंगों में मुझे भारतेन्दु हरिश्चन्द्र, प्रेमचन्द, निराला और रामचन्द्र शुक्ल की प्रगतिशील परम्परा के व्याख्याकार के रूप में याद किया है। इसके लिए मैं उनका कृतज्ञ हूँ। अपने आलोचना-कार्य की इस स्वीकृति से मुझे संतोष है। किन्तु यह गौण बात है। मुख्य बात यह है कि इन बन्धुओं की रचनाओं में वह परम्परा कितनी विकसित और परिवर्द्धित हुई है। यहाँ स्थिति बहुत संतोषजनक नहीं है, पर लेखकों की संख्या न देखें, उनके कृतित्व पर ध्यान दें तो विश्वास होगा कि पिछले बीस वर्षों में जो कुछ महत्त्वपूर्ण लिखा गया है, वह इसी प्रगतिशील परम्परा से सम्बद्ध है, उसका विकास है। परम्परा के विकास का अर्थ शुक्ल जी की तरह आलोचना लिखना या प्रेमचन्द की तरह कहानियाँ लिखना नहीं है (दरअसल उनकी तरह तो कोई लिख नहीं सकता, उनकी नकल करना परम्परा का विकास करना नहीं है)। व्यापारीकरण के पतझर में बहुत-से पीले पत्ते हरी दूब को ढक लेते हैं; फिर हवा उन्हें उड़ा ले जाती है और दूब, उसमें खिले हुए फूल, बाहर निकल आते हैं। हर चीज की आलोचना करना आवश्यक नहीं होता। बहुत-से काम इतिहास को हवा कर देते हैं। फिर भी, इतिहास के भरोसे बैठे रहना ठीक नहीं; हवा के रुख बदलने की राह देखना भी मनुष्य के लिए उचित नहीं। इसलिए 'आचार्य रामचन्द्र शुक्ल और हिन्दी आलोचना' का यह नया संस्करण आपके सामने है। यह पुस्तक डॉ. शिवमंगलसिंह 'सुमन' को समर्पित है। पहले दो संस्करणों में 'योग्य शिष्य' के बीच में प्रश्नवाचक चिह्न छूट गया था। उसे मैंने स्थापित कर दिया है। दूसरे संस्करण में छापे की अशुद्धियाँ बहुत थीं; उन्हें भरसक ठीक कर दिया है। दो-चार जगह छोटे-मोटे परिवर्तन और किये हैं। पुस्तक के अन्त में दो परिशिष्ट जोड़ दिये हैं जिनसे शुक्ल जी के दृष्टिकोण और उनकी विचारधारा के विकास को समझने में सहायता मिलेगी।

आगरा
12-3-1973

—रामविलास शर्मा

दूसरे संस्करण की भूमिका

इस पुस्तक की एकाध आलोचना में, जो मेरे देखने में आई है, इस बात पर आपत्ति की गई है कि मैंने शुक्ल जी को भौतिकवादी कहा है। शुक्ल जी और भौतिकवाद के सम्बन्ध में जो कुछ इस पुस्तक में लिखा है, उसे आप पढ़ ही सकते हैं; ऊपर जिस तरह की आलोचनाओं का जिक्र है, उनके पढ़नेवाले भी उसे देख सकते हैं। यहाँ मैं 'विश्वप्रपंच' की भूमिका की चर्चा करना चाहता हूँ जिससे शुक्ल जी के दार्शनिक दृष्टिकोण को समझने में सहायता मिलेगी। 'विश्वप्रपंच' जर्मन वैज्ञानिक हैकल की Riddle of the Universe का अनुवाद है। इसके आरम्भ में उन्होंने 155 पृष्ठों की लम्बी भूमिका दी है, जिसके बारे में उन्होंने लिखा है : "अब तक जो कुछ लिखा गया, उससे शिक्षित जगत् के ज्ञान की वर्तमान स्थिति का कुछ आभास मिला होगा।" यह लम्बी भूमिका मानवज्ञान की वर्तमान स्थिति का आभास देने के लिए ही लिखी गई है। अनुवादित अंश 152 पृष्ठों का है, जिसमें शुक्ल जी की लिखी गई अनेक महत्त्वपूर्ण पाद-टिप्पणियाँ हैं। इसे काशी नागरी प्रचारिणी सभा ने संवत् 1977 में प्रकाशित किया था। अन्य बातों के अलावा इस भूमिका में शुक्ल जी की विज्ञान-सम्बन्धी पारिभाषिक शब्दावली भी अध्ययन करने योग्य है।

शुक्ल जी ने इस पुस्तक का अनुवाद क्यों किया? उसकी इतनी लम्बी भूमिका लिखने की क्या आवश्यकता थी? शुक्ल जी हैकल की पुस्तक का परिचय इन शब्दों में देते हैं : "यह अनात्मवादी आधिभौतिक पक्ष का सिद्धान्त ग्रंथ है। इसमें नाना विज्ञानों से प्राप्त उन सब तथ्यों का संग्रह है जिन्हें भूतवादी अपने पक्ष के प्रमाण में उपस्थित करते हैं। जिस समय यह ग्रंथ प्रकाशित हुआ, योरप में इसकी धूम-सी मच गई।...इस पुस्तक ने सबसे अधिक खलबली पादरियों के बीच डाली, जिनकी गालियों से भरी हुई सैकड़ों पुस्तकें इसके प्रतिवाद में निकलीं।"

जिस पुस्तक को पादरियों ने गालियाँ दीं, उसे शुक्ल जी ने हिन्दी में अनुवाद योग्य समझा। गाली देने का कारण यह था कि हैकल भौतिकवादी था। उसने विकासवाद को प्रतिपादन और समर्थन किया था। इससे धार्मिक अन्धविश्वासों को धक्का लगा था। शुक्ल जी ने पादरियों के धर्म का खंडन करनेवाले हैकल को 'जगद्विख्यात प्राणितत्त्ववेत्ता' कहा है। उन्होंने यह आवश्यक समझा कि

'अनात्मवादी आधिभौतिक पक्ष का सिद्धान्त ग्रंथ' हिन्दी पाठकों के सामने रखें। उन्होंने यह कार्य सन् 1920 में किया था जब भौतिकवाद और आधुनिक विज्ञान पर लिखने और विचार करनेवाले लोग हिन्दी ही नहीं, अन्य भारतीय भाषाओं में भी बहुत कम थे। और उन्होंने अनुवाद ही नहीं किया, भूमिका में स्वयं ज्ञान की वर्तमान स्थिति का विवेचन भी किया। भूमिका लिखने का कारण बतलाते हुए उन्होंने विनम्रता से लिखा है : "पुस्तक में आधुनिक दर्शन और विज्ञान से सम्बन्ध रखनेवाली जिन-जिन बातों का उल्लेख है, उन सबकी थोड़ी-बहुत चर्चा भूमिका में इसलिए कर दी गई है जिससे अभिप्राय समझने में सुभीता हो।"

उनकी भूमिका पुस्तक का अभिप्राय समझने ही में सहायक नहीं होती। उन्होंने हैकल के बाद की वैज्ञानिक प्रगति का उल्लेख करके मूल विवेचन को अपने युग के पाठक के लिए पूर्ण बनाया है। भूमिका के प्रथम भाग में आधुनिक भौतिकशास्त्र (Physics) के कतिपय तत्त्वों का परिचय है। उसके बाद जीवशास्त्र (Biology) और डारविन के विकासवाद का विस्तृत विवेचन है। अन्तिम अंश में भौतिकवाद और भाववाद (या अध्यात्मवाद) के पक्षों के विभिन्न तर्कों का उल्लेख है। इसके साथ रसायनशास्त्र, भूगर्भशास्त्र आदि अन्य विज्ञानों का प्रसंगानुसार जिक्र आया है। संसार के प्रति हमारा दार्शनिक दृष्टिकोण क्या हो—इस प्रश्न का उत्तर देने के लिए हिन्दी में पहली बार इतने विस्तार से विज्ञान का अध्ययन किया गया है। यहाँ पहली बार (सम्भवत: अब तक के लिए अन्तिम बार भी!) प्राचीन दर्शनों और शास्त्रों के विज्ञान-सम्मत तत्त्वों का उल्लेख करते हुए उनकी सीमाएँ बतलाई गई हैं। भारतीय समाज के विकास का अध्ययन करने के लिए 'महाभारत' के महत्त्व की ओर संकेत किया गया है और उससे अध्ययन-पद्धति के लिए कुछ बहुत ही वैज्ञानिक निष्कर्ष निकाले गए हैं।

शुक्ल जी ने उन्नीसवीं सदी में विज्ञान की प्रगति के साथ जगत् के सम्बन्ध में लोगों की पुरानी भावनाएँ बदलने की बात कही है : "जहाँ पहले लोग छोटी-से छोटी बात के कारण को न पाकर ईश्वर की कृति मान संतोष कर लेते थे, वहाँ चारों ओर नाना विज्ञानों के द्वारा कार्य-कारण की ऐसी विस्तृत शृंखला उपस्थित कर दी गई कि किसी को बीच ही में ठिठकने की आवश्यकता न रह गई। ज्ञानदृष्टि को बहुत दूर तक बढ़ाने के लिए मार्ग खुल गया।"

धार्मिक विश्वासों के अनुसार, लोग समझते थे कि जीवयोनियाँ ईश्वर की रची हुई हैं और सदा से ऐसी ही हैं। डारविन के "विकासवाद से बड़ी खलबली मची। इसकी बात जनसाधारण के विश्वास और धर्म पुस्तकों की पौराणिक सृष्टि के विरुद्ध थी। हमारे यहाँ भी पुराणों में योनियाँ स्थिर कही गई हैं और उनकी संख्या भी चौरासी लाख बता दी गई है। 'गरुड़पुराण' में तो प्रत्येक वर्ग की योनियों की गिनती तक है। डारविन ने यह अच्छी तरह सिद्ध करके दिखा दिया कि एक जाति के जीवों से ही क्रमश: दूसरी जाति के जीवों की उत्पत्ति हुई है।"

पौराणिक अन्धविश्वास वहाँ भी थे, यहाँ भी थे और हैं। डारविन ने सिद्ध कर दिया कि जीवयोनियाँ एक लम्बे विकास-क्रम का परिणाम हैं, ईश्वर की रचना नहीं हैं। अन्यत्र शुक्ल जी ने लिखा है : "विकास सिद्धान्त के पहले लोगों का विश्वास था कि इस समय पृथ्वी पर जितने प्रकार के जीव हैं—सब-के-सब सृष्टि के आदि में एक साथ ही उत्पन्न किये गए। डारविन ने यह दिखाकर कि एक ही प्रकार के आदिम क्षुद्र जीवों से क्रमश: नाना प्रकार के जीवों का विधान होता आया है, स्थिर-योनि सिद्धान्त का पूर्ण रूप से खंडन कर दिया।"

शुक्ल जी ने तटस्थ होकर डारविन का मत उद्धृत नहीं कर दिया। वे उस पर अपनी सम्मति भी देते जाते हैं। डारविन ने "अच्छी तरह सिद्ध करके दिखा दिया" कि प्राणियों की जातियाँ विकास का परिणाम हैं, उसने स्थिर-योनि सिद्धान्त का 'पूर्ण रूप से खंडन' कर दिया। पौराणिक सृष्टि-कथाओं के बारे में उन्होंने फिर लिखा है : "नाना मतों और सम्प्रदायों की पौराणिक सृष्टि-कथाओं का इस सिद्धान्त से सर्वथा विरोध है। वे इस विकासवाद के अनुसार असंगत ठहरती हैं; क्योंकि वे सम्पूर्ण चराचर सृष्टि को एक ही समय में ईश्वर द्वारा उसी प्रकार रचित बतलाती हैं जिस प्रकार कोई कारीगर नाना प्रकार की वस्तुएँ बनाकर सजाता है।"

ईश्वर को लेकर जो बहस चलती रही है, उसके बारे में शुक्ल जी ने लिखा है : "ईश्वर साकार है कि निराकार, लम्बी दाढ़ीवाला है कि चार हाथवाला, अरबी बोलता है कि संस्कृत, मूर्ति पूजनेवालों से दोस्ती रखता है कि आसमान की ओर हाथ उठानेवालों से, इन बातों पर विवाद करनेवाले अब केवल उपहास के पात्र होंगे।" साकार-निराकार ईश्वर से सम्बन्धित विवाद अभी समाप्त नहीं हुआ, किन्तु शुक्ल जी ने इस तरह के विवाद पर अपना मत प्रकट कर दिया है। सृष्टि-रचयिता के बारे में उनका विश्वास है : "इसी प्रकार सृष्टि के जिन रहस्यों को विज्ञान खोल चुका है, उनके सम्बन्ध में जो प्राचीन पौराणिक कथाएँ और कल्पनाएँ (6 दिन में सृष्टि की उत्पत्ति, आदम-हौवा का जोड़ा, चौरासी लाख योनि इत्यादि) हैं, वे अब ढाल-तलवार का काम नहीं दे सकतीं।" विकासवाद और सृष्टि-रचना की पौराणिक कथाओं के द्वंद्व में शुक्ल जी पौराणिक कथाओं के विरोधी हैं और विकासवाद के समर्थक।

संसार नित्य है या अनित्य? शुक्ल जी कहते हैं, प्रकृति के मूल तत्त्व नित्य हैं। "विश्व में जितना द्रव्य (Matter) है, उतना ही सदा से है और सदा रहेगा—उतने से न घट सकता है, न बढ़ सकता है।"

द्रव्य, भूत या पदार्थ निश्चल होता है या गतिशील? "द्रव्य और शक्ति (गति) का नित्य सम्बन्ध है। एक की भावना दूसरे के बिना हो नहीं सकती। न शक्ति के बिना द्रव्य रह सकता है और न द्रव्य के आश्रय के बिना शक्ति कार्य कर सकती है। अपने चारों ओर जो कुछ हम देखते हैं, वह सब द्रव्य और शक्ति का ही कार्य है।"

विश्व की एकता का आधार क्या है? द्रव्य (पदार्थ) या शक्ति? या दोनों एक ही सत्ता के दो रूप हैं? शुक्ल जी बीसवीं सदी के नवीन भौतिकशास्त्रीय अनुसन्धानों से परिचित हैं। लिखते हैं : "बहुत-से भौतिकविज्ञानियों ने परमाणु के भी अवयवों या विद्युदणुओं तक पहुँचकर यह कहना आरम्भ कर दिया है कि द्रव्य वास्तव में विद्युत् का ही संघात विशेष है, विद्युत्शक्ति का ही एक रूप है। इस बात को मान लें तो द्रव्य और शक्ति का द्वंद्व तो मिट गया।" उन दिनों वैज्ञानिकों में ईथर को लेकर बहुत चर्चा थी। शुक्ल जी के अनुसार उसके विषय में "हम अभी तक बहुत कम जान सके हैं।"

भूत और शक्ति परस्पर सम्बद्ध हैं। शक्ति या गति के बिना भूत की सत्ता नहीं है। शक्ति की गतिशीलता का कारण उसके दो विरोधी रूपों—आकर्षण और अपसरण—की एकता है। शक्ति स्पन्दनहीन अनन्त समुद्र के समान नहीं है। वह द्वंद्वमय और सतत् गतिशील है। "शक्ति की इस दोमुँही चाल से जगत् की स्थिति है। यदि शक्ति अपने एक ही रूप में कार्य करती तो जगत् की यह अनेकरूपता न रहती, या यों कहिए कि जगत् ही न होता।"

क्या बाह्य जगत् उतना ही है जितना हमें दिखाई देता है या जो हमारे लिए गोचर है? "परमाणु का प्रत्यक्ष नहीं होता।" यह परमाणु क्या है? पहले लोग समझते थे कि "द्रव्य के सूक्ष्मत्व की चरम सीमा" परमाणु है। उसे वे अखंड और नित्य समझते थे। उन्हें उसके खंड-खंड होने के प्रमाण न मिले थे। नये अनुसन्धानों से क्या पता चला? "पर इधर यूरेनियम, रेडियम आदि कई नये मूल द्रव्यों के मिलने से ऐसे प्रमाण भी मिल गए।"

अध्यात्मवादी विचारक पदार्थ या भूत को जड़, गतिहीन, स्थूल मानते हैं। वे बाह्य प्रकृति को सहज बोधगम्य समझकर संसार का रहस्य भेद करने के लिए अगोचर आत्मसत्ता की कल्पना करते हैं, किन्तु प्रकृति इतनी सूक्ष्म है कि उसकी सूक्ष्मता की कल्पना करना भी कठिन है! लोग आत्मा-परमात्मा को ज्योतिस्वरूप, अगोचर शक्ति आदि के रूप में कल्पित करते हैं, किन्तु प्रकृति की सूक्ष्मता के आगे ज्योति और शक्ति की ये कल्पनाएँ भी स्थूल जान पड़ती हैं। "परमाणु का प्रत्यक्ष नहीं होता। परमाणु की बात छोड़ दीजिए, अणुओं की सूक्ष्मता भी कल्पनातीत है। तीव्र-से-तीव्र सूक्ष्मदर्शक यंत्र उनका दर्शन नहीं करा सकते। उनका निरूपण उनके कार्यों द्वारा गणित आदि के सहारे से ही किया जाता है। जल का ही अणु लीजिए जो इंच के 1/500000000 वें भाग के बराबर होता है। अब इस अणु की योजना करनेवाले परमाणुओं की सूक्ष्मता का इसी से अन्दाजा कर लीजिए। विद्युदणु तो उनसे भी सूक्ष्म हैं। हिसाब लगाया गया है कि हाइड्रोजन के एक परमाणु में 16000 और रेडियम के एक परमाणु में 160000 विद्युदणु होते हैं। इन विद्युदणुओं के बीच का अन्तर उनकी सूक्ष्मता के हिसाब से बहुत अधिक होता है—

उतना ही होता है जितना सौर जगत् के ग्रहों के बीच होता है। अपने परमाणु जगत् के अन्तरिक्ष में ये परस्पर शक्ति-सम्बद्ध होकर निरन्तर उसी प्रकार वेग से भ्रमण करते रहते हैं जिस प्रकार सौर जगत् में ग्रह-उपग्रह भ्रमण करते हैं। इसी का नाम है, भवचक्र। परमाणु के भीतर भी वही व्यापार हो रहा है जो ब्रह्मांड के भीतर। 'अणोरणीयान् महतो महीयान्' वाली बात समझिए।"

शुक्ल जी ने प्रकृति की सूक्ष्मता का कलात्मक वर्णन किया है। इस वास्तविक सूक्ष्मता के आगे—परमाणु-जगत् के अन्तरिक्षों की तुलना में—मनुष्य की कल्पना अत्यन्त स्थूल और जड़ सिद्ध होती है। परमाणु-सम्बन्धी आधुनिक वैज्ञानिक अनुसन्धानों के कुछ निकट प्राचीन भारत और यूनान के दार्शनिकों की परमाणु-सम्बन्धी कल्पनाएँ पहुँचती हैं। "मूलभूत और परमाणु की कल्पना इसी रीति पर हमारे यहाँ के वैशेषिक दर्शन में भी हुई है।" वैशेषिक के अनुसार, जितने प्रकार के भूत होते हैं, उतने ही प्रकार के परमाणु होते हैं, जैसे पृथ्वी-परमाणु, जल-परमाणु आदि। अब परमाणु चार से अधिक प्रकार के माने जाते हैं। वैशेषिक के लिए ये परमाणु एक-दूसरे से गुणों में भिन्न थे। जल एक मूल द्रव्य माना गया था "पर आधुनिक रसायनशास्त्र ने जल को किस प्रकार यौगिक सिद्ध किया है, यह ऊपर कहा जा चुका है।" तब वैशेषिक के प्रति हमारा क्या दृष्टिकोण हो? उसकी उपेक्षा करें या उसे आधुनिक विज्ञान का पूर्वरूप मान लें? "मूल भूतों और परमाणुओं का सम्बन्ध वैशेषिक ने उसी रीति से निर्धारित किया है जिस रीति से आधुनिक रसायनशास्त्र ने—यह हमारे लिए कम गौरव की बात नहीं है। ब्यौरा ठीक न मिलने के कारण इस पर परदा डालने की जरूरत नहीं।" शुक्ल जी प्राचीन दर्शन में विज्ञान-सम्मत तत्त्वों का उद्घाटन करते हैं और आधुनिक विज्ञान से उसका अन्तर भी स्पष्ट कर देते हैं। प्राचीन दर्शन के प्रति उनका यह दृष्टिकोण पुनरुत्थानवादियों और अन्ध-श्रद्धालु जनों की उपासना-पद्धति से बिलकुल भिन्न है।

शुक्ल जी के लिए प्रकृति गतिशील है। शक्ति और पदार्थ अन्योन्याश्रित हैं; पदार्थ भी शक्ति में परिवर्तित हो जाता है। प्रकृति जितनी ही विराट् है, उतनी ही सूक्ष्म भी। उसमें आकर्षण और अपसरण जैसे परस्पर विरोधी शक्ति-रूपों की एकता है। भौतिक जगत् के प्रति यह वैज्ञानिक दृष्टिकोण शुक्ल जी के दार्शनिक चिन्तन का महत्त्वपूर्ण अंग है।

इस भौतिक जगत् का एक महत्त्वपूर्ण नियम गुणात्मक परिवर्तन से सम्बन्धित है। संसार के दृश्यमान पदार्थ स्थिर और अपरिवर्तनशील नहीं हैं। उनके परिमाण और गुणों में बराबर तब्दीली हुआ करती है। "जिस प्रकार द्रव्य एक अवस्था से दूसरी अवस्था में—ठोस से द्रव, द्रव से वायव्य, वाव्यय से द्रव, द्रव से ठोस अवस्था में—लाया जा सकता है, उसी प्रकार गतिशक्ति भी एक रूप से दूसरे रूप में लाई जा सकती है। गति ताप के रूप में परिवर्तित हो सकती है : ताप विद्युत् के रूप में, विद्युत् ताप और प्रकाश के रूप में।"

इसी नियम के बारे में आगे लिखा है : "पदार्थों में जो नाना भेद दिखाई पड़ते हैं, वे सन्निवेश भेद से होते हैं। तेज के सम्बन्ध से वस्तुओं के गुण में बहुत कुछ फेर-फार हो जाता है—जैसे कच्चा घड़ा पकने पर लाल हो जाता है।"

यह द्वंद्वात्मक भौतिकवाद का प्रमुख सिद्धान्त है जो अजीव से जीव और अचेतन से चेतन का विकास समझने में सहायता करता है। विज्ञान की एक मौलिक समस्या, जिसे हल करना बाकी है, यह है कि जीवन-तत्त्व अजीव भूत से कैसे उत्पन्न हुआ? "जल ही में जीवन-तत्त्व की उत्पत्ति हुई।...यद्यपि अपने विश्लेषण द्वारा रासायनिक इस अद्‌भुत द्रव्य के मूल उपादानों को जान गए हैं, पर वे उनके द्वारा संघटित अणुओं की विलक्षण योजना को कुछ भी नहीं समझ सके हैं।"

वैज्ञानिक अनुसन्धानकर्ता अपनी प्रयोगशाला में जीवन-तत्त्व नहीं बना सके, इससे विज्ञान की असफलता नहीं सिद्ध होती। इससे इतना ही सिद्ध होता है कि विज्ञान के लिए जानने और अनुसन्धान करने के लिए बहुत कुछ बाकी है। वैज्ञानिकों का ज्ञान आध्यात्मवादियों के ज्ञान के समान पूर्ण नहीं है वरन् सतत् विकासमान है। शुक्ल जी के शब्दों में : "इसमें सन्देह नहीं कि विकास सिद्धान्त के नियमों की चरितार्थता के लिए वैज्ञानिक निरन्तर प्रयत्न करते जा रहे हैं, जिससे मार्ग की कठिनाइयाँ बहुत कुछ दूर होती जा रही हैं। निर्जीव से सजीव द्रव्य की उत्पत्ति को ही लीजिए। अब लोग यह देखने लगे हैं कि रासायनिकों को सजीव द्रव्य की योजना में अब तक जो असफलता होती आई है, वह इस कारण कि सजीव द्रव्य के मूल आदिम रूप की उन्हें ठीक धारणा ही नहीं रही है। तात्पर्य यह कि विज्ञान के लिए यह दुर्लंघ्य कठिनाई नहीं है।

आधुनिक विज्ञान की उन्नति से पहले संसार को सत्य माननेवालों के सामने भी यह कठिनाई रहती थी कि प्रकृति में गति कैसे उत्पन्न हुई। वस्तु को जड़ और गतिहीन मानकर वे उस पर बाहर से संचालक पुरुष का आरोप करते थे। पदार्थों की गतिशीलता का सिद्धान्त समझ में आने पर इस प्रकार के पुरुष की कल्पना आवश्यक नहीं होती। शुक्ल जी ने लिखा है : "पहले के वैज्ञानिकों का परमाणुओं के भीतर की गतिशक्ति की ओर ध्यान नहीं था, इससे द्रव्य की मूल व्यष्टियों को समझने के लिए उन्हें शक्ति का बाहर से आरोप करना पड़ता था। पर अब, जैसा कि पहले कहा जा चुका है, रेडियम के मिलने से परमाणु के भीतर विद्युच्छक्ति के केन्द्रों का पता मिल गया है, जिससे सजीव और निर्जीव द्रव्य का अन्तर बहुत कुछ कम हो गया है।"

क्या इससे यह निष्कर्ष निकालना गलत होगा कि शुक्ल जी को आशा है कि कुछ समय बाद विज्ञान यह समस्या हल कर लेगा?

आगे उन्होंने इस सन्दर्भ में लिखा है : "किण्व सम्बन्धी रसायन बराबर उन्नति करता जा रहा है। कई प्रकार के किण्व या खमीर, पौधों या जन्तुओं से प्राप्त शरीरद्रव्य के आश्रय के बिना, कुछ मूल द्रव्यों के परमाणुओं के योग से बना लिये गए हैं।

सजीव द्रव्य की उत्पत्ति के पास तक यही विधान पहुँच सका है, और इसी से बहुत कुछ आशा है। सजीवता वा जीवन वास्तव में किण्व-परम्परा ही हैं।" इसके बाद शुक्ल जी ने पाद-टिप्पणी में चार्वाक का मत उद्धृत किया है, जिसके अनुसार किण्वादि से मदशक्ति के समान चैतन्य उत्पन्न होता है। प्रकृति में गुणात्मक परिवर्तन के सिद्धान्त का पता चार्वाक को भी था। शुक्ल जी ने उससे उद्धरण देकर वैशेषिक की तरह भारत के प्राचीन भौतिकवाद के महत्त्व की ओर संकेत किया है। किण्व सम्बन्धी रसायन से जीवन-तत्त्व का विश्लेषण सम्भव हो, चाहे न हो, "इसी से बहुत कुछ आशा है"—शुक्ल जी के इन शब्दों से उनके विज्ञान-प्रेमी दृष्टिकोण का पता अवश्य चल जाता है।

प्राणिजगत् में विकास-प्रक्रिया का अध्ययन करते हुए शुक्ल जी ने द्वंद्व-सिद्धान्त के उन संक्रमण-बिन्दुओं का वर्णन किया है, जहाँ पहुँचकर 'क' पदार्थ 'ख' बनता है, जहाँ उसमें गुणात्मक परिवर्तन होता है और जहाँ वह न 'क' रहता है, न 'ख', अथवा दोनों के ही गुण उसमें विद्यमान रहते हैं। "एक प्रकार के जन्तु एकबारगी तो उत्पन्न नहीं हो गए। दोनों के बीच की वंश-परम्परा में ऐसे जन्तु रहे होंगे, जिनमें थोड़े-बहुत दोनों के लक्षण रहे होंगे। इस प्रकार के मध्यवर्ती जन्तु कुछ तो अब भी मिलते हैं और कुछ की ठठरियाँ भूगर्भ में मिलती हैं।"

पानी के अलावा जमीन पर भी कुछ समय तक जीनेवाली मछलियों का जिक्र करने के बाद शुक्ल जी कहते हैं : "इस प्रकार जलचारी और स्थलचारी जन्तुओं के मध्यवर्ती उभयचारी जन्तुओं तक हम पहुँचते हैं।"

ऑस्ट्रेलिया की 'बत्तख-चूँस' और 'चींटीखोर' के बारे में कहते हैं : "ये दोनों जानवर अंडे देते हैं। अंडे से निकलने पर बच्चे माता का दूध पीकर पलते हैं। सरीसृपों, पक्षियों और स्तन्य जीवों के मध्यवर्ती इन जन्तुओं के वर्ग को 'अंडज-स्तन्य वर्ग' कहते हैं।"

संक्रमण बिन्दुओं पर पदार्थ का गुण बदलना, कुछ समय के लिए संक्रमण की दशा में रहना, पदार्थों और जीवों को स्थिर और अपरिवर्तनशील रूपोंवाला न मानना, संक्रमणशील जीवों में भिन्न जातियों के गुणों का होना—यह द्वंद्वात्मक पद्धति शुक्ल जी के अध्ययन की विशेषता है। जीवन की एकता में विश्वास करने के कारण वह चर-अचर का भेद नहीं मानते। "पहले लोग समझते थे कि जन्तु चर हैं और पौधे अचर। 'मनुस्मृति' में लिखा है कि 'उद्भिज्ज: स्थावरास्सर्वे बीजकांडप्ररोहिण:।' पर वास्तव में चर-अचर का भी भेद नहीं है। बहुत-से ऐसे जन्तु हैं जो अचर हैं। जैसे, स्पंज, मूँगा आदि और बहुत-से ऐसे सूक्ष्म समुद्री पौधे होते हैं जो बराबर चलते-फिरते रहते हैं।"

इसी प्रकार अचेतन संवेदन से चेतना का विकास होता है। "अब रहा संवेदन। संवेदन का सबसे आदिम रूप है प्रतिक्रिया अर्थात् किसी पदार्थ के साथ सम्पर्क

होते ही शरीर में भी एक विशेष प्रकार का क्षोभ या क्रिया (गति) उत्पन्न होना। यह प्रतिक्रिया अचेतन व्यापार मानी जाती है अर्थात् यह ज्ञानपूर्वक नहीं होती... लजालू आदि पौधों में तो यह प्रतिक्रिया स्पष्ट देखी जाती है।" इस सिलसिले में जगदीशचन्द्र वसु के अनुसन्धानों का उल्लेख करते हुए उन्होंने सजीव-निर्जीव के भेद की समस्या के हल होने की सम्भावना का फिर जिक्र किया है : "अध्यापक जगदीशचन्द्र बसु ने तो पौधों के सुख-दु:ख आदि के संवेदन को अर्थात् उनके संवेदन-सूत्रों में उत्पन्न क्षोभ को अपने सूक्ष्म और अद्‌भुत यंत्रों द्वारा प्रत्यक्ष दिखा दिया है। यहीं तक नहीं, उन्होंने अपनी खोज और आगे बढ़ाई है। उन्होंने धातुओं में भी संवेदन के क्षोभ का आभास देकर निर्जीव और सजीव के बीच समझे जानेवाले भेदभाव को बहुत कुछ मिटा दिया है।" उन्होंने इसके समर्थन में शेफर का मत भी उद्धृत किया है कि "निर्जीव और सजीव में जितना भेद प्रतीत होता है, वास्तव में उतना भेद नहीं है और इन दोनों का एक सामान्य लक्षण स्थापित होने की सम्भावना बढ़ गई है।"

संवेदन ग्रहण करने का काम त्वचा करती है। "अत्यन्त आदिम कोटि के क्षुद्र जीवों में प्रकाश, शब्द तथा स्थूल पदार्थों का ग्रहण ऊपरी त्वक् पर सर्वत्र समान रूप से होता है। ऊपरी त्वक् सर्वत्र समान रूप से संवेदनग्राही होता है। क्रमश: ऊपरी त्वक् पर विभिन्नताएँ उत्पन्न होने लगीं।...क्रमश: इन संवेदनसूत्रों का एक केन्द्र-स्थल ग्रंथि के रूप में उत्पन्न हुआ, जिसे ब्रह्म-ग्रंथि कहते हैं। यही केन्द्र-स्थान बड़े जीवों का मस्तिष्क है।" पहले त्वचा द्वारा संवेदन-ग्रहण, फिर इस अचेतन अवस्था से इन्द्रियों और मस्तिष्क का विकास—मोटे रूप में चेतना के विकास की यह प्रक्रिया शुक्ल जी के सामने रही है।

भूमिका के अन्तिम भाग में भौतिकवादी और भाववादी दर्शनों की चर्चा करते हुए शुक्ल जी ने विकासवाद की सीमाएँ बतलाई हैं। उनका यह कहना सही है कि "आधुनिक विज्ञान अभी चेतना के उद्‌भव की पूरी व्याख्या नहीं कर पाया। व्यवस्था का अर्थ होगा, सचेत प्राणी का निर्माण जो अभी प्रयोगशाला में हुआ नहीं है। यद्यपि उनके सारे विवेचन का झुकाव भौतिकवाद की ओर है, फिर भी उन्होंने अपनी स्थिति स्पष्ट नहीं की। स्पष्ट यह किया है कि छोटे-बड़े धार्मिक अन्धविश्वासों के बदले अब सीधा मोर्चा भाववाद और वस्तुवाद (या भौतिकवाद) के बीच है। पौराणिक कथाएँ ढाल-तलवार का काम नहीं कर सकतीं, इसलिए अब जिन्हें मैदान में जाना हो, वे नाना विज्ञानों से तथ्य संग्रह करके सीधे उस सीमा पर जाएँ जहाँ दो पक्ष अड़े हुए हैं—एक ओर आत्मवादी, दूसरी ओर अनात्मवादी; एक ओर जड़वादी, दूसरी ओर नित्य चैतन्यवादी। यदि चैतन्य की नित्य सत्ता सर्वमान्य हो गई तो फिर सब मतों की भावना का समर्थन हुआ समझिए, क्योंकि चैतन्य सर्वस्वरूप है। नाना भेदों में अभेद दृष्टि ही सच्ची तत्त्व-दृष्टि है।"

शुक्ल जी ने छोटे-मोटे भेदों का जाल दूर करते हुए दर्शन की दो मूल धाराओं का परस्पर विरोध स्पष्ट करके पाठक को अपना रास्ता ढूँढ़ने में सहायता दी है। फिर भी उन्होंने इन दोनों पक्षों में खुलकर किसी एक को गलत या सही नहीं कहा। उनका 'यदि'—"यदि चैतन्य की नित्य सत्ता सर्वमान्य हो गई"—महत्त्वपूर्ण है। वे आध्यात्मवादियों की तरह इसे सर्वमान्य सत्य नहीं मानते। उसे सर्वमान्य कराने में दर्शन के प्रयत्न हो चुके; रहस्यभेद का उत्तरदायित्व अब विज्ञान पर है।

इस कारण भौतिकवाद की ओर बहुत अधिक झुकाव होने पर भी शुक्ल जी को सुसंगत भौतिकवादी नहीं कहा जा सकता। इसका कारण यही नहीं है कि शुक्ल जी ने अपनी स्थिति स्पष्ट नहीं की वरन् उनके कुछ वाक्य ऐसे भी हैं जिन्हें अध्यात्मवाद की ओर खींचा जा सकता है। ज्ञान की वर्तमान स्थिति को देखते हुए मजहबी झगड़े बन्द करने चाहिए, यह कहने के बाद उन्होंने लिखा है : "सब मतों और सम्प्रदायों में धर्म और ईश्वर की जो सामान्य भावना है, उसी का पक्ष अब शिक्षित पक्ष के अन्तर्गत आ सकता है।" यह सामान्य भावना नैतिक आदर्शों की हो सकती है, एक परम चेतन परोक्ष सत्ता की भी। इस वाक्य-द्वार से अध्यात्मवाद विज्ञान-शिविर में प्रवेश कर सकता है।

अन्यत्र प्रकृति के नियमों से भिन्न तर्क और गणित के नियमों को उन्होंने 'अपरिहार्य सत्य' कहा है। "उनके अन्यथा होने की भावना त्रिकाल में नहीं हो सकती। बाह्य जगत् पर वे निर्भर नहीं, उससे सर्वथा स्वतंत्र हैं। वे स्वत: प्रमाण हैं।" तर्क और गणित के अपरिहार्य सत्य भी कितने परिहार्य हैं, यह आइंस्टाइन ने सिद्ध कर दिया है। विश्व की जानकारी बढ़ने पर ज्यामिति के वे नियम बदल गए जो पहले की सीमित जानकारी के आधार पर रचे गए थे। इस तरह के स्वत: प्रमाण का दावा भाववादी कर सकते हैं, भौतिकवादी नहीं।

दार्शनिक दृष्टिकोण में इन असंगतियों के बावजूद कुल मिलाकर शुक्ल जी विकासवाद के समर्थक सिद्ध होते हैं। वे डारविन की विचारधारा से प्रभावित ही नहीं वरन् उसे सामाजिक क्षेत्र में स्वयं भी लागू करते हैं। यह एक दिलचस्प बात है कि माल्थस के प्रभाव से डारविन ने प्राणिजगत् में संघर्ष और योग्यतम के जीने का जो सिद्धान्त अपनाया था—माल्थस के प्रभाव से पूँजीवादी समाज की हिंसा को एक प्राकृतिक नियम मान लिया था—शुक्ल जी के विवेचन में उसका अभाव है। स्पेंसर के आधार पर वे "परस्पर साहाय्य की प्रवृत्ति" का जिक्र करते हैं जिससे विकास सम्भव हुआ है। "सब जीवों में श्रेष्ठ मनुष्य को इसी प्रवृत्ति के उत्कर्ष साधन में—वसुधैव कुटुम्बकम् के भाव की प्राप्ति के प्रयत्न में—लगा रहना चाहिए।" इस प्रकार डारविन की एक कमजोर स्थापना को उन्होंने छोड़ दिया है। उन्होंने अनेक पुरानी जीव-योनियों के विनाश का कारण

उनकी अक्षमता अन्य जीवों की होड़ में पिछड़ जाना—नहीं माना। इसका कारण उन्होंने पृथ्वी के धरातल-सम्बन्धी परिवर्तनों को माना है। यहाँ भी वे डारविन की कमजोर स्थापना से बचकर निकले हैं। जीव-योनियों में परिवर्तन के लिए जो वस्तु सबसे अधिक उत्तरदायी है, वह है बाह्य प्रकृति या परिवेश। यहाँ वे डारविनवाद की मूलधारा के समर्थक हैं।

विकासवाद के सिद्धान्त ने प्रकृति-विज्ञान को ही नहीं, सामाजिक विज्ञान को भी प्रभावित किया है। उसके प्रभाव के कारण "मनोविज्ञान की ओर से आत्मा के खंडन-मंडन की बात अब नहीं उठती।" ऐतिहासिक भौतिकवाद की मान्यताओं के अनुरूप शुक्ल जी के लिए कोई शाश्वत् ईश्वर-विरचित या ऋषिकृत कर्तव्यशास्त्र नहीं है। मनुष्य ने असभ्यता से सभ्यता की ओर प्रगति की है, न कि सतयुग से कलियुग की ओर उसका पतन होता रहा है। "आधुनिक मत यही है कि मनुष्य जाति असभ्य दशा से उन्नति करते-करते सभ्य दशा को प्राप्त हुई है।" नैतिकता और धर्म सभ्यता के अंग हैं। इसलिए "धर्माधर्म या कर्तव्यशास्त्र की नींव भी लोकरक्षा और फलत: आत्मरक्षा पर डाली गई है।" शुक्ल जी को इलहाम में वैसे ही विश्वास नहीं है। वे धर्म को आध्यात्मिक क्षेत्र की वस्तु न मानकर उसे सामाजिक नियमों के रूप में ग्रहण करते हैं। "लोक-व्यवहार और समाज-विकास की दृष्टि से ही धर्म और आचार की व्याख्या की गई है, परलोक और अध्यात्म की दृष्टि से नहीं।" संस्कृति के अन्य तत्त्वों की तरह धर्म भी देशकाल-सापेक्ष है, सामाजिक विकास के अन्तर्गत उसका विकास भी हुआ है। "विकासवाद की व्याख्या के अनुसार धर्म कोई अलौकिक, नित्य और स्वतंत्र पदार्थ नहीं है। समाज के आश्रय से ही उसका क्रमश: विकास हुआ है। धर्म का कोई ऐसा सामान्य लक्षण नहीं बताया जा सकता जो सर्वत्र और सब काल में—मनुष्य जाति की जब से उत्पत्ति हुई तब से अब तक—बराबर मान्य रहा हो। समाज की ज्यों-ज्यों वृद्धि होती गई त्यों-त्यों धर्म की भावना में भी देशकालानुसार फेर-फार होता गया।"

सन् '20 तो क्या, सन् '58-'59 में भी बहुत कम लोग हैं, जो धर्म और समाज के प्रति यह ऐतिहासिक दृष्टिकोण अपनाते हों। इससे सिद्ध होता है कि शुक्ल जी अपने युग के अत्यन्त जागरूक विचारकों में थे और उनका महत्त्व समझने में हम असफल रहे हैं। श्रीपाद अमृत डाँगे ने कुछ वर्ष पूर्व महाभारत आदिग्रंथों के आधार पर भारतीय समाज के आदिम युग का विवेचन किया था। शुक्ल जी ने काफी पहले विकासवाद के सिद्धान्तों को भारतीय इतिहास पर लागू करते हुए लिखा था : "कोई समय था जब एक कुल दूसरे कुल की स्त्रियों को चुराना या लड़कर छीनना अच्छा समझता था। देवताओं पर नर-बलि देने में किसी के रोंगटे खड़े नहीं होते थे। बाइबिल में इसके कई उल्लेख हैं,

शुन:शेप की वैदिक गाथा भी एक उदाहरण है। उद्दालक और श्वेतकेतु का आख्यान इस सम्बन्ध में ध्यान देने योग्य है। ये दोनों वैदिक काल के ऋषि थे। एक दिन उद्दालक, उनकी स्त्री और उनके पुत्र श्वेतकेतु बैठे थे। एक आदमी आया और श्वेतकेतु की माता को लेकर चलता हुआ। श्वेतकेतु को बहुत बुरा लगा। पिता ने पुत्र को यह कहकर शान्त किया कि यह सनातन धर्म है—एष: धर्म: सनातन:—ऐसा सदा से होता आया है। श्वेतकेतु ने नियम किया कि जो स्त्री एक पति को छोड़कर जाएगी, उसे भ्रूणहत्या का पाप होगा और जो पुरुष पतिव्रता को छीनकर ले जाएगा, उसे भी पातक लगेगा।"

इसके बाद शुक्ल जी ने दीर्घतमस ऋषि की कथा कही है जिन्होंने अपनी स्त्री के आचरण से क्रुद्ध होकर शाप दिया था कि कोई स्त्री दूसरे पुरुष से संसर्ग न कर सकेगी। यह शाप आगे चलकर 'एकमात्र धर्म' हुआ। इस बात की पुष्टि 'महाभारत' के अन्य स्थलों से भी होती है। आदिपर्व में कुन्ती के प्रति जो उपदेश है, उसमें लिखा है कि प्राचीन समय में केवल ऋतुकाल में पातिव्रत्य आवश्यक था।" इससे सम्बन्धित श्लोक उद्धृत करने के बाद शुक्ल जी कहते हैं : "राक्षस विवाह, नियोग इत्यादि उसी असभ्य काल के स्मारक हैं।" इस प्रकार शुक्ल जी ने भारतीय समाज को असभ्यता से सभ्यता की ओर उसी प्रकार विकसित होते हुए माना है जैसे अन्य देशों के समाज। प्राचीन ग्रंथों को इस विकासवादी दृष्टि से देखना जहाँ सूक्ष्म विवेक का परिचायक है, वहाँ अपने निष्कर्षों को जनता के सामने प्रकाशित करना कम साहस का काम नहीं था।

संक्षेप में 'विश्वप्रपंच' की भूमिका का यह परिचय है। शुक्ल जी के अधिकांश पाठक इस निबन्ध से अपरिचित हैं, इसलिए यहाँ उद्धरण देकर उनके विचारों का परिचय देने का प्रयत्न किया गया है। इससे साहित्य के प्रति उनके दृष्टिकोण को समझने में सहायता मिलेगी। इससे स्पष्ट होगा कि वह इतनी सख्ती से रहस्यवाद का विरोध क्यों कर रहे थे। हैकल ने जहाँ बाह्य निरीक्षण की पूर्णता के लिए जीवविज्ञान आदि का अध्ययन आवश्यक बतलाया है, उस स्थल का अनुवाद करते हुए शुक्ल जी ने अपनी ओर से एक टिप्पणी जोड़ी है। जिस तरह वे रहस्यवाद पर व्यंग्य करते हैं, उसी तरह इस टिप्पणी में उन्होंने लिखा है : "जो लोग समझते हैं कि आँख मूँदकर या समाधि लगाने से भूत, भविष्य, वर्तमान—तीनों कालों की बातें सूझने लगती हैं, उन्हें इस पर ध्यान देना चाहिए।" विकासवाद के प्रति उनकी धारणाएँ समझने से भक्ति के विकास का विवेचन आसानी से समझ में आएगा। इस विकासवादी दृष्टिकोण के कारण उन्होंने साहित्य का अध्ययन करते हुए उसकी सामाजिक पृष्ठभूमि की चर्चा की, दरबारों और उनसे सम्बद्ध काव्यधारा की नुक्ताचीनी की और जनता से सम्बन्धित साहित्य का समर्थन किया।

'भौतिकवाद', 'विकासवाद', 'जनता से सम्बन्ध' आदि कुछ शब्द सुनते ही अनेक मित्र यह निष्कर्ष निकाल लेते हैं कि शुक्ल जी को मार्क्सवादी घोषित किया जा रहा है। ऐसे मित्रों की सेवा में निवेदन है कि शुक्ल जी की विचारधारा और मार्क्सवाद में काफी अन्तर है। मार्क्सवाद प्रकृति और समाज में प्रगति को शनैः-शनैः होनेवाली ही नहीं, क्रान्ति और विस्फोटों द्वारा—कार्य-कारण-शृंखला तोड़कर छलाँगें मारते हुए, बहुत-सा फासला एक साथ तय करनेवाली प्रगति के रूप में भी—देखता है। मार्क्सवाद के लिए इतिहास में वर्ग-संघर्ष की नियामक भूमिका है; वर्गों का निर्माण और उनके परस्पर-सम्बन्ध उत्पादन और वितरण की पद्धति से कायम होते हैं। मार्क्सवाद की स्थापना है कि आधुनिक समाज का सबसे क्रान्तिकारी वर्ग, मजदूर वर्ग, किसानों तथा अन्य जनों के साथ मिलकर सत्ता पर अधिकार करेगा और समाजवाद का निर्माण करेगा। मार्क्सवाद में यह और ऐसा ही और बहुत कुछ है। इसलिए शुक्ल जी को मार्क्सवादी घोषित करने का सवाल नहीं उठता। ईमानदारी का यह तकाजा जरूर है कि शुक्ल जी अपने युग के हिन्दी-अहिन्दी विचारकों से कितना आगे थे और उनकी विचारधारा कितनी वैज्ञानिक है, इसे अब हम स्वीकार करें।

आगरा
2-1-1959

—रामविलास शर्मा

पहले संस्करण की भूमिका

हिन्दी साहित्य में शुक्ल जी का वही महत्त्व है जो उपन्यासकार प्रेमचन्द या कवि निराला का। उन्होंने आलोचना के माध्यम से उसी सामन्ती संस्कृति का विरोध किया, जिसका उपन्यास और कविता के माध्यम से प्रेमचन्द और निराला ने। शुक्ल जी ने न तो भारत के रूढ़िवाद को स्वीकार किया, न पश्चिम के व्यक्तिवाद को। उन्होंने बाह्य जगत् और मानव-जीवन की वास्तविकता के आधार पर नये साहित्य-सिद्धान्तों की स्थापना की, उनके आधार पर सामन्ती साहित्य का विरोध किया और देशभक्ति और जनतंत्र की साहित्यिक परम्परा का समर्थन किया। उनका यह कार्य हर देशप्रेमी और जनवादी लेखक तथा पाठक के लिए दिलचस्प होना चाहिए। शुक्ल जी पर पुस्तक लिखने का यही कारण है।

पिछले वर्षों में शुक्ल जी पर तरह-तरह के आक्षेप किये गए थे। इनसे शुक्ल जी के बारे में ही नहीं, साहित्य के सहज विकास के बारे में भी भ्रम फैलते थे। इन्हीं के निराकरण के लिए नवम्बर, सन् '54 के 'नया पथ' में मैंने शुक्ल जी पर एक लेख लिखा था जो इस पुस्तक में पहले अध्याय के रूप में दिया गया है। यह लेख पढ़कर कई लोगों ने शुक्ल जी पर एक पुस्तक लिख डालने पर जोर दिया। यह प्रयत्न उन मित्रों के आग्रह का भी फल है।

'नया पथ' का लेख पढ़कर कुछ विद्वानों को यह काम अनावश्यक-सा लगा और उसमें गलत खंडन-मंडन भी दिखा। उनकी राय पर मैंने ध्यान नहीं दिया, यह समझने का अवसर क्यों आए? भूमिका में उस राय की थोड़ी चर्चा किये देता हूँ।

'नया पथ' वाले लेख के बारे में उसी पत्र के जनवरी, सन् '55 के अंक में कथाकार यशपाल की राय छपी है। उनकी इस शिकायत से मैं सहमत हूँ कि इतना लम्बा लेख उसमें न छपना चाहिए था। इसके साथ ही उन्होंने यह भी लिखा है :

"साहित्यिक आलोचना और आलोचना की आलोचना तो केवल परीक्षार्थियों के काम की चीज होगी।" परीक्षार्थियों के काम की हो तो बहुत अच्छा है, लेकिन सेवा में निवेदन है कि शुक्ल जी से हमारे कथाकार और साधारण साहित्य-प्रेमी भी बहुत कुछ सीख सकते हैं। शुक्ल जी ने एक विशेष प्रकार के साहित्य का विरोध किया है, एक विशेष प्रकार के साहित्य का समर्थन। इस तरह वह हिन्दी पाठकों

की साहित्यिक रुचि-परिष्कार करनेवालों में हैं। उनकी यह विशेषता साधारण साहित्य-प्रेमियों के ध्यान देने योग्य है। इसके सिवा शुक्ल जी ने उपन्यासों के बारे में कुछ उम्दा सुझाव दिये हैं। बहुत-से पात्र और घटनाएँ इकट्ठा करने के बदले पात्रों के भरे-पूरे चित्रण और उनके चरित्र-विकास पर जोर दिया है। उन्होंने प्रेमचन्द का आदर्श रखते हुए जनसाधारण के जीवन पर उपन्यास लिखना आवश्यक बतलाया है। शुक्ल जी की इन बातों को यशपालजी एक मामूली हिन्दी-प्रेमी का सुझाव भी मानें और उस पर विचार करें तो वह अपना और हमारा बड़ा उपकार करें।

शुक्ल जी ने मानव-जीवन और भौतिक जगत् की वास्तविकता पर बहुत कुछ लिखा है। यशपालजी को मार्क्सवाद पर पुस्तकें लिखने का शौक है। वह अपनी कई गलत धारणाएँ शुक्ल जी के अध्ययन से दूर कर सकते हैं। मिसाल के लिए, 'मार्क्सवाद' नाम की पुस्तक में यशपालजी ने लिखा है : "मनुष्य का विकास प्रकृति के रूपरहित और गतिहीन पदार्थों से हुआ है" (यह उद्धरण पुस्तक के 1944 वाले संशोधित संस्करण से है।) रूपरहित और गतिहीन आध्यात्मवादियों का ब्रह्म होता है, प्रकृति नहीं। इस सम्बन्ध में शुक्ल जी की स्थापनाएँ यहाँ दोहराने की जरूरत नहीं, पुस्तक में पढ़ी जा सकती हैं। इतना कहना काफी है कि प्रकृति की रूपमयता और गतिमयता की बात शुक्ल जी ने बीसों जगह कही है।

यशपालजी के अनुसार : "मार्क्सवाद मनुष्य की बुद्धि, चेतना या मन को भौतिक पदार्थों से बना मानता है।" ऐसी बात हो तो बुद्धि गढ़ने का एक कारखाना खोल लिया जाए और भौतिक पदार्थों से मन और चेतना तैयार करके कुछ कथाकारों के पास भेज दी जाए। शुक्ल जी मन को रूप-गतिमय मानते हैं, लेकिन मन भौतिक पदार्थ नहीं है। भौतिक पदार्थ मस्तिष्क है जिसका गुण है—चेतना (बुद्धि भी उसका गुण हो, यह आवश्यक नहीं)।

शुक्ल जी ने उन पश्चिमी मनोवैज्ञानिकों का खंडन किया है जो मनुष्य की निःस्वार्थ भावना में विश्वास नहीं करते, जो सच्चे देशभक्तों और क्रान्तिकारियों में भी छिपी हुई स्वार्थभावना ढूँढ़ निकालते हैं। इस घटिया मनोविज्ञान को मार्क्सवाद का नाम देते हुए यशपाल ने लिखा है : "मनुष्य चाहे अपने परिश्रम से कमाया धन दे दे या अपनी जान दे दे, सब कुछ अपने संतोष के लिए ही है।" इसीलिए कुछ लोग अपने संतोष के लिए साहित्य का व्यापार करते हैं, चीरहरण की चर्चा से बिकाऊ माल तैयार करते हैं और पैसे के अलावा जनता के सेवक होने का यशलाभ करते हैं। यशपालजी के आत्मविश्वास से ईर्ष्या होती है। क्या दो टूक बात लिखी है : "मार्क्सवाद कहता है—न्याय और परोपकार में भी स्वार्थ की भावना रहती है।" इस सम्बन्ध में यशपालजी को नहीं तो साधारण हिन्दी-पाठकों को शुक्ल जी में बहुत-कुछ सोचने की सामग्री मिलेगी।

प्रोफेसर प्रकाशचन्द्र गुप्त को शुक्ल जी के जनवादी तत्त्वों से काफी सहानुभूति है। इस विषय पर लेख छापने के लिए मुझे नहीं तो 'नया पथ' को उन्होंने आशीर्वाद दिया है। साथ ही, उन्हें आपत्ति है कि 'नया पथ' के लेख में शुक्ल जी की सीमाएँ नहीं बतलाई गईं। इस सम्बन्ध में उन्होंने शुक्ल जी की छायावाद-सम्बन्धी आलोचना का हवाला दिया है और लिखा है : "छायावाद की ऐतिहासिक भूमि को शुक्ल जी अन्तकाल में ही समझ रहे थे।" गुप्त जी ने जो आलोचना उद्धृत की है, उसे शुक्ल जी ने कभी वापस नहीं लिया। वह स्वप्निल क्रान्ति और विचारों में बच्चों की साँस का बराबर विरोध करते रहे और गुप्त जी भी छायावाद के इस रूप का थोड़ा विरोध करते तो उनकी आलोचना कुछ जानदार होती। खास तौर से पंत का सौंदर्यवादी रूप पहचानना शुक्ल जी से सीखना चाहिए। रही जमींदारों से सहानुभूति की बात, उसका पुस्तक में यथास्थान उत्तर मैंने दे दिया है। एक बात मेरी समझ में नहीं आई। गुप्त जी का कहना है : "चौहान और नामवर सिंह शुक्ल जी की ही परम्परा का विकास कर रहे हैं।" शिवदानसिंह चौहान और नामवर सिंह शुक्ल जी पर एकांगी समाजशास्त्री होने का आरोप लगा चुके हैं। यदि इसी परम्परा का वे विकास कर रहे हों तो मैं नहीं जानता, लेकिन शुक्ल जी का एकांगी समाजशास्त्र से कोई सम्बन्ध नहीं है, यह मैंने पुस्तक में यथाप्रसंग दिखा दिया है। किसी की परम्परा के विकास का दावा करने के पहले उसे समझ लेना भी जरूरी है। आशा है, प्रोफेसर प्रकाशचन्द्र गुप्त को इस कार्य में मेरे इस क्षुद्र प्रयत्न से भी थोड़ी-बहुत सहायता मिल सकेगी।

—रामविलास शर्मा

गोकुलपुरा, आगरा
17-4-1955

साहित्य और लोक-जीवन

"मनुष्य लोकबद्ध प्राणी है। उसका अपनी सत्ता का ज्ञान तक लोकबद्ध है। लोक के भीतर ही कविता क्या किसी कला का प्रयोजन और विकास होता है।" ('चिन्तामणि', दूसरा भाग, पृ. 122)

"सच्चा कवि वही है जिसे लोक-हृदय की पहचान हो, जो अनेक विशेषताओं और विचित्रताओं के बीच मनुष्य जाति के सामान्य हृदय को देख सके। इसी लोकहृदय में हृदय के लीन होने की दशा का नाम रसदशा है।" ('चिन्तामणि', पहला भाग, पृ. 227)

"ज्ञानेन्द्रियों से समन्वित मनुष्य-जाति जगत् नामक अपार और अगाध रूप-समुद्र में छोड़ दी गई है। न जाने कब से वह इसमें बहती चली आ रही है। इसी की रूप-तरंगों से ही उसकी कल्पना का निर्माण और इसी की रूपगति से उसके भीतर विविध भावों या मनोविकारों का विधान हुआ है।...सुन्दर, मधुर, भीषण या क्रूर लगनेवाले रूपों या व्यापारों से भिन्न सौन्दर्य, माधुर्य, भीषणता या क्रूरता कोई पदार्थ नहीं। सौन्दर्य की भावना जगना सुन्दर-सुन्दर वस्तुओं या व्यापारों का मन में आना ही है।" ('रस-मीमांसा', पृ. 259)

इधर हिन्दी साहित्य का नया इतिहास लिखने और हिन्दी में साहित्य-शास्त्र रचने की काफी चर्चा हुई है। इस चर्चा में दिल्ली की 'आलोचना' ने विशेष योग दिया है। हिन्दी साहित्य के नये इतिहास की आवश्यकता है। सन् '40 के बाद हिन्दी में जो साहित्य रचा गया है, पिछले साहित्य पर जो रिसर्च का काम हुआ है, उस सबको समेटकर हिन्दी साहित्य का एक भरा-पूरा इतिहास जरूर लिखा जाना चाहिए। आलोचना के सिद्धान्तों के बारे में हमारी जानकारी बढ़े, उनसे साहित्य को परखने और नया साहित्य रचने में सहायता मिले, यह भी वांछनीय है। लेकिन ये दोनों काम शुक्ल जी की विरासत के आधार पर ही हो सकते हैं। इन दोनों क्षेत्रों में शुक्ल जी ने उल्लेखनीय कार्य किया है, यह सभी मानते हैं। लेकिन 'आलोचना' के अधिकांश लेखकों को इतिहास-लेखन और शास्त्र-चर्चा, दोनों में शुक्ल जी एक बहुत बड़ी बाधा के रूप में खड़े दिखाई देते हैं। वे शुक्ल जी की विरासत को आधार नहीं बनाते, आधार बनाने की बात भी नहीं करते, वे अपने रास्ते से इस विरासत को

हटा देना अपना परम कर्तव्य समझते हैं। इसलिए शुक्ल जी के आलोचना-सिद्धान्तों का मूल्यांकन आवश्यक है; उनकी विरासत को पहचानना, उसके विरोधियों के तर्कों की परीक्षा करना एक समयोपयोगी कार्य है।

शुक्ल जी पर पहला आरोप यह है कि उनका दृष्टिकोण एकांगी समाजशास्त्रीय है। 'आलोचना' नं. 4, अक्तूबर, 1952 में श्री शिवदानसिंह चौहान ने लिखा है :

"शुद्ध कलावादी दृष्टिकोण से तो इतिहास नहीं लिखे गए, लेकिन न्यूनाधिक मात्रा में एकांगी समाजशास्त्रीय दृष्टिकोण आचार्य शुक्ल जी से लेकर आज तक अपनाये जाते रहे हैं, चाहे ये समाजशास्त्रीय दृष्टिकोण राष्ट्रीय विचारधारा से प्रेरित हों या मार्क्सवादी विचारधारा से।"

श्री नामवर सिंह ने इस अंक में ऊपर की बात यों कही है : "शुक्ल जी के इतिहास में सामाजिक परिस्थितियाँ तथा साहित्यकार साथ-साथ रखे जाने पर भी एक-दूसरे से अलग हैं।" स्वयं शुक्ल जी का ऐतिहासिक सम्बन्ध परिस्थितियों से जोड़ते हुए श्री नामवर सिंह ने लिखा है : "राष्ट्रीय आन्दोलन का वह गांधीयुग था, जिसमें व्यक्ति और समाज में यथोचित घनिष्ठ सम्बन्ध स्थापित हो सका था।"

'आलोचना' के इसी अंक में श्री रांगेय राघव ने अपना यह मत प्रकट किया है कि "आचार्य शुक्ल ने इतिहास को शुद्ध ब्राह्मण दृष्टिकोण से देखा है।"

'आलोचना' के एक ही अंक में तीन ऐसे लेखों का छपना, जिनमें शुक्ल जी के बारे में एक ही मत का प्रतिपादन हो, आकस्मिक नहीं कहा जा सकता।

जुलाई, सन् '53 की 'आलोचना' में डॉ. धीरेन्द्र वर्मा ने आधुनिक हिन्दी साहित्य-मीमांसा पर अपना यह विचार प्रकट किया है : "हिन्दी का आधुनिक साहित्यशास्त्र अथवा समालोचनाशास्त्र सम्बन्धी साहित्य अंग्रेजी के चार-छ: चुने हुए ग्रंथों का सार है, न इस विषय के संस्कृत अथवा रीतिकालीन साहित्य से ही इसका सम्बन्ध है और न वास्तविक हिन्दी ललित साहित्य से ही।"

अक्तूबर, '53 की 'आलोचना' में श्री शिवनाथ आचार्य शुक्ल की सीमाएँ बतलाते हुए कहते हैं : "जिनसे उनका मत विशेष प्रकार से मिलता है, वे प्राय: ईसा की 19वीं सदी के अन्त और बीसवीं सदी के आरम्भ के विचारक हैं। वे प्राय: मध्यवर्गीय और यत्र-तत्र मध्यकालीन संस्कृति के हिमायती हैं। आचार्य शुक्ल की रुचि भी ऐसी ही संस्कृति पर है, यथार्थ विवेचना यह कहने से न हिचकेगी।"

शुक्ल जी की विरासत का मूल्यांकन और उसकी रक्षा क्यों महत्त्वपूर्ण है, यह दिखाने के लिए ऊपर के उद्धरण काफी हैं।

काव्य के बारे में अलंकार, वक्रोक्ति, रीति, ध्वनि और रस—ये चार सम्प्रदाय यहाँ प्रचलित रहे हैं। इनमें से शुक्ल जी का सम्बन्ध रस सम्प्रदाय से है। भरत से उन्होंने रस-निष्पत्ति का सिद्धान्त लिया है, लेकिन संस्कृत के आचार्यों की रस-सम्बन्धी व्याख्याएँ उन्हें मान्य नहीं हैं।

रस को आनन्द-स्वरूप कहा गया है। शुक्ल जी इस बात का विरोध नहीं करते कि रस आनन्द भी देता है। लेकिन उनका तर्क है कि रस आनन्द-स्वरूप है तो काव्य का उद्देश्य क्या है? केवल आनन्द? आनन्द को काव्य का चरम लक्ष्य मानने का अर्थ है, "मार्ग को ही अन्तिम गंतव्य स्थान" मान लेना। ('रस-मीमांसा', पृ. 27)

शुक्ल जी का दूसरा तर्क यह है कि साहित्य में क्रोध, शोक, जुगुप्सा आदि भाव अपना सहज रूप छोड़ नहीं देते; इसीलिए जब हम कोई दुखान्त कथा पढ़ते हैं तो चित्त में खिन्नता बनी रहती है। काव्य से मनुष्य के हृदय में क्रोध, शोक आदि भाव जाग्रत होते हैं। इसलिए लोकोत्तर आनन्द कहने से इसकी व्याख्या नहीं होती। शुक्ल जी कहते हैं :

"मेरी समझ में रसास्वादन का प्रकृत स्वरूप 'आनन्द' शब्द से व्यक्त नहीं होता। 'लोकोत्तर', 'अनिर्वचनीय' आदि विशेषणों से न तो उसके वाचकत्व का परिहार होता है, न प्रयोग का प्रायश्चित्त होता है। क्या क्रोध, शोक, जुगुप्सा आदि आनन्द का रूप धारण करके ही श्रोता के हृदय में प्रकट होते हैं, अपने प्रकृत रूप का सर्वथा विसर्जन कर देते हैं, उसे कुछ भी लगा नहीं रहने देते?...इस 'आनन्द' शब्द ने काव्य के महत्त्व को बहुत कुछ कम कर दिया है—उसे नाच-तमाशे की तरह बना दिया है।" ('रस-मीमांसा', पृ. 101)

मानव-जीवन में भावों का प्रकृत रूप साहित्य में आकर बदल नहीं जाता—शुक्ल जी के तर्क की यह आधारशिला है। साहित्य के सम्बन्ध में जितनी भाववादी (आइडियलिस्ट) मान्यताएँ हैं, वे साहित्य को जीवन से अलग करके देखती हैं। शुक्ल जी की मौलिक मान्यता यह है कि साहित्य के भावों और जीवन के भावों में बुनियादी अन्तर नहीं है। क्रोध, भय, जुगुप्सा और करुणा की अनुभूति आनन्दमय होती है, वह यह नहीं मानते। वह स्पष्ट कहते हैं कि इनकी अनुभूति दुखात्मक होती है। जो लोग कहते हैं कि आनन्द में भी आँसू आते हैं यानी करुणरस से सुख के आँसू आते हैं, दु:ख के नहीं, वे बात टालते हैं। करुणरस प्रधान नाटक के "दर्शक वास्तव में दु:ख ही का अनुभव करते हैं।" (उप., पृ. 273)

शुक्ल जी ने यहाँ पूर्व और पश्चिम, दोनों ओर के भाववादी विचारकों को चुनौती दी है। साहित्य से आनन्द ही मिलता है, यह मानकर वे सब विचारक चले हैं। करुणरस या ट्रैजेडी से भी क्यों आनन्द ही मिलता है, इस पर उन्होंने अलग-अलग मत दिये हैं। लेकिन मूल अनुभूति आनन्द की है, इसमें उन्हें सन्देह नहीं। शुक्ल जी जीवन और साहित्य के भावों में बुनियादी अन्तर नहीं मानते, इसलिए वे रस को भी अलौकिक नहीं मानते। इतना ही नहीं, वह रस की स्थिति साहित्य से अलग लौकिक जीवन में भी मानते हैं। यद्यपि जीवन के अनेक व्यापारों में हम नित्य ही नीरसता और सरसता का अनुभव करते रहते हैं, फिर भी भाववादी विचारकों ने रस को साहित्य तक सीमित करके उसे जीवन में अनुभूत रस से एकदम अलग कर दिया था।

शुक्ल जी की कसौटी यह है कि जब हम क्रोध या भय को "लोक से सम्बद्ध देखेंगे तब हम रसभूमि की सीमा के भीतर पहुँचे रहेंगे।" ('रस-मीमांसा', पृ. 273) जीवन और साहित्य के परस्पर अटूट सम्बन्ध का यही परिणाम निकलेगा। रस लौकिक है; लौकिक जीवन में भी रस है। लोक-जीवन की ठोस धरती पर पैर रोपकर आचार्य शुक्ल ने इस सिद्धान्त की घोषणा की कि लोक-हृदय में लीन होने की दशा का नाम रस-दशा है।

इससे स्पष्ट है कि शुक्ल जी ने शब्द पुराने लिये हैं लेकिन उनकी स्थापनाएँ उनकी अपनी हैं, मौलिक और क्रान्तिकारी हैं। लोक-हृदय में लीन होने की कसौटी रखकर उन्होंने हर तरह की संकुचित व्यक्तिवादी और भाववादी धारणाओं से साहित्य को मुक्त करके उसे सामाजिक जीवन का एक अंग बना दिया है। इसलिए लोक-हृदय, लोक-मंगल या लोक-हित को दरकिनार करके साहित्यकार आगे नहीं बढ़ सकता। वह किसी भी तरह के भाव प्रकट करके, किसी भी तरह रस-निष्पत्ति करके अपना पीछा नहीं छुड़ा सकता। प्राचीन रसवादियों से शुक्ल जी का यह महत्त्वपूर्ण मतभेद है।

भाववादी साहित्यशास्त्रियों की एक विशेषता यह है कि वे भावों को उनके आधार से अलग करके देखते हैं। शुक्ल जी भावों को उनके आधार से अलग करके नहीं देखते; वे साहित्य में उनके आधार के चित्रण को ही सबसे महत्त्वपूर्ण समझते हैं। वे कहते हैं : "भावों के प्रकृत आधार या विषय का कल्पना द्वारा पूर्ण और यथातथ्य प्रत्यक्षीकरण कवि का सबसे पहला और सबसे आवश्यक काम है।" (उप., पृ. 109)

रूढ़िवादी शास्त्र से यह उनका दूसरा महत्त्वपूर्ण मतभेद है। मानव-जीवन से अलग भाव की शाश्वत् सत्ता नहीं है, इसलिए मानव-जीवन का चित्रण ही मुख्य कर्तव्य है। यहाँ शुक्ल जी पश्चिम के उन तमाम भाववादियों का खंडन करते हैं जो मानव-जीवन से परे एक अव्यक्त सौन्दर्य की सत्ता मानते हैं जिसकी झलक ही कभी-कभी इस संसार में दिखाई देती है। शुक्ल जी वस्तुओं से अलग उनके गुणों की कल्पना नहीं करते।

इस लेख के आरम्भ में दिये हुए उद्धरणों से पता चलता है कि वह जगत् को सत्य मानते हैं, मिथ्या नहीं। संसार उनके लिए अपार और अगाध रूप समुद्र है। मनुष्य के भीतर भावों का विधान इसी वस्तुगत यथार्थ से हुआ है। मनुष्य के भाव उसकी निजी सृष्टि नहीं हैं, उनकी अपनी वस्तुगत सत्ता हैं। इसी तरह संसार के रूपों या व्यापारों से भिन्न सौन्दर्य, माधुर्य की स्थिति नहीं है। यहाँ प्लेटो के पगचिह्नों पर चलनेवाला योरप का तमाम भाववादी साहित्यशास्त्र निरुत्तर हो जाता है, क्योंकि उसकी मूल स्थापना सौन्दर्य की निरपेक्ष सत्ता, रूपमय जगत् से परोक्ष सत्ता की स्वीकृति ही है। लेकिन शुक्ल जी मानव-सत्ता के ज्ञान को भी लोकबद्ध मानते हैं।

उनके लिए ज्ञान इस वास्तविक जगत् ही का होता है, किसी रहस्यमय आध्यात्मिक शक्ति का नहीं। बीसवीं सदी में योरप की देखा-देखी भारत में अध्यात्मवाद की बराबर चर्चा होने पर शुक्ल जी ने चिढ़कर कहा था : "'अध्यात्म' शब्द की मेरी समझ में काव्य या कला के क्षेत्र में कोई जरूरत नहीं है।" ('रस-मीमांसा', पृ. 69)

आचार्य शुक्ल रस-दशा को लोक-हृदय में लीन होने की दशा कहते हैं। लेकिन यह कोई निष्क्रिय दशा नहीं है। भावों का काम है—मनुष्य को कर्मों में प्रवृत्त करना। वह उन लोगों का खंडन करते हैं जो कहते हैं कि काव्य व्यवहार का बाधक है, उससे अकर्मण्यता पैदा होती है। (उप., पृ. 22) भाव की प्रतिष्ठा से "कर्म क्षेत्र का विस्तार बढ़ गया है।" (उप., पृ. 164) शुक्ल जी ने भाव को कर्म से अलग करके देखा ही नहीं है। उनके अनुसार भाव उस चित्त-विकार को कहते हैं "जिसके अन्तर्गत विषय के स्वरूप की धारणा, सुखात्मक या दुखात्मक अनुभूति का बोध और प्रवृत्ति के उत्तेजन से विशेष कर्मों की प्रेरणा पूर्वापर सम्बद्ध संघटित हों।" (उप., पृ. 168)

विषय का ज्ञान, सुख-दु:ख की अनुभूति और कर्म की प्रेरणा—ये सब क्रियाएँ एक साथ जुड़ी होती हैं। इन क्रियाओं के समुच्चय का नाम ही भाव है। प्राचीन साहित्यशास्त्री स्थायी भावों को रस रूप में प्रकट करके साहित्यिक प्रक्रिया का अन्त निष्क्रियता में कर देते थे। शुक्ल जी ने भाव की मौलिक व्याख्या करके निष्क्रिय रसनिष्पत्ति की जड़ काट दी है।

इधर हिन्दी में कुछ कलावादियों ने ज्ञानहीन, कर्महीन आनन्द के आधार पर पूर्व और पश्चिम की पटरी बिठाने की कोशिश की है। हिन्दी में "कला कला के लिए" इस घिसे-पिटे नारे को फिर बुलन्द करके वे इस सिद्धान्त को वैज्ञानिक रूप देने का दावा करते हैं। शुक्ल जी ने पश्चिम के इन कलावादियों का खंडन किया है। वह थियोडोर वाट्स डंटन की तब प्रशंसा करते हैं, जब वह काव्य को शक्ति मानता है। वह उसकी निन्दा करते हैं, जब वह काव्य को शुद्ध कला मानता है। (उप., पृ. 57) योरप में प्रत्यक्ष अनुभूति से काव्य की अनुभूति को अलग किया गया, कल्पना को एक स्वतंत्र शक्ति मानकर उसे दूसरी सृष्टि रचनेवाली कहा गया। शुक्ल जी इन धारणाओं का खंडन करके कहते हैं कि "सारे वर्ण और सारी रूपरेखाएँ जिनसे कल्पित मूर्ति-विधान होता है, बाह्य जगत् के प्रत्यक्ष बोध से प्राप्त हुई हैं।" (उप., पृ. 299) इस तरह 'कल्पना' मनुष्य के वास्तविक जीवन को प्रतिबिम्बित करती है, वह वास्तविक जीवन से निरपेक्ष एक स्वतंत्र संसार नहीं रचती।

पश्चिमी कलावादियों की तरह शुक्ल जी साहित्य को मनुष्य की क्रीडा-वृत्ति (प्ले इम्पल्स) का परिणाम नहीं मानते। (उप., पृ. 265) फ्रायड आदि पश्चिमी मनोविश्लेषण के आचार्यों की काम-वासना और स्वप्न-सम्बन्धी स्थापनाओं को वह नहीं मानते। (उप., पृ. 264) हिन्दी में अनेक आलोचक फ्रायड को पिंडदान करके

काव्य को अतप्त कामवासना की काल्पनिक पूर्ति बतलाते हैं। उनका विरोध करने के लिए शुक्ल जी के विचार आज भी अपनी प्रगतिशील भूमिका पूरी कर रहे हैं।

काव्य आत्मा है, काव्य एक अखंड तत्त्व या शक्ति है जिसकी गति अमर है, इस तरह की ब्रैडले, मैकेल आदि की भाववादी स्थापनाओं का उन्होंने खंडन किया है। (उप., पृ. 269) शुक्ल जी ने योरप के अभिव्यंजनावादियों का विरोध किया जो काव्य के वास्तविक आधार को ही अस्वीकार करते थे। (उप., पृ. 336) 'काव्य में अभिव्यंजनावाद' नाम के निबन्ध में उन्होंने विस्तार से इटली के भाववादी विचारक क्रोचे की मार्मिक समीक्षा की है। क्रोचे "कल्पना में उठे हुए रूपों की प्रतीति मात्र को" ज्ञान कहता है। ('चिन्तामणि', दूसरा भाग, पृ. 198) शुक्ल जी कहते हैं कि इस तरह ईसाई संतों को भी आध्यात्मिक आभास हुआ करते थे; लेकिन ये आभास, कल्पना की प्रतीतियाँ हैं, ज्ञान नहीं हैं। वह फ्रांसीसी विचारक बर्गसाँ की ऐसी ही स्थापना का खंडन करते हैं कि कल्पना-रूपी स्वयंप्रकाश ज्ञान हमें पारमार्थिक ज्ञान देता है। (उप., पृ. 199) क्रोचे की मुख्य कमजोरी यह है कि वह रूपों को संसार से अलग आत्मा की उपज मानता है। शुक्ल जी कहते हैं कि ये सब बाह्य-जगत् से ही प्राप्त किये हुए रूप हैं। (उप., पृ. 200) क्रोचे के तमाम तर्कजाल का सार-तत्त्व है—कला कला के लिए। शुक्ल जी ने उसका वाग्जाल छिन्न-भिन्न करके यह सारतत्त्व प्रकट कर दिया है। भारतीय साहित्य की तमाम प्रगतिशील परम्पराओं को अपना आधार बनाकर उन्होंने क्रोचे और उसके आगत-अनागत पूर्वी-पश्चिमी अनुयायियों को ललकारते हुए कहा था :

"काव्य को हम जीवन से अलग नहीं कर सकते। उसे हम जीवन पर मार्मिक प्रभाव डालनेवाली वस्तु मानते हैं। 'कला कला ही के लिए' वाली बात को जीर्ण होकर मरे बहुत दिन हुए। एक क्या, कई क्रोचे उसे फिर जिला नहीं सकते।" (उप., पृ. 201)

शुक्ल जी ने पूर्व और पश्चिम, दोनों ओर के भाववादी साहित्यशास्त्रियों की इन धारणाओं को निर्मूल किया कि काव्य का उद्देश्य केवल आनन्द देना है, उसकी अनुभूति जीवन की अनुभूति से मूलत: भिन्न होती है, कल्पना संसार के रूपों से परे अपना एक नया संसार रचती है। उन्होंने रस को काव्य की आत्मा माना लेकिन लोक-हृदय में लीन होने को रस-दशा कहा, ज्ञान को वास्तविक जगत् की सत्ता पर निर्भर बताया, साहित्यशास्त्र से अवैज्ञानिक रहस्यवादी कल्पनाओं को बाहर किया, काव्य के भाव-योग की परिणति लौकिक जीवन के कर्मयोग में की। इस तरह उन्होंने हिन्दी में एक मौलिक साहित्यशास्त्र की नींव डाली, जो प्राचीन रूढ़िवाद और पश्चिमी कलावाद से स्वतंत्र ही नहीं है, उनका तीव्र विरोधी भी है। शुक्ल जी की इन मान्यताओं के आधार पर ही आज की हिन्दी आलोचना प्रगति-पथ पर आगे बढ़ सकती है।

आचार्य शुक्ल ने हिन्दी में पहली बार जमकर रीतिग्रंथों का विरोध किया, साहित्य पर उनके घातक प्रभाव का उल्लेख किया। कुछ खास तरह के नायकों, नायिकाओं, उद्दीपनों आदि के भीतर साहित्य को बाँध रखने के प्रयास का विरोध करते हुए उन्होंने कहा : "जिस प्रकार बाह्य दृश्यों के अनन्त रूप हैं, उसी प्रकार मनुष्य की मानसिक स्थिति के भी...विविध प्रवृत्तियों के मेल में संघटित जो अनेक स्वभाव के मनुष्य दिखाई पड़ते हैं, उनके स्पष्टीकरण के लिए मानव-प्रकृति के अन्वीक्षण की आवश्यकता होती है। यह आवश्यकता उक्त चार प्रकार के ढाँचे तैयार मिलने से पिछले कवियों में न रह गई।" ('रस-मीमांसा', पृ. 95)

रीतिग्रंथों के विरोध का मूल सूत्र यही है—मानव-प्रकृति की विविधता। शुक्ल जी यथार्थवाद की भूमि से रीतिग्रंथों की कृत्रिमता दिखाते हैं। उनका आग्रह साहित्य को यथार्थ जीवन के निकट लाने के लिए है, उसे सच्चा और स्वाभाविक बनाने के लिए है। जिस तरह 19वीं सदी के आरम्भ में अंग्रेजी के रोमांटिक कवियों ने पुराने दरबारी साहित्यशास्त्र का ताना-बाना नष्ट करके अंग्रेजी काव्य की आत्मा को मुक्त किया था, उसी तरह आचार्य शुक्ल ने रीतिग्रंथों के बन्धनों को तोड़कर हिन्दी साहित्य की आत्मा को मुक्त किया। अन्तर केवल इतना है कि अंग्रेजी रीतिग्रंथों का ताना-बाना बहुत हल्का था और यहाँ के रीतिग्रंथों का जाल उससे कहीं अधिक जटिल था; उधर अंग्रेजी के रोमांटिक कवियों ने अपना आक्रमण बहुधा भाववाद को आधार बनाकर किया था, शुक्ल जी ने यह काम मूलत: वस्तुवाद की ठोस धरती से किया।

शुक्ल जी ने दिखाया कि नायकों की तरह नायिकाओं के भेद गिनाकर साहित्य में नारी-चरित्र के साथ खिलवाड़ किया गया। मौलिकता का ह्रास हुआ। लीक पीटनेवालों की संख्या बढ़ती गई। कविता खुशामद और दिल-बहलाव की चीज हो गई। शुक्ल जी ने अपने साहित्य-सिद्धान्त हवा में नहीं बनाए, न वे सिद्धान्त केवल निषेधात्मक हैं। उन्होंने भारतवर्ष के चार महाकवियों—वाल्मीकि, कालिदास, भवभूति और तुलसीदास—को अपना आदर्श और आधार बनाया। इनके प्रकृति वर्णन को, इनकी लोक-हृदय में लीन होने की दशा को अपनी कसौटी मानकर वह हिन्दी-संस्कृत के आचार्यों के अवैज्ञानिक सिद्धान्तों और अस्वाभाविक कृतियों की आलोचना करते हैं। साहित्य में सदियों से प्रतिष्ठित शृंगार रस को एक कोने में ठेलते हुए उन्होंने 'भावमूर्ति भवभूति' के महामंत्र 'एको रस: करुण एव' का फिर पाठ किया। भवभूति का जन्म ऐसे समय में हुआ था जब देश में चारों ओर दरबारी साहित्य का बोलबाला था। इसलिए उस महाकवि ने क्षुब्ध होकर कहा था : "जो मेरे काव्य की उपेक्षा करते हैं, करें; वे भी कुछ जानते होंगे लेकिन उनके लिए मैंने यह नहीं लिखा; काल अनन्त है, पृथ्वी विशाल है, मेरा भी कोई समानधर्मा कहीं होगा या आगे पैदा होगा।"

आलोचना के क्षेत्र में भवभूति के समानधर्मा आचार्य शुक्ल हैं, जैसे काव्य में उनके समानधर्मा महाकवि निराला हैं। शुक्ल जी ने साहित्य में वाल्मीकि और भवभूति की परम्परा को फिर जगाया। उन्होंने मंगल का विधान करनेवाले दो भाव ठहराये—करुणा और प्रेम। इनमें भी भारतीय महाकाव्यों को देखते हुए करुणा को ही उन्होंने बीजभाव माना। प्रेम की अपेक्षा उन्होंने करुणा को और व्यापक बतलाया। जिससे प्रेम हो, उसी के लिए करुणा जागे, यह आवश्यक नहीं है। करुणा प्रेम से स्वतंत्र है। "हमारे यहाँ के कवियों ने लोक-रक्षा के विधान में करुणा को ही बीजभाव रखा है।" ('रस-मीमांसा', पृ. 76) शुक्ल जी की करुणा निष्क्रिय करुणा नहीं। करुणा के विरोधी भावक्रोध से वह उसका समन्वय करते हैं। यह क्रोध व्यक्तिगत हो तो त्याज्य है। जो क्रोध लोक-रक्षा के लिए किया जाए, वह उचित और आवश्यक है। वह कहते हैं : "क्षमा जहाँ से श्रीहत हो जाती है, वहीं से क्रोध में सौन्दर्य का आरम्भ होता है।" ('चिन्तामणि', पहला भाग, पृ. 137) शिशुपाल वध के लिए उद्यत कृष्ण और रावण-वध के लिए उद्यत राम की मूर्तियों का स्मरण करके वह सक्रिय प्रतिरोध के लिए ललकारते हैं। वाल्मीकि, व्यास, तुलसीदास आदि महाकवियों की इस सच्ची मानवतावादी परम्परा के आधार पर उन्होंने रीतिग्रंथों में प्रतिपादित करुणा का टाट उलट दिया। करुणा का नाम पुराना है, शुक्ल जी ने उसे एक नये अर्थ से दीप्त कर दिया है।

इसी तरह शुक्ल जी ने वीर रस के स्थायी भाव उत्साह का क्षेत्र भी व्यापक कर दिया है। वैज्ञानिक अनुसन्धान, अगम स्थानों की यात्रा, कुरीतियों के विरोध आदि में उन्होंने उत्साह की व्यापकता दिखाकर उसे सामन्ती युद्धों के तथाकथित वीर-रस की परिधि से बाहर निकाल लिया है। कर्ममय जीवन में उसका सर्वत्र प्रसार दिखाकर वह कहते हैं : "कर्ममात्र के सम्पादन में जो तत्परतापूर्ण आनन्द देखा जाता है, वह भी उत्साह ही कहा जाता है।" (उप., पृ. 9) इस तरह शुक्ल जी ने आनन्दमय क्रियाओं से उत्साह का सम्बन्ध जोड़कर रीतिग्रंथों के उत्साह का रूप बदल दिया है। हास्य-रस में आलस्य और निद्रा को जो संचारी भाव कहा गया था, उसे शुक्ल जी की जिन्दादिली स्वीकार न कर सकी। "आलस्य के वर्णन को किसी भाव का संचारी मानना मेरी समझ में ठीक नहीं।" ('रस-मीमांसा', पृ. 225)

शुक्ल जी ने स्थायी भावों की जो नई व्याख्या की है, उसका कारण वही मानव-जीवन और मानव-स्वभाव की विविधता है, उनकी व्याख्या का आधार वही यथार्थ जीवन का प्रेम है। इसी कारण अलंकारवादियों से उनकी नहीं पटती। अलंकार वर्णन की प्रणालियाँ हैं, वर्ण्य विषय नहीं (उप., पृ. 50) काव्य में उन्हें प्रधानता नहीं दी जा सकती। जो 'अलंकार' वर्ण्य वस्तु का निर्देश करें, उन्हें अलंकार मानने से उन्होंने इनकार किया। उन्होंने अलंकारों की यह व्याख्या की है :

"भावों का उत्कर्ष दिखाने और वस्तुओं के रूप, गुण और क्रिया का अधिकाधिक तीव्र अनुभव कराने में कभी-कभी सहायक होनेवाली युक्ति ही अलंकार है।" ('रस-मीमांसा', पृ. 358) अलंकारों का प्रयोग कैसे होना चाहिए, इसकी मिसालें उन्होंने कालिदास आदि कवियों से दी हैं। अलंकारों को प्रधानता देने पर किस तरह के चमत्कारवाद का जन्म होता है, उसकी मिसालें उन्होंने रीतिकालीन कवियों से दी हैं। बात कहने के लिए बात कहना, उक्ति-चमत्कार दिखाना, अलंकारों के प्रयोग से लोगों की वाहवाही लूटना शुक्ल जी को असह्य है। वह हिन्दी के साथ फारसी, उर्दू और अंग्रेजी में भी इस चमत्कारवाद का विरोध करते हैं। प्रकृति-वर्णन में रीतिकालीन कवियों ने जो प्रकृति को उद्दीपन मात्र बनाकर संकीर्णता दिखाई थी, उसकी तीव्र आलोचना शुक्ल जी ने विस्तार से की है और वाल्मीकि और भवभूति के प्रकृति-वर्णन को आदर्श रूप में पेश किया है।

शुक्ल जी ने अलंकारों को प्रधानता देनेवाले शास्त्र पर और चमत्कारों और उक्ति-सौन्दर्य के काव्य पर जो प्रहार किये हैं, वह नये भारत के सांस्कृतिक आन्दोलन का एक महत्त्वपूर्ण अंग है। सदियों से सामन्त वर्ग ने साहित्य को अपने मनोरंजन का साधन बना रखा था, साहित्यकारों को अपना क्रीतदास कर रखा था। मध्यकाल के संत कवियों ने इस सामन्ती चाकरी के विरोध में लोक-साहित्य की नींव डाली थी। शुक्ल जी ने नये भारत की संस्कृति के उत्थान के लिए संत कवियों के जनवादी तत्त्व लिये, उनसे पहले के संस्कृत कवियों से करुणा और सक्रिय प्रतिरोध के भाव लिये। उर्दू, हिन्दी और अंग्रेजी, तीनों ही में चमत्कारवाद, शुद्ध कलावाद का विरोध करके और साहित्य की लौकिकता का प्रतिपादन करके उन्होंने भारतीय संस्कृति के जनवादी रूप को प्रतिष्ठित करने में योग दिया। शुक्ल जी का दृष्टिकोण सामन्त-विरोधी है, इसीलिए वह असहिष्णु हैं। उनकी आलोचना सामन्ती संस्कृति के प्रेमियों के लिए ललकार है। वह जनता का पक्ष लेकर एक नई संस्कृति के लिए लड़नेवाली आलोचना है। साहित्य में तटस्थता, जनता के प्रति उदासीनता, शुद्ध कला और शुद्ध कल्पना के हामियों को शुक्ल जी का यह लड़ाकू रूप पसन्द नहीं। लेकिन इसीलिए वह हमारे साहित्यिक विकास के लिए इतना महत्त्वपूर्ण है।

शुक्ल जी ने यही न देखा था कि उनके समय का सामन्ती वर्ग निकम्मा है, उन्होंने यह भी देखा था कि कई सौ वर्ष पहले अपनी ऐतिहासिक भूमिका पूरी करके यह वर्ग कभी का जर्जर हो चुका था। यह वर्ग देश-रक्षा और वीरत्व का ठेका लेता था लेकिन देश की रक्षा करने में असमर्थ रहा था। राजा भोज के बारे में उन्होंने लिखा है : "भोज ऐसे राजा बात बनानेवाले खुशामदियों को कवि कहकर लाखों का पुरस्कार देने लगे। उसी भोज की तारीफों के पुल बाँधनेवाले—उसके प्रताप को सूर्य से भी बढ़कर बताने वाले—चारों ओर से आते थे जिसके सामने ही विदेशी इस देश में आकर भारतीयों की इतनी दुर्दशा करने लगे थे।" ('रस-मीमांसा', पृ. 99)

रीतिकालीन कवि सामन्तों के हाथ किस तरह बिक गए थे, उसका व्यंग्यपूर्ण चित्र खींचते हुए शुक्ल जी ने लिखा है :

"हिन्दी के रीतिकाल के कवि तो मानो राजाओं के यहाँ राजाओं की कामवासना उत्तेजित करने के लिए ही रखे जाते थे! एक प्रकार के कविराज तो रईसों के मुँह में मकरध्वज का रस झोंकते थे, दूसरे प्रकार के कविराज कान में मकरध्वज की पिचकारी देते थे। पीछे से तो ग्रीष्मोपचार आदि के नुस्खे भी कवि लोग तैयार करने लगे।" ('रस-मीमांसा', पृ. 28) शुक्ल जी का व्यंग्य तिलमिला देनेवाला है क्योंकि उनका दृष्टिकोण राजा-रईसों के प्रति सहानुभूति पर निर्भर नहीं है। वह सामन्ती वर्ग के निठल्लेपन और उसके चाटुकार साहित्यिक वर्ग की मकरध्वजवादी वास्तविकता प्रकट कर देता है।

सामन्तों के हाथों कविता की जो दुर्दशा हुई है, उसके बारे में शुक्ल जी क्रोध के साथ लिखते हैं :

"कविता पर अत्याचार भी बहुत कुछ हुआ है। लोभियों, स्वार्थियों और खुशामदियों ने उसका गला दबाकर कहीं अपात्रों की आसमान पर चढ़ानेवाली स्तुति कराई है, कहीं द्रव्य न देनेवालों की निन्दा। ऐसी तुच्छ वृत्तिवालों का अपवित्र हृदय कविता के निवास के योग्य नहीं।" (उप., पृ. 53)

इस तरह वर्ग शब्द का प्रयोग न करके भी शुक्ल जी ने बहुत अच्छी तरह रीतिकालीन साहित्य का वर्ग-आधार स्पष्ट कर दिया है। वर्गों से परे उन्होंने शुद्ध कलावाद के आधार पर इस साहित्य का सौन्दर्य-निरूपण नहीं किया। यही बात शुद्ध कलावादियों के लिए एकांगी समाजशास्त्रीय दृष्टिकोण है।

शुक्ल जी सामन्ती संस्कृति के ही विरुद्ध नहीं हैं, वे योरप की बर्बर साम्राज्यवादी संस्कृति का भी विरोध करते हैं। मध्यकालीन आक्रमणकारियों से योरप के व्यापारियों की तुलना करते हुए शुक्ल जी ने लिखा है : "पुरानी चढ़ाइयों की लूटपाट का सिलसिला आक्रमणकाल तक ही, जो बहुत दीर्घ नहीं हुआ करता था, रहता था, पर योरप के अर्थोन्मादियों ने ऐसी गूढ़, जटिल और स्थायी प्रणालियाँ प्रतिष्ठित कीं, जिनके द्वारा भूमंडल की न जाने कितनी जनता का रक्त चूसता चला जा रहा है—न जाने कितने देश चलते-फिरते कंकालों के कारागार हो रहे हैं।" ('चिन्तामणि', पहला भाग, पृ. 129)

नि:सन्देह आचार्य शुक्ल का हृदय साम्राज्यवादी उत्पीड़न से व्यथित था। इस उत्पीड़न के प्रति वह तटस्थ नहीं थे। प्रेमचन्द के साथ उन्होंने बिना किसी दुविधा के उसकी निन्दा की, उसका जघन्य राक्षसी रूप जनता के सामने प्रकट किया। कांग्रेसी नेता रूस के साम्राज्य-विरोधी साहित्य को सोद्‌देश्य (टेंडेंशस) कहकर रेलवे स्टालों से उसका बहिष्कार करा रहे हैं। उन्हें चाहिए कि शुक्ल जी की आलोचना से भी ऐसे तमाम सोद्‌देश्य स्थल निकाल दें क्योंकि उनसे लोगों को याद आएगा

कि भारत आज भी कंकालों का कारागार है और इसका कारण कांग्रेस-राज है, कांग्रेसी नेताओं को उन्हीं व्यापारियों से प्रीति है, जिनकी आचार्य शुक्ल ने रोषपूर्ण शब्दों में निन्दा की थी।

शुक्ल जी ने साम्राज्यवादी उत्पीड़न का ही विरोध नहीं किया, उन्होंने पश्चिमी देशों की संस्कृति के मूल सूत्र व्यक्तिवाद को भी पकड़ा और दिखाया कि किस तरह बीसवीं सदी में वह पतन की सीमा तक पहुँच गया है। उन्होंने इसकी शुरुआत रिनैसैंस काल से ही—यानी पूँजीवाद के अभ्युदय-काल से ही—दिखलाई है। रोमांटिक आन्दोलन के बाद यानी उन्नीसवीं सदी के उत्तरार्द्ध में यह व्यक्तिवाद की प्रवृत्ति कितनी विकृत हो गई और साहित्य के साथ कैसा खिलवाड़ करने लगी, यह उन्होंने इन्दौरवाले भाषण में विस्तार के साथ दिखलाया है। इस तरह उन्होंने अंग्रेजी साहित्य की भोंडी और प्रगतिविरोधी प्रवृत्तियों की ओर से हिन्दी-प्रेमियों और लेखकों को सावधान किया है। उन्होंने योरप के अबुद्धिवादियों का मजाक बनाया है जो समझते हैं कि अच्छे काव्य न बनने का कारण बुद्धि का बढ़ जाना है।

इस तरह के अबुद्धिवादी हिन्दी साहित्य में भी हैं। पश्चिमी साहित्य के निराशावादियों से हमें सावधान करते हुए शुक्ल जी कहते हैं : "वर्तमान अंग्रेजी साहित्य-क्षेत्र में उनके नैराश्य में योग देनेवाले हैं मि. हाजमन और इलियट। ये लोग केवल समय-समय पर अपनी कुढ़न और बौखलाहट भर प्रकट कर देते हैं।" ('चिन्तामणि', दूसरा भाग, पृ. 227)

शुक्ल जी की चेतावनी कितनी सामयिक थी, यह इधर के नये कवियों और कुछ पुराने लेखकों पर इलियट के प्रभाव को देखकर समझा जा सकता है। अज्ञेय और नये प्रयोगवादी कवियों की विषयवस्तु उनकी कुढ़न और बौखलाहट ही व्यक्त करती है। कविता के रूप को विकृत करने में तो ये सब इलियट के भी गुरु हैं।

शुक्ल जी को अंग्रेजी से चिढ़ न थी। अंग्रेजी साहित्य की हर बात का विरोध करना प्रतिक्रियावाद की निशानी है। आलोचना में शुक्ल जी को रिचाड्र्स का सिद्धान्त पसन्द था कि साहित्य की अनुभूति और प्रत्यक्ष जगत् की अनुभूतियों में मौलिक अन्तर नहीं है। लेकिन उन्होंने रिचाड्र्स के सिद्धान्तों का—जो पूँजीवादी मनोविज्ञान से प्रभावित हैं—समर्थन नहीं किया। यह देखकर प्रसन्नता होती है कि शुक्ल जी ने पश्चिमी आलोचकों द्वारा प्रतिपादित शेक्सपियर की तटस्थता और निरपेक्षता का खंडन किया है। वाट्स डंटन का हवाला देते हुए उन्होंने कहा है कि हम हैमलेट के बहुत-से भाषणों को अपनाते हैं, जिसका अर्थ है कि उनमें शेक्सपियर की ही भावनाएँ प्रकट हुई हैं ('रस-मीमांसा', पृ. 318) शेली के लिए उन्होंने लिखा है : "अंग्रेज कवि शेली संसार में फैले पाखंड, अन्याय और अत्याचार के दमन तथा मनुष्य-मनुष्य के बीच सीधे-सरल प्रेमभाव के सार्वभौम संसार का स्वप्न देखनेवाले कवि थे।" (उप., पृ. 60) इससे यह भी पता चलता है कि शुक्ल जी

को अंग्रेजी कविता में किस तरह के भाव विशेष प्रिय थे। वड्र्सवर्थ की भी उन्होंने प्रशंसा की है।

शुक्ल जी ने भारतीय सामन्तवाद और योरपीय पूँजीवाद की सांस्कृतिक धाराओं का जहाँ खंडन किया है, वहाँ उन्होंने भारतीय पूँजीवाद की मूल सांस्कृतिक स्थापना—निष्क्रिय प्रतिरोध—का भी खंडन किया है। पूँजीवादी नेता और लेखक गांधीवाद की भारतीयता का डंका बहुत पीटते हैं लेकिन गांधीवाद की मुख्य स्थापना—निष्क्रिय प्रतिरोध—रूसी लेखक टॉल्स्टॉय की देन है। यह स्थापना जनता के क्रान्तिकारी विरोध को रोकने में और साम्राज्यवाद से समझौता करने के काम आती है, इसलिए पूँजीवादी नेता और लेखक उसके विदेशी होने की बात नहीं करते। फिर भी गांधी जी ने अपने विरोध-प्रदर्शन का ढंग टॉल्स्टॉय से लिया था, यह उन्हीं की कृतियों से स्पष्ट है। वाल्मीकि, व्यास और तुलसीदास ने अपने चरितनायकों को हमेशा अन्यायी और अत्याचारी का सक्रिय विरोध करते हुए, उसका नाश करते हुए दिखाया। उस परम्परा के उपासक शुक्ल जी निष्क्रिय प्रतिरोध का समर्थन कैसे करते? भारतीयता के गांधीवादी ठेकेदार शुक्ल जी के इन शब्दों पर ध्यान दें :

"कर्म-सौन्दर्य के जिस स्वरूप पर मुग्ध होना मनुष्य के लिए स्वाभाविक है और जिसका विधान कवि-परम्परा बराबर करती चली आ रही है, उसके प्रति उपेक्षा प्रकट करके और कर्म-सौन्दर्य के एक दूसरे पक्ष में ही—केवल प्रेम और भ्रातृभाव के प्रदर्शन और आचरण में ही—काव्य का उत्कर्ष मानने का जो एक नया फैशन टॉल्स्टॉय के समय से चला है, वह एकदेशीय है। दीन और असहाय जनता को निरन्तर पीड़ा पहुँचाते चले जानेवाले क्रूर आततायियों को उपदेश देने, उनसे दया की भिक्षा माँगने और प्रेम जताने तथा उनकी सेवा-शुश्रूषा करने में ही कर्तव्य की सीमा नहीं मानी जा सकती, कर्मक्षेत्र का एकमात्र सौन्दर्य नहीं कहा जा सकता। मनुष्य के शरीर के जैसे दक्षिण और वाम दो पक्ष हैं, वैसे ही उसके हृदय के भी कोमल और कठोर, मधुर और तीक्ष्ण दो पक्ष हैं और बराबर रहेंगे। काव्यकला की पूरी रमणीयता इन दोनों के समन्वय के बीच मंगल या सौन्दर्य के विकास में दिखाई पड़ती है।" ('रस-मीमांसा', पृ. 64-65)

लोक के प्रति करुणा से प्रेरित होकर रावण पर चढ़ाई करनेवाले राम के 'कालाग्नि सदृश क्रोध' का उल्लेख करने के बाद शुक्ल जी आगे कहते हैं : "काव्य का उत्कर्ष केवल प्रेमभाव की कोमल व्यंजना में नहीं माना जा सकता जैसाकि टॉल्स्टॉय के अनुयायी या कुछ कलावादी कहते हैं। क्रोध आदि उग्र और प्रचंड भावों के विधान में भी, यदि उनकी तह में करुण भाव अव्यक्त रूप में स्थित हो, पूर्ण सौन्दर्य का साक्षात्कार होता है।" (उप., पृ. 68)

शेली के काव्य 'दि रिवोल्ट ऑफ इस्लाम' का हवाला देते हुए शुक्ल जी इसी प्रसंग में कहते हैं : "स्वतंत्रता के उन्मत्त उपासक, घोर परिवर्तनवादी शेली

के महाकाव्य 'दि रिवोल्ट ऑफ इस्लाम' के नायक-नायिका अत्याचारियों के पास जाकर उपदेश देनेवाले, गिड़गिड़ानेवाले, अपनी साधुता, सहनशीलता और शान्त वृत्ति का चमत्कारपूर्ण प्रदर्शन करनेवाले नहीं हैं। वे उत्साह की उमंग में प्रचंड वेग से युद्ध-क्षेत्र में बढ़नेवाले, पाखंड, लोक-पीड़ा और अत्याचार देख पुनीत क्रोध के सात्त्विक तेज से तमतमानेवाले या स्वार्थवश, आततायियों की सेवा स्वीकार करनेवालों के प्रति उपेक्षा प्रकट करनेवाले हैं।" ('रस-मीमांसा', पृ. 68-69)

शुक्ल जी के इन वाक्यों से प्रकट होता कि गांधीवाद राजनीति ही में नहीं, साहित्य के लिए भी कितना हानिकर है! यही कारण है कि निष्क्रिय प्रतिरोध को लेकर हिन्दी में एक अच्छी कविता, एक अच्छी कहानी नहीं लिखी गई। जहाँ के लोग राम और कृष्ण के उपासक हों, जिन्होंने 1857 में आततायी अंग्रेजों के रण भूमि में छक्के छुड़ा दिये हों, उनमें निष्क्रिय प्रतिरोध की जड़ें कितनी गहरी होंगी? सर्वश्रेष्ठ गांधीवादी साहित्यकार स्वर्गीया सुभद्राकुमारी चौहान की सबसे लोकप्रिय कविता थी—'झाँसी की रानी' लक्ष्मीबाई पर!

प्रेम द्वारा पाप का नाश किया जाए, इस धारणा को टॉल्स्टॉय के उपदेशों की प्रतिध्वनि बतलाते हुए शुक्ल जी ने लिखा है : "विचारने की बात है कि दूसरों की निरन्तर बढ़ती हुई पीड़ा को देख-देख अत्याचारियों की शुश्रूषा और उनके साथ प्रेम का व्यवहार करते चले जाने में अधिक सौन्दर्य का विकास है, कि करुणा से आर्द्र और फिर रोष से प्रज्ज्वलित होकर पीड़ितों और अत्याचारियों के बीच उत्साहपूर्वक खड़े होने तथा अपने ऊपर अत्याचार-पीड़ा सहने और प्राण देने के लिए तत्पर होने में। हम तो करुणा और क्रोध के इसी सामंजस्य में मनुष्य के कर्म-सौन्दर्य की पूर्ण अभिव्यक्ति और काव्य की चरम सफलता मानते हैं।" ('चिन्तामणि', दूसरा भाग, पृ. 53)

शुक्ल जी ने ये शब्द 'काव्य में रहस्यवाद' नाम के निबन्ध में लिखे थे। बीसवीं सदी के भारतीय रहस्यवाद में वही निष्क्रिय प्रतिरोध-भावना छिपी हुई थी। इसी को अध्यात्मवाद भी कहा जाता था। शुक्ल जी ने इस रहस्यवाद का रहस्य प्रकट करके देश-सेवा का काम किया था। इसी 'अध्यात्म' को उन्होंने साहित्य-संसार से निकाल देने की बात कही थी। आज भी जनता के बढ़ते हुए असंतोष से भय खाकर पूँजीवादी लेखक 'रूस' और 'भौतिकवाद' को कोसते हुए इस अध्यात्म का स्मरण करते हैं। यह अध्यात्म और निष्क्रिय प्रतिरोध साम्राज्यवाद और भारत के वर्तमान शासक-वर्ग के लिए बहुत ही लाभकारी है। वह साम्राज्यवादी हितों और उससे जुड़े देशी निहित स्वार्थों की रक्षा करने में सहायता करता है। इसीलिए शुक्ल जी द्वारा रहस्यवाद और इस अध्यात्म की, टॉल्स्टॉय-पंथ की आलोचना का महत्त्व आज भी कम नहीं हुआ।

शुक्ल जी कहते हैं : "जब जीवन-प्रवाह क्षीण और अशक्त पड़ने लगता है और गहरी विषमता आने लगती है तब नई शक्ति का प्रवाह फूट पड़ता है जिसके

वेग की उच्छृंखलता के सामने बहुत-कुछ ध्वंस भी होता है, पर यह उच्छृंखल वेग जीवन या जगत् का नित्य स्वरूप नहीं है।" ('रस-मीमांसा', पृ. 19)

ध्वंस-कार्य कुछ समय के लिए ही आवश्यक होता है। उसे जीवन का नित्य नियम होना ही न चाहिए। लेकिन वह क्यों अनिवार्य हो जाता है, यह शुक्ल जी ने बहुत स्पष्ट बता दिया है। ध्वंस जब नये निर्माण के लिए आवश्यक होता है, तब उसकी भीषणता भी सुन्दर होती है। शुक्ल जी कहते हैं : "लोक की पीड़ा, बाधा, अन्याय, अत्याचार के बीच दबी हुई आनन्द-ज्योति भीषण शक्ति में परिणत होकर अपना मार्ग निकालती है और फिर लोक-मंगल और लोक-रंजन के रूप में अपना प्रकाश करती है।" (उप., प. 56)

शुक्ल जी उन्हीं कवियों को पूर्ण कवि मानते हैं जो "पीड़ा, बाधा, अन्याय, अत्याचार आदि के दमन में तत्पर शक्ति के संचरण में भी—उत्साह, क्रोध, करुणा, भय, घृणा इत्यादि की गतिविधि में भी—पूरी रमणीयता देखते हैं।" (उप., पृ. 53)

निश्चय ही शुक्ल जी की इस क्रान्तिकारी विरासत की ज्यादा जानकारी होनी चाहिए और तत्परता से उसकी रक्षा होनी चाहिए।

आचार्य रामचन्द्र शुक्ल ने रीतिकालीन साहित्यशास्त्र का विरोध किया, साहित्य को धनीवर्ग का सेवक बनने से रोका, उन्होंने सामन्ती संस्कृति और साम्राज्यवादी उत्पीड़न का सच्चा रूप दिखाया, पश्चिमी व्यक्तिवाद और निराशावाद से बचने की चेतावनी दी, निष्क्रिय प्रतिरोध, टॉल्स्टॉय-पंथ, रहस्यवाद और अध्यात्म की पुकार का रहस्य प्रकट किया और अन्याय और अत्याचार के दमन में सौन्दर्य की प्रतिष्ठा की। इस तरह उन्होंने साहित्यकार को जनता का पक्ष लेना सिखाया और नये साहित्य में अपनी ऐतिहासिक भूमिका पूरी की।

शुक्ल जी का दार्शनिक दृष्टिकोण मूलत: वस्तुवादी है। यह जगत् सत्य है। शुक्ल जी ने संसार को कहीं भी मिथ्या नहीं कहा। वह उसे रूप-समुद्र कहते हैं। मनुष्य को अपनी सत्ता का ज्ञान भी लौकिक जीवन से होता है। इस तरह ज्ञान का आधार अलौकिक नहीं है। शुक्ल जी उसकी अलौकिकता का खंडन करते हैं, यह उनके ज्ञान-सम्बन्धी सिद्धान्त का ही परिणाम है। "आत्मबोध और जगद्बोध के बीच ज्ञानियों ने गहरी खाई खोदी, पर हृदय ने कभी उसकी परवाह न की।" ('चिन्तामणि', पहला भाग, पृ. 213) प्रसाद जी की तरह शुक्ल जी भी चेतना और प्रकृति में मौलिक भेद नहीं करते। प्रसाद जी ने लिखा था : "एक तत्त्व ही की प्रधानता, कहो उसे जड़ या चेतन।" शुक्ल जी के लिए सत्ता एक है। "सम्पूर्ण सत्ता—क्या भौतिक, क्या आध्यात्मिक—एक ही परम सत्ता या परम भाव के अन्तर्गत है।" ('रस-मीमांसा', पृ. 118-119)

फिर भी शुक्ल जी का दृष्टिकोण सुसंगत रूप से भौतिकवादी नहीं है। वह यह स्पष्ट नहीं कहते कि विश्व की एकता उसकी भौतिकता में है। वह एक ओर संसार की भौतिकता पर जोर देते हैं और ज्ञान को भौतिक जीवन से ही उत्पन्न मानते हैं;

दूसरी ओर वह विश्व-आत्मा और भौतिक जगत् में व्यक्त होनेवाले ब्रह्म की बात भी करते हैं। उनके विचारों में यह एक असंगति है। फिर भी यह विश्व-आत्मवाद उनके साहित्यशास्त्र की मूलधारा नहीं है, यह निश्चयपूर्वक कहा जा सकता है। इसीलिए उनके दार्शनिक दृष्टिकोण को मूलतः वस्तुवादी कहना उचित है।

शुक्ल जी की तर्क-पद्धति द्वंद्वात्मक है। वह वस्तुओं और विचारों की गतिशीलता पर जोर देते हैं, पदार्थों के लिए वह बहुधा 'व्यापार' (प्रोसेस) शब्द का प्रयोग इसीलिए करते हैं। सौन्दर्य और मंगल को वह गत्यात्मक कहते हैं और यह सिद्धान्त सामने रखते हैं कि "गति की यही नित्यता जगत् की नित्यता है।" ('चिन्तामणि', दूसरा भाग, पृ. 58)

शुक्ल जी की द्वंद्व-पद्धति विरोधी वस्तुओं की एकता तुरन्त पहचान लेती है। 'चिन्तामणि' (पहला भाग) का पहला वाक्य ही यह है : "अनुभूति के द्वंद्व ही से प्राणी के जीवन का आरम्भ होता है।"

इस मूल अनुभूति में सुख और दुःख जुड़े रहते हैं। भावों की विवेचना में करुणा और क्रोध, भीषणता और माधुर्य आदि का संयोग दिखाने में उन्हें कठिनाई नहीं होती। वह जड़वादी तर्कशास्त्रियों की तरह यह नहीं कहते कि राम ने रावण पर शस्त्र उठाया, इसीलिए हिंसा हो गई; वह राम के सात्त्विक क्रोध के मूल में लोकरंजन की कामना का उद्घाटन करते हैं। साहित्य में केवल असाधारणता की खोज को निंद्य ठहराते हुए वह साधारण और असाधरण की एकता दिखाते हैं। "साधारण के बीच में ही असाधारण की अभिव्यक्ति हो सकती है।" ('रस-मीमांसा', पृ. 103)

शुक्ल जी सामन्ती समाज-व्यवस्था के समर्थक नहीं हैं। राजाओं के हाथों काव्य की जो दुर्दशा हुई, उसे उन्होंने उभारकर जनता के सामने रखा। वह भक्ति-आन्दोलन के प्रबल समर्थक थे, लेकिन उन्होंने साहित्य में दासभाव का समर्थन नहीं किया। वर्णों के हिसाब से मानव-धर्म लिया जाए तो वह क्षात्र-धर्म के समर्थक हैं। "कर्म-सौन्दर्य की योजना क्षात्र-जीवन में जितने रूपों में सम्भव है, उतने रूपों में और किसी जीवन में नहीं।...मनुष्य की सम्पूर्ण रागात्मिका वृत्तियों को उत्कर्ष पर ले जाने और विशुद्ध करने की सामर्थ्य उसमें है।" ('चिन्तामणि', पहला भाग, पृ. 43)

वह काव्य के भावयोग और लौकिक जीवन के कर्मयोग की एकता मानते हैं, इसलिए निठल्ले, अवकाशभोगी, पैसा-कमाऊ वर्गों के लिए वह कविता की आवश्यकता नहीं समझते। ऐसे लोग कविता को व्यर्थ का व्यापार समझते हैं। "अर्थागम से हृष्ट, 'स्वकार्यं साधयेत्' के अनुयायी काशी के ज्योतिषी और कर्मकांडी, कानपुर के बनिये और दलाल, कचहरियों के अमले और मुख्तार, ऐसों को (कवियों को) कार्य-भ्रंशकारी मूर्ख, निरे निठल्ले या खप्त-उल हवास समझ सकते हैं।" ('रस-मीमांसा', पृ. 22)

इससे स्पष्ट है कि शुक्ल जी का सामाजिक दृष्टिकोण धनीवर्ग के हितों को देखकर नहीं बना, उसका आधार साधारण जनता का जीवन है। धनीवर्ग के देश-प्रेम का मखौल उड़ाते हुए शुक्ल जी कहते हैं : "देश-प्रेम की दुहाई देनेवालों में से कितने अपने किसी थके-माँदे भाई के फटे-पुराने कपड़ों पर रीझकर—या कम-से-कम न खीझकर—बिना मन मैला किये कमरे की फर्श भी मैली होने देंगे? मोटे आदमियो! तुम जरा-सा दुबले हो जाते—अपने अन्देशों से ही—तो न जाने कितनी ठठरियों पर मांस चढ़ जाता।" ('रस-मीमांसा', पृ. 153) भारतीयता के ठेकेदार बननेवाले कांग्रेसी नेता इन शब्दों की सच्चाई आज भी सिद्ध कर रहे हैं।

शुक्ल जी हिन्दू-मुसलमानों की कट्टरता के विरोधी थे। इन दोनों की धार्मिक कट्टरता का विरोध करने के कारण ही उन्होंने लिखा था : "सौ वर्ष पहले कबीरदास हिन्दू और मुसलमान, दोनों के कट्टरपन को फटकार चुके थे। पंडितों और मुल्लाओं की तो नहीं कह सकते, पर साधारण जनता 'राम और रहीम' की एकता मान चुकी थी।"

शुक्ल जी देशभक्त लेखक थे, वह साहित्य में देशभक्ति के हामी थे। उन्होंने देश के मनुष्यों और उसकी प्रकृति को देखने, जानने-पहचानने और प्यार करने पर जोर दिया था। अंग्रेजी में जिसे 'कॉस्मोपालिटनिज्म' कहा जाता है, यानी हम तो विश्व-नागरिक हैं, हमें देश-प्रेम और राष्ट्रीय स्वाधीनता से क्या मतलब, उसका शुक्ल जी ने विरोध किया है। यह विश्ववाद साम्राज्यवादियों के प्रभुत्व का साधन है। जनता की देशभक्ति, अपनी जातीय संस्कृति से उसका प्रेम उनके साम्राज्यवादी प्रभुत्व में बाधक होता है इसलिए वे विश्ववाद का प्रचार करते हैं। शुक्ल जी ने लिखा था :

"इसी देशबद्ध मनुष्यत्व के अनुभव से सच्ची देशभक्ति या देशप्रेम की स्थापना होती है। जो हृदय संसार की जातियों के बीच अपनी जाति की स्वतंत्र सत्ता को अनुभव नहीं कर सकता, वह देशप्रेम का दावा नहीं कर सकता।" ('रस-मीमांसा', पृ. 151)

देशभक्ति, जातीयता और जनहित के आधार पर बना हुआ शुक्ल जी का दष्टिकोण साहित्य के कलात्मक सौन्दर्य का पूरा हामी है। "सुन्दर और कुरूप—काव्य में बस ये ही दो पक्ष हैं।" (उप., पृ. 32) मंगल को वह सुन्दर का ही दूसरा रूप मानते हैं। अमंगल, असुन्दर ही हो सकता है, सुन्दर नहीं। "कविता में कही गई बात चित्र-रूप में हमारे सामने आती है", कलात्मक सौन्दर्य का आधार साहित्य की यही मूर्तिमत्ता है। (उप., पृ. 41) इसी कारण वह उक्तिचातुरी को ही काव्य नहीं मानते। "काव्य में अर्थग्रहण मात्र से काम नहीं चलता, बिम्बग्रहण अपेक्षित होता है।" (उप., पृ. 167) इसी आधार पर अंग्रेजी के अनेक पतनशील कवियों की उन्होंने तीखी आलोचना की है जो मौलिकता की खोज में कलात्मक सौन्दर्य के मूल नियम की अवहेलना करते थे। रहस्यवादी कविताओं में मूर्ति की अस्पष्टता के लिए उन्होंने अनेक हिन्दी कवियों की भी आलोचना की है।

प्राचीन कवियों के चित्र-सौन्दर्य के लिए उन्होंने उनकी प्रशंसा की। "काव्य में बिम्ब-स्थापना (इमेजरी) प्रधान वस्तु है। वाल्मीकि, कालिदास आदि प्राचीन कवियों में यह पूर्णता को प्राप्त है।" ('रस-मीमांसा', पृ. 358) जो लोग शुक्ल जी के दृष्टिकोण को एकांगी समाजशास्त्रीय कहते हैं, वे वास्तव में किसी और तरह का सौन्दर्य चाहते हैं।

शुक्ल जी कलात्मक सौन्दर्य के हामी हैं, इसलिए वह उपदेश देने के विरुद्ध हैं। सूर और तुलसी को कवि न मानकर धर्मोपदेशक माननेवालों से वह कहते हैं : "सूर और तुलसी को हमें उपदेशक के रूप में न देखना चाहिए। उपदेशवाद या तर्क गोस्वामी जी के अनुसार 'वाक्यज्ञान' मात्र कराते हैं, जिससे जीवकल्याण का लक्ष्य पूरा नहीं होता।" ('चिन्तामणि', पहला भाग, पृ. 201)

शुक्ल जी के निधन पर निराला जी ने लिखा था :

अमानिशा थी समालोचना के अंबर पर
उदित हुए जब तुम हिन्दी के दिव्य कलाधर।

चन्द्रमा की चौदह कलाएँ कैसे एक के बाद एक आईं और चन्द्र को पूर्णता देती गईं, इसका वर्णन करते हुए निराला जी ने कहा है कि द्वितीया आई : "किन्तु निशाचर संध्या के अन्तर में दहले।" वास्तविकता भी यही है कि निशाचरों ने उन्हें न तो तब क्षमा किया और न अब। शुक्ल जी सामन्ती साहित्यशास्त्र का टाट उलटकर हिन्दी का अपना मौलिक शास्त्र रच रहे थे। फिर निहित स्वार्थों के चाकर उनका यह कार्य कैसे सहन करते? आज भी एक वर्ग उनके सिद्धान्तों और साहित्य की आलोचना के बारे में जनता में भ्रम फैलाता है। शुक्ल जी ने जो कुछ लिखा, वह उनके गहरे अध्ययन और चिन्तन का परिणाम था। उनके हृदय में जनता और देश के लिए अगाध प्रेम था, इसीलिए वह नये सिरे से और निर्भीक होकर साहित्य का मूल्यांकन कर सके, नये सिद्धान्त स्थिर कर सके। आज उनके वस्तुवादी दृष्टिकोण, द्वंद्वात्मक तर्क-पद्धति, वाल्मीकि-भवभूति-तुलसीदास के मूल्यांकन और काव्य में कलात्मक सौन्दर्य के महत्त्व के सिद्धान्त को आत्मसात् करके ही हिन्दी आलोचना और हिन्दी साहित्य आगे बढ़ सकते हैं। आजकल शाश्वत् साहित्य रचने, देश की समस्याओं को भुलाकर निर्लिप्त भाव से सौन्दर्य या अध्यात्म की उपासना करने की बातें अक्सर सुनने को मिलती हैं। शुक्ल जी सामाजिक प्रश्नों की ओर साहित्यकारों की उदासीनता का घोर विरोध करते हैं। "जाने दो, हमसे क्या मतलब; चलो अपना काम देखें। यह महाभयानक रोग है। इससे मनुष्य आधा मर जाता है।" ('रस-मीमांसा', पृ. 24) साहित्य में तटस्थता की बात करनेवाले ऐसे ही अर्द्धमृत लोग हैं। शुक्ल जी साहित्य से राजनीति को बाहर रखने की बात नहीं करते। राजनीति बाहर न रखी जाए, साहित्य में वह आए, लेकिन साहित्य के अपने गुणों की रक्षा करते हुए।

राजनीति और साहित्य के सम्बन्ध पर शुक्ल जी के ये वाक्य मनन करने योग्य हैं :

"यदि किसी जन-समुदाय के बीच कहा जाए कि अमुक देश तुम्हारा इतना रुपया प्रति वर्ष उठा ले जाता है तो सम्भव है कि उस पर कुछ प्रभाव न पड़े। पर यदि दारिद्र्य और अकाल का भीषण और करुण दृश्य दिखाया जाए, पेट की ज्वाला से जले हुए कंकाल कल्पना के सम्मुख रखे जाएँ और भूख से तड़पते हुए बालक के पास बैठी हुई माता का आर्त क्रन्दन सुनाया जाए तो बहुत-से लोग क्रोध और करुणा से व्याकुल हो उठेंगे और इस दशा को दूर करने का यदि उपाय नहीं तो संकल्प अवश्य करेंगे। पहले ढंग की बात कहना राजनीतिज्ञ या अर्थशास्त्री का काम है और पिछले प्रकार का दृश्य भावना में लाना कवि का।" ('रस-मीमांसा', पृ. 22)

हिन्दी में अब जनता के वास्तविक जीवन को प्रतिबिम्बित करनेवाला, उसकी आशाओं और संघर्षों को मूर्त रूप देनेवाला साहित्य अधिकाधिक रचा जा रहा है। यही कारण है कि कुछ लोग शुक्ल जी की विरासत मिटाने पर तुल गए हैं क्योंकि वह विरासत नये साहित्य के निर्माण के लिए निरन्तर प्रेरणा देती है। इन्दौर वाला भाषण समाप्त करते हुए शुक्ल जी ने उन दिनों का स्मरण किया था जब "थोड़े-से लोग किसी भव्य भविष्य की आशा बाँधे हिन्दी-सेवा कर रहे थे।" हिन्दी ने जितनी प्रगति की थी, उस पर बधाई देते हुए उन्होंने और भी उज्ज्वल भविष्य के लिए बढ़ने का आह्वान करते हुए कहा था :

"जिन आँखों से मैंने इतना देखा, उन्हीं से अब अपने हिन्दी साहित्य को, विश्व की नित्य और अखंड विभूति से शक्ति, सौन्दर्य और मंगल का प्रभूत संचय करके एक स्वतंत्र "नवनिधि' के रूप में प्रतिष्ठित देखना चाहता हूँ।"

नि:सन्देह जनवादी और स्वाधीन भारत में सुखी और शिक्षित जनता के समृद्ध जीवन के आधार पर नये जन-साहित्य के निर्माण द्वारा आचार्य रामचन्द्र शुक्ल की यह पुनीत मनोकामना पूरी होगी।

संत-साहित्य में योगियों की भूमिका

संत-साहित्य हिन्दी-भाषी जनता के नवजागरण का साहित्य है। वह उसके जातीय उत्थान का साहित्य है। आचार्य शुक्ल ने निर्गुण और सगुण ब्रह्म के उपासकों को समान रूप से भक्तिकाल में लिया है। यह उचित है क्योंकि निर्गुण और सगुण ब्रह्म के उपासकों में जितनी समानताएँ हैं, उतनी असमानताएँ नहीं। प्रेम की सामान्य भूमि पर उनकी एकता देखी जा सकती है। जो सगुण ब्रह्म के उपासक हैं, वे निर्गुण के विरोधी नही हैं; जो निर्गुण के उपासक हैं, वे कभी-कभी उसे निर्गुण-सगुण, दोनों से ही परे समझते हैं। इसलिए यह समझना, कि संत वही हैं जो निर्गुणवादी हैं, सही नहीं है; न यह समझना ठीक है कि भक्त वही हैं जो सगुणोपासक हैं। सगुण और निर्गुण उपासकों को एक ही भक्तिधारा का कवि मानकर शुक्ल जी ने साहित्यिक आन्दोलनों को परखने में अपनी सूझ-बूझ का परिचय दिया है।

कुछ विद्वानों का विचार है कि संत-साहित्य पर बौद्ध-सिद्धों और नाथपंथी योगियों का विशेष प्रभाव पड़ा है; ये सिद्ध और योगी वैष्णव मत के विरुद्ध थे; इन सिद्धों और योगियों की एक विशेष क्रान्तिकारी भूमिका रही है जो निर्गुणवादी संतों में अच्छी तरह पल्लवित हुई। इस विचारधारा के दो स्वाभाविक परिणाम निकलते हैं :

(1) संत-साहित्य कोई मौलिक आन्दोलन नहीं है वरन् सिद्धों और योगियों के चिन्तन का ही विकास है।

(2) सिद्धों और योगियों की भूमिका क्रान्तिकारी थी, इसलिए उनके अनुयायी निर्गुणवादी संतों का साहित्य क्रान्तिकारी है और राम और कृष्ण के उपासक कवियों का साहित्य सापेक्ष रूप में प्रतिक्रियावादी।

इस सम्बन्ध में शुक्ल जी का मत विचारणीय है। शुक्ल जी की स्थापनाएँ इस प्रकार हैं :

बौद्ध धर्म के विकृत रूप वज्रयान का प्रभाव भारत के पूर्वी भागों में बहुत दिनों तक कायम रहा। "इन बौद्ध तांत्रिकों के बीच वामाचार अपनी चरम सीमा को पहुँचा।"* ये लोग सिद्ध कहलाते थे और अलौकिक शक्ति-सम्पन्न समझे जाते थे। "वज्रयानियों की योग-तंत्र-साधनाओं में मद्य तथा स्त्रियों का—विशेषत: डोमिनी,

* देखिए, हिन्दी साहित्य का इतिहास

रजकी आदि का—अबाध सेवन एक आवश्यक अंग था।" वज्रयानियों के अनुसार निर्वाण का सुख रमणी-प्रसंग के सुख के समान था। मद्यपान और स्त्रीप्रसंग के कारण, मुसलमानों के आक्रमण के समय, देश के पूर्वी भागों में "धर्म के नाम पर बहुत दुराचार फैला था।" रहस्यवादियों की तरह ये सिद्ध अपनी बातें बहुधा सांकेतिक ढंग से या उलटबाँसियों के रूप में कहते थे। ये शास्त्रों का विरोध करते थे लेकिन उसके बदले अन्तर्मुख साधना पर जोर देते थे।

कौल, कापालिक, गोरखपंथी आदि मतों का वज्रयान से गहरा सम्बन्ध है। गोरख-मत या नाथपंथ सिद्धों के मत से एक हद तक भिन्न है। शुक्ल जी के अनुसार नाथपंथियों ने "वज्रयानियों के अश्लील और बीभत्स विधानों से अपने को अलग रखा" यद्यपि शिव-शक्ति की भावना के कारण कुछ शृंगारमयी वाणी भी उनमें मिलती है। सिद्धों का प्रचारक्षेत्र पूरब था, नाथपंथियों का पश्चिम।

नाथपंथियों ने हठयोग का सहारा लिया। उनका उद्‌देश्य ईश्वर-प्राप्ति था। मूर्ति-पूजा, तीर्थाटन, वेद-शास्त्र के अध्ययन को वे अनावश्यक समझते थे। वे जाति-पाँति के विरोधी थे। वे कान में बड़े-बड़े छेद करके कुंडल पहनते थे, इसलिए कनफटे कहलाते थे। इनमें बहुत-से मुसलमान फकीर भी शामिल हुए।

सिद्धों और नाथपंथी योगियों के चिन्तन का विवेचन करने के बाद शुक्ल जी कहते हैं : "उनकी रचनाएँ तांत्रिक विधान, योगसाधना, आत्म-निग्रह, श्वास-निरोध, भीतरी चक्रों और नाड़ियों की स्थिति, अन्तर्मुख साधना के महत्त्व इत्यादि की साम्प्रदायिक शिक्षा-मात्र हैं; जीवन की स्वाभाविक अनुभूतियों और दशाओं से इनका कोई सम्बन्ध नहीं।" और भी : "उनकी रचनाओं का जीवन की स्वाभाविक सरणियों, अनुभूतियों और दशाओं से कोई सम्बन्ध नहीं।"

शुक्ल जी की स्थापनाओं का निष्कर्ष यह है कि सिद्धों और योगियों की रचनाएँ जीवन से पराङ्मुख थीं; उनमें या तो वामाचार था या हठयोग, जीवन की स्वाभाविक अनुभूतियाँ नहीं। इनका प्रभाव निर्गुणवादी संतों पर पड़ा, यह वह मानते हैं लेकिन यह भी कहते हैं कि यह प्रभाव वेदान्त के ज्ञानवाद, सूफियों के प्रेमवाद, वैष्णवों के अहिंसावाद आदि से घुल-मिलकर विकसित हुआ।

इसका यह अर्थ नहीं है कि शुक्ल जी धार्मिक कर्मकांड के उपासक थे। उनका कहना है कि "हिन्दी साहित्य के आदिकाल में कर्म तो अर्थ-शून्य विधि-विधान, तीर्थाटन और पर्वस्नान इत्यादि के संकुचित घेरे में पहले से बहुत कुछ बद्ध चला आता था।" इससे स्पष्ट है कि शुक्ल जी इस तरह के कर्मकांडों के विरोधी थे। वे योगियों आदि का विरोध इसलिए नहीं करते कि वे कर्मकांडों का मजाक उड़ाते थे वरन इसलिए कि "जनता की दृष्टि को आत्म-कल्याण और लोक-कल्याण-विधायक सच्चे कर्मों की ओर ले जाने के बदले उसे वे कर्मक्षेत्र से ही हटाने में लग गए थे।" शुक्ल जी उनका विरोध इसलिए करते थे कि "अपनी रहस्यदर्शिता की धाक जमाने

के लिए वे बाह्य जगत् की बातें छोड़, घट के भीतर के कोठों की बात बताया करते थे। 'बाह्य जगत् की बातें छोड़' यह टुकड़ा ध्यान देने योग्य है। शुक्ल जी साहित्य में कल्पित अनुभूतियों के पक्षपाती नहीं हैं; वह साहित्य में इस बाह्य जगत् के मनुष्य और उसकी अनुभूतियों का चित्रण चाहते हैं। शुक्ल जी योगियों का विरोध इसलिए करते हैं कि उनकी बानियों का साधारण जनता पर यही प्रभाव पड़ सकता था कि वह सच्चे शुभ कर्मों के मार्ग से तथा भगवद्गीता की स्वाभाविक हृदय-पद्धति से हटकर अनेक प्रकार के मंत्र, तंत्र और उपचारों में जा उलझे और उसका विश्वास अलौकिक सिद्धियों पर जा जमे।" शुक्ल जी उनका विरोध इसलिए करते थे कि "सिद्ध और योगी निरन्तर अभ्यास द्वारा अपने शरीर को विलक्षण बना लेते थे। खोपड़ी पर चोट खा-खाकर उसे पक्की करना उनके लिए कोई कठिन बात न थी।"

इस तरह की 'साधना' से मानव-कल्याण असम्भव था। यह एक तरह के कर्मकांड का खंडन करके उसके बदले उससे भी घटिया कर्मकांड स्थापित करना था। यह योग-साधना मनुष्य को उसके साधारण सामाजिक कार्यों से विमुख करनेवाली थी। वह जनसाधारण में आत्मविश्वास पैदा करने के बदले उन्हें सिद्धों और योगियों के अलौकिक चमत्कारों का दास बनानेवाली थी। चिन्तन की यह धारा साहित्य में मनुष्य के यथार्थ जीवन के चित्र देकर उसे सरस और सजीव न बना सकती थी; वह उसे जीवन से विमुख करके, नाद, बिन्दु और षट्चक्रों में उलझाकर पहेलियों और उलटबाँसियों की ओर ले जानेवाली थी। भारत का विराट् जनवादी सांस्कृतिक आन्दोलन, जिसे हम भक्ति-आन्दोलन के नाम से जानते हैं, इन कनफटे जोगियों और वामाचारी सिद्धों की प्रेरणा का मोहताज न हो सकता था।

इससे विपरीत स्थापनाएँ श्री हजारीप्रसाद द्विवेदी की हैं। उनका विचार है। कि ईसा की सातवीं सदी में पूर्वी भारत में बौद्ध धर्म का प्रभाव काफी प्रबल था। वह अचानक मिट नहीं गया वरन् साहित्य पर उसका प्रभाव अमिट है। शैव और बौद्ध साधनाओं के मिलने से नाथपंथ पैदा हुआ।

"कबीरदास, सूरदास और जायसी की रचनाओं से जान पड़ता है कि यह सम्प्रदाय उन दिनों बड़ा ही प्रभावशाली रहा होगा।" ('हिन्दी साहित्य की भूमिका', 1950; पृ. 6-7) द्विवेदी जी के अनुसार अवतारवाद पर भी बौद्ध मत का विशेष प्रभाव है। अवतारवाद पहले भी रहा है लेकिन "सूरदास, तुलसीदास आदि भक्तों में उसका जो स्वरूप पाया जाता है वह उन प्राचीन चिन्ताओं से कुछ ऐसी भिन्न जाति का है कि एक जमाने में ग्रियर्सन, केनडी आदि पंडितों ने उसमें ईसाईपन का आभास पाया था!" बौद्ध धर्म का असर वैष्णव कवियों पर ही नहीं पड़ा, ईसाई धर्म पर भी उसका असर मौजूद है। "ईसाई धर्म में जो भक्तिवाद है, वही महायानियों की देन सिद्ध होने को चला है, क्योंकि ऐसे बौद्धों का अस्तित्व एशिया की पश्चिमी सीमा में सिद्ध हो चुका है और कुछ पंडित तो इस प्रकार के प्रमाण पाने का दावा भी

करने लगे हैं कि स्वयं ईसामसीह भारत के उत्तरी प्रदेशों में आए थे और बौद्ध धर्म में दीक्षित भी हुए थे।" ('हिन्दी साहित्य की भूमिका', पृ. 10) निष्कर्ष यह है कि "बौद्ध धर्म क्रमशः लोकधर्म का रूप ग्रहण कर रहा था और उसका निश्चित चिह्न हम हिन्दी साहित्य में पाते हैं। इसलिए हिन्दी साहित्य और उसके अध्ययन की सार्थकता किस बात में है? इसमें कि "इतने विशाल लोक-धर्म का थोड़ा पता भी यदि यह हिन्दी साहित्य दे सके तो उसकी बहुत बड़ी सार्थकता है।" (उप., पृ. 10)

जो लोग शुक्ल जी पर यह आरोप लगाते हैं कि उन्होंने इतिहास को ब्राह्मणवादी दृष्टि से देखा है, वे कृपया ऊपर का वाक्य पढ़ें। शुक्ल जी ने जहाँ तीर्थाटन, पर्वस्नान आदि कर्मकांडों को संकुचित कहा था और हिन्दू-मुसलमानों, ऊँच-नीच, सभी जातियों के लिए लोक-कल्याण का मार्ग निकालनेवाले भक्त-कवियों का स्वागत किया था, वहाँ द्विवेदी जी हिन्दी साहित्य और उसके अध्ययन की सार्थकता इस बात में देखते हैं कि वह बौद्ध धर्म जैसे 'विशाल लोक-धर्म' का पता दे सके।

द्विवेदी जी का मूल सूत्र बहुत सीधा है। उन्हीं के शब्दों में वह यों है : "इस प्रकार जिन दिनों बौद्ध धर्म उत्तरोत्तर लोक-धर्म में घुल-मिल रहा था, उन्हीं दिनों ब्राह्मण धर्म उत्तरोत्तर अलग होता जा रहा था।" (उप., पृ. 11)

यह सूत्र काफी मौलिक है। उसकी मौलिकता का श्रेय महापंडित राहुल सांकृत्यायन को है जिनके अनुसार बौद्ध धर्म वैज्ञानिक और भौतिकवाद का ही पूर्व रूप है, जिनके अनुसार बौद्ध कवि अश्वघोष सामन्तों के चाकर हिन्दू कवि वाल्मीकि और कालिदास से श्रेष्ठ था। भारतीय संस्कृति को धर्म का पर्याय समझने का चलन राहुलजी ने शक्ति-भर किया है। लेकिन धर्मों का इतिहास ही लिखना है तो राहुलजी या हजारीप्रसाद जी को इतना तो बताना चाहिए था कि आखिर उस लोक-धर्म का भारत से प्रायः लोप क्यों हो गया?

राहुलजी की विशेषता है कि उन्होंने साहित्य, संस्कृति, इतिहास और भाषाविज्ञान को भी धर्म की दृष्टि से ही नहीं, नस्ल की दृष्टि से भी देखा है। उनके लिए आर्यों के शुद्ध जनतंत्र के पतन का मुख्य कारण अनार्य रक्त का सम्मिश्रण रहा है। बिहार में आर्यों की नाक, आँख, रंग आदि की छानबीन करने में उन्होंने विशेष प्रतिभा का परिचय दिया है। द्विवेदी जी ने राहुलजी के नस्लवाद को भी आंशिक रूप से ग्रहण किया है।

द्विवेदी जी की धारणा है कि "पश्चिमी प्रदेशों में बसे हुए आर्य पूर्वी प्रदेशों में बसे हुए आर्यों से भिन्न प्रकृति के हैं।" (उप., पृ. 29) इस भिन्नता का परिणाम यह निकला कि "पूर्वी प्रदेशों में भारतीय इतिहास के आदिकाल से रूढ़ियों और परम्पराओं के विरुद्ध विद्रोह करनेवाले संत होते रहे हैं। वैदिक कर्मकांड के मृदु विरोधी जनक और याज्ञवल्क्य तथा उग्र विरोधी बुद्ध और महावीर आदि आचार्य इन्हीं पूर्वी प्रदेशों में उत्पन्न हुए थे।" (उप., पृ. 29)

द्विवेदी जी-जैसे विद्वान ने वेद न पढ़े होंगे, यह सोचना भी पाप होगा। लेकिन क्या ऋग्वेद उन्हें रूढ़िवाद और कर्मकांड का ग्रंथ लगा, यह पूछना असंगत न होगा। या जनक, याज्ञवल्क्य, बुद्ध और महावीर को क्रान्तिकारी सिद्ध करने के लिए ही उन्होंने यह लिख दिया? जो भी हो, यहाँ महत्त्वपूर्ण प्रश्न यह नहीं है कि बुद्ध और महावीर कितने क्रान्तिकारी थे और वैदिक ऋचाओं के निर्माता कितने रूढ़िवादी; महत्त्वपूर्ण प्रश्न यह है कि द्विवेदी जी ने विचारधारा का स्रोत मनुष्य के सामाजिक जीवन में नहीं खोजा वरन् उसकी नस्ल में तलाश करने की कोशिश की। है। यह दृष्टिकोण कितना अवैज्ञानिक है, यह कहने की आवश्यकता नहीं। इसके विपरीत शुक्ल जी अपने इतिहास के आरम्भ ही में कहते हैं : "जनता की चित्तवृत्ति बहुत कुछ राजनीतिक, सामाजिक, साम्प्रदायिक तथा धार्मिक परिस्थिति के अनुसार होती है।" द्विवेदी जी का जोर आन्तरिक परिस्थितियों पर भी नहीं, नस्ल पर है!

भारत में हिन्दी भाषा और हिन्दी साहित्य क्यों श्रेष्ठ हैं? इसलिए कि "समग्र भारतीय साहित्य में हिन्दी ही एकमात्र ऐसी भाषा है जिसमें पश्चिमी आर्यों की रूढ़िप्रियता, कर्मनिष्ठा के साथ-ही-साथ पूर्वी आर्यों की भाव-प्रवणता, विद्रोही वृत्ति और प्रेमनिष्ठा का मणिकांचन योग हुआ है।" इस व्याख्या से यह पता नहीं चलता कि पूर्व के सिद्धों और पश्चिम के नाथपंथियों में जो समान गुण मिलते हैं—गृहस्थों को गाली देना, योग और चमत्कारों से भोली जनता पर धाक जमाना, सामाजिक जीवन से विमुख होना आदि—उनका कारण क्या है? और सूर और मीरा-जैसे सरस कवि पश्चिम में कैसे हुए और डॉ. रघुवीर और महापंडित राहुल-जैसे विद्वान पश्चिम और पूर्व, दोनों ही में क्यों हुए? या यह भी मणिकांचन संयोग है?

इसमें सन्देह नहीं कि द्विवेदी जी की धारणाएँ बदलती रही हैं। उनकी किसी एक स्थापना को चिरायु मानना उनके साथ अन्याय करना होगा।

'कबीर' में वह नाथपंथ के बारे में कहते हैं : "नाथपंथ में स्मार्त आचारों को कोई महत्त्व नहीं दिया जाता। यह बात उसे स्मार्त हिन्दू-धर्म के एकदम विरुद्ध खड़ा कर देती है।" (पृ. 40)

'हिन्दी साहित्य का आदिकाल' में वह उसी नाथमत के बारे में कहते हैं : "जैनधर्म से प्रभावित होने के कारण, आंशिक रूप से बौद्ध साधना को आत्मसात् करने के कारण, स्मार्त धर्म का आश्रय पाने के कारण और मुस्लिम आक्रमण के रूप में विजातीय संस्कृति की उपस्थिति के कारण वह निर्गुणपंथी, सहनशील उदासीन बना रहा।" (पृ. 38)

ध्यान देने योग्य यह टुकड़ा है : "स्मार्त धर्म का आश्रय पाने के कारण।" 'कबीर' में नाथमत उसका एकदम विरोधी था, यहाँ वह उसका आश्रय पा गया।

'हिन्दी साहित्य की भूमिका' में कबीर आदि संतों का उल्लेख करते हुए द्विवेदी जी ने लिखा है : "उनके पारिभाषिक शब्द, उनकी रूढ़िविरोधिता, उनकी खंडनात्मक

वृत्ति और उनकी अक्खड़ता आदि उनके पूर्ववर्ती साधकों की देन है। परन्तु उनमें की आत्मा उनकी अपनी है। उसमें भक्ति का रस है और वेदना का ज्ञान है।"

यहाँ द्विवेदी जी कबीर में वेदान्त का ज्ञान देखते हैं, लेकिन 'कबीर' में कहते हैं : "पाठकों ने अब तक देख लिया होगा कि कबीर तात्त्विक दृष्टि से अद्वैतवादी नहीं थे और उनके 'निर्गुण राम' में और वेदान्तियों के पारिभाषिक 'निर्गुण ब्रह्म' में मौलिक भेद है।"

यदि ये दोनों बातें सच हों तो मानना पड़ेगा कि कबीर को वेदान्त का ज्ञान तो था लेकिन वह तात्त्विक ज्ञानी नहीं थे, या फिर यह मानना पड़ेगा कि द्विवेदी जी भावप्रवणता में उलटबाँसी कह गए हैं।

योगियों और संतों में समान बातें कौन-सी हैं? शुक्ल जी ने दिखलाया है कि सिद्धों ने बाह्य-पूजा, जाति-पाँति, तीर्थाटन इत्यादि के प्रति उपेक्षाबुद्धि का प्रचार किया; रहस्यदर्शी बनकर शास्त्रज्ञ विद्वानों का तिरस्कार करने और मनमाने रूपकों के द्वारा अटपटी बानी में पहेलियाँ बुझाने का रास्ता दिखाया, घट के भीतर चक्र, नाड़ियाँ, शून्य देश आदि मानकर साधना करने की बात फैलाई और 'नाद, बिन्दु, सुरति, निरति' ऐसे शब्दों की उद्धरणी करना सिखाया। यही परम्परा अपने ढंग पर नाथपंथियों ने भी जारी रखी। इसी बात को द्विवेदी जी ने अनेक पुस्तकों के अनेक अध्यायों में विस्तार से कहा है। शुक्ल जी के अनुसार निर्गुण संत-सम्प्रदाय वेदान्त, सूफीमत और वैष्णव अहिंसावाद आदि को साथ लेकर "सिद्धों और योगियों द्वारा बनाए हुए इस रास्ते पर चल पड़ा।"

शुक्ल जी और द्विवेदी जी में अन्तर यह है कि शुक्ल जी ने सिद्धों और योगियों की तुलना केवल निर्गुण सम्प्रदाय से की है, द्विवेदी जी ने सगुणोपासक कवियों पर भी बौद्ध धर्म का प्रभाव देखा है।

शुक्ल जी ने धार्मिक कर्मकांड, वर्ण-भेद आदि की आलोचना को अंशत: सही माना है लेकिन सच्चे लोक-कल्याणकारी कार्यों का विरोध करने के कारण उस आलोचना को आदर्श नहीं माना। द्विवेदी जी ने इस आलोचना को प्रगतिशील माना है और यह प्रश्न नहीं किया कि किस दृष्टिकोण से यह आलोचना की जा रही है और उससे लोक-कल्याणकारी कर्मों पर तो कुठाराघात नहीं हो रहा।

शुक्ल जी ने सिद्धों के वामाचार की तीव्र भर्त्सना की है; द्विवेदी जी इस बारे में चुप रहते हैं।

शुक्ल जी ने जीवन की सहज अनुभूतियों का प्रश्न उठाकर सिद्धों और योगियों की असली कमजोरी प्रकट कर दी है। द्विवेदी जी इस प्रश्न को भारतीय चिन्तन की लम्बी चर्चा में छिपा जाते हैं।

शुक्ल जी ने सिद्धों और योगियों की जीवन-विमुखता, चमत्कारवाद, जनता पर धाक जमाने की प्रवृत्ति को—संक्षेप में उनके 'योग' को आड़े हाथों लिया है।

उन्होंने इन अन्धविश्वासों की खुलकर आलोचना की है। द्विवेदी जी ने कभी-कभी दबी जबान से इस योग का लोक-विरोधी रूप स्वीकार किया है और कभी दबी जबान से यह भी कहा है : "क्या मालूम, योगी सच ही कहते रहे हों।"

'नाथ सम्प्रदाय' में द्विवेदी जी कहते हैं : "इस मार्ग की सबसे बड़ी कमी इसकी शुष्कता और गृहस्थ के प्रति अनादर का भाव है। इस कमजोरी ने इस मार्ग को नीरस, लोक-विद्विष्ट और क्षयिष्णु बना दिया।"

'हिन्दी साहित्य की भूमिका' में ऐसे चमत्कारों का जिक्र करते हुए कि गुरु उँगली से आज्ञाचक्र छू दे तो चेला सिद्ध हो जाए, द्विवेदी जी कहते हैं : "यह नहीं कहा जा सकता कि यह विश्वास ढकोसला था या गपोड़ियापन का परिणाम था। साथ ही, यह भी नहीं कहा जा सकता कि सद्गुरु सचमुच ऐसा कर सकते हैं या नहीं। ये सब बातें साधना की हैं।...सच पूछिए तो इस प्रकार बिना अनुभव किये राय देना सिर्फ हिमाकत ही नहीं, अन्याय भी है।"

बीसवीं सदी में योग, कुंडलिनी, गुरु के कर-स्पर्श से सिद्ध बनने की बातें करना जरा कठिन काम है। तुरन्त अन्धविश्वासी की उपाधि पाने का खतरा रहता है। शुक्ल जी ने जहाँ इन चमत्कारवादियों का खुलकर खंडन किया था, वहाँ द्विवेदी जी उन पुराने अन्धविश्वासियों का पक्ष लेकर कहते हैं : "बिना अनुभव किये राय देना हिमाकत है, अन्याय है!" राय देना जरूरी था; इसलिए भक्तिकाल के सर्वश्रेष्ठ कवियों ने न्याय-अन्याय और हिमाकत-बेहिमाकत की परवाह न करके अपनी राय साफ-साफ जाहिर कर दी थी। वास्तव में संत-साहित्य की यह बहुत ही प्रगतिशील भूमिका रही है कि उसने जन-संस्कृति को इन चमत्कारवादियों के चंगुल से छुड़ाया।

शुक्ल जी ने तुलसी की यह उक्ति उद्धृत की है : "गोरख जगायो जोग, भगति भगायो लोग।" जोग और निर्गुण ब्रह्म को लेकर सूर की गोपियों ने जो कुछ कहा है, उससे पता चलता है कि साधारण जनता में यह धारणा प्रचलित थी कि जो निराकार ब्रह्म को मानता होगा, वह योगी भी होगा और जो योगी होगा, वह निर्गुणवादी होगा। लेकिन स्वयं कबीरदास, जो सुन्नमहल की हवा खा आए थे, गोरखनाथ का स्मरण यों करते हैं—शुक्ल जी ने कबीर की ये पंक्तियाँ उद्धृत की हैं :

झिलमिल झगरा झूलते बाकी रही न काहु।
गोरख अटके कालपुर कौन कहावै साहु? इत्यादि।

यही नहीं, कबीरदास योगियों को भी नहीं छोड़ते।

द्विवेदी जी कहते हैं : "परन्तु अक्खड़ता कबीरदास का सर्वप्रधान गुण नहीं है। जब वे अवधू या योगी को सम्बोधन करते हैं तभी उनकी अक्खड़ता पूरे चढ़ाव पर होती है।" ('कबीर', पृ. 155) इसका अर्थ यह हुआ कि कबीरदास योगियों की आलोचना करना हिमाकत न समझते थे वरन् उनकी बहुत-सी बातों को हिमाकत

समझते थे और इसलिए अपने व्यंग्य के सबसे तीखे बाण उन्हीं के लिए सुरक्षित रखते थे।

कबीर अवधू से कहते हैं :

जो तुम पवना गगन चढ़ाओ, करो गुफा में बासा।
गगना पवना दोनों बिनसैं, कहँ गया जोग तुम्हारा।

द्विवेदी जी कबीर के बारे में कहते हैं : "वे समाधिगम्य परमपुरुष का साक्षात्कार कर चुके थे, पवन को उलटकर सहस्त्रार चक्र में ले जा चुके थे, वहाँ के गगन का अनन्य साधारण गर्जन सुन चुके थे...।" ('कबीर', पृ. 156)

पूर्व के आर्यों की भावप्रवणता का यह भी एक प्रमाण है। द्विवेदी जी के आत्मविश्वास को देखकर ईर्ष्या होती है। इस गये-गुजरे जमाने में भी ऐसे लोग हैं जो पवन को उलटकर सहस्त्रार चक्र में ले जाने में विश्वास करते हैं।

इसमें सन्देह नहीं कि कबीर ने उन सब बातों की चर्चा की है जिनका उल्लेख द्विवेदी जी ने किया है, लेकिन यह उनका कमजोर पहलू है जिसके कारण कबीर मानव-जीवन के साधारण व्यापारों का विस्तार से वर्णन न कर पाए। कबीर का सबल पक्ष पवन को उलटकर सहस्त्रार में ले जाने में नहीं है वरन् ब्रह्म-साक्षात्कार के लिए प्रेम का मार्ग दिखाने में है; प्रेम के मार्ग से हटकर ज्ञान, ध्यान, पूजा, नमाज और योग की हाँकने वालों की धज्जियाँ उड़ाने में है। कहते हैं :

जोगी पड़े बियोग, कहैं घर दूर है।
पासहि बसत हजूर, तू चढ़त खजूर है।

जोगी जिसके लिए योग करते थे—यानी उससे अलग रहकर वियोग सहते थे—कबीर उसे अपने पास देखने का दावा करते थे। कबीर प्रश्न करते हैं :

कबीर कबसे भये बैरागी।
तुम्हरी सुरति कहाँ को लागी।

फिर जवाब देते हैं :

गोरख, हम तबके अहैं बैरागी।
हमरी सुरति ब्रह्म सों लागी॥
ब्रह्मा नहिं जब टोपी दीन्ही, बिस्नु नहीं जब टीका।
सिव-सक्ती कै जनमौ नाहीं, तबै जोग हम सीखा।

यहाँ गोरख को कबीर ने जिस तरह याद किया है, उससे नाथपंथियों के प्रति उनका विशेष प्रेम सूचित नहीं होता। गृहस्थों की निन्दा करनेवाले नाथपंथी से कबीर कहते हैं :

अवधू, भूले को घर लावै।
सो जन हमको भावै॥
घर में जोग भोग घर ही में, घर तज बन नाहिं जावै।

शुक्ल जी ने कबीर में सूफियों के भावात्मक रहस्यवाद और हठयोगियों के साधनात्मक रहस्यवाद, दोनों के तत्त्व देखे हैं। लेकिन यह स्पष्ट करने की आवश्यकता है कि कबीर ने साधनात्मक रहस्यवादियों का—नाथपंथी योगियों का—खंडन भी किया था। नाथपंथी योगियों की विचारधारा मूलत: प्रतिक्रियावादी थी। वे गृहस्थ जीवन के निन्दक थे, सामाजिक जीवन से परांगमुख थे, जाति-पाँति का विरोध करते हुए वे लोक-धर्म और लोकाचार मात्र के विरोधी बन बैठे थे, वे बाह्य जगत से ध्यान खींचकर उसे कल्पित चक्रों में अटकाते थे, साधारण जनता पर आतंक जमाने के लिए अलौकिक चमत्कारों की डींग हाँकते थे। शुक्ल जी ने नाथपंथियों की विचारधारा का यह प्रतिक्रियावादी रूप अच्छी तरह प्रकट कर दिया है। उन्होंने जीवन की सहज अनुभूतियों का अभाव दिखाकर नाथपंथी साहित्य की मूल कमजोरी की ओर संकेत किया है। यदि वे ऐसा न करते तो संत-साहित्य का क्रान्तिकारी महत्त्व लोगों की समझ में न आता।

शुक्ल जी के जीवन के अन्तिम वर्षों में सिद्धों और नाथों की काफी चर्चा होने लगी थी। इस चर्चा में बौद्ध धर्म की क्रान्तिकारी भूमिका की भी काफी दाद दी जाने लगी थी। इस चर्चा के सूत्रधारों ने यह ऐतिहासिक तथ्य भुला दिया था कि हिन्दी साहित्य का आदिकाल बौद्ध धर्म के प्राय: निर्मूल होने का काल भी था। चौथी शताब्दी से ही भारत में वैष्णव मत का उत्थान आरम्भ हो गया था। यहाँ की लोककथाएँ, तिथि-त्योहार, मंदिर-मूर्तियाँ आदि उसके विशाल प्रसार की साक्षी हैं। भारतेन्दु हरिश्चन्द्र ने अपने एक निबन्ध में लोक-जीवन की साधारण रीतियों आदि का विवेचन करके उसका प्रसार सिद्ध किया है।

इस वैष्णव मत के प्रभाव से न तो सूर-तुलसी बचे हैं, न कबीर-जायसी। इसलिए संत-साहित्य के विकास का अध्ययन करते हुए उसकी सांस्कृतिक पृष्ठभूमि की छानबीन करना हो तो नाथपंथ के मुकाबले में वैष्णव मत पर जोर देना ज्यादा लाभकारी होगा। स्वयं कबीर ने जहाँ गोरखनाथ को ललकारा है, वहाँ रामानन्द के लिए गर्व से कहा है :

कासी में हम प्रगट भये हैं, रामानन्द चेताये।
प्यास अहद की साथ हम लाए, मिलन करन को आये।

यदि कोई कहे कि वैष्णव मत ने स्वयं वज्रयानी सिद्धों या दूसरे बौद्ध विचारकों से माल चुराया है तो पुष्ट प्रमाणों के अभाव में यह मत उतना ही मान्य होगा जितना यह कि तुलसीदास ने बाइबिल के प्रभाव से 'विनयपत्रिका' लिखी थी।

वास्तविकता यह है कि सैकड़ों वर्षों से बौद्ध और अबौद्ध, दोनों ही तरह के विचारकों के चित्त पर योग की विचारधारा कुंडलिनी मारे बैठी थी। यह विचारधारा मनुष्य के सामाजिक कार्यों से उसकी आस्था नष्ट करती थी, तरह-तरह की तथाकथित साधनाओं में उसका समय और शक्ति नष्ट करके अन्याय का प्रतिरोध करने से उसे रोकती थी। योग के विरुद्ध बहुत दिनों से संघर्ष चल रहा था और अन्त में उसने योग और भक्ति के संघर्ष का रूप ले लिया। मध्यकालीन भारतीय चिन्तन में यह संघर्ष अत्यन्त महत्त्वपूर्ण था। इस संघर्ष के बिना साहित्य और दर्शन को यथार्थ जीवन की ओर उन्मुख न किया जा सकता था। कबीर-सूर-तुलसी की रचनाएँ बराबर योग बनाम भक्ति के संघर्ष की सूचना देती हैं। स्वयं कबीर भक्त हैं या योगी? इस सम्बन्ध में द्विवेदी जी की मान्यता सर्वमान्य होगी, इसमें सन्देह नहीं। वह कहते हैं : "भक्ति के लिए केवल एक ही बात आवश्यक है—अनन्य भाव से भगवान् की शरणागति, अहेतुक प्रेम, बिलाशर्त आत्मसमर्पण। कबीरदास में इन बातों की चरम परिणति हुई है।" ('कबीर', पृ. 147) इसका अर्थ यह है कि कबीरदास भक्त ही नहीं थे, वरन् उच्चकोटि के भक्त थे। भक्ति का मौलिक लक्षण उनमें पूर्ण विकसित दिखाई देता है। 'हिन्दी साहित्य की भूमिका' में उद्धृत यह दोहा कैसा सार्थक बैठता है :

भक्ती द्राविड़ ऊपजी लाए रामानन्द।
परगट किया कबीर ने, सप्त दीप नवखंड॥

इसलिए कबीर और अन्य भक्तों की सांस्कृतिक पृष्ठभूमि की छानबीन करते हुए रामानन्द की चर्चा भी होनी चाहिए। यह भी देखना चाहिए कि रामानन्द नाथ-योगियों और सिद्धों से कितना भिन्न थे।

रामानन्द के साथ भागवत की चर्चा भी होनी चाहिए जिसने भक्ति द्वारा अन्त्यजों, समाज के बहिष्कृतों आदि के मुक्ति पाने का दावा किया था :

ये मानवा: पापकृतास्तु सर्वदा
सदा दुराचाररता विमार्गगा:।
क्रोधाग्निदग्धा: कुटिलाश्च कामिन:।
सप्ताहयज्ञेन कलौ पुनन्ति ते॥

पापी, दुराचारी, कुमार्गगामी, क्रोधी, कुटिल, कामी—सभी भक्ति के प्रसाद से मुक्ति पा जाते हैं।

पंडितों और कर्मकांडी विद्वानों पर व्यंग्य करने की प्रथा भी भागवत के लिए नई नहीं है। कलियुग के पंडितों का यह हाल है :

पंडितास्तु कलत्रेण रमन्ते महिषा इव।
पुत्रस्योत्पादने दक्षा अरक्षा मुक्तिसाधने।

इसके सिवा वर्ण-व्यवस्था और उसके समर्थक शास्त्रों का विरोध उतना ही पुराना है जितना यह व्यवस्था और उसके समर्थक शास्त्र पुराने हैं। भारत में स्वतंत्र चिन्तन की कमी कभी नहीं रही। इसलिए संत कवियों में वर्ण-व्यवस्था आदि का खंडन देखकर उसका श्रेय सिद्धों और योगियों को देना ठीक नहीं।

संतों ने साहित्य रचा है, केवल साम्प्रदायिक ग्रंथ नहीं। प्राचीन साहित्य की महाकाव्यों वाली परम्परा का उन पर प्रभाव पड़ा है, यद्यपि समान रूप से नहीं। उनकी सांस्कृतिक पृष्ठभूमि आँकते हुए वाल्मीकि और व्यास की परम्परा पर भी ध्यान देना आवश्यक है। उनके उपास्य राम और कृष्ण का चरित एक हद तक 'रामायण' और 'महाभारत' से ही लिया गया था।

संत-साहित्य की सांस्कृतिक पृष्ठभूमि आँकते हुए हिन्दी-भाषी प्रदेश की लोक-कथाओं और जन-संस्कृति की ओर ध्यान देना आवश्यक है। जन-संस्कृति के आधार पर ही, यहाँ के लोकगीतों, लोकरीतियों और लोकगाथाओं के आधार पर ही संत-साहित्य को अपार लोकप्रियता सुलभ हई। भक्तिकालीन साहित्य में यह नया तत्त्व था। यह तत्त्व उनके साहित्य की विषयवस्तु और उसके रूप, दोनों में व्याप्त है—जो उसे प्राचीन संस्कृत साहित्य और सिद्धों-नाथों की बानियों से अलग करता है। दूसरे शब्दों में, ब्रज और अवध के किसानों का सामाजिक और सांस्कृतिक जीवन वह दृढ़ आधारशिला है जिस पर संत-साहित्य का प्रासाद निर्मित हुआ है।

शुक्ल जी ने अपने इतिहास में जायसी आदि की प्रेमकथाओं के सिलसिले में लिखा है :

"हमारा अनुमान है कि सूफी कवियों ने जो कहानियाँ ली हैं, वे सब हिन्दुओं के घर में बहुत दिनों से चली आती हुई कहानियाँ हैं जिनमें आवश्यकतानुसार उन्होंने कुछ हेर-फेर किया है।" जायसी का प्रेम-मार्ग बाहर का है या यहाँ का, इस पर हम आगे विचार करेंगे। यहाँ पर ध्यान देने की बात इतनी ही है कि शुक्ल जी ने भक्तिकालीन साहित्य में लोकगाथाओं का महत्त्व स्वीकार किया है।

शुक्ल जी लोकधर्म में ज्ञान, भक्ति और कर्म का समन्वय चाहते थे; इसलिए उनके हृदय में जितना आदर तुलसी के लिए था, उतना न कबीर के लिए, न सूर के लिए। इसका न तो यह अर्थ है कि वह कबीर को महान् कवि न मानते थे, न यह कि वह कबीर के वर्ण-व्यवस्था और धार्मिक कट्टरता के विरोध से बेहद क्षुब्ध थे।

संतों का मार्ग हिन्दू-मुस्लिम एकता का मार्ग था। इस बारे में शुक्ल जी अपने इतिहास में लिखते हैं : "प्रेमस्वरूप ईश्वर को सामने लाकर भक्त कवियों ने हिन्दुओं

और मुसलमानों, दोनों को मनुष्य के सामान्य रूप में दिखाया और भेदभाव के दृश्यों को हटाकर पीछे कर दिया।" ('हिन्दी साहित्य की भूमिका', पृ. 76)

कबीर के बारे में उन्होंने स्पष्ट लिखा है : "इसमें कोई सन्देह नहीं कि कबीर ने ठीक मौके पर जनता के उस बड़े भाग को सँभाला जो नाथपंथियों के प्रभाव से प्रेमभाव और भक्तिरस से शून्य और शुष्क पड़ता जा रहा था। उनके द्वारा यह बहुत ही आवश्यक कार्य हुआ। इसके साथ ही मनुष्यत्व की सामान्य भावना को आगे करके निम्न श्रेणी की जनता में उन्होंने आत्मगौरव का भाव जगाया और उसे भक्ति के ऊँचे-से-ऊँचे सोपान की ओर बढ़ने के लिए बढ़ावा दिया।" (उप., पृ. 78-79)

कबीर पर सारी पुस्तकें एक तरफ और शुक्ल जी के ये तीन वाक्य एक तरफ। कबीर का क्रान्तिकारी कार्य इस बात में है कि उन्होंने जनता के उस बड़े भाग को सँभाला जो नाथपंथियों के प्रभाव से शुष्क पड़ता जा रहा था। कबीर की क्रान्तिकारी भूमिका साधारण जनता को नाथपंथियों के प्रभाव से मुक्त करने में है, न कि उनके पीछे चलने में। यह काम उन्होंने दार्शनिक क्षेत्र में किया। दूसरा काम उन्होंने यह किया कि मनुष्यत्व की सामान्य भावना के आधार पर उन्होंने निम्न श्रेणी की जनता में आत्मगौरव का भाव जगाया। इस कार्य से उन्होंने निम्न वर्गों की सामाजिक चेतना को निखारा, उसे बल प्रदान किया। इस तरह उन्होंने जनसाधारण को सामन्ती अत्याचारों के विरोध में खड़ा होना सिखाया।

शुक्ल जी ने यह भी कहा है कि निर्गुणमत के लिए नाथपंथियों ने रास्ता साफ कर दिया था। उनके उस तरह के वाक्यों को ऊपर के उद्धृत वाक्यों के साथ मिलाकर पढ़ना चाहिए। नाथपंथियों और निर्गुणमतवादियों में कुछ बातें समान थीं लेकिन इस समानता को बढ़ा-चढ़ाकर न देखना चाहिए। कारण यह कि नाथपंथी जहाँ एक पाखंड का खंडन करते थे, वहाँ उसकी जगह दूसरे पाखंड की सृष्टि करते थे। संतों का क्रान्तिकारी कार्य यह है कि उन्होंने जनता को नाथपंथ के प्रभाव से बचाया। कबीर की महत्त्वपूर्ण भूमिका यह है कि उन्होंने प्रेम के आधार पर मनुष्यमात्र की एकता की घोषणा की और निम्न वर्गों की जनता में आत्मगौरव के भाव जगाये।

संत-साहित्य के सिलसिले में नाथपंथियों की भूमिका पर कुछ विस्तार से लिखने का कारण यह है कि इधर कुछ दिनों से रांगेय राघव-जैसे कुछ लेखक यह दावा करने लगे हैं कि मध्यकालीन भारत की क्रान्तिकारी विचारधारा नाथपंथी थी; उसके प्रभाव से कबीर क्रान्तिकारी हुए और उसके अभाव में तुलसी प्रतिक्रियावादी। ऐसे लोगों को अपने प्रचार के लिए श्री हजारीप्रसाद द्विवेदी की अनेक स्थापनाओं से बल मिला है, इसलिए उनकी चर्चा भी यहाँ की गई है। यह कहना आवश्यक है कि रांगेय राघव आदि लेखक शुक्ल जी पर जो ब्राह्मणवादी होने का और तुलसी पर सामन्तों के समर्थक होने का दोष लगाते हैं, वह मत द्विवेदी जी का नहीं है। फिर भी उस मत के एकाध कीटाणु द्विवेदी जी में भी हैं, यह माने बिना निस्तार नहीं है।

'हिन्दी साहित्य का आदिकाल' में द्विवेदी जी लिखते हैं : "इधर कुछ ऐसी मनोभावना दिखाई पड़ने लगी है कि धार्मिक रचनाएँ साहित्य में विवेच्य नहीं हैं। कभी-कभी शुक्ल जी के मत को भी इस मत के समर्थन में उद्धृत किया जाता है। मुझे यह बात बहुत उचित नहीं मालूम होती। धार्मिक प्रेरणा या आध्यात्मिक उपदेश देना काव्यत्व का बाधक नहीं समझा जाना चाहिए।" (पृ. 11)

यहाँ द्विवेदी जी ने शुक्ल जी पर बाँका आक्रमण किया है। शायद शुक्ल जी के मत को उद्धृत करना उचित नहीं है, लेकिन आगे चलकर स्पष्ट हो जाता है कि शुक्ल जी का मत स्वयं भी उचित नहीं है। द्विवेदी जी आगे कहते हैं :

"इधर जैन-अपभ्रंश-चरित-काव्यों की जो विपुल सामग्री उपलब्ध हुई है, वह सिर्फ धार्मिक सम्प्रदाय के मुहर लगने मात्र से अलग कर दी जाने योग्य नहीं है। स्वयंभू, चतुर्मुख, पुष्पदंत और धनपाल-जैसे कवि केवल जैन होने के कारण ही काव्यक्षेत्र से बाहर नहीं चले जाते। धार्मिक साहित्य होने मात्र से कोई रचना साहित्य कोटि से अलग नहीं की जा सकती। यदि ऐसा समझा जाने लगे तो तुलसीदास का 'रामचरितमानस' भी साहित्य-क्षेत्र में अविवेच्य हो जाएगा और जायसी का 'पद्मावत' भी साहित्य-सीमा के भीतर नहीं घुस सकेगा।" ('हिन्दी साहित्य का आदिकाल', पृ. 11)

बात बिलकुल ठीक है। शुक्ल जी या और किसी ने ऐसा किया है तो उस पर धार्मिक संकीर्णता का दोष अवश्य लगेगा। सबसे पहले इस प्रश्न का उत्तर मिलना चाहिए कि द्विवेदी जी ने जिन सिद्धों और नाथपंथियों की रचनाओं का प्रचुर उल्लेख किया है, वे साहित्य की श्रेणी में आती हैं या नहीं। यदि नहीं आतीं तो शुक्ल जी का मत ठीक है, आती हैं तो वह मत गलत है। शुक्ल जी का मत उद्धृत करनेवालों का खंडन करने के लिए द्विवेदी जी ने सिद्धों और नाथपंथियों की रचनाओं का जिक्र नहीं किया वरन् जैन कवियों का हवाला दिया है, जिनकी रचनाओं की विपुल सामग्री 'इधर' उपलब्ध हुई है। अपभ्रंशकाल के कवियों की चर्चा करते हुए शुक्ल जी ने हेमचन्द्र, सोमप्रभसूरि, मेरुतुंग आदि का अलग से उल्लेख किया है।

इनकी चर्चा करने से पहले शुक्ल जी ने सिद्धों और योगियों के सिलसिले में जो वाक्य लिखे हैं—और साम्प्रदायिक शिक्षामात्र से इन जैन और अन्य कवियों के 'सामान्य साहित्य' को कैसे अलग किया है—वे ध्यान देने योग्य हैं। सिद्धों और योगियों की कृतियों के सिलसिले में शुक्ल जी लिखते हैं :

"उनकी रचनाओं का जीवन की स्वाभाविक सरणियों, अनुभूतियों और दशाओं से कोई सम्बन्ध नहीं। वे साम्प्रदायिक शिक्षामात्र हैं, अत: शुद्ध साहित्य की कोटि में नहीं आ सकतीं! उन रचनाओं की परम्परा को हम काव्य या साहित्य की कोई धारा नहीं कह सकते। अत: धर्म-सम्बन्धी रचनाओं की चर्चा छोड़, अब हम सामान्य साहित्य की जो सामग्री मिलती है, उसका उल्लेख उनके संग्रहकर्ताओं और रचयिताओं के क्रम से करते हैं।"

इन्हीं संग्रहकर्ताओं और रचयिताओं में जैन आचार्य हेमचन्द्र, 'जैन पंडित' सोमप्रभसूरि और 'जैनाचार्य्य' मेरुतुंग भी हैं। ये सब विशेषण शुक्ल जी के दिये हुए हैं। इससे पता चलता है कि शुक्ल जी को जैनियों, बौद्धों या नाथपंथियों से चिढ़ न थी; उनकी कसौटी यह थी कि आलोच्य ग्रंथ साम्प्रदायिक शिक्षामात्र न हों, उनमें जीवन की स्वाभाविक अनुभूतियों और दशाओं का चित्रण हो और वे 'सामान्य साहित्य' की कोटि में आते हों। इसलिए सत्य यह है कि शुक्ल जी ने 'सामान्य साहित्य' में जैन कवियों की रचनाओं को भी लिया है; यदि अनेक महत्त्वपूर्ण कृतियाँ छूट गई हैं तो इसका कारण उनका 'इधर' अनुपलब्ध होना है, शुक्ल जी की संकीर्णता नहीं।

द्विवेदी जी ने जहाँ शुक्ल जी के मत की चर्चा की है, वहाँ यह भी उन्हें लिखना चाहिए था कि शुक्ल जी ने जैन कवियों को जैन होने के नाते 'सामान्य साहित्य' से बाहर नहीं रखा।

द्विवेदी जी के बाँके आक्रमण की एक और मिसाल देखिए। 'हिन्दी साहित्य की भूमिका' में लिखते हैं :

"कभी-कभी यह शंका की गई है कि हिन्दी साहित्य का सर्वाधिक मौलिक और शक्तिशाली अंश अर्थात् भक्ति-साहित्य मुसलमानी प्रभाव की प्रतिक्रिया है। और कभी-कभी यह भी बताने का प्रयत्न किया गया है कि निर्गुणिया संतों की जाति-पाँति की विरोधी प्रवृत्ति, अवतारवाद और मूर्ति-पूजा के खंडन करने की चेष्टा में 'मुसलमानी जोश' है।" (पृ. 228) इन सब बातों को 'भ्रममूलक' बताते हुए द्विवेदी जी आगे कहते हैं : "हम आगे चलकर देखेंगे कि निर्गुण मतवादी संतों के केवल उग्र विचार ही भारतीय नहीं हैं, उनकी समस्त रीति-नीति, साधना, वक्तव्य वस्तु के उपस्थापन की प्रणाली, छंद और भाषा पुराने भारतीय आचार्यों की देन हैं।" (उप., पृ. 28)

यहाँ पर द्विवेदी जी ने कबीर आदि संतों और योगियों के मौलिक भेद को भुलाकर भारतीयता के जोश में उनकी समस्त रीतिनीति, साधना आदि की प्रणाली तक को पुराने भारतीय आचार्यों, सिद्धों और योगियों की देन घोषित कर दिया है। यद्यपि उन्होंने स्वयं दिखलाया है कि कबीर ने योगियों की किस तरह खिल्ली उड़ाई है, फिर भी 'मुसलमानी जोश' का खंडन करने के लिए उन्होंने कबीर आदि को कनफटे जोगियों का जरूरत से ज्यादा देनदार बना दिया है।

यह 'मुसलमानी जोश' का टुकड़ा है कहाँ का? द्विवेदी जी ने उसका उद्गम न बताते हुए उल्टे कॉमा लगाकर कहीं से उसके उद्धृत होने का संकेत कर दिया है। यही आक्रमण का बाँकपन है।

शुक्ल जी ने अपने इतिहास के पृ. 85 पर कबीर के सिलसिले में लिखा है : "इनका लक्ष्य एक ऐसी सामान्य भक्ति-पद्धति का प्रचार था जिसमें हिन्दू और

मुसलमान दोनों योग दे सकें और भेदभाव का कुछ परिहार हो। बहुदेवोपासना, अवतार और मूर्तिपूजा का खंडन मुसलमानी जोश के साथ करते थे और मुसलमानों की कुरबानी (हिंसा), नमाज, रोजा आदि की असारता दिखाते हुए ब्रह्म, माया, जीव, अनहदनाद, सृष्टि, प्रलय आदि की चर्चा पूरे हिन्दू ब्रह्मज्ञानी बनकर करते थे। सारांश यह है कि ईश्वर-पूजा की उन भिन्न बाह्य विधियों पर से ध्यान हटाकर, जिनके कारण धर्म में भेदभाव फैला हुआ था, ये शुद्ध ईश्वर-प्रेम और सात्त्विक जीवन का प्रचार करना चाहते थे।"

'मुसलमानी जोश' के टुकड़े का मूल निवासस्थान यह है। शुक्ल जी कबीर की दाद देते ही रह गए कि उन्होंने धार्मिक भेदभाव हटाकर सात्त्विक जीवन का प्रचार किया था; शुक्ल जी के आलोचकों ने यह तलाश कर लिया कि कबीर ने मुसलमानी जोश में आकर हिन्दू धर्म के बाह्याचारों का खंडन किया। यानी शुक्ल जी के अनुसार कबीर ने धार्मिक भेदभाव दूर किया, इस्लामी भेदभाव के प्रभाव से! एक उलटबाँसी यह भी रही!

क्या यह भी लिखना जरूरी है कि 'मुसलमानी जोश के साथ' का मतलब है, कबीर ने मूर्तिपूजा का खंडन इस दृढ़ता से किया है, मानो किसी दूसरे धर्म—इस्लाम—का माननेवाला उसका खंडन कर रहा हो? और इसके बाद 'कबीर' में द्विवेदी जी ने सिद्धों और योगियों के चिन्तन की लम्बी चर्चा करने के बाद कबीर को उन्हीं सिद्धों और योगियों के दर्शन से मुक्त कहा है और उनकी साहसिकता का कारण मुस्लिम परिवार में उनका पाला जाना बताया है। द्विवेदी जी कहते हैं : "मुस्लिम धर्मसाधना से उनका सम्बन्ध नाममात्र को ही था। पर मुसलमान वंश में प्रतिपालित होने के कारण उनमें एक प्रकार का साहसिक भाव आ गया था और उस दार्शनिक तर्क-जाल से वे मुक्त थे जो उनके पूर्ववर्ती सिद्धों और योगियों को अभिभूत किये हुए था। इसीलिए वे सहज बात को सहज ढंग से बिना अपर-पक्ष की कल्पना किये—कह सके थे। यह मुस्लिम परिवार में पालित होने की उत्तम फल था।" ('हिन्दी साहित्य का इतिहास', पृ. 136)

कबीर की साहसिकता की दाद दीजिए! कबीर के सहृदय समालोचक द्विवेदी जी की साहसिकता की दाद और भी दिल खोलकर दीजिए। क्या ही अच्छा हो कि साहसिकता का विकास करने के लिए इस तरह के लालन-पालन की व्यवस्था कर दी जाए! धन्य हैं द्विवेदी जी कि उन्होंने एक ओर तो निर्गुणिये संतों की 'समस्त रीति-नीति, साधना, वक्तव्य वस्तु के उपस्थापन की प्रणाली' को योगियों और सिद्धों की देन कहा, दूसरी ओर कबीर-जैसे प्रमुख निर्गुणिये संत को उन्होंने योगियों और सिद्धों के तर्कजाल से मुक्त बताया; एक ओर उन्होंने शुक्ल जी के 'मुसलमानी जोश' के कल्पित अर्थ का तीव्र खंडन किया, दूसरी ओर कबीर की साहसिकता को मुस्लिम परिवार में पालित होने का उत्तम फल बताया।

सारांश यह है कि नाथपंथी योगियों और वज्रयानी सिद्धों की जीवन-विमुख विचारधारा के बारे में शुक्ल जी की स्थापनाएँ सत्य हैं। शुक्ल जी ने संत-सहित्य का विवेचन करते हुए धार्मिक संकीर्णता का परिचय नहीं दिया वरन् हिन्दुओं-मुसलमानों को मिलानेवाली, निम्न वर्गों में आत्मगौरव का भाव जगानेवाली उसकी भूमिका को पूरी तरह स्वीकार किया है। संत-साहित्य की महत्ता नाथपंथी योगियों से प्रभावित होने में नहीं है वरन् जनता को उनके प्रभाव से मुक्त करने में है। शुक्ल जी की स्थापनाओं का खंडन करने के इच्छुक विद्वान् उलटबाँसियों में फँस गए हैं और धर्म और नस्ल के आधार पर संस्कृति का मूल्यांकन करते हुए वैज्ञानिक आलोचना से दूर चले गए हैं।

हिन्दी आलोचना की प्रगति के लिए संत-साहित्य में योगियों की भूमिका के सम्बन्ध में शुक्ल जी की सही स्थापनाओं और उनसे अलग भ्रान्त धारणाओं का इतिहास काफी शिक्षाप्रद है।

जायसी का प्रेममार्ग

'जायसी की भूमिका' शुक्ल जी की बहुत ही शानदार आलोचना-कृतियों में से है। लगता है, इसे उन्होंने प्रेम से और फुर्सत में बैठकर लिखा है। उनकी विद्वत्ता, आत्मविश्वास, वैज्ञानिक अनुसन्धान अपने सबसे निखरे हुए रूप में यहाँ दिखाई देते हैं। यहाँ शुक्ल जी ने एक ऐसे कवि को, जिसे हिन्दी के पाठक बहुत कम जानते थे, तुलसीदास के बाद हिन्दी का श्रेष्ठ कवि घोषित किया है। इस तरह शुक्ल जी ने हमारे सांस्कृतिक इतिहास के अध्ययन को और समृद्ध किया है, साहित्य के इतिहास के क्षितिज को और विस्तृत किया है। यहाँ उनके तुलनात्मक अध्ययन की पद्धति खुलकर अपनी विशेषता प्रकट करती है। कहीं अंग्रेज कवि और विचारक, कहीं यूनानी आलोचक और जर्मन दार्शनिक, कहीं फारसी के कवि और अरब के विद्वान्—शुक्ल जी इनकी सहज चर्चा करते हुए विषय-विवेचन करते हैं। उनकी यह चर्चा एक साहित्य-रसिक की चर्चा है, कोरे सम्पादक-आलोचक का वैज्ञानिक विवेचन नहीं। साथ ही उन्होंने अपने सुदीर्घ अध्ययन और चिन्तन के फलस्वरूप साहित्य के सम्बन्ध में जो महत्त्वपूर्ण निष्कर्ष निकाले हैं, उन्हें भी अयाचित ही पाठक को जहाँ-तहाँ देते चलते हैं। जायसी की सांस्कृतिक पृष्ठभूमि, दार्शनिक विचार, कलात्मक मूल्यों आदि का विवेचन हिन्दी के अनुसन्धान-साहित्य में एक नये अध्याय का सूत्रपात करता है। अवधी की चर्चा करते हुए उन्होंने भाषा-विज्ञान की समस्याओं पर महत्त्वपूर्ण निर्देश दिये हैं और हर जगह वाक्पटु, तर्कशास्त्री किन्तु सरस हृदय और विनोदी शुक्ल जी के व्यक्तित्व की जैसी छाप यहाँ मिलती है, वैसी अन्यत्र नहीं।

जायसी के अध्ययन में पहली समस्या उन पर नाथपंथी योगियों के प्रभाव की है। शुक्ल जी ने दिखलाया है कि जायसी ने हठयोगियों के विभागों के अनुसार शरीर का वर्णन किया है। सिंहलगढ़ के वर्णन में नौ पौरी नाक, कान, मुँह आदि हैं। गढ़ के नीचे का कुंड-कुंडलिनी का वासस्थान नाभि-कुंड है। सुरंग सुषुम्ना नाड़ी है जो दसवें द्वार ब्रह्मरंध्र तक चली गई है। जायसी कहते हैं :

पाइय नाहिं जूझ हठि कीन्हें। जेइ पावा तेहि आपुहि चीन्हें।

हठयोगियों की तरह हठ करने से मनुष्य को ब्रह्म का साक्षात्कार नहीं होता, अपने सहज ज्ञान से उसकी प्राप्ति होती है।

यहाँ भी हम देखते हैं कि जायसी ने शरीर-निर्माण की कल्पना योगियों से ली है, लेकिन उनका मार्ग योग का नहीं वरन् प्रेम का है।

दूसरी जगह हठयोगियों का प्रभाव इस बात में देखा जाता है कि जायसी ने रत्नसेन से सिंहलद्वीप की यात्रा कराई है। शुक्ल जी ने बताया है कि "गोरखपंथी जोगी सिंहलद्वीप को सिद्ध-पीठ मानते हैं जहाँ शिव से पूर्ण सिद्धि प्राप्त करने के लिए साधक को जाना पड़ता है।" रत्नसेन सिंहल जाता है। वहाँ पद्मावती नाम की सिद्धि प्राप्त करता है। पद्मावती-रत्नसेन का संयोग और उसका वर्णन योग और उससे मिलनेवाली सिद्धि से कितनी दूर है, यह सहज ही देखा जा सकता है।

शुक्ल जी का कहना है कि "हठयोगियों व नाथपंथियों की दो मुख्य बातें सूफियों और निर्गुण मतवाले संतों को अपने अनुकूल दिखाई पड़ीं : (1) रहस्य की प्रवृत्ति, (2) ईश्वर को केवल मन के भीतर समझना और ढूँढ़ना। कहने की आवश्यकता नहीं कि ये दोनों बातें भारतीय भक्तिमार्ग से पूरा मेल खानेवाली नहीं थी।" अन्य भक्तों की तरह जायसी पर भी हठयोगियों और नाथपंथियों का प्रभाव नगण्य है।

जायसी के अध्ययन के सम्बन्ध में दूसरी समस्या उन पर सूफी मत के प्रभाव की है।

सूफी मत के बारे में शुक्ल जी कहते हैं : "जायसी मुसलमान थे, इससे उनकी उपासना निराकारोपासना ही कही जाएगी। पर सूफी मत की ओर पूरी तरह झुकी होने के कारण उनकी उपासना में साकारोपासना की-सी ही सहृदयता थी।"

शुक्ल जी ने यहाँ सूफी कवियों की सहृदयता की ओर संकेत किया है। वह जायसी की सहृदयता का कारण उन पर सूफी मत का प्रभाव समझते हैं। सूफी मत की सहृदयता का कारण उन्होंने आर्यसंस्कारों का पुनरुत्थान माना है। लिखा है : "सूफियों के अद्वैतवाद ने एक बार मुसलमानी देशों में बड़ी हलचल मचाई थी। ईरान, तूरान आदि में आर्यसंस्कार बहुत दिनों तक दबा न रह सका। शामी कट्टरपन के प्रवाह के बीच भी उसने अपना सिर उठाया।"

शुक्ल जी यहाँ एक क्षण के लिए अपना यह सिद्धान्त भूल गए हैं कि साहित्यिक गतिविधि का स्रोत जनता की सामाजिक परिस्थितियों में ढूँढ़ना चाहिए। सूफी मत या उससे मिलती-जुलती प्रवृत्तियों का स्रोत शामी और आर्य जातियों के संस्कारों में न खोजकर विभिन्न देशों की सामाजिक परिस्थितियों में खोजना ज्यादा उचित होगा। यदि हम यह मान लें कि जहाँ भी सहृदयता मिले, वह आर्यसंस्कार के कारण है और जहाँ भी कट्टरता मिले, वह शामी संस्कार के कारण, तो बात ही दूसरी है। भारत में ही भक्तों ने जो प्रेम-मार्ग अपनाया, वह भी एक प्रकार की कट्टरता का विरोध करने के लिए था। यह कट्टरता सामन्तों और उनके धार्मिक सहयोगियों की थी। उनके विरुद्ध जनता का पक्ष लेनेवाले और समानता, भाईचारे और प्रेम की भावनाओं को व्यक्त करनेवाले ये भक्त कवि थे।

यहूदियों की धर्म-गाथाओं में एक ओर जहाँ धार्मिक कट्टरता मिलती है, वहाँ दसरी ओर प्रेम के सरस गीत भी मिलते हैं। यूनानियों में जहाँ सुकरात को जहर देनेवाले लोग थे, वहाँ अनेक रचनाओं में—यद्यपि हर जगह नहीं—अफलातून जैसे प्रेम के व्याख्याकार भी थे। प्रसाद जी ने 'रहस्यवाद' नाम के निबन्ध में दिखाया है। कि एक ओर भारत में संसार को दुःख का कारण माननेवाले लोग थे, तो दूसरी ओर आनन्दवाद के पंथ पर चलनेवाले लोग भी थे।

शुक्ल जी का मत है कि यहूदी, ईसाई और मुस्लिम धर्मों में अद्वैतवाद ने रहस्यवाद का रूप लिया लेकिन "भारतवर्ष में तो यह ज्ञान-क्षेत्र से निकला और अधिकतर ज्ञान-क्षेत्र में ही रहा; पर अरब, फारस आदि में जाकर वह भाव-क्षेत्र के बीच मनोहर रहस्य-भावना के रूप में फैला।"

क्या यह आश्चर्य की बात न होगी कि अद्वैतवाद कट्टर शामी जातियों के बीच तो मनोहर रहस्य-भावना बनकर फैला और सहृदय आर्यों के देश भारत में, जहाँ उसका जन्म हुआ था, वह शुष्क ज्ञान-क्षेत्र की चीज ही बना रहा? प्रसाद जी ने 'रहस्यवाद' नाम के निबन्ध में शामी जातियों की एक दूसरी विशेषता दिखाई है। और वह यह कि वे मनुष्य को ईश्वर का उपासक अथवा दास मानते थे। इसलिए मंसूर को अनलहक कहने पर सूली पर चढ़ा दिया गया। सरमद को भी प्राणदंड मिला। "सेमेटिक धर्म-भावना के विरुद्ध चलनेवाले ईसा, मंसूर और सरमद आर्य अद्वैत धर्म-भावना से अधिक परिचित थे।" फिर भी सौलोमन का गीत, जो प्रेम और सौन्दर्य का मधुर काव्य है, यहूदियों का ही रचा हुआ था। इससे सिद्ध होता है कि आर्य और शामी नस्लों के आधार पर दार्शनिक और धार्मिक प्रवृत्तियों की सही व्याख्या नहीं हो सकती।

प्रसाद जी ने दिखलाया है कि जब 'एक सद्विप्रा बहुधा वदन्ति' के अनुसार यहाँ एकेश्वरवाद की स्थापना हो रही थी, तब आत्मवाद (आनन्दवाद) भी यहाँ पल्लवित हो रहा था। उनके मत से वरुण एकेश्वरवाद के प्रतिनिधि थे और इन्द्र आत्मवाद के। यदि यह बात सही है तो एकेश्वरवाद भारत की अपनी वस्तु है और उतनी ही पुरानी है जितना कि ऋग्वेद, और आनन्दवाद भी उतना ही पुराना है वरन् उससे भी पुराना है और प्रसाद जी के अनुसार भारतीय चिन्तन की मूल धारा है।

शुक्ल जी ने एकेश्वरवाद और अद्वैतवाद में अन्तर दिखलाया है। उनका कहना है कि एकेश्वरवाद स्थूल देववाद है और अद्वैतवाद सूक्ष्म आत्मवाद या ब्रह्मवाद है। "बहुत-से देवी-देवताओं को मानना और सबके बड़े दादा एक बड़े देवता (ईश्वर) को मानना एक ही बात है।" इससे यह निष्कर्ष निकालना गलत न होगा कि शुक्ल जी स्वयं स्थूल देववादी न थे, उन्हें न तो अनेक देवी-देवताओं में विश्वास था, न उन सबके 'दादा एक बड़े देवता' में। वह अद्वैतवादी थे और "अद्वैतवाद का मतलब है कि दृश्य-जगत् की तह में उसका आधार-स्वरूप एक ही अखंड नित्य है और वही सत्य है।" शुक्ल जी में और भौतिक अद्वैतवादियों में अन्तर यह है कि

भौतिकवादी संसार को नित्य-परिवर्तनशील और विकासमान मानते हैं और सत्य उसकी तह में न होकर संसार की भौतिक एकता ही में होता है।

सूफियों का दृश्य-जगत् के बारे में क्या कहना है? शुक्ल जी के अनुसार : "दृश्य-जगत् के नानारूपों को उसी अव्यक्त ब्रह्म के व्यक्त आभास मानकर सूफी लोग भावमग्न हुआ करते हैं।" अद्वैतवादियों, निर्गुण ब्रह्मवादियों और योगियों से उनका यह महत्त्वपूर्ण भेद है। जो संसार को माया समझता है, वह उस माया में भावमय होकर सत्य का साक्षात् करने की आशा नहीं कर सकता। जायसी ने संसार को माया कहा है जो उन्हें भारतीय वेदान्त के निकट ले आता है। "साथ ही जगत् को दर्पण कहना, नामरूपात्मक दृश्यों को प्रतिबिम्ब या छाया कहना यह सूचित करता है कि अचित को ब्रह्म तो नहीं कह सकते, पर है यह उसी रूप की जिस रूप में यह जगत् दिखाई पड़ता है।" योग और वेदान्त से जायसी का यह अन्तर ध्यान देने योग्य है। जगत् ब्रह्म का ही दर्पण है, जगत के दृश्य उसी ब्रह्म के रूप के प्रतिबिम्ब हैं। और जायसी को जितना प्रेम इस दर्पण से है, रूप के प्रतिबिम्ब से है, उतना परोक्ष रूप से नहीं।

शुक्ल जी ने अद्वैतवाद के दो पक्ष बतलाए हैं। एक पक्ष आत्मा और परमात्मा की एकता का है, दूसरा पक्ष ब्रह्म और जगत् की एकता का है। उनका मत है कि साधना-क्षेत्रों में सूफियों और पुराने ईसाई-भक्तों की दृष्टि पहले पक्ष पर रहती है। लेकिन "भाव-पक्ष में जाकर सूफी प्रकृति की नाना विभूतियों से भी उसकी छवि का अनुभव करते आए हैं।" कहने के लिए प्रकृति की नाना विभूतियों से ब्रह्म की छवि का अनुभव किया जाता है; वास्तव में ब्रह्म के बहाने अनुभव किया जाता है। प्रकृति की नाना विभूतियों का ही।

कोई भी जनवादी आन्दोलन—चाहे वह सांस्कृतिक हो, चाहे राजनीतिक—भौतिकवाद की ओर किसी-न-किसी प्रकार झुके बिना रह नहीं सकता। इस तरह के आन्दोलन जनवादी इसीलिए होते हैं कि वे जनता की वास्तविक आवश्यकताओं के आधार पर उठ खड़े होते हैं। इन आवश्यकताओं पर तरह-तरह के सांस्कृतिक आवरण पड़े होते हैं लेकिन उनकी वास्तविकता पहचानना कठिन नहीं होता। क्या पूर्व में, क्या पश्चिम में, शासकवर्ग ने संसार को मिथ्या कहकर जनता का ध्यान वास्तविक समस्याओं से हटाकर कल्पित परोक्ष की ओर लगाने की चेष्टा की, लेकिन अनेक देशों और विभिन्न युगों में ऐसे विचारक और कवि भी उत्पन्न हुए जो उस कल्पित परोक्ष को अस्वीकार न करके किसी-न-किसी रूप में प्रत्यक्ष जगत् का महत्त्व भी स्वीकार करते रहे। शुक्ल जी ने 19वीं सदी में, पश्चिम के देशों में, पैन्थीज्म या सर्ववाद के उत्थान की बात कही है। इस पैन्थीज्म का आधार ब्रह्म और जगत् की एकता थी। शुक्ल जी पश्चिम के देशों में इसके उत्थान का जिक्र करते हुए बतलाते हैं : "वहाँ इसकी ओर प्रवृत्ति स्वातंत्र्य और लोकसत्तात्मक

भावों के प्रचार के साथ-ही-साथ दिखाई पड़ने लगी।" यह बात आकस्मिक नहीं है कि जिन कवियों ने स्वाधीनता और लोकसत्तावाद का प्रचार किया, उन्हीं ने ब्रह्म और जगत् की एकता भी घोषित की। इसका कारण यह था कि स्वाधीनता और लोक-सत्तावाद का प्रचार जनता की वास्तविक समस्याओं पर निर्भर था; उन वास्तविक समस्याओं से दिलचस्पी रखने के कारण कवियों ने अंशत: भौतिकवाद की ओर भी झुकाव दिखाया।

'जायसी ग्रंथावली' की इसी भूमिका में शुक्ल जी भारतीय भक्तों के बारे में कहते हैं : "जिसे यह जगत् प्रिय नहीं, जो इस जगत् के छोटे-बड़े सबसे सद्भाव नहीं रखता, जो लोक की भलाई के लिए सब कुछ सहने को तैयार नहीं रहता, वह कैसे कह सकता है कि ईश्वर का भक्त हूँ?" शुक्ल जी ने इस तरह की भक्ति अपनी ओर से मध्यकालीन संतों पर आरोपित नहीं की थी। संत-साहित्य एक जनवादी सांस्कृतिक आन्दोलन था। उसका आधार सामन्ती अत्याचार से पीड़ित जनसाधारण की मुक्तिकामना थी। उस पर निर्गुण ब्रह्मवाद—यानी यह संसार मिथ्या है, इस धारणा—का प्रभाव होते हुए भी उसका झुकाव इस संसार को सत्य समझने की ओर भी था। शुक्ल जी उन थोड़े-से आलोचकों में हैं जिन्होंने संसार का प्रिय होना भक्ति का एक लक्षण माना है। तुलसी की इस उक्ति से शुक्ल जी की धारणा का समर्थन होता है :

झूठो है झूठो है झूठो सदा जग संत कहंत जे अन्त लहा है।
ताको सहै सठ संकट कोटिन काढ़त दंत करंत हहा है।
जानपनी को गुमान बड़ो तुलसी के विचार गँवार महा है।
जानकी जीवन जान न जान्यो तो जान कहावत जान्यो कहा है।

इसी तरह जायसी ने 'पद्मावत' के आरम्भ ही में ईश्वर की स्तुति करते हुए कहा है :

दीन्हेसि रसना औ रसभोगू। दीन्हेसि दसन जो बिहँसै जोगू॥
दीन्हेसि जग देखन कहँ नैना। दीन्हेसि स्रवन सुनै कहँ बैना॥
दीन्हेसि कंठ बोल जेहि माहाँ। दीन्हेसि कर पल्लौ बर बाहाँ।
दीन्हेसि चरन अनूप चलाहीं। सो जानइ जेहि दीन्हेसि नाहीं॥

ईश्वर ने नेत्र संसार को देखने को दिये हैं, बन्द करने के लिए नहीं। जिसके पास हाथ-पैर नहीं हैं, वही उनका महत्त्व जानता है। इसी तरह 'आखिरी कलाम' में जायसी ने लिखा है :

दीन्हेसि नयनजोति उजियारा। दीन्हेसि देखै कहँ संसारा॥
दीन्हेसि स्रवन बात जेहि सुनै। दीन्हेसि बुद्धि ज्ञान बहु गुनै।

इससे पता चलता है कि जायसी का दृष्टिकोण जीवन को अस्वीकार करने का नहीं है वरन् उसे स्वीकार करने का है। इसलिए शुक्ल जी की यह स्थापना बिलकुल सही है कि सच्चे भक्त को यह जगत् प्रिय होता है।

रहस्यवादी साधना या भावना से किसी नये सत्य का उद्घाटन होता है, इस पर शुक्ल जी को विश्वास नहीं है। उनका मत है कि "रहस्य-भावना किसी विश्वास के आधार पर चलती है, विश्वास करने के लिए कोई नया तथ्य या सिद्धान्त नहीं उपस्थित करती। किसी नवीन ज्ञान का उदय उसके द्वारा नहीं हो सकता। जिस कोटि का ज्ञान या विश्वास होगा, उसी कोटि की उससे उद्भूत रहस्य-भावना होगी।" शुक्ल जी का दृष्टिकोण एक बुद्धिवादी विचारक का है। वह रहस्यवादियों के लम्बे-चौड़े दावों पर विश्वास नहीं करते। रहस्यवादी लौकिक ज्ञान को क्षुद्र बताकर अपने को 'पहुँचा हुआ' घोषित करते हैं। शुक्ल जी बुद्धि की पहुँच से परे इस परोक्ष-प्रेम और ज्ञान के साक्षात्कार पर विश्वास नहीं करते। जो ज्ञान या विश्वास रहस्यवादियों को पहले से होता है, वही उन्हें साधना, इलहाम, प्रेम के आवेश में भी दिखाई देता है।

शुक्ल जी उपनिषदों को भारतीय ज्ञानकांड का मूल मानते हैं। इस ज्ञान को वह ऋषियों की अलौकिक दर्शन-शक्ति का परिणाम नहीं मानते वरन "बुद्धि की स्वाभाविक क्रिया द्वारा" ही उस ज्ञान का उदय मानते हैं। "बुद्धि की स्वाभाविक क्रिया"—ये शब्द ध्यान देने योग्य हैं। न तो ईश्वर ने विशेष कृपा करके ऋषियों को परोक्ष सत्ता का अलौकिक ज्ञान करा दिया था, न ऋषियों ने भावावेश, योग द्वारा या अपनी किसी अलौकिक प्रतिभा द्वारा ज्ञान प्राप्त कर लिया था। हमारे यहाँ ऐसे लोगों की कमी नहीं जो उपनिषदों के ज्ञान को अलौकिक, ऋषियों के चिन्तन को बुद्धि से परे मानते हैं। शुक्ल जी ने इस तरह के चमत्कारवाद का विरोध करके वैज्ञानिक ढंग से भारतीय ज्ञान को बुद्धि की स्वाभाविक क्रिया का परिणाम समझने का मार्ग प्रशस्त किया है। कहना न होगा कि जब तक उपनिषद् और अन्य प्राचीन ग्रंथ इस तरह के चमत्कारवाद से मुक्त नहीं होते, तब तक उनका सही मूल्यांकन करके उनकी विरासत को जनता की सांस्कृतिक निधि नहीं बनाया जा सकता।

शुक्ल जी भावात्मक अद्वैतवाद या रहस्यवाद को बाहर से आई हुई वस्तु समझते थे। जायसी के अध्ययन के सम्बन्ध में यह दिलचस्प समस्या उठ खड़ी होती है कि जायसी रहस्यवादी थे या नहीं और यदि थे तो उनका रहस्यवाद यहाँ की वस्तु था या बाहर से लाया हुआ था।

शुक्ल जी यह मानते हैं कि "प्राचीन ऋषियों को भी विचार करते-करते गम्भीर मार्मिक तथ्य पर पहुँचने पर कभी-कभी भावोन्मेष हो जाता था और वे अपनी उक्ति का प्रकाश रहस्यात्मक और अनूठे ढंग से कर देते थे।" इससे यह सिद्ध हुआ कि शुक्ल जी के अनुसार रहस्यवाद प्राचीन भारतीय साहित्य के लिए अनूठी वस्तु नहीं है।

लेकिन उनका तर्क है : मार्मिक तथ्य पर पहुँचने पर भावोन्मेष हो जाता था। तथ्य पहले, भावोन्मेष बाद को। शुक्ल जी का जोर इस बात पर है कि रहस्यवाद ज्ञानार्जन की कोई पद्धति नहीं है।

उन्होंने रहस्यवाद के उदाहरण देते हुए बताया है कि "गीता के दसवें अध्याय में सर्ववाद का भावात्मक प्रणाली पर निरूपण है।" इसके बाद शुक्ल जी ने जो कुछ लिखा है, उससे यह सिद्ध होता है कि रहस्यवाद भाव प्रकट करने का ही एक अनूठा ढंग नहीं है वरन् भावना का भी वह एक विशेष प्रकार है। गीता के दसवें अध्याय का हवाला देते हुए शुक्ल जी ने लिखा है :

"वहाँ भगवान् ने अपनी विभूतियों का जो वर्णन किया है, वह अत्यन्त रहस्यपूर्ण है। सर्ववाद को लेकर जब भक्त की मनोवृत्ति रहस्योन्मुख होगी तब वह अपने को जगत् के नाना रूपों के सहारे उस परोक्ष सत्ता की ओर ले जाता हुआ जान पड़ेगा। वह खिले हुए फूलों में, शिशु के स्मित आनन में, सुन्दर मेघमाला में, निखरे हुए चन्द्रबिम्ब में उसके सौन्दर्य का; गम्भीर मेघगर्जन में, बिजली की कड़क में, वज्रपात में, भूकंप आदि प्राकृतिक विप्लवों में उसकी रौद्र मूर्ति का; संसार के असामान्य वीरों, परोपकारियों और त्यागियों में उसकी शक्ति, शील आदि का साक्षात्कार करता है। इस प्रकार अवतारवाद का मूल भी रहस्य-भावना ही ठहरती है।"

यहाँ रहस्यवाद का मूल सूत्र हुआ—प्रत्यक्ष जगत् में परोक्ष सत्ता का आभास। यदि यह सूत्र अभारतीय नहीं है तो रहस्यवाद भी अभारतीय नहीं है। शुक्ल जी ने यह माना है कि अवतारवाद का मूल रहस्यवाद है यद्यपि वह राम-कृष्ण के उपासकों को रहस्यवादियों से अलग करते हैं। महत्त्वपूर्ण बात यह है कि जो भावुक, चिन्तक या कवि "अपने को जगत् के नाना रूपों के सहारे उस परोक्ष सत्ता की ओर ले जाता हुआ जान पड़ेगा", वह कोई अभारतीय काम न करेगा; उसका यह काम यहाँ की प्राचीन रहस्य-भावना के अनुकूल ही माना जाएगा।

शुक्ल जी जायसी के ईश्वरोन्मुख प्रेम का जिक्र करते हुए कहते हैं : "क्या संयोग, क्या वियोग, दोनों में कवि प्रेम के उस आध्यात्मिक स्वरूप का आभास देने लगता है, जगत् के समस्त व्यापार जिसकी छाया-से प्रतीत होते हैं।" जायसी को चन्द्र, नक्षत्र आदि उसी के विरह में जलते हुए दिखाई देते हैं। शुक्ल जी के अनुसार इस तरह के विरह-वर्णन की प्रवृत्ति तो सगुणधारा के भक्तों में नहीं रही लेकिन तुलसी की 'विनयपत्रिका' से उन्होंने ऐसे विश्वव्यापी विरह का एक उदाहरण दिया है :

बिछुरे रबि सरि मन! नैनन तें पावत दु:ख बहुतेरो। इत्यादि।

जायसी को जगत् के समस्त व्यापार परोक्ष सत्ता की छाया-से प्रतीत होते हैं; प्रत्यक्ष जगत् में परोक्ष सत्ता का आभास पाना भारतीय भावना का मूल था; यदि ये दोनों बातें सही हैं तो मानना होगा कि जायसी का रहस्यवाद भी भारतीय है, अभारतीय नहीं।

यदि तुलसी और जायसी एक-से विश्वव्यापी विरह का वर्णन करते हैं तो मानना होगा कि भक्तों और जायसी-जैसे सूफियों की एक सामान्य भूमि भी है।

'जायसी ग्रंथावली' की भूमिका में शुक्ल जी ने जायसी-जैसे कवियों को ध्यान में रखते हुए ठीक लिखा है : "सूफीमत की भक्ति का स्वरूप प्राय: वही है जो हमारे यहाँ की भक्ति का।"

इन स्थापनाओं को देखते हुए यह ठीक नहीं मालूम होता कि जहाँ भी प्रेमतत्त्व दिखाई दे—काव्य में परोक्ष सत्ता के प्रति प्रेम दिखाया जाए—वहाँ उसे सूफीमत की देन माना जाए। शुक्ल जी ने भक्त-कवयित्री अन्दाल का जिक्र किया है। उस पर सूफीमत के प्रभाव की कोई सम्भावना न थी; वह आठवीं सदी की भक्त बताई गई है। शुक्ल जी ने अन्दाल की यह उक्ति उद्धृत की है : "अब मैं पूर्ण यौवन को प्राप्त हूँ और स्वामी कृष्ण के अतिरिक्त और किसी को अपना पति नहीं बना सकती।" मीरा की उक्तियों से इसकी समानता तुरन्त देखी जा सकती है। शुक्ल जी ने वैष्णव कवियों से उसकी तुलना भी की है : "पति या प्रियतम के रूप में भगवान् की भावना को वैष्णव भक्तिमार्ग में 'माधुर्य भाव' कहते हैं। इस भाव की उपासना में रहस्य का समावेश अनिवार्य और स्वाभाविक है। इस तरह भक्तों का माधुर्य भाव भारतीय चिन्तन और भावना का स्वाभाविक विकास दिखाई देता है। लेकिन इतना सब कह देने के बाद भी शुक्ल जी ने वैष्णव कवियों में इस माधुर्य भाव के लिए सूफीमत को उत्तरदायी ठहराया है।

शुक्ल जी का कहना है कि भारतीय भक्तों में माधुर्य भाव का अधिक प्रचार नहीं हुआ और जो हुआ, वह सूफियों के प्रभाव से। वह लिखते हैं : "भारतीय भक्ति का सामान्य स्वरूप रहस्यात्मक न होने के कारण इस 'माधुर्य भाव' का अधिक प्रचार नहीं हुआ। आगे चलकर मुसलमानी जमाने में सूफियों की देखा-देखी इस भाव की ओर कृष्ण-भक्ति शाखा के कुछ भक्त प्रवृत्त हुए। इनमें मुख्य मीराबाई हुईं जो 'लोक-लाज खोकर' अपने प्रियतम श्रीकृष्ण के प्रेम में मतवाली रहा करती थीं।"

और भी : "चैतन्य महाप्रभु में सूफियों की प्रवृत्तियाँ साफ झलकती हैं।"

कबीर, दादू आदि के बारे में वे कहते हैं : "निर्गुण शाखा के कबीर, दादू आदि संतों की परम्परा में ज्ञान का जो थोड़ा-बहुत अवयव है, वह भारतीय वेदान्त का है, पर प्रेमतत्त्व बिलकुल सूफियों का है। इसमें से दादू दरिया साहब आदि तो खालिस सूफी ही जान पड़ते हैं। कबीर में 'माधुर्य भाव' जगह-जगह पाया जाता है।"

यदि माधुर्य भाव का प्रसार चैतन्य महाप्रभु, कबीर, मीरा आदि सगुण-निर्गुण ब्रह्म के उपासकों तक है, तब यह कहना कहाँ तक ठीक हो सकता है कि माधुर्य भाव का अधिक प्रचार नहीं हुआ? शुक्ल जी जिसे माधुर्य भाव कहते हैं, उसका व्यापक प्रभाव उत्तर भारत के कवियों पर—दक्षिण के कवियों को छोड़ भी दें तो—दिखाई देता है। जैसाकि स्वयं शुक्ल जी ने दिखलाया है, इसकी जड़ें प्राचीन भारतीय चिन्तन में मिलती हैं।

अपने इतिहास में उन्होंने 'श्रीमद्भागवत' का जिक्र भी किया है। उसके प्रभाव से माधुर्य भाव फैलता हुआ बतलाया है। इसलिए यह मानना होगा कि शुक्ल जी ने माधुर्य भाव और प्रेम-तत्त्व के लिए जगह-जगह जो सूफीमत को उत्तरदायी ठहराया है, वह सही नहीं है। उनकी इस धारणा का खंडन उन्हीं की अनेक स्थापनाओं से हो जाता है।

अब देखना चाहिए कि जायसी किस कोटि के सूफी थे और उनके प्रेममार्ग पर सूफीमत का कितना प्रभाव है? जायसी सैयद अशरफ के शिष्य थे, यह उन्होंने लिखा ही है। अपने को 'गुरु मोहदी' का सेवक भी कहा है। यह भी सही हो सकता है कि अपने समय में वह एक सिद्ध फकीर माने जाते थे।

जायसी के परोक्ष-प्रेम की विशेषताएँ क्या हैं? विरह की अग्नि में सूर्य-चन्द्र जलते दिखाई देते हैं। अग्नि, पवन आदि तत्त्व उसी परोक्ष प्रिय तक पहुँचने के लिए उत्सुक दिखाई देते हैं। सृष्टि में जो सौन्दर्य दिखाई देता है, वह भी उसी परम सौन्दर्य की झलक मालूम पड़ता है। सृष्टि के विभिन्न पदार्थ अपने गुणों का विकास करते हुए उसी की ओर पहुँचने की इच्छा करते हैं। संक्षेप में, शुक्ल जी के अनुसार, जायसी के प्रेम का यही अलौकिक पक्ष है। प्रेम के ये तत्त्व भारत में पहले से विद्यमान थे, यह शुक्ल जी की ही स्थापनाओं में हम ऊपर देख चुके हैं। इसके साथ ही यह भी सही है कि ईरान आदि देशों के सूफी कवियों ने प्रेम के जो आलम्बन चुने हैं, अपनी कविता के लिए साकी, मैखाना, शराब, गुल, बुलबुल आदि के जो प्रतीक चुने हैं, वे जायसी में नहीं मिलते। इसके विपरीत "उत्तर भारत में, विशेषत: अवध में, 'पद्मिनी रानी और हीरामन सूए' की कहानी अब तक प्राय: उसी रूप में कही जाती है जिस रूप में जायसी ने उसका वर्णन किया है।... इसी प्रकार 'बाला लखनदेव' आदि की और रसात्मक कहानियाँ अवध में प्रचलित हैं जो बीच-बीच में गा-गाकर कही जाती हैं। इसलिए जायसी में सूफीमत के तत्त्व ढूँढ़ने से पहले अवध की जनसंस्कृति के तत्त्व ढूँढ़ना ज्यादा लाभदायी होगा। शुक्ल जी की यह धारणा बिलकुल सही है कि "जायसी ने प्रचलित कहानी को ही लेकर, सूक्ष्म ब्यौरों की मनोहर कल्पना करके उसे काव्य का सुन्दर स्वरूप दिया है।" शुक्ल जी की इस धारणा का और विस्तार से अध्ययन करने की आवश्यकता है। वास्तव में समूचे भक्ति-साहित्य का इस दृष्टिकोण से बहुत कम अध्ययन किया गया है कि वह यहाँ की जनसंस्कृति का प्रतिबिम्ब है। जहाँ शुक्ल जी ने जायसी आदि का अध्ययन करने के लिए बाहर के सूफीमत पर जोर दिया है, वहाँ इन कवियों में जनसंस्कृति की ही धारा का प्रभाव देखना भी उन्होंने हमें सिखाया है।

अब प्रश्न यह है कि जायसी मूलत: लौकिक प्रेम के कवि हैं या अलौकिक प्रेम के। जायसी ने 'पद्मावत' के अन्त में चित्तौर को तन, राजा को मन, सुए को गुरु, नागमती को दुनिया-धन्धा, राघव को शैतान, अलादीन को माया आदि कहा है।

श्री हजारीप्रसाद द्विवेदी ने 'हिन्दी साहित्य' में लिखा है : "काव्य के अन्त में, 'तन चितउर मन राजा कीन्हा' जो संकेत है, वह मूल ग्रंथ का नहीं है। 'पद्मावत' की प्राचीन प्रतियों से यह बात सिद्ध हो चुकी है।" जायसी का परोक्ष-प्रेम "तन चितउर' आदि पंक्तियों पर निर्भर नहीं है। द्विवेदी जी कहते हैं : "परोक्ष-सत्ता की ओर संकेत करने का उत्साह जायसी में इतना अधिक है कि वे ऐसे प्रसंगों को मानो खोजते फिरते हैं जिनसे परोक्ष सत्ता की ओर इशारा करने का मौका मिल सके।" यदि जायसी परोक्ष-सत्ता की ओर इतना अधिक संकेत करते हैं, तो यह माना जाएगा कि उनका उद्देश्य अलौकिक प्रेम की अभिव्यक्ति भी रहा है।

शुक्ल जी के विवेचन से स्पष्ट है कि उन्होंने प्रेम की लौकिकता पर जोर दिया है। रत्नसेन का घर से निकलना, माता और रानी को रोकर रोकना, पद्मावती का रसरंग, सपत्नी से कलह, राघव को पद्मावती का अपना कंगन देना आदि घटनाओं का उल्लेख करने के बाद शुक्ल जी कहते हैं : "प्रेम का लोकपक्ष कैसा सुन्दर है! लोकव्यवहार के बीच भी अपनी आभा का प्रसार करनेवाली प्रेमज्योति का महत्त्व कुछ कम नहीं।" शुक्ल जी जायसी को इसके लिए बधाई देते हैं कि उसकी प्रेमगाथा पारिवारिक और सामाजिक जीवन से विच्छिन्न होने से बच गई।"

उन्हें 'पद्मावत' की कमजोरी इसमें दिखाई देती है कि जायसी ने कहीं-कहीं परोक्ष और प्रत्यक्ष को मिलाने का प्रयत्न किया है। पद्मावती का रूप-वर्णन सुनकर रत्नसेन के मन में चाह पैदा होती है और अलाउद्दीन के भी। अन्तर इतना है कि अलाउद्दीन के लिए वह दूसरे की विवाहिता पत्नी है; रत्नसेन के लिए अविवाहिता थी। शुक्ल जी इसे अस्वाभाविक समझते हैं और उसका कारण बतलाते हैं : "लौकिक प्रेम और ईश्वर-प्रेम, दोनों को एक स्थान पर व्यंजित करने का प्रयत्न।" इसी तरह रत्नसेन का नाम सुनने के पहले ही पद्मावती उसके वियोग में विकल हो जाती है जिसका कारण अलौकिक ही हो सकता है और वह कथा को कमजोर बनाता है।

नागमती का विरह-वर्णन, गोरा बादल की वीरता आदि लोकजगत् के व्यवहार हैं जिनके वर्णन के लिए शुक्ल जी ने जायसी की प्रशंसा की है। जायसी के विप्रलम्भ शृंगार के वर्णन को उन्होंने अद्वितीय कहा है। इसी तरह बारहमासा आदि की उन्होंने प्रशंसा की है जिसका आधार जायसी के वर्णन की लौकिकता है। परिणाम यह निकलता है कि जायसी ने अलौकिक प्रेम का वर्णन अवश्य करना चाहा, किया भी, लेकिन उनकी महत्ता का कारण प्रेम की लौकिकता है, अलौकिकता नहीं।

यहाँ यह कहना आवश्यक है कि जायसी की कथा में कुछ ऐसी मौलिक कमजोरियाँ हैं जो अलौकिक प्रेम का निर्वाह नहीं होने देतीं। पद्मावती यदि ब्रह्म है तो प्रश्न उठता है कि आत्मा से मिलने के लिए क्या ब्रह्म भी तड़पता है? और रत्नसेन के मरने पर जब पद्मावती सती हो जाती है, तब क्या ब्रह्म भी आत्मा के लिए सती हो गया? सतियाँ भी एक नहीं, दो हैं। दोनों ही रत्नसेन से प्रेम करती हैं।

यदि नागमती सांसारिकता है तो क्या वह भी ब्रह्म और जीव के साथ जल मरी? और 'चितउर भा इसलाम' का क्या अर्थ है? क्या शरीर पर इस्लाम की विजय हुई? इस तरह की और भी कमजोरियाँ दिखाई जा सकती हैं।

वास्तव में जायसी प्रेम और शृंगार के कवि हैं। ये प्रेम और शृंगार मूलत: लौकिक हैं, उनके वर्णन का प्रभाव लौकिक है। उनका आधार मूलत: यहाँ की जनसंस्कृति है। जायसी के शृंगार-वर्णन में अनेक स्थानों में अत्युक्ति होने पर भी वह दरबारी कवियों की परम्परा से भिन्न हैं। शुक्ल जी ने इसे अनेक बार स्पष्ट कर दिया है।

शुक्ल जी ने जायसी में जिन चीजों को दोष माना है, वे बहुधा दरबारी कवियों की पद्धति से मिलती-जुलती हैं, जैसे वस्तुओं की गिनती। पद्मावती के समागम की कुछ पंक्तियों का अश्लील होना, पद्मावती और रत्नसेन का नीरस वाक्चातुर्य, "गूढ़बानी का दम भरनेवाले मूर्ख-पंथियों के अनुकरण पर कुछ पारिभाषिक शब्दों की थिगलियाँ' जोड़ना, समुद्र का काल्पनिक वर्णन, सुकुमारता दिखाने के लिए अस्वाभाविक अत्युक्तियाँ, एक ही भाव और एक ही उपमा को बार-बार दोहराना—ये सब दोष ऐसे हैं जो बहुधा रीतिकालीन कवियों में मिलते हैं। सुकुमारता के बारे में अत्युक्तियों की चर्चा करते हुए शुक्ल जी ने बिहारी का हवाला दिया भी है। उन्होंने जायसी की आलोचना स्वाभाविकता, मानव-सुलभ सहृदयता की भूमि से की है। जहाँ जायसी ने कोरा चमत्कार दिखाने की कोशिश की है, वहाँ शुक्ल जी ने निडर होकर जायसी को दोषी ठहराया है। शुक्ल जी का यह कार्य आलोचना-साहित्य में यथार्थवाद की प्रतिष्ठा करता है।

अपनी भूमिका के प्रारम्भ ही में शुक्ल जी कहते हैं कि प्रेम की तरंगें सभी हृदयों में समान रूप से उठती हैं, प्रिय का वियोग सभी को व्याकुल करता है, माता का हृदय सभी जगह एक-सा होता है। प्रेममार्गी कवियों ने "सामान्य जीवन-दशाओं को सामने रखा"; वे जीवन-दशाओं से परे असामान्य प्रेम का चित्रण करने के कारण प्रेम-मार्गी नहीं हैं वरन् उन्होंने 'प्रत्यक्ष जीवन की एकता का दृश्य सामने रखने की आवश्यकता' पूरी की।

शुक्ल जी ने जायसी की महत्ता प्रकट करने के लिए अनेक स्थलों पर अन्य कवियों से उनकी तुलना की है। कबीर आदि निर्गुणपंथियों से उन्हें श्रेष्ठ माना है। सापेक्ष दृष्टि से निर्गुणपंथियों से सगुणपंथियों ने मानव-जीवन का चित्रण ज्यादा अच्छा किया है, लेकिन हम देख चुके हैं कि निर्गुणपंथी भी भक्त थे, उनकी भक्ति का आधार प्रेम था और शुक्ल जी के ही शब्दों में वे निम्नवर्गों की जनता के आत्मसम्मान को जगा चुके थे। जायसी की भूमिका में शुक्ल जी ने निर्गुणपंथियों को कहीं-कहीं लोकविरोधी तक कह डाला है (उदाहरण के लिए पृ. 164 पर) यह उचित नहीं है; वह उन्हीं की स्थापनाओं के विरुद्ध बैठता है। शुक्ल जी ने कबीर के बारे में जायसी की यह उक्ति उद्धृत की है :

ना-नारद तब रोइ पुकारा। एक जोलाहे सों मैं हारा।
प्रेम तंत निति ताना तनई। जपतप साधि सैकरा भरई॥

इससे यही सिद्ध नहीं होता कि "कबीर को वे बड़ा साधक मानते थे", वरन् यह भी कि जायसी उनकी साधना का आधार प्रेम को ही मानते थे।

जायसी ने निराला पंथ निकालने का हौसला न किया हो, लेकिन उनकी पुस्तक को बहुत लोग धर्मग्रंथ के समान ही मानते थे, यह जानी हुई बात है। मध्यकाल में जब सामाजिक संघर्ष बहुधा धार्मिक रूप लेते रहे हों, कबीर को निराला पंथ निकालने के लिए निंदित नहीं ठहराया जा सकता। कबीर के लिए शुक्ल जी ने लिखा है : "उन्हें बाहर जगत् में भगवान की रूप-कला नहीं दिखाई देती", यह भी सही नहीं है और उसके विरुद्ध कबीर की पचीसों पंक्तियाँ उद्धृत की जा सकती हैं।

लेकिन शुक्ल जी ने जायसी को एक हद तक कबीर की परम्परा में रखा है, यह मानना होगा। उन्होंने अपनी भूमिका का आरम्भ ही इस वाक्य से किया है : "सौ वर्ष पहले कबीरदास हिन्दू और मुसलमान, दोनों के कट्टरपन को फटकार चुके थे। पंडितों और मुल्लाओं को तो नहीं कह सकते, पर साधारण जनता 'राम और रहीम' की एकता मान चुकी थी।" शुक्ल जी की दृष्टि में इसी एकता के काम को जायसी आदि प्रेममार्गी कवियों ने और आगे बढ़ाया। रांगेय राघव आदि आलोचक शुक्ल जी को ब्राह्मणवादी कहते हैं। इसका एक प्रमाण शुक्ल जी द्वारा हिन्दू-मुस्लिम एकता का समर्थन भी मानना चाहिए।

श्री कमल कुलश्रेष्ठ 'हिन्दी प्रेमाख्यान काव्य' में शुक्ल जी की उक्त स्थापना का विरोध करते हुए अपना यह मत प्रकट करते हैं कि जायसी आदि कवियों ने "प्रेमाख्यानों के द्वारा इस्लाम प्रचार की पृष्ठभूमि तैयार की।" उनका तर्क है कि इन कवियों के गुरु इस्लाम के प्रचारक थे और इन कवियों की 'दृढ़ आस्था' इस्लाम पर थी। ये कवि कुरान को भी पुरान कहते थे क्योंकि इस तरह वे कुरान के लिए श्रद्धा उत्पन्न करवाना चाहते थे। अगर ये विद्वेष दिखलाते तो इनका भेद शीघ्र खुल जाता; "इस कारण उन्होंने सम्भवत: सामंजस्य एवं सहिष्णुता का जामा पहन लिया था।" कहने का मतलब यह कि ये प्रेममार्गी कवि पूरे चार सौ बीस थे; अपने धर्म का प्रचार करने के लिए इन्होंने तरह-तरह के भेस बना लिये थे। कुलश्रेष्ठ जी इस बात से इनकार नहीं कर सकते कि इनमें सामंजस्य एवं सहिष्णुता के भाव हैं। लेकिन आखिर सहिष्णुता के भाव मुसलमानों में क्यों हों? सामंजस्य की उदार भावना उनमें कैसे आ सकती है? इसलिए लेखक ने अपने ही शब्दों में "इस मौलिक दृष्टिकोण का उद्घाटन" किया है यद्यपि दुर्भाग्यवश वह "इसके पक्ष में अति प्रबल प्रमाण देने में असमर्थ है।"

उसकी असमर्थता का दावा सही है लेकिन दृष्टिकोण की मौलिकता का दावा गलत है। इस दृष्टिकोण को कुलश्रेष्ठ जी से पहले श्री चन्द्रबली पांडेय और उनसे पहले श्री मैकडानल्ड पेश कर गए थे। श्री चन्द्रबली पांडेय ने 'तसव्वुफ अथवा

सूफीमत' में लिखा है : "श्री मैकडानल्ड ने ठीक ही कहा है कि इस्लाम के प्रचार के लिए नीतिज्ञ दरवेश प्रान्तीय प्रदेशों में जाते और अपनी उदारता तथा प्रेम के उपदेशों से कतिपय व्यक्तियों को मूँड लेते थे।"

इसके विपरीत शुक्ल जी की धारणा है कि "खलीफा लोगों के कठोर धर्म शासन के बीच भी सूफियों की प्रेममयी वाणी ने जनता को भावमग्न कर दिया।" मंसूर जैसे लोगों ने जो सूली पाई, वह कट्टरता का विरोध करने के ही कारण। जायसी मुसलमान थे, इस्लाम में उनकी आस्था थी, इसमें कोई सन्देह नहीं, जैसे सूर और तुलसी हिन्दू थे और राम और कृष्ण में उनकी आस्था थी, इसमें कोई सन्देह नहीं। कबीर भी—जिन्होंने हिन्दुओं और तुर्कों को खूब खरी-खोटी सुनाई है—इस बात पर गर्व प्रकट करते हैं कि वह रामानन्द के चेले हैं और राम की बहुरिया हैं। कुलश्रेष्ठ जी के तर्क के अनुसार कबीर भी रामानन्द के छिपे हुए दलाल थे और धार्मिक कट्टरता को फटकार कर वास्तव में हिन्दुओं की राम-भक्ति का प्रचार करना चाहते थे। वास्तविकता यह है कि ये सभी कवि हमारी जातीय संस्कृति के निर्माता हैं क्योंकि इनके चिन्तन और भावना का मूल तत्त्व प्रेम है। कुछ विद्वानों की समझ में यह बात नहीं आती, इससे हम समझ सकते हैं कि शुक्ल जी अपने समय के कितने प्रगतिशील विचारक थे।

जो लोग शुक्ल जी में एकांगी समाजशास्त्रीय दृष्टिकोण देखते हैं (शिवदानसिंह चौहान आदि), उन्हें जायसी की भूमिका में 'पद्मावत' के कलात्मक पक्ष का विवेचन ध्यान से पढ़ना चाहिए। शुक्ल जी ने 'पद्मावत' की कथा-वस्तु के गठन की इसलिए प्रशंसा की है कि "घटनाओं को आदर्श परिणाम पर पहुँचाने का लक्ष्य कवि का नहीं है।" उनका तर्क यह है कि कवि का वह लक्ष्य होता तो वह राघव चेतन का बुरा परिणाम भी दिखाता। राघव चेतन का यह परिणाम न दिखाकर "संसार की गति जैसी दिखाई पड़ती है, वैसी ही उन्होंने रखी है।" इससे स्पष्ट है कि शुक्ल जी कथा-वस्तु के कलात्मक निर्वाह को भी यथार्थवाद के आधार पर परखते हैं, उसके सौन्दर्य के लिए स्वाभाविकता को कसौटी मानते हैं। कथा-वस्तु में वह सम्बन्ध-निर्वाह की माँग करते हैं। कथा की घटनाएँ परस्पर सम्बद्ध होनी चाहिए। रामचन्द्रिका जहाँ फुटकर पद्यों का संग्रह लगता है, वहाँ 'पद्मावत' का प्रवाह खंडित नहीं है। 'पद्मावत' में जो प्रासंगिक वृत्त हैं, वे भी मूलकथा के आश्रित हैं। कथा-वस्तु के गठन का विवेचन करते हुए शुक्ल जी ने इस बात की सुन्दर मिसाल रखी है कि अरस्तू जैसे पाश्चात्य आलोचकों के काव्य-सिद्धान्तों को किस तरह रचनात्मक ढंग से भारतीय काव्य की आलोचना करते हुए लागू किया जा सकता है।

शुक्ल जी ने जायसी की सरस भाषा, प्रभावशाली वर्णनशैली आदि की मुक्त कंठ से प्रशंसा की है। अनेक उदाहरण देकर उन्होंने जायसी की कलात्मक प्रतिभा का मर्म प्रकट किया है। कवि की भोली-भाली और प्यारी भाषा और उसकी स्वाभाविक

उक्तियों की वह दा'द देते हैं। केवल वर्णन का सहारा न लेकर जायसी जहाँ सौन्दर्य के प्रभाव का उल्लेख करके चित्र आँकते हैं, उसकी कई मिसालें देकर ('बेनी छोरि झार जौ बारा' आदि) शुक्ल जी कहते हैं :

"केशों की दीर्घता, सघनता और श्यामलता के लिए सादृश्य पर जोर न देकर कवि ने उनके प्रभाव की उद्‌भावना की है। इस छाया और अन्धकार में माधुर्य और शीतलता है, भीषणता नहीं।" शुक्ल जी के कलात्मक विवेचन का यह एक अच्छा उदाहरण है।

तुलसी की अपेक्षा जायसी में चरित्र-चित्रण की विविधता और सजीवता की कमी है, यह स्पष्ट ही है। जहाँ तुलसी की पहुँच 'मनुष्य के सर्वतोमुख उत्कर्ष' तक है, वहाँ जायसी के पात्रों में व्यक्तिगत और वर्गगत विशेषताएँ उभरकर नहीं आईं। व्यक्ति और वर्ग की बात उठाकर शुक्ल जी ने उसी यथार्थ की मांग की है जिसे अनेक दूसरे आलोचक 'इंडिविजुअल और टाइप की एकता' कहते हैं। शुक्ल जी ने 'पद्‌मावती' के पात्रों के विवेचन में इसी वैज्ञानिक दृष्टिकोण से काम लिया है। चरित्र-चित्रण स्वाभाविक हुआ है, इतना न कहकर उन्होंने रत्नसेन को एक आदर्श प्रेमी और राजपूत योद्धा के रूप में देखा है। जायसी द्वारा उसके चित्रण का विश्लेषण करते हुए उन्होंने उसके जातिगत स्वभाव और प्रेमी के व्यापक रूप, दोनों की छानबीन की है। इसी तरह पद्‌मावती में उसकी 'व्यक्तिगत दूरदर्शिता और बुद्धिमत्ता' तथा उसके 'स्त्रीसुलभ प्रेमगर्व और सपत्नी के प्रति' ईर्ष्या का उल्लेख किया है। जायसी ने पद्‌मावती के सती होने का वर्णन किया है और उसमें प्रेम की अनन्य परिणति भी देखी है। कबीर ने भी ईश्वर-प्रेम की तुलना सती से की है। शुक्ल जी साधारणत: स्त्री-पुरुष के लिए एक ही नियम मानते हैं, इसलिए सती होने को आदर्श रूप में पेश करना उन पर पुराने संस्कारों का प्रभाव समझना चाहिए। उन्होंने जायसी के अलंकारों का विवेचन करके दिखाया है कि अलंकारों से भाव-सौन्दर्य कैसे बढ़ता है। अलंकारों की लम्बी सूची देकर वह उसी दोष के भागी हुए हैं जो उन्होंने जायसी में देखा था।

शुक्ल जी ने जायसी की भाषा को उचित ही ठेठ अवधी कहा है। ठेठ पूरबी अवधी के शब्दों का व्यवहार जायसी ने तुलसी से भी ज्यादा किया है। यह मत प्रकट करने के बाद शुक्ल जी ने उसके कलात्मक परिणामों पर विचार किया है। तुलसी में भाषा-सौन्दर्य की विविधता है, जायसी में 'अवधी की खालिस, बेमेल मिठास' है।

यह कहना असंगत न होगा कि भाषा की यह स्थानीयता जायसी की सीमित लोकप्रियता का एक कारण है।

शुक्ल जी ने जायसी की वाक्य-रचना पर भी विचार किया है; उनकी भाषा को 'केशव के अनुयायी' 'फुटकलिये कवियों की भाषा से' स्वच्छ और व्यवस्थित बतलाया है। फिर भी न्यूनपदत्व आदि वाक्यदोष भी दिखलाए हैं, जिनसे अनेक स्थानों पर जायसी दुरूह हो गए हैं।

इस तरह शुक्ल जी ने भाषा, कथावस्तु, गठन, चरित्र-चित्रण, अलंकार-योजना आदि पर विचार किया है और उन पर एकांगी समाजशास्त्री आलोचक होने का आरोप झूठा साबित होता है। शुक्ल जी का दृष्टिकोण एकांगी नहीं है, वह कलापक्ष पर भी बल देता है। वास्तव में उन्होंने जायसी आदि कवियों में जो जातीय संस्कृति के तत्त्व ढूँढ़े हैं, उन्हें जिस तरह व्यापक मानवता का कवि कहा है, वह शुक्ल जी के आलोचकों को पसन्द नहीं है।

शुक्ल जी ने यह भूमिका केवल साहित्य के विद्यार्थियों के लिए नहीं लिखी। उसमें जायसी के भूगोल, ज्योतिष, इतिहास आदि की जानकारी की चर्चा उन सब लोगों के लिए भी शिक्षाप्रद होगी जो भारत के सांस्कृतिक इतिहास में दिलचस्पी रखते हैं।

शुक्ल जी ने जायसी की भूमिका लिखकर हिन्दी साहित्य के इतिहास को और श्रृंखलाबद्ध किया, हमारे सांस्कृतिक इतिहास के ज्ञान को और समृद्ध किया। उन्होंने कबीर के समान जायसी को हिन्दू-मुस्लिम एकता और व्यापक मानववाद का कवि माना। जायसी आदि को साम्प्रदायिक भावना से परखनेवालों का उन्होंने खंडन किया। उन्होंने इन प्रेम-मार्गी कवियों के लिए दावा किया कि वे रीतिकालीन कवियों से श्रेष्ठ हैं। यथार्थवाद की भूमि से उन्होंने जायसी का मूल्यांकन करके उर्दू-हिन्दी, दोनों की दरबारी कविता की अस्वाभाविकता दिखलाई और जायसी को मानवसुलभ प्रेम का कवि घोषित किया। उन्होंने जायसी का यह उद्देश्य बतलाया कि अलौकिक प्रेम का चित्रण करें लेकिन उन्होंने अपने विवेचन से जायसी के लौकिक प्रेम के चित्रण पर बल दिया और उसी के लिए उनकी महत्ता स्वीकार की।

शुक्ल जी निर्गुणपंथ को सगुणपंथ के बराबर प्रगतिशील न मानते थे। इसलिए कहीं-कहीं कबीर आदि पर उन्होंने ऐसे आक्षेप भी कर दिये हैं जो सही नहीं माने जा सकते। सूफीमत के प्रभाव को आँकते हुए कहीं-कहीं उन्होंने यहाँ की मूल धाराओं का महत्त्व कम करके आँका है। फिर भी यह सही है कि शुक्ल जी ने प्रेम-तत्त्व और माधुर्य भाव की भारतीय पृष्ठभूमि का उल्लेख किया है और जायसी के मूलाधार जनसंस्कृति के तत्त्वों की ओर भी संकेत किया है। इस कारण यह भूमिका न केवल जायसी को समझने के लिए वरन् समूचे मध्यकालीन साहित्य के विकास को समझने के लिए बहुत सहायता देती है। उसमें भाषा-सम्बन्धी विवेचन, साहित्यिक सिद्धान्तों की चर्चा और शुक्ल जी के व्यक्तित्व की छाप उसे उनकी श्रेष्ठ आलोचना-कृति बना देते हैं।

भक्ति का विकास और सूरदास

'भक्ति का विकास' नामक निबन्ध शुक्ल जी के श्रेष्ठ दार्शनिक निबन्धों में से है। मध्यकालीन साहित्य की दार्शनिक पृष्ठभूमि समझने के लिए इसे अनिवार्य पाठ्यसामग्री समझना चाहिए। यहाँ उन्होंने भारतीय भक्ति या प्रेम-मार्ग का ऐतिहासिक विकास दिखलाया है और प्राचीन धर्म और दर्शन को समझने के लिए एक वैज्ञानिक दृष्टिकोण भी हमें दिया है। यद्यपि यह निबन्ध उनकी सुर-सम्बन्धी आलोचना के साथ छपा है,* फिर भी तुलसी, कबीर आदि अन्य कवियों का अध्ययन करने के लिए वह समान रूप से आवश्यक है।

धर्म के अध्ययन में शुक्ल जी का क्रान्तिकारी दृष्टिकोण इस बात में दिखाई देता है कि उन्होंने ईश्वर-सम्बन्धी मनुष्य की कल्पना को विकासमान स्वीकार किया है। ईश्वर और धर्म को समझने के लिए उन्होंने सामाजिक विकास के अध्ययन का रास्ता अपनाया है। उनका दृष्टिकोण एक बुद्धिवादी और समाजशास्त्री का है, न कि रहस्यवादी और कल्पनावादी दार्शनिक का। मनुष्य की तमाम धारणाओं की तरह उसकी ईश्वर-सम्बन्धी धारणा का भी एक इतिहास है। शुक्ल जी ने सबसे पहले आदिम असभ्य जातियों को लिया है। इनके उपास्य वनदेवता, ग्रामदेवता, कुलदेवता आदि होते हैं। ये देवता पूजा पाकर रक्षा और कल्याण करते हैं और पूजा न मिलने पर रुष्ट हो जाते हैं और अनिष्ट करते हैं। आदिम जातियों का मानव इसी जीवन में जो दुःख-सुख पाता था, उसकी व्याख्या के लिए परोक्ष सत्ता की कल्पना करता था। इसलिए वनदेवता, कुलदेवता आदि की पूजा का चलन हुआ। शुक्ल जी कहते हैं : "जो आदिम जातियाँ असभ्य या वन्यदशा में थीं, उनकी परिमित भावना स्थानबद्ध या कुलबद्ध देवी-देवताओं तक ही रहती थी। वह इससे बड़े देवता की व्यापक भावना नहीं रखती थी।" यहाँ शुक्ल जी ने देव-सम्बन्धी मानव-कल्पना का आधार उसका सामाजिक जीवन बतलाया है। आदिम जातियों का मानव अलग-अलग कुलबद्ध या स्थानबद्ध देवताओं की कल्पना क्यों करता था, उसकी भावना व्यापक न होकर परिमित क्यों होती थी? शुक्ल जी का उत्तर है कि यह असभ्य जातियों की वन्यदशा के कारण है।

---

* सूरदास, लेखक : आचार्य रामचन्द्र शुक्ल; सम्पादक : विश्वनाथप्रसाद मिश्र, बनारस, तृतीय संस्करण

शुक्ल जी का दृष्टिकोण उन क्वासिवादी कवियों से कितना आगे बढ़ा हुआ है जो विज्ञान का विरोध करने के लिए असभ्य जातियों के टोने-टोटकों, उनके परोक्ष-चिन्तन और तरह-तरह के अन्धविश्वासों को अलौकिक शक्ति का प्रमाण बतलाते हैं? इस तरह के कवि भारतीय संस्कृति की बहुत दुहाई देते हैं। शुक्ल जी के दृष्टिकोण से उनकी धारणाओं का मिलान करने पर हम इसी नतीजे पर पहुँचते हैं कि इन लोगों की दुहाई विज्ञान का विरोध करने के लिए है; वास्तव में इन्हें भारतीय संस्कृति से प्रेम नहीं है वरन् आदिम जातियों के जादू-टोनों से सच्चा प्यार है। ये लोग वैज्ञानिक ढंग से प्राचीन संस्कृति का अध्ययन न कर पाने पर उसे भी जादू-टोनों के स्तर पर ले आते हैं।

शुक्ल जी ने प्राचीन कुलदेवताओं आदि से यहूदियों के एकेश्वरवाद का विकास दिखाया है। मूसा ने एक साधारण कुलदेवता यह्वा में ही 'सर्वशता का आरोप' किया और लालसमुद्र के पास बसनेवाली जातियों में "कुल-देवता की भावना 'एकेश्वरवाद' (Monotheism) तक पहुँचाई गई।" एकेश्वरवाद का इलहाम नहीं हुआ; कुलदेवता की भावना ही एकेश्वरवाद तक पहुँचाई गई। यह एकेश्वरवाद के ऐतिहासिक विकास की ओर संकेत है।

इधर भारत की जातियों ने सूर्य, चन्द्र, अग्नि, वायु आदि को उपास्य ठहराया था। ये शक्तियाँ उपकार भी करती थीं, अनिष्ट भी। "आगे चलकर उन सब देवताओं का तत्त्वदृष्टि से एक में समाहार करके 'ब्रह्मवाद' (Monism) की प्रतिष्ठा हुई।" ब्रह्म ने भी किसी को स्वप्न में दर्शन देकर अपनी सत्ता प्रकट नहीं की; ब्रह्मवाद की धारणा का भी ऐतिहासिक विकास हुआ। यह धारणा उन प्राकृतिक शक्तियों के 'समाहार' से हुई जिनसे मनुष्य को उपकार और अनिष्ट की आशा और आशंका रहती थी। शुक्ल जी ने 'मोनिज्म' और 'मोनोथीज्म' में भेद किया है। उनके लिए ब्रह्मवाद और एकेश्वरवाद एक ही वस्तु नहीं है। इसका कारण यह है कि शुक्ल जी संसार से परे स्वर्ग में रहनेवाले, विश्व के नियामक किसी ईश्वर नाम की सत्ता पर विश्वास नहीं करते। उनका ब्रह्म इस वास्तविक जगत् से भिन्न नहीं है, विश्व के विभिन्न रूप एक ही सत्ता और शक्ति के रूप हैं, वह सत्ता या शक्ति के उन रूपों से परे नहीं है।

शुक्ल जी 'एकं सद्विप्रा बहुधा वदन्ति' वाले प्रसिद्ध वैदिक मंत्र को उद्धृत करके बतलाते हैं कि "मंत्रकाल में ही अग्नि, वायु, वरुण, इन्द्र इत्यादि एक ही ब्रह्म के नाना रूप माने जा चुके थे।" शुक्ल जी के दृष्टिकोण में और वेदों को अलौकिक माननेवालों के दृष्टिकोण में जो अन्तर है, वह स्पष्ट दिखाई देता है। अग्नि, वायु, वरुण, इन्द्र आदि ब्रह्म के अलग-अलग नाम नहीं हैं वरन् उसके अलग-अलग रूप हैं। इन अलग-अलग रूपों का 'समाहार' करके ही ब्रह्म की धारणा का विकास हुआ।

अग्नि, वायु आदि प्रत्यक्ष जगत् की शक्तियाँ थीं। मनुष्य अपनी जीवन-रक्षा में इनकी प्रत्यक्ष भूमिका देखता था। उनके प्रत्यक्ष प्रभाव के आधार पर उसने उनके परोक्ष प्रभाव की भी कल्पना की। दैत्यों और दस्युओं का पराभव भी 'उन्हीं के परोक्ष प्रभाव' का फल समझा जाता था और बाढ़, अकाल आदि का कारण भी "उन्हीं का कोप समझा जाता था।" कहना न होगा कि स्वयं शुक्ल जी बाढ़ या अकाल को किसी परोक्ष सत्ता के कोप का परिणाम नहीं समझते।

मंत्रकाल के बाद वह उपनिषत् काल को लेते हैं जब "एक ब्रह्म की भावना पूर्णता को पहुँची।" ब्रह्म की 'भावना' का उत्तरोत्तर विकास हो रहा था। वह तैत्तिरीयोपनिषद् से यह उद्धरण देते हैं कि ब्रह्म की उपासना "अन्न, प्राण, मन, ज्ञान और आनन्द", इन रूपों में करनी चाहिए। इस तरह की उपासना का अर्थ क्या है? शुक्ल जी के शब्दों में : "अन्नोपासना ब्रह्म को अपनी अन्तस्सत्ता के बाह्य जगत् में देखने का विधान है। मन, ज्ञान आदि के रूप में उपासना अपनी अन्तस्सत्ता के भीतर देखने का विधान है। बाहर और भीतर, दोनों ओर ब्रह्म को देखने पर ही पूर्णोपासना हो सकती है।" इस तरह शुक्ल जी ने अन्तर्जगत् और बाह्यजगत् की एकता स्थापित की है। उनके लिए ब्रह्मवाद बाह्यजगत् को अस्वीकार करना नहीं है; उसे माया, भ्रम, मिथ्या कहना नहीं है वरन् मनुष्य के मन, ज्ञान आदि और बाह्यजगत् की एकता स्वीकार करना है। शुक्ल जी ने उपनिषदों के ब्रह्मवाद की जो व्याख्या की है, वह मायावादियों की व्याख्या से भिन्न है। उपनिषदों के इसी ब्रह्मवाद से उन्होंने भारतीय भक्ति-मार्ग का सम्बन्ध जोड़ा है। लिखा है : "भारतीय भक्ति-मार्ग में यही पूर्णोपासना की पद्धति गृहीत हुई है। इस मार्ग के भक्त केवल अपने मन के भीतर ही ब्रह्म को नहीं देखते, बाहर भी देखते हैं।" इसीलिए भक्तिमार्ग योगियों और मायावादियों के मार्ग से भिन्न है। शुक्ल जी ने एक बार फिर भक्ति और योग का अन्तर दिखलाते हुए कहा है : "केवल स्वान्तःस्थ ब्रह्म की ओर उन्मुख योगमार्गियों की देखादेखी निर्गुणपंथी भक्त अलबत यह कहते पाए जाते हैं कि बाहर वह नहीं मिल सकता, अपने भीतर देखो।" इन योगमार्गियों के विरुद्ध वह तुलसीदास की यह मार्मिक उक्ति रखते हैं :

अन्तर्जामिहु तें बढ़ि बाहरजामी हैं राम जो नाम लिए तें।
पैज परे प्रहलादहु पै प्रगटे प्रभु पाहन तें न हिए तें।

यदि कोई कहे कि वैज्ञानिक भौतिकवाद अपने को बाह्य जगत् तक सीमित रखता है, इसलिए एकांगी है, तो यह धारणा ठीक न होगी। वैज्ञानिक भौतिकवाद मनुष्य के अन्तर्जगत् को अस्वीकार नहीं करता; वह उसे बाह्य जगत् की ही प्रतिच्छवि मानता है। जैसाकि शुक्ल जी ने रस-मीमांसा में लिखा है : "ज्ञानेन्द्रियों से समन्वित मनुष्य जाति जगत् नामक अपार और अगाध रूप समुद्र में छोड़ दी गई है। न जाने कब से वह इसमें बहती चली आ रही है। इसी की रूप-तरंगों से उसकी

कल्पना का निर्माण और इसी की रूपगति से उसके भीतर विविध मनोविकारों का विधान हुआ है।" ('रस-मीमांसा', पृ. 259) मनुष्य की कल्पना, भावों, मनोविकारों का विधान बाह्य जगत् द्वारा हुआ है, मनुष्य स्वयं इस वास्तविक जगत् का अंग है, यही अन्तर्जगत् और बाह्यजगत् की लौकिक एकता है।

भक्तों ने बहुधा ब्रह्म की उपासना विष्णुरूप में की। शुक्ल जी अनेक भक्तों की तरह विष्णु को कोई वास्तविक देवता नहीं मानते वरन् कहते हैं : "इसी अन्नोपासना की पद्धति से ब्रह्म की भावना विष्णु रूप में प्रतिष्ठित हुई।" उपनिषदों की ब्रह्मोपासना का ही विकसित रूप विष्णु की उपासना है। विष्णु के रूप में भी परिवर्तन होता रहा है। पहले विष्णु सूर्य के प्रतीक थे; फिर 'नरसमष्टि का आश्रय' लेकर 'नराकार भावना' नारायण के रूप में हुई। शुक्ल जी ने यहाँ यह प्रश्न उठाया है कि ब्रह्म की उपासना लोक-पालक विष्णु के रूप में क्यों हुई? यहाँ संसार के प्रलय और नई सृष्टि के सिद्धान्त के बदले शुक्ल जी ने विश्व की नित्यता का सिद्धान्त प्रतिपादित किया है। संसार में जन्म-प्रलय का क्रम बराबर चला करता है लेकिन इस क्रम का परिणाम विश्व की नित्य स्थिति है, उसका विनाश नहीं। लिखा है : "विश्व के भीतर असंख्य खंड प्रलय होते रहते हैं—न जाने कितने लोक नष्ट होते रहते हैं—पर समष्टि रूप में विश्व या जगत् बराबर चला चलता है।" विश्व को अनित्य कहनेवालों के विपरीत शुक्ल जी द्वारा यह उसके नित्यत्व की घोषणा है।

कठ, मुंडक आदि उपनिषदों से उद्धरण देकर शुक्ल जी ब्रह्म के दो रूपों—सगुण और निर्गुण—की धारणा का इतिहास बतलाते हैं। उपनिषदों में ब्रह्म को कहीं सगुण और व्यक्त कहा गया है और कहीं निर्गुण और अव्यक्त। बहुत जगह उसे उभयात्मक भी कहा गया है। भारतीय भक्ति-मार्ग "यह उभयात्मक स्वरूप ग्रहण करके चला।" उसके लिए सगुण और निर्गुण "दोनों रूप नित्य और सत् हैं।"

लेकिन शुक्ल जी इससे आगे बढ़कर कहते हैं कि सगुण और निर्गुण का यह भेद वास्तविक नहीं। सगुण-निर्गुण की यह व्याख्या ध्यान देने योग्य है : "जहाँ तक ब्रह्म हमारे मन और इन्द्रियों के अनुभव में आ सकता है, वहाँ तक हम उसे सगुण और व्यक्त कहते हैं। पर वहीं तक उसकी इयत्ता नहीं। उसके आगे भी उसकी अनन्त सत्ता है जिसके लिए हम कोई शब्द न पाकर निर्गुण, अव्यक्त आदि निषेधवाचक शब्दों का आश्रय लेते हैं।" प्राचीन दर्शन का अध्ययन करने के लिए यह सूत्र अत्यन्त महत्त्वपूर्ण है। इसके अनुसार अव्यक्त या निर्गुण ब्रह्म इस दृश्य जगत् से भिन्न नहीं है वरन् उसी का वह क्रम है जिसे मनुष्य का सीमित ज्ञान अपने में समो नहीं पाया। जो अनुभव में आया, वह तो व्यक्त जगत् हुआ; जो अनुभव में नहीं आया, वह अव्यक्त ठहरा। इसलिए 'नेति-नेति' कहकर यह संकेत किया गया कि जितना अनुभव में आया, उतना ही सब कुछ नहीं है। इसीलिए "जिस सगुण और व्यक्त रूप की भक्त उपासना करता है, वह असत्, भ्रम या मिथ्या नहीं है।"

यदि अव्यक्त और निर्गुण वह विश्व है जो हमारे अनुभव में नहीं आया, तो उसके लिए ज्ञात विश्व से भिन्न नियमों की घोषणा नहीं की जा सकती। इसलिए शुक्ल जी की यह स्थापना सही नहीं ठहरती : "व्यक्त और सगुण की नित्यता प्रवाह रूप है; अव्यक्त और निर्गुण की स्थिर।" यदि अव्यक्त वह विश्व है जो हमारे अनुभव में नहीं आया तो यह कैसे पता लगा कि वह स्थिर है? यदि ज्ञात और अज्ञात की एकता वास्तव में है तो क्या यह अधिक सम्भव नहीं कि ज्ञात विश्व की गतिशीलता का नियम अज्ञात विश्व पर भी लागू हो?

'नेति-नेति' की व्याख्या दो तरह से की गई। शुक्ल जी के अनुसार जो विशुद्ध निर्गुणवादी थे, वे इसका अर्थ करने लगे कि जो कुछ व्यक्त और गोचर है, वह असत् और मिथ्या है लेकिन भक्तिमार्गी उसका यह अर्थ लगाते रहे कि ज्ञात विश्व ही सब कुछ नहीं है, उसके आगे भी है। उपनिषदों में ब्रह्म के लिए 'व्यक्ताव्यक्त' शब्द का प्रयोग किया गया है। उसका अर्थ भी यह है कि "अव्यक्त की ही अभिव्यक्ति यह व्यक्त दृश्य जगत् है।" यह अभिव्यक्तिवाद भक्ति-मार्ग की विशेषता है। शुक्ल जी के अनुसार वह सूफी मत से थोड़ा भिन्न है। सूफियों का प्रतिबिम्बवाद संसार को ब्रह्म की छाया कहता है जबकि अभिव्यक्तिवाद उसे ब्रह्म का ही प्रकाश कहता है। "अभिव्यक्तिवाद के अनुसार यह दृश्य जगत् भी ब्रह्म ही है। उसकी छाया नहीं।" इसके समर्थन में शुक्ल जी ने गीता से श्रीकृष्ण की यह उक्ति उद्धृत की है कि जगत् में जो कुछ ऊर्जित और दिव्य दिखाई दे रहा है, वह मैं ही हूँ। इस पर शुक्ल जी की टिप्पणी है : "इसका तात्पर्य यही है कि सम्पूर्ण जगत् ब्रह्म ही है। पर हमारा परिमित ज्ञान ऐसा है कि उसके गोचर होने योग्य ब्रह्मत्व हमें सर्वत्र नहीं दिखाई पड़ता।" सम्पूर्ण जगत् का ही दूसरा नाम ब्रह्म है। हमारा ज्ञान परिमित है। इसलिए उसके गोचर होने योग्य ब्रह्मत्व हमें सब जगह नहीं दिखाई पड़ता। गीता की उसी उक्ति पर शुक्ल जी ने आगे चलकर एक बार फिर टिप्पणी की है : "इस वचन में इस बात का संकेत है कि उपास्य को बिलकुल परोक्ष रखकर उपासना करने की आवश्यकता नहीं। जगत् ब्रह्म से भिन्न नहीं है, अत: इसी में उपासना और भक्ति करने के लिए भगवान की प्रत्यक्ष कला मिल जाएगी।" शुक्ल जी ने भागवत में 'इसी तथ्य का स्पष्टीकरण' दिखलाया है; इन्द्र के बदले गोवर्धनादि की पूजा का यही रहस्य है। इसीलिए भक्ति-मार्ग में परोक्षता का 'परिहार' किया गया। सूर आदि कवियों ने ब्रह्म को जो कहीं-कहीं त्रिगुणातीत कहा है, उसके बारे में शुक्ल जी का कहना है कि वह भक्तों के हृदय की स्थायी वृत्ति नहीं। भक्त प्रकृति को ब्रह्म से अलग नहीं करता।

शुक्ल जी के सारे विवेचन से यह बहुत ही स्पष्ट हो जाता है कि संसार सत्य है या मिथ्या—इस मूल प्रश्न पर उन्होंने बिना झिझके हुए यह मत प्रकट किया है कि यह संसार सत्य है। इस मत का इतिहास उन्होंने वेदों और उपनिषदों का हवाला

देकर दिखलाया है और इसी मत से उन्होंने भक्तिमार्ग का सम्बन्ध जोड़ा है। शुक्ल जी का यह दष्टिकोण मूलत: सही है, वैज्ञानिक है और एकमात्र दृष्टिकोण है जिससे हम भारतीय दर्शन के प्रगतिशील तत्त्वों का उद्‌घाटन कर सकते हैं। शुक्ल जी उन तमाम 'आध्यात्मवादियों' के साथ नहीं हैं जो भारतीय चिन्तन की सबसे बड़ी और उसकी निजी विशेषता यह बतलाते हैं कि वह संसार को मिथ्या कहता है और परोक्ष को एकमात्र सत्य मानता है। भारतीय संस्कृति के नाम पर इस परोक्षवाद का खूब प्रचार हुआ। शुक्ल जी ने दिखलाया है कि एक भारतीय संस्कृति और है जो संसार को मिथ्या नहीं मानती, जो परोक्ष की उपासना नहीं करती, जिसके लिए ब्रह्म इस सम्पूर्ण जगत् का ही दूसरा नाम है। शुक्ल जी के विवेचन से यह भी पता चलता है कि यह धारा भारतीय संस्कृति की कोई दीन-क्षीण, अलग पड़ी हुई शुष्क और निर्जीव धारा नहीं है। वह भारतीय संस्कृति की मौलिक, प्रशस्त और सरस धारा है जिसके आधार पर भक्ति-आन्दोलन जैसा सशक्त सांस्कृतिक आन्दोलन और सूर और तुलसी का-सा लोकप्रिय साहित्य निर्मित हुआ।

बीसवीं सदी में अनेक पश्चिमी विद्वानों ने परोक्षवाद, मायावाद आदि को भारतीय संस्कृति की विशेषता कहकर उसकी खूब दा'द दी है। इससे उनका यह हित होता था कि भारतीय जनता जब संसार को ही मिथ्या समझती थी, तब अपनी स्वाधीनता के लिए, नये समाज के लिए और अपनी जातीय संस्कृति के उत्थान के लिए क्यों लड़ेगी। शुक्ल जी के युग में रहस्यवाद का काफी प्रचार हुआ। बड़े-बड़े दार्शनिक कवि और राजनीतिज्ञ, पश्चिम के अनेक महिमा-मंडित विद्वान उसका समर्थन कर रहे थे। लेकिन शुक्ल जी ने इन सबके संयुक्त मोर्चे से आतंकित न होकर दृढ़ता से अपनी धारणाएँ जनता के सामने रखीं, भारतीय साहित्य और देश के सांस्कृतिक विकास को समझने का एक नया दृष्टिकोण दिया।

रहस्यवाद के प्रभाव के कारण बहुत-से विद्वान् मध्यकालीन साहित्य में विचारधाराओं के संघर्ष को समझने में प्राय: असमर्थ रहे हैं। उन्होंने मत-मतान्तरों के पेचदार विवेचन में इस मूल संघर्ष को भुला दिया है। ये दो विचारधाराएँ कौन-सी थीं? एक विचारधारा संसार को मिथ्या समझने की थी, दूसरी उसे सत्य समझने की थी। ये विचारधाराएँ सदा ही बहुत स्पष्ट रही हों, यह बात नहीं है, लेकिन उनका तत्त्व यही था, इसमें सन्देह नहीं। संसार को मिथ्या समझने वाली विचारधारा के नेता थे शंकराचार्य; संसार को सत्य समझने वाली विचारधारा के नेता थे रामानुज, मध्व, निम्बार्क और बल्लभ। रामानुज आदि विचारकों में परस्पर मतभेद भी था लेकिन मूल रूप में उन सभी का झुकाव मायावाद का विरोध करने की ओर था। भक्ति-आन्दोलन पर मुख्यत: इन्हीं विचारकों का प्रभाव था। शुक्ल जी उनका उल्लेख करने के बाद कहते हैं : "इन सब आचार्यों का सामान्य प्रयत्न शंकराचार्य के मायावाद अर्थात् जगत् के मिथ्यात्व का प्रतिषेध था।"

जगत् का मिथ्यात्व एक तरफ, उसका प्रतिषेध दूसरी तरफ; इन दो विचारधाराओं के संघर्ष को समझे बिना मध्यकालीन संस्कृति के विकास को समझना असम्भव है। यह बात आकस्मिक नहीं है कि भक्त कवियों ने मानव-जीवन, मानव-सम्बन्धों और मानव-स्वभाव के वे चित्र हमें दिये जो पहले के 'ज्ञानी' अपनी कृतियों में न दे सके थे। इसका कारण यह था कि ये 'ज्ञानी' परोक्ष के ज्ञानी थे, प्रत्यक्ष के अज्ञानी। सरस साहित्य की रचना मानव-जीवन और मानव-सम्बन्धों को भुलाकर नहीं हो सकती; किसी-न-किसी रूप में इन्हें सत्य मानकर ही वैसा साहित्य रचा जा सकता है। शुक्ल जी ने लगातार योग और मायावाद का विरोध करते हुए तथा प्रत्यक्ष जगत् की सत्ता का प्रतिपादन करते हुए उपर्युक्त तथ्य को बहुत ही साफ-सुथरे, प्रभावोत्पादक ढंग से हमारे सामने रखा है।

श्री बल्लभाचार्य पर अपने निबन्ध में शुक्ल जी ने अपनी उसी स्थापना को दोहराया है : "यह सूचित किया जा चुका है कि रामानुज से लेकर बल्लभाचार्य तक जितने भक्त दार्शनिक या आचार्य हुए हैं, सबका लक्ष्य शंकराचार्य के मायावाद या विवर्तवाद को हटाने का था जिसके भीतर उपासना या भक्ति, अविद्या या भ्रान्ति ही ठहरती थी।"

इसी कारण सूर की गोपियों ने ज्ञानी ऊधो और उनकी निर्गुण ब्रह्म की उपासना, योग आदि पर व्यंग्य किया है। मध्यकालीन कवियों के लिए "ज्ञानी' शब्द बहुत कुछ 'मायावादी' का पर्याय हो गया था। इनका ज्ञान एक ओर दार्शनिक शब्दजाल में उलझा होता था, दूसरी ओर वह लोकजीवन में अव्यवहार्य भी था। शुक्ल जी 'याकी सीख सुनै ब्रज को रे' आदि सूर की पंक्तियाँ उद्धृत करते हुए कहते हैं : "ज्ञानमार्गी वेदान्तियों और दार्शनिकों के सिद्धान्तों की लोक में अव्यवहार्यता तथा उनके बेडौल और भड़कीले शब्दों के अर्थों की अस्पष्टता और दुर्बोधता आदि की ओर गोपियों की यह झुँझलाहट कैसा संकेत कर रही है।"

सूर और तुलसी पर मायावाद का बिलकुल असर न हुआ हो, यह बात नहीं है। उन पर उसका भी असर है लेकिन उससे उनकी मूल प्रवृत्ति कुंठित नहीं होती और वह मूल प्रवृत्ति मायावाद का प्रतिषेध है। शुक्ल जी ने कबीर को इस धारा से प्राय: बाहर रखा है, लेकिन कबीर ने भी शुद्ध निर्गुणवाद का बहुत जगह विरोध किया है। इसलिए उन्हें इस धारा के बाहर रखना ठीक नहीं। कबीर और सूर, दोनों ही जब ज्ञानियों पर व्यंग्य करते हैं तो उनके सामने ज्ञानियों के रूप में अक्सर योगी और मायावादी ही रहते हैं। सूर और कबीर की यह सामान्य दार्शनिक भूमि है। कबीर कहते हैं :

पांड़े न करसी बाद - बिबादं।
या देही बिन सबद न स्वादं ॥
तन छूटे जिव मिलन कहत है, सो सब झूठी आसा।
अबहुँ मिला तो तबहुँ मिलेगा, नहिं तो जमपुर बासा॥
भीतर कहूँ तो जगमय लाजै, बाहर कहूँ तो झूठा लो।

बाहर-भीतर सकल निरंतर, चिन्न-अचित दोउ पीठा लो॥
घर में जोग भोग घर ही में, घर तज बन नहिं जावै। इत्यादि।

इन उक्तियों का आधार वही ब्रह्मवाद है जिसका शुक्ल जी ने विवेचन किया है। इनसे मिलती-जुलती सूर की बहुत-सी पंक्तियाँ उद्धृत की जा सकती हैं।

शुक्ल जी ने उपनिषदों, गीता, भागवत आदि में ब्रह्मवाद का विवेचन करने के साथ-साथ 'ज्ञान' प्राप्त करने के अबौद्धिक मार्गों का भी खंडन किया है। उन्होंने योरप के रहस्यवादियों का विरोध किया है जो ज्ञान के लिए "बुद्धि-व्यवसाय से एक स्वतंत्र साधन 'स्वानुभूति' (Intuition) का प्रचार" करते रहे हैं। उन्होंने एड्वर्ड कार्पेटर का हवाला दिया है जिसने वर्तमान समय की उस वैज्ञानिक प्रवृत्ति का विरोध किया है जिसमें बुद्धि क्रिया ही सब कुछ मानी गई है। उन्होंने फ्रांसीसी दार्शनिक बर्गसाँ का उल्लेख किया है, जिसने बुद्धि क्रिया को भ्रान्तिजनक बताकर स्वानुभूति (Intuition) की हिमायत की थी। उन्होंने उर्दू कवि अकबर की यह पंक्ति भी उद्धृत की है : "मैं मरीजे होश था मस्ती ने अच्छा कर दिया।"

शुक्ल जी ने इस तरह के अबुद्धिवाद का विरोध किया है। "बुद्धि-रोग से छुटकारा" पानेवालों के मुकाबले में उन्होंने यहाँ के भक्ति-मार्गियों को रखा है जिनकी ओर से "ज्ञान क्षेत्र की ऐसी अवहेलना नहीं हुई।" भक्ति ज्ञान-प्रसार के बाहर नहीं होती; जो ब्रह्म को जितना जानता है, उतनी ही उसकी भक्ति करता है। रहस्यवाद नया ज्ञान पाने का मार्ग नहीं है। शुक्ल जी पूछते हैं : "किसी रहस्यदर्शी भक्त ने आज तक कहीं तत्त्वज्ञान की कोई नई बात बताई है?" रहस्यवाद जहाँ ज्ञान-प्राप्ति का साधन बनता है, वहाँ वह "एक झूठे खेल के सिवा और कुछ नहीं रह जाता।" ब्लेक आदि अंग्रेजी कवियों ने जो कल्पना की उड़ान भरी है, उसे शुक्ल जी ने उचित ही ज्ञानोपलब्धि स्वीकार नहीं किया। रहस्यवादियों ने ईश्वर-समागम की दशा का जो वर्णन किया है, उसे शुक्ल जी ने 'चित्तविक्षेप' कहा है। उसकी तुलना उन अन्धविश्वासियों से की है जिनके सिर पर कोई भूत या देवता आ जाता है। यह पुराना संस्कार कैसे अब तक चला आता है और रहस्यवादियों की 'अनुभूति' में भी वह विद्यमान है, इस पर शुक्ल जी कहते हैं : "इस दशा पर आस्था किसी प्राचीन दशा का संस्कार है जो किसी-न-किसी रूप में अब तक चलता है। उसी के कारण जैसा भूत-प्रेत, कुल-देवता आदि का सिर पर आना, वैसा ही यह ईश्वर का सिर पर आना समझा जाता है।" कुछ लोगों को शुक्ल जी का यह व्यंग्य अच्छा न लगेगा; महाज्ञानियों के प्रति ऐसे लोग शुक्ल जी में आवश्यक श्रद्धा का अभाव देखेंगे। वे कहेंगे; शुक्ल जी की आलोचना एकांगी है, महाज्ञानियों का मखौल उड़ाती है, तर्क के बदले व्यंग्य और विद्रूप का सहारा लेती है। इस तरह की नुक्ताचीनी यही साबित करती है

कि अवैज्ञानिक विचारधारा और तरह-तरह के अन्धविश्वासों के दिन बीत रहे हैं। रहस्यवाद को फिर से जीवित नहीं किया जा सकता।

शुक्ल जी भक्ति-मार्गियों के लिए कहते हैं : "आज तक किसी भक्त महात्मा के सिर पर राम-कृष्ण नहीं आए। हाँ! हनुमानजी अलबत्ता कभी-कभी भक्त मंडली से उछलकर किसी-किसी के सिर आ जाया करते हैं!"

शुक्ल जी भक्त की अनुभूति को अलौकिक नहीं मानते। जब ब्रह्म ही अलौकिक नहीं, तब उसकी अनुभूति अलौकिक कैसे होगी? उनके अनुसार भक्त की भावानुभूति की दशा वही है, जिसे काव्य में रसदशा कहा गया है। अनेक रसशास्त्री जहाँ रसानुभूति को अलौकिक अनुभूति कहने लगते हैं, वहाँ शुक्ल जी भक्तों की भावानुभूति को भी रस की स्वाभाविक अनुभूति के स्तर तक ले आते हैं। शुक्ल जी कहते हैं : "हमारे यहाँ भक्ति-मार्ग में भक्त के आनन्द को स्पष्ट शब्दों में 'भक्ति रस' कहा है। रस की अनुभूति एक प्राकृतिक और स्वाभाविक अनुभूति है जो किसी प्रकार के उत्कृष्ट काव्य द्वारा भी हो सकती है। उसी प्रकार की अनुभूति भक्ति की भी मानी गई है।" इस तरह शुक्ल जी ने भक्तों की अनुभूति को अलौकिक बन जाने से बचाया है, उसे रहस्यवादियों की अलौकिकता से भिन्न कोटि की कहा है। रसानभूति को अनिर्वचनीय कहा गया है। और भक्ति-रस भी अनिर्वचनीय है; लेकिन अनिर्वचनीयता का यह अर्थ नहीं है कि किसी अलौकिक तथ्य का ज्ञान प्राप्त हुआ और वह बताते नहीं बन पड़ा। शुक्ल जी के अनुसार अनिर्वचनीयता का यह अर्थ है कि "जहाँ तक ब्रह्म ज्ञेय और व्यक्त है, वहीं तक वह नहीं है, उसके परे भी जो कुछ है, सब ब्रह्म ही है।"

रहस्यवाद मूलत: विज्ञान-विरोधी है। इसके विपरीत शुक्ल जी "विज्ञान के प्रसार से जो सूक्ष्म-से-सूक्ष्म, बृहत्-से-बृहत् क्षेत्र मनुष्य के लिए खुलते जाते हैं"; उन सबका काव्य में उपयोग समझते हैं। उनकी शर्त यह है कि ये वैज्ञानिक तथ्य केवल अंग, आभूषण आदि की उपमा के लिए काम में न लाए जाएँ।

शुक्ल जी के अनुसार भक्ति न तो रहस्यवाद का मार्ग है, न धर्मशास्त्रों का। पाप करने पर नरक जाना पड़ेगा, ईश्वर एक शासक है जो कर्मों का दंड देता है, आदि धारणाओं को शुक्ल जी नहीं मानते। जो लोग यमराज के डंडे के डर से इच्छा रहने पर भी बहुत-से दुष्कर्म नहीं करते, उन्हें शुक्ल जी नीची श्रेणी के धार्मिक कहते हैं। भक्त धर्म का यह पक्ष नहीं मानता। भक्त धर्म के शासनपक्ष और शास्त्रपक्ष का अवलम्बन न करके उसके हृदय-पक्ष का अवलम्बन करता है। वह बल्लभाचार्य के पुष्टिमार्ग के लिए कहते हैं : "इस पुष्टिमार्ग में आने के लिए सबसे पहली आवश्यक बात यह है कि लोक और वेद, दोनों के प्रलोभनों से दूर हो जाए—उन फलों की आकांक्षा छोड़ दे जो लोक का अनुसरण करने से प्राप्त होते हैं तथा जिनकी प्राप्ति वैदिक कर्मों के सम्पादन द्वारा कही गई है।" जो लोग भक्त कवियों की रचनाओं

में 'वेद' शब्द देखते ही घबरा उठते हैं, उनकी रचनाओं को धर्मशास्त्र मान बैठते हैं, उन्हें इस वाक्य पर ध्यान देना चाहिए। ध्यान देने की बात यह भी है कि जब पुष्टिमार्ग में आने के लिए मनुष्य को लोक और वेद, दोनों के प्रलोभनों से दूर होना पड़ता है, तब कबीर ने ही धार्मिक कर्मकांडों की अवहेलना करके कौन-सा अपराध किया था? वास्तव में धार्मिक कर्मकांड के बदले प्रेममार्ग की स्थापना—यह सभी भक्तों के लिए थोड़े-बहुत अन्तर के साथ सत्य है।

शुक्ल जी पुष्टिमार्ग की चर्चा करते हुए कहते हैं : "पुष्टिमार्ग स्त्री-पुरुष, द्विज-शूद्र, सबके लिए खुला है। मनुष्यमात्र इसके अधिकारी हैं। भगवान् के प्रति जितना ही अधिक प्रेम होगा, उतनी ही लोक और वेद के प्रति आसक्ति कम होगी।" आजकल प्रगतिशील आलोचना भक्ति-आन्दोलन का जनवादी रूप स्पष्ट करती है; वह आन्दोलन किस तरह ऊँच-नीच का भेद मिटाकर मनुष्य मात्र को एक करनेवाला है, यह शुक्ल जी के विवेचन से भी स्पष्ट है। उसी लेख में शुक्ल जी कहते हैं : "भक्ति में नीच-ऊँच, छोटे-बड़े, बालक-वृद्ध इत्यादि का कोई भेद नहीं।" और यह स्थिति किसी एक सम्प्रदाय की नहीं है वरन् "भक्ति के व्यवहार क्षेत्र में तो यही स्थिति सगुण-निर्गुण, रामोपासक-कृष्णोपासक, सब सम्प्रदायों की है।" यह स्थिति संतों की पुस्तकों तक सीमित नहीं है, वह 'व्यवहार-क्षेत्र' की स्थिति है। यह स्थिति सगुण-निर्गुण, राम-कृष्ण, सभी के भक्तों की है। इसका अर्थ यह हुआ कि सभी भक्त मूलत: मनुष्यमात्र की समानता के समर्थक थे, न केवल कबीर वरन् सूर-तुलसी आदि कवि भी ऊँच-नीच की भावना से परे मानववादी साम्य-भावना के प्रचारक थे। संत-साहित्य का अध्ययन इस तथ्य को पूरी तरह पुष्ट करता है।

शुक्ल जी ने एक प्रश्न और उठाया है। व्यवहार-क्षेत्र के बाहर इस साम्य-भावना का क्या अर्थ होता है? भक्ति के व्यवहार-क्षेत्र के बाहर का अर्थ यही हो सकता है कि समाज के साधारण व्यवहार में—भक्ति की परिधि के बाहर—कर्ममार्ग और ज्ञानमार्ग का अस्तित्व स्वीकार किया जाए या नहीं? उन्होंने एक मिसाल दी है : "यदि हम पर कोई प्रहार या गालियों की बौछार करे तो क्षमा द्वारा शील की एकान्त साधना समीचीन होगी, पर यदि हमारे सामने कोई अत्यन्त क्रूर और निष्ठुर अत्याचारी किसी दीन या असहाय को पीड़ित कर रहा है तो बलपूर्वक उस अत्याचारी को रोकना और यदि आवश्यक हो तो उसे आघात द्वारा असमर्थ करना लोकधर्म होगा।" शुक्ल जी सत्याग्रहवादी नहीं हैं। वह अन्याय का सक्रिय प्रतिरोध करने में विश्वास करते हैं। जैसाकि हम पहले अध्याय में देख चुके हैं, वह बहुत-से कुतर्की पंडितों की तरह शाश्वत् अहिंसा-धर्म का प्रश्न नहीं उठाते। उनके लिए क्या हिसा है, क्या अहिंसा, यह परिस्थितियों पर निर्भर है। वह बलपूर्वक अत्याचारी को रोकने और आवश्यकता पड़ने पर उसे आघात द्वारा असमर्थ कर देने को अनुचित नहीं समझते।

इस लोक-धर्म से वह भक्ति का सामंजस्य चाहते हैं। उनके विचार से भारतीय भक्तों में लोक-धर्म के साथ यह सामंजस्य है और यह उन्हें "विदेशी पद्धति के निर्गुण भक्तों से अलग" करता है।

भक्त-कवियों पर निष्क्रियता और भाग्यवाद की भी छाप है। सभी भक्त सभी समय सक्रिय प्रतिरोध की बात नहीं करते। मध्यकालीन असंगठित सामाजिक जीवन में ऐसा करना उनके लिए सम्भव नहीं था। मनुष्य के बिखरे हुए त्रस्त और पीड़ित जीवन से निराशा और वैराग्य के भाव भी पैदा होते थे। इसलिए अन्याय का सक्रिय प्रतिरोध—इस लोक-धर्म के साथ जहाँ भक्ति का सामंजस्य न बैठे, उसे हम विदेशियों के सिर नहीं मढ़ सकते। स्वयं शुक्ल जी ने अपने इतिहास में लिखा है : "अपने पौरुष से हताश जाति के लिए भगवान् की शक्ति और करुणा की ओर ध्यान ले जाने के अतिरिक्त दूसरा मार्ग ही क्या था?" सूरदास की आलोचना में तत्कालीन समाज के बारे में शुक्ल जी कहते हैं : "जनता पर गहरी उदासी छा गई थी।" अन्याय के सक्रिय प्रतिरोध का अभाव—या लोक-धर्म से विमुखता—का कारण यह उदासी और निराशा भी थी। भक्ति का यह भी एक स्रोत था। आज उदासी और निराशा का कोई वस्तुगत कारण नहीं है; जो कारण थे, वे जनता के संगठन और संघर्षों से मिट रहे हैं। इसीलिए आज का कवि भक्त बनकर समाज की सेवा नहीं कर सकता; उसके लिए आवश्यक है कि वह उस लोक-धर्म से सामंजस्य स्थापित करे जिसका उल्लेख शुक्ल जी ने किया है।

शुक्ल जी का विचार था कि यह निराशा और उदासी मुस्लिम शासन के कारण थी। देश में विदेशी जातियों का आक्रमण और उनका शासन भी एक कारण था। लेकिन वास्तविकता यह है कि सत्ता में सहायक और भाग लेनेवाले देशी सामन्त भी थे, उन सामन्तों के देशी सहायक पंडे और पुरोहित भी थे। शुक्ल जी की सहानुभूति देशरक्षा के इन ठेकेदारों के साथ न थी। फिर भी उनके विवेचन में देशी सामन्तों की भूमिका हर जगह स्पष्ट नहीं है; इसलिए उन्होंने निराशा का कारण मुस्लिम शासन बताया है और लोक-धर्म से विमुख कवियों को विदेशी मतों से प्रभावित कहा है।

शुक्ल जी राम और कृष्ण की उपासना का महत्त्व यह समझते थे कि ये चरित्र अत्याचार का दमन करनेवाले थे, इसलिए जनता में भी वीर भावों का संचार करनेवाले थे। उन्हें महाभारत के कृष्ण भागवत के कृष्ण से अधिक प्रिय हैं। महाभारत के कृष्ण लोक-मंगल का साधन करनेवाले थे, उनमें शक्ति, शील और सौन्दर्य तीनों का समन्वय था। लेकिन उनकी शिकायत यह है कि आगे चलकर कृष्ण के भक्तिमार्ग से कर्म पक्ष हटता गया। वह मुख्यत: प्रेम के आलम्बन होकर रह गए। कृष्णभक्त ब्रजलीला तक अपने को सीमित रखने लगे। उनकी रचनाओं में, शुक्ल जी के अनुसार, "जीवन के अनेक गम्भीर पक्षों के मार्मिक रूप" स्फुरित न हुए, न उनमें 'अनेकरूपता' आई।

शुक्ल जी को यही शिकायत जायसी से भी थी। जायसी कृष्णभक्त न थे लेकिन सूर की तरह वह भी प्रेम के कवि थे। इसलिए न तो सूर के प्रेमगीतों का कारण यह हो सकता है कि लोग कृष्ण का वीर रूप भूल गए थे और न उन गीतों का यह परिणाम हो सकता था कि मुर्झाया हुआ हिन्दू जीवन फिर लहलहा उठा। यदि मुर्झाये हुए जीवन के लिए सूर के गीतों की आवश्यकता पड़ी तो यही कारण जायसी के काव्य का भी हो सकता था।

वास्तविकता यह है कि हिन्दू और मुसलमान जनसाधारण सामन्ती व्यवस्था से पीड़ित थे। दोनों धर्मों में प्रेम के गीत गानेवाले पैदा हुए क्योंकि उन प्रेम-गीतों की उपज इसी सामाजिक भूमि से हो रही थी। जायसी की रचनाओं के पाठक मुसलमान भी थे, अधिकतर मुसलमान ही रहे हों तो भी अचरज नहीं; उनकी प्रसिद्ध कृति 'पद्मावत' का बंगला में अनुवाद हुआ और वह बंगाल के मुसलमानों को प्रिय रही। इससे यह परिणाम निकलता है कि जो लोग इस्लाम और हिन्दू धर्म की टक्कर में मध्यकालीन समाज की आशा-निराशा का स्रोत ढूँढ़ते हैं, वे उस समय के साहित्यिक आन्दोलनों के सामाजिक आधार का सही-सही पता नहीं लगा सकते। जायसी और सूर एक ही समाज या एक से ही समाज के प्राणी थे। यह समाज ऐसा था जिसमें नये व्यापारी वर्ग की बढ़त के साथ-साथ कारीगरों, जुलाहों और किसानों में मुक्ति की आकांक्षा बढ़ रही थी। हर सामन्ती समाज में पुरोहितों ने जनता को परलोक के लिए जीना, इस लोक के जीवन के दु:खों का कारण अपने पापों में ढूँढ़ना सिखाया है। जीवन की अस्वीकृति के विरोध में, सामन्ती शिकंजा जरा ढीला होने पर, जब जनता को साँस लेने का अवकाश मिला, तब उसने जीवन में अपनी आस्था प्रकट करना शुरू किया। उसने तरह-तरह के प्रतीकों द्वारा अपने हृदय के मानवसुलभ भावों को व्यक्त करना आरम्भ क़र दिया। सूर और जायसी इस जीवन की स्वीकृति की वाणी हैं। इस वाणी को सामन्तों ने दबा रखा था, उस दबाव को तोड़कर ब्रज और अवध की धरती से यह प्रेम की सरस धारा फूट पड़ी। यह उसका सामन्त-विरोधी पक्ष है जिसे भुलाना सही न होगा।

शुक्ल जी ने ठीक लिखा है : "मनुष्यता के सौन्दर्यपूर्ण और माधुर्यपूर्ण पक्ष को दिखाकर इन कृष्णोपासक वैष्णव कवियों ने जीवन के प्रति अनुराग जगाया, या कम-से-कम जीने की चाह बनी रहने दी।"

शुक्ल जी ने सूर की कृष्णभक्ति का सम्बन्ध उचित ही जयदेव और विद्यापति से जोड़ा है। इससे भी अधिक महत्त्व की बात यह है कि उन्होंने सूर की कविता का सम्बन्ध ब्रज की लोक-संस्कृति, विशेष कर वहाँ के लोकगीतों की परम्परा से जोड़ा है। जायसी के सम्बन्ध में हम देख चुके हैं कि मध्यकालीन कवियों के अध्ययन में शुक्ल जी ने लोक-संस्कृति के प्रभाव का उल्लेख किया था। आलोचना में वह जिस यथार्थवादी और जनवादी दृष्टिकोण की प्रतिष्ठा कर रहे थे,

उसके अनुसार लोक-संस्कृति की ओर उनका ध्यान जाना ही चाहिए था। शुक्ल जी ने सूर के गीतों पर लिखते हुए लोकगीतों को किसी भी देश की मूल काव्य-धारा समझने के लिए प्रमुख साधन माना है। उनके ये वाक्य हिन्दी आलोचना के भावी विकास की दिशा बतलाते हैं : "किसी देश की काव्य-धारा के मूल प्राकृतिक स्वरूप का परिचय हमें चिरकाल के चले आते हुए इन्हीं गीतों से मिल सकता है। घर-घर प्रचलित स्त्रियों के घरेलू गीतों में श्रृंगार और करुण, दोनों रसों का बहुत स्वाभाविक विकास हम पाएँगे। इसी प्रकार आल्हा, कड़खा आदि पुरुषों के गीतों में वीरता की व्यंजना की सरल स्वाभाविक पद्धति मिलेगी। देश की अन्तर्वर्तिनी मूल भावधारा के स्वरूप के ठीक-ठीक परिचय के लिए ऐसे गीतों का पूर्ण संग्रह बहुत आवश्यक है।"

सूर की प्रतिभा से चकित होकर शुक्ल जी ने लिखा है : "'सूर-सागर' किसी चली आती हुई गीतिकाव्य परम्परा का—चाहे वह मौखिक ही रही हो—पूर्ण विकास सा प्रतीत होता है।"

सूर ही नहीं, उस समय के जितने महाकवि हुए हैं—तुलसी भी—उनका लोकगीतों की परम्परा से गहरा सम्बन्ध रहा है। उनकी रचनाएँ लोकगीतों के इतने निकट हैं कि वे उनकी परम्परा का सहज विकास मालूम होती हैं। इतना ही नहीं, वे उन लोकगीतों की परम्परा का अंग भी बन गई हैं। इसका कारण यह था कि भक्त कवियों ने जनसंस्कृति को अपना आधार बनाया था; इसी आधार के कारण वे अपनी काव्यकला को ऐसा लोकप्रिय रूप दे सके लेकिन उनकी प्रतिभा का महत्त्व कम नहीं होता। उनकी श्रेष्ठ रचनाओं का कलात्मक सौन्दर्य आम तौर से सुन्दर लोकगीतों से बहुत ऊँचा है। उन्होंने लोकगीतों को अपनाया लेकिन उस परम्परा का स्तर और ऊँचा किया; उसमें संस्कृत साहित्य के अध्ययन से लाभ उठाकर नया उत्कर्ष पैदा किया। सूर की रचनाएँ ब्रज की संस्कृति, यहाँ के प्रचलित ग्रामगीतों, रीति-रिवाजों, जनता की विनोदप्रियता और वाक्चातुरी पर अवलम्बित हैं। इन्हीं का निखरा हुआ सौन्दर्य उनमें मिलता है। शुक्ल जी ने इस सिलसिले में लोकगीतों का हवाला दिया, यह उनकी सूझबूझ का प्रमाण है।

शुक्ल जी के अनुसार : तुलसी के मुकाबले में सूर का काव्यक्षेत्र सीमित है। लेकिन उनमें ऊँचे दर्जे की तन्मयता है। श्रृंगार और वात्सल्य के क्षेत्र में वह सूर को अद्वितीय कवि मानते हैं। तुलसी ने 'गीतावली' में जो बाललीला का वर्णन किया है, वह 'इनकी देखादेखी'; लेकिन बालसुलभ भावों की वह प्रचुरता तुलसी भी न ला सके। सूर तुलसी से भी ज्यादा एक ही रस में नये प्रसंगों की उद्‌भावना करते हैं। इससे इतना तो मानना ही होगा कि शुक्ल जी तुलसी के अंधभक्त नहीं हैं।

सूर के प्रेम का विश्लेषण करते हुए वह उसमें रूपलिप्सा और साहचर्य, दोनों का योग दिखलाते हैं। जो बचपन के साथी हैं, वे आगे चलकर "यौवन-क्रीड़ा के सखा-सखी" हो जाते हैं। इस क्रमशः विकास के कारण गोपियों का प्रेम 'स्वाभाविक' लगता है।

सूर की गोपियाँ सजीव हैं। प्रेम ने उन्हें इतना जिन्दादिल बना दिया है कि "कृष्ण क्या, कृष्ण की मुरली तक से छेड़छाड़" करती हैं। शुक्ल जी ने सूर की सहृदयता और भावुकता के साथ उनकी "चतुरता और वाग्विदग्धता (wit)" की भी तारीफ की है। काव्य की यह बौद्धिक प्रक्रिया बहुत-से आलोचकों की आँखों से ओझल हो जाती है। सूर एक ही बात को तरह-तरह के "टेढ़े-सीधे ढंग' से कह सकते हैं। गोपियों के वचन वक्रता से भरे हैं :

निरखत अंक श्यामसुन्दर के बारबार लावति छाती।
लोचन जल कागद मसि मिलि कै ह्वै गई श्याम श्याम की पाती।

शुक्ल जी ने इन पंक्तियों की व्याख्या करते हुए 'अंक' और 'श्याम' शब्दों में श्लेष की तारीफ की है, सूर के 'लाघव' और 'मजमून की चुस्ती' की दा'द दी है। और यह बताना नहीं भूले कि केशवदास के ढंग पर सूर यही सब लिखते तो वह कितना बेतुका हो जाता। जगह-जगह दरबारी कवियों से सूर की विभिन्नता दिखाकर शुक्ल जी ने मध्यकालीन साहित्य की दो धाराओं का अलगाव और विरोध प्रकट किया है। ये दो धाराएँ कभी-कभी एक-दूसरे को प्रभावित भी करती हैं; इससे यह सिद्ध नहीं होता कि वे दो अलग धाराएँ नहीं हैं।

श्री नन्ददुलारे वाजपेयी ने 'महाकवि सूरदास' में यह दिलचस्प सवाल उठाया है कि नायिकाभेदी शृंगारी कवियों और सूर जैसे भक्तों को दो अलग वर्गों में रखना क्या उचित है? उन्होंने लिखा है : "अब तक तो भक्त कवियों और शृंगारी कवियों को अलग-अलग कालों में डालकर एक-दूसरे से सम्पर्कविहीन रखने की व्यवस्था थी परन्तु अब ये प्रश्न भी नि:संकोच पूछे जाने लगे हैं कि सूर आदि भक्त थे, इससे क्या प्रयोजन? क्या वे शृंगारी नहीं थे? और जिन्हें आप शृंगारी कवि कहते हैं, उन्होंने भी तो राधा-कृष्ण का शृंगार-वर्णन किया है। फिर इनमें और उनमें अन्तर क्या है और क्यों न वे एक ही श्रेणी में रखे जाएँ? सूर-सागर की हस्तलिखित प्राचीन प्रतियों में नायिकाभेद के शीर्षक रखकर पद लिखे मिलते हैं, जिनके आधार पर यह कहा जा सकता है कि सूरदास हिन्दी में नायिकाभेद के प्राथमिक कवियों में हैं। इस विषय में अभी अनुसंधान की आवश्यकता है परन्तु जो तथ्य प्रकट हो रहे हैं और जिस स्वच्छंद पथ पर हिन्दी का काव्य-विवेचन चल पड़ा है, उसे देखते हुए यह दृढ़ अनुमान है कि केवल भक्त संज्ञा देकर ही सूर आदि की कोटि अन्य कवियों की कोटि से अलग नहीं की जा सकेगी। सूरदास भक्त थे या नहीं, यह तो इतिहास के विद्यार्थी के अनुशीलन का विषय है। बिहारी भक्त नहीं थे, यह भी हम में से कोई नहीं कह सकता। राज-दरबार में रहने के कारण ही कोई शृंगारी अभक्त मान लिया जाए, यह कोई तुक की बात नहीं है।"

वाजपेयी जी ने "अब तक तो' भक्तों और श्रृंगारी कवियों को विभाजित रखने की जो बात कही है, उसमें अवश्य ही शुक्ल जी का हाथ भी रहा होगा। वास्तव में शुक्ल जी ने श्रृंगारी और अश्रृंगारी का भेद नहीं किया। वह सूर को भक्तकवि मानते हैं, इसमें सन्देह ही क्या! लेकिन वह सूर को वात्सल्य और श्रृंगार का सबसे बड़ा कवि मानते हैं, यह भी हम ऊपर देख चुके हैं। इसलिए सूर बिहारी से इस कारण भिन्न नहीं हैं कि वह अश्रृंगारी कवि थे। मूल अन्तर दरबारी संस्कृति और जन-संस्कृति का है, दो तरह के सामाजिक आधार का है। दोनों के श्रृंगार-वर्णन में अन्तर यह है कि भक्त कवियों ने मानवसुलभ सौन्दर्य और प्रेम की भावना का चित्रण किया है, उनके भाव-चित्रण की भूमि स्वाभाविकता की है। दरबारी कवियों ने चमत्कारवाद का सहारा लिया, उनकी पहुँच स्वाभाविक भावभूमि तक न हुई वरन् वे सामन्तों के कामोद्दीपन का सामान जुटाते रहे। वाजपेयी जी ने सूर को 'वास्तविक भक्त' कहा है और परवर्ती कवियों की रचनाओं को 'अनुकरणप्रिय प्रणालीबद्ध' कहा है। इससे भी दोनों का अन्तर स्पष्ट हो जाता है। इसलिए शुक्ल जी ने जो केशव आदि कवियों को एक वर्ग में रखा है, उनका परस्पर भेद दिखाया है। दरबारी कवियों की तुलना में भक्त कवियों की श्रेष्ठता का बखान किया है, वह कार्य बिलकुल उचित है।

शुक्ल जी ने सूर की भाषा को चलती ब्रजभाषा कहा है लेकिन यह भी जता दिया है कि "वह बिलकुल बोलचाल की ब्रजभाषा नहीं है।" सूर की भाषा में पुराने रूपों, अपभ्रंश के शब्दों आदि का हवाला देकर शुक्ल जी यह निष्कर्ष निकालते हैं कि उस समय "एक व्यापक काव्यभाषा" रही होगी। व्यापक काव्यभाषा रही हो चाहे न रही हो, सूर की भाषा व्यापक अवश्य है। जायसी की-सी अति-स्थानीयता उसमें नहीं है। जायसी की तुलना में उनकी अधिक लोकप्रियता का यह भी एक कारण है।

शुक्ल जी को सूर-साहित्य पर कुछ आपत्तियाँ भी हैं। कहीं-कहीं सूर ने उपमानों को लेकर खेल किया है : "अद्‍भुत एक अनुपम बाग" आदि में। उन्होंने यह भी दिखाया है कि सूर-साहित्य समान रूप से सुन्दर नहीं है और सूर का प्रतिदिन गीत रचना इसका एक कारण बताया है। लेकिन उनकी मुख्य आपत्ति लोकसंग्रह के अभाव को लेकर है। उनका विचार है कि सूर "अपने रंग में मस्त रहनेवाले जीव थे", उनमें तुलसी के समान 'लोकसंग्रह का भाव' न था और "समाज किधर जा रहा है, इस बात की वे परवाह नहीं रखते थे।" उन्होंने कृष्ण का प्रेममय रूप ही लिया; चाहते तो वह "हृदय की अन्य वृत्तियों (उत्साह आदि) के रंजनकारी रूप भी" कृष्ण में पा सकते थे। कृष्ण का यह रूप एकदेशीय था। उन्होंने जिस प्रेम का वर्णन किया है, वह भी घटनापूर्ण नहीं है। शुक्ल जी को यह बात अस्वाभाविक लगती है कि कृष्ण के इतना निकट होते हुए भी गोपियाँ विरह में तड़पा करती हैं और चार कदम चलकर उनसे मिल नहीं आतीं। उन्हें इस पर भी आपत्ति है कि विरह से परेशान सिर्फ गोपियाँ हैं, कृष्ण नहीं। सूर में जीवन की अनेकरूपता का अभाव है,

वह जीवन की गम्भीर समस्याओं से तटस्थ हैं : "लोक-संघर्ष से उत्पन्न विविध व्यापारों की योजना सूर का उद्देश्य नहीं।" गोपियों के वियोग में सीता के वियोग की-सी गम्भीरता नहीं है। कृष्ण के चरित में जो थोड़ा-बहुत लोकसंग्रह दिखाई देता है, उसमें "सूर की वृत्ति लीन नहीं हुई।" दैत्यों का संहार करनेवाला रूप सूर को प्रिय नहीं है। इस सिलसिले में सूर और तुलसी की तुलना करते हुए शुक्ल जी लिखते हैं : "जिस ओज और उत्साह से तुलसीदासजी ने मारीच, ताड़का, खरदूषण आदि के निपात का वर्णन किया है, उस ओज और उत्साह से सूरदास ने बकासुर, अघासुर, कंस आदि के वध और इन्द्र के गर्वमोचन का वर्णन नहीं किया है।"

शुक्ल जी ने जीवन की अनेकरूपता चित्रित करने के लिए तुलसी को सूर से श्रेष्ठ कवि कहा है, वह ठीक है। यह भी सही है कि तुलसी ने राम के चरित में अन्याय के सक्रिय प्रतिरोध का जो सजीव चित्र खींचा है, वह सूर में नहीं है। लेकिन सूर अपने समय की समस्याओं के प्रति तटस्थ थे और उनमें लोकसंग्रह का अभाव था, यह धारणा मान्य नहीं है।

सूर के कृष्ण दुर्योधन के यहाँ न जाकर विदुर के यहाँ शाक खाना पसन्द करते हैं। "टूटी छानि, मेघ जल बरसै, टूटौ पलंग बिछाइयै"। कृष्ण को कनक-कलस वाले दुर्योधन के महल पसन्द नहीं हैं, उन्हें अपना भक्त दासीसुत कहलाया जाकर अपमानित होनेवाला विदुर पसन्द है। सूर के कृष्ण दुर्योधन की सभा में द्रौपदी की लाज बचाने वाले हैं।

परै बज्र या नृपति सभा पै कहति प्रजा अकुलानी।

लेकिन दुखी प्रजा कुछ कर नहीं सकती। कृष्ण ने ही आकर उसकी रक्षा की। यह उनका लोकरक्षक रूप ही था। यह बात नहीं है कि इस तरह के कथा-वर्णन में सूर का मन नहीं रमा। द्रौपदी कहती है :

जितनी लाज गुपालहिं मेरी।
तितनी नाहिं बधू हौं जिनकी, अम्बर हरत सबनि तन हेरी॥

इस मार्मिक उक्ति का जवाब नहीं। सूर के कृष्ण अर्जुन के सहायक हैं और दीन-दुखी मात्र के लिए कहते हैं :

भक्तनि काज लाज जिय धरि कै, पाँइ पियादे धाऊँ।
जहँ-जहँ भीर परै भक्तन पै, तहँ तहँ जाई छुड़ाऊँ।

भक्त के लिए ही कृष्ण ने अपना प्रण छोड़कर सुदर्शन चक्र धारण किया था। उन्होंने 'मेटि बेद की कानि' भीष्म का प्रण रख लिया और 'सोई सूर सहाइ हमारे', वह सूर के भी सहायक हैं। रथ से उतरकर धरती पर चक्र लिये दौड़ते हुए

कृष्ण के उड़ते हुए पीतपट और ऊँची भुजा का सूर ने कलात्मक वर्णन किया है। उसी भुजा से गोवर्धन उठाकर कृष्ण इन्द्र के कोप से ब्रज के लोगों की रक्षा करते हैं। रावण के शत्रु राम से सूर अपरिचित नहीं हैं। 'आजु अति कोपे हैं रन राम'। तुलसी के राम की तरह सूर के राम भी अपनी जन्मभूमि के गीत गाते हैं, अयोध्या पर सुरपुर को भी निछावर करते हैं। कृष्ण को भी ब्रज वैसे ही प्रिय है। कृष्ण की प्रेमलीला देखकर देवता दूर स्वर्ग में बैठे तरसते रहते हैं। गोपियों का प्रेम लोकधर्म और कुलकानि के लिए चुनौती है। उनका कृष्ण से संयोग और वियोग, दोनों मानव-प्रेम का जयगीत हैं जो सामन्ती समाज के जाति, वर्ण और सम्पत्ति के बन्धन तोड़कर प्रवाहित हुआ था। सूर शृंगार और वात्सल्य के ही कवि नहीं हैं, वह संसार में प्रेम के श्रेष्ठ गायकों में से हैं। इस प्रेम को कुलकानि, लोक-धर्म, पाप-पुण्य की मर्यादा कुचलती है; उसका जयघोष सामन्ती व्यवस्था को ही एक चुनौती है। इस सामन्त-विरोधी मानव-मूल्य को हम लोक-संग्रह से बाहर कैसे रख सकते हैं?

शुक्ल जी ने मारीच, ताड़का और खर-दूषण के निपात-वर्णन की प्रशंसा की है। लेकिन तुलसी के ये अपेक्षाकृत कमजोर अंश हैं, इसे कौन नहीं जानता? स्वयं शुक्ल जी को ये अंश बहुत प्रिय न थे, तर्क-युद्ध में विजयी होने के लिए दलील देना और बात है। पथिकवेश में वन जाते हुए राम, लक्ष्मण और सीता का वर्णन शुक्ल जी को कितना प्रिय था, यह इससे मालूम हो जाता है कि तुलसी की भावुकता का विवेचन करते हुए उन्होंने बार-बार उस प्रसंग के उद्धरण दिये हैं और यह जानकर कि एक ही जगह से बहुत उद्धरण दे रहे हैं, उन्होंने यह सरस वाक्य लिख भी दिया है : "क्षमा कीजिएगा, यह दृश्य हमें बहुत मनोहर लगता है, इसी से बार-बार सामने आया करता है।"

शुक्ल जी पाठकों से नहीं, अपने तर्क से ही क्षमा माँग रहे हैं। यदि लोकसंग्रह का भाव वन जाते हुए राम, लक्ष्मण और सीता में है, तो वैसा ही भाव कृष्ण की बाललीला, रासलीला और उद्धव-गोपी संवाद में भी है।

शुक्ल जी ने केवल भ्रमरगीत-सार की भूमिका लिखी थी। सूर का और भी विस्तृत अध्ययन और विवेचन वह करना चाहते थे, यह उन्होंने भूमिका के अन्त में लिख दिया है। सम्भव है, भ्रमरगीत-सार में ध्यान सीमित रहने के कारण उन्हें सूर का काव्य-क्षेत्र आवश्यकता से अधिक सीमित दिखाई दिया हो, फिर भी वह शृंगार और वात्सल्य में सूर का लोहा मानते थे, इसमें सन्देह नहीं। भक्ति का विकास दिखाकर, लोकगीतों की परम्परा के सन्दर्भ में रीतिकालीन कवियों से भिन्न सूर के अध्ययन का जो मार्ग उन्होंने दिखाया है, वह हिन्दी आलोचना के अगले विकास का भी मार्ग है, इसमें सन्देह नहीं।

गोस्वामी तुलसीदास

शुक्ल जी के कोई आदर्श हिन्दी कवि थे तो वह तुलसीदास थे। शुक्ल जी की जिस रचना में सबसे ज्यादा असंगतियाँ और अन्तर्विरोध हैं, वह तुलसीदास पर उनकी पुस्तक है। साथ ही तुलसी और उनके युग को समझने के लिए जितनी मौलिक स्थापनाएँ यहाँ हैं, उतनी हिन्दी की किसी भी दूसरी आलोचना-पुस्तक में नहीं हैं।

सबसे पहले शुक्ल जी कबीर, सूर, जायसी और तुलसी की एकता प्रतिपादित करते हैं। इस एकता का यह अर्थ है कि ये सब कवि एक ही सांस्कृतिक आन्दोलन के अंग हैं जो केशव-बिहारी की दरबारी साहित्यिक धारा से भिन्न है। कबीर, सूर, जायसी और तुलसी की सामान्य विशेषताओं को समझना असम्भव है। इसीलिए शुक्ल जी की यह स्थापना महत्त्वपूर्ण है : "रामानन्द और बल्लभाचार्य ने जिस भक्तिरस का प्रभूत संचय किया, कबीर और सूर आदि की वाग्धारा ने उसका संचार जनता के बीच किया। साथ ही कुतुबन, जायसी आदि मुसलमान कवियों ने अपनी प्रबन्ध-रचना द्वारा प्रेमपथ की मनोहरता दिखाकर लोगों को लुभाया। इस भक्ति और प्रेम के रंग में देश ने अपना दु:ख भुलाया, उसका मन बहला।"

अपने अन्य निबन्धों की तरह शुक्ल जी ने यहाँ भी भक्ति और योग में मौलिक अन्तर दिखलाया है। लेकिन योग पर उनका आक्रमण और निबन्धों से यहाँ ज्यादा सख्त है। भक्ति-मार्ग जहाँ हृदय की स्वाभाविक अनुभूतियों को लेकर चलता है, वहाँ "योगमार्ग चित्त की वृत्तियों को अनेक प्रकार के अभ्यासों द्वारा अस्वाभाविक (एबनॉर्मल) बनाकर अनेक प्रकार की अलौकिक सिद्धियों के बीच होता हुआ अन्त:स्थ ईश्वर तक पहुँचना चाहता है।" भक्ति-मार्ग स्वाभाविकता की भूमिका पर निर्मित हुआ है तो योग-मार्ग अस्वाभाविकता की भूमि पर। और इस अस्वाभाविक भूमि पर चलकर वह ईश्वर तक 'पहुँचना चाहता है', शुक्ल जी यह नहीं कहते कि वह पहुँच जाता है। भक्ति-मार्ग मूलत: योगवाद और मायावाद से हटकर उसके विरोध में चला है; वह लौकिक जीवन से पराङ्मुख नहीं, वरन् उसकी ओर उन्मुख है। कबीर-जायसी-सूर-तुलसी समाज की अनेक समस्याओं पर लिख सके और मानव-हृदय के विभिन्न भावों का चित्रण कर सके, इसका मूल कारण यही है कि वे चित्त-वृत्तियों के कवि हैं, चित्त-वृत्तियों के निरोधक नहीं। वे रसवादी हैं, योगवादी नहीं।

भक्तों के लिए ब्रह्म ज्ञात और अज्ञात, दोनों है। जितना अज्ञात है, उसे तो वे भक्त दार्शनिकों के लिए छोड़ देते हैं और जितना ज्ञात है, उसी को लेकर वे प्रेम में लीन रहते हैं। यह उक्ति अक्षरश: सही नहीं है। ज्ञात की ही उपासना होती तो दर्शन और मुक्ति की आकांक्षा भक्त-कवियों में न होती। लेकिन जगत् के प्रति भक्त-कवियों का आकर्षण जरूर प्रकट होता है; शुक्ल जी इस आकर्षण की हिमायत करते हैं, यह भी स्पष्ट है। वह आगे कहते हैं : "इस व्यवहार-क्षेत्र से परे, नामरूप से परे जो ईश्वरत्व या ब्रह्मत्व है, वह प्रेम या भक्ति का विषय नहीं, वह चिन्तन का विषय है।" नामरूप की सीमाएँ माननेवाला जगत् अगोचर नहीं होता। इसलिए भक्तिमार्ग इन्द्रिय-बोध को हेय ठहराकर अतीन्द्रिय ज्ञान का दावा नहीं कर सकता। संसार में रहकर इन्द्रिय-बोध को अस्वीकार करना सम्भव नहीं; इसलिए भक्त-कवियों का झुकाव मायावाद, अतीन्द्रियतावाद, 'आइडियलिज्म' से भिन्न वस्तुवाद, गोचर सत्ता में विश्वास की ओर होना ही चाहिए। शुक्ल जी कहते हैं : "संसार में रहकर इन्द्रियार्थों का निषेध असम्भव है; अत: मनुष्य को वह मार्ग ढूँढ़ना चाहिए जिसमें इन्द्रियार्थ अनर्थकारी न हो। यह भक्तिमार्ग हैं, जिसमें इन्द्रियार्थ भी मंगलप्रद हो जाते हैं।" गोचर जगत् की ओर यह झुकाव भक्ति-आन्दोलन की वह दार्शनिक विशेषता है जो उसे शासकवर्गों के मायावादी चिन्तन से अलग करती है।

भक्त-कवि भारतीय मायावादियों से भी भिन्न हैं। वे योरप के उन कलावादियों से भी भिन्न हैं जो ज्ञात जगत् को सीमित मानकर कल्पना का नया असीम संसार रचते हैं। ये लोग कल्पना को एक स्वतंत्र शक्ति मानते हैं, लेकिन उनका कल्पित संसार न तो नया होता है, न मौलिक; वह वास्तविकता का 'विकृत रूपमात्र' होता है। भक्तों का साहित्य लोकहित के लिए है; उनकी कला संसार से स्वतंत्र न होकर जनता के मनोरंजन और शिक्षण के लिए है। इसलिए शुक्ल जी तुलसीदास के लिए यह दावा करते हैं कि उनकी दृष्टि "वास्तविक जीवन-दशाओं के मार्मिक पक्षों के उद्घाटन की ओर थी, काल्पनिक वैचित्र्य-विधान की ओर नहीं।" वास्तविक जीवन-दशाओं का उद्घाटन—श्रेष्ठ भारतीय साहित्य का सदा से यह लक्ष्य रहा है। भारतीय साहित्य की सबसे शक्तिशाली और मौलिक धारा यथार्थवाद की ओर उन्मुख रही। यह साहस शुक्ल जी ही में था जो उन्होंने भारतीय काव्य के लिए यह दावा किया : "भारतीय कवियों की मूल प्रवृत्ति वास्तविकता की ओर ही रही है।" यह एक ऐसा सूत्र है जिस पर बहुत कम लोगों ने विचार किया है, जिसके सहारे बहुत कम आलोचकों ने अपने प्राचीन साहित्य का मूल्यांकन किया है। पश्चिम के विचारकों ने यहाँ वालों को अक्सर यह पुचाड़ा दिया है कि तुम्हारी विशेपता तो परोक्ष-चिन्तन में है, भारतीय ज्ञान इस झूठे संसार को ठुकराता है, उसने जिस अध्यात्मवाद की सृष्टि की है, वह विशद दर्शन तो भारत की अपूर्व देन है, इत्यादि। शुक्ल जी ने इस धारणा का बार-बार खंडन किया है।

इसका खंडन करना आवश्यक है क्योंकि यह स्थापना भारतीय संस्कृति के प्रगतिशील तत्त्वों पर पर्दा डालती है, भारत को जगद्गुरु कहकर जनता को बहलाती है और उसे वर्तमान अन्याय और अत्याचार के सामने उदासीन और तटस्थ रहना सिखाती है।

यदि लोक सत्य है, यह मानव-जीवन सत्य है, तो कवि-हृदय में लोकहित और मानवहित का भी स्थान होना चाहिए। उसकी श्रेष्ठता इस बात में नहीं है कि वह परलोक की बातें करता है, लोकजीवन को उपेक्षा की निगाह से देखता है; न व्यक्तिवाद के तंग दायरे में चक्कर लगाने से वह महाकवि बनता है। शुक्ल जी उसकी विशेषता यह बतलाते हैं : "अपनी व्यक्तिगत सत्ता की अलग भावना से हटाकर निज के योग-क्षेम के सम्बन्ध से मुक्त करके, जगत् के वास्तविक दृश्यों और जीवन की वास्तविक दशाओं में जो हृदय समय-समय पर रमता रहता है, वही सच्चा कवि-हृदय है। सच्चे कवि वस्तु-व्यापार का चित्रण बहुत बढ़ा-चढ़ाकर और चटकीला कर सकते हैं, भावों की व्यंजना अत्यन्त उत्कर्ष पर पहुँचा सकते हैं पर वास्तविकता का आधार नहीं छोड़ते।" जगत् के वास्तविक दृश्य, जीवन की वास्तविक दशाएँ, भावों की व्यंजना में वास्तविकता का आधार—आलोचना में शुक्ल जी के ये मूल सूत्र हैं। संसार के प्रति उनका दृष्टिकोण मूलत: वस्तुवादी है; ये सूत्र उसी का स्वाभाविक परिणाम हैं। इसीलिए शुक्ल जी को हिन्दी आलोचना में यथार्थवाद का संस्थापक मानना उचित होगा। उनके अनुसार सच्चे कवियों द्वारा अंकित "वस्तु-व्यापार-योजना इसी जगत् की होती है; उनके द्वारा भाव उसी रूप में व्यंजित होते हैं जिस रूप में उनकी अनुभूति जीवन में होती है या हो सकती है। कवि जो चित्र खींचता है, वे इसी जगत् के होते हैं। वह जिन भावों की व्यंजना करता है, उनकी अनुभूति इसी जीवन की होती है या हो सकती है।" लोक और साहित्य, सामाजिक जीवन और रस, भौतिकजगत् और भावजगत् की यही एकता है।

तुलसी के दार्शनिक विचारों की छानबीन करते हुए शुक्ल जी काफी उलझन में पड़ गए हैं। उन्होंने माना है कि गोस्वामी जी ने कहीं-कहीं मायावाद स्वीकार किया है, कहीं-कहीं विशिष्टाद्वैत का आभास भी उन्होंने दिया है। जीव ईश्वर का अंश है, यह विशिष्टाद्वैत मत की स्थापना हुई। शुक्ल जी अद्वैत और विशिष्टाद्वैत मतों की स्थापनाओं में इस तरह सामंजस्य कायम करते हैं : "परमार्थ की दृष्टि से—शुद्ध ज्ञान की दृष्टि से—तो अद्वैत मत गोस्वामी जी को मान्य है, पर भक्ति के व्यावहारिक सिद्धान्त के अनुसार भेद करके चलना वे अच्छा समझते हैं।" इससे स्वयं शुक्ल जी को संतोष नहीं हुआ, इसलिए अन्त में उन्होंने यह भी लिख दिया है कि वह भक्तिमार्गी थे, इसीलिए उनकी रचनाओं में भक्ति के रहस्य ढूँढ़ना तो ठीक होगा, "ज्ञानमार्ग के सिद्धान्तों का ढूँढ़ना नहीं।" इससे शुक्ल जी की उलझन का पता चलता है। यदि भक्त-कवि ज्ञात की ही उपासना करता है, तब यह प्रश्न नगण्य नहीं है कि वह क्या जानता है, किसकी उपासना करता है।

इसलिए सवाल ज्ञानमार्ग के सिद्धान्त ढूँढ़ने का नहीं है वरन् तुलसी के ज्ञात उपास्य को पहचानने का है, जिसके बिना उनकी भक्ति का रहस्य भी समझ में नहीं आ सकता।

यह संसार सत्य है—यह स्थापना तुलसी में मिलती है; यह संसार मिथ्या है, यह स्थापना भी।

'उत्तरकांड' में वे, रामचन्द्र की स्तुति करते हुए, ब्रह्म को अव्यक्तमूल कहते हुए संसार-विटप की वंदना करते हैं : "संसार-विटप नमामहे।" यह दृश्य संसार ब्रह्म का ही रूप है। वह नित्य है, फलता-फूलता और पल्लवित होता है।

बालकांड के आरम्भ में तुलसीदास ब्रह्म और गोचर जगत् की एकता घोषित करते हैं :

जड़ चेतन जग जीव जत सकल राममय जानि।

× × ×

सीय राममय सब जग जानी।

'उत्तरकांड' में शिव कहते हैं :

निज प्रभुमय देखहिं जगत केहि सन करहिं विरोध।

'कवितावली' में संसार को झूठा कहने वाले संतों को उन्होंने गँवार कहा है, यह हम ऊपर देख चुके हैं।

संसार सत्य है, संसार ब्रह्ममय या राममय है, दृश्य संसार में तुलसी को राम दिखाई देते हैं—ये निष्कर्ष ऊपर के उद्धरणों से निकलते हैं।

यह संसार मिथ्या है, इस धारणा के समर्थन में भी अनेक उक्तियाँ उद्धृत की जा सकती हैं।

'बालकांड' में शिव कहते हैं :

झूठेउ सत्य जाहि बिनु जाने। जिमि भुजंग बिनु रजु पहिचाने।
जेहि जानें जग जाइ हेराई। जागे जथा सपन भ्रम जाई॥

यह संसार स्वप्न के समान है। ब्रह्मज्ञान न होने से झूठा संसार भी सत्य मालूम होता है; ज्ञान प्राप्त होने पर स्वप्न के भ्रम की तरह वह खो जाता है। माया के कारण जीव कष्ट पाता है : "फिरत सदा माया कर प्रेरा", इत्यादि। ज्ञान होने पर या ईश्वर की कृपा होने पर वह मुक्त हो जाता है। मनुष्य के अज्ञान का नाम माया है। माया ब्रह्म की रचनाशक्ति का नाम भी है : "मम माया सम्भव संसारा"।

संसार सत्य है या मिथ्या—इस प्रश्न का उत्तर एक दूसरी समस्या से जुड़ा हुआ है और वह यह कि ब्रह्म सगुण है कि निर्गुण या दोनों? शुक्ल जी ने भक्ति के विकास का विवेचन करते हुए दिखाया था कि भक्तों के लिए ब्रह्म सगुण-निर्गुण, व्यक्त-अव्यक्त, दोनों है। तुलसी अनेक स्थलों पर उसे सगुण-निर्गुण, दोनों मानते हैं।

राम-नाम की महिमा-वर्णन करते हुए वह कहते हैं :

अगुन अनुपम गुन निधान सो।

और भी :

अगुन सगुन दुइ ब्रह्म सरूपा।

यह स्थापना पहले से चली आ रही थी; तुलसी ने उसे दोहराया है, लेकिन दोहराकर संतोष नहीं कर लिया। वह अगुन-सगुन की एकता नाम के आधार पर कराते हैं। इसे वह अपना मत कहते हैं।

मोरे मत बड़ नाम दुहूँ तें। किए जेहिं जुग निज बस निज बूतें।

इसी तरह "अगुन-सगुन बिच नाम सुसाखी" मानते हैं। योगी भी "अकथ अनामय नाम न रूपा" ब्रह्म का साक्षात्कार नाम जपकर ही करते हैं : "नाम जीह जपि जागहिं जोगी"। तुलसी के पास नाम एक ऐसा अस्त्र है जिससे वह अरूप अनामवादियों को परास्त कर देते हैं। ब्रह्म का चाहे व्यक्त रूप लो, चाहे अव्यक्त, नाम के बाहर दोनों नहीं हैं। तुलसी की "प्रतीति प्रीति रुचि मन की" यह है कि ब्रह्म कुछ लोगों को तो प्रकट अग्नि के समान प्रत्यक्ष दिखाई देता है और कुछ लोगों को दारुगत अप्रत्यक्ष जान पड़ता है। ये दोनों ही नाम से सुगम हो जाते हैं, इसीलिए नाम ब्रह्म और राम से बढ़कर है। उत्तरकांड में वे राम की वन्दना करते हुए "जय सगुण निर्गुण रूप" कहते हैं। फिर भी वे कहते हैं कि जो ब्रह्म को अज, अद्वैत, अनुभवगम्य कहकर उसका ध्यान करते हों, वे किया करें लेकिन "हम तव सगुन जस नित गावहीं"।

इस विवेचन से दो बातें स्पष्ट हैं कि तुलसी शुद्ध निर्गुणवादी नहीं हैं, अधिक-से-अधिक वह ब्रह्म के सगुण-निर्गुण, दोनों रूप मानते हैं। दोनों के नाम के अधीन समझते हैं। इसके साथ ही वह ब्रह्म को दयालु कहते हैं। बालकांड में जिसे वह "अनीह अरूप अनामा" कहते हैं, उसे "व्यापक विश्वरूप भगवाना' भी मानते हैं। और उसे "परमकृपालु प्रनत अनुरागी", ममता, छोह और करुणा से युक्त कहते हैं।

'उत्तरकांड' में राम कहते हैं :

अखिल विस्व यह मोर उपाया। सब पर मोहिं बराबरि दाया।

दयावान ब्रह्म की कल्पना तुलसी को मूलत: सगुणवादी बनाती है। यह दयावान ईश्वर अपने रचे हुए विश्व को प्यार करता है, उसमें रहनेवाले प्राणियों पर दया करता है।

सब मम प्रिय सब मम उपजाए। सबते अधिक मनुज मोहिं भाए।

यदि संसार माया है तो उस संसार में रहनेवालों को प्रिय कहनेवाला भी माया के वश में है।

तुलसीदास शैवों और वैष्णवों को, राम के भक्तों को और कृष्ण के भक्तों को, सगुणवादियों और निर्गुणवादियों को एक करना चाहते थे। लेकिन वह शैव नहीं थे, वैष्णव थे। उनके इष्टदेव कृष्ण नहीं थे, राम थे। वह ब्रह्म को मूलत: विश्वरूप और सगुण मानते थे, न कि अगोचर, निर्गुण और निराकार। शुक्ल जी ने मध्यकालीन भक्तों के लिए यह दावा किया था कि वह जगत् के मिथ्यात्व का प्रतिषेध करते हैं, यह बात तुलसी के लिए भी सही है।

तुलसी के लिए संसार सत्य था या असत्य, इसका पता इसी से नहीं लगता कि ब्रह्म, जीव और जगत् के बारे में उन्होंने क्या कहा है; इसका पता इससे भी लगता है कि उन्होंने मानव-जीवन, मानव-समाज और मानव-चरित्र का चित्रण किस तरह किया है। जहाँ योगी और वैरागी मानव-समाज से विमुख होकर अपने एकान्त जप और ध्यान में लगे रहते थे, वहाँ तुलसी की हरिकथा मानवजीवन की कथा का रूप ले लेती है। जायसी की भूमिका में शुक्ल जी ने 'रासो' आदि को वीरगाथा, 'पद्मावत' आदि को प्रेमगाथा और 'रामचरितमानस' को जीवनगाथा के अन्तर्गत रखा है। तुलसी का महान् काव्य 'रामचरितमानस' जीवनगाथा ही है; तुलसी उन्हीं सच्चे कवियों में हैं जिनका हृदय, शुक्ल जी के अनुसार, जीवन की वास्तविक दशाओं में रमता है, जो भावों की व्यंजना अत्यन्त उत्कर्ष पर पहुँचा सकते हैं लेकिन जो वास्तविकता का आधार नहीं छोड़ते। शुक्ल जी तुलसी को महाकवि इसलिए मानते हैं कि उन्होंने "मनुष्य-जीवन की बहुत अधिक परिस्थितियों का' सन्निवेश किया है। इसमें उन्होंने "हृदय की विशालता, भावप्रसार की शक्ति, मर्मस्पर्शी स्वरूपों की उद्भावना और शब्द शक्ति" का परिचय दिया है। गुण और आदर, पाप और घृणा, अत्याचार और क्रोध, शोक और करुणा, महत्त्व और दीनता—मानव-प्रकृति के बहुसंख्यक रूपों का चित्रण गोस्वामी जी ने किया है।

"श्रृंगार, वीर आदि कुछ गिने-गिनाए रसों के वर्णन में निपुण" कवियों से तुलसी को भिन्न कोटि में रखते हुए शुक्ल जी ने उन्हें ऐसा महाकवि कहा है, जिसका "अधिकार मनुष्य की सम्पूर्ण भावनात्मक सत्ता पर है।" यहाँ शुक्ल जी ने लक्षणग्रंथों की रस-निरूपण परम्परा की सीमाएँ भी बतला दी हैं। मनुष्य की सम्पूर्ण भावनात्मक सत्ता श्रृंगार, वीर आदि कुछ गिने-गिनाए रसों से कहीं अधिक व्यापक है। यह सम्पूर्ण भावनात्मक सत्ता ही महान् कवियों का भावक्षेत्र होती है; उसी प्रकार साहित्य की आलोचना भी उस व्यापकता का ध्यान रखते हुए होनी चाहिए। यदि आलोचक साहित्य का मूल्यांकन करते हुए कुछ रस और अलंकार गिनाने बैठ जाएँ तो उनकी आलोचना-परिधि बहुत ही सीमित रहेगी। तुलसी जैसे लोकहृदय के मर्मी कवियों की तुलना में दरबारी कवि कितने क्षुद्र हैं,

यह बताने के लिए शुक्ल जी कहते हैं : "केशव, बिहारी आदि के साथ ऐसे कवियों को मिलान के लिए रखना उनका अपमान करना है।" शुक्ल जी ने लक्षणग्रंथों की परम्परा से बाहर निकलकर, उसका तीव्र विरोध करके तुलसी का मूल्यांकन किया है। यह इस बात का प्रमाण है कि वह हिन्दी आलोचना को सामन्ती विचारधारा की पराधीनता से मुक्त कर रहे थे। तुलसी का मूल्यांकन करते हुए उन्होंने आलोचना के नये मानदंड भी स्थापित किये हैं।

तुलसी के मुकाबले में शुक्ल जी ने सूर, जायसी और कबीर को भी नीचा स्थान दिया है, यह ठीक है। तुलसी का भावक्षेत्र अधिक व्यापक है। कबीर, सूर आदि से अधिक वह मानव-करुणा के कवि हैं। वह मानव के दु:ख से व्यथित ही नहीं हैं, वह अपने पात्रों में सक्रिय प्रतिरोध के गुण भी चित्रित करते हैं। प्रचलित पूँजीवादी विचारधारा के प्रतिकूल शुक्ल जी परिस्थितियों के अनुसार क्रोध और ध्वंस को भी काव्य में आवश्यक समझते हैं। तुलसी ने क्षमा, उदारता आदि ही में लोकधर्म नहीं देखा "बल्कि क्रोध, घृणा, शोक, विनाश और ध्वंस आदि में भी उसे देखा।" अहिंसावाद के एकांगी प्रचारकों को उत्तर देते हुए वह लिखते हैं : "अत्याचारियों पर जो क्रोध प्रकट किया जाता है, असाध्य दुर्जनों के प्रति जो घृणा प्रकट की जाती है, दीन-दुखियों को सतानेवालों का जो संहार किया जाता है, कठिन कर्तव्यों के पालन में जो धीरता प्रकट की जाती है, उसमें भी धर्म अपना अपना मनोहर रूप दिखाता है।"

सर्प को दूध पिलाकर उसका स्वभाव बदलने वालों को शुक्ल जी व्यक्तिगत साधना करनेवाला कहते हैं; यह लोक-धर्म नहीं है। लोक-धर्म वह है जिस पर आम जनता चल सके। व्यक्तिगत साधना और लोक-धर्म का यह भेद उन अहिंसावादियों के लिए बहुत अच्छा उत्तर है, जो जनता के लिए दंड और कारागार का विधान करते हैं और निहित स्वार्थों का हृदय-परिवर्तन करने का ऐलान किया करते हैं। शुक्ल जी उन लोगों को भी उत्तर देते हैं जो कहते हैं कि शान्तिपूर्ण लक्ष्य को प्राप्त करने के लिए शान्तिपूर्ण उपाय ही काम में लाने चाहिए। भारत में साम-दाम-दंड-भेद का विधान बहुत पुराना है। शुक्ल जी कहते हैं : "यदि किसी अत्याचारी का दमन सीधे न्यायसंगत उपायों से नहीं हो सकता तो कुटिल नीति का अवलम्बन लोकधर्म की दृष्टि से उचित है।" भारतीय इतिहास पर नजर डालते हुए वह इस नतीजे पर पहुँचते हैं : "भारतीय जन-समाज में लोकधर्म का आदर्श यदि पूर्ण रूप से प्रतिष्ठित रहने पाता तो विदेशियों के आक्रमण को व्यर्थ करने में देश अधिक समर्थ होता।"

शुक्ल जी ने भक्ति-आन्दोलन और जनता के प्रतिरोध का सम्बन्ध जोड़ा है। "दक्षिण भारत में रामदास स्वामी ने इसी लोक-धर्माश्रित भक्ति का संचार करके महाराष्ट्र शक्ति का अभ्युदय किया। पीछे से सिखों ने भी लोक-धर्म का आश्रय लिया और सिख-शक्ति का प्रादुर्भाव हुआ।" भक्ति-आन्दोलन जातीय आन्दोलन था;

वह किसी विशेष वर्ण या सम्प्रदाय का आन्दोलन न था। उसमें हिन्दू, सिख, मुसलमान, जुलाहे, कारीगर, किसान, व्यापारी—सभी शामिल थे। उसे राज्याश्रय प्राप्त न था, यह भी बिलकुल स्पष्ट है। कारण यह है कि वह एक ओर यदि तुर्कों और मुगलों के शासन का विरोधी था तो दूसरी ओर—और उससे भी अधिक—वह समाज में सामन्ती और पुरोहिती उत्पीड़न का विरोधी था। इस सामन्त-विरोधी कार्य में सूर, तुलसी, कबीर, जायसी—सभी ने न्यूनाधिक योग दिया था। शुक्ल जी के सामने भक्ति-आन्दोलन का यह पहलू बहुत स्पष्ट न था। इसलिए सूर-साहित्य में उन्हें लोक-संग्रह की भावना नहीं दिखी या कम दिखी है। कबीर आदि संतों में उन्होंने लोक-विरोध भी देखा और तुलसी को उन्होंने विरोधी दिशा का कवि माना। जायसी आदि पर उन्होंने विदेशी प्रभाव देखा।

शुक्ल जी के अनुसार तुलसी के समय में नये-नये पंथ निकल रहे थे, ज्ञानविज्ञान की निन्दा होती थी, विद्वानों का उपहास होता था, वेदान्त के दो-चार शब्दों का अनधिकार प्रयोग होता था, लोक को व्यवस्थित करनेवाली मर्यादा का अभाव था। तुलसी ने वर्ण-धर्म, वेदविहित कर्म के साथ भक्ति का सामंजस्य स्थापित करके "आर्य धर्म को छिन्न-भिन्न होने से बचाया।" शुक्ल जी के अनुसार : तुलसी के समय में दो तरह के भक्त थे। एक तो वे थे, जो "वेद शास्त्रज्ञ तत्त्वदर्शी आचार्यों द्वारा प्रवर्तित सम्प्रदाओं के अनुयायी थे"; दूसरे वे थे, जो "समाज-व्यवस्था की निन्दा और पूज्य तथा सम्मानित व्यक्तियों के उपहास द्वारा लोगों को आकर्षित करते" थे।

समाज में शासकों, विद्वानों, शूरवीरों आदि को जो अधिकार और सम्मान प्राप्त रहता है, उससे कुछ लोगों को अकारण ईर्ष्या और द्वेष हो जाता है। इसलिए "उक्त शिष्ट वर्गों में कोई दोष न रहने पर भी" चलते-पुर्जे लोग अगुआ बनकर साधारण लोगों को भड़का देते हैं। शुक्ल जी ने योरप की 'सामाजिक अशान्ति' के लिए ऐसे लोगों को जिम्मेदार ठहराया है। "क्रान्तिकारक, प्रवर्तक आदि कहलाने का उन्माद योरप में बहुत अधिक है।" रूसी क्रान्ति के बारे में साम्राज्यवादियों ने धुआँधार प्रचार किया था, उसी को दोहराते हुए शुक्ल जी ने लिख डाला है : "ऊँची श्रेणियों के कर्तव्य की पुष्ट व्यवस्था न होने से ही योरप में नीची श्रेणियों में ईर्ष्या, द्वेष और अहंकार का प्राबल्य हुआ, जिससे लाभ उठाकर लेनिन अपने समय का महात्मा बना रहा।" यह महात्मापन देनेवाली जनता ही है, इसलिए शुक्ल जी चेतावनी देते हैं : "मूर्ख जनता के इस माहात्म्य प्रदान पर भूलना न चाहिए। जनता के अनुकूल काम करनेवाले उसके सम्मान के पात्र बन जाते हैं।" रूस में 'मूर्ख जनता' के अनुकूल कार्य करनेवाले रह गए हैं और "भारी-भारी विद्वानों और गुणियों का भागना" अमंगल की सूचना दे रहा है। "अल्प शक्तिवालों की अहंकार-वृत्ति को तुष्ट करनेवाला 'साम्य' शब्द ही उत्कर्ष का विरोधी है।"

शुक्ल जी के विवेचन का यह सबसे कमजोर पहलू है। उन्होंने शुरुआत की थी कबीर आदि का लोक-विरोधी रूप दिखाने से, पहुँच गए रूसी क्रान्ति और लेनिन तक और अन्त में जनता को ही मूर्ख और जड़ कहने लगे। इससे यह परिणाम निकालना, कि शुक्ल जी क्रान्ति-विरोधी थे, जनता में उन्हें विश्वास न था, वह वर्ण-व्यवस्था और सामन्ती समाज के हिमायती थे, गलत होगा। शुक्ल जी ने ये शब्द आवेश में लिखे हैं; उनकी मूल विचारधारा से इनका मेल नहीं है। इस आवेश के कारण, तुलसी के महत्त्व का गलत प्रतिपादन करने के जोश में, वह अनेक असंगतियों में फँस गए हैं।

जिस जनता को उन्होंने जड़ और मूर्ख कहा है, तुलसी उसी के कंठहार हैं, शुक्ल जी से यह छिपा न था। वह तुलसी की इसलिए प्रशंसा नहीं करते कि विद्वानों ने तुलसी को अपनाया है, शासकों और अधिकार-प्राप्त वर्गों ने उन्हें अपनाया है, वरन् इसलिए कि जनता ने उन्हें अपनाया है। इस बात को वह एक बार नहीं कहते, बार-बार कहते हैं, कहते अघाते नहीं हैं। कुछ उदाहरण देखिए :

(1) "कथाएँ तो और भी कही जाती हैं, पर जहाँ सबसे अधिक श्रोता देखिए और उन्हें रोते और हँसते पाइए, वहाँ समझिए कि तुलसीकृत रामायण हो रही है। साधारण जनता के मानस पर तुलसी के मानस का अधिकार इतने ही से समझा जा सकता है।"

(2) "हिन्दी के कवियों में इस प्रकार की सर्वांगपूर्ण भावुकता हमारे गोस्वामी जी में ही है जिनके प्रभाव से 'रामचरितमानस' उत्तरी भारत की सारी जनता के गले का हार हो रहा है।"

(3) "यदि कोई पूछे कि जनता के हृदय पर सबसे अधिक विस्तृत अधिकार रखनेवाला हिन्दी का सबसे बड़ा कवि कौन है, तो उसका एकमात्र यही उत्तर ठीक हो सकता है कि भारत-हृदय, भारती-कंठ, भक्त-चूड़ामणि गोस्वामी तुलसीदास।"

यदि जनता मूर्ख है और विद्वत्ता का ठेका थोड़े-से वेदशास्त्रज्ञों ने ले रखा है तो उसके हृदय पर अधिकार जमाने वाले कवि भारती-कंठ नहीं हो सकते, वे भक्त-चूड़ामणि और भारत-हृदय नहीं कहला सकते। यदि 'रामचरितमानस' उत्तरी भारत की जनता के गले का हार है, तो उसे हिन्दुओं का धर्म-ग्रंथ मानना और तुलसी को हिन्दू धर्म का उद्धारक मानना सही नहीं हो सकता। सचाई क्या है? सचाई यह है कि तुलसी जनसाधारण के कवि हैं। जनसाधारण में बहुत-से अन्धविश्वास हैं तो ऐसी गहरी सहृदयता भी है जो तुलसी के काव्य पर झूम उठती है।

तुलसी यदि घोर व्यवस्थावादी थे तो वह प्रेम को सारे नियमों के, समूची व्यवस्था के ऊपर क्यों मानते हैं? क्षत्रियों के लिए औरतों का जूठा खाना, वह भी बेर, किस शास्त्र में लिखा है? निषाद को गले लगाना किस स्मृति की व्यवस्था है? भाई को मूर्च्छित देखकर जब राम कहते हैं :

जो जनतेउँ बन बन्धु बिछोहू। पिता बचन मनतेउँ नहीं ओहू।

यह पिता की आज्ञा का उल्लंघन करने की इच्छा किस मर्यादावाद के अन्तर्गत है? इस पंक्ति की चर्चा करते हुए स्वयं शुक्ल जी लिखते हैं : "यह कोमलता, यह सहृदयता सब प्रकार के नियमों से परे है।" व्यवस्था और मर्यादा के बारे में तमाम शोरगुल का नतीजा यह निकला—यह सहृदयता सब प्रकार के नियमों से परे है। और क्या तुलसी की भक्ति का यही सच्चा रूप नहीं है? क्या तुलसी ने उन्हें ढाढ़स नहीं बँधाया जो इन नियमों के ही कारण समाज में पिस रहे थे और जो ऊपर उठना चाहते थे, ईर्ष्या और द्वेष के कारण नहीं, थोड़ा सिर उठा सकने के लिए, एक जून मुट्ठी भर अन्न पाने के लिए? तुलसी के राम कहते हैं :

भगतिवन्त अति नीचउ प्रानी। मोहिं प्रान प्रिय असि मम बानी।

यह नीचों का भक्त बनना किस वेद में लिखा है? यही नहीं :

भए सब साधु किरात किरातिनी, रामदास मिटि गइ कलुषाई।

जब किरात और किरातिनी भी साधु होने लगे तब कलियुग आ गया कि नहीं? क्या इससे स्पष्ट नहीं कि तुलसी की भक्ति मानवमात्र की साम्य-भावना लेकर चली है? इस साम्य-भावना का आधार क्या है? क्या यह कि हर पुरुष और स्त्री बल और बुद्धि में बराबर हो गया है! नहीं, इस साम्य-भावना का आधार यही है कि भक्ति करने का अधिकार सबको है—चाहे वह किरात हो, चाहे निषाद।

जब-जब साधारणजन अधिकार-प्राप्त शासकवर्गों से पीड़ित हुए हैं, वे इस तरह की साम्य-भावना की ओर तेजी से खिंचते रहे हैं। साम्यवाद का यह अर्थ कभी नहीं होता कि सभी मनुष्य विद्या, बुद्धि और बल में एक-से हो जाएँगे। उसका अर्थ यह होता है कि उन्नति के लिए सभी को अवसर मिले; अवसर मिलने की बात कागज़ पर न रहे वरन् उसकी वास्तविक व्यवस्था हो। साधारण जनता को उन्नति का यह अवसर तब तक नहीं मिलता जब तक सम्पत्ति और उन्नति के साधनों पर मुट्ठी-भर आदमियों का कब्ज़ा रहता है और जनता का विशाल भाग सम्पत्ति और उन्नति के साधनों से वंचित रहता है। बीसवीं सदी में पश्चिम के मुट्ठी-भर सम्पत्तिशाली लोगों ने केवल अपने देशों की जनता को गुलाम न बनाया था वरन् भारत जैसे विराट् देशों को भी अपने पैरों तले कुचल रखा था। इन्हीं के कारण एशिया की करोड़ों जनता गुलामी और भुखमरी का शिकार बनी हुई थी। इन्हीं लोगों ने जनतंत्र और राष्ट्रीय स्वाधीनता के नाम पर—लेकिन वास्तव में दुनिया के बाजारों का फिर से बँटवारा करने के लिए—प्रथम विश्वयुद्ध का आयोजन किया था। युद्ध और शोषण की इस जघन्य साम्राज्य-व्यवस्था से बाहर

निकालने का रास्ता लेनिन ने दिखाया था; उन्होंने जनता का संगठन करके, उसका नेतृत्व करते हुए, संसार में वह पहली समाज-व्यवस्था कायम की जो पूँजीपतियों, साहूकारों, सामन्तों और खूनी युद्धपतियों के आतंक और शोषण से मुक्त थी। इसीलिए साधारण जनता को लेनिन इतना प्रिय थे। जब रवीन्द्रनाथ ठाकुर रूस गए थे, तब यह देखकर कि पुस्तकों की दुकानों के सामने कारखानों से निकले हुए मजदूर कतार बाँधकर खड़े हुए हैं, उन्होंने यही कहा था : "भारत में भी क्या कभी मजदूरी करनेवाले लोग किताबों की दुकानों के सामने ऐसे ही कतार बाँधकर खड़े होंगे?" यदि शुक्ल जी को अवसर मिलता और वे भी वह सब देख पाते जो रवीन्द्रनाथ ने देखा था, तो अवश्य ही उनकी प्रतिक्रिया भी वैसी ही होती। यदि रूसी भाषा में 'रामचरितमानस' का सुन्दर संस्करण देखने को वह जीवित रहते तो अनुभव करते कि लेनिन ने जिस व्यवस्था की नींव डाली थी, उसमें पला हुआ मनुष्य अपने पुश्किन का ही आदर नहीं करता, वह हमारे महान् कवि भारती-कंठ तुलसीदास को भी अपनाता है।

तुलसी के समय सामन्ती व्यवस्था जर्जर हो रही थी। शंकर का वेदान्त, गोरखपंथियों का योग, राजदरबारों की शूरता देश की रक्षा करने में असमर्थ साबित हो चुकी थी। जर्जर व्यवस्था के समर्थक कवि जनता के हृदय पर अधिकार जमाने वाले कवि नहीं हुआ करते। भक्त-कवियों का मूलमंत्र प्रेम इसलिए है कि वह मनुष्य-मात्र के लिए सुलभ है। प्रेम ही वह लोकधर्म है—न कि विप्रपदपूजा या स्त्रियों के लिए पतिव्रत की शिक्षा और पुरुषों के लिए नायिका-भेद—जिसके आधार पर उस समय साधारण जनता अपनी एकता का अनुभव कर सकती थी। और सामन्ती उत्पीड़न के विरुद्ध अपने आत्मसम्मान का दावा कर सकती थी। कबीर, सूर और जायसी प्रेम के कवि हैं, इस प्रेम के आधार पर कबीर साधारण जनता में आत्मसम्मान का भाव जगा सके। और तुलसी भी सबसे अधिक इसी प्रेम के कवि हैं। शुक्ल जी ने तुलसी के लिए बिलकुल ठीक लिखा है : "जो प्रेमभाव अत्यन्त उत्कर्ष पर पहुँचा हुआ उन्होंने प्रकट किया है, वह अलौकिक है, अविचल है और अनन्य है।" शुक्ल जी ने तुलसी के इस प्रेम को पहचाना, उसे सराहा, उसे केशव-बिहारी के 'प्रेम' से एकदम भिन्न माना, यही उन्हें हिन्दी का महान् आलोचक बनाता है, तुलसी में वेद-शास्त्रों की व्यवस्था ढूँढ़ना नहीं। शुक्ल जी की महत्ता इस बात में है कि उन्होंने इस प्रेम का लोकवादी रूप पहचाना, कर्मक्षेत्र से उसका सम्बन्ध बतलाया, उसे व्यक्तिवादी प्रेम, अहम् के संकुचित वृत्त में चक्कर काटने वाले प्रेम से भिन्न कहा। उनका यह दावा बिलकुल सही है : "यह प्रेम-मार्ग निराला नहीं है, जीवन-यात्रा के मार्ग से अलग होकर जानेवाला नहीं है। यह प्रेम कर्मक्षेत्र से अलग नहीं करता, उसमें बिखरे हुए काँटों पर फूल बिछाता है।"

जो प्रेम काँटों पर फूल बिछाता है, वह स्त्रियों और शूद्रों के लिए दंड-विधान नहीं कर सकता। रामायण में शूद्रों के बारे में जो उक्तियाँ मिलती हैं, उन्हें सही बताने में शुक्ल जी को काफी कठिनाई का सामना करना पड़ा है। उन्होंने यह तर्क दिया है : " 'शूद्र' शब्द का जाति की नीचता मात्र से अभिप्राय नहीं है; विद्या, बुद्धि, शील, शिष्टता, सभ्यता सबकी हीनता से है।" आगे भी लिखा है : " 'शूद्र' शब्द को नीची श्रेणी के मनुष्य का—कुल, शील, विद्या, बुद्धि, शक्ति आदि सबमें अत्यन्त न्यून का—बोधक मानना चाहिए। इसकी न्यूनताओं को अलग-अलग न लिखकर वर्ण विभाग के आधार पर उन सबके लिए एक शब्द का व्यवहार कर दिया गया है' लेकिन 'रामायण' में यह भी लिखा है :

पूजिय बिप्र सीलगुन हीना। सूद्र न गुनगन ग्यान प्रवीना।

शुक्ल जी इस पंक्ति के सामने पड़ने पर यही कह पाते हैं : "जातीय पक्षपात से उस विरक्त महात्मा को क्या मतलब, जो कहता है :

लोग कहैं पोचु सो न सोचु न सँकोचु मोरे
ब्याह न बरेखी जाति पाँति न चहत हौं।"

शुक्ल जी का तर्क कमजोर पड़ता है लेकिन उसकी कमजोरी ही उनकी शहजोरी है। यह तर्क साबित करता है कि स्वयं शुक्ल जी को इस तरह की उक्तियों से जरा भी सहानुभूति न थी। वे या तो शूद्र शब्द का लोक-प्रचलित अर्थ छोड़कर दूसरा अर्थ करते थे या तुलसी की दूसरी उक्तियाँ उद्धृत करते थे जिनमें उन्होंने जाति-पाँति की अवज्ञा दिखलाई है। यह इस बात का भी प्रमाण है कि शुक्ल जी पर ब्राह्मणवादी होने का आरोप निराधार है।

स्त्रियों की निन्दा के बारे में तर्कशास्त्री शुक्ल जी कहते हैं : "सब रूपों में स्त्रियों की निन्दा उन्होंने नहीं की है। केवल प्रमदा या कामिनी के रूप में, दाम्पत्य रति के आलम्बन के रूप में की है; माता, पुत्री, भगिनी आदि के रूप में नहीं। इससे सिद्ध है कि स्त्री जाति के प्रति उन्हें कोई रोष न था। अत: उक्त रूप में स्त्रियों की जो निन्दा उन्होंने की है, यह अधिकार तो अपने ऐसे और विरक्तों के वैराग्य को दृढ़ करने के लिए और कुछ लोक की अत्यन्त आसक्ति को कम करने के लिए।" ऐसा लगता है कि गोस्वामी जी को नारी के माता, भगिनी और पुत्री रूप से कोई परहेज न था; दाम्पत्य रति के आलम्बन रूप बनने से ही उन्हें वैराग्य में विघ्न पड़ता दिखाई देता था। इससे भी सुन्दर तर्क यह है : "स्त्रियों को जो स्थान-स्थान पर बुरा कहा है, उसका ठीक तात्पर्य यह नहीं कि वे सचमुच वैसी ही होती हैं, बल्कि यह मतलब है कि उनमें आसक्त होने से बचने के लिए उन्हें वैसा मान लेना चाहिए।" शुक्ल जी ने मानो तय कर लिया है कि 'रामचरितमानस' में जो भी उक्तियाँ मिलेंगी, उनका समर्थन करेंगे ही।

समर्थन करना आसान न था, यदि शुक्ल जी अपनी सहृदयता को दरकिनार कर देते, लेकिन स्त्रियों के प्रति उन्हें गहरी सहानुभूति थी। दरबारी कवियों पर उनके कोप का यह भी एक कारण था कि वे नारी के व्यक्तित्व का सम्मान न करते थे। उन्होंने 'रामचरितमानस' में नारी के प्रति निन्दासूचक वाक्यों को किसी तरह सही ठहराने के लिए कहीं तुलसी के वैराग्य का सहारा लिया है, कहीं उन्हें सिद्धान्त-वाक्य न मानकर अर्थवाद मात्र समझने पर जोर दिया है! फिर भी काफी संकोच के साथ—जैसे तुलसी ने राम के बालिवध पर शंका प्रकट की थी—उन्होंने लिख ही डाला : "पर उद्दिष्ट प्रभाव उत्पन्न करने के लिए इस युक्ति का आलम्बन करना गोस्वामी जी ऐसे उदार और सरल प्रकृति के महात्मा के लिए सर्वथा उचित था, यह नहीं कहा जा सकता; क्योंकि स्त्रियाँ भी मनुष्य हैं—निन्दा से उनका जी दु:ख सकता है।"

शुक्ल जी के जनवादी अन्त:करण का यह एक और प्रमाण है। धर्मसंकट में पड़ने पर वह तुलसी का पक्ष छोड़कर स्त्रियों का पक्ष लेना ही ज्यादा उचित समझते हैं। अपने वैराग्य की रक्षा के लिए गोस्वामी जी स्त्रियों का जी दुखाएँ, यह आचार्य शुक्ल को सहन नहीं है। स्त्रियों के लिए समान अधिकारों की घोषणा करते हुए शुक्ल जी देवियों को यह भी सलाह देते हैं कि संन्यासिनी बनो तो तुम भी अपनी बहनों को वैराग्य का उपदेश देते हुए "पुरुषों को इसी प्रकार 'अपावन' और 'सब अवगुणों की खान' कह सकती" हो! इस तर्क का आनन्द लेते हुए शुक्ल जी और आगे बढ़कर कहते हैं : "पुरुष-पतंगों के लिए गोस्वामी जी ने स्त्रियों को जिस प्रकार 'दीपशिखा' कहा है, उसी प्रकार स्त्री-पतंगियों के लिए वे पुरुषों को भाड़ कहेंगी।"

लेकिन क्यों पुरुष भाड़ बनें और क्यों स्त्रियाँ पतंगों के लिए दीपशिखा बनें? गोस्वामी जी नारी को दाम्पत्य-रति का आलम्बन बनाने के विरुद्ध कब हैं? दाम्पत्य-रति तो धर्म विहित है; गोस्वामी जी तो विवाह के पूर्व ही नायक-नायिका का प्रेम दिखाकर कथा को 'रोमैंटिक टर्न' देते हैं। शुक्ल जी ने वाल्मीकि और तुलसी के प्रेम-चित्रण की तुलना करते हुए बताया है कि वाल्मीकि में तो सीता-राम के प्रेम का परिचय विवाह के बाद मिलता है लेकिन गोस्वामी जी ने एक दूसरी काव्य-परम्परा का अनुसरण करते हुए कथा को "प्रेमाख्यानी रंग (रोमैंटिक टर्न) देने के लिए धनुषयज्ञ के प्रसंग में 'फुलवारी' के दृश्य का सन्निवेश किया।" उसके बाद 'बहुरि बदन बिधु अंचल ढाँकी' का दाम्पत्य-रति वाला चित्र भी प्रस्तुत किया। कथा को यों 'रोमैंटिक टर्न' देने वाले कवि के समर्थन में वैराग्य-रक्षा की दलील कितनी कमजोर है, यह देखा जा सकता है। यदि कोई कहे कि शृंगार की यह व्यंजना सीताजी को लेकर है जो जगज्जननी हैं, तो उत्तर यह होगा कि 'सहज अपावन नारि' का उपदेश भी उन्हीं को दिया गया है। यदि वह अपावनता की बात सीताजी के लिए नहीं, उनके बहाने और सब देवियों के लिए है, तो वह शृंगार-व्यंजना भी सीताजी के लिए नहीं, उनके बहाने और सब देवियों के लिए है जो वैराग्य के लिए और भी भयंकर है।

'कोटि मनोज लजावन हारे' आदि पंक्तियाँ उद्धृत करते हुए शुक्ल जी ने लिखा है : "पवित्र दाम्पत्य-रति की कैसी मनोहर व्यंजना उन्होंने सीता द्वारा उस समय कराई है", इत्यादि। यदि दाम्पत्य-रति पवित्र हो सकती है तो फिर स्त्रियों के दाम्पत्य-रति का आलम्बन बनने से परहेज क्यों? वैराग्य की रक्षा के लिए उन्हें कोसा क्यों जाए?

'ढोल गँवार शूद्र पशु नारी...' की पंक्ति के बारे में शुक्ल जी 'ताड़न' की व्याख्या यों करते हैं : वह " 'ढोल' शब्द के योग में आलंकारिक चमत्कार उत्पन्न करने के लिए लाया गया है।" लेकिन यह व्याख्या संतोपजनक न लगने पर शुक्ल जी ने यह भी जोड़ दिया है : "स्त्री का समावेश भी सुरुचि-विरुद्ध लगता है, पर बैरागी समझकर उनकी बात का बुरा न मानना चाहिए।" यदि बैरागी कहकर तुलसी को माफी देनी है तो उन्हें लोकधर्म का संस्थापक, समाज-व्यवस्था का रक्षक क्यों कहा?

तुलसी को वैरागी समझकर बख्शने की जरूरत नहीं है। महाकवि तुलसी जीवन के प्रति उदासीन नहीं हैं; वह राम में अनुरक्त हैं, राम के मानवीय गुणों में अनुरक्त हैं, राम से बढ़कर उनके मानव-भक्तों में अनुरक्त हैं। तुलसी के समाज में स्त्रियों को वही दर्जा दिया गया था जो वर्ण-व्यवस्था में शूद्रों का था और शूद्रों का दर्जा पशुओं का था। तुलसी का महत्त्व इस विषम समाज-व्यवस्था को ढहने से बचाने में नहीं है, न उन्होंने उसे बचाया, तुलसी का महत्त्व इसमें है कि उन्होंने अपने को समाज के इन्हीं पतितों का एक अंग समझा, उनके अपमान को अपना अपमान समझा, उनके सम्मान के लिए, मानव-मात्र के लिए सुलभ भक्तिमार्ग का प्रतिपादन किया। तुलसी की यह विशेषता है कि जो जितना ही समाज-व्यवस्था में गिरा हुआ है, उतना ही वह राम को प्रिय है। जितनी जल्दी राम उस पर कृपा करने के लिए तैयार रहते हैं, उतनी जल्दी उच्च वर्गों के लोगों पर नहीं। इसलिए देवता अपने स्वर्ग में बैठे इन इतरजनों के भाग्य पर ईर्ष्या ही प्रकट कर सकते हैं। यहाँ कोल-किरात-निषाद-भीलनी-केवट आदि राम के दर्शन-मिलन का सुख पाते हैं। राम का स्वागत करने के लिए सबसे आगे स्त्रियाँ रहती हैं। क्या जनकपुर, क्या वन में, क्या लंका से लौटने पर—हर जगह पुरुषों से अधिक स्त्रियों को ही राम का सान्निध्य प्राप्त है :

राका ससि रघुपति पुर सिंधु देखि हरखान।
बढ्यो कोलाहल करत जनु नारि तरंग समान॥

शुक्ल जी ने लिखा है कि भाई और पत्नी के साथ राम का वन में घूमना एक मर्मस्पर्शी दृश्य है, इसलिए गोस्वामी जी ने 'रामचरितमानस', 'कवितावली' और 'गीतावली'—तीनों में उसका अत्यन्त सहृदयता से वर्णन किया है। इसके बाद लिखते हैं : "ऐसा दृश्य स्त्रियों के हृदय को सबसे अधिक स्पर्श करनेवाला, उनकी प्रीति,

दया और आत्मत्याग को सबसे अधिक उभारने वाला होता है, यह बात समझकर मार्ग में उन्होंने ग्रामवधुओं का सन्निवेश किया है।" शुक्ल जी के अनुसार : गोस्वामी जी का ध्यान इस बात की ओर भी था कि स्त्रियाँ भी 'रामचरितमानस' पढ़ेंगी या सुनेंगी और इसलिए विशेष रूप से उनके हृदय को स्पर्श करने के लिए उन्होंने ग्रामवधुओं का चित्रण किया है। गोस्वामी जी ने यह सब समझकर किया हो, चाहे वैसे ही रस-प्रवाह में लिख गए हों, यह निश्चित है कि नारी समुदाय से उन्हें गहरी सहानुभूति थी।

स्त्रियों, शूद्रों आदि के प्रति तुलसी की भावना क्या थी, इसका प्रभाव इधर-उधर की दो-चार उक्तियाँ नहीं हैं वरन् कथा-वस्तु का निर्वाह और चरित्र-चित्रण है। तुलसी की कथा और उनके पात्र निन्दासूचक उक्तियों से ठीक उल्टी बात कहते हैं और मूल वस्तुकथा और उसके चरित्र हैं, न कि इधर-उधर की उक्तियाँ। तुलसी के अन्य ग्रंथों से रामचरितमानस का मिलान करने से और उसकी कथा-वस्तु और चरित्र-चित्रण के सन्देश पर विचार करने से यह बात स्पष्ट हो जाती है कि स्त्रियों, शूद्रों आदि के लिए ताड़ना आदि की बातें कही गई हैं, वे तुलसी की लिखी हुई नहीं हैं, प्रक्षिप्त हैं, उन्हें प्रमाण नहीं माना जा सकता। तुलसी की भक्ति सबसे पहले इन्हीं 'पतितों' के लिए है। जिन्हें कोई नहीं जाँचता, उन्हीं के लिए तुलसी के पतित-उधारन राम हैं। यदि तुलसी वेद-विहित कर्मों के प्रतिष्ठाता होते तो वे यह व्यंग्य-वचन न लिखते :

कौन धौं सोमयागी अजामिल अधम कौन गजराज धौं बाजपेयी।

यदि वह स्त्रियों को ताड़ना का अधिकारी समझते, तो उनकी पराधीनता पर द्रवित होकर यह न लिखते :

कत बिधि सृजीं नारि जग माहीं। पराधीन सपनेहुँ सुख नाहीं।

यदि वह सामन्ती व्यवस्था को दृढ़ करनेवाले होते तो वे राम को ईश्वर का अवतार न कहते, वरन् वह किसी सामन्त को ईश्वर का अवतार कहकर उसकी वन्दना करते होते, वह इन सामन्तों के प्रशंसक कवियों के लिए क्रोध से यह न लिखते :

कीन्हें प्राकृत जन गुन गाना। सिर धुनि गिरा लागि पछताना॥

भक्ति-आन्दोलन एक सामन्त-विरोधी आन्दोलन था; उसके सर्वश्रेष्ठ सामन्त-विरोधी कवि तुलसी का ऐसा लिखना उचित ही था।

तुलसी की दीनता कल्पित नहीं है, राम को रिझाने के लिए उन्होंने दीनता का नाटक नहीं किया। वह अपनी क्षुद्रता दिखाने के लिए जब अपने को पतित आदि कहते हैं, वह भी राम के आगे वास्तविक है, जनसाधारण के आगे विनम्रता की व्यंजना।

मुख्य बात यह कि तुलसी ने जो कष्ट सहे थे, वे वास्तविक थे। उन कष्टों से वही नहीं, उन-जैसे लाखों लोग भी पीड़ित थे। भुक्तभोगी ही लिख सकता था : "आगि बड़वागि ते बड़ी है आगि पेट की"। जनसमाज की गरीबी और भुखमरी से व्यथित कवि ही लिख सकता था :

दारिद दसानन दबाई दुनी दीनबन्धु
दुरित दहन देखि तुलसी हहा करी।

मध्यकालीन समाज-व्यवस्था में जनता की गरीबी, भुखमरी, महामारी आदि का वास्तविक चित्रण करनेवाले तुलसी उस युग के सबसे बड़े यथार्थवादी कवि हैं, इसमें सन्देह नहीं।

शुक्ल जी ने काव्य-रचना में प्रबन्धों को बहुत महत्त्व दिया है। कविता में हृदय के उच्छ्वास ही नहीं प्रकट किये जाते, जीवन का चित्रण भी किया जाता है। संसार के सबसे बड़े कवि वाल्मीकि, व्यास, कालिदास, तुलसीदास, सूरदास, शेक्सपियर, दांते, मिल्टन, होमर, पुश्किन आदि प्रबन्ध और नाटकीय रचनाएँ लिखनेवाले रहे हैं। सूर के पद भी भाव-चित्रण के लिए कथा-वस्तु और नाटकीय परिस्थितियों का सहारा लेते हैं। शुक्ल जी ने 'रामचरितमानस' की कथा-वस्तु का विवेचन करते हुए यह दिखलाया है कि गोस्वामी जी ने किस तरह विभिन्न घटनाओं का चतुराई से उपयोग करके रसात्मकता बढ़ाई है। उन्होंने परशुराम-संवाद विवाह के बाद नहीं, पहले ही रखा है जिससे "सीता पर उसका अनुरागवर्धक प्रभाव पड़ा ही था।" तुलसी ने कथा के सबसे मर्मस्पर्शी स्थलों को पहचाना है, उनका उचित उपयोग किया है : राम का वनगमन, चित्रकूट में राम-भरत मिलन, लक्ष्मण के शक्ति लगना आदि। तुलसी ने अलंकारों का प्रयोग भी खूब किया है। लेकिन "प्रबन्ध-प्रवाह के भीतर ही अलंकारों का विधान भी करते चलते हैं।" कला की उत्कृष्टता इस बात में है कि हर चीज कथाप्रवाह की सहायता के लिए है। 'रामचन्द्रिका' को शुक्ल जी ने 'फुटकर पद्यों का संग्रह' कहा है। 'रामचरित' पर लिखने से ही कोई महाकवि नहीं हो जाता। कला के सम्बन्ध में शुक्ल जी का यह दृष्टिकोण बिलकुल सही है। यह इस बात का एक और प्रमाण है कि शुक्ल जी का दृष्टिकोण एकांगी समाजशास्त्रीय नहीं था।

शुक्ल जी ने तुलसी-साहित्य में जो दोष दिखाये हैं, वे भी ऐसे हैं जो कलात्मक सौन्दर्य में बाधक हैं। कवि पर धर्मोपदेष्टा और नीतिकार का हावी होना शुक्ल जी को पसन्द नहीं है। "शुद्ध काव्य की दृष्टि से देखने पर उसके बहुत-से प्रसंग और वर्णन खटकते हैं; जैसे पातिव्रत और मित्र धर्म के उपदेश, 'उत्तरकांड' में 'गरुड़पुराण' के ढंग का कर्मों का ऐसा फलाफल कथन...ऐसे स्थलों पर गोस्वामी जी का कवि का रूप नहीं, उपदेशक का ही रूप है।"

जहाँ-तहाँ शुक्ल जी ने तुलसी के प्रकृति-चित्रण की तारीफ की है, लेकिन उस चित्रण से उन्हें संतोष नहीं हुआ। वह सोचते रह जाते हैं : "ऋष्यमूक पर्वत नियराई"—इस प्रसंग में प्रकृति-चित्रण का कितना अवकाश था? गोस्वामी जी यह कलात्मक अवसर चूक गए। 'आगे चले बहुरि रघुराई' वाली पंक्ति शुक्ल जी को विशेष नीरस लगती थी और समूचे प्रबन्ध की सरसता के ही कारण उन्होंने ऐसी नीरसता को क्षम्य समझा है।

चरित्र-चित्रण की विशेषताएँ दिखाते हुए उन्होंने राम और दशरथ की परस्पर विभिन्नता की बात उठाई है। दशरथ राम के पिता थे, इसलिए शुक्ल जी उनके भी भक्त नहीं हो गए। दशरथ ने कैकेयी के वश होकर राम के साथ अन्याय किया, शुक्ल जी यह भुला नहीं सकते। वरदान वाली बात उनके गले से नीचे नहीं उतरती। इस तरह का काम "स्त्रैण होने का ही परिचय देना है।" इसके विपरीत धीर-वीर राम का चरित्र है जो पिता की तुलना में और भी उज्ज्वल हो उठता है।

नायक प्रतिद्वंद्वी में भी कुछ गुण होने चाहिए, कवि-कौशल का यह सूत्र शुक्ल जी को मालूम है। उन्होंने रावण की कष्ट-सहिष्णुता, धीरता, राक्षसकुल के पालन आदि का विवेचन किया है। रावण पाप का अवतार नहीं है; इसीलिए कथा की रोचकता नष्ट नहीं होने पाती।

शुक्ल जी ने भाषा पर महाकवि के असाधारण अधिकार के अनेक उदाहरण दिये हैं। उनकी भाषा के गठन में जो अनेक बोलियों के तत्त्व मिले हैं, उनका अध्ययन करने के लिए मूल्यवान सुझाव दिये हैं। शुक्ल जी उन कवियों से सख्त नाराज हैं जो भाषा के साथ मनमाना व्यवहार करते हैं, वाक्य-रचना आदि के नियमों का ध्यान नहीं रखते। उन्हें कोसते हुए उन्होंने लिखा है : "हिन्दी का भी व्याकरण है, 'भाषा' में भी वाक्य-रचना के नियम हैं, अधिकतर लोगों ने इस बात को भूलकर कबित्त सवैयों के चार पैर खड़े किये हैं।" वह गोस्वामी जी से इस कारण विशेष प्रसन्न हैं कि उन्होंने वाक्यों की सफाई और वाक्य-रचना की निर्दोषता का ध्यान रखा है, वाक्यों में शैथिल्य नहीं आने दिया, मुहावरों का प्रयोग किया है, इत्यादि।

शुक्ल जी तुलसी द्वारा अलंकारों के प्रयोग की विशेषता यह मानते हैं कि जो अलंकार नहीं पहचानते, वे भी 'अर्थ ग्रहण करके पूरा आनन्द उठाते हैं।' अलंकारों की चर्चा करते हुए उन्हें बिहारी याद न आते, यह कैसे हो सकता था? इसलिए "एक बिहारी हैं कि पहले 'नायिका का पता लगाइए, फिर अलंकार निश्चित कीजिए, और तब दोनों की सहायता से प्रसंग की ऊहा कीजिए', तब जाकर कहीं अर्थ से भेंट हो।"

काशी में रहने के कारण अलंकारशास्त्रियों के सम्पर्क में आना शुक्ल जी के लिए अनिवार्य था। पुरानी परिपाटी की काव्य-चर्चा में अलंकार गिनना विशेष विद्वत्ता का चिह्न माना जाता था। शुक्ल जी ने मानो इन अलंकारशास्त्रियों पर धाक जमाने के लिए अलंकारों की खूब छानबीन की है, सीताजी की 'बहुरि बदन-बिधु अंचल ढाँकी'

आदि चेष्टाएँ 'अनुभाव' होंगी या विभावांतर्गत 'हाव' होंगी, इसका सूक्ष्म किन्तु अमार्मिक विवेचन किया है। कहीं-कहीं गोस्वामी जी ने ऐसी अलंकार योजना भी की है जो प्रभावोत्पादक नहीं है। इसके लिए शुक्ल जी की दलील है कि 'रामचरितमानस' की ओर सभी प्रकार के लोगों को आकर्षित करना था; इसलिए उन्होंने "अलंकार की भद्दी रुचि रखनेवालों को भी निराश नहीं किया!"

शुक्ल जी की यह स्थापना कि प्रबन्ध-पटुता के कारण गोस्वामी जी ने अलंकारों का उपयोग भावोत्कर्ष के लिए किया है, बिलकुल सही है। लेकिन प्रबन्धपटुता की प्रशंसा करते हुए उन्होंने मुक्तकों को और गीतिकाव्य की महत्त्व कुछ कम करके आँका है या उसे भुला ही दिया है। तुलसी की रचनाओं में जो 'लिरिक' रचनाओं का सौन्दर्य है, तुलसी की आत्मीयता, तन्मयता, व्यक्तित्व की झलक, आत्मनिवेदन, स्वत:स्फूर्त गेयता—इन सबका मूल्य या तो उन्होंने पहचाना नहीं या उसके बारे में वह क्षमा प्रार्थना-सी करते दिखाई देते हैं। यह कहने के बाद कि काव्य का अतिरंजित या प्रगीत स्वरूप मुक्तकों में ज्यादा पाया जाता है, वह तुलसी के लिए दावा करते हैं : "गोस्वामी जी की रुचि काव्य के अतिरंजित या प्रगीत स्वरूप की ओर नहीं थी।" इतना लिखने के बाद उन्हें गीतावली का ध्यान आता है, इसलिए क्षमा-प्रार्थना करते हैं : " 'गीतावली' गीतकाव्य है, पर उसमें भी भावों की व्यंजना उसी रूप में हुई है जिस रूप में मनुष्यों को उनकी अनुभूति हुआ करती है या हो सकती है।" इसका अर्थ यह हुआ कि गीत-काव्य स्वाभाविक हो तो ठीक, अतिरंजित हो तो गलत; फिर क्षमा-प्रार्थना की जरूरत क्यों? वास्तव में शुक्ल जी गीतकाव्य को हेच मानते थे, तुलसी के महाकवि होने का दावा सबसे अधिक उनकी प्रबन्ध-पटुता के कारण किया था, इसीलिए गीतकाव्य के लिए क्षमाप्रार्थी हैं।

'विनयपत्रिका' की चर्चा करते हुए इसी ढंग से उन्होंने लिखा है : "'विनयपत्रिका' में अलबत तुलसीदासजी अपनी दशा का निवेदन करने बैठे हैं।" पक्ष की दलील यह है : "पर इस बात को ध्यान में रखना चाहिए कि तुलसी की अनुभूति ऐसी नहीं जो एकदम सबसे न्यारी हो।" यह बात सूर आदि और गीतकारों के लिए भी कही जा सकती है।

इस सिलसिले में शुक्ल जी ने कलियुग-वर्णन से तात्कालिक देश-दशा का जो सम्बन्ध जोड़ा है, वह ध्यान देने योग्य है। 'विनय' में कलि की करालता से उत्पन्न जिस व्याकुलता या कातरता का उन्होंने वर्णन किया है, वह केवल उन्हीं की नहीं है। समस्त लोक की है। शुक्ल जी ने इस स्थापना का विस्तृत विवेचन किया होता तो वे तुलसी की करुणा की और मार्मिक व्याख्या कर पाते। इस करुणा की ओर कम दृष्टि जाने के कारण वह 'कवितावली' और 'विनयपत्रिका' का उपयुक्त मूल्यांकन नहीं कर पाए और 'मानस' के विवेचन में भी पात्रों के अनेक नैतिक गुणों का उद्घाटन नहीं कर पाए।

उनके कला-विवेचन में तुलसी के छंद-कौशल पर प्रकाश नहीं डाला गया, यह कमी खटकती है। इन कमियों के बावजूद 'गोस्वामी तुलसीदास' इस विषय की श्रेष्ठ और मौलिक रचना है। उसकी मौलिकता इस बात में है कि शुक्ल जी ने कला का आधार वास्तविक जीवन को माना है, भक्ति का आधार जीवन की स्वीकृति मानी है, 'रामचरितमानस' को 'जीवनगाथा' के रूप में देखा है, उसमें जीवन की वास्तविक दशाओं, उसकी अनेकरूपता और स्वाभाविकता का विवेचन किया है, दरबारी कवियों से भिन्न और उनकी परम्परा के विरुद्ध तुलसी के लोक-साहित्य की पद्धति प्रमाणित की है, अलंकारों को प्रबन्ध और काव्यवस्तु का उत्कर्ष बढ़ाने वाला समझकर उनकी व्याख्या की है, तुलसी की भावुकता से परास्त होकर उन्हें प्रेम का उत्कर्ष दिखाने वाला महाकवि माना है, महाकवि की सहृदयता के आगे नियम और व्यवस्था एक ओर रखे रह जाते हैं, यह स्वीकार किया है। तुलसी में यह सब देखने और लिखने वाले आलोचक शुक्ल जी ही थे। जैसे-जैसे हिन्दी आलोचना के ऊपर से लक्षण-ग्रंथों का प्रभाव उठेगा और 'कला कला के लिए' आदि वादों से यह मुक्त होगी, वैसे ही शुक्ल जी की स्थापनाओं का मूल्य हमारी निगाह में और भी बढ़ेगा और उन्हीं स्थापनाओं को विकसित करते हुए तुलसी का और भी विस्तृत अध्ययन सम्भव होगा।

दरबारी काव्य-परम्परा

रीतिकालीन कवियों के सीमित भाव-क्षेत्र, शृंगारप्रियता और साहित्यिक सुरुचि के अभाव की चर्चा करते हुए शुक्ल जी ने इतिहास में लिखा है : "इसका कारण जनता की रुचि नहीं; आश्रयदाता राजा-महाराजाओं की रुचि थी जिनके लिए कर्मण्यता और वीरता का जीवन बहुत कम रह गया था।" शुक्ल जी ने यहाँ रीतिकालीन कविता का वर्ग-आधार बहुत स्पष्ट शब्दों में व्यक्त कर दिया है। जिसे रीतिकालीन कविता कहा जाता है, वह वास्तव में दरबारी कविता है और उसकी परम्परा संस्कृत से चली आ रही थी—लक्षण-ग्रंथ, नायिका भेद, अलंकार, चमत्कारवाद, सूक्ति-प्रियता, अश्लीलता, हिन्दी रीतिकालीन कविता को ये सभी गुण विरासत में संस्कृत से मिले थे। इसलिए यह समझना कि देश में मुसलमानों का राज हो जाने से जनता की रुचि पतित हो गई थी, सामन्तों की कुरुचि के लिए जनता को दोषी ठहराना है।

'देव और उनकी कविता' में डॉ. नगेन्द्र लिखते हैं : "घोर सामाजिक और राजनीतिक पतन के इस युग में जीवन बाह्य अभिव्यक्तियों से निराश होकर घर की चहारदीवारी में ही अपने को अभिव्यक्त कर सकता था—घर में इस समय न धर्म-चिन्तन था, न शास्त्र-चिन्तन, अतएव अभिव्यक्ति का एक ही माध्यम था—काम। बाह्य जीवन की असफलताओं से आहत मन नारी के अंगों में मुँह छिपाकर विसुध-विभोर तो हो जाता था।" यहाँ सामन्तों की कुरुचि को जनता की कुरुचि कह दिया गया है! यदि इस विशेष युग में निराशा के कारण लोग 'नारी के अंगों में मुँह' छिपाते, तो उस युग में, जब इस निराशा का कोई कारण न था, ऐसी विलासप्रियता और नायिका-भेदी रुचि क्यों मिलती है? रीतिकालीन कवि शृंगार की शराब में गम गलत करनेवाले कवि न थे, न उनका काम-क्षेत्र घर की चहारदीवारी तक सीमित था। डॉ. नगेन्द्र ने काम-वासना को जीवन की मूल प्रवृत्ति मानकर, इस विषय में ऋग्वेद और फ्रायड को एक करके और समूचे युग को निराशा और पतन का युग कहकर दरबारी कविता के सामन्ती वर्ग-आधार को छिपा दिया है, उन राजाओं-महाराजाओं को 'गुड कौन्डक्ट' का सर्टिफिकेट दे दिया है जिनके लिए कर्मण्यता और वीरता का जीवन बहुत कम रह गया था।

केशवदास आदि कवियों ने हिन्दी के कुछ मामूली पढ़े-लिखे पाठकों और अध्यापकों पर आचार्यत्व का रोब जमा रखा था। शुक्ल जी ने इन दरबारी कवियों

के कन्धों से आचार्यत्व की रामनामी उतार ली। उन्होंने दिखाया कि इन आचार्यों ने या तो भामह और उद्भट की नकल की थी या आनन्दवर्द्धनाचार्य, मम्मट और विश्वनाथ की। बहुत-से लोगों ने चन्द्रालोक और कुवलयानन्द के अनुसार अलंकार-ग्रंथ रचे थे। इनके अनुवाद—विशेषत: केशवदास के—भोंडे हुए हैं। किसी विषय की सम्यक् मीमांसा तो वे विस्तार से पद्य में कर ही नहीं पाए। मौलिकता का उनमें नितान्त अभाव है। पहले लक्षण फिर उनके उदाहरण लिखने की भद्दी परिपाटी उन्होंने जरूर चलाई।

रीतिकालीन कवियों ने हिन्दी काव्य-क्षेत्र संकुचित किया, जीवन की अनेकरूपता का उनमें अभाव है। शुक्ल जी के शब्दों में : "वाग्धारा बँधी हुई नालियों में ही प्रवाहित होने लगी।" शुक्ल जी साहित्य में व्यक्तिगत दायरे से निकलकर लोकजीवन को साहित्य का भावक्षेत्र बनाने के पक्ष में रहे हैं। लेकिन रीतिकालीन कवियों का व्यक्तित्व ऐसा निर्जीव था कि उन्हें लिखना पड़ा है : "कवियों की व्यक्तिगत विशेषता की अभिव्यक्ति का अवसर बहुत ही कम रह गया।" यदि इन कवियों में कुछ व्यक्तिगत विशेषताएँ दिखाई देतीं, तो भी पता चलता कि इनमें स्वाधीन चेतना अभी बाकी है।

रीतिकालीन कवियों ने अपनी काव्य-सामग्री राजदरबारों और वहाँ के वातावरण से ली थी। वह साधारण जनता के जीवन से बाहर की थी। भक्त कवियों ने रानियों का भी वर्णन किया है तो साधारण स्त्रियों के रूप में; दरबारी कवियों ने साधारण स्त्रियों का वर्णन भी किया है तो उन्हें रनिवास की नायिका बना दिया है। शुक्ल जी के अनुसार जायसी के 'पद्मावत' में नागमती विरहदशा में अपना "रानीपन बिलकुल भूल जाती है और अपने को केवल साधारण स्त्री के रूप में देखती है।" रीतिकालीन कवि अपनी नायिकाओं के लिए जनसाधारण के जीवन से दूर किस तरह की सामग्री जुटाते थे, इस पर शुक्ल जी कहते हैं : "यदि कनकपर्यंक, मखमली सेज, रत्नजटित अलंकार, संगमरमर के महल, खसखाने इत्यादि की बातें होतीं तो वे जनता के एक बड़े भाग के अनुभव से कुछ दूर की होतीं।" सूफियों, संतों आदि का प्रेम दरबारी कवियों के प्रेम से किस तरह भिन्न है, यह बतलाते हुए शुक्ल जी जायसी की भूमिका में कहते हैं : "ऐसा प्रेम प्रिय को छोड़ किसी अन्य वस्तु का आश्रित नहीं होता। न उसे सुराही चाहिए, न प्याला; न गुलगुली गिलमें, न गलीचा।"

दरबारी कवियों की शृंगारी कविता में शुक्ल जी को सबसे बड़ा दोष उसकी कृत्रिमता दिखाई देता है। उन्होंने नायिकाओं के सूखकर काँटा होने, मूर्च्छा, उन्माद आदि के अतिरंजित चित्रों की तीव्र आलोचना की है। इसके सिवा शृंगार के चित्रण में ये कवि मर्यादा का बिलकुल ध्यान न रखते थे। तुलसी के प्रेम-चित्रण से इनके शृंगार-वर्णन की भिन्नता दिखाते हुए उन्होंने 'नायिकाभेद वाले कवियों' द्वारा 'लोकमर्यादा का उल्लंघन' होता बतलाया है। उन्हें 'रासलीला के रसिकों' से भी कोई शिकायत है तो यही कि वे मर्यादा का ध्यान नहीं रखते।

शुक्ल जी की गम्भीर आलोचना में पाठकों का मनोरंजन करने के लिए जहाँ-तहाँ हास्य का पुट भी है। इस हास्यरस के प्रधान आलम्बन हैं—आचार्य केशवदास। तुलसी के पंचवटी वर्णन की चर्चा करते हुए उन्हें केशव का इसी सिलसिले में अलंकार-प्रदर्शन याद आ जाता है। केशव के वर्णन से तुलसी के विस्तृत और भावुक चित्रण की भिन्नता दिखाते हुए उन्होंने 'गोस्वामी तुलसीदास' में लिखा है : "केशवदास के समान नहीं किया है कि पंचवटी का प्रसंग आया तो बस 'सब जाति फटी दु:ख की दुपटी' करके अपना यह श्लेष चमत्कार दिखाकर चलते बने।" 'चलते बने'—इन दो शब्दों में ही शुक्ल जी ने केशव को चलता कर दिया है।

बेर भयानक सी अति लगै। अर्क समूह जहाँ जगमगै।

इस पंक्ति में उन्हें हास्यरस की विशेष सामग्री मिली है। पूछते हैं : "क्या बेर को देखकर भयानक प्रलयकाल की ओर ध्यान जाता है और आक को देखकर प्रलयकाल के अनेक सूर्यों की ओर?"

'जायसी की भूमिका' में पनघट-वर्णन की चर्चा करते हुए शुक्ल जी को वह कथा याद आ जाती है जब पनघट पर बैठे केशवदास को स्त्रियों ने 'बाबा' कहा था और केशव ने 'केसन अस करी' वाला दोहा कहा था। लिखा है : "बूढ़े केशवदास ने पनघट ही पर बैठे-बैठे अपने सफेद बालों को कोसा था।"

केशव से उन्हें कई तरह की शिकायतें हैं। बुढ़ापे में भी उनका नायिकाभेदी दृष्टिकोण दूर न हुआ, यह एक है। भोंडे अलंकारों से चमत्कार पैदा करने की कोशिश की, यह दूसरी है। इस चमत्कारवाद को शुक्ल जी काव्य का बहुत बड़ा दोष मानते हैं। इससे स्वाभाविक भावोत्कर्ष की गुंजाइश नहीं रहती। 'सूरदास' में 'निरखत अंक स्यामसुन्दर के बार-बार लावति छाती' में अंक और श्याम के श्लेष की दा'द देते हुए शुक्ल जी कल्पना करते हैं कि केशव 'ह्वै गई स्याम स्याम की पाती' के विषय पर किस चमत्कारवाद का नमूना पेश करते। गद्य में केशव की पैरोडी करते हुए शुक्ल जी लिखते हैं : "यदि केशवदास के ढंग पर सूर भी यहाँ उक्त शब्द-साम्य को लेकर 'कृष्ण' और 'पत्री' की तुलना पर जोर देने लगते—कहते कि पत्री मानो कृष्ण ही है, क्योंकि वह भी श्याम है और उसके भी अंक (वक्षस्थल) है—तो काव्य की रमणीयता कुछ भी न आती।...केवल शब्दात्मक साम्य को लेकर यदि हम किसी पहाड़ को कहें कि वह बैल है क्योंकि इसे भी 'श्रृंग' है, तो यह काव्य-कला तो न होगी, और कोई कला हो तो हो। क्या जरूरत है कि शब्दों की जितनी कलाबाजियाँ हों, सब काव्य ही कहलावें?"

शुक्ल जी काव्य-कला के पक्ष में हैं, कलाबाजी के नहीं। चमत्कारवादी कवियों के शब्दों के खिलवाड़ को वह काव्य-कला नहीं मानते; उसे उन्होंने कलाबाजी की संज्ञा दी है। इस तरह अपने व्यंग्य से उन्होंने वर्तमान काल के उन कवियों का

भी विरोध किया है जो पुरानी कविता के प्रभाव से अब भी इस तरह का खिलवाड़ करते रहते हैं। अनुप्रासों की बहार दिखाने के लिए शुक्ल जी के अनुसार, केशव ने मगध के पुराने जंगल के वर्णन में ऐसे पेड़ों के नाम गिन दिये हैं जो वहाँ नहीं होते। केशव से उन्हें सबसे बड़ी शिकायत यह है कि उनमें 'हृदय का तो कहीं पता ही नहीं' है। ('गोस्वामी तुलसीदास') 'वीरसिंहदेवचरित' में केशव ने अपनी 'हृदयहीनता' ही नहीं, प्रबन्ध रचना में भी पूरी असफलता दिखा दी है। 'रामचन्द्रिका' के लिए शुक्ल जी ने कई जगह लिखा है कि वह 'फुटकर पद्यों का संग्रह' मात्र है।

अपने इतिहास में उन्होंने केशव की भाषा की आलोचना की है। उसमें पद-न्यूनता, वाक्य-न्यूनता, फालतू शब्दों के प्रयोग आदि के दोष दिखलाए हैं। शुक्ल जी ने केशव की जो बार-बार और कठोर आलोचना की है, उसका कारण उनके समय में और उनसे कुछ पहले भी केशव का मूल्य बहुत बढ़ा-चढ़ाकर आँकने की परम्परा थी। केशव को भाषा, छंदों और अलंकारों का आचार्य कहा जाता था। उनका काव्य समझना या बिना समझे ही सराहना विद्वत्ता की खास निशानी समझी जाती थी। केशवदास को सूर और तुलसी के बाद जगह दी जाती थी जिसका परिणाम यह था कि हिन्दी के अन्य कवियों के साथ न्याय न होता था। शुक्ल जी ने केशव की वास्तविकता प्रकट करके आलोचना के पुराने सामन्ती मानदंडों को बदलने में बहुत बड़ी सहायता की। शुक्ल जी द्वारा केशव की आलोचना ने लाला भगवानदीन और रावराजा श्यामबिहारी मिश्र आदि का युग समाप्त किया और हिन्दी आलोचना में नये युग का सूत्रपात किया।

शुक्ल जी ने सिद्ध किया कि केशव की दुरूहता का कारण "मौलिक भावनाओं की गम्भीरता या जटिलता नहीं' है; उनकी दुरूहता का मुख्य कारण उनकी भाषा का ऊबड़-खाबड़पन है, उसमें वाक्य-रचना आदि व्याकरण के साधारण नियमों का उल्लंघन है। उस युग में, जब केशव के पांडित्य की धाक थी, शुक्ल जी ने दृढ़ता से घोषित किया था कि "'रामचन्द्रिका' में प्रसन्न राघव, हनुमन्नाटक, अनर्घराघव, कादम्बरी और नैषध की बहुत-सी उक्तियों का अनुवाद करके रख दिया गया है।" कहीं-कहीं अनुवाद भी अच्छा नहीं हुआ और उक्तियाँ विकृत हो गई हैं। इस तरह शुक्ल जी ने हिन्दी के साधारण पाठकों के मन से केशव का आतंक हटाया और उन्हें तुलसी-सूर-जायसी-कबीर आदि का सही मूल्यांकन करने का मार्ग सुझाया।

शुक्ल जी ने इतिहास में केशव के प्रकृति-चित्रण का विवेचन करते हुए "दृश्यों की स्थानगत विशेषता (Local colour)" का प्रश्न उठाया है। हिन्दी काव्य के लिए तो नहीं, हिन्दी आलोचना के लिए यह नई बात थी। यथार्थवाद के पक्षपाती शुक्ल जी के लिए यह स्वाभाविक था कि वह उक्ति के अनूठेपन से संतुष्ट न हों, प्रकृति-चित्रण में अलंकारों की सजावट पर मुग्ध न हों वरन् दृश्यों के वर्णन में स्थानगत विशेषता की माँग करें। लेकिन केशव के लिए "प्राकृतिक दृश्यों में कोई आकर्षण नहीं था।"

रमणीय स्थलों के वर्णन में उन्होंने शब्द साम्य के आधार पर श्लेष के 'भद्दे खेलवाड़' किये थे। प्रबन्ध-काव्य लिखने की योग्यता का उनमें अभाव था। उनके वर्णनों में रस नहीं है वरन वे "वर्णन वर्णन के लिए करते थे।" 'कला कला के लिए' का यह रीतिकालीन रूप था। उनकी दृष्टि "जीवन के गम्भीर और मार्मिक पक्ष पर न थी", इसका कारण उनका दरबारी वातावरण था। "उनका मन राजसी ठाठ-बाट, तैयारी, नगरों की सजावट, चहल-पहल आदि के वर्णन में ही विशेष लगता है।" प्रबन्ध-काव्य में जो सरस स्थल हो सकते थे, जहाँ भावोत्कर्ष की सुविधा थी, वहाँ केशव असफल हुए हैं, अपने चमत्कारवाद के फेर में रसनिर्वाह नहीं कर पाए। राम के वियोग-वर्णन में 'बासर की सम्पति उलक ज्यों न चितवत' आदि लिखते हुए 'हीन और बेमेल' उपमान इकट्ठे कर गए हैं। राम के वन जाते समय मार्ग में लोगों से केशव ने जो कुछ कहलाया है, वह भावोत्कर्ष नहीं कहा जा सकता। वन जाते हुए राम के प्रसंग में भी केशव की काव्य-कला क्यों अपना उत्कर्ष नहीं दिखाती, इसका उत्तर देते हुए शुक्ल जी ने दरबारी वातावरण को ही दोषी ठहराया है। राम के सौन्दर्य और उनकी सौम्य आकृति को देखकर "सहानुभूतिपूर्ण शुद्ध सात्त्विक भावों का उदय" भी हो सकता है : "इसका अनुभव शायद एक-दूसरे को सन्देह की दृष्टि से देखनेवाले नीतिकुशल दरबारियों के बीच रहकर केशव के लिए कठिन था।"

शुक्ल जी की यह उक्ति सिद्ध करती है कि उन्होंने बार-बार रीतिकालीन कविता के संकुचित वर्ग-आधार को स्पष्ट किया है, उससे सहानुभूति नहीं प्रकट की वरन उसकी तीव्र आलोचना की है। जो सज्जन यह कहते नहीं थकते कि शुक्ल जी का दृष्टिकोण सामन्तवाद का हिमायती है, वे एक-दूसरे को सन्देह की दृष्टि से देखनेवाले दरबारियों के बारे में शुक्ल जी की मान्यता पर ध्यान दें।

शुक्ल जी को केशव से कोई व्यक्तिगत चिढ़ न थी। उनकी समर्थ आलोचना पर यहाँ एकांगी होने का दोष हम नहीं लगा सकते। तुलसी और जायसी की प्रशंसा करते हुए उन्होंने उनकी काव्यवस्तु और कलात्मक सौन्दर्य, दोनों का विवेचन किया है; उसी तरह केशवदास की खामियाँ बतलाते हुए उन्होंने केशव की कथा-वस्तु और कला, दोनों ही के मौलिक दोषों का उद्घाटन किया है। आलोचना चाहे विरोध में हो चाहे समर्थन में, शुक्ल जी विषयवस्तु और रूप, काव्य के भावों और विचारों तथा कला, दोनों का ध्यान रखते हैं। केशव के मूल दोषों की चर्चा करते हुए उन दोषों का सामाजिक आधार बतलाते हुए शुक्ल जी जिस बात को प्रशंसा के योग्य समझते हैं, उसकी प्रशंसा भी करते हैं। उन्होंने केशव की 'रसिकप्रिया' में 'वाग्वैदग्ध्य' और 'सरसता' की सराहना की। 'रामचन्द्रिका' में भी संवाद लिखने में केशव को विशेष सफलता मिली है, यह स्वीकार किया है। शुक्ल जी की केशव-सम्बन्धी आलोचना हठधर्मी और पूर्वग्रहों से बिलकुल मुक्त है। इसका प्रमाण यह एक वाक्य है : "उनका रावण-अंगद संवाद तुलसी के संवाद से कहीं अधिक उपयुक्त और सुन्दर है।"

अपने आदर्श कवि तुलसी से रीतिकालीन कृत्रिमता के प्रतिनिधि कवि केशव को यहाँ बड़ा बताकर शुक्ल जी ने चाहे तुलसी के साथ अन्याय किया हो, लेकिन अपनी उदारता और हृदय की विशालता का परिचय अवश्य दिया है।

केशव के बाद अत्युक्ति और कृत्रिमता के लिए शुक्ल जी ने बिहारी की आलोचना की है। जायसी से बिहारी की तुलना करते हुए उन्होंने लिखा है कि ऊहा द्वारा मात्रा में आधिक्य का निरूपण "काव्य के लिए सर्वत्र उपयुक्त नहीं।" ऊहा के विस्तार की मिसाल यह है : वह कुल का दीपक है, इस बात को लेकर कोई कहे, इससे उसके घर में तेल की बचत हो जाती है। जिन कवियों ने इस तरह ऊहा का विस्तार किया है, उनकी उक्तियों को शुक्ल जी ने 'अस्वाभाविक, नीरस और भद्दा' कहा है। बिहारी के 'पत्रा ही तिथि पाइए' को उन्होंने ऐसा ही दोहा बतलाया है। ऊहा की आधारभूत वस्तु असत्य हो तो कृत्रिमता और बढ़ जाती है। 'जायसी की भूमिका' में इसकी मिसालें उन्होंने बिहारी के विरहताप से दी हैं : "जैसे पड़ोसियों को जाड़े की रात में बेचैन करनेवाला या बोतल में भरे गुलाब जल को सुखा डालने वाला ताप।" जायसी के नख-शिख वर्णन को सरस बतलाते हुए बिहारी में भूषणों के दोहरे, तेहरे, चौहरे जान पड़ने को अस्वाभाविक और कृत्रिम कहा है।

बिहारी की रचनाओं का आधार मानव-जीवन की सहज अनुभूतियाँ उतना नहीं हैं जितना रीतिग्रंथ। इन काव्य-शास्त्रों के अनुसार कविता करने से कवियों की प्रतिभा किस तरह कुंठित हुई और उन्हें आधार न मानने से, मानव-जीवन को ही अपना आधार बनाने से, तुलसी की काव्य-प्रतिभा कैसे उत्कर्ष पर पहुँची, यह तथ्य 'गोस्वामी तुलसीदास' में शुक्ल जी ने इस वाक्य द्वारा प्रकट किया है : "बिहारी रीतिग्रंथों के सहारे जबरदस्ती जगह निकालकर दोहों के भीतर श्रृंगार-रस के विभाग-अनुभव और संचारी ही भरते रहे।" शुक्ल जी के समय में पुरानी परिपाटी के कवि और आलोचक नई कविता और नये कवियों पर यही आक्षेप किया करते थे कि इन्हें रीतिग्रंथों का पता नहीं है, उनकी अवहेलना की गई है, इत्यादि। रीतिग्रंथों का प्रभाव कविता पर कैसा पड़ा था, यह दिखाकर शुक्ल जी ने इस तरह के कवियों और आलोचकों को उत्तर दिया था।

जैसे ये कवि थे, वैसे ही रीतिग्रंथों का हवाला देकर इनकी दा'द देनेवाले आलोचक भी थे। जायसी की भूमिका में शुक्ल जी ने 'अहाहा' और 'वाह-वाह' वाली आलोचना को जल्दी ही बन्द करने का सुझाव रखा है। 'कहत सबै बेंदी दिए, आँक दसगुनों होत' में पुरानी चाल के आलोचकों ने गणित का चमत्कार देखा। 'यह जग काँचो काँच सो, मैं समुझ्यो निरधार' में वेदान्त का पांडित्य देखा था। ऐसे आलोचकों को शुक्ल जी सलाह देते हैं कि उन्हें "विचार से काम लेने और वाणी का संयम रखने का अभ्यास करना चाहिए।" रीतिकालीन कविता की सीमाएँ बतलाने के साथ-साथ शुक्ल जी ने रीतिकालीन परम्परा की आलोचना की सीमाएँ भी जता दीं।

इस तरह की आलोचना हिन्दी पाठकों की साहित्यिक रुचि के संस्कार में बाधक थी। हिन्दी साहित्य के पठन-पाठन में शुक्ल जी से पहले उसी परिपाटी का बोलबाला था। विद्यालयों में पुरानी चाल की आलोचना नई पीढ़ी के शिक्षितवर्ग को गुमराह कर रही थी। शुक्ल जी ने आलोचना-क्षेत्र में लोगों की रुचि बदलने, एक पूरी पीढ़ी को सामन्ती काव्यालोचना के प्रभाव से मुक्त करने, उसे स्वाधीन चिन्तन के नये मार्ग पर आगे बढ़ाने में सबसे अधिक काम किया। यह उनका युगान्तकारी कार्य है, इसमें सन्देह नहीं। उस युग में जब हिन्दी के आचार्य बिहारी के दोहों की टीका करना अपने पांडित्य का श्रेष्ठ प्रदर्शन मानते थे, जब देव बड़े हैं कि बिहारी, इस विवाद को लेकर पत्रिकाओं में वितंडावाद चलता था और पुस्तकें तक लिख डाली गई थीं, शुक्ल जी ने इन तमाम आचार्यों की जरा भी परवाह न करते हुए इनके संकुचित और कृत्रिम भाव-क्षेत्र की असलियत जाहिर कर दी। 'सूरदास' में बिहारी की पसीने में भीगती हुई नायिका के बारे में लिखते हैं : "उनकी नायिका को नायक के भेजे हुए पंखे की हवा लगने से उलटा और पसीना होता है। यह एक तमाशे की बात जरूर हो गई है।"

इतिहास में शुक्ल जी ने बिहारी के 'अनुभावों हावों' की योजना को सुन्दर कहा है। उनकी सरसता की प्रशंसा की है। लेकिन यह सब उन्होंने रीतिकालीन कवियों को देखते हुए कहा है और रीतिकालीन कवियों में भी "देव और पद्माकर के कबित्त-सवैयों का-सा गूँजने वाला प्रभाव बिहारी के दोहों का नहीं जान पड़ता", यह लिखना वह नहीं भूले। बिहारी के दोहों में गागर में सागर भरने की कला की जो तारीफ की जाती है, उसके लिए शुक्ल जी कहते हैं कि यह 'बहुत कुछ रूढ़ि की स्थापना' से सम्भव हुआ। रूढ़ि से तात्पर्य नायिका-भेद की परम्परा से है। लिखा है : "यदि नायिका-भेद की प्रथा इतने जोर से न चल गई होती तो बिहारी को इस प्रकार की पहेली बुझाने का साहस न होता।" इसका अर्थ यह हुआ कि बिहारी की कला का आधार नायिका-भेद की परम्परा थी और उसमें दक्ष विद्वान् ही उनकी गागरों पर लोटपोट हो जाते थे। बिहारी की कला में महीन पच्चीकारी है लेकिन भव्यता, ओज और गाम्भीर्य नहीं हैं। बिहारी के प्रशंसकों की तुलना शुक्ल जी ने उन लोगों से की है जो "किसी हाथीदाँत के टुकड़े पर महीन बेल-बूटे देख घंटों वाह-वाह किया करते हैं।" अन्तर इतना है कि बिहारी की भाषा में हाथीदाँत के बेलबूटों की नफासत नहीं है; उनके नायक-नायिकाएँ भी हाथीदाँत के काम की तरह निष्काम नहीं हैं।

शुक्ल जी सभी रीतिकालीन कवियों के विरोधी नहीं थे, इसका प्रमाण उनकी मतिराम-सम्बन्धी आलोचना है। उनका विचार है कि मतिराम को सच्चा कवि-हृदय मिला था, लेकिन अपने समय की विचारधारा का प्रभाव उन पर भी पड़ा। यदि वह दरबारों से अलग रहते और उनकी प्रतिभा को स्वतंत्र विकास का मौका मिलता तो वह और बड़े कवि हुए होते। शुक्ल जी इस सम्बन्ध में अपने इतिहास में लिखते हैं :

"इनका सच्चा कवि-हृदय था। ये यदि समय की प्रथा के अनुसार रीति की बँधी लीकों पर चलने के लिए विवश न होते, अपनी स्वाभाविक प्रेरणा के अनुसार चलने पाते तो और भी स्वाभाविक और सच्ची भाव-विभूति दिखाते, इसमें कोई सन्देह नहीं।" इससे दो निष्कर्ष निकलते हैं, एक तो यह कि रीतिकालीन कविता का मूल्यांकन करते हुए हमें इस बात का ध्यान रखना चाहिए कि दरबारी वातावरण और नायिका-भेदी परम्परा के बावजूद कौन-से कवि जीवन की स्वाभाविक अनुभूतियों का चित्रण कर सके हैं, दूसरे यह कि रीति की बँधी लीकों पर चलने से अच्छे कवियों की भी प्रतिभा कुंठित हुई है, साधारण कवियों की तो बात ही क्या!

शुक्ल जी के अनुसार, मतिराम की कविता सरस है और उसकी सरसता कृत्रिम नहीं, स्वाभाविक है। उनकी शैली का विशेष गुण—जो उन्हें केशव से अलग करता है और जिसके कारण शुक्ल जी की उन पर विशेष कृपा है—यह है कि उसमें शब्दाडम्बर नहीं है, फालतू शब्दों की भर्ती नहीं है। बिहारी के समान उनमें अतिशयोक्तियाँ नहीं हैं। शुक्ल जी के शब्दों में : "नायिका के विरहताप को लेकर बिहारी के समान मजाक इन्होंने नहीं किया है।" उनकी भाव-व्यंजना भी सीधी है : "बिहारी के समान चक्करदार नहीं।" शुक्ल जी के लिए केशव और बिहारी रीतिकाल के प्रतिनिधि कवि हैं, प्राचीन रूढ़िवाद के सब अवगुणों की खान हैं। इसलिए किसी कवि की श्रेष्ठता दिखाने के लिए शुक्ल जी सहज ही केशव और बिहारी से उसकी भिन्नता दिखाने लगते हैं।

मतिराम ने दोहे भी लिखे हैं लेकिन शुक्ल जी ने बिहारी के दोहों से मतिराम के दोहों की तुलना नहीं की। शायद दोहा जैसा छोटा छंद शुक्ल जी को पसन्द नहीं था। मतिराम के सिलसिले में उन्होंने बिहारी के लिए लिखा है : "उन्होंने केवल दोहे कहे हैं, इससे उनमें वह नाद-सौन्दर्य नहीं आ सका है जो कबित्त सवैये की लय के द्वारा संघटित होता है।" केवल नाद-सौन्दर्य की दृष्टि से मतिराम के दोहे बिहारी के दोहों से बढ़कर हैं और तुलसी ने चातक-सम्बन्धी दोहों में और 'रामचरितमानस' के पचीसों दोहों में जो भिन्न-भिन्न कोटि का नाद-सौन्दर्य पैदा किया है, वह कबित्त-सवैयों से किसी तरह घटकर नहीं है।

शुक्ल जी मतिराम की तरह देव को सहज प्रतिभा का कवि नहीं मानते। पहले उन्होंने देव के आचार्यत्व को लिया है। उनकी सम्मति है कि रीतिकाल में कोई भी कवि आचार्य कहलाने लायक नहीं हुआ; देव भी उस स्थान के योग्य नहीं हैं। जिन लोगों ने देव को मौलिक चिन्तन का श्रेय दिया है, शुक्ल जी के अनुसार उन्होंने ऐसा 'भक्तिवश' किया है। शुक्ल जी ने देव की मौलिकता के मूल को खोज निकाला है; इसलिए उनके आचार्यत्व से प्रभावित होने से वह इनकार करते हैं। पहले उन्होंने तात्पर्यवृत्ति को लिया है और बताया है कि नैयायिकाओं की तात्पर्यवृत्ति बहुत समय से प्रसिद्ध थी। तात्पर्यवृत्ति वाक्य के भिन्न पदों के "वाच्यार्थ को एक में समन्वित करनेवाली वृत्ति" है।

इसके बाद उन्होंने 'छल-संचारी' को लिया है। और इसका उद्भाव संस्कृत की रस-तरंगिणी बतलाया है। 'छल-संचारी' की उद्भावना को मौलिक कहकर देव की तारीफ करनेवालों पर शुक्ल जी दो कारणों से नाराज हैं : एक तो यह कि देव की सूझ मौलिक नहीं है, दूसरे यह कि गिनाये हुए संचारियों से भावों की संख्या बहुत बड़ी है। जायसी की भूमिका में वह लिखते हैं : "आश्चर्य ऐसे लोगों पर होता है जो 'देव' कवि के छल नामक एक और संचारी ढूँढ़ निकालने पर वाह-वाह का पुल बाँधते हैं और देव को एक आचार्य समझते हैं।" रीतिवादी आचार्यों को मानो उन्हीं के घर में शास्त्रार्थ के लिए चुनौती देते हुए शुक्ल जी कहते हैं : "गोस्वामी जी की आलोचना में मैं कई ऐसे भाव दिखा चुका हूँ जिनके नाम संचारियों की गिनती में नहीं हैं।" गिनाये हुए संचारियों को उन्होंने उपलक्षणमात्र माना है। उनका दावा है कि संचारी और भी कितने हो सकते हैं और जो नये संचारी नहीं देख सकता, वह आचार्य कैसा?

देव के अनुसार, अभिधा उत्तम काव्य है, लक्षणा मध्यम है और व्यंजना अधम है। शुक्ल जी का कहना है कि शब्द-शक्ति के निरूपण में हिन्दी के रीतिग्रंथ आम तौर से कोरे हैं, इसलिए देव की स्थापना पर ज्यादा कहने का 'अवकाश नहीं' है। देव को 'बेनिफिट ऑफ दि डाउट' देते हुए उन्होंने अनुमान किया है कि व्यंजना से देव का मतलब 'पहेली बुझौवल वाली वस्तुव्यंजना' से रहा होगा। शुक्ल जी स्वयं अभिधा को उत्तम, लक्षणा को मध्यम और व्यंजना को अधम मानने के लिए तैयार नहीं थे। रीतिग्रंथों में इस विषय का समुचित निरूपण नहीं हुआ, इसका दिलचस्प कारण यह है : "इस विषय का सम्यक् ग्रहण और परिपाक जरा है भी कठिन।"

देव में कवित्वशक्ति थी, मौलिकता भी थी (आचार्य की नहीं, कवि की मौलिकता), लेकिन उनकी प्रतिभा के विकास में "उनकी रुचि-विशेष प्रायः बाधक हुई है।" यह रुचि-विशेष क्या है? यह रुचि वही दरबारी रुचि है जिसने मतिराम की प्रतिभा को भी एक हद तक कुंठित किया था। देव अनुप्रासों के प्रेमी थे, इसलिए पेचीदा मजमून बाँधते हुए "अनुप्रास के आडम्बर की रुचि बीच ही में उसका अंगभंग करके सारे पद्य को कीचड़ में फँसा छकड़ा बना देती थी।" देव में लफ्फाज़ी बहुत है, थोड़े-से अर्थ के लिए बहुत-से शब्दों का खर्च है। उन्होंने शब्दों को काफी तोड़ा-मरोड़ा भी है। यह कृत्रिमता भाषा तक सीमित नहीं है; उनका प्रेम-वर्णन भी काफी कृत्रिम है। 'सूरदास' में शुक्ल जी ने लिखा है : "पीछे देव कवि ने एक 'अष्टयाम' रचकर प्रेम-चर्या दिखाने का प्रयत्न किया; पर वह अधिकतर एक घर के भीतर के भोग-विलास की कृत्रिम दिनचर्या के रूप में है। उसमें न तो वह अनेकरूपता है, न प्राकृतिक जीवन की वह उमंग।" इस पर भी इतिहास में उन्होंने स्वीकार किया है कि देव जहाँ भाव का निर्वाह कर पाए हैं, वहाँ रचना बहुत ही सरस हुई है। शुक्ल जी काव्य की विषयवस्तु और उसके रूपों को अलग करके नहीं देखते;

दोनों में विषयवस्तु को नियामक मानते हैं। इसीलिए देव की सरसता को भाव-निर्वाह पर निर्भर कहा। इसके विपरीत डॉ. नगेन्द्र यह मानते हुए कि "देव की भाषा में उचित व्यवस्था नहीं मिलती", कहते हैं : "उन्होंने ब्रजभाषा के माधुर्य और संगीत की अपूर्व श्रीवृद्धि की है; उसको औज्ज्वल्य एवं कान्ति आदि गुणों से अलंकृत किया है तथा उसकी शक्तियों का संवर्धन किया है—और इस प्रकार ब्रजभाषा की पूर्ण समृद्धि का श्रेय निःसन्देह ही उनको दिया जा सकता है।" माधुर्य है, औज्ज्वल्य है, कान्ति है, समृद्धि है, भाषा फिर भी अव्यवस्थित है! डॉ. नगेन्द्र ने शुक्ल जी की दृष्टि को 'वस्तुपरक' कहा है जो "भाषा के स्वरूप की व्यवस्था तथा स्वच्छता पर पड़ती है।" शुक्ल जी के लिए भाषा की समृद्धि भावों की समृद्धि से अलग नहीं है। वह रूप को विषयवस्तु से, शब्द को अर्थ से अलग करके नहीं देखते। इसीलिए देव की सरसता वहाँ देखते हैं जहाँ भाव का निर्वाह देखते हैं। डॉ. नगेन्द्र के विवेचन में भाषा का मूल्यांकन भाव-निर्वाह का विचार करते हुए नहीं किया गया।

मतिराम की तरह पद्माकर में भी शुक्ल जी को सहज कवि-प्रतिभा के लक्षण मिले हैं। उनकी कल्पना 'स्वाभाविक' है, मूर्तिविधान सजीव है, भाषा स्निग्ध और मधुर है और "एक सजीव भावभरी प्रेममूर्ति खड़ी करती है।" पद्माकर को अनुप्रासों से बड़ा प्रेम था लेकिन "यह प्रवृत्ति इनमें अरुचिकर सीमा तक कुछ विशेष प्रकार के पद्यों ही मिलेगी।" अन्य रीतिकालीन कवियों से पद्माकर किस बात में भिन्न हैं? इस बात में कि वह अतिरंजित चित्रों द्वारा पाठक को प्रभावित न करना चाहते थे : "ये ऊहा के बल पर कारीगरी के मजमून बाँधने के प्रयासी कवि न थे, हृदय की सच्ची स्वाभाविक प्रेरणा इनमें थी।" पद्माकर की भाषा में जहाँ-जहाँ लाक्षणिकता मिलती है, उसे शुक्ल जी ने उनकी 'एक बड़ी भारी विशेषता' कहा है, जिससे मालूम होता है कि शब्दों के लाक्षणिक प्रयोग को शुक्ल जी एक गुण मानते थे।

शुक्ल जी ने रीतिकालीन कवियों पर विस्तार से नहीं लिखा, जैसे उन्होंने जायसी या तुलसी पर लिखा है। यदि वह लिखते तो किस रीतिकालीन कवि ने संस्कृत से कितनी और कैसी नकल की थी, यह रहस्य वह अवश्य प्रकट कर जाते। फिर भी चलते-चलते जहाँ-तहाँ इस विषय में उन्होंने जो कुछ लिख दिया है, उससे केशव आदि के आचार्यत्व का आतंक काफी दूर हो जाता है। शुक्ल जी को आपत्ति केवल हिन्दी के रीतिग्रंथों पर नहीं है; उन्हें संस्कृत रीतिग्रंथों पर, जीवन और साहित्य के प्रति उनके दृष्टिकोण पर भी आपत्ति है। जायसी की भूमिका में रत्नसेन के क्रोध की चर्चा करते हुए उन्होंने लिखा है : "रस की रस्म के विचार से तो उपर्युक्त वर्णन पूरा ठहर जाता है"; साहित्य के आचार्यों ने अपने मुँह आप बड़ाई करने को रौद्ररस का अनुभव कहा है, वह भी मौजूद है लेकिन यह सामग्री होते हुए भी यह कहना पड़ता है कि "रौद्ररस का परिपाक जायसी में नहीं है।" इसका कारण यह है कि रीतिग्रंथों के सारे नियमों का पालन करने पर भी रस परिपाक नहीं होता क्योंकि

"जायसी का कोमल भावपूर्ण हृदय उग्र वृत्तियों के वर्णन के उपयुक्त नहीं था।" यह रीतिग्रंथों के नियमवाद की सीमा हुई।

शुक्ल जी संचारियों की गिनती गिनाने वाले आचार्यों और उनकी नकल करनेवाले कवियों का विरोध हिन्दी में ही नहीं, संस्कृत काव्यक्षेत्र में भी करते हैं। वह तुलसी में छोटे-छोटे संचारी भावों की मार्मिक व्यंजना को सराहते हुए अन्य कवियों में भावों की दीनता का कारण बतलाते हुए लिखते हैं : "उन्होंने ऐसे-ऐसे भावों का चित्रण किया है जिनकी ओर किसी कवि का ध्यान तक नहीं गया है। संचारियों के भीतर वे गिनाए तो गए नहीं हैं, फिर ध्यान जाता कैसे?" यह रीतिग्रंथों मात्र की सीमा है, केवल हिन्दी रीतिग्रंथों की नहीं। शुक्ल जी का आदेश है, रीतिग्रंथों में गिनाए हुए संचारियों से संतोष न करके मानव-जीवन की ओर देखो। रीतिकाल की पराधीनता से साहित्य को मुक्त कराने का यह महत्त्वपूर्ण प्रयास था। तुलसी सभी रीतिकालीन कवियों से महान् हैं क्योंकि "गोस्वामी जी सब भावों को अपने अन्त:करण में देखने वाले थे, केवल लक्षणग्रंथों में देखकर उनका सन्निवेश करनेवाले नहीं।"

संस्कृत नाटकों में हास्यरस का आलम्बन आम तौर से विदूषक होता था। इस तरह हास्य के लिए भी एक निश्चित आलम्बन का विधान कर दिया गया था, उसकी स्वाभाविकता और अनेकरूपता सीमित कर दी गई थी। तुलसी के हास्य की चर्चा करते हुए शुक्ल जी ने लिखा है : "इसके आलम्बन का स्वरूप भी विदूषकों का-सा कृत्रिम नहीं है।" आलम्बनों को सीमित करने और उनका स्वरूप कृत्रिम बनाने का काम हिन्दी कवियों ने कम, संस्कृत कवियों और आचार्यों ने ज्यादा किया था। शुक्ल जी संस्कृत साहित्य में जहाँ-जहाँ सामन्ती रूढ़ियाँ हैं, उनकी सीमाएँ भी बतलाते गए हैं।

शुक्ल जी ने काव्य को सुन्दर सूक्तियों तक सीमित रखने का जो विरोध किया है, वह विरोध हिन्दी-उर्दू तक सीमित नहीं है। उन्हें मालूम था कि बिहारी की बहुत सी सूक्तियाँ संस्कृत से ली हुई हैं। इसी तरह उद्दीपन के लिए कुछ वस्तुओं की गिनती करने की प्रथा संस्कृत से चली आ रही थी, जिसका शुक्ल जी ने विरोध किया है। अलंकारों से चमत्कार पैदा करने की पद्धति संस्कृत से चली आ रही थी। अलंकारों का उचित प्रयोग वह चमत्कार के लिए नहीं, भावोत्कर्ष के लिए मानते हैं। उनका विरोध उस तरह के चमत्कार से नहीं है जो भावोत्कर्ष में होता है। कहीं-कहीं शुक्ल जी ने स्वयं अलंकार-निरूपण बहुत विस्तार से किया है, वह सम्भवत: अलंकारशास्त्रियों को परास्त करने के लिए। इस तरह के निरूपण ने कहीं-कहीं उनकी आलोचना को तूल दे दिया है और दूसरी आवश्यक बातों की चर्चा कम हो पाई है या छूट गई है। तुलसी के बाह्य-दृश्य-चित्रण पर लिखते हुए शुक्ल जी को लगता है कि अलंकारशास्त्री उकता रहे होंगे कि अलंकारों की चर्चा क्यों नहीं हो रही। ऐसे उकताने वालों को लक्ष्य करके वह कहते हैं : "अलंकारों पर वाह-वाह न कहने पर शायद अलंकार-प्रेमी लोग नाराज हो रहे हों; उनसे अत्यन्त नम्र निवेदन है कि यहाँ विषय दूसरा है।"

यानी तुम्हारी समझ से बाहर है, इसलिए जरा सब्र करो! अलंकार-प्रेमियों को लताड़ बताकर शुक्ल जी ने उन्हें सावधान कर दिया है कि हैसियत से बाहर न बोला करें।

मूल बात यह है कि शुक्ल जी कृत्रिमता और चमत्कारवाद के विरोधी हैं। विषयवस्तु में कृत्रिमता, रूप में चमत्कार-प्रेम—यह विशेषता साधारणत: सभी दरबारी साहित्य की होती है, चाहे वह संस्कृत और हिन्दी का हो, चाहे फारसी और उर्दू का। शुक्ल जी ने कृत्रिमता और चमत्कार-प्रेम की व्यापक आलोचना करके किसी भी भाषा के साहित्य को सामन्ती रूढ़ियों से मुक्त होने का रास्ता बतलाया है। जब तुलसी के लिए वह कहते हैं : "वे चमत्कारवादी नहीं थे", तब वह चमत्कारवादी धारा से साहित्य की वास्तविक रसवादी धारा को अलग करते हैं। वह साहित्य की वास्तविक प्रगतिशील और जनवादी धारा को सामन्ती और पतनशील धारा से अलग करते हैं। बिहारी के 'कनक कनक तें सौ गुनो' और रहीम के कुछ विशेष दोहों की चर्चा करते हुए शुक्ल जी ने जायसी की भूमिका में लिखा है : "ऐसे कथनों में आकर्षित करनेवाली वस्तु होती है, वर्णन के ढंग का चमत्कार।" यह चमत्कार आकर्षक होता है अवश्य लेकिन वैसे ही, जैसे कोई तमाशा आकर्षित करता है। यह चमत्कारवाद सच्चा काव्य नहीं है। चमत्कारवादी और रसवादी काव्य का लक्ष्य एक नहीं होता। शुक्ल जी कहते हैं : "मन को इस प्रकार से ऊपर-ही-ऊपर आकर्षित करना, केवल कुतूहल उत्पन्न करना, काव्य का लक्ष्य नहीं है। उसका लक्ष्य है मन को भिन्न-भिन्न भावों में (केवल आश्चर्य में नहीं, जैसा चमत्कारवादी कहा करते हैं) लीन करना।" यहाँ सामन्ती साहित्य मात्र के चमत्कारवाद की सीमाएँ शुक्ल जी ने दिखाई हैं, उससे काव्य के स्वाभाविक विकास में कैसे बाधा पड़ती है, यह स्पष्ट कर दिया है।

काव्य की विषयवस्तु में यह चमत्कारवाद किस तरह की कृत्रिमता पैदा करता है, इसका व्यंग्यपूर्ण वर्णन शुक्ल जी ने 'गोस्वामी तुलसीदास' में किया है। लिखा है : "कहीं विरह-ताप से सुलगते हुए शरीर से उठे धुएँ के कारण ही आकाश नीला दिखाई पड़ता है। कौवे काले हो जाते हैं। कहीं रक्त के आँसुओं की बूँदें टेसू के फूलों, नई कोंपलों और गुंजा के दानों के रूप में बिखरी दिखाई पड़ती हैं। कहीं जगत् को डुबाने वाले अश्रु-प्रवाह के खारेपन से समुद्र खारे हो जाते हैं। कहीं भस्मीभूत शरीर की राख का एक-एक कण हवा के साथ उड़ता हुआ प्रिय के चरणों में लिपटना चाहता है। इसी प्रकार कहीं प्रिय का श्वास मलयानिल होकर लगता है, कहीं उसके अंग का स्पर्श कपूर के कर्दम या कमलदलों की खाड़ी में ढकेल देता है।"

नायक-नायिकाओं का यह संसार हिन्दी की ही निधि नहीं है, उससे मिलती-जुलती चीजें संस्कृत में भी हैं और फारसी और उर्दू के शायरों ने तो नाजुकखयाली की कमर ही तोड़ दी है। शुक्ल जी की आलोचना इस तरह के सामन्ती भाव-जगत् की कृत्रिमता दिखाकर कवियों और आलोचकों को यथार्थवाद की भूमि पर बढ़ने की प्रेरणा देती है।

रीतिकालीन कवियों की आलोचना में शुक्ल जी ने उनकी भाषा पर विशेष ध्यान दिया है। बीसवीं सदी में केशव-देव-बिहारी के समर्थक खड़ी बोली के कवियों पर ऊबड़-खाबड़ भाषा लिखने का आरोप लगाया करते थे। शुक्ल जी ने दिखलाया है कि दरबारी कवि अपना तमाम फुर्सत का वक्त भाषा को व्यवस्थित करने में भी न लगा सके। इतिहास में शुक्ल जी ने लिखा है : "यदि शब्दों के रूप स्थिर हो जाते और शुद्ध रूपों के प्रयोग पर जोर दिया जाता तो शब्दों को तोड़मरोड़ कर विकृत करने का साहस कवियों को न होता। पर इस प्रकार की कोई व्यवस्था नहीं हुई जिससे भाषा में बहुत कुछ गड़बड़ी बनी रही।" इस व्यवस्था के न होने का एक कारण यह भी है कि यह भारतीय सामन्तवाद का पतनकाल था। छोटे-छोटे राज्य एक-दूसरे से अलग साहित्य के संरक्षक बने हुए जातीय जीवन को एक करने में असमर्थ थे। खसबोयन आदि विकृत शब्दों के प्रयोग से शुक्ल जी को विशेष अरुचि है और उन्हें इनका प्रयोग करनेवालों की कविता "गँवारों की रचना-सी लगती है।"

कुछ लोग भाषा में कहावतों और मुहावरों के प्रयोग पर बहुत जोर देते हैं। भाषा के स्वाभाविक प्रवाह में कहावतें और मुहावरे अच्छे लगते हैं लेकिन कविता यदि कहावतों और मुहावरों का प्रदर्शन करने के लिए ही लिखी गई हो, तो यह भी चमत्कारवाद का दूसरा रूप होगा। इसलिए यह धारणा ठीक नहीं कि जिस कवि की भाषा में जितने ही ज्यादा मुहावरे और कहावतें होंगी, वह उतना ही बड़ा कवि होगा। काव्य की उत्कृष्टता के लिए मुहावरों की गिनती गिनाना भी सामन्ती कविता का एक लक्षण है। जायसी की रचना में कहावतों और मुहावरों के स्वाभाविक प्रयोग की चर्चा करते हुए शुक्ल जी कहते हैं : "मुहावरों को अधिक प्राधान्य देने से रूढ़ पद-समूहों में भाषा बँधी-सी रहती है, उसकी शक्तियों का नवीन विकास नहीं हो पाता।"

शुक्ल जी ने रीतिकालीन कवियों को आचार्य नहीं माना, उनके चमत्कारवाद को अवांछनीय बतलाया है, जहाँ वह दरबारी प्रभाव से बचते हुए सरस और स्वाभाविक कविता कर सके हैं, वहाँ उन्होंने उसकी सराहना की है। शुक्ल जी का यह दृष्टिकोण रीतिकालीन कविता का सही मूल्यांकन करने के लिए अनिवार्य रूप से ग्राह्य है, इसमें सन्देह नहीं।

साधारण जनता और दरबारों की रुचि में भेद करते हुए शुक्ल जी ने जिस तरह रीतिकालीन कविता के मूल्यांकन का सवाल उठाया है, उससे कुछ आलोचक असहमत हैं। डॉ. नगेन्द्र ने 'रीतिकाव्य की भूमिका' की भूमिका में द्विवेदी-युग के आलोचकों, छायावाद के प्रतिनिधि कवियों और लेखकों और प्रगतिशील समीक्षकों द्वारा रीतिकाव्य की 'उपेक्षा' पर खेद प्रकट करते हुए अपना शुद्ध कलावादी दृष्टिकोण यों पेश किया है : "मैंने शुद्ध साहित्यिक (रस) दृष्टि से ही इस कविता की सामान्य प्रवृत्तियों का विश्लेषण और मूल्यांकन करने का प्रयत्न किया है—

अन्य बाह्य मूल्यों को प्रयत्नपूर्वक बचाया है। और इस दृष्टि से आप देखेंगे कि यह काव्य न हेय है और न उपेक्षणीय। इस रसात्मक काव्य का अपना विशेष महत्त्व है।"

नगेन्द्र जी के इस वाक्य से एक बात स्पष्ट हो जाती है और वह यह कि बीसवीं सदी के हिन्दी लेखक ज्यादातर रीतिकालीन परम्परा के विरोधी रहे हैं। इसका अर्थ यह है कि आधुनिक हिन्दी साहित्य कुल मिलाकर सामन्त-विरोधी मार्ग पर आगे बढ़ा है। इसीलिए नगेन्द्र जी ने रीतिकाल की उपेक्षा करनेवालों में द्विवेदी-युग के लेखकों, छायावादियों और प्रगतिवादियों, इन सभी को रखा है। रीतिकाल की इतनी 'उपेक्षा' (अर्थात् विरोध) होने के कारण उसे अब मिश्रबन्धु-पद्धति से हिन्दी काव्य की सुनहली परम्परा के रूप में रखने का साहस कम लोगों को होगा। इसलिए उसका 'विशेष महत्त्व' दिखाने के लिए 'शुद्ध साहित्यिक' दृष्टि से उसका मूल्य आँकने की बात उठाई जा रही है।

नगेन्द्र जी का दृष्टिकोण उनकी इच्छा रहने पर भी शुद्ध साहित्यिक नहीं रह पाया, यह युग का प्रभाव है। शुक्ल जी और उनके बाद की हिन्दी आलोचना में साहित्य के सामाजिक आधार को इतना महत्त्व दिया गया है कि उस प्रभाव से शुद्ध रस-दृष्टिवालों का बच निकलना भी सम्भव नहीं है। नगेन्द्र जी की पुस्तक का पहला अध्याय ही "रीतिकाव्य की ऐतिहासिक पृष्ठभूमि" है। यह बात दूसरी है कि इस पृष्ठभूमि में ऐतिहासिक सचाई कितनी है।

डॉ. नगेन्द्र की इतिहास-सम्बन्धी मूल स्थापना यह है कि हिन्दी साहित्य का रीतिकाल मुगल साम्राज्य का ह्रासकाल है और यह मनुष्य के 'ऑलराउंड' ह्रास का भी काल है। सबसे पहले राज्य-व्यवस्था का ह्रास हुआ। दक्षिण में "उपद्रव आरम्भ हो गए थे।" इससे अधिक दु:ख की बात क्या हो सकती थी कि दक्षिण की कुछ जातियाँ मुगल साम्राज्य से अलग होने का प्रयत्न करने लगी थीं? "इधर पंजाब में सिखों का असंतोष बढ़ रहा था। दक्षिण की दशा और भी खराब थी।" अंग्रेज इतिहासकारों ने सदा यही शिक्षा दी है कि उनके राज्य-विस्तार से पहले यहाँ अव्यवस्था थी; उन्होंने आकर यहाँ शान्ति और व्यवस्था कायम की। यहाँ के सामाजिक जीवन में जातीय संगठन की क्षमता रखने वाली जो शक्तियाँ उभर रही थीं, उन्हें अंग्रेज इतिहासकारों ने कम देखा है। उन्हीं के प्रभाव से नगेन्द्र जी ने भी लिखा है : "संवत् 1764 के बाद भारतीय इतिहास घोर राजनीतिक पतन और अव्यवस्था का इतिहास है।"

इस पतन और अव्यवस्था से, लगता है, हमें अंग्रेजों ने उबारा। इसका प्रमाण यह है कि 1857 का स्वाधीनता-संग्राम नगेन्द्र जी को पतन और अव्यवस्था की चरम परिणति मालूम होता है। आँखों पर सहसा विश्वास नहीं होता लेकिन ऊपर के वाक्य के बाद ही नगेन्द्र जी ने लिखा है : "यह अशान्ति और अव्यवस्था क्रमश: बढ़ती ही गई और अन्त में सं. 1914 (अर्थात् सन् 1857) के गदर में जाकर इसका पूर्ण पर्यवसान हुआ।"

व्यवस्था के ह्रास के साथ व्यक्तियों का ह्रास हुआ। "व्यक्तित्व का इतना घोर अकाल और किसी युग में नहीं पड़ा।" व्यक्तित्व के अकाल में कविता की फसल चौपट हो गई। हाँ, एक व्यक्तित्व हुआ था औरंगजेब का। लिखा है : "इस युग में उत्तरी भारत ने औरंगजेब को छोड़कर कोई भी प्रथम श्रेणी का व्यक्तित्व पैदा नहीं किया।"

इसके बाद बुद्धि का ह्रास हुआ। न केवल हिन्दुओं का, बल्कि मुसलमानों का भी बौद्धिक पतन हुआ। "इस समय हिन्दुस्तानियों का बौद्धिक धरातल बहुत नीचा हो गया था।" हिन्दुस्तानियों में आप मुसलमानों को शायद न गिनें, इसलिए नगेन्द्र जी ने अलग से भी स्पष्ट कर दिया है : "मुसलमानों का भी बौद्धिक ह्रास बड़े वेग से हो रहा था।"

हिन्दू और मुसलमान संयुक्त मोर्चा बनाकर जब बौद्धिक ह्रास में लगे हुए थे, तब जीवन-दर्शन का भी ह्रास हुआ। ठीक भी है : "जिस युग में राजनीतिक और आर्थिक पराभव अपनी चरम सीमा तक पहुँच गया हो, उस युग का दृष्टिकोण स्वस्थ कैसे हो सकता है?"

तब बचा क्या था? "एक बँधा हुआ रुग्ण जीवन शेष था।" और बुद्धि के नाम पर क्या बचा था? "केवल स्थूल भोग-बुद्धि ही बच रही थी।" आप कहेंगे, इन सब बातों का रीतिकालीन कविता से क्या सम्बन्ध है? सुनिए : "हम कह चुके हैं कि रीति-कविता शुद्ध सामन्तीय वातावरण की सृष्टि है।"

यह सब देखने-सुनने के बाद यह नहीं कहा जा सकता कि नगेन्द्र जी ने रीतिकालीन कविता का विश्लेषण शुद्ध साहित्यिक दृष्टि से किया है। उन्होंने सामाजिक पृष्ठभूमि का बराबर ध्यान रखा है लेकिन न तो इस पृष्ठभूमि की समझ सही है, न उससे साहित्य का सम्बन्ध सही-सही दिखाया गया है। नगेन्द्र जी ने जिसे उपद्रव, अव्यवस्था आदि कहा है, वे अक्सर स्वाधीनता के लिए जनता के प्रयास भी थे, ये वह भूल गए हैं। आर्थिक पराभव की बात करते हुए वह यहाँ के बड़े-बड़े व्यापारियों और महाजनों को भूल गए हैं जिनमें से कुछ के बूते पर अंग्रेज उधार लेकर यहाँ व्यापार करते थे। वह यहाँ के उद्योग-धन्धों के विकास से बिलकुल बेखबर हैं जिन्हें 19वीं सदी के पूर्वार्द्ध में अंग्रेजों ने पाशविक बर्बरता से तहस-नहस किया था। इसलिए नगेन्द्र जी की ऐतिहासिक पृष्ठभूमि का इतिहास से बहुत कम सम्बन्ध है।

अपनी कल्पित ऐतिहासिक पृष्ठभूमि से उन्होंने यह नतीजा निकाला है कि यह घोर निराशा का युग था और कामिनी-सेवन के अलावा लोगों के लिए और कोई चारा न था। नगेन्द्र जी के लिए रीतिकालीन कविता "जैसे जीवन का एक विरामस्थल है जहाँ सभी प्रकार की दौड़धूप से श्रान्त होकर मानव नारी की मधुर अंचल-छाया में बैठकर अपने दुःखों और पराभवों को भूल जाना चाहता है।" दुःखों और पराभवों की बात कहकर नगेन्द्र जी दरबारी कविता के प्रति सहानुभूति जगाने के लिए अपना पहला तर्क देते हैं। वह मानते हैं कि रीतिकालीन कविता का यह आधार 'सीमित' है,

वह 'एकांगी' है, इसलिए आपको उनकी निष्पक्षता में सन्देह न होगा। फिर सिफारिश करते हैं : "घोर निराशा के इस युग में जीवन में किसी-न-किसी प्रकार ये कवि रस-संचार करते रहे; मैं समझता हूँ, कम-से-कम इसके लिए तत्कालीन समाज को उनका कृतज्ञ अवश्य होना चाहिए।" तत्कालीन समाज तो अब है नहीं, इसलिए सिफारिश उस तक पहुँच नहीं सकती। नगेन्द्र जी का समकालीन समाज अभी जरूर बना हुआ है और सिफारिश है भी उसी के लिए।

नगेन्द्र जी का दूसरा संकेत यह है कि इस युग में सामन्तीवर्ग का ही ह्रास नहीं हो रहा था, समस्त जनता का ह्रास हो रहा था। आजकल भी जब शासकवर्ग के सामने भ्रष्टाचार, घूसखोरी आदि की करामातें आती हैं तो वह जनता के नैतिक पतन की दुहाई देता है। नगेन्द्र जी 'जीवन' शब्द का कवित्वपूर्ण प्रयोग करके जनता और उसके सामन्ती शासकों का भेद मिटा देते हैं : "घोर अव्यवस्था से क्षत-विक्षत सामन्तवाद के भग्नावशेष की छाया में त्रस्त और क्षीण जीवन एक बँधी लीक पर पड़ा हुआ यंत्रवत् चल रहा था।" क्षत-विक्षत था सामन्तवाद; बँधी लीक पर चल रहा था जीवन। इसे 'रीतिकाव्य की भूमिका' के अन्तिम पृष्ठों में उन्होंने और स्पष्ट कर दिया है। रीति-परम्परा के लिए कहते हैं : "'चिन्तामणि' के समय तक उसे जनरुचि का भी बल प्राप्त हो गया।"..."उनके समय से जनरुचि भी उनके साथ हो गई और रीतिग्रंथों का ताँता बँध गया।" इस तरह दरबारी कवियों के पापों के लिए नगेन्द्र जी ने जनरुचि को उत्तरदायी ठहराया है।

नगेन्द्र जी ने 'रीतिकाव्य का शास्त्रीय आधार' नामक एक लम्बा प्रकरण लिखा है जिसमें ध्वनि, अलंकार, रस आदि के बारे में संस्कृत आचार्यों के मतों का परिचय दिया है। यह परिचय इसीलिए दिया है कि हिन्दी में रीतिकाव्य का आधार संस्कृत में मौजूद था। देव आदि के जिन आधार-ग्रंथों का नाम शुक्ल जी ने लिया था, उन्हें नगेन्द्र जी ने भी दोहराया है। अलंकार, नायिकाभेद आदि के निरूपण की परम्परा काफी पुरानी थी और शुक्ल जी के अनुकरण पर—या उनके आतंक के कारण—आचार्यत्व के क्षेत्र में रीतिकालीन कवियों के लिए मौलिकता का दावा नगेन्द्र जी ने भी नहीं किया। रीतिकालीन कविता के लिए उन्होंने ठीक लिखा है कि "वह एक प्राचीन परम्परा का नियमित विकास थी।" उनकी यह उक्ति भी काफी सारगर्भित है कि "हिन्दी में रीति-परम्परा का आरम्भ तो उसके जन्मकाल से ही मानना पड़ेगा।" (हिन्दी के जन्म से नहीं, हिन्दी साहित्य के जन्म से कहना ज्यादा संगत होगा) यदि यह सच है तो निराशा, बुद्धि का ह्रास, मुगल साम्राज्य का पतन, उपद्रव और अव्यवस्था—ऐतिहासिक पृष्ठभूमि के नाम पर नगेन्द्र जी ने यह जो भानमती का कुनबा जोड़ा था, उसका क्या हुआ? वास्तव में उस कुनबे की सार्थकता यही थी कि वह नारी की मधुर अंचल-छाया में बैठने की कल्पना को एक आधार दे दे, वरना ह्रासवादी व्याख्या का कोई महत्त्व नहीं है।

और रीतिकालीन कविता में नगेन्द्र जी ने जो यह गुण ढूँढ़ निकाला है कि उसमें "एक मधुर रमणीयता—मन को विश्राम देने का गुण—अवश्य है", वह वर्तमान समाज के मध्यवर्गीय कवियों के लिए ज्यादा सही है, दरबारी वैभव में रहनेवाले सामन्तों के चाटुकार कवियों के लिए नहीं। नगेन्द्र जी मानते हैं कि 'ऑलराउंड' ह्रास के युग में केवल विलास की प्रगति हो रही थी। लिखा है : "अतिशय वैभव का यह गुग अतिशय विलास का युग भी था।" एक तरफ नगेन्द्र जी स्वीकार करते हैं कि यह वैभव और विलास का युग था; दूसरी तरफ यह भी कहते जाते हैं कि दु:ख और पराभव (आर्थिक पराभव भी) के कारण कवि नारी के आँचल की मधुर छाया तलाश करते थे। इन उलझी हुई बातों का कारण यह है कि दरबारी कवियों के प्रति सहानुभूति जगाने के लिए वह कारण ढूँढ़ रहे हैं और इस 'रिसर्च' में उन्हें अपनी कही हुई बातों के परस्पर सम्बन्ध का ध्यान नहीं रहता।

सामन्ती वातावरण से दरबारी कवियों को जरा अलग करके देखने की दबी-सी कोशिश उन्होंने की है। यह मानते हुए कि उन कवियों के लिए नारी भोगवस्तु थी, उन्होंने उनकी श्रृंगारिकता के लिए दावा किया है : "इसका स्वरूप प्राय: सर्वत्र ही गार्हस्थिक है।" यदि गार्हस्थिक जीवन का स्वरूप वही है जो नायिकाभेदी ग्रंथों में मिलता है तो दरबारों, अन्त:पुरों और साधारण गृहस्थों के घरों में ज्यादा फर्क न रहा होगा।

नायिकाभेदी कवियों ने गार्हस्थिक जीवन के कैसे चित्र दिये हैं, इसकी मिसाल देव से ही देना ज्यादा ठीक होगा क्योंकि नगेन्द्र जी के अनुसार : "देव रस-सिद्ध प्रेमी कवि थे, प्रेम का उन्हें अत्यन्त गम्भीर अनुभव था।" ये मिसालें भी हम अपनी ओर से न छाँटेंगे वरन् नगेन्द्र जी के कुछ प्रशंसा-वाक्यों को उद्धृत कर देना ही काफी होगा। वह नायिका जो जड़ाऊ किनारी की साड़ी पहने 'डगर-डगर' दीवाली-सी चमकती चली आती है, नगेन्द्र जी के लिए 'नयनोत्सव की ही व्यंजना' करती है। झीना पट ओढ़े हुए सोती हुई एक और नायिका की बाँह की छवि द्वारा व्यंजित "ऐन्द्रियता कितनी मादक है, उसमें वासना की कितनी भीनी मधुगन्ध है!" मृगमद, चोवा, मखतूल और काजल बनाकर श्याम को अपने पास रखनेवाली तीसरी नायिका के वर्णन में "सभी इन्द्रियों को जैसे शानदार दावत दी गई है।" और 'ओछे उरोजन पै' अनुराग के अंकुर उठने पर "काम की प्राथमिक चेतना का कितना सूक्ष्म-सरस वर्णन है।"

और एक दृश्य देखिए। "रात्रि का समय है, नायक-नायिका पास बैठे हुए हैं—अन्तरंग सखियाँ भी उपस्थित हैं। नायक का मन आज कुछ उतावला हो रहा है।...विनोद कितना प्रच्छन्न और कितना सूक्ष्म मधुर है!"

गार्हस्थिक जीवन का स्वरूप!!

देव की विशेषता यह है : "खंडिता के चित्र रीतिकाल में देव से अच्छे शायद ही किसी कवि ने अंकित किये हों।" और भी : "वास्तव में समस्त परकीया प्रसंग में ही कवि ने आवेग का बाँध तोड़ दिया है।" और इन परकीया-प्रसंग की कविताओं

में नगेन्द्र जी ने क्या-क्या नहीं देखा : 'गम्भीर अनुभूति का भार', 'रसानुभूति में एक विशेष तन्मयता', 'भावयोग की अवस्था', 'कविता की मूलात्मा'!

परकीया प्रसंग में आवेग का बाँध तोड़नेवाले कवियों में गार्हस्थिक जीवन का स्वरूप! देव ने स्वकीया नायिका की चाहे जितनी तारीफ की हो, उनके आवेग का बाँध टूटा है परकीया प्रसंग ही में। लेकिन सवाल स्वकीया-परकीया का नहीं है; सवाल है प्रेम का। नगेन्द्र जी ने प्रेम की जिस गम्भीर अनुभूति का दावा किया था, उसे वह देव में नहीं दिखा सके हैं। नयनोत्सव, इन्द्रियों की दावत, कामचेतना का सरस वर्णन! देव स्त्रियों को किस निगाह से देखते थे, यह उनकी इस उक्ति से अच्छी तरह प्रकट होता है :

काम अन्धकारी जगत, लखै न रूप कुरूप।
हाथ लिये डोलत फिरै, कामिनि छरी अनूप॥
तातैं कामिनि एक ही, कहन-सुनन को भेद।
राचैं पागैं प्रेमरस, मेटैं मन को खेद।

कहने-सुनने का भेद है; कामिनी है एक ही। यह उक्ति अपवाद नहीं है, देव और दूसरे रीतिकालीन कवियों की धारणा का सही प्रतिबिम्ब है।

नगेन्द्र जी रीतिकालीन काव्य के उन प्रशंसकों में हैं जिनकी परम्परा निर्मूल करने के लिए शुक्ल जी ने जीवन-भर संघर्ष किया था। उन जैसे आलोचक उस परम्परा का प्रभाव फिर जमाना चाहते हैं जिसे हिन्दी साहित्य की राष्ट्रीय और जनवादी धारा ने प्राय: निर्मूल कर दिया है। कभी शुद्ध साहित्य के नाम पर, कभी गार्हस्थिक जीवन के नाम पर, कभी प्रेम की अनुभूति के नाम पर सामाजिक जीवन की गतिशील धारा से दूर पड़े हुए ये सज्जन दरबारी काम-क्रीड़ा और वैभव के सपनों से मन बहला रहे हैं। नगेन्द्र जी ने एक नया काम किया है, वह यह कि रीतिकालीन कविता के लिए उन्होंने मनोविज्ञान की दुहाई देना भी शुरू किया है! यह बात पहले के आलोचकों को न सूझी थी।

उन्होंने नायिका-भेद के लिए एक आंशिक मनोवैज्ञानिक आधार ढूँढ़ निकाला है। वयभेद के अनुसार नायिकाओं के विभाजन का आधार क्या है? इसमें कौन-सा मनोविज्ञान छिपा है? "वय के साथ-साथ रति-प्रसंग के प्रति नायिका के दृष्टिकोण में जो परिवर्तन होता जाता है, वास्तविक महत्त्व उसका है।" वय के साथ क्या परिवर्तन होता है, किन स्त्रियों में होता है, उसकी छानबीन नगेन्द्र जी ने नहीं की। दरबारी कवियों की नायिकाओं—केवल उपभोग की वस्तुओं—के दृष्टिकोण को ही नगेन्द्र जी ने मनोविज्ञान का आधार माना है। काल या अवस्था के अनुसार नायिकाओं के अन्य प्रकृति-भेद करने के बारे में कहते हैं कि इस तरह से बनाए हुए वर्ग "सर्वथा मौलिक एवं सर्वमान्य हैं।" संस्कृत साहित्य में शृंगार को रसराज या एकमात्र रस

माननेवालों के विवेचन को नगेन्द्र जी ने 'अत्यन्त गम्भीर और मनोवैज्ञानिक' कहा है; उसके आधार को 'काव्यशास्त्र और मीमांसा के सूक्ष्म तर्कों से परिपुष्ट' बतलाया है। परिणाम यह कि रीतिकालीन कविता में काम का स्वाभाविक चित्रण किया गया है : "वासना को उसमें अपने प्राकृतिक रूप में ग्रहण करते हुए उसी तुष्टि को निश्चल रूप से प्रेम रूप में स्वीकार किया गया है।"

काम का सबसे 'प्राकृतिक रूप' पशुओं में होता है, उनका जीवन शुद्ध जीवन है, उस पर मानव-सभ्यता की, नागरिकता की जरा भी छाप नहीं है। लेकिन अभी तक काम की इस प्राकृतिक अभिव्यक्ति के लिए किसी ने मनोविज्ञान की दुहाई देना जरूरी न समझा था। यह डॉ. नगेन्द्र की सर्वथा मौलिक सूझ है। आनन्द से अहंकार की उत्पत्ति हुई, अहंकार से अभिमान की, अभिमान से रति की—इस तरह के विवेचन को मनोवैज्ञानिक कहनेवालों के लिए संसार में अवैज्ञानिक कुछ भी नहीं है। भारतीय दर्शन का सारतत्त्व निकालते हुए नगेन्द्र जी कहते हैं कि "भारतीय दर्शन के अनुसार जीव की दो मौलिक प्रवृत्तियाँ मानी गई हैं—राग और द्वेष।" इनमें द्वेष राग का उल्टा है, इसलिए राग मूल प्रवृत्ति हुई। "फ्रायड का मत बिलकुल यही है।" उसने भी जो दो प्रवृत्तियाँ मानी हैं, वे "वास्तव में राग और द्वेष की ही पर्याय हैं।" और वेद में तो काम की महिमा गायी ही गई है। इसलिए राग, काम, लिबिडो सब एक हैं। काम भावना 'जीवन की मूल वृत्ति' है, इसलिए "वह स्वभावत: सबसे अधिक गम्भीर वृत्ति भी है!"

यह तो नगेन्द्र जी के मनोविज्ञान का सैद्धान्तिक रूप हुआ। अब उसकी रोशनी में नायिका-भेद की गहराइयों की थाह वह किस तरह लेते हैं, यह भी देखिए। 'मैन आगि' के मोम-जैसा मन पिघल जानेवाली नायिका के बारे में देव की उक्ति पर नगेन्द्र जी मनोविज्ञान का प्रकाश डालते हुए लिखते हैं : "यह प्रसंग रस-सिक्त तो है ही, साथ ही, मनोविज्ञान की दृष्टि से भी अत्यन्त सटीक है। प्रसिद्ध मनोवेत्ता फ्रायड ने एक ऐसी ही स्थिति का स्पष्टीकरण करते हुए लिखा है कि बलात्कार के समय यदि कोई स्त्री परवश होकर आत्मसमर्पण कर देती है तो इसमें उसके सतीत्व पर शंका नहीं करनी चाहिए क्योंकि यह तो प्रकृति का आग्रह है। ऐसी परिस्थिति में, जहाँ उसका चेतन व्यक्तित्व बलात्कारी का विरोध करता है वहाँ उसका अवचेतन नारीत्व उसकी सहायता करता है। चेतन मन कठोर होकर आक्रान्ता को जितना ही दूर हटाने का प्रयत्न करता है, अवचेतन नारीत्व पिघलता हुआ उसकी ओर बढ़ता जाता है।"

इस 'मनोविज्ञान' के अनुसार कविता रचते, ऐसे गए-गुजरे रीतिकालीन कवि भी नहीं थे। इस 'मनोविज्ञान' के अनुसार साहित्य रचा जाता है अमरीका में, जहाँ का सामाजिक जीवन हत्या और बलात्कार में सभी देशों से आगे बढ़ा हुआ है। डॉ. नगेन्द्र-जैसे आलोचक हिन्दी साहित्य की उस तलछट के प्रतिनिधि हैं जो दरबारी

संस्कृति की धारा के बह जाने पर कुछ दिमागों में जमा हो गई है। आज उन्हें अपने अनुकूल वातावरण नहीं मिलता; इसलिए वेद-पुराण और आधुनिक मनोविज्ञान की दुहाई देकर वे अपनी समाज-विरोधी प्रवृत्तियों के लिए सफाई तलाश कर रहे हैं। इनका विवेचन अन्तर्विरोधों से भरा पड़ा है क्योंकि—चोर नारि जिमि प्रकट न रोई—ये नायिका-भेदी परम्परा के खत्म हो जाने पर खुलकर आँसू नहीं बहा सकते। वे एक साँस में उसकी ऐन्द्रियता, विलासिता और सीमित भाव-जगत् को भला-बुरा कहते हैं, दूसरी साँस में वासना की निश्छल अभिव्यक्ति, प्रेम की गम्भीर अनुभूति, मनोवैज्ञानिक गहराई—यह सब उसमें ढूँढ़ निकालते हैं। पश्चिम के मनोविज्ञान में जो कुछ घटिया है, पतनशील है, वही इन्हें प्रिय है। शुक्ल जी ने भी आधुनिक मनोविज्ञान का अध्ययन किया था लेकिन उन्होंने उसके पतनशील रुझानों का जोरों से खंडन किया था। प्रसाद जी ने भी प्राचीन साहित्य में काम शब्द के प्रयोग का अध्ययन किया था लेकिन वेद में प्रयुक्त काम शब्द और वर्तमान अर्थ में प्रयुक्त होनेवाले काम में भेद किया था। उस काम के व्यापक अर्थ से ही उन्होंने कामगोत्रजा 'कामायनी' का सम्बन्ध जोड़ा था, लेकिन कहाँ प्रसाद जी की 'कामायनी' और कहाँ नगेन्द्र जी की (देव की नहीं) नायिका, जिसका अवचेतन मन बलात्कार के समय आक्रान्ता की ओर सहानुभूति पैदा करता है। नारी पर पाशविक अत्याचारों के लिए कैसी बढ़िया 'मनोवैज्ञानिक' सफाई है!

डॉ. नगेन्द्र-जैसे आलोचक दरबारी साहित्य की हिमायत करते हुए भारतीय दर्शन, भारतीय साहित्यशास्त्र की दुहाई देकर इन्हें भी बदनाम करते हैं। यदि भारतीय दर्शन और साहित्यशास्त्र दरबारों तक सीमित रहे होते तो यह प्रयत्न कुछ सार्थक भी होता। लेकिन शुद्ध साहित्यिक दृष्टिकोण की दुहाई देकर जब ये आलोचक सामन्तवाद के पतनकाल के साहित्य का समर्थन करने चलते हैं, तब भारतीय दर्शन और साहित्यशास्त्र की प्रगतिशील परम्परा से वे पहले ही नाता तोड़ लेते हैं। इनके विपरीत शुक्ल जी से हम सीखते हैं कि रीतिकालीन काव्य का विवेकपूर्ण विवेचन करते हुए किस तरह भारतीय चिन्तन के प्रगतिशील तत्त्वों को पहचानना चाहिए, किस तरह उन्हें वर्तमान युग में पुष्ट और विकसित करना चाहिए, किस तरह पश्चिम के मनोविज्ञान और साहित्य के पतनशील रुझानों का विरोध करना चाहिए, किस तरह उनके वैज्ञानिक और प्रगतिशील तत्त्वों को अपनाना चाहिए। शुक्ल जी के आलोचना-साहित्य का अध्ययन हिन्दी साहित्य को अवांछित प्रभावों से मुक्त करने के लिए अब भी एक महान् साधन है। इसलिए इस तरह के आलोचक कहीं खुलकर, कहीं छिपकर शुक्ल जी की मूल स्थापनाओं पर प्रहार करते हैं। इनके प्रहारों से उनका कुछ बनता-बिगड़ता नहीं, यह दूसरी बात है; वास्तव में इससे शुक्ल जी का युगान्तकारी महत्त्व सभी की आँखों के सामने और भी स्पष्ट हो जाता है।

हिन्दी गद्य का विकास और भारतेन्दुकाल

हिन्दी गद्य के विकास का सवाल हिन्दी भाषा के विकास, हिन्दी-उर्दू के परस्पर सम्बन्ध और भाषा के विकास में विभिन्न वर्गों की भूमिका आदि की समस्याओं के साथ जुड़ा हुआ है। शुक्ल जी ने हिन्दी भाषा और हिन्दी गद्य के विकास को उस समाज के विकास के साथ देखने-समझने की कोशिश की है जिसकी भाषा हिन्दी है। चाहे भाषा का इतिहास हो, चाहे साहित्य का, समाज से अलग करके हम उसे नहीं समझ सकते। शुक्ल जी के लिए न तो 'शुद्ध' साहित्यशास्त्र है, न शुद्ध भाषाशास्त्र। उनके दृष्टिकोण की यह विशेषता उन्हें भाववादी विचारकों से अलग करती है। वह उन विचारकों से भिन्न हैं जो भाषा और साहित्य को सामाजिक गतिविधि से दूर रखकर उनका अध्ययन करते हैं।

हिन्दी भाषा और गद्य के विकास को समझने के लिए शुक्ल जी ने बोलचाल की भाषा, जनता के व्यवहार में आनेवाली भाषा पर अपनी निगाह जमाई है। भाषा का मतलब सबसे पहले जनता के कामकाज की भाषा है; साहित्य की भाषा और उस भाषा की विभिन्न शैलियाँ बाद को आती हैं। यह एक सही वैज्ञानिक दृष्टिकोण है। यह दृष्टिकोण शुक्ल जी को उन खाई-खंदकों में गिरने से बचाता है जिनमें पड़े हुए हिन्दी और भारत की दूसरी भाषाओं के भी अनेक 'वैज्ञानिक' आसमान के तारे गिन रहे हैं। इस दृष्टिकोण की वजह से शुक्ल जी ने भाषा के इतिहास को समझने के लिए उसके पुस्तकों में दर्ज रूप को काफी नहीं माना। जो कुछ किताबों में लिखा हुआ है, वह सभी व्यवहार में भी आता होगा, यह आवश्यक नहीं है। संस्कृत नाटकों में और स्वतंत्र रूप से भी जिस 'प्राकृत' का व्यवहार किया गया है, उसे शुक्ल जी ने चुपचाप लोक-व्यवहार की भाषा नहीं मान लिया है। जायसी की भूमिका में 'गढ़ी हुई' प्राकृत से जायसी और तुलसी की स्वाभाविक भाषा की तुलना करते हुए उन्होंने लिखा है : "जायसी और तुलसी ने चलती भाषा में रचना की है, प्राकृत के समान व्याकरण के अनुसार गढ़ी हुई भाषा में नहीं।" (वक्तव्य, प्रथम संस्करण)

प्राकृतों की कुछ विशेषताओं का आधार बोलचाल की भाषाएँ न रही हों, यह बात नहीं है। ये विशेषताएँ—खास कर कुछ उच्चारण की विशेषताएँ—

बोलचाल की विशेषताएँ हैं या उनसे बहुत मिलती-जुलती हैं, लेकिन किसी भाषा का रूप उसके व्याकरण और मूल शब्द-भंडार से निश्चित होता है। प्राकृतों का व्याकरण और शब्द-भंडार इतना मिलता-जुलता है कि उन्हें अनेक भाषाएँ न कहकर एक ही भाषा कहना ज्यादा सही होगा। ऐसे युग में जब यातायात के साधन कम हों, परस्पर व्यवहार और मिलने-जुलने में आज से कहीं ज्यादा कठिनाई हो, भाषाएँ एक-दूसरे से और भी ज्यादा भिन्न होती हैं, थोड़ी-थोड़ी दूरी पर भी भाषा की विभिन्नता आज से ज्यादा होनी चाहिए। यदि ये प्राकृतें अलग-अलग जातियों की भाषाएँ होतीं तो उनमें आज मराठी, गुजराती, हिन्दी, बंगला आदि में जितनी विभिन्नता है, उससे ज्यादा ही होती, कम न होती। लेकिन वास्तव में प्राकृतें एक-दूसरे के इतना निकट हैं जितना मराठी, गुजराती, हिन्दी आदि भाषाएँ तो क्या, एक भाषा की बोलियाँ भी एक-दूसरे के निकट नहीं हैं। इसके सिवा प्राकृत या प्राकृतों का व्याकरण और मूल शब्द-भंडार प्राय: वही है, जो संस्कृत का है। प्राकृत और संस्कृत का भेद मुख्य रूप से उच्चारण का भेद है, व्याकरण और मूल शब्द-भंडार का नहीं लेकिन भारत या विदेश की किन्हीं दो बहुत ही मिलती-जुलती—भौगोलिक दृष्टि से भी पास-पास बोली जानेवाली भाषाओं को ले लीजिए, यह साफ दिखाई देगा कि उनमें व्याकरण और मूल शब्द-भंडार की अपनी विशेषताएँ हैं जो उनका अपना भाषागत रूप स्थिर करती हैं। इसलिए शुक्ल जी की स्थापना सही मालूम होती है और उस पर विचार करने के बाद संस्कृत से प्राकृत और प्राकृत से एकाधिक मंजिल के बाद हिन्दी का विकास हुआ—यह धारणा छोड़नी होगी। सबसे ज्यादा ध्यान इस बात पर देना होगा कि खड़ी बोली, ब्रज, अवधी आदि का व्याकरण संस्कृत और प्राकृत से कितना मिलता है, उसकी अपनी विशेषताएँ क्या हैं, क्या उनका आधार भी संस्कृत का व्याकरण है, इत्यादि। हो सकता है कि व्याकरण और मूल शब्द-भंडार पर विचार करने से हिन्दी और भी प्राचीन सिद्ध हो और वह संस्कृत-परिवार की तो मानी जाए, लेकिन उसके व्याकरण के रूप, मूल शब्द आदि संस्कृत से निकले हुए न सिद्ध हों। इस विषय पर यहाँ विस्तार से लिखने का अवकाश नहीं है। भाषा-सम्बन्धी खोज के लिए यह भी एक सम्भावित मार्ग है, इतना ही संकेत करना काफी होगा।

अपभ्रंश और खड़ी बोली के सम्बन्ध में शुक्ल जी की यह धारणा है कि अपभ्रंश हिन्दी का ही पुराना रूप नहीं है लेकिन हिन्दी के रूप की उसमें झलक जरूर मिलती है। अपने इतिहास में गद्य के विकास के सिलसिले में उन्होंने लिखा है : "भोज के समय से लेकर हम्मीरदेव के समय तक अपभ्रंश-काव्यों की जो परम्परा चलती रही उसके भीतर खड़ी बोली के प्राचीन रूप की झलक अनेक पद्यों में मिलती है।" अपभ्रंश और हिन्दी के व्याकरणों की तुलना करने से शुक्ल जी की यह स्थापना सही मालूम होती है।

अपभ्रंश बोलचाल की भाषा नहीं थी, इस सम्बन्ध में लिखा है : "इस अपभ्रंश या प्राकृत भाषा हिन्दी का अभिप्राय यह है कि यह उस समय की ठीक बोलचाल की भाषा नहीं है जिस समय की इसकी रचनाएँ मिलती हैं।"

भाषा का लिखित साहित्य न मिलने से यह साबित नहीं होता कि वह भाषा बोली भी न जाती थी। लिखित साहित्य के आधार पर ही भाषा की प्राचीनता निश्चित नहीं की जा सकती। सामाजिक विकास के साथ, भाषा नये शब्द लेती है, कुछ शब्द छोड़ती है, समृद्ध होती है लेकिन उसके मूल व्याकरण और बुनियादी शब्द-भंडार में बहुत ही कम परिवर्तन होता है। व्याकरण और मूल शब्द-भंडार की विशेषताएँ हजारों साल तक कायम रहती हैं। इसीलिए भाषा सबसे पहले मौखिक व्यवहार का माध्यम है, यह याद रखना चाहिए। इस सम्बन्ध में शुक्ल जी अपने इतिहास में लिखते हैं :

"पर किसी भाषा का साहित्य में व्यवहार न होना इस बात का प्रमाण नहीं है कि उस भाषा का अस्तित्व ही नहीं था। उर्दू का रूप प्राप्त होने के पहले भी खड़ी बोली अपने देशी रूप में वर्तमान थी और अब भी बनी हुई है।"

खुसरो से पहले हिन्दी में मौखिक साहित्य रचा जाता रहा होगा, इस बारे में शुक्ल जी कहते हैं : "कोई भाषा हो, उसका कुछ-न-कुछ साहित्य अवश्य होता है—चाहे वह लिखित न हो, श्रुति-परम्परा द्वारा ही चला आता हो। अत: खड़ी बोली के भी कुछ गीत, कुछ पद्य, कुछ तुकबन्दियाँ खुसरो के पहले से अवश्य चली आती होंगी।"

साहित्य का माध्यम बनने से पहले कितनी ही शताब्दियों तक भाषा मौखिक रूप में प्रचलित रहती है; लिखित साहित्य ऐसे बहुत-से साधनों पर निर्भर रहता है जो भाषा के लिए नियामक नहीं हैं। इसलिए उसके मौखिक रूप पर ध्यान देते हुए हिन्दी की प्राचीनता पर नये सिरे से विचार करने की आवश्यकता है।

भाषा किसी समाज के व्यवहार का माध्यम होती है; उस समाज के सभी लोग—उनका धर्म चाहे अलग-अलग हो—एक ही भाषा काम में लाते हैं। धर्म बदलने से या नये धर्म वालों के आ मिलने से भाषा नहीं बदल जाती। मध्यकालीन भारत में पश्चिम से जब अनेक जातियों के आक्रमण हुए और उनमें से बहुत लोग यहाँ बस गए, राज्यभाषा फारसी बनी, तब हिन्दी और अन्य भाषाओं पर नये प्रभाव पड़े, उनमें बहुत-से शब्द आए लेकिन भाषाओं के मूल व्याकरण-रूपों में कोई कहने लायक तब्दीली न हुई। आक्रमणों से, आक्रान्ता जातियों के घुलमिल जाने से, धर्म बदलने से, नये धर्मवालों के आकर बसने से भाषा के मौलिक रूप में परिवर्तन नहीं होता।

मध्यकालीन भारत में मुसलमानों के हमलों से, उनके यहाँ आकर बसने से—यानी अरबों, तुर्कों, ईरानियों, पठानों आदि के हमलों से या उनके यहाँ बस जाने से—

खड़ी बोली, ब्रज, अवधी आदि में कोई मौलिक परिवर्तन नहीं हुए, व्याकरण नहीं बदल गया, मूल शब्द-भंडार दूसरा नहीं हो गया। हमारे यहाँ एक अवैज्ञानिक धारणा प्रचलित रही है कि मुसलमानों और हिन्दुओं के मिलने से एक नई भाषा का जन्म हो गया; उर्दू मुसलमानों की भाषा है, खड़ी बोली मुसलमानों के आने से फली, इत्यादि। इस तरह की धारणाओं का इतिहास से कोई सम्बन्ध नहीं है।

यहाँ के हिन्दुओं की कोई एक भाषा नहीं थी, उनकी अनेक भाषाएँ थीं। यह याद दिलाना भी गलत न होगा कि अरब हमलों से पहले भारत में हिन्दू धर्म के सिवा और दूसरे धर्म भी थे। इन धर्मवालों की भाषाएँ धर्म के हिसाब से अलग-अलग न थीं। अपने-अपने प्रदेशों में बसी हुई जातियाँ अपनी-अपनी भाषाओं का उपयोग करती थीं। किसी भी जाति में एक से ज्यादा धर्म होने पर एक से ज्यादा भाषाएँ न हो जाती थीं। इस तरह अरब, ईरान, तुर्किस्तान, पठान देश आदि के मुसलमानों का धर्म एक होने पर भी उनकी भाषा एक न थी; जैसे आज उनमें भाषागत भेद है, वैसे ही तब भी था और अब से ज्यादा ही था। इसलिए हिन्दुओं और मुसलमानों के मिलने से किसी नई भाषा का बनना एक निराधार कल्पना है।

खड़ी बोली पहले एक सीमित क्षेत्र की भाषा थी, यह सभी जानते हैं। जैसे अवधी, बुन्देलखंडी आदि जनपदीय भाषाएँ या बोलियाँ हैं, वैसे ही पहले खड़ी बोली भी थी। अपने क्षेत्र के गाँवों में वह आज भी बोली जाती है, जैसे अपने क्षेत्र के गाँवों में आम तौर से आज भी अवधी बोली जाती है। इस सीमित क्षेत्र से बाहर खड़ी बोली कैसे फैली? क्या यह मुसलमानों की विशेष भाषा थी और मुगल साम्राज्य के साथ उसका प्रसार हुआ?

पूर्वी बंगाल, मलावार, पश्चिमी पंजाब, कश्मीर के मुसलमानों की भाषा कौन-सी है? क्या खड़ी बोली? नहीं, उनकी भाषा बंगला, मलयालम, पंजाबी और कश्मीरी है। जिस जातीय प्रदेश के मुसलमान होंगे, वहीं की उनकी भाषा भी होगी। हिन्दी भाषा-क्षेत्र में उनकी बोलचाल की भाषा वही थी, जो दूसरों की थी। गाँवों में दूसरे किसानों की तरह देहाती मुसलमान भी अवधी, भोजपुरी, बुन्देलखंडी आदि बोलते थे, जैसेकि आज भी बोलते हैं। इसलिए यह समझना कि मुसलमानों या मुगल साम्राज्य के कारण खड़ी बोली फैली, एक भ्रम है। सबसे पहले भारतेन्दु ने खड़ी बोली के प्रसार का सम्बन्ध व्यापार के बढ़ने और शहरों में पछाँह के व्यापारियों के बसने से जोड़ा था। "हिन्दी भाषा' नाम के निबन्ध में भारतेन्दु ने बनारस शहर के अन्दर प्रचलित अनेक बोलियों का हवाला देने के बाद लिखा था : "जो हो, यह तो सिद्धान्त है कि जो यहाँ के शिष्ट लोग बोलते हैं, वह परदेशी भाषा है और यहाँ पश्चिम से आई है।" यह 'परदेसी' भाषा पश्चिमोत्तर देश--यानी हिन्दी-भाषी प्रदेश—में किन व्यापारी जातियों के साथ आई, इसका जवाब भारतेन्दु के इस वाक्य से मिलता है : "अब पश्चिमोत्तर देश में घर में बोलने की भाषा कौन है,

यह निश्चय नहीं होता क्योंकि दिल्ली प्रान्त के व अन्य नगरों में भी खत्रियों व पछाहीं अगरवालों व और पछाहीं जातियों के अतिरिक्त घर में हिन्दी कोई नहीं बोलता वरंच यहाँ तो कोस-कोस पर भाषा बदलती है।"*

शुक्ल जी ने भारतेन्दु के इन सूत्रों को विकसित करते हुए व्यापारी जातियों के फैलने के साथ खड़ी बोली के प्रसार का सम्बन्ध इस तरह जोड़ा है : मुगल साम्राज्य के ह्रास के समय "दिल्ली के आसपास के प्रदेशों की हिन्दू व्यापारी जातियाँ (अगरवाल, खत्री आदि) जीविका के लिए लखनऊ, फैजाबाद, प्रयाग, काशी, पटना आदि पूरबी शहरों में फैलने लगीं।" शुक्ल जी ने खड़ी बोली के प्रसार का सम्बन्ध व्यापारी जातियों के साथ ठीक जोड़ा है। लेकिन व्यापारियों में हिन्दू ही नहीं थे, मुसलमान भी थे। व्यापारियों के अलावा यहाँ के साधारण लोगों का एक जनपद में बसने का काम काफी दिन से चला आ रहा था। यही कारण है कि लखनऊ या बनारस के मुसलमान जिन जनपदों से आकर वहाँ बसे थे, वहाँ की बोलियाँ अब भी घरों में बोलते हैं।

व्यापार के समय खड़ी बोली के प्रसार की घटना मुगल-साम्राज्य के पतन से पहले की है। शुक्ल जी ने ठीक लिखा है : "अकबर और जहांगीर के समय में ही खड़ी बोली भिन्न-भिन्न प्रदेशों में शिष्ट समाज के व्यवहार की भाषा हो चली थी।" अकबर और जहांगीर के समय व्यापार की बड़ी-बड़ी मंडियाँ कायम हुईं, शेरशाह और उसके पहले से सामन्ती समाज के ढाँचे में पूँजीवादी सम्बन्ध पनप रहे थे, वे और मजबूत हुए। इसीलिए न सिर्फ दिल्ली और आगरे में, बल्कि "भिन्न-भिन्न प्रदेशों में" खड़ी बोली शिष्ट समाज के व्यवहार की भाषा बनी। इस स्थापना के विपरीत शुक्ल जी खड़ी बोली के गद्य के सिलसिले में जो पहले लिख गए हैं, वह सही नहीं है : "देश के भिन्न-भिन्न भागों में मुसलमानों के फैलने तथा दिल्ली की दरबारी शिष्टता के प्रचार के साथ ही दिल्ली की खड़ी बोली शिष्ट समुदाय के परस्पर व्यवहार की भाषा हो चली थी।" न तो खड़ी बोली केवल हिन्दू व्यापारी जातियों के साथ फैली, न मुसलमानों के फैलने और दरबारी शिष्टता के प्रचार के साथ उसका सम्बन्ध है। खड़ी बोली के प्रसार का सम्बन्ध हमारे जातीय निर्माण से है; अवध, ब्रज आदि जनपदों के अलगाव टूटने से है, व्यापार की मंडियाँ कायम होने से है और इस प्रक्रिया में हिन्दू-मुसलमान, दोनों शामिल थे।

शुक्ल जी ने बाजारों के साथ खड़ी बोली के प्रसार का सम्बन्ध जोड़ा, यह उनकी सूझबूझ का बहुत बड़ा प्रमाण है। वैज्ञानिक इतिहास के विद्यार्थी जानते हैं कि सामन्तवाद के पतनकाल में, पूँजीवाद के उत्थानकाल में, बाजारों के कायम होने के साथ जातियों का निर्माण भी होता है। दिल्ली, आगरा, लखनऊ, इलाहाबाद, बनारस, पटना आदि शहर अकबर और जहाँगीर के समय यहाँ के प्रधान व्यापार केन्द्र थे।

---

* कविवचन-सुधा, 2 अक्तूबर, 1872

वे उद्योग-धन्धों और संस्कृति के केन्द्र भी थे। इनकी बढ़ती के साथ खड़ी बोली बाजार की भाषा बनी, वह अपने सीमित क्षेत्र से बाहर आई और पूरब के इलाकों में भी फैली। शुक्ल जी ने ठीक लिखा है : "अत: धीरे-धीरे पूरब के शहरों में भी इन पश्चिमी व्यापारियों की प्रधानता हो चली। इस प्रकार बड़े शहरों के बाजार की व्यावहारिक भाषा भी खड़ी बोली हुई।"

शुक्ल जी ने खड़ी बोली के प्रसार का जो रहस्य यहाँ प्रकट किया है, वह भाषाविज्ञान के अनेक विशेषज्ञों के लिए अब भी रहस्य बना हुआ है। अनेक विद्वानों की समझ में नहीं आया कि अवधी, भोजपुरी, मगही आदि से खड़ी बोली का सम्बन्ध क्या है? उनकी समझ में यह नहीं आया कि बड़े शहरों के बाजार की 'व्यावहारिक भाषा' खड़ी बोली हुई। वे कभी-कभी उसे नकली, अव्यावहारिक, पूरब और पश्चिम की लादी हुई भाषा समझते हैं। वे अवधी, भोजपुरी, मैथिली आदि के स्वतंत्र विकास—विभिन्न जातियों की भाषाओं के रूप में उनके विकास—का सपना देखते हैं। कुछ दूसरे विद्वान् अंग्रेजों के आने से पहले व्यापारी-सम्बन्धों के अस्तित्व और प्रसार को ही नजरअन्दाज करते हैं; वे इस सवाल को न तो उठाते हैं। और न इसका जवाब देते हैं कि अकबर और जहाँगीर के समय दिल्ली, आगरा, लखनऊ, इलाहाबाद, बनारस और पटना में व्यापार की मंडियाँ क्यों कायम हुईं, ये शहर क्यों एशिया के नगरों में भारी व्यापार-केन्द्र बने, इनके बाजार में परस्पर व्यवहार की सामान्य भाषा क्या थी। हिन्दी-भाषी प्रदेश अब भी अनेक सूबों में बँटा हुआ है। हिन्दी-भाषियों को पिछड़ा हुआ और एक-दूसरे से बँटा हुआ रखने के लिए पूरब-पश्चिम के झगड़े खड़े करके और भी विभाजन की योजनाएँ बनाई गई हैं। यह सब देखते हुए शुक्ल जी की स्थापनाओं का महत्त्व अच्छी तरह समझ में आ सकता है। उनकी स्थापनाओं के आधार पर ही हम हिन्दी-भाषियों की जातीय एकता, उनके जातीय निर्माण और संगठन और इस काम में खड़ी बोली की ऐतिहासिक भूमिका समझ सकते हैं।

शुक्ल जी के सामने खड़ी बोली के प्रसार के ऐतिहासिक कारण स्पष्ट थे, इसलिए वह ग्रियर्सन आदि के इस प्रचार से सहमत न हो सकते थे कि हिन्दी गद्य का विकास—यानी गद्य में खड़ी बोली के हिन्दी रूप का विकास—अंग्रेजों की कृपा का फल था। न वह कुछ अंग्रेज भाषा-वैज्ञानिकों और उनके हिन्दुस्तानी अनुयायियों के इस प्रचार से सहमत हो सकते थे कि उर्दू से प्रचलित अरबी-फारसी के शब्द निकालकर उनकी जगह संस्कृत के शब्द रखने से हिन्दी गद्य का विकास हुआ है। शुक्ल जी ने दिखलाया कि खड़ी बोली के प्रचलित रूप के आधार पर ही हिन्दी गद्य का विकास हुआ। यह साबित करने के लिए उन्होंने लल्लू जी लाल से पहले के हिन्दी गद्य के नमूने दिये और यह भी दिखला दिया कि वे नमूने लल्लू जी लाल के गद्य से ज्यादा साफ-सुथरी हिन्दी की मिसाल थे।

हिन्दी प्रदेश के रहनेवालों की जातीय भाषा हिन्दी है। अंग्रेजों के आने से पहले हमारे जातीय निर्माण का सिलसिला काफी आगे बढ़ चुका था; उसी के साथ खड़ी बोली के प्रसार का काम भी काफी आगे बढ़ चुका था। वास्तव में अंग्रेजों ने अपनी भेद-नीति से हमारे जातीय निर्माण में काफी अड़ंगे लगाए और भाषा के मामले में दखल देकर हिन्दी-भाषी जाति को तोड़ने की काफी कोशिश की। शुक्ल जी अपने इतिहास में लिखते हैं : "मुसलमानों के दिये हुए कृत्रिम रूप से स्वतंत्र खड़ी बोली का स्वाभाविक देशी रूप भी देश के भिन्न-भिन्न भागों में पछाँह के व्यापारियों आदि के साथ-साथ फैल रहा था। उसके प्रचार और उर्दू साहित्य के प्रचार से कोई सम्बन्ध नहीं। धीरे-धीरे यही खड़ी बोली व्यवहार की सामान्य शिष्ट भाषा हो गई। जिस समय अंग्रेजी राज्य भारत में प्रतिष्ठित हुआ, उस समय भारत में खड़ी बोली व्यवहार की शिष्ट भाषा हो चुकी थी।"

उर्दू के सवाल को हम आगे लेंगे। यहाँ ध्यान देने की बात यह है कि शुक्ल जी के अनुसार, अंग्रेजी राज्य के प्रतिष्ठित होने के समय खड़ी बोली व्यवहार की शिष्ट भाषा "हो चुकी थी।" जातीय भाषा के प्रसार के लिए हम अंग्रेजों के देनदार नहीं हैं। इस प्रसार का सम्बन्ध शुक्ल जी ने बार-बार व्यापारियों की कार्रवाई से जोड़ा है।

शुक्ल जी ने रामप्रसाद निरंजनी के गद्य की मिसाल देकर कहा है कि "मुंशी सदासुख और लल्लू जी लाल से 62 वर्ष पहले खड़ी बोली का गद्य अच्छे परिमार्जित रूप में पुस्तकें आदि लिखने में व्यवहृत होता था।" दौलतराम के 'पद्म पुराण' का अनुवाद देखकर शुक्ल जी ने फिर लिखा कि यह ग्रंथ जैन समाज के लिए रचा गया था जो "बराबर व्यापार से सम्बन्ध रखनेवाला समाज रहा है।" उससे एक और सबूत मिला कि खड़ी बोली "अधिकांश शिष्ट जनता के बीच" अपने स्वाभाविक रूप में प्रचलित थी। यह सबूत इस दलील को काटता है कि हिन्दी गद्य अंग्रेजों की कृपा से विकसित हुआ। शुक्ल जी जोर देकर कहते हैं : "अत: यह कहने की गुंजाइश अब जरा भी नहीं रही कि खड़ी बोली गद्य की परम्परा अंग्रेजों की प्रेरणा से चली।" इंशा की 'रानी केतकी' की कहानी अंग्रेजों के आने से पहले लिखी गई थी; "अत: यह कि अंग्रेजों की प्रेरणा से ही हिन्दी खड़ी बोली गद्य का प्रादुर्भाव हुआ, ठीक नहीं है।" सदासुखलाल ने भी साफ-सुथरी हिन्दी में गद्य लिखा था। वह दिल्ली के रहनेवाले थे; उर्दू के भी लेखक थे, इन बातों का प्रभाव उनके गद्य लिखने पर पड़ा। खड़ी बोली दिल्ली वालों के घर की चीज थी; लखनऊ वगैरह में तो वह फैली। लेकिन "मुंशी जी ने यह गद्य न तो किसी अंग्रेज अधिकारी की प्रेरणा से और न किसी दिये हुए नमूने पर लिखा।" उन्होंने उस भाषा में लिखा, जो चारों ओर, पूरबी प्रान्तों में भी, प्रचलित थी।

इस तरह शुक्ल जी ने अंग्रेजों के इस प्रचार का तर्कसंगत खंडन किया कि उन्होंने कलकत्ते में हिन्दी-गद्य का पौधा लगाया था।

बोलचाल की भाषा का सूत्र पकड़े रहने से शुक्ल जी इस भ्रम में नहीं पड़े कि हिन्दी-उर्दू दो स्वतंत्र भाषाएँ हैं। उर्दू खड़ी बोली का ही एक रूप है, यह मान्यता उनकी अनेक उक्तियों से प्रकट होती है। इंशा के सिलसिले में लिखा है : "खड़ी बोली उर्दू-कविता में पहले से बहुत कुछ मँज चुकी थी जिससे उर्दू वालों के सामने लिखते समय मुहावरे आदि बहुतायत से आया करते थे।" खड़ी बोली मँज चुकी थी, इसका मतलब यह है कि उसका टकसाली रूप बहुत कुछ निश्चित हो चुका था। उर्दू वालों के सामने मुहावरे आदि बहुतायत से आया करते थे, इसका मतलब यह है कि वे आम तौर से मुहावरेदार भाषा लिखा करते थे।

यहाँ खड़ी बोली गद्य के विकास की एक और कड़ी पर ध्यान देना चाहिए जो शुक्ल जी के समय स्पष्ट न थी। यह कड़ी दकनी हिन्दी की है। इंशा, सदासुख और लल्लू जी लाल ही नहीं, मीर, ग़ालिब और सौदा से भी बहुत पहले दक्खिन के लेखकों ने खड़ी बोली का गद्य विकसित किया था। इसमें ज्यादातर—और खास तौर से वली से पहले की रचनाओं में—फारसी प्रचलित शब्दों के साथ संस्कृत के प्रचलित शब्द भी मिलते हैं, बहिष्कार की नीति के बदले व्यवहार की भाषा का रूप बहुत कुछ इस दकनी गद्य से मालूम हो सकता है।

'भाखा' शब्द मुसलमान किस अर्थ में इस्तेमाल करते थे, यह बतलाते हुए शुक्ल जी ने लिखा है : " 'भाखा' से खास ब्रज भाषा का अभिप्राय उनका नहीं होता था। जैसे अरबी-फारसी मिली हिन्दी को 'उर्दू' कहते थे, उसी प्रकार संस्कृत मिली हिन्दी को 'भाखा'।" यानी अरब-फारसी मिली हिन्दी उर्दू कहलाती थी, संस्कृत मिली भाखा। अन्तर शब्दों के चुनाव में था, न कि व्याकरण के मूल रूपों में। यहाँ भी शुक्ल जी की स्थापना से यह जाहिर होता है कि वह बुनियादी तौर से हिन्दी-उर्दू को एक ही भाषा समझते थे।

बालमुकुन्द गुप्त की शैली की तारीफ करते हुए शुक्ल जी ने लिखा है : "वे पहले उर्दू के अच्छे लेखक थे, इससे उनकी हिन्दी बहुत चली हुई और फड़कती हुई होती थी।" इसका मतलब यह हुआ कि उर्दू अरबी-फारसी से लदी हुई भाषा ही नहीं है, उसमें बोलचाल की हिन्दी का रूप भी रचा हुआ है जिससे फायदा उठाकर बालमुकुन्द गुप्त ने हिन्दी को सँवारा। उर्दू में शब्द-चयन की दो परम्पराएँ हैं, एक परम्परा वह है, जो शब्दावली को बोलचाल के नजदीक रखती है; दूसरी परम्परा वह है, जो बोलचाल के शब्दों को, खास तौर से हिन्दी के प्रचलित शब्दों को, घटिया समझकर उनके बदले फारसी से उधार लिये हुए माल से अपना रूप सँवारती है। इस दूसरी परम्परा का कारण मुख्य रूप से वह दरबारी संस्कृति और सामन्ती दृष्टिकोण है जो आम जनता की चीजों को घटिया समझता है और उसकी समझ में न आनेवाली चीजों को बढ़िया। उर्दू में अरबी-फारसी से बहुत ज्यादा शब्द लेने के कई कारण हैं। अकबर के समय और उसके बहुत पहले भी फारसी यहाँ की राजभाषा थी।

सामन्ती युग में जातीय उत्पीड़न का यह भी एक रूप था। फारसी के राजभाषा होने से जितने लोग दरबार की तरफ मुँह किये थे, वे फारसी को श्रेष्ठ और वहाँ की भाषाओं को आम तौर से हीन समझते थे। दूसरा कारण खुद हिन्दी साहित्य के अन्दर सामन्ती प्रभावों का गहरा असर था। हिन्दी के बहुत-से कवि कबीर, तुलसी, सूर, जायसी की परम्परा को न बढ़ाकर जहाँ-तहाँ दरबारों में नायिका-भेद छाँटते रहे। जातीय साहित्य की परम्परा संतों में फली-फूली थी, न कि दरबारी कवियों में। हिन्दी साहित्य के अन्दर सामन्ती असर इस बात में भी देखे जा सकते हैं कि बहुत-से लेखक संस्कृत को महान् और हिन्दी को हीन समझते थे, इन सामन्ती प्रभावों के कारण खड़ी बोली का एकमात्र साहित्यिक रूप विकसित न हुआ, अंग्रेजों के बाद भेदभाव और बढ़ा। सन् '57 में हिन्दुओं और मुसलमानों को अपने खिलाफ मिलकर लड़ते देखकर अंग्रेजों ने इस भेदभाव को और गहरा किया। पुलिस और कचहरी का खास सम्बन्ध उन्होंने मुसलमानों और अरबी से लदी हुई उर्दू से जोड़ा और अलगाव-प्रेमी मुस्लिम नेताओं को बढ़ावा देकर यहाँ का जातीय जीवन छिन्न-भिन्न करते रहे। साम्राज्यवादियों के जातीय उत्पीड़न का यह भी एक रूप था।

शुक्ल जी ने कहीं-कहीं उर्दू मात्र को कृत्रिम कहा है, उसे मुसलमानों की भाषा कहा है, यह ठीक नहीं है। उर्दू लिखनेवालों में बहुत-से हिन्दू भी थे, यह सभी जानते हैं। उर्दू में बोलचाल का रूप मौजूद है और बहुत अच्छी तरह मौजूद है, यह भी लोग जानते हैं। सदासुखलाल, लल्लू जी लाल, भारतेन्दु हरिश्चद्र, बालमुकुन्द गुप्त आदि हिन्दी गद्य के जन्मदाता उर्दू के अच्छे लेखक थे। उनके उर्दू लेखक होने का असर उनकी हिन्दी पर भी पड़ा और यह असर अच्छा था, यह भी लोग जानते हैं। अगर उर्दू कृत्रिम ही होती तो ये लोग उससे कुछ सीखने लायक क्या सीखते? और इनके बाद भी प्रेमचन्द, पद्मसिंह शर्मा आदि लेखक हिन्दी-उर्दू में समान रूप से अच्छा क्यों लिखते?

हिन्दी-उर्दू विवाद को इतना जहरीला बना दिया गया है कि बहुत-से लोग भूल गए हैं कि ये एक ही बोलचाल की भाषा के दो रूप हैं; इनका तमाम साहित्य—भला-बुरा जो कुछ है—एक ही जाति का साहित्य है। जैसे-जैसे लोग यह समझेंगे कि हिन्दी-उर्दू वाले एक ही प्रदेश के रहनेवाले हैं, एक ही कौम हैं, उनकी बोलचाल की भाषा एक है और इसलिए उनके साहित्य की भाषा को भी एक होना पड़ेगा, वैसे-वैसे यह अलगाव कम होगा। इस अलगाव को उर्दू वाले कम कर सकते हैं, वे मिली-जुली, साहित्यिक भाषा के विकास में बहुत मदद दे सकते हैं अगर उनके सामने तीन-चार बातें स्पष्ट हो जाएँ। पहली यह कि फारसी यहाँ सैकड़ों बरसों तक जबरन लादी हुई राजभाषा थी, उसके खिलाफ यहाँ के लोगों ने अपनी जातीय भाषाओं और संस्कृति को बचाने के लिए संघर्ष किया। यहाँ की भाषाओं पर फारसी के असर को—और फारसी के जरिये अरबी के असर को—

हर जगह हिन्दू-मुस्लिम एकता का सबूत न समझना चाहिए। दूसरी यह कि अरबी-फारसी के प्रचलित शब्दों को कायम रखते हुए सिर्फ उन्हीं से शब्द लेने का रुझान कम करना होगा, यह ध्यान रखना होगा कि यहाँ की भाषाएँ जिस तरह संस्कृत से शब्द उधार ले सकती हैं, उसी तरह अरबी से नहीं। दरअसल अगर फारसी से ही शब्द लिये जाते, फारसी के सभी शब्द ले लिये जाते तो भी हिन्दी उन्हें पचा जाती क्योंकि फारसी हमारे भाषा-परिवार के बहुत नजदीक है। कठिनाई पैदा होती है अरबी शब्दों की वजह से और जितना ही उर्दू में अरबी से नये शब्द लिये जाएँगे, उतना ही वह जनता से दूर होगी। तीसरी यह कि उन्हें आसान उर्दू की परम्परा को आगे बढ़ाना चाहिए—मीर, सौदा, इक़बाल की उस सरल उर्दू से, जो कभी-कभी सरल हिन्दी से जरा भी अलग नहीं है, सरल हिन्दी ही है, सीखना चाहिए। उस रीति को आगे बढ़ाना चाहिए। साथ ही मध्यकाल के संतों, प्रेममार्गी कवियों की शैली पर गौर करना चाहिए। उन्होंने फारसी से शब्द किस तरह लिये हैं, किस हिसाब से लिये हैं, बोलचाल से कितने शब्द लिये हैं, संस्कृत से कैसे शब्द लेते हैं, यह सब ध्यान में रखना चाहिए। चौथी यह कि वे अपना साहित्य नागरी अक्षरों में हिन्दी जाननेवाली जनता तक पहुँचाएँ, जिससे उसे पता लगे कि वह उसकी समझ में कितना आता है, वह उसे कितना पसन्द करती है, उसमें क्या सुधार चाहती है वगैरह।

इन चार बातों पर अमल करने से उर्दू के लेखक खड़ी बोली के मिले-जुले एक ही साहित्यिक रूप को विकसित करने में मदद दे सकते हैं। ऐसा वे करेंगे, एक हद तक कर भी रहे हैं क्योंकि यह हमारे सामाजिक विकास ही की माँग है जिससे आँख नहीं चुराई जा सकती।

इसके साथ ही हिन्दी लेखकों के भी कुछ कर्तव्य हैं जिन पर ध्यान न देने से वे हिन्दी का अहित करेंगे। पहली बात यह कि उर्दू को कृत्रिम कहकर टाल देने के बदले उससे कुछ सीखने का दृष्टिकोण अपनाना ज्यादा अच्छा है। आज के हिन्दी लेखक भारतेन्दु, बालमुकुन्द गुप्त और प्रेमचन्द से कुछ बढ़िया हिन्दी नहीं लिखते। अगर उन जैसे महान् लेखक भी उर्दू से कुछ सीख सकते थे तो हम क्यों नहीं सीख सकते? दूसरी बात यह कि हिन्दी के प्राचीन साहित्य की विरासत को अपनी चीज माननेवाले सूर, जायसी और तुलसी की परम्परा से दूर हटते जा रहे हैं। हम संस्कृत शब्दों को उस तरह भाषा में नहीं खपा पाते जिस तरह तुलसी और सूर ने, या देव और मतिराम ने भी, खपाया था। हम तत्सम रूप को पंडित समझते हैं, तद्भव रूप को अछूत। नतीजा यह है कि हम हिन्दी की अपनी विशेषताएँ भूलकर उसे संस्कृत के रास्ते ठेलना चाहते हैं। तीसरी बात यह कि संस्कृत से हमें भरसक ऐसे शब्द लेने या बनाने चाहिए जो हमारे उच्चारण के अनुकूल हों। अगर बोलने में कठिनाई हुई तो संस्कृत शब्दों की जगह फारसी अंग्रेजी, किसी भी भाषा के शब्द चल निकलेंगे, वे बोलने में कठिन शब्द रखे रहेंगे।

चौथी बात यह कि अरबी-फारसी के प्रचलित शब्दों का बहिष्कार न करके हमें उन्हें हिन्दी की सम्पत्ति समझकर उन्हें काम में लाना चाहिए; इससे भाषा का रूप नहीं बिगड़ता वरन भाषा में नई शक्ति पैदा होती है।

देश के बँटवारे के बाद काफी लोगों ने पारिभाषिक शब्दों के नाम पर सारे देश में समझे जाने लायक राष्ट्रभाषा गढ़ने के नाम पर हिन्दी का रूप काफी बिगाड़ा है लेकिन उनकी ये तमाम कोशिशें बेकार जाएँगी क्योंकि हिन्दी वह भाषा है जो एक ओर संस्कृत, दूसरी ओर फारसी और तीसरी ओर अंग्रेजी, इन तीनों के मिले-जुले दबाव को ठेलती हुई ऊपर उठी है। संस्कृत, फारसी और अंग्रेजी का सहारा एक बात है, दबाव दूसरी बात है। दबाव बेकार होगा; भाषा अपने जातीय रूप के अनुसार ही फले-फूलेगी।

आधुनिक हिन्दी साहित्य का उत्थानकाल हिन्दी-भाषी जनता के जातीय और जनवादी साहित्य का भी उत्थानकाल है। इसी युग में हिन्दी साहित्य को सामन्ती प्रभावों से मुक्त करके राष्ट्रीय स्वाधीनता, जातीय एकता और जनता की सेवा के नये रास्ते पर ले चलने की कोशिशें की गईं। सामन्ती प्रभाव एकाएक खत्म नहीं हो गए; खास कर कविता में वे काफी दिन तक जमे रहे। लेकिन गद्य में रूढ़िवाद का असर कम हुआ और जल्दी कम हुआ। गद्य का यह विकास आसानी से, बिना संघर्ष के नहीं हुआ; रूढ़िवादी विचारधारा गद्य का रूढ़िवादी रूप भी चाहती थी, प्रगतिशील विचारधारा गद्य के रूप को स्वाभाविक बोलचाल के ज्यादा नजदीक लाना चाहती थी। साहित्य की विषयवस्तु ने उसके रूप पर असर डाला; रूप की तुलना में विषयवस्तु ने अपनी नियामक भूमिका पूरी की। शुक्ल जी ने इस नई विषयवस्तु का समर्थन किया, उसके लोकप्रिय रूप का समर्थन किया।

हिन्दी गद्य लिखनेवालों के सामने दो मुख्य समस्याएँ थीं : एक तो यह कि ब्रज और अवधी के व्याकरण-रूपों से बचाकर उसका टकसाली रूप कायम किया जाए; दूसरी यह कि रूढ़िवादी अलंकारवाद से बचाकर उसे सहज और स्वाभाविक बनाया जाए। शुक्ल जी ने दिखलाया है कि ब्रज, अवध आदि में खड़ी बोली का प्रसार तो हुआ, लेकिन उसका एक-सा ही रूप हर जगह न बोला जाता था। "काशी पूरब में है पर यहीं के पंडित सैकड़ों वर्षों से 'होयगा', 'आवता है', 'इस करके' आदि बोलते चले आते हैं। इससे पूरब में खड़ी बोली का सहज प्रसार साबित हुआ, साथ ही यह भी साबित हुआ कि यह प्रसार स्थानीय प्रभावों के कारण हर जगह एक-सी टकसाली (स्टैंडर्ड) भाषा को लेकर न हुआ था। लल्लू जी लाल की भाषा में एक तरफ तो ब्रज के प्रयोग हैं, ब्रजभाषा के व्याकरण के कुछ रूप हैं, दूसरी तरफ अलंकारवाद का भी जोर है। एक तरफ मुख जाय, सिर नाय, सोई, भई आदि जैसे प्रयोग हैं, दूसरी तरफ 'भाषा की सजावट' के लिए 'विरामों पर तुकबन्दी', जहाँ-तहाँ अनुप्रास भी हैं, वाक्य बड़े-बड़े हैं जिससे कि "लल्लू जी लाल का काव्याभास गद्य

भक्तों की कथावार्ता के काम का ही अधिकतर है; न नित्य-व्यवहार के अनुकूल है, न सम्बद्ध विचारधारा के योग्य।" काव्याभास गद्य कहकर शुक्ल जी ने लल्लू जी लाल की सारी कमजोरियाँ जाहिर कर दी हैं। यह दोष लल्लू जी लाल ही में नहीं, इंशा में भी था। वह भी होने लगी, रोने लगी, बरसने लगे, तरसने लगे के अनुप्रास बाँधा करते थे। इस तरह के चमत्कार को दूर करके ही व्यवहार की भाषा का साहित्यिक रूप निखर सकता था। लल्लू जी लाल की भाषा में अलंकारवाद होते हुए भी मिठास थी, यह मानना होगा। ब्रजभाषा के व्याकरण-रूप लेना गलत था, लेकिन शब्दचयन ब्रजभाषा जैसा होने से उसमें मिठास भी है। इंशा के लिए तो शुक्ल जी ने खुद ही लिखा है कि कुछ विचित्रताओं के होते हुए भी "इंशा ने जगह-जगह बड़ी प्यारी घरेलू ठेठ भाषा का व्यवहार किया है।"

भारतेन्दु-युग के लेखकों ने आम तौर से जिस शैली का विरोध किया, उसके एक प्रतिनिधि उपाध्याय बदरीनारायण चौधरी प्रेमघन थे। इनके लेखों में "गद्य काव्य के पुराने ढंग की झलक, रंगीन इबारत की चमक-दमक बहुत कुछ मिलती है। बहुत-से वाक्य-खंडों की लड़ियों से गुँथे हुए उनके वाक्य अत्यन्त लम्बे होते हैं—इतने लम्बे कि उनका अन्वय कठिन होता था। पद-विन्यास में तथा कहीं-कहीं वाक्य के बीच विराम-स्थलों पर भी अनुप्रास देख इंशा और लल्लू जी लाल का स्मरण होता है। इस दृष्टि से देखें तो प्रेमघन में पुरानी परम्परा का निर्वाह अधिक दिखाई पड़ता है। यहाँ बहुत संक्षेप में शुक्ल जी ने रूढ़िवादी शैली के दोष बतला दिये हैं। नया साहित्य अयथार्थवाद की ओर बढ़ रहा था, इसलिए लम्बे वाक्य, बीच-बीच में अनुप्रास और इबारत की चमक-दमक इस यथार्थवादी रुझान के विरुद्ध पड़ते थे। शुक्ल जी ने आगे भी लिखा है कि पाठक कभी-कभी प्रेमघन के "एक-एक, डेढ़-डेढ़ कॉलम के लम्बे वाक्य में उलझा रह जाता था।"

इस चमत्कारवाद का सम्बन्ध संस्कृत की गद्य-शैली से भी था। शुक्ल जी ने जिस निर्भीकता से संस्कृत के चमत्कारवादी साहित्यशास्त्रियों का विरोध किया था, उसी निर्भीकता से उन्होंने संस्कृत गद्य के चमत्कारवादियों की सीमाएँ भी बतलाईं। ऐसे युग में और वह भी काशी में, जब देववाणी का हर लेखक हिन्दी साहित्यकारों से श्रेष्ठ और आलोचना से परे समझा जाता था—शुक्ल जी ने बाण और दंडी की गद्य-शैली के दोष दिखाकर साहस का ही काम किया। उन्होंने अपने इतिहास में गोविन्दनारायण मिश्र की रूढ़िवादी शैली का विवेचन करते हुए लिखा : "गद्य के सम्बन्ध में इनकी धारणा प्राचीनों के गद्य-काव्य की ही थी। लिखते समय बाण और दंडी इनके ध्यान में रहा करते थे। पर यह प्रसिद्ध बात है कि संस्कृत साहित्य में गद्य का वैसा विकास नहीं हुआ। बाण और दंडी का गद्यकाव्य अलंकार की छटा दिखाने वाला गद्य था, विचारों को उत्तेजना देने वाला, भाषा की शक्ति का प्रसार करनेवाला गद्य नहीं।" शुक्ल जी ने बाण और दंडी की शैली की सही आलोचना

की है लेकिन संस्कृत में इस शैली से भिन्न और तरह का गद्य भी है, यह भी उन्हें लिखना चाहिए था। लेकिन उस दूसरी तरह के गद्य का असर गोविन्दनारायण मिश्र जैसे लेखकों पर न पड़ रहा था। सामन्ती प्रभावों के कारण वे संस्कृत के उस गद्य से प्रेम करते थे जो सामन्ती संस्कृति का अंग था या उससे प्रभावित था। शुक्ल जी की यह चेतावनी बिलकुल ठीक है : "गद्यकाव्य की पुरानी रूढ़ि के अनुसरण से शक्तिशाली गद्य का प्रादुर्भाव नहीं हो सकता।"

शुक्ल जी ने हिन्दी को संस्कृत के शब्द-जाल से लादने का तीव्र विरोध किया है। उन्होंने गोविन्दनारायण मिश्र जैसे लेखकों के समास-अनुप्रास से गुँथे शब्द 'गुच्छों' पर व्यंग्य किया है। शुक्ल जी ने लिखा है : "जहाँ वे कुछ विचार उपस्थित करते हैं, वहाँ भी पदच्छटा ही ऊपर दिखाई पड़ती है। एक तो बेचारों के यहाँ वैसे ही विचारों का टोटा है, उस पर कहीं से दो-चार मिल भी गए तो पदच्छटा उन पर हावी रहती है। इसलिए इनका गद्य 'एक क्रीडा कौतुक मात्र' है।" गोविन्दनारायण मिश्र को उपसर्ग जोड़ने का भी मर्ज था; इस तरह "मिश्र जी-से लेखकों ने बिना किसी जरूरत के उपसर्गों का पुछल्ला जोड़ जनता के इन जाने-बूझे शब्दों को भी" समुचित, समुत्पन्न, समुच्चरित कर दिया। सौकर्य्य, सामीप्य, आर्जव आदि शब्द, शुक्ल जी के अनुसार, ऐसे ही लोगों की प्रवृत्ति से लाए जाने लगे। गोविन्दनारायण मिश्र में एक ऐसी प्रवृत्ति देखकर जो हिन्दी का रूप बिगाड़ रही थी, शुक्ल जी ने उनकी आलोचना की थी। भारतेन्दु-युग के प्रमुख लेखकों की गद्यशैली ऐसे ही लोगों का विरोध करती हुई विकसित हुई थी। यह प्रवृत्ति अभी खत्म नहीं हुई। हिन्दी के कुछ आलोचकों में वह खास तौर से पाई जाती है। उपसर्गों से उन्हें खास प्रेम है। यद्यपि वे ज्यादातर अंग्रेजी किताबों का अनुवाद ही करते हैं, फिर भी अपनी मौलिकता की धाक जमाने के लिए समुचित समुच्चरितवादी शब्दच्छटा के नीचे अपनी विचार-छटा छिपाए रहते हैं।

भारतेन्दु ने जैसी सरस हिन्दी लिखी, वैसी बहुत कम लोग लिख पाते हैं। इसका एक कारण यह भी है कि उन्होंने हिन्दी के सहज रूप को पहचाना था और उसे संस्कृत के साँचे में ढालने की कोशिश न की थी। शुक्ल जी ने संस्कृत-गद्य से प्रभावित हिन्दी लेखकों की शैली से भारतेन्दु की गद्य-शैली का अलगाव दिखलाते हुए लिखा है : "एक बात विशेष रूप से ध्यान देने की है। वस्तुवर्णन या दृश्यवर्णन में विषयानुकूल मधुर या कठोर वर्ण वाले संस्कृत शब्दों की योजना की, जो प्राय: समस्त और सानुप्रास होती है, चाल-सी चली आई है। भारतेन्दु में यह प्रवृत्ति हम सामान्यत: नहीं पाते।" शुक्ल जी ने यहाँ संस्कृत शब्दों के अनचाहे प्रयोगों की ओर खास तौर से ध्यान दिलाया है। हिन्दी का अपना रूप है, अपना स्वभाव है। संस्कृत के ढाँचे से उसका स्वतंत्र विकास हुआ है, यह बात भूलकर हिन्दी का विकास नहीं किया जा सकता।

हिन्दी और संस्कृत के सम्बन्ध की ओर शुक्ल जी ने बार-बार ध्यान दिलाया है। एक ओर जहाँ उन्होंने यह कहा है कि हिन्दी संस्कृत-परिवार की ही भाषा है, अरबी-फारसी के मुकाबले उसका संस्कृत से शब्द लेना स्वाभाविक है, वहाँ उन्होंने संस्कृत से अलग हिन्दी की अपनी प्रकृति के विकास पर भी जोर दिया है। भारतेन्दु-युग के लेखकों में जो सरसता मिलती है, उनका गद्य जो इतना स्वाभाविक और सजीव लगता है, उसका कारण यह है : "हरिश्चन्द्र-काल के सब लेखकों में अपनी भाषा की प्रकृति की पूरी परख थी। संस्कृत के ऐसे ही शब्दों और रूपों का व्यवहार वे करते थे जो शिष्ट समाज के बीच प्रचलित चले आते हैं। जिन शब्दों या उनके जिन रूपों से केवल संस्कृताभ्यासी ही परिचित होते हैं और जो भाषा के प्रवाह के साथ ठीक चलते नहीं, उनका प्रयोग वे बहुत औचट में पड़कर ही करते थे। उनकी लिखावट में न 'उड्डीयमान' और 'अवसाद' ऐसे शब्द मिलते हैं, न 'औदार्य्य', 'सौकार्य्य', और 'मौर्य्य' ऐसे रूप।"

भारतेन्दु और उनके युग के लेखकों की इस नीति का फल यह हुआ कि "उस काल में हिन्दी का शुद्ध साहित्योपयोगी रूप ही नहीं, व्यवहारोपयोगी रूप भी निखरा।" इधर हमारे शब्दच्छटावादी आलोचकों का यह हाल है कि उनकी लिखी हुई भाषा न तो संस्कृत है, न हिन्दी, न वह साहित्य के काम की है, न व्यवहार की। इसका कारण यह है कि इनका दिमाग सोचने के नाम पर कुछ अंग्रेजी वाक्यों का हिन्दी रूपान्तर करता है, लिखने के नाम पर वे ऐसे शब्द गढ़ते हैं जो हिन्दी में तो अजनबी हैं हो, संस्कृत में भी उनका वह अर्थ न होगा जो इन बुद्धिमानों के दिमाग में है। जिन हिन्दी लेखकों से इन्हें कुछ सीखना चाहिए, उन्हें ये उथला, सतही, एकागी, 'गाम्भीर्य्य शून्य' समझते हैं। इसलिए हिन्दी शब्दसागर की थाह लेने जाकर इनके हाथ 'मौर्ख्य' ही लग पाता है।

शुक्ल जी ने भारतेन्दु के गद्य की दो शैलियाँ बतलाई हैं : पहली भावावेश की, दूसरी तथ्य-निरूपण की। पहली तरह की शैली में वाक्य छोटे होते हैं : "पदावली सरस बोलचाल की होती है" जिसमें फारसी-अरबी के प्रचलित शब्द भी आ जाते हैं। उनकी दूसरी शैली में कभी-कभी "संस्कृत पदावली का कुछ अधिक समावेश होता है।" इस दूसरी शैली की मिसाल देने के बाद शुक्ल जी कहते हैं : "पर यह भारतेन्दु की असली भाषा नहीं है।" उन्होंने उनकी असली भाषा का रूप उस शैली में ही माना है जिसमें संस्कृत पदावली का अधिक समावेश नहीं है। वास्तव में इसी तरह की हिन्दी ने हरिश्चन्द्र को भारतेन्दु बनाया था।

भारतेन्दु ने भाषा का रूप काफी व्यवस्थित किया। उन्होंने सम्बद्ध वाक्य-रचना में कौशल दिखलाया; शब्दों के रूप भी प्राय: एक से रखे। उन्होंने भाषा को सदासुखलाल के 'पंडिताऊपन', लल्लू जी लाल के 'ब्रजभाषापन' और सदल मिश्र के 'पूरबीपन' से मुक्त किया। भारतेन्दु ने हिन्दी के उस टकसाली रूप का

विकास किया जिसे हम आज अपनी जातीय भाषा समझते हैं। यह बात भारतेन्दु-युग के सभी लेखकों के लिए नहीं कही जा सकती। बालकृष्ण भट्ट के गद्य में "पूरबी प्रयोग बराबर मिलते हैं।" प्रतापनारायण मिश्र "पूरबीपन की परवा न करके अपने बैसवारे की ग्राम्य कहावतें और शब्द भी कभी-कभी बेधड़क रख दिया करते थे।" भारतेन्दु में भी बनारस के कुछ खास प्रयोग मिलते हैं। स्थानीय प्रयोगों से उनका गद्य भी एकदम खाली नहीं है। लेकिन भारतेन्दु-युग आधुनिक हिन्दी गद्य के निर्माण का युग था। उसका महत्त्व भाषा को व्यवस्थित करने में उतना नहीं है जितना उसे बोलचाल के नजदीक रखते हुए साहित्यिक रूप देने में। बालकृष्ण भट्ट और प्रतापनारायण मिश्र के पूरबीपन पर हजारों शुद्ध हिन्दी लिखने वालों का टकसालीपन निछावर है। भारतेन्दु-युग के महान् लेखकों का गद्य अवध और ब्रज की धरती के बहुत ही नजदीक है; धूल भरे हीरे की तरह वह गद्य स्थानीयता के भीतर दमकता है। ये लेखक गद्य के लिए गद्य न लिख रहे थे, न भाषा सुधार के लिए भाषा सुधार रहे थे। भाषा उनके लिए एक साधन थी, साध्य नहीं। वह हिन्दी गद्य के रूप में सामाजिक उत्थान का एक ऐसा प्रबल शस्त्र गढ़ रहे थे जो बिखरे हुए हिन्दी-भाषियों को एक करे और उन्हें स्वाधीनता, शिक्षा और अपने जनवादी अधिकारों के लिए लड़ना सिखाए। यदि आज के बहुत-से पंडितों की तरह वे हिन्दी को नये शब्दों से 'समृद्ध' करने पर तुल जाते तो दस-पाँच कोश वे भी बना डालते लेकिन वह साहित्य न रच पाते जो सदियों तक हिन्दी के विकास-पथ को आलोकित करता रहे।

भारतेन्दु ने भाषा को सँवारने, उसका रूप स्थिर करने में बहुत बड़ा काम किया, लेकिन "इससे भी बड़ा काम उन्होंने यह किया कि साहित्य को नवीन मार्ग दिखाया।" यही उनका मुख्य काम था; और सब काम इसके मातहत थे। साहित्य को नया मार्ग दिखाने के कारण वह साहित्य के रूप में—उसकी भाषा, शैली आदि—को भी निखार सके, उसे यथार्थवादी रुझान के अनुकूल स्वाभाविक और सरस बना सके। लोगों में नई शिक्षा का प्रचार हो रहा था : "उनके भाव और विचार तो बहुत आगे बढ़ गए थे, पर साहित्य पीछे ही पड़ा था।" उस युग के लेखकों ने इस फासले को दूर किया। साहित्य समाज के पीछे घिसटता हुआ नहीं चलता; वह जनता के आगे बढ़े हुए विचारों और भावों का प्रतिनिधि होता है। तभी वह जनता को संगठित करके, उसमें नया मनोबल जगाकर उसे नये कर्म-मार्ग पर बढ़ा सकता है। भारतेन्दु से पहले "भक्ति, शृंगार आदि की पुराने ढंग की कविताएँ ही होती चली आ रही थीं।" शृंगार का मतलब था, नायिका-भेद। वह कभी की पुरानी पड़ गई थी। लेकिन भक्ति साहित्य, जिसे शुक्ल जी ने वास्तविक जगत के इतना निकट बतलाया था, वह भी इस युग की आवश्यकताओं के लिए काफी न थी। साहित्य युग की आवश्यकताओं को ध्यान में रखकर रचा जाना चाहिए; शाश्वत् के नाम पर वह सामयिकता को तिरस्कार की निगाह से नहीं देख सकता।

भारतेन्दु से पहले की हिन्दी—खड़ी बोली—का साहित्य इस विचार से पुराना पड़ चुका था; "देशकाल के अनुकूल साहित्य-निर्माण का कोई विस्तृत प्रयत्न तब तक नहीं हुआ था।" बंगला में ऐसे नाटक और उपन्यास रचे जाने लगे थे "जिनमें देश और समाज की नई रुचि और भावना का प्रतिबिम्ब होने लगा था। पर हिन्दी साहित्य अपने पुराने रास्ते पर ही पड़ा था। भारतेन्दु ने उस साहित्य को दूसरी ओर मोड़कर हमारे जीवन के साथ फिर से लगा दिया। इस प्रकार हमारे जीवन और साहित्य के बीच जो विच्छेद पड़ रहा था, उसे उन्होंने दूर किया।"

यह था साहित्य में युगान्तर। इस तरह का युगान्तर कभी शुद्ध साहित्यिक नहीं होता। वह जीवन और साहित्य को जोड़नेवाला होता है, उनके विच्छेद को दूर करनेवाला होता है। शुक्ल जी के विरोधी आलोचक, उन्हें एकांगी समाजशास्त्री, 'आउट ऑफ डेट' समझने वाले विद्वान् आज के साहित्य के लिए यह सवाल नहीं उठाते कि उसका हमारे सामाजिक जीवन से क्या सम्बन्ध है। वह जीवन के पीछे घिसट रहा है; उससे तटस्थ, पुरानी रूढ़ियों से चिपका हुआ है या आगे बढ़े हुए विचारों और भावों का प्रतिनिधि बन रहा है। वे यह सवाल इसलिए नहीं उठाते कि वे खुद सामाजिक जीवन के पीछे घिसट रहे हैं, उससे तटस्थ हैं, आगे बढ़े हुए विचारों और भावों से सशंक हैं, रूढ़ियों को हृदय से चिपकाए हुए हैं और उनमें न तो हिन्दी साहित्य की प्रगतिशील परम्परा को समझने की बुद्धि है, न उसे आगे बढ़ाने की शक्ति।

"नूतन और पुरातन का वह संघर्ष काल था।" भारतेन्दु जैसे लेखकों ने इस संघर्ष में तटस्थ न रहकर नई और प्रगतिशील विचारधारा को आगे बढ़ाया, यह उनका युगान्तरकारी काम था। यह विचारधारा राष्ट्रीय स्वाधीनता, जातीय एकता और जनवादी संस्कृति के उत्थान की विचारधारा थी, वह मनुष्य को अपनी शक्ति का भरोसा दिलानेवाली विचारधारा थी, वह ईश्वर के भरोसे हाथ पर हाथ रखकर बैठने का उपदेश देनेवाली विचारधारा न थी। भारतेन्दु-युग के साहित्य की मौलिकता इस बात में थी कि वह जनता के लिए रचा जा रहा था, दरबारों में सामन्तों और उनके मुसाहबों के मनोरंजन के लिए नहीं। उस पर सामन्ती प्रभाव भी थे, साम्राज्यवाद और सामन्तवाद से समझौता करने के रुझान भी उसमें हैं लेकिन वे उसके मुख्य रुझान नहीं हैं, उसकी मुख्य प्रवृत्तियाँ साम्राज्य-विरोधी और सामन्त-विरोधी हैं, रीतिकालीन परम्परा के विरुद्ध देशभक्ति और राष्ट्रीय चेतना की समर्थक हैं। भारतेन्दु अपने युग के अकेले लेखक न थे जिन्होंने नई विचारधारा को अपनाया। उनके कुछ समकालीन लेखक अपनी विचारधारा में उनसे भी आगे बढ़े हुए हुए थे। ऐसे ही लेखकों में बालकृष्ण भट्ट थे। उनके लिए शुक्ल जी ने लिखा है : "समय के प्रतिकूल पुराने बद्धमूल विचारों को उखाड़ने और परिस्थिति के अनुकूल नये विचारों को जमाने में उनकी लेखनी सदा तत्पर रहती थी।"

रूढ़िवादी विचारों को निर्मूल करना, समय के अनुकूल नये विचारों को जमाना—युग-निर्माता साहित्यकारों का यही कर्तव्य होता है। इस कर्तव्य के अनुकूल ही "भाषा उनकी [यानी बालकृष्ण भट्ट की] चरपरी, तीखी और चमत्कारपूर्ण होती थी।"

शुक्ल जी ने भारतेन्दुकालीन लेखकों के 'सामान्य गुण' उनकी सजीवता या जिन्दादिली का जिक्र किया है। राजा शिवप्रसाद और राजा लक्ष्मणसिंह से भिन्न हरिश्चन्द्र-मंडल के लेखकों में उन्होंने चपलता, स्वच्छता और उमंग की तारीफ की है। इसका कारण यह नहीं था कि इन लेखकों ने मुसीबतों का सामना नहीं किया; मुसीबतें काफी थीं, व्यक्तिगत और समाजगत, दोनों तरह की। लेकिन शुक्ल जी के शब्दों में "सबसे बड़ी बात स्मरण रखने की यह है कि उन पुराने लेखकों के हृदय का मार्मिक सम्बन्ध भारतीय जीवन के विविध रूपों के साथ पूरा-पूरा बना था।" उनके साहित्य की जड़ें जनजीवन में गहरे पैठी हुई थीं, इसीलिए मुसीबतों और कठिनाइयों के बावजूद वे उमंग और जिन्दादिली में ऐसा साहित्य रच सके जो मानवशक्ति में आस्था रखता है, जो देश के उज्ज्वल भविष्य में आशा पैदा करता है।

हिन्दी के अनेक आलोचकों, रिसर्च-स्कालरों और डाक्टरों ने भारतेन्दु-युग के नवजागरण का श्रेय अंग्रेजों को दिया है, अंग्रेजी शिक्षा और अंग्रेजी राज को दिया है। 'भारतेन्दु की विचारधारा' नाम की एक पुस्तक के लेखक ने यहाँ तक लिखा है : "जिस समय भारतवर्ष अन्धकार के गर्त में डूबा हुआ था सौभाग्य से उस समय उसका पश्चिम की एक जीवित जाति के साथ सम्पर्क हुआ।" इस तरह का सम्पर्क 19वीं सदी के शुरू से ही 'ऐंग्लो-सैक्शन सभ्यता' एशिया के देशों से कायम कर रही थी और यह सम्पर्क "समस्त पूर्वी संसार को स्पंदित कर रहा था।" इस सम्पर्क में 1857 के भारतीय स्वाधीनता-संग्राम से बाधा पड़ी; बाधा ही नहीं, लेखक के शब्दों में यह घटना "भविष्य में अंग्रेजों और भारतवासियों के पारस्परिक सम्बन्ध के लिए घातक सिद्ध हुई।" डलहौजी के सुर में सुर मिलाकर ये लेखक रेल, तार, डाक का गुणगान करते हैं; अंग्रेजों ने यह सब अपने हित के लिए किया और यहाँ के उद्योग-धन्धों को तबाह किया, यह भूल जाते हैं। योरप के अनेक उपनिवेशवादियों में "एंग्लो-सैक्शन सभ्यता की सन्देशवाहक ब्रिटिश जाति" इन्हें और भी प्रात:स्मरणीय मालूम होती है। "इस दृष्टि से विश्व-इतिहास में ब्रिटिश जाति का नाम अमर रहेगा!" ब्रिटिश जाति के साथ इन जैसे ब्रिटिश-भक्त आलोचकों का नाम भी अमर रहेगा!

ऐसे आलोचकों के विपरीत शुक्ल जी ने भारतेन्दु-युग के साहित्य का साम्राज्य-विरोधी पक्ष, उसका स्वाभाविक जनजीवन से उत्पन्न होनेवाला पक्ष उभारकर रखा है। उन्होंने दिखलाया है कि उस समय के लेखकों का जीवन "देश के सामान्य जीवन से विच्छिन्न न था।" उन पर अंग्रेजी शिक्षा का यह प्रभाव न पड़ा था कि "अपने देश का रूप-रंग उन्हें सुझाई ही न पड़ता।" वे सुधार करना चाहते थे,

नया साहित्य रचना चाहते थे लेकिन "पश्चिम की एक-एक बात के अभिनय को ही वे उन्नति का पर्याय नहीं समझते थे।" वे प्रगति इस तरह करना चाहते थे कि "नवीन प्राचीन का ही प्रवर्द्धित रूप प्रतीत हो।" इसीलिए "जो मौलिकता इन लेखकों में थी, वह द्वितीय उत्थान के लेखकों में न दिखाई पड़ी।" यह मौलिकता क्या उधार ली हुई थी? बाद के लेखकों के समय में तो अंग्रेजी शिक्षा का प्रचार और भी हुआ लेकिन वह जिन्दादिली और वह मौलिकता फिर क्यों न दिखाई दी? यदि वह अंग्रेजी शिक्षा की देन होती तो घटने के बदले बराबर बढ़ती जाती; उसका एक युगव्यापी गुण के रूप में अभाव न दिखाई देता। वे लेखक जनजीवन के हर पहलू पर लिखते थे, स्त्री शिक्षा और देश की पराधीनता पर भी लिखते थे और होली, दीवाली, दशहरे पर भी लिखते थे जिस पर "जनता के जीवन का रंग पूरा-पूरा रहता था।" यह जनता के जीवन का रंग विलायत से बनकर न आया था; उसका आधार "एंग्लो-सैक्शन सभ्यता' या ब्रिटिश जाति से सम्पर्क न था। शुक्ल जी ने अनेक बार भारतेन्दु-युग की जिन्दादिली और मौलिकता से बाद के साहित्य की तुलना की है। उन्हें हर बार कहना पड़ा है : "यह सामाजिक सजीवता भी द्वितीय उत्थान के लेखकों में वैसी न रही।" इसका कारण है। सामूहिक रूप से हिन्दी लेखकों का जनजीवन से वह सम्पर्क न रह गया जो भारतेन्दु-युग के लेखकों का था। प्रेमचन्द, निराला, वृन्दावनलाल वर्मा जैसे लेखकों ने न केवल भारतेन्दु-युग की जनवादी परम्परा को कायम रखा, वरन वे उसे आगे की मंजिलों तक भी ले गए। साहित्य में उन्होंने वे खूबियाँ पैदा कीं, जो भारतेन्दु-युग में कम थीं या नहीं थीं। लेकिन इनके युग में जिन्दादिली या मौलिकता पूरे युग का गुण न थी; जनजीवन की पहचान और जनता से प्रेम युग के अधिकांश लेखकों की विशेषता नहीं रही। बीसवीं सदी में हिन्दी साहित्य पर पश्चिम की पूँजीवाद विचारधारा का असर गहरा हुआ, खुद भारतीय पूँजीवाद का असर उस पर पड़ना शुरू हुआ। साहित्य-संसार का संघर्ष रीतिकालीन परम्परा और राष्ट्रीय विचारधारा का ही संघर्ष न रहा; वह सामन्त, साम्राज्यवादी और पूँजीवादी विचारधारा तथा जनवादी विचारधारा का संघर्ष भी बना। बहुत-से लेखक सामन्ती और साम्राज्यवादी असर से एक हद तक बचे रहे लेकिन पूँजीवादी विचारधारा के असर से न बच सके। यह असर इन बातों में दिखाई देता था : जनजीवन की समस्याएँ छोड़कर रहस्यवाद, पुरातन-प्रेम, वेदना का संसार बसाने की प्रवृत्तियाँ, साहित्य के लोकप्रिय रूप, कला के जनसुलभ सौंदर्य, भाषा के सरल और मुहावरेदार रूप को छोड़कर दुरूहता, कठिन शब्द-योजना और थोड़े-से व्यक्तियों को ध्यान में रखकर साहित्य रचने की प्रवृत्तियाँ। जब इस तरह की प्रवृत्तियाँ काफी व्यापक प्रवृत्तियाँ बन जाएँगी, तब जिन्दादिली कहाँ से आएगी? भारतेन्दु-युग और बाद के साहित्य में जो अन्तर दिखाई देता है, उसका यह एक बहुत बड़ा कारण है।

भारतेन्दु-युग के लिए शुक्ल जी ने लिखा है : "नूतन हिन्दी साहित्य का वह प्रथम उत्थान कैसा हँसता-खेलता सामने आया था, भारतेन्दु के सहयोगी लेखकों का वह मंडल किस जोश और जिन्दादिली के साथ और कैसी चहल-पहल के बीच अपना काम कर गया, इसका उल्लेख पहले हो चुका है।"

हिन्दी आलोचना में भारतेन्दु-युग अब भी बहुत कुछ एक उपेक्षित युग बना हुआ है। कई लेखक उस युग के बारे में लिखते भी हैं तो पूँजीवादी विचारधारा के प्रभाव के कारण उसका सही जातीय रूप, उसकी क्रान्तिकारी भूमिका पहचान नहीं पाते। उस युग के लेखकों पर विस्तार से काम करने की जरूरत है, उनकी रचनाओं के संग्रह प्रकाशित करना जरूरी है। यह सब करने में शुक्ल जी ने उस युग के अध्ययन का जो रास्ता दिखलाया है, वह हिन्दी आलोचना का राजमार्ग है। उसी पर चलते हुए हम इस युग का विस्तृत अध्ययन करके अपने साहित्य के इतिहास को भरा-पूरा बना सकते हैं, अपने सांस्कृतिक इतिहास की जानकारी को समृद्ध कर सकते हैं।

शुक्ल जी ने हिन्दी गद्य के विकास की स्वाभाविक परम्परा पर जोर दिया है। उन्होंने सिद्ध किया है कि हिन्दी गद्य न तो उर्दू से अरबी-फारसी के शब्द निकालकर और उनकी जगह संस्कृत के शब्द डालकर गढ़ा गया है, न वह अंग्रेजों की कृपा का फल है। उन्होंने भारतेन्दु और उनके समकालीन लेखकों के गद्य की यह विशेषता बतलाई है कि उसका आधार बोलचाल की भाषा है जिसमें फारसी के प्रचलित शब्दों का बहिष्कार नहीं किया गया, न उसमें संस्कृत पदावली की भरमार है। उन्होंने उर्दू के अरबी-फारसी लदे रूप का विरोध किया है लेकिन अनेक लेखकों को उर्दू से बहुत कुछ सीखते हुए भी बतलाया है। उन्होंने हिन्दी के प्राकृत रूप की रक्षा पर जोर दिया है, बेडौल समासों और भड़कीले संस्कृत शब्दों के प्रयोग की निन्दा की है। भाषा के सहज रूप का सम्बन्ध उन्होंने साहित्य की विषयवस्तु से जोड़ा है जो युग की आवश्यकताओं को पूरा करती थी, जो युग के आगे बढ़े हुए विचारों और भावों का प्रतिबिम्ब थी। उन्होंने भारतेन्दु-युग के नवजागरण का श्रेय अंग्रेजों को नहीं दिया—जैसेकि हिन्दी गद्य के विकास का श्रेय उन्होंने अंग्रेजों को नहीं दिया—वरन् उस युग के साहित्य पर जनजीवन का रंग देखा है, उसकी मौलिकता की दा'द दी है, उसकी जिन्दादिली को उसकी अपनी विशेषता कहा है।

यह एक सही वैज्ञानिक दृष्टिकोण है। इससे भारतेन्दु-युग का महत्त्व समझने में मदद मिलती है; उससे हम प्राचीन साहित्य का मूल्यांकन करना सीख सकते हैं। शुक्ल जी साहित्य का इतिहास लिखते हुए अपने सिद्धान्त कैसे लागू करते थे, उसकी एक बहुत अच्छी मिसाल उनका भारतेन्दु-युग सम्बन्धी विवेचन है।

नई हिन्दी कविता और छायावाद

हिन्दी के आलोचकों को शुक्ल जी से सबसे बड़ी शिकायत यह है कि वह छायावाद के विरोधी थे; शुरू में यह विरोध ज्यादा कट्टर था, लेकिन बाद में उन्होंने अपनी भूल बहुत कुछ सुधार ली।

शुक्ल जी ने अपनी मूल स्थापनाओं में कोई परिवर्तन नहीं किया। उनकी पहली स्थापना यह थी कि अगोचर और परोक्ष से प्रेम नहीं हो सकता, इसलिए वह काव्य का विषय नहीं है। दूसरी स्थापना यह थी कि केवल कला या शैली सँवारने के लिए लाक्षणिकता का बहुत ज्यादा प्रयोग काव्य के लिए हानिकर है। और उसका प्रयोगमात्र किसी को रहस्यवादी बनाने के लिए काफी नहीं है।

शुक्ल जी ने छायावाद का विवेचन किस तरह किया है, यह देखने के लिए यह जानना जरूरी है कि उससे पहले की कविता के बारे में उनकी धारणा क्या थी। उन्होंने भारतेन्दु-युग की कविता की नई विषयवस्तु का स्वागत किया। देशभक्ति को इस कविता का मूल स्वर बतलाया। लेकिन भारतेन्दु-युग में जैसा निबन्धों और नाटकों का विकास हुआ, वैसा कविता का नहीं। देशभक्ति के साथ राजभक्ति का स्वर भी मिला हुआ था। उसके रूप, शैली आदि में भी सरसता की कमी थी। शुक्ल जी उसकी ये सब सीमाएँ जानते थे। इसलिए उन्होंने उस युग के निबन्धों की जिस तरह तारीफ की है, उस तरह कविता की नहीं। अपने इतिहास में उन्होंने लिखा है कि "काव्य को भी देश की बदलती हुई स्थिति और मनोवृत्ति के मेल में लाने के लिए भारतेन्दु मंडल ने कुछ प्रयत्न किया।" यह प्रयत्न सीमित था; वह जनता के हृदय को सामाजिक और राजनीतिक स्थिति की ओर "थोड़ा प्रवृत्त करके रह गया।" इस प्रयत्न की सीमाएँ ये थीं : उसमें न तो संकल्प की दृढ़ता थी और न न्याय के आग्रह का जोश था, न उलट-फेर की प्रबल कामना का वेग। स्वदेश-प्रेम व्यंजित करनेवाला वह स्वर अवसाद और खिन्नता का स्वर था, आवेश और उत्साह का नहीं। उसमें अतीत के गौरव का स्मरण और वर्तमान ह्रास का वेदनापूर्ण अनुभव ही स्पष्ट था। इसलिए देश-प्रेम "काव्य पर पूर्णरूप से प्रतिष्ठित न हो सका।"

भारतेन्दु-युग के काव्य की ये सीमाएँ बहुत कुछ ठीक हैं। इनका एक कारण यह है कि कविता में जिस तरह रीतिकालीन परम्परा जमी हुई थी, उस तरह गद्य में नहीं।

इसलिए भारतेन्दु-युग की क्रान्तिकारी चेतना सबसे अच्छी तरह निबन्धों में प्रगट हुई है। लेकिन भारतेन्दु-युग की कविता न तो नायिका-भेद तक सीमित है, न देशभक्ति तक। उसमें मानव-जीवन के और बहुत-से पहलुओं का भी समावेश है। इसके सिवा उस युग में बहुत-सी व्यंग्यपूर्ण रचनाएँ भी की गईं जिनमें उस युग की विशेषता, उसकी जिन्दादिली पूरी तरह झलकती है। बहुत-सी कविताएँ जनगीतों के आधार पर और उन्हीं की रीति पर भी लिखी गईं; इससे साहित्य के दूसरे अंगों की तरह कविता भी जन-संस्कृति के बहुत नजदीक आ गई। फिर भी शुक्ल जी ने जिस माँग की ओर संकेत किया है—यानी कविता में संकल्प की दृढ़ता हो, अवसाद और खिन्नता के बदले आवेश और उत्साह हो, वेदना के बदले न्याय के आग्रह का जोश हो—वह बिलकुल सही है।

नई कविता के तीसरे उत्थान से भारतेन्दु-युग की तुलना करते हुए शुक्ल जी ने अंग्रेजों के प्रति कृतज्ञता का भाव, देशभक्ति में राजभक्ति का स्वर मिलने, दयामय भगवान को पुकारने, देशवासियों को कोसने आदि की सीमाओं का जिक्र किया है। "सरकार पर रोष या असंतोष की व्यंजना उनमें नहीं मिलती।" यह बात आंशिक रूप से सत्य है। रोष और असंतोष की व्यंजना हो, यह माँग सही है।

भारतेन्दु-युग की कविता में उग्र राजनीतिक चेतना के अभाव का कारण शुक्ल जी ने उस समय के कमजोर राजनीतिक आन्दोलन को ठहराया है। लिखा है : "बात यह थी कि राजनीति की लम्बी-चौड़ी चर्चा भर साल में एक बार धूमधाम के साथ थोड़े-से शिक्षित बड़े आदमियों के बीच हो जाया करती थी और क्रियोत्पादक प्रभाव देखने में नहीं आता था।" शुक्ल जी ने यह बात भारतेन्दु-युग ही नहीं, द्विवेदी-युग के लिए भी कही है। उनकी आलोचना—सुधारवादी राजनीतिक आन्दोलन की आलोचना—बहुत सही है लेकिन देश का राजनीतिक आन्दोलन थोड़े-से शिक्षित बड़े आदमियों की चर्चा तक सीमित न था, उसके बाहर भी अनेक रूपों में जनता अंग्रेजों से लड़ रही थी; इसके सिवा भारतेन्दु-युग के बहुत-से विचारक कांग्रेसी विचारधारा से बहुत आगे बढ़े हुए थे। उनकी राजनीतिक चेतना उस समय की ही कांग्रेसी विचारधारा से आगे बढ़ी हुई न थी, सन् '20 की कांग्रेसी विचारधारा से भी आगे थी। बालकृष्ण भट्ट ने कांग्रेस के जन्म को अंग्रेजी राज के लिए लाभदायी बतलाया था और क्रान्तिकारियों की खुली प्रशंसा करने पर जब उनसे जवाब तलब किया गया, तब उन्होंने नौकरी से इस्तीफा दे दिया था। भारतेन्दु ने अंग्रेजी शिक्षा का रहस्य प्रकट किया था, उद्योग-धन्धों की शिक्षा की माँग की थी, स्वदेशी के व्यवहार का आन्दोलन किया था और देश में कल-कारखाने खोलने पर जोर दिया था। अनेक लेखकों ने अंग्रेजों के साम्राज्यवादी युद्धों का तीव्र विरोध किया था, अकाल, महामारी और टैक्सों को 'अंग्रेजी राज की न्यामतें' कहकर अपना घोर असंतोष प्रकट किया था।

शुक्ल जी को द्विवेदी-युग की कविता से भी संतोष नहीं था। राजनीतिक आन्दोलन थोड़े ही शिक्षित बड़े आदमियों तक सीमित था, इसलिए "द्विवेदी-काल की देशभक्ति-सम्बन्धी रचनाओं में शासन-पद्धति के प्रति असंतोष तो व्यंजित होता था पर कर्म में तत्पर करनेवाला जोश और उत्साह न था। आन्दोलन भी कड़ी आलोचना के आगे नहीं बढ़े थे।" शुक्ल जी का कहना है कि याचना करनेवाली राजनीति से उत्साहपूर्ण साहित्य की सृष्टि नहीं होती। यद्यपि उन्होंने एकाध जगह कवियों को आन्दोलनों तक सीमित रहने और उन्हीं के पीछे चलने के प्रति सावधान किया है, फिर भी यह बात साफ है कि वह साहित्य के लिए जन-आन्दोलनों का प्रभाव अच्छा समझते थे। उन्होंने सन् '20 से पहले की हिन्दी कविता की जो कमजोरियाँ बतलाई हैं, उनका कारण सामाजिक जीवन में ढूँढ़ा है, उनका कारण राजनीतिक आन्दोलन की कमजोरियाँ बतलाई हैं।

द्विवेदी-युग के बाद परिस्थिति कैसे बदल गई, इस पर शुक्ल जी ने एक बहुत ही सारगर्भित और प्रभावशाली पैरा लिखा है। साहित्य के सामाजिक आधार का विवेचन करने के लिए इसे हम आदर्श रूप में ले सकते हैं। शुक्ल जी ने लिखा है : "आन्दोलनों ने सक्रिय रूप धारण किया और गाँव-गाँव राजनीतिक और आर्थिक परतंत्रता के विरोध की भावना जगाई गई। सरकार से कुछ माँगने के स्थान पर अब कवियों की वाणी देशवासियों को ही स्वतंत्रतादेवी की वेदी पर बलिदान होने को प्रोत्साहित करने में लगी।" इस तरह शुक्ल जी ने इस बात का सामाजिक आधार बतलाया कि जो देश-प्रेम भारतेन्दु-काल में काव्य का विषय बना, वह क्यों "उत्तरोत्तर प्रबल और व्यापक रूप धारण करता आया।" यह समझना भूल होगी कि शुक्ल जी साहित्य में देशभक्ति के विरोधी थे और उसका व्यापक होना उन्हें अखर रहा था। ऐसा समझने का कोई कारण नहीं; इसके विपरीत पहले की कविता में उन्होंने जो कमजोरियाँ बतलाई थीं, उन्हें देखकर हम कह सकते हैं कि उनकी सहानुभूति इन जन-आन्दोलनों के साथ थी और साहित्य में वह उनका प्रभाव अच्छा समझते थे।

नये राजनीतिक आन्दोलन की दो विशेषताओं पर शुक्ल जी ने जोर दिया है। एक तो यह कि "अब जो आन्दोलन चले, वे सामान्य जनसमुदाय को भी साथ लेकर चले।" दूसरी यह—और शुक्ल जी के शब्दों में "सबसे बड़ी बात यह हुई कि ये आन्दोलन संसार के और भागों में चलनेवाले आन्दोलनों के मेल में लाए गए, जिससे ये क्षोभ की एक सार्वभौम धारा की शाखाओं-से प्रतीत हुए।" शुक्ल जी देश के स्वाधीनता-आन्दोलन का अन्तराष्ट्रीय रूप समझते थे, उसे दूसरे देशों के स्वाधीनता-आन्दोलन का साथी समझते थे, उन आन्दोलनों से अपने आन्दोलन का मेल में आना वह 'बड़ी बात' समझते थे, यह सब स्वीकार करना होगा और यह भी मानना होगा कि इस तरह का विश्लेषण हिन्दी के और आलोचकों ने—कम-से-कम शुक्ल जी के समकालीन आलोचकों ने—नहीं किया।

जन-समुदाय को लेकर चलने से आन्दोलनों में गहराई आती है। "इससे उनके भीतर अधिक आवेश और बल का संचार हुआ।" आवेश और बल का स्रोत है जनता। उसे छोड़कर चलनेवाले आन्दोलन थोड़े-से शिक्षित बड़े आदमियों के आन्दोलन होते हैं और उनमें न आवेश होता है, न बल।

हिन्दुस्तान का नया स्वाधीनता-आन्दोलन रूस की समाजवादी क्रान्ति के बाद चला था। इस क्रान्ति ने साम्राज्यवाद का विश्व-प्रभुत्व तोड़ दिया था, अपने यहाँ सामन्ती और पूँजीवादी शोषण मिटा दिया था। इसलिए हमारे यहाँ के स्वाधीनता आन्दोलन पर समाजवादी विचारधारा की भी छाप पड़ी। योरप में "लोक की घोर आर्थिक विषमता" से जो असंतोष पैदा हुआ, उसके बारे में शुक्ल जी ने लिखा है : "दूसरे देशों का धन खींचने के लिए योरप में महायंत्र-प्रवर्तन का जो क्रम चला, उससे पूँजी लगाने वाले थोड़े-से लोगों के पास तो अपार धनराशि इकट्ठी होने लगी, पर अधिकांश श्रमजीवी जनता के लिए भोजन-वस्त्र मिलना भी कठिन हो गया।" इस एक वाक्य में शुक्ल जी ने योरप के पूँजीवाद का बहुत अच्छा विश्लेषण किया है। एक ओर तो अपार धनराशि का इकट्ठा होना। और श्रमजीवी जनता के लिए भोजन-वस्त्र पाने में भी कठिनाई—यही उसकी सबसे बड़ी विशेषता है।

इस पूँजीवाद की दो प्रतिक्रियाएँ हुईं। "एक ओर तो योरप में मशीनों की सभ्यता के विरुद्ध टॉल्स्टॉय की धर्मबुद्धि जगानेवाली वाणी सुनाई पड़ी, जिसका भारतीय अनुवाद गांधी जी ने किया।" हम पहले देख चुके हैं कि शुक्ल जी टॉल्स्टॉय-पंथ को व्यक्तिगत साधना मानते थे, उसे मनुष्य के सामूहिक प्रयत्नों के विरुद्ध समझते थे। यहाँ उन्होंने गांधीवाद का सम्बन्ध बहुत साफ-साफ टॉल्स्टॉय-मत के साथ जोड़ दिया है। दूसरी प्रतिक्रिया यह हुई कि धर्मबुद्धि जगाने के बदले जनता ने क्रान्तिकारी संघर्ष का रास्ता अपनाया। "दूसरी ओर इस घोर आर्थिक विषमता की प्रतिक्रिया के रूप में साम्यवाद और समाजवाद नामक सिद्धान्त चले जिन्होंने रूस में अत्यन्त उग्र रूप धारण करके भारी उलट-फेर कर दिया।"

यहाँ शुक्ल जी ने रूस में होनेवाले उलट-फेर का वैज्ञानिक कारण बतलाया है। उस उलट-फेर का कारण घोर आर्थिक विषमता थी, वह उलट-फेर उस घोर आर्थिक विषमता की प्रतिक्रिया थी। उसका कारण ईर्ष्या-द्वेष का भड़काया जाना न था।

वर्तमान समय में किसी जाति या संस्कृति का दुनिया से एकदम अलग रहना असम्भव हो गया है। जातियाँ एक-दूसरे के सम्पर्क में आती हैं, एक-दूसरे को प्रभावित करती हैं। इससे उनकी जातीयता नष्ट नहीं होती वरन् उसे विकसित होने का और मौका मिलता है। शुक्ल जी ने लिखा है : "अब संसार के प्रायः सारे सभ्य भाग एक-दूसरे के लिए खुले हुए हैं। इससे एक भूखंड में उठी हवाएँ दूसरे भूखंड में शिक्षित वर्गों तक तो अवश्य ही पहुँच जाती हैं। यदि उनका सामंजस्य दूसरे भूखंड की परिस्थिति के साथ हो जाता है तो उस परिस्थिति के अनुरूप

शक्तिशाली आन्दोलन चल पड़ते हैं। इस नियम के अनुसार शोषक साम्राज्यवाद के विरुद्ध राजनीतिक आन्दोलन के अतिरिक्त यहाँ भी किसान-आन्दोलन, मजदूर-आन्दोलन, अछूत-आन्दोलन इत्यादि कई आन्दोलन एक विराट् परिवर्तनवाद के नाना व्यावहारिक अंगों के रूप में चले।" भारत के सामाजिक आन्दोलन यहीं की परिस्थितियों की उपज थे; फिर भी दूसरे देशों के आन्दोलन का प्रभाव उन पर पड़ा, इस प्रभाव से वे सशक्त हुए। इस तरह का प्रभाव अहितकर नहीं, हितकर हुआ। शुक्ल जी ने जिस नियम की ओर संकेत किया है, वह अन्तर्राष्ट्रीयतावाद का नियम है। साम्राज्यवादियों के विश्ववाद (कॉस्मोपॉलिटिनिज्म) से उसका कोई सम्बन्ध नहीं है। विश्ववाद देशों और जातियों के परस्पर आदान-प्रदान का सिद्धान्त नहीं है; वह एक जाति की स्वाधीनता और संस्कृति कुचलकर उसे साम्राज्यवादी प्रभाव-क्षेत्र में लाने का सिद्धान्त है। वह किसान-आन्दोलन या मजदूर-आन्दोलन जैसी चीजों को बढ़ावा देना दूर, उन्हें अपना जानी दुश्मन समझता है।

शुक्ल जी ने भारत के किसान-मजदूर-आन्दोलनों का उल्लेख किया, नई हिन्दी कविता में उनके प्रभाव का उल्लेख किया। लेकिन उस समय इन आन्दोलनों की शुरुआत हुई थी। हिन्दीभाषी प्रदेश में अक्सर इनके अगुआ कांग्रेसी नेता ही होते थे। उस समय के अनेक कवियों ने तांडव, प्रलय, ध्वंस आदि को लेकर शब्दों का बवंडर खड़ा किया लेकिन उनकी कविता में गहराई न थी। शुक्ल जी के सामने क्रान्तिकारी कवियों के रूप में बहुधा दिनकर, नवीन आदि आते थे जो उस समय काफी हुंकार-टंकार करने के बाद अब शरीफ दुनियादारों की तरह अपने धन्धे से लगे हुए हैं। इसलिए कोई आश्चर्य नहीं, यदि इनके बारे में शुक्ल जी ने लिखा : "क्रान्ति के नाम से परिवर्तन की प्रबल कामना हमारे हिन्दी काव्य-क्षेत्र में प्रलय की पूरी पदावली के साथ व्यक्त की गई।" उन्होंने परिवर्तन ही परिवर्तन की पुकार के वास्तविक होने, उसके हृदय की पुकार होने में सन्देह प्रकट किया। इससे यह सिद्ध नहीं होता कि शुक्ल जी क्रान्ति-विरोधी थे, जैसे हुंकार-टंकारवाद से यह सिद्ध नहीं होता कि उसके कवि क्रान्तिकारी थे।

यहाँ पर भारतीय समाज के वर्ग-सम्बन्धों पर शुक्ल जी की मान्यताएँ विचारणीय हैं। कुछ लोग इन मान्यताओं को प्रगतिविरोधी मानते हैं। उनका हवाला देकर वे शुक्ल जी के विचारों में असंगतियों पर जोर देना आवश्यक समझते हैं। अंग्रेजी राज, व्यापारी, जमींदार और किसान वर्गों के बारे में शुक्ल जी का कहना है : "राजकर्मचारियों का इतना बड़ा चक्र ग्रामवासियों के सिर पर ही चला करता है, व्यापारियों का वर्ग उससे प्राय: बचा रहता है। भूमि ही यहाँ सरकारी आय का प्रधान उद्गम बना दी गई है। व्यापार श्रेणियों को यह सुभीता विदेशी व्यापार को फलता-फूलता रखने के लिए दिया गया था, जिससे उनकी दशा उन्नत होती आई और भूमि से सम्बन्ध रखने वाले सब वर्गों की—क्या जमींदार, क्या किसान, क्या मजदूर—गिरती गई।"

यहाँ शुक्ल जी ने राजकर्मचारियों के विशाल चक्र की बात कही है जो गाँववालों के सिर पर चला करता है। इस चक्र से उन्होंने गाँववालों को तबाह होते कहा है। वह इस चक्र के विरुद्ध हैं, उससे गाँववालों की मुक्ति चाहते हैं; इसका अर्थ यह है कि उनका दृष्टिकोण सबसे पहले साम्राज्य-विरोधी है। उसके प्रगति-विरोधी होने का यहाँ सवाल नहीं उठता।

इस चक्र के सहायक कौन हैं? सहायकों में वे व्यापारी हैं जिन्हें अंग्रेजों से सुविधाएँ मिली हुई हैं, जिनकी पूँजी विदेशी राज के सहारे फलता-फूलती है। इस तरह का वर्ग—अंग्रेजों की दलाली पर जीनेवाला व्यापारी वर्ग—यहाँ रहा है, यह कौन नहीं जानता? शुक्ल जी ने इसी वर्ग को विदेशी चक्र के नीचे प्राय: बचते हुए और फलते-फूलते हुए बतलाया है। यह वर्ग साम्राज्य-विरोधी मोर्चे में नहीं आता। इसके साथ यह और कहना चाहिए कि भारत में व्यापारियों और उद्योगपतियों का एक और दल रहा है जिसे साम्राज्यवादियों से सुविधाएँ नहीं मिलती रहीं, जो साम्राज्यवाद का दबाव ज्यादा सहता रहा है और इसलिए जिसे देश की आजादी में कमोबेश दिलचस्पी रही है।

लेकिन साम्राज्यवाद का एक सहारा यहाँ का सामन्तवाद भी रहा है। शुक्ल जी ने जमींदारों को किसानों और मजदूरों के साथ रख दिया है। इससे क्या उनका जमींदार-प्रेम नहीं प्रकट होता? कुछ मित्रों ने शुक्ल जी के वाक्यों से यही नतीजा निकाला है कि इससे उनका जमींदार-प्रेम प्रकट होता है।

शुक्ल जी ने ब्रड़े सामन्तों और छोटे या साधारण जमींदारों में भेद किया है। जिन जमींदारों को उन्होंने राजकर्मचारियों के चक्र और मुनाफाखोरों के जाल से तबाह होते देखा है, वे बहुत ही साधारण दर्जे के जमींदार हैं। खास तौर से अवध के गाँवों में दो-दो पाई और डेढ़-डेढ़ पैसे के हिस्सेदार इन जमींदारों की बहुत बड़ी तादाद है। इनकी स्थिति खाते-पीते किसानों की-सी थी या कभी-कभी उससे भी गिरी हुई थी। शुक्ल जी ने लिखा है : "नगर के मजदूर तक पान-बीड़ी के साथ सिनेमा देखते हैं, गाँव के जमींदार और किसान कष्ट से किसी प्रकार दिन काटते हैं।" शुक्ल जी ने यह सच लिखा है या झूठ? गाँवों में दरअसल ऐसे 'जमींदार' हैं या उनके प्रति सहानुभूति पैदा करने के लिए उन्होंने ऐसा लिख दिया है? शुक्ल जी ने बिलकुल ठीक लिखा है। जो लोग इलाहाबाद के बंगलों से बाहर निकलकर अवध के गाँवों में घूमे होंगे, उन्हें हकीकत का पता होगा। मैं ऐसे काफी 'जमींदारों' को जानता हूँ जिनका गुजारा खेती से न चल पाता था (यह अब की बात नहीं, आज से तीस साल पहले की बात है) और जिन्हें मजबूर होकर शहर में किसी की चपरासगीरी करनी पड़ी या छोटी-मोटी नौकरियों के लिए घर-बार छोड़ना पड़ा।

इसलिए 'जमींदार' शब्द से ही चौंककर शुक्ल जी पर खफा होने की जरूरत नहीं। जमींदारों में वर्गभेद करते हुए उन्होंने लिखा है : "जमींदारों के अन्तर्गत हमें

98 प्रतिशत साधारण जमींदारों को लेना चाहिए; दो प्रतिशत बड़े-बड़े ताल्लुकेदारों को नहीं। किसान और जमींदार एक ओर तो सरकार की भूमिकर-सम्बन्धी नीति से पिसते चले आ रहे हैं, दूसरी ओर उन्हें भूखों मारने वाले नगरों के व्यापारी हैं। जो इतने घोर श्रम से पैदा की हुई भूमि की उपज का भाव अपने लाभ की दृष्टि से घटाते-बढ़ाते रहते हैं।"

बीसवीं सदी में, और खास तौर से पहले महायुद्ध के बाद, महाजनों और मुनाफाखोरों ने गाँवों पर धावा बोला था। भारत में जमींदारी प्रथा की एक यह विशेषता हो गई कि जमींदार अपनी जमीन से गैरहाजिर रहे। गैरहाजिर जमींदारों की तादाद बराबर बढ़ती गई थी। रजनी पामदत्त ने अपनी पुस्तक 'आज का भारत' में खेती के संकट का विवेचन करते हुए बतलाया है कि उद्योग-धन्धों में पूँजी लगाने की सम्भावनाएँ न होने पर बड़े-छोटे महाजन जमीन में पूँजी लगाते थे। इसका नतीजा यह हुआ कि जमीन पर काम करनेवाले जमींदारों की तादाद कम होती गई और गैरहाजिर महाजन-जमींदारों की तादाद बढ़ती गई। भारतीय समाज का हर विद्यार्थी इस प्रक्रिया को समझता है। शुक्ल जी ने जो साधारण जमींदारों को व्यापारियों और अंग्रेजी शासकों से तबाह होते दिखलाया है और इन तबाह होनेवालों से मुट्ठी-भर ताल्लुकेदारों को अलग किया है—वह वस्तुस्थिति का सही वर्णन है। इससे उनकी यही इच्छा साबित होती है कि साम्राज्यवाद से पीड़ित सभी वर्ग उसका विरोध करें, न कि यह कि साम्राज्यवाद को यहाँ कायम रहने दिया जाए। उपनिवेशों और पराधीन देशों में जमींदारवर्ग का एक भाग साम्राज्य-विरोधी संग्राम में हिस्सा ले सकता है, यह चीन के स्वाधीनता-संग्राम से सिद्ध होता है। जिस समय चीनी जनता जापान के खिलाफ लड़ रही थी, उस समय माओत्से तुंग ने जो संयुक्त मोर्चा बनाया था, उसमें बहुत-से जमींदार भी शामिल थे। इसलिए शुक्ल जी ने साधारण जमींदारों के बारे में जो कुछ कहा है, उससे यह साबित नहीं होता कि वे सामन्तवर्ग के समर्थक थे।

शुरू के अध्याय में हमने देखा है कि शुक्ल जी का दार्शनिक दृष्टिकोण मूलत: वस्तुवादी है लेकिन संगत रूप से वस्तुवादी नहीं है, उसमें असंगतियाँ भी हैं। यही बात उनके साम्राज्य-विरोधी दृष्टिकोण के बारे में भी सही है। वह साम्राज्यवाद का विरोध करना चाहते थे; उसके लुटेरे रूप को समझते थे, यह सही है। लेकिन इस सिलसिले में अलग-अलग वर्गों की भूमिका उनके सामने स्पष्ट न थी। उनके सामने यह स्पष्ट न था कि साम्राज्यवादी जहाँ एक ओर यहाँ के कुछ पूँजीपतियों को सुविधाएँ देते हैं, वहाँ सबसे ज्यादा भरोसा यहाँ के बड़े-बड़े सामन्तों का करते हैं, इनकी मदद से हिन्दू-मुसलमानों में फूट डालते हैं, अपने सबसे बड़े शत्रु किसान-मजदूर-आन्दोलन को भरसक दबाते हैं, अन्तर्राष्ट्रीय क्षेत्र में अपने विरोधी सोवियत संघ के खिलाफ झूठा प्रचार करते हैं। ये बातें स्पष्ट न होने से शुक्ल जी सोवियत संघ के खिलाफ झूठे प्रचार का खुद शिकार हुए, हिन्दू-मुस्लिम एकता

का सुसंगत समर्थन करने के बदले वह कहीं-कहीं भाषा और साहित्य का विकास केवल हिन्दुओं और मुसलमानों से जोड़ने लगे, मजदूर-आन्दोलन की क्रान्तिकारी भूमिका समझने के बदले उसे शंका की दृष्टि से देखने लगे।

मजदूर-आन्दोलन के बारे में उन्होंने लिखा है : "योरप में जब देश-के-देश बड़े-बड़े कल-कारखानों से भर गए हैं और जनता का बहुत-सा भाग उनमें लग गया है तब मजदूर-आन्दोलन की नौबत आई। यहाँ अभी कल-कारखाने केवल चल पड़े हुए हैं और उनमें काम करनेवाले थोड़े-से मजदूरों की दशा खेत में काम करनेवाले करोड़ों अच्छे-अच्छे किसानों से कहीं अच्छी है। पर मजदूर-आन्दोलन साथ लग गया।" भारत का मजदूर-आन्दोलन एक ओर पूँजीपतियों के शोषण से अपनी रक्षा करने के लिए लड़ा है, दूसरी ओर वह और भी आगे बढ़कर साम्राज्यवाद के खिलाफ लड़ा है। भारत के स्वाधीनता-आन्दोलन में मजदूर वर्ग का एक शानदार इतिहास है। यह सही है कि यहाँ के मजदूर-आन्दोलन का मुख्य विरोध साम्राज्यवाद से रहा है, न कि देशी पूँजीवाद से और इसलिए वह योरप के मजदूर आन्दोलनों का अन्धानुकरण नहीं कर सकता। लेकिन कल-कारखाने खुलेंगे तो मजदूर-आन्दोलन साथ लगेगा ही और यह देश की स्वाधीनता के लिए शुभ है, अशुभ नहीं। शुक्ल जी के सामने मजदूरवर्ग की क्रान्तिकारी भूमिका स्पष्ट न थी, इसीलिए उन्होंने शंका प्रकट की है।

ये सब शुक्ल जी के युग की सीमाएँ थीं, एक हद तक उनकी अपनी सीमाएँ थीं। आज के बहुत-से लेखक वे सीमाएँ तो अपनाए हुए हैं लेकिन शुक्ल जी की मूलतः प्रगतिशील विचारधारा को पीछे छोड़ चुके हैं। जहाँ शुक्ल जी अपने युग के साथ थे, बहुत जगह उससे आगे बढ़े हुए भी थे, वहाँ उनके विरोधी या उनसे उदासीन और तटस्थ रहनेवाले खुद अपने युग से कोसों पीछे हैं। शुक्ल जी से अपना यह भेद याद करके ही उन्हें शुक्ल जी की असंगतियों पर कलम उठानी चाहिए।

शुक्ल जी ने छायावाद का विरोध किया, इसके पीछे भी यथार्थ मानव-जीवन से उनका प्रेम था। वह साहित्य को परोक्ष-चिन्तन, रहस्यवाद, अटपटी और दुरूह शैली से बचाना चाहते थे; भाग्यवाद, निराशावाद और पश्चिमी कविता के पतनशील रुझानों से हिन्दी साहित्य की जातीय परम्परा की रक्षा करना चाहते थे। जहाँ छायावादी कवि रहस्यवाद और निराशावाद से बचकर यथार्थ जीवन का चित्रण कर सके हैं, वहाँ शुक्ल जी ने बराबर उन्हें सराहा है। जहाँ वे इन गलत रुझानों से प्रभावित हुए हैं, वहाँ बराबर उनका विरोध किया है, अपने इतिहास के अन्तिम संस्करण में यह विरोध कायम रखा है।

छायावाद के विरोध की चर्चा करते हुए यह न भूलना चाहिए कि उन्होंने छायावाद से पहले की कविता में भी काफी दोष दिखलाए हैं। अपने इतिहास में उन्होंने हिन्दी के पद्यात्मक निबन्धों का जिक्र किया है जो पहले उत्थानकाल में

तो “बहुत कुछ भाव प्रधान” रहे लेकिन “आगे चलकर शुष्क और इतिवृत्तात्मक (Matter of fact)” होने लगे। यदि शुक्ल जी का दृष्टिकोण उथले नैतिकतावादियों का होता तो वे उन भावशून्य पद्यों की तारीफ करते। उन्होंने ऐसा नहीं किया क्योंकि वह उन निबन्धों का भावप्रधान होना जरूरी समझते हैं। हिन्दी कविता पर आचार्य महावीर प्रसाद द्विवेदी के प्रभाव को उन्होंने हमेशा अच्छा नहीं माना। हिन्दी के अपने छंदों के बदले संस्कृत वृत्तों का प्रयोग बहुत कुछ उनके प्रभाव से हुआ। संस्कृत छंदों के साथ “संस्कृत पदावली का समावेश बढ़ने लगा।” ‘सरस्वती’ में जिस तरह की कविताएँ छपती रहीं या ज्यादा छपती रहीं—उनसे “इतिवृत्तात्मक (Matter of fact) पद्यों का खड़ी बोली में ढेर लगने लगा।” स्वयं द्विवेदी जी की कविता की भाषा “बहुत अधिक गद्यवत्” हो गई। जैसी भाषा, वैसे भाव-विचार। “उनकी अधिकतर कविताएँ इतिवृत्तात्मक (Matter of fact) हो गईं।” शुक्ल जी किस तरह की कविता पसन्द करते थे, उसमें किस तरह का कलात्मक सौन्दर्य आवश्यक समझते थे, यह उनके इस वाक्य से स्पष्ट है : “उनमें (यानी द्विवेदी जी की कविताओं में) वह लाक्षणिकता, वह चित्रमयी भावना और वह वक्रता बहुत कम आ पाई, जो रस-संचार की गति को तीव्र और मन को आकर्षित करती है।” काव्य में लाक्षणिकता, वक्रता और चित्रमयी भावना जरूरी है, लेकिन किसलिए? रस-संचार की गति को तीव्र करने के लिए, केवल चमत्कार प्रदर्शन के लिए नहीं। शुक्ल जी रीतिकालीन चमत्कारवाद के प्रेमी नहीं, वह द्विवेदी जी के तथ्यवाद के हिमायती नहीं, वह छायावादियों की अतिशय लाक्षणिकता के भी समर्थक नहीं। उनका दृष्टिकोण इन सबकी अपेक्षा ज्यादा संतुलित है क्योंकि उनके कलात्मक विवेचन का आधार वाल्मीकि, भवभूति और तुलसी की कविता है।

‘भारत-भारती’ और ‘सरस्वती’ में प्रकाशित अधिकांश कविताओं के बारे में उन्होंने फिर लिखा है : “ये रचनाएँ काव्यप्रेमियों को कुछ गद्यवत्, रूखी और इतिवृत्तात्मक लगती थीं।” यह रुझान छायावाद के प्रसार के समय काफी कमजोर पड़ गया था। उसके बदले एक दूसरा रुझान आया जो अतिलाक्षणिकता पर जोर देता था। शुक्ल जी चाहते थे कि साहित्य में रोमांटिक कविता या स्वच्छंदतावाद का प्रसार हो लेकिन यह धारा स्वाभाविक हो, विषयवस्तु में रहस्यवाद और रूप में अटपटापन लिये हुए न हो। दूसरे उत्थान की कविता का विवेचन करते हुए उन्होंने ‘नैसगिक स्वच्छंदता’ की माँग की है। अंग्रेजी रोमांटिक कविता ने साहित्य में जो पहले-पहल परिवर्तन किये, उनके ‘मूल प्राकृतिक आधार’ का उल्लेख किया है। वह सच्ची रोमांटिक कविता के लिए लोकगीतों को आधार बनाना जरूरी समझते थे। उन्होंने स्कॉटलैंड के कवि बर्न्स की बड़ी प्रशंसा की है जिसने लोकगीतों के आधार पर ऐसी रचनाएँ कीं जो समाज में खूब पसन्द की गईं। अंग्रेज कवि कूपर ने कविता को रूढ़ियों से मुक्त किया, लेकिन “स्वच्छंद होकर जनता के हृदय में

संचरण करने की शक्ति वह कहाँ से प्राप्त करे, यह स्कॉटलैंड के एक किसानी झोंपड़ी में रहनेवाले कवि बर्न्स (Burns) ने ही दिखाया था। "जो आलोचक बर्न्स की कविता पर मुग्ध हो, वह रोमांटिक धारा का विरोधी कैसे हो सकता है? लेकिन बर्न्स उन रोमांटिक कवियों में न था जो समाज से अलग कल्पना के शीशमहल में कैद रहते हैं। वह एक जनवादी कवि था; उसकी रचनाएँ जनता के हृदय में संचरण करती थीं। और यह शक्ति उसे जनता से ही मिली थी। सच्ची रोमांटिक धारा जनजीवन के कितना निकट होती है, इस बारे में शुक्ल जी बर्न्स की मिसाल देते हुए कहते हैं : "उसने अपने देश के परम्परागत प्रचलित गीतों की मार्मिकता परखकर देश-भाषा में रचनाएँ कीं, जिन्होंने वहाँ के सारे जनसमाज के हृदय में अपना घर कर लिया।" हिन्दी के छायावादी कवि बर्न्स से बहुत कम परिचित रहे हैं। कुछ अपवाद छोड़कर नई हिन्दी कविता लोकगीतों के समृद्ध भंडार से अपने को दूर ही रखती आई है।

शुक्ल जी ने श्रीधर पाठक को स्वच्छंदतावाद का प्रवर्तक कहा है। श्री रामनरेश त्रिपाठी को उनका अनुवर्ती बतलाया है, इसी तरह मुकुटधर पांडेय को भी 'नूतन, स्वच्छंद मार्ग' पर चलनेवाला कवि कहा है। 'पल्लव' की 'उच्छ्वास', 'आँसू', 'परिवर्तन' और 'बादल' आदि रचनाओं का हवाला देकर शुक्ल जी कहते हैं : "यदि 'छायावाद' के नाम से एक 'वाद' न चल गया होता तो पंत जी स्वच्छंदता के शुद्ध स्वाभाविक मार्ग पर ही चलते।" शुक्ल जी जिस स्वच्छंदतावाद के पक्ष में थे, वह काफी व्यापक धारा थी। वह अपने में 'आँसू' और 'उच्छ्वास' जैसी रचनाओं को भी समो लेने में आगा-पीछा न करती थी। तब शुक्ल जी विरोध किस बात का करते थे? वह विरोध करते थे रहस्यवाद का, शैली की अति लाक्षणिकता का। आज हम छायावाद को इन दो विशेषताओं के दायरे में बन्द नहीं कर देते, उसके ऐतिहासिक विकास और उसकी अन्य विशेषताओं पर भी ध्यान देते हैं। लेकिन शुक्ल जी के समय में छायावाद एक आन्दोलन था; उसमें प्रसाद-निराला-पंत ही न थे, और भी पचीसों कवि थे, जिनके नाम बहुत कुछ भुलाए जा चुके हैं। इस आन्दोलन की वे दोनों विशेषताएँ लोगों के सामने उभरकर आई थीं जिन पर शुक्ल जी ने अपनी निगाह जमाई थी। इसके सिवा खुद छायावादी कवि अपना बड़प्पन रहस्यवादी होने में समझते थे। प्रसाद जी अपने आनन्दवाद और रहस्यवाद को एक ही चीज कहते थे। निराला जी का अद्वैतवाद और उसकी विरोधी धाराएँ—मायावाद का खंडन आदि—सब रहस्यवाद कहलाता था। पंत जी दर्शन में सबसे कच्चे लेकिन छायावाद की कमजोरियों के सबसे अच्छे प्रतिनिधि रहे हैं।

शुक्ल जी ने छायावाद को सीमित अर्थ में लिया है। ऐसा करना उचित न था। किसी आन्दोलन के बारे में उसके नेता या आलोचक क्या कहते हैं, इसी से उसकी विशेषताएँ नहीं परखी जा सकतीं। छायावाद के नेता कुछ भी कहते रहे हों, उसकी जो भी व्याख्याएँ की जाती रही हों, महत्त्व की बात यह है कि छायावादी

कवि लिखते क्या हैं, उनके साहित्य की मूल पूँजी क्या है, उसे उन्होंने किस रूप में जनता के सामने रखा है, इत्यादि। शुक्ल जी ने इस तरह छायावाद का ऐतिहासिक विवेचन नहीं किया, लेकिन उसकी जिन विशेषताओं पर उन्होंने आक्रमण किया है, वे विशेषताएँ कल्पित नहीं, वास्तविक थीं, यह मानना होगा और उनका यह आक्रमण सही था, यह भी मान लेने से ही कल्याण होगा।

शुक्ल जी ने नई कविता के लिए जो सबसे घातक विचारधारा समझी है, वह रहस्यवाद की है। 'रहस्यात्मक कविताओं का कलरव' सुनकर श्री मैथिलीशरण गुप्त ने भी कुछ गीत रहस्यवादियों के स्वर में गाए। उनके 'साकेत' में 'नई रंगत की वेदना' उसी प्रभाव के कारण है। रवीन्द्रनाथ की कविताओं में 'अधिकतर पाश्चात्य ढाँचे का रहस्यवाद' था। इसका प्रभाव हिन्दी कवियों पर भी पड़ा और जिस रास्ते पर वे चले, "वह अपना क्रमशः बनाया हुआ रास्ता नहीं था।" रहस्यवाद से काव्य की विषयवस्तु संकुचित हुई। "असीम और अज्ञात प्रियतम के प्रति अत्यन्त चित्रमयी भाषा में अनेक प्रकार के प्रेमोद्‌गारों तक ही काव्य की गतिविधि प्रायः बँध गई।" रहस्यवादी कविता का प्रचलित भाव-व्यापार—"हृत्तंत्री की झंकार, गौरव सन्देश, अभिसार, अनन्त-प्रतीक्षा, प्रियतम का दबे पाँव आना"—शुक्ल जी को वैसे ही कृत्रिम लगता है जैसे दरबारी कवियों का नायिकाभेदी संसार। वेदना का यह 'प्रकांड प्रदर्शन' शुक्ल जी को असह्य था।

उपनिषदों से लेकर योगमार्ग तक का हवाला देकर रहस्यवाद को भारतीय साबित करनेवाली दलीलों से शुक्ल जी को संतोष नहीं होता। वह उसे विदेशी चीज कहते हैं, रहस्यवादियों पर अभारतीय होने का दोष लगाते हैं। योग, तंत्र आदि में रहस्यवाद को वह साधनात्मक मानते हैं, 'प्रकृत भावभूमि' का मार्ग नहीं। कोई उपनिषदों में रहस्यवाद सिद्ध ही कर दे तो शुक्ल जी उसे यह जवाब देते हैं : "संहिताओं और उपनिषदों को कभी किसी ने काव्य नहीं कहा।" वाल्मीकि से लेकर पंडितराज जगन्नाथ तक किसी कवि ने अज्ञेय और अव्यक्त को प्रियतम बनाया हो तो उसकी साखी मानी जा सकती है।

'काव्य में रहस्यवाद' नाम के प्रसिद्ध निबन्ध में शुक्ल जी ने रहस्यवाद पर विस्तार से सैद्धान्तिक विवेचन करते हुए हल्ला बोला है। शुरू में उन्होंने एक नोट दिया है जिसका उद्‌देश्य शायद निबन्ध का तीखापन कुछ कम करना है। इसमें वह कहते हैं कि "मैं 'रहस्यवाद' का विरोधी नहीं।" उसे कविता की एक शाखा विशेष मानने के लिए वह तैयार हैं लेकिन उसे काव्य का सामान्य रूप मानने के लिए हर्गिज तैयार नहीं हैं। रहस्यवाद के लिए जो लम्बे-चौड़े दावे किये जाते हैं, उन्हें वह "किसी सभ्य जाति' के साहित्य के लिए शोभा की बात नहीं समझते। यद्यपि उदारता के आवेश में शुक्ल जी ने रहस्यवाद को काव्य की शाखा-विशेष मान लिया है लेकिन वास्तव में उनके लिए रहस्यवाद और असभ्यता में ज्यादा फासला नहीं है।

रहस्यवादियों को ज्ञान का दावेदार बनते देखकर उन्हें असभ्य और पिछड़ी हुई जातियों के अन्धविश्वासों के बराबर याद आ जाती है।

अपने निबन्ध में वह रहस्य भावना को रमणीय और मधुर भी कह डालते हैं, उसे भी कवियों का एक 'मूड' मानने को तैयार हो जाते हैं, लेकिन उसे किसी वाद से जोड़कर 'काव्य का सिद्धान्तमार्ग' मानना उन्हें मंजूर नहीं है। जहाँ वाद की बात उठती है, वह रहस्यवाद को साम्प्रदायिक कहने लगते हैं; हिन्दी के रहस्यवादी कवियों से साम्प्रदायिक क्षेत्र से बाहर निकलकर वह 'प्रकृत काव्यभूमि' पर आने का अनुरोध करते हैं। हिन्दी के नये रहस्यवादियों को पछाड़ने के लिए शुक्ल जी जायसी और कबीर के परोक्ष-प्रेम को भी सराहने लगते हैं, उसे कई जगह अभारतीय कहते हुए यहाँ उसकी भारतीयता की दा'द देते हैं। मुसलमान प्रेममार्गी कवियों के लिए वह कहते हैं : "वे सूफी 'रहस्यवाद' को भारतीय रूप देने में पूर्णतया सफल हुए थे। कबीर आदि निर्गुणपंथियों और जायसी आदि सूफी प्रेममार्गियों ने 'रहस्यवाद' की जो योजना की है, वह भारतीय भाव-भंगी और शब्द-भंगी को लेकर।"

किसी भी विचारधारा का विरोध करने के लिए उसे अभारतीय कहना यहाँ के तर्कशास्त्रियों का खास दाँव है। वह दाँव शुक्ल जी ने भी लगाया है। जायसी के परोक्षप्रेम को उन्होंने अभारतीय कहा, सूर और मीरा तक को अभारतीय सूफी मत से प्रभावित बतलाया, नये रहस्यवादियों का विरोध करने के लिए उन्होंने फिर अभारतीयता की दुहाई दी। लेकिन छायावादी कवि यों मानने वाले न थे। उन्होंने उपनिषदों आदि का हवाला देकर रहस्यवाद को भारतीय सिद्ध कर दिया। इस पर शुक्ल जी ने पैंतरा बदला और रहस्यवाद को साधना की चीज मान लिया लेकिन काव्य की चीज न माना। बहुत संकट में उन्होंने उसे काव्य की शाखा विशेष, कवियों का एक मूड भी स्वीकार कर लिया लेकिन उसे काव्य की प्रकृत भावभूमि न माना। उसे वह साम्प्रदायिक इसलिए भी कहते थे कि उन्होंने उसका विशेष सम्बन्ध ईसाई धर्म और शामी जातियों से जोड़ा था।

शुक्ल जी के सामने रहस्यवाद का वर्ग-आधार स्पष्ट न था, इसलिए उसका विरोध करने के लिए उन्हें अभारतीयता के कमजोर तर्क का सहारा लेना पड़ा। उनके सामने मध्यकालीन कवियों, आधुनिक पश्चिमी कवियों और भारत के रोमांटिक कवियों के रहस्यवाद का अन्तर भी स्पष्ट न था। इसलिए सब पर उन्होंने एक साथ ही हल्ला बोल दिया था। मध्यकालीन कवियों का रहस्यवाद—भारत और योरप दोनों जगह—अक्सर जाति-प्रथा, सामन्ती भेदभाव, ऊँच-नीच के विचार और पुरोहितों के विरोध के साथ जुड़ा हुआ था। मध्यकालीन रहस्यवाद का सम्बन्ध मुख्यत: किसानों, कारीगरों, अछूतों आदि से था। लेकिन आधुनिक योरप का रहस्यवाद पूँजीवादी विचारधारा का एक अंग था। उसका उद्देश्य वर्तमान सामाजिक जीवन की विषमताओं के प्रति उदासीन रहकर कल्पनालोक बसाना था।

इस तरह वह साहित्य में यथार्थवाद का विरोध करनेवाली एक प्रतिक्रियावादी विचारधारा बना। आधुनिक भारत में एक और रहस्यवाद का सम्बन्ध दु:खवाद, निराशावाद, व्यक्तिवाद आदि से रहा है जिनके फलस्वरूप वह साहित्य की यथार्थवादी धारा को कमजोर करता रहा है। इन सब विशेषताओं को भारतीय कहकर यहाँ के पूँजीवाद ने रहस्यवाद को खूब उछाला। दूसरी ओर उसका सम्बन्ध रूढ़िवाद और कर्मकांड के विरोध से भी रहा है और यहाँ वह मध्यकालीन रहस्यवाद की विशेषताएँ लिये हुए है। फिर भी बीसवीं सदी में जनआन्दोलन की बढ़ती के साथ रहस्यवाद समाज और साहित्य के लिए निरर्थक हो चुका था और यही कारण है कि छायावादी कवियों का सबसे कमजोर पहलू उनका रहस्यवाद है।

शुक्ल जी ने जहाँ भारतीय-अभारतीय का झगड़ा छोड़कर सीधे भाववाद (Idealism) पर हमला किया है और उसके मुकाबले में वस्तुवाद (Metirialism) का समर्थन किया है, वहाँ उनका तर्क अकाट्य है और इस युग के लिए सबसे मूल्यवान भी है। वह काव्य की अनुभूति को निराली अनुभूति नहीं मानते। यह अनुभूति प्रत्यक्ष जीवन की ही अनुभूति है; वह काल्पनिक नहीं, वास्तविक अनुभूति है। 'काव्यदृष्टि' से यह दृश्य जगत् ब्रह्म की नित्य और अनन्त कल्पना है। "लेकिन यह कल्पना 'अनन्त रूपात्मक' है, वह 'व्यक्त और गोचर' है, वह हमारी आँखों के सामने बिछी हुई है।" न तो जगत् परोक्ष है, न जगत् का ज्ञान और न उसमें रहनेवालों की अनुभूति परोक्ष है। "हमारे हृदय का सीधा लगाव गोचर जगत् से है।" इसलिए गोचर जगत् छोड़कर सरस कविता लिखना असम्भव है। ज्ञान इसी जगत् का होता है, इन्द्रियबोध के आधार पर होता है। जिसे लोग रहस्यज्ञान कहते हैं, वह शुक्ल जी के लिए ज्ञानातीत है। 'काव्य में रहस्यवाद' में अंग्रेजी की रहस्यवादी कविताएँ उद्धृत करने के बाद शुक्ल जी ऐलान करते हैं : "यहाँ पर हम यह स्पष्ट कह देना चाहते हैं कि उक्त ज्ञानातीत (Transcendental) दशा से—चाहे वह कोई दशा हो या न हो—काव्य का कोई सम्बन्ध नहीं है।"

योरप की कविता में अज्ञात के लिए प्रेम कहाँ से उमड़ा, इसका विवेचन करते हुए उन्होंने सीधे जर्मन दार्शनिकों के 'प्रत्ययवाद' (Idealism) का खंडन किया है। शुक्ल जी संसार की वस्तुगत सत्ता और इसलिए मनुष्य के ज्ञान की भी वस्तुगत सत्ता मानते हैं। वह 'प्रत्ययवाद' या भाववाद का यह दावा मानने के लिए तैयार नहीं हैं कि मनुष्य को इन्द्रियों द्वारा जिन रूपों का बोध होता है, वे उसके मन के ही रूप हैं। 'कामायनी' की चर्चा करते हुए अपने इतिहास में शुक्ल जी ने लिखा है : "प्रत्येक भाव का प्रथम अवयव विषय-बोध ही होता है। रहस्यवादियों की स्वप्नदशा भी विषय-बोध से परे नहीं होती।" रहस्यवाद वाले निबन्ध में वह कहते हैं : "भावों के लिए आलम्बन आरम्भ में ज्ञानेन्द्रियाँ उपस्थित करती हैं; फिर ज्ञानेन्द्रियों द्वारा प्राप्त सामग्री से कल्पना उनकी योजना करती है।" शुक्ल जी के लिए ज्ञानेन्द्रियों

से परे ज्ञान की सत्ता नहीं है। इसी गोचर ज्ञान के भीतर ही भाव-प्रसार होता है। यद्यपि शुक्ल जी गोचर जगत् को ब्रह्म की व्यक्त सत्ता मानते हैं, फिर भी काव्य के लिए वह अगोचर ब्रह्म की जरा भी आवश्यकता नहीं समझते। यही वह वस्तुवाद की भूमि हैं जहाँ से वह रहस्यवाद या भाववाद के झूठे दावों का खंडन करते हैं।

छायावादी कविता की रहस्यवादी विषयवस्तु के अलावा वह उसके निराशावाद, अबुद्धिवाद, भाग्यवाद आदि का भी खंडन करते हैं। बहुत ज्यादा रोने-धोने का सम्बन्ध अगोचर ब्रह्म की अनुभूति से नहीं है। उसके ठोस सामाजिक कारण हैं। यह निराशा वर्तमान समाज में व्यक्ति के अलगाव, उसके मनोबल की क्षीणता, जन-आन्दोलनों से उसकी दूरी या तटस्थता की सूचक है। यह निराशावाद हिन्दी के मध्यवर्गी कवियों की अपनी विशेषता है। अपने इतिहास में शुक्ल जी छायावाद में सचाई की कमी बतलाते हुए कहते हैं : "यदि कोई मृत्यु को केवल जीवन की पूर्वता कहकर प्रबल अभिलाष व्यंजित करें" तो इससे हमारा मनोरंजन हो सकता है, इसमें सचाई न होगी।

छायावाद की कला या उसके रूप पर शुक्ल जी को कई आपत्तियाँ हैं। पहले तो वह उसे 'कला कला के लिए'—इस सिद्धान्त से प्रभावित देखते हैं, उस पर पश्चिम के प्रतीकवाद का असर देखते हैं; इसके सिवा रचनाओं में अन्विति का अभाव—भावों और विचारों में सम्बद्धता का अभाव—भी उन्हें खटकता है। कल्पना की नई दुनिया बसाना उन्हें निराधार क्रिया लगती है। कहीं-कहीं कवियों ने जो उपमानों के ढेर लगा दिये हैं, व्याकरण का ध्यान नहीं रखा, लाक्षणिकता की जरूरत से ज्यादा प्रयोग किया है, उसकी उन्होंने तीव्र आलोचना की है।

शुक्ल जी ने कई जगह छायावाद को शैली मात्र कहा है। उनका तात्पर्य यह है कि बहुत-से कवि सिर्फ लाक्षणिक शैली के सहारे छायावादी बन जाते हैं। जैसाकि हम ऊपर देख चुके हैं, उनका मूल विरोध रहस्यवादी विषयवस्तु से है, परोक्ष-प्रेम, अगोचर प्रियतम और अनन्त की पुकार से है, शैली मात्र से नहीं। यह धारणा सही नहीं है कि शुक्ल जी छायावाद को एक शैली मात्र समझते थे। ऐसा होता तो वे बार-बार रहस्यवाद पर आक्रमण न करते। उनके लिए छायावाद की दो विशेषताएँ हैं—विषयवस्तु में रहस्यवाद और रूप में अति लाक्षणिकता। इनका उन्होंने विरोध किया है। विषयवस्तु और रूप, भाव-विचार और कला—दोनों पर बराबर ध्यान देने के कारण ही शुक्ल जी ने इन दोनों विशेषताओं का खंडन किया। यह बात उन्होंने इतिहास में बहुत साफ शब्दों में लिख दी है : " 'छायावाद' शब्द का प्रयोग दो अर्थों में समझना चाहिए। एक तो रहस्यवाद के अर्थ में जहाँ उसका सम्बन्ध काव्यवस्तु से होता है...'छायावाद' शब्द का दूसरा प्रयोग काव्यशैली या पद्धति-विशेष के व्यापक अर्थ में।"

छायावाद को इन दो अर्थों तक सीमित नहीं किया जा सकता। छायावाद हिन्दी साहित्य की रोमांटिक धारा है। वह मूलत: रीतिकालीन परम्परा की विरोधी है।

वह एक मानववादी धारा है जिसका एक कमजोर पक्ष रहस्यवाद भी है। आज अनन्त की ओर दौड़ने और अति-लाक्षणिक शैली के व्यवहार से हिन्दी के समर्थ कवि बच रहे हैं, यह बात शुक्ल जी की आलोचना का समर्थन करती है। हिन्दी कविता का विकास रहस्यवाद के मार्ग पर नहीं हो रहा, न हो सकता है। शुक्ल जी ने हृत्तंत्री बजानेवालों को कुछ जोर से झकझोर दिया, यह ठीक किया। लेकिन छायावादियों पर वाद-विशेष से बँध जाने का दोष लगाते हुए वह स्वयं छायावाद को संकुचितवाद—रहस्यवाद—के अर्थ में लेते रहे। इसीलिए जब छायावादी कवियों की गैर-रहस्यवादी कविताएँ उनके सामने आईं तो उन्होंने उन्हें छायावाद से बाहर की चीज माना। "निराला जी की रचना का क्षेत्र तो पहले से ही कुछ विस्तृत रहा।" इसका अर्थ यह है कि निराला जी 'छायावाद' की संकुचित भावभूमि से बाहर रहे। 'जुही की कली' और 'शेफालिका' में 'उन्मद प्रणय-चेष्टाओं के पुष्पचित्र' अगोचर जगत् से प्रेम साबित न करते थे, "इस जगत् के बीच विधवा की विधुर और करुण मूर्ति" रहस्यवाद का प्रमाण न थी। इसी करुणा का सहज विकास करते हुए निराला जी ने इलाहाबाद के पथ पर "एक पत्थर तोड़ती दीन स्त्री के माथे पर के श्रम-सीकर दिखाए।" इस तरह की रचनाएँ छायावाद की संकुचित व्याख्या से मेल न खाती थीं, लेकिन शुक्ल जी ने व्याख्या को और विस्तृत करने के बदले इन रचनाओं को ही छायावाद से बाहर की चीज समझा।

वाद-विवेचन छोड़ दें तो शुक्ल जी ने अलग-अलग कवियों का जो मूल्यांकन किया है, वह बहुत कुछ सही ठहरता है। छायावादी कवियों में वह निराला जी को सबसे बहुमुखी प्रतिभा का कवि मानते थे, यह उनके अनेक वाक्यों से प्रकट होता है। छायावादी कवि अपना कल्पनालोक छोड़कर जहाँ वास्तविक जगत् की ओर आ रहे थे, उसका स्वागत करते हुए शुक्ल जी ने लिखा है : "इसी प्रकार निराला जी ने, जिनकी वाणी पहले से भी बहुमुखी थी, 'तुलसीदास' के मानस-विकास को बड़ा ही दिव्य और विशाल रंगीन चित्र खींचा है।" उनकी शैली के बारे में भी लिखा है : "निराला जी की शैली कुछ अलग रही। उसमें लाक्षणिक वैचित्र्य का उतना आग्रह नहीं पाया जाता जितना पदावली की तड़क-भड़क और पूरे वाक्य के वैलक्षण्य का।" शुक्ल जी के हिसाब से क्या विषयवस्तु में और क्या काव्य के रूप में, निराला जी सबसे कम छायावादी थे। इसका अर्थ यह हुआ कि उनमें रहस्यवादी उड़ान और मर्म-पीड़ा के ह्रास वाली शैली सबसे कम थी, वह हिन्दी साहित्य की यथार्थवादी धारा के सबसे निकट थे।

प्रसाद जी के लिए शुक्ल जी ने लिखा है कि शारीरिक व्यापारों पर उनकी दृष्टि ज्यादा जमती थी। उनके लिए रहस्यवाद एक पर्दा है जिसके पीछे वास्तविकता है 'मधुचर्या' की। इसका अर्थ यह हुआ कि प्रसाद जी सुख-सौन्दर्य के कवि हैं; परोक्षचिन्तन बहाना-भर है। 'आँसू' में नियतिवाद और दुःखवाद के स्वर हैं।

साथ ही, कई जगह "वे आँसू लोकपीड़ा पर करुणा के आँसू से जान पड़ते हैं।" रहस्यवादी या छायावादी कवियों ने जहाँ भी लोक-जीवन पर लिखा है, शुक्ल जी ने उसका कभी तिरस्कार नहीं किया वरन् उसका स्वागत किया है। रवीन्द्रनाथ के बारे में उन्होंने लिखा है : "उनकी रहस्यवाद की वे ही कविताएँ रमणीय हैं जो लोकपक्ष-समन्वित हैं।" ('काव्य में रहस्यवाद')

प्रसाद जी के 'लहर' कविता-संग्रह में शुक्ल जी को यह देखकर संतोष हुआ कि उसमें चार-पाँच रचनाएँ ही रहस्यवाद की हैं। उन्हें प्रसन्नता हुई कि 'लहर' में प्रसाद जी "वर्तमान और अतीत जीवन की प्रकृत ठोस भूमि पर" कल्पना का चमत्कार दिखाने की ओर बढ़े थे। 'कामायनी' में उन्होंने आनन्दवाद की प्रतिष्ठा देखी। इसका सम्बन्ध उन्होंने तांत्रिकों और योगियों की 'अन्तर्भूमि-पद्धति' से जोड़ा है। प्रसाद जी न योगवादी थे, न भोगवादी थे। उनका दर्शन संसार को शिव का प्रत्यक्ष रूप मानता है और 'कामायनी' लोक-कल्याण का प्रतीक है। प्रसाद जी का 'ज्ञान' योगियों का 'ज्ञान' नहीं है, यह शुक्ल जी की इस उक्ति से साबित होता है : "पीछे आया हुआ ज्ञान भी बुद्धिव्यवसायात्मक ज्ञान ही है (योगियों और रहस्यवादियों का पर-ज्ञान नहीं)।" प्रसाद जी ने एक खास तरह के ज्ञान, एक खास तरह के कर्म का विरोध किया है। वह ज्ञान और कर्म का समन्वय चाहते हैं और समन्वय लोक-कल्याण की भूमि पर होता है। लेकिन शुक्ल जी का यह कहना सही है कि प्रसाद जी ने कर्ममय जीवन के विशद चित्र नहीं दिये और उसे बहुधा यज्ञों, उद्योग-धन्धों और शासन-विधानों तक सीमित कर दिया है। शुक्ल जी का विचार है कि कर्म की व्यापक भावना के अन्दर "उग्र और प्रचंड भाव भी लोक के मंगल-विधान के अंग हो जाते हैं।" प्रसाद जी ने इस पक्ष को कम लिया है, यह बात सही है। यद्यपि यह दोष उनके उपन्यासों और अनेक नाटकों में नहीं है।

शुक्ल जी ने पंत जी की रहस्य-भावना को स्वाभाविक कहा है, उसे साम्प्रदायिकतावाद से प्राय: मुक्त बतलाया है। इस तरह प्रसाद-निराला-पंत, तीनों में रहस्यवाद अपने उस रूप में प्रकट नहीं हुआ जो शुक्ल जी को सबसे ज्यादा अग्राह्य था (और पंत जी तब तक अरविन्द-आश्रम न गए थे!)

'पल्लव' की भूमिका में पंत जी ने पुरानी कविता पर—सूर आदि संत कवियों की रचना पर भी—जो आक्षेप किये थे, उन्हें शुक्ल जी ने प्रतिभा के उत्साह का बहुत बढ़ा-चढ़ा प्रदर्शन कहा है। अंग्रेजी कविता से भाव और प्रयोग लेने का दोष शुक्ल जी ने पंत जी पर ही लगाया है, निराला या प्रसाद पर नहीं। आँसुओं को 'नयनों का बाल' कहना "केवल चमत्कार और वक्रता के लिए" जान पड़ता है। पंत जी को आगे चलकर जैसे 'चिर' शब्द प्रिय हुआ, वैसे पहले 'बाल' शब्द प्रिय था। " 'बाल' शब्द जोड़ने की प्रवृत्ति बहुत अधिक पाई जाती है।" शब्दों का मनमाने लिंगों में प्रयोग, 'मर्मपीड़ा के ह्रास' जैसे प्रयोगों में डबल-लक्षणा,

उपमानों के ढेर लगाना जहाँ "बहुत-से उपमान पुराने ढंग के खेलवाड़ के रूप में भी हैं", तिमिर चरते हुए शशि-शावक, कवि के उर में डेरा डालने वाले नक्षत्ररूपी शुचि उलूक—आदि पंत-काव्य की अपनी विशेषताएँ हैं। शुक्ल जी पूछते हैं : "पर इतने उल्लू यदि डेरा डालेंगे तो मन की क्या दशा होगी?" यदि शुक्ल जी 'स्वर्ण किरण' और 'स्वर्ण धूलि' पढ़ने को जीवित रहते तो उन्हें अपने प्रश्न का उत्तर मिल जाता।

इन कमजोरियों के बावजूद पंत जी में जहाँ सहज रोमांटिक कल्पना मिली है, शुक्ल जी ने उसकी दा'द दी है। प्रकृति-चित्रण की प्रशंसा विशेष रूप से की है। लेकिन कलावाद के संस्कार के कारण पंत जी की दृष्टि व्यापक नहीं हुई, बादल के दर्शन से "तप्त कृषकों के आशापूर्ण उल्लास तक" नहीं गई, इसकी शिकायत भी की है।

पंत जी ने दर्शन और अर्थशास्त्र के अनेक सूत्रों को पद्यपद्ध किया है—और सदा उनके मूलरूप की रक्षा भी नहीं कर पाए हैं—लेकिन उनका असली रूप सौन्दर्यवादी का ही है, उसे वह छोड़ नहीं पाए। सौन्दर्यवादी का रूप सदा सुन्दर नहीं होता, वह व्यक्तिवाद और कृत्रिमता के दायरे में बन्द रहता है, लेकिन पंत जी जब कोशिश करके लोकजीवन के नजदीक आते हैं तब भी मानो जुल्फें सँभालते हुए, पतलून की क्रीज का ध्यान रखते हुए। प्रगतिशील विचारधारा से कुछ दिन तक उनकी 'बौद्धिक सहानुभूति' का यही रहस्य है। शुक्ल जी ने लिखा है : "कलावाद के प्रभाव से जिस सौन्दर्यवाद का चलन योरप के काव्यक्षेत्र के भीतर हुआ, उसका पंत जी पर पूरा प्रभाव रहा है।" यह बात सोलह आने ठीक है। पंत जी के अध्यात्मवाद और सौन्दर्यवाद में विशेष अन्तर नहीं है। एक आत्मा का श्रृंगार है तो दूसरा शरीर का; हैं दोनों श्रृंगार ही। मनुष्य के कर्ममय जीवन से दोनों दूर हैं। इस पर भी जहाँ पंत जी लोक-जीवन की ओर कदम उठाते दिखे हैं, शुक्ल जी ने उसका स्वागत ही किया है।

नई कविता के विवेचन में शुक्ल जी ने द्विवेदी-युग की इतिवृत्तात्मक कविता की सीमाएँ दिखाईं, संस्कृत छंदों और संस्कृत पदावली के व्यवहार को अनचाहा प्रभाव कहा, रहस्यवाद का खंडन किया, कविता से निराशावाद, भाग्यवाद, अतिलाक्षणिकता की शैली को दूर करने का आग्रह किया। यद्यपि छायावाद की व्याख्या ऐतिहासिक दृष्टि से सही नहीं है और रहस्यवाद को अभारतीय कहने से उसका खंडन नहीं होता, फिर भी शुक्ल जी ने छायावादी कवियों की लोकजीवन-सम्बन्धी कविताओं का समर्थन किया, साहित्य में अगोचर के बदले गोचर जगत् पर बल दिया, छायावादी कविता का लोकगीतों की परम्परा से सम्बन्ध जोड़ते हुए सच्ची रोमांटिक भावभूमि पर आगे बढ़ने का सुझाव दिया। उनका यह विवेचन हिन्दी आलोचना के लिए ही नहीं, हिन्दी कविता की प्रगति के लिए भी बहुत उपयोगी है।

इतिहास, जातीयता और साहित्य के रूप

यहाँ हम तीन समस्याओं पर विचार करेंगे, हिन्दी साहित्य के इतिहास में काल-विभाजन की समस्या, साहित्य के जातीय रूप और उसकी जातीय विशेषताओं की समस्या और नाटक, उपन्यास, निबन्ध आदि साहित्य के रूपों की समस्या। इन सभी पर शुक्ल जी की कुछ विशेष मान्यताएँ हैं जिनमें से कुछ की ओर विद्वानों का ध्यान गया है और उनके खंडन की भी कोशिश की गई है, कुछ की ओर ध्यान कम गया है या ज्यादातर आलोचक उनकी ओर उदासीन रहे हैं।

पहली समस्या इतिहास में काल-विभाजन की है। हिन्दी साहित्य का इतिहास लिखना आज भी सरल काम नहीं है। इसका सबसे बड़ा कारण आवश्यक सामग्री का उपलब्ध न होना है। हाथ की लिखी किताबें एक तरफ राजस्थान में पड़ी हैं तो दूसरी तरफ नेपाल में। इन पर जो खोज का काम हुआ है, वह बहुत कुछ असंगठित और अव्यवस्थित है। जो सामग्री उपलब्ध है, उसके छापने की भी कोई संगत व्यवस्था नहीं है। मध्यकाल तो दूर, आज से सत्तर साल पहले जो साहित्य रचा गया था, वह जहाँ-तहाँ पत्रिकाओं की जिल्दों में बन्द दीमकों के हवाले हो रहा है; वह भी रद्‌दी में बिकने से बच गया हो तो।

हिन्दी साहित्य का इतिहास लिखने में दूसरी कठिनाई यह है कि हिन्दी की अनेक बोलियों में समृद्ध साहित्य रचा गया है और इनमें से कई एक—जैसे अवधी, ब्रज और मैथिली—का साहित्य कम-से-कम परिमाण में इतना विशाल है, जितना योरप और भारत की कई भाषाओं का आधुनिक साहित्य न होगा। इस साहित्य का विस्तृत अध्ययन किये बिना हिन्दी साहित्य का क्रमबद्ध इतिहास नहीं लिखा जा सकता।

हिन्दी साहित्य का इतिहास लिखने के साथ अभी भाषा-विज्ञान और सांस्कृतिक इतिहास आदि की अनेक समस्याएँ जुड़ी हुई हैं जिन पर विस्तार से विचार करने की जरूरत है। मिसाल के लिए राजस्थानी में जो साहित्य मिलता है, उसे हिन्दी साहित्य में लिया जाए या नहीं? अपभ्रंश में रचा हुआ साहित्य पुरानी हिन्दी का साहित्य माना जाए या उससे स्वतंत्र? मैथिली और हिन्दी का क्या सम्बन्ध है? मैथिली हिन्दी से स्वतंत्र भाषा है या उसकी एक बोली? दकनी हिन्दी, फारसी लिपि में लिखी हुई

हिन्दी, अरबी-फारसी मिश्रित हिन्दी यानी उर्दू के साहित्य को हिन्दी साहित्य में लिया जाए या नहीं? इस तरह की बहुत-सी समस्याएँ हैं।

शुक्ल जी से पहले मिश्रबन्धुओं और अन्य विद्वानों ने जो खोज का काम किया था, उससे उन्होंने लाभ उठाया। उनके समय में जो खोज का काम होता गया, वह उसकी जानकारी भी रखते रहे, इसके सिवा जायसी आदि पर उन्होंने खुद भी अनुसन्धान का काम किया। लेकिन शुक्ल जी का महत्त्व, सबसे ज्यादा इतिहास के अध्ययन की एक व्यवस्थित पद्धति कायम करने में है, अनुसन्धान में नहीं। अनुसन्धान से कुछ ग्रंथों की तिथियों में हेर-फेर हो सकता है, कुछ ग्रंथ जाली साबित हो सकते हैं, कुछ नये ग्रंथ सामने आ सकते हैं लेकिन यह हर किसी रिसर्च स्कॉलर का काम नहीं है कि वह इतिहास के अध्ययन की एक व्यवस्थित पद्धति भी कायम कर दे।

शुक्ल जी ने अपने इतिहास में हिन्दी साहित्य के पहले युग को आदिकाल कहा है। इसमें उन्होंने अपभ्रंश साहित्य पर विचार किया है और वीरगाथा काव्यों की प्रामाणिकता आदि का विवेचन किया है। इसके बाद उन्होंने दूसरे युग को पूर्व मध्यकाल कहा। इसमें निर्गुण, सगुणवादी भक्त कवियों और जायसी आदि प्रेममार्गी कवियों का विवेचन किया है। तीसरा युग उत्तरमध्यकाल है जिसमें रीतिग्रंथकारों को लिया है। चौथा युग आधुनिक काल है जिसमें आधुनिक गद्य के विकास, भारतेन्दु और द्विवेदीकालीन साहित्य और छायावाद आदि की चर्चा है।

इस व्यवस्था में शुक्ल जी ने दो चीजें मिलाने की कोशिश की है : एक तो कालक्रम और दूसरी, किसी साहित्यिक धारा की विशेषताएँ। इन दोनों बातों का अन्तर ध्यान में रखना चाहिए। हिन्दी साहित्य का व्यवस्थित अध्ययन करने में दूसरी बात का महत्त्व ज्यादा है, पहली का कम। कालक्रम के हिसाब से कोई रचना आगे-पीछे की साबित हो सकती हैं, इससे यह साबित होना लाजमी नहीं है कि वह किसी साहित्यिक धारा के अन्तर्गत भी नहीं आ सकती।

शुक्ल जी ने अपना इतिहास एक विशेष आवश्यकता की पूर्ति के लिए लिखा था। यह आवश्यकता विश्वविद्यालयों में हिन्दी पढ़ने-पढ़ाने वाले छात्रों और अध्यापकों की थी। इसका जिक्र उन्होंने अपने इतिहास के पहले संस्करण के वक्तव्य में किया है। 'हिन्दी शब्द सागर' समाप्त होने पर उसकी भूमिका के रूप में भाषा और साहित्य के विकास पर लिखना, यह दूसरी आवश्यकता थी और "एक नियत समय के भीतर ही यह इतिहास लिखकर पूरा करना पड़ा। इससे साहित्य का इतिहास लिखने के लिए जितनी अधिक सामग्री मैं जरूरी समझता था, उतनी तो उस अवधि के भीतर न इकट्ठी हो सकी।" बाद के संस्करणों में शुक्ल जी ने और भी आवश्यक सामग्री से लाभ उठाकर अपने इतिहास को और भरापूरा बनाया।

शुक्ल जी के बाद संक्षिप्त और सुबोध इतिहासों की बाढ़ आ गई। कुछ वृहत्काय इतिहास भी लिखे गए। इसमें ज्यादातर चोरी का माल है, शुक्ल जी की

निधि से माल लेकर टके सीधे करने का व्यापार है। बहुत कम लोगों ने नये सिरे से अध्ययन करके हिन्दी साहित्य के इतिहास में कुछ नया जोड़ने की कोशिश की है। विद्यार्थियों के लिए लिखना बुरा नहीं है लेकिन जहाँ इस लिखने का उद्‌देश्य ज्ञान-वृद्धि न होकर परीक्षा पास कराना भर होता है, वहाँ इतिहास-लेखन पैसाकमाऊ व्यापार मात्र हो जाता है।

शुक्ल जी अपने समय में तो इतिहास-लेखन में दिग्विजयी हुए ही थे, उनके बाद भी उनका काल-विभाजन—या हिन्दी साहित्य की मुख्य धाराओं का विभाजन—बहुत कुछ अपने मूल रूप में कायम है। कुछ लोगों ने जोर बहुत लगाया लेकिन शुक्ल जी की कायम की हुई व्यवस्था टस से मस न हुई। वीरगाथा, निर्गुण और सगुण भक्ति, प्रेमकथानक रीतिकाव्य, भारतेन्दु-युग, छायावाद आदि का सिलसिला अब भी चला आता है। 'रीतिकाव्य की भूमिका' में डॉ. नगेन्द्र कुछ अनमने-से गणेश-वन्दना करते हुए लिखते हैं : "आज पं. रामचन्द्र शुक्ल द्वारा किया हुआ हिन्दी साहित्य का काव्य-विभाजन प्राय: सर्वमान्य-सा ही हो गया है।" शुक्ल जी की दिग्विजय का यह प्रमाण है। उनका काल-विभाजन सर्वमान्य-सा ही हो गया है। उन्होंने भगीरथ परिश्रम करके जो इतिहास लिखने की धारा प्रवाहित की थी, उसमें दो डुबकियाँ लगाए बिना डॉ. नगेन्द्र का भी कल्याण नहीं है। सबसे बड़े दुर्भाग्य की बात यह है कि डॉ. नगेन्द्र के अनुसार शुक्ल जी का काल-विभाजन "वास्तव में सर्वथा निर्दोष न होते हुए भी, बहुत कुछ संगत तथा विवेकपूर्ण है।" विवेकपूर्ण होने की वजह से नये इतिहास-लेखकों की मौलिकता का दावा करने में काफी कठिनाई होती है।

इधर एक ताजा इतिहास शुक्ल जी की ही अध्यापन-भूमि में कार्य करनेवाले विद्वान् विचारक और अनुसन्धानकर्ता आचार्य हजारीप्रसाद द्विवेदी ने लिखा है। जो लोग शुक्ल जी को विवेकपूर्ण न मानते हों, वे कृपया द्विवेदी जी के इतिहास का ढाँचा और विषयवस्तु देखें और इस बात पर विचार करें कि द्विवेदी जी जैसे विद्वान् ने भी शुक्ल जी की ही व्यवस्था स्वीकार की है या नहीं। आदिकाल से लेकर छायावाद तक द्विवेदी जी ने उन्हीं धाराओं के हिसाब से इतिहास लिखा है, जिनका विवेचन शुक्ल जी ने किया था। एक अन्तर है। द्विवेदी जी ने आदिकाल की तरह आधुनिक काल नाम तो रखा है लेकिन मध्यकाल नाम छोड़ दिया है। आदि है और आधुनिक है तो मध्य भी होना चाहिए, उसे छोड़ने का कोई संगत कारण नहीं दिखाई देता। इसके सिवा और युगों में जहाँ द्विवेदी जी ने उन्हीं साहित्यिक धाराओं और प्रवृत्तियों को मुख्य माना है जिनकी चर्चा शुक्ल जी ने की थी, वहाँ आदिकाल की मुख्य धारा उन्होंने स्पष्ट नहीं की। जैसे मध्यकाल में—यह नाम न लेते हुए भी—उन्होंने भक्ति यौर रीतिकाव्यों की चर्चा की है, वैसे आदिकाल के अन्तर्गत ऐसा कोई शीर्षक नहीं दिया।

शुक्ल जी ने आदिकाल की मुख्य धारा वीरगाथा-काव्य मानी थी। इसलिए उन्होंने उसे वीरगाथा-काल भी कहा है। द्विवेदी जी के अनुसार : "यह नाम वर्तमान ज्ञान के आलोक में बहुत उचित नहीं प्रतीत होता।" इसलिए उन्होंने कालक्रम के हिसाब से उसे आदिकाल तो कहा है, किसी धारा या साहित्यिक प्रवृत्ति के हिसाब से उसका नाम नहीं लिया। विषय-सूची पर नजर डालिए तो 'हिन्दी साहित्य का आदिकाल' (इस नाम की पुस्तक नहीं, 'हिन्दी साहित्य' के दूसरे अध्याय) में खुमान रासो, बीसलदेव रासो, भट्ट केदार और मधुकर भट्ट, हम्मीर रासो, पृथ्वीराज रासो आदि की ही चर्चा मिलेगी। इन्हीं ग्रंथों की चर्चा शुक्ल जी ने भी की है। देखना चाहिए कि दोनों की चर्चा में क्या अन्तर है?

वीरगाथा-काव्य का विवेचन शुरू करते हुए शुक्ल जी ने पहले ही बीसलदेव रासो, पृथ्वीराज रासो आदि जो काव्य "आजकल मिलते हैं, वे सन्दिग्ध हैं", यह लिख दिया है। द्विवेदी जी ने भी उनका सन्दिग्ध होना स्वीकार करते हुए लिखा है : "कुछ हिन्दी साहित्य के इतिहास-लेखकों ने इस काल की कितनी ही ऐसी रचनाओं के नाम गिनाए हैं, जिनके विषय में अब सन्देह किया जाने लगा है। 'खुमान रासो', 'बीसलदेव रासो', 'हम्मीर रासो', 'विजयपाल रासो' आदि ऐसी रचनाएँ हैं। शुरू-शुरू में इन्हें प्रामाणिक ग्रंथ समझा गया था। यह विश्वास कर लिया गया था कि इन रचनाओं का सम्बन्ध जिन राजाओं के नाम के साथ है, उन्हीं के समय में ये लिखी भी गई थीं, पर अब इस विश्वास को सन्देह की दृष्टि से देखा जाने लगा है।"

यहाँ इतना और जोड़ देना चाहिए था कि शुक्ल जी उन इतिहासकारों में नहीं हैं, जो इन्हें प्रामाणिक ग्रंथ मानते थे। द्विवेदी जी के ऊपर बताए हुए सूत्र की लम्बी-चौड़ी व्याख्या करते हुए जिन विद्वानों ने शुक्ल जी का खंडन किया है, वे यह भूल गए हैं कि इन ग्रंथों को सन्देह की दृष्टि से देखने में द्विवेदी जी ने कोई मौलिक काम नहीं किया वरन् शुक्ल जी का ही अनुसरण किया है।

'खुमान रासो' के बारे में शुक्ल जी ने लिखा है : "इस समय 'खुमान रासो' की जो प्रति प्राप्त है, वह अपूर्ण है और उसमें महाराणा प्रताप सिंह तक का वर्णन है।"

द्विवेदी जी ने इस वाक्य को थोड़ा सरल करके यों लिखा है : "आजकल 'खुमान रासो' का जो प्रति मिलती है, वह अपूर्ण है।"

शुक्ल जी ने महाराणा प्रताप के वर्णन का उल्लेख करके उसकी ऐतिहासिक प्रामाणिकता का और भी जोरदार खंडन किया है।

द्विवेदी जी ने इसके रचयिता के बारे में लिखा है : "इसके लेखक का नाम दलपति विजय है।"

शुक्ल जी को उसके रचयिता के बारे में इतना विश्वास नहीं था। इस बारे में उन्होंने लिखा था : "यह समस्त वर्णन दलपति विजय नामक किसी कवि के रचित 'खुमान रासो' के आधार पर लिखा गया जान पड़ता है।" यह अनुमान ध्यान देने योग्य है।

इतिहास की दृष्टि से अप्रामाणिक रचनाएँ आसमान से नहीं टपक पड़तीं। उनके पीछे किसी साहित्यिक धारा की परम्परा रहती है। शुक्ल जी इस परम्परा का अस्तित्व सिद्ध कर रहे थे, विशेष रचनाओं की ऐतिहासिक प्रामाणिकता नहीं। इसीलिए अनेक ग्रंथों को सन्दिग्ध और 'पृथ्वीराज रासो' को शुद्ध जाली मानते हुए भी उन्होंने परम्परा के हिसाब से उस युग को वीरगाथा-काल कहा है। राजाओं के चारणों ने काव्य लिखे, वे बहुत कुछ राजकीय पुस्तकालयों में और कवियों के वंशजों के पास सुरक्षित रहे। उनमें हेर-फेर होने पर भी जो परम्परा सिद्ध होती है, उसी के आधार पर उन्होंने इस युग को वीरगाथा-काल कहा है। लिखा है : "उत्तरोत्तर भट्ट चारणों की परम्परा में चलते रहने से उनमें फेर-फार भी बहुत कुछ होता रहा। इसी रक्षित परम्परा की सामग्री हमारे हिन्दी साहित्य के प्रारम्भिक काल में मिलती है। इसी से यह काल वीरगाथा-काल कहा गया।"

इससे बिलकुल स्पष्ट है कि ग्रंथों में फेर-फार की खबर शुलजी को भी थी, लेकिन उन्होंने वीरगाथा-काल नाम उस परम्परा के आधार पर दिया, जिसकी खबर उनके कुछ परवर्ती इतिहासकारों को नहीं है।

'खुमान रासो' के सन्दिग्ध होने के बारे में शुक्ल जी ने लिखा था : "यह नहीं कहा जा सकता कि इस समय जो 'खुमान रासो' मिलता है, उसमें कितना अंश पुराना है?" और भी : "यह नहीं कहा जा सकता कि दलपति विजय असली 'खुमान रासो' का रचयिता था अथवा उसके पिछले परिशिष्ट का?"

द्विवेदी जी ने इन्हीं धारणाओं का सार प्रकट करते हुए यह वाक्य लिखा है : "स्पष्ट ही यह ग्रंथ उतना प्राचीन नहीं जितना समझा गया है।"

शुक्ल जी की धारणाओं को दोहराने में कोई नुकसान नहीं लेकिन उनका ऋण भी स्वीकार करना चाहिए, खास तौर से जब सामग्री के अलावा वाक्य भी शुक्ल जी के वाक्यों से मिलते-जुलते हों।

शिवसिंह सरोज का हवाला देते हुए शुक्ल जी ने 'खुमान रासो' के बारे में लिखा था : "शिवसिंह सरोज के कथनानुसार एक अज्ञातनामा भाट ने 'खुमान रासो' नामक एक काव्य ग्रंथ लिखा था, जिसमें श्रीरामचन्द्र से लेकर खुमान तक के युद्धों का वर्णन था।"

इसी विषय पर द्विवेदी जी ने लिखा है : "'खुमान रासो' नामक पुस्तक के बारे में शिवसिंह सरोज में बताया गया है कि किसी अज्ञातनामा भाट ने 'खुमान रासो' नाम का काव्य लिखा था, जिसमें श्रीरामचन्द्र से लेकर खुमान तक के नरपतियों का वर्णन है।"

"शिवसिंह सरोज के कथनानुसार"—इस टुकड़े का सरल रूप 'खुमान रासो' नामक पुस्तक के बारे में' आदि है। "अज्ञातनामा भाट ने 'खुमान रासो' नामक काव्य लिखा था"—यह टुकड़ा दोनों जगह है, सिर्फ द्विवेदी जी के यहाँ 'नामक'

का सरल रूप 'नाम' का हो गया है। द्विवेदी जी ने 'लिखा था' के बाद एक कॉमा लगा दिया है जो उचित है क्योंकि शुक्ल जी कॉमा के बारे में काफी लापरवाह जान पड़ते हैं। लेकिन "श्रीरामचन्द्र से लेकर खुमान तक के युद्धों का वर्णन"—यह टुकड़ा तो ठीक है, पर द्विवेदी जी के यहाँ 'युद्धों' की जगह नरपतियों ने ले ली है (शायद युद्धों का सम्बन्ध वीरगाथा से है, इसलिए द्विवेदी जी ने उन्हें हटा दिया हो) और "खुमान तक के युद्धों" की जगह "खुमान तक के नरपतियों" लिखा गया है, जो बेमानी है। 'तक के' की जगह 'तक' लिखा जाता तो ठीक था। शायद जल्दी में द्विवेदी जी 'के' हटाना भूल गए हैं। यह भी हो सकता है कि 'तक के नरपतियों' मुहावरेदार हिन्दी हो क्योंकि द्विवेदी जी ने आगे भी इसके सम पर एक और टुकड़ा बिठाया है—महाराणा राजसिंह "तक के राजाओं का वर्णन है!"

'बीसलदेव रासो' के बारे में शुक्ल जी ने लिखा है : "दिये हुए संवत् के विचार से कवि अपने चरितनायक का समसामयिक जान पड़ता है, पर वर्णित घटनाएँ, विचार करने पर, बीसलदेव के बहुत पीछे की लिखी जान पड़ती हैं, जबकि उनके सम्बन्ध में कल्पना की गुंजाइश हुई होगी।" शुक्ल जी ने भोज की लड़की से बीसलदेव के ब्याह की बात कल्पित ठहराई है क्योंकि भोज का देहान्त बीसलदेव से सौ बरस पहले हो चुका था। भोज के सिवा माघ और कालिदास के नाम जोड़ने का भी उन्होंने उल्लेख किया है। 'बीसलदेव रासो' की भाषा की जाँच करने के बाद शुक्ल जी ने यह नतीजा निकाला है कि यह "पुस्तक न तो वस्तु के विचार से और न भाषा के विचार से अपने असली और मूल रूप में कही जा सकती है।"

द्विवेदी जी भी शुक्ल जी की तरह इसे 'सन्दिग्ध' रचना मानते हैं लेकिन शुक्ल जी की तरह यह नहीं कहते कि "यह नरपति नाल्ह की पोथी का विकृत रूप अवश्य है।"

चन्द 'दिल्ली के अन्तिम हिन्दू सम्राट्' के राजकवि कहे जाते हैं, इसलिए "इनके नाम में भावुक हिन्दुओं के लिए एक विशेष प्रकार का आकर्षण है।" इस आकर्षण की परवाह न करके शुक्ल जी ने गौरीशंकर हीराचन्द ओझा का समर्थन करते हुए 'पृथ्वीराज रासो' को अप्रामाणिक माना है। उसमें चन्द के भी कुछ छंद हो सकते हैं, इस बारे में शुक्ल जी ने लिखा है : "यह हो सकता है कि इसमें इधर-उधर कुछ पद्य चन्द के भी बिखरे हों, पर उनका पता लगाना असम्भव है।" इस बात को द्विवेदी जी ने भी इन शब्दों में स्वीकार किया है : "यद्यपि 'रासो' में प्रक्षिप्त अंश बहुत हैं तथापि इसमें चन्द के कुछ-न-कुछ वचन अवश्य हैं जो काफी पुराने हैं।" द्विवेदी जी ने मुनि जिन विजय द्वारा प्रकाशित 'जयचन्द प्रबन्ध' का हवाला देते हुए अपने कथन का समर्थन किया है, उससे शुक्ल जी का अनुमान और पुष्ट होता है।

'रासो' के मूल रूप को तूल देने का श्रेय दोनों विद्वानों ने 'भट्टभणन्त' को दिया है। शुक्ल जी ने लिखा है : "पीछे जो बहुत-सा कल्पित 'भट्टभणन्त' तैयार होता गया। उस सबको लेकर 'रासो' का आकार बढ़ाया गया है।"

द्विवेदी जी ने युद्धों के प्रसंग का जिक्र करते हुए लिखा है : "अधिकतर 'भट्टभणन्त' और गलत तिथियों का हिसाब ऐसे प्रसंग में आता है।"

आदिकाल में द्विवेदी जी ने भट्ट केदार और मधुकर का जिक्र किया है। इनके लिखे जो दो ग्रंथ बताए जाते हैं, शुक्ल जी ने उनके बारे में लिखा है : "ये दोनों ग्रंथ आज उपलब्ध नहीं हैं।" द्विवेदी जी भी कहते हैं : "ये पुस्तकें मिलती नहीं।"

जगनिक के बारे में शुक्ल जी ने लिखा है : "ऐसा प्रसिद्ध है कि कालिंजर के राजा परमाल के यहाँ जगनिक नाम के भाट थे जिन्होंने महोबे के दो वीरों—आल्हा और ऊदल (उदयसिंह)—के वीर-चरित का विस्तृत वर्णन एक वीरगीतात्मक काव्य के रूप में लिखा था।"

इसका सरल रूप द्विवेदी जी के यहाँ इस तरह है : "कहते हैं कि कालिंजर के राजा पराल (परमर्दिदेव) के यहाँ जगनिक नाम के एक भाट थे, जिन्होंने महोबे के दो प्रसिद्ध वीरों—आल्हा और ऊदल—के चरित्र का वीर-काव्य लिखा था।"

शुक्ल जी ने स्पष्ट कर दिया है कि "जगनिक के काव्य का आज कहीं पता नहीं है।" जो आल्हा कुछ हेर-फेर के साथ गाँवों में सुनाई पड़ता है—खास तौर से बैसवाड़े में, क्योंकि शुक्ल जी के अनुसार "बैसवाड़ा इसका केन्द्र माना जाता है"—वह जगनिक के काव्य के आधार पर रचा गया है। प्रचलित गीतों का संग्रह फर्रुखाबाद के कलक्टर चार्ल्स इलियट ने कराया था, यह बात शुक्ल जी ने लिखी है। द्विवेदी जी ने भी इसे दोहराया है। शुक्ल जी का निकर्ष है : "देश और काल के अनुसार भाषा में ही परिवर्तन नहीं हुआ है, वस्तु में भी बहुत अधिक परिवर्तन होता आया है।" द्विवेदी जी भी मानते हैं कि "भाषा और कथानकों में बहुत अधिक परिवर्तन हो गया है।"

'हम्मीर रासो' के बारे में शुक्ल जी का मत है कि शारंगधर का लिखा हुआ 'हम्मीर रासो' नहीं मिलता : "उसके अनुसरण पर बहुत पीछे का लिखा हुआ एक ग्रंथ 'हम्मीर रासो' नाम का मिलता है।" द्विवेदी जी का कहना है : "शारंगधर कवि के 'हम्मीर रासो' की रचना भी असन्दिग्ध नहीं हैं।"

शुक्ल जी ने 'प्राकृत पिंगलसूत्र' में हम्मीर सम्बन्धी पद्यों को मूल 'हम्मीर रासो' का माना है। यह सही है कि यह शुक्ल जी का अनुमान है और उसे इतिहास की स्वीकृत घटना नहीं माना जा सकता। शुक्ल जी ने इसकी चर्चा अपभ्रंशकाल वाले अध्याय में की है और गाथा वाले अध्याय में उसे छोड़ दिया है। शुक्ल जी ने हम्मीर सम्बन्धी दो पद्य दिये हैं। द्विवेदी जी ने उनमें से एक पद्य उद्धृत किया है, दूसरा नहीं। उनके उद्धृत किये हुए पद्य में 'जज्जल भणइ' आया है। द्विवेदी जी ने महापंडित राहुल के मत का हवाला दिया है कि ये पद्य जज्वला कवि की रचना है। शुक्ल जी ने जो दूसरा पद्य उद्धृत किया है, उसमें 'पुर जज्जल्ला मन्तिवर'—यह टुकड़ा आया है। इसका अर्थ शुक्ल जी ने यह लिखा है : आगे मंत्रिवर जज्जल को

करके द्विवेदी जी ने राहुल मत का हवाला देते हुए यह नहीं लिखा कि इन पद्यों में जज्जल को 'मंत्रिवर' भी कहा गया है।

हम्मीर रासो की चर्चा का महत्त्व इतना ही है कि उससे भी वीरगाथा काव्य की परम्परा सिद्ध होती है। 'प्राकृतपिंगल-सूत्र' में जो पद्य दिये गए हैं, वे शारंगधर के हों चाहे और किसी कवि के, मुख्य बात यह है कि इनसे भी उसी काव्य-परम्परा के अस्तित्व का समर्थन होता है। शुक्ल जी ने इस काव्य-धारा की कुछ विशेषताएँ बतलाई हैं जो उसे अन्य दरबारी कविता से अलग करती हैं। ग्रंथ ज्यादातर पश्चिम में लिखे गए हैं। इनमें वीररस के पद्य अक्सर छप्पय में है। इनकी भाषा पर प्राकृत की रूढ़ियों का गहरा असर है। खुसरो की भाषा के सिलसिले में शुक्ल जी ने लिखा है : "उसका ढाँचा कवियों और चारणों द्वारा व्यवहृत प्राकृत की रूढ़ियों से जकड़ी काव्य-भाषा से भिन्न था।" वीरगाथा काव्यों की वीरता किस तरह की थी, यह शुक्ल जी अच्छी तरह जानते थे। पश्चिम में जो गहरबार, चौहान, चन्देल आदि राज्य थे : "वे अपने प्रभुत्व की वृद्धि के लिए परस्पर लड़ा करते थे। लड़ाई किसी आवश्यकतावश नहीं होती थी; कभी-कभी तो शौर्य-प्रदर्शन मात्र के लिए यों ही मोल ली जाती थी। बीच-बीच में मुसलमानों के भी हमले होते रहते थे।" इसके सिवा इस सामन्ती वीररस का विशेष सम्बन्ध शृंगाररस से भी था। "किसी राजा की कन्या के रूप का संवाद पाकर दलबल के साथ चढ़ाई करना और प्रतिपक्षियों को पराजित कर उस कन्या को हरकर लाना वीरों के गौरव और अभिमान का काम समझा जाता था।" बाद के सामन्त लड़ाई-भिड़ाई का काम बिलकुल छोड़कर कन्या-हरण का काम कुटनियों के सहारे किया करते थे या सामन्तों की कन्याओं के लिए लड़ने के बदले किसी गरीब प्रजा की बहू-बेटी भगा लाते थे। उपन्यासकार वृन्दावनलाल वर्मा ने ऐसे रसिक ब्रजराजों का वर्णन अपने 'टूटे काँटे' नामक उपन्यास में किया है। जो लोग सामन्ती वीरता के कल्पित चित्र खींचा करते हैं, वे प्रजा के शोषण की बात तो भूल ही जाते हैं, प्रभाव-विस्तार और शौर्य-प्रदर्शन के लिए सामन्तों के युद्ध, कन्या हर लाने में वीरता के गौरव की बात भी भूल जाते हैं। अतिशयोक्ति सामन्ती काव्य का मुख्य अलंकार है। दरबारी शृंगार-काव्य की तरह वीरकाव्य में भी अत्युक्तियों की भरमार रहती थी। शुक्ल जी ने लिखा है : "उस समय जो भाट या चारण किसी राजा के पराक्रम, विजय, शत्रु-कन्या-हरण आदि का अत्युक्तिपूर्ण आलाप करता या रणक्षेत्रों में जाकर वीरों के हृदय में उत्साह की उमंगें भरा करता था, वही सम्मान पाता था।" बाद के सामन्ती कवियों ने यह उमंगें भरने का काम भी छोड़ दिया था, जिससे सामन्ती दरबारों का और भी पतन सूचित होता है।

वीरगाथा काव्य शुद्ध वीररस के काव्य न थे। उनमें "शृंगार का भी थोड़ा मिश्रण रहता था" यद्यपि शुक्ल जी ने उसे गौण रूप से ही आता हुआ कहा है। लेकिन "जहाँ राजनीतिक कारणों से भी युद्ध होता था, वहाँ भी उन कारणों का उल्लेख

न कर कोई रूपवती स्त्री ही कारण कल्पित करके रचना की जाती थी"—शुक्ल जी की यह बात सही हो तो मानना पड़ेगा कि वीरगाथा काव्यों की मूल प्रेरणा भोग-विलास की कामना ही थी। 'बीसलदेव रासो' के लिए शुक्ल जी ने लिखा है कि उसमें शौर्य के वर्णन के बदले शृंगार की अधिकता है। उन्हें उसके साथ 'रासो' शब्द का जुड़ा होना खटका है, लेकिन कहीं कम, कहीं ज्यादा, ये सभी रासो थे तो भोग-विलास की इच्छापूर्ति के काव्य ही।

ऊपर के विवेचन से यह निष्कर्ष निकलता है कि वीरगाथा काव्य हिन्दी की एक विशेष धारा है। इस धारणा के प्रतिनिधि ग्रंथ अधिकतर अप्रामाणिक हैं, लेकिन उनसे एक वीरगाथा-काव्य की परम्परा का अस्तित्व सिद्ध होता है। इनकी अप्रामाणिकता का बहुत स्पष्ट उल्लेख आचार्य शुक्ल ने किया था। आदिकाल के अन्तर्गत श्री हजारीप्रसाद द्विवेदी ने उन्हीं ग्रंथों की चर्चा की है, जिनकी शुक्ल जी ने की थी और द्विवेदजी ने शुक्ल जी की स्थापनाओं को ही नहीं दोहराया, कभी-कभी उनके वाक्यों को भी दोहराया है और अन्त में यह कि वीरगाथा-काव्यों से किसी स्वर्ण-युग की कल्पना न करनी चाहिए वरन् कन्या-हरण, परस्पर युद्ध और शूरता के अतिरंजित वर्णन भी ध्यान में रखने चाहिए। विदेशी आक्रमणकारियों के खिलाफ भी युद्ध हुए लेकिन इन सामन्ती काव्यों में देश-रक्षा का भाव प्राय: नहीं है।

अब हम दूसरी समस्या लेते हैं। यह समस्या साहित्य के जातीय रूप और उसकी जातीय विशेषताओं की है। भाषा साहित्य का रूप है। हमारे साहित्य का जातीय रूप हिन्दी भाषा है। हिन्दीभाषी क्षेत्र में अनेक बोलियाँ बोली जाती हैं। इनमें खड़ी बोली हमारी जातीय भाषा बनी, बाकी बोलियाँ नहीं। शुक्ल जी ने खड़ी बोली के प्रसार के मुख्य ऐतिहासिक कारणों का उल्लेख किया और साहित्य में उसके विकास की रूपरेखा तैयार की। हिन्दीभाषी प्रदेश एक पिछड़ा हुआ प्रदेश है। यहाँ के लोगों में जातीय चेतना का प्रसार उस तरह नहीं हुआ, जैसे बंगाल, महाराष्ट्र, तमिलनाडु या आन्ध्र में। सामन्तवाद का गहरा असर, बड़ी-बड़ी ताल्लुकेदारियाँ, वर्ण-व्यवस्था की कट्टरता, हिन्दू-मुसलिम भेदभाव और अंग्रेजों की कूटनीति—इन सब कारणों से यहाँ का औद्योगिक और सांस्कृतिक विकास अवरुद्ध रहा है। यहाँ व्यापार करनेवाले, उद्योग-धन्धे चलानेवाले, ऊँची नौकरियों पर काम करनेवाले भी प्राय: बाहर से आते रहे हैं। यहाँ के गरीब 'परदेस' जाकर कहीं दूध बेचते रहे या दरबानगीरी करते रहे। इसलिए कई प्रदेशों के कुछ शिक्षित कहलाने वाले लोग यहाँ वालों को घृणा की दृष्टि से देखने लगे। यही नहीं, यहाँ की भाषा और साहित्य को भी गँवारू और पिछड़ा हुआ समझने लगे। ऐसे लोगों की तादाद खुद इस प्रदेश के अन्दर कम नहीं है। कुछ तो अंग्रेजी का नाममात्र ज्ञान रखनेवाले लोग हैं जो हिन्दी में अभाव देखते हैं और कुछ काम की बात उन्हें दिख भी गई तो उसे अंग्रेजी की देन समझते हैं। मैंने ऐसे कितने लोगों को यह कहते सुना है

कि शुक्ल जी ने अंग्रेजी से कुछ बातें लेकर हिन्दी आलोचना में रखी हैं लेकिन वह भी पुरानपंथी विक्टोरियन थे, अभी हिन्दी आलोचना में कहने लायक कोई काम हुआ नहीं है। इन अंग्रेजीदाँ विद्वानों के अलावा रघुपति सहाय फिराक जैसे कुछ उर्दूदाँ विद्वान हैं जिनका दिल हिन्दी साहित्य के लिए जितना ही उपेक्षा से भरा हुआ है, उनका दिमाग उसकी जानकारी से उतना ही खाली है। आठ-दस साल पहले फिराक को हिन्दी साहित्यिकों से बातचीत करने का शौक पैदा हुआ। इलाहाबाद के एक पत्र में उनकी बातचीत छपनी शुरू हुई और उसमें उन्होंने भारतेन्दु से लेकर निराला तक के साहित्य को घटिया और बचकाना बतलाया। शुक्ल जी पर खास मेहरबानी करके उन्होंने फर्माया कि उनसे अच्छे निबन्ध कॉलेज के विद्यार्थी लिख लेते हैं। उनकी आलोचना के लिए यह राय जाहिर की कि कोई नई चीज देना तो दूर, शुक्ल जी जैसे आलोचकों में यह तमीज भी न थी कि ग्रियर्सन वगैरह की लिखी आलोचना समझ भी सकें!

फ़िराक़ ने सब बातें उर्दू लेखकों और पाठकों के प्रतिनिधि की हैसियत से कही हैं, यह मानना गलत होगा। लेकिन हिन्दी साहित्य से बिना काफी परिचय हुए उस पर राय देने की आदत उर्दू के कई लेखकों में पाई जाती है, यह सही है। अभी भी रवैया हिन्दी-उर्दू की छुटाई-बड़ाई नापने का है, दोनों का साहित्य एक ही कौम का साहित्य है, यह समझ कम है। लेकिन हमें शिकायत उर्दू के लेखकों और पाठकों से नहीं है। वे जितना उर्दू को प्यार करते हैं और उसके साहित्य को रचने और सँवारने में तत्पर रहते हैं, उतना राष्ट्रभाषा का डंका पीटने वाले लोग नहीं। उनका उर्दू-प्रेम खड़ी बोली के ही एक रूप का प्रेम है, इसीलिए राष्ट्रभाषा प्रेमियों को उर्दू वालों से सीखकर हिन्दी को समृद्ध करने की कोशिश करनी चाहिए।

हिन्दी साहित्य की जातीय विशेषताओं और उसके सहज विकास के सबसे बड़े शत्रु वे हिन्दी वाले ही हैं जो रूढ़िवाद के गुलाम हैं और हिन्दी को तंग सामन्ती दायरे से बाहर निकलने नहीं देना चाहते। इनके लिए साहित्य का जो कुछ विकास होना चाहिए था, वह संस्कृत में हो चुका, हिन्दी में अगर कोई अच्छाई है तो यह कि वह संस्कृत के नजदीक है और तत्सम शब्दों की भरमार करके और भी राष्ट्रीय बनाई जा सकती है। इन लोगों का दिमाग संस्कृत ही नहीं, अंग्रेजी और फारसी के लिए भी पायन्दाज है। हिन्दी के ज्यादातर रूढ़िवादी हिन्दी के बारे में शोर मचाने के बावजूद हिन्दी साहित्य से अपरिचित हैं, उनके मन में हिन्दी के लिए जरा भी सम्मान की भावना नहीं है। वे अंग्रेजी और संस्कृत से आतंकित हैं, यद्यपि जानते उनकी प्रगतिशील परम्पराओं को भी नहीं हैं।

आचार्य शुक्ल हिन्दी प्रदेश की पददलित और अपमानित जनता के सम्मानरक्षक थे। विरोधियों से ज्यादा बहस में न पड़कर उन्होंने हिन्दी आलोचना को समृद्ध करने का बीड़ा उठाया। उन्होंने हिन्दी के अलावा संस्कृत, अंग्रेजी, बंगला आदि साहित्य का

गम्भीर अध्ययन किया और अपने मौलिक चिन्तन से हिन्दी आलोचना में युगान्तर पैदा कर दिया। इस कार्य में उनके मनोबल को दृढ़ करनेवाली प्रेरणा जातीय सम्मान की भावना थी, इसमें सन्देह नहीं। एक पराधीन देश में जातीय सम्मान की भावना एक साम्राज्य-विरोधी क्रान्तिकारी भावना है। वह विदेशी आक्रमणकारियों के विरुद्ध अपनी भाषा और संस्कृति की रक्षा और विकास के लिए जनता को संघर्ष करने की प्रेरणा देती है। इस भावना को दंभ और अहंकार का रूप देकर पूँजीवादी दल फायदा भी उठाता है, एक ही देश की जातियों को परस्पर लड़ाता है। इसलिए जातीय सम्मान की भावना का सही विकास तब होता है जब एक ओर वह अपने ही रूढ़िवाद का विरोध करे और दूसरी ओर वह अन्तर्राष्ट्रीयता की भावना के साथ जुड़ी हो। शुक्ल जी में ये दोनों बातें पाई जाती हैं। एक ओर तो वे दरबारी काव्य-परम्परा, चमत्कार आदि के कट्टर विरोधी हैं, दूसरी ओर उन्होंने भारतीय स्वाधीनता आन्दोलन को विश्व-साम्राज्य-विरोधी आन्दोलन का ही एक अंग बतलाते हुए इसे एक बहुत बड़ी बात कहा था।

भारत की सभी भाषाओं और उनके साहित्य पर सबसे पहले और सबसे ज्यादा दबाव अंग्रेजी भाषा और साम्राज्यवादी अंग्रेजों की संस्कृति का था। यहाँ पर अन्धविश्वासों को कायम रखने, सामन्ती अवशेषों को मजबूत बनाने और शिक्षा के नाम पर अंग्रेजी का आतंक जमाने और नौजवानों को अपने देश से विमुख करने में सबसे ज्यादा प्रयत्नशील यहाँ के अंग्रेज शासक थे। इसलिए शुक्ल जी का वार सबसे पहले उन्हीं पर होता है। हम ऊपर देख चुके हैं, किस तरह उन्होंने इस अंग्रेजी प्रचार का खंडन किया है कि हिन्दी गद्य का विकास अंग्रेजों की कृपा का फल था। शुक्ल जी के विश्लेषण से सिद्ध हुआ कि हिन्दी गद्य का विकास यहीं के सामाजिक विकास का परिणाम था। इस तरह उन्होंने झूठे अंग्रेजी प्रचार का खंडन किया। जिस प्रचार से वे हिन्दी जनता के हितैषी होने का भ्रम फैला रहे थे, उसे दूर किया। मैकॉले और उससे प्रभावित हिन्दुस्तानियों के मन में यहाँ की भाषाओं के लिए उपेक्षा का भाव रहता था। इन लोगों ने जब अंग्रेजी में शिक्षा प्रचार का काम शुरू किया यानी अंग्रेजी राज के लिए अंग्रेजी पढ़े नौकर तैयार करने लगे तब यहाँ की भाषाओं को नीचा दर्जा दिया या उन्हें शिक्षा के ही अयोग्य समझा। इस परिस्थिति की चर्चा करते हुए शुक्ल जी ने अपने इतिहास में लिखा है : "देशी भाषा पढ़कर भी कोई शिक्षित हो सकता है, यह विचार उस समय तक लोगों का न था।" शुक्ल जी उन देशभक्त लेखकों में थे जो यह सिद्ध करना चाहते थे कि देश-भाषा में शिक्षा जरूरी है और इसके बिना और सब शिक्षा अधूरी है।

अंग्रेजी पढ़े-लिखे लोगों में पहले हिन्दी के लिए किस तरह की उपेक्षा थी और वह कैसे दूर हुई, उसका रोचक वर्णन शुक्ल जी ने गद्य साहित्य के प्रसार के सिलसिले में किया है। भारतेन्दुकाल में यह "बहुत बड़ी शिकायत' रहा करती थी

कि अंग्रेजी की ऊँची शिक्षा पाए हुए लोग हिन्दी की सेवा नहीं करते। द्विवेदी-युग में यह शिकायत कुछ दूर हुई और वह इस तरह : "उच्च शिक्षा-प्राप्त लोग धीरे-धीरे आने लगे, पर अधिकतर यह कहते हुए कि "मुझे तो हिन्दी आती नहीं।" इधर से जवाब मिलता था, "तो क्या हुआ? आ न जाएगी। कुछ काम शुरू कीजिए।" अंग्रेजों ने शिक्षित नौजवानों में किस तरह गुलाम-जेहनियत पैदा की थी, यह उसकी अच्छी मिसाल है। बुद्धिजीवी वर्ग को अपनी भाषा सिखाना आसान काम नहीं था। बहुत-से अंग्रेजी पढ़े हिन्दी-सेवा के लिए बढ़ते थे, मानो उस पर उपकार करने के लिए, हिन्दी सीखने के लिए बिना जरूरी मेहनत किये हुए। इस पर शुक्ल जी ने विनोद करते हुए लिखा है : "बहुत-से लोगों ने हिन्दी आने के पहले ही काम शुरू कर दिया।" गलत-सही दो-चार चीजें लिख लेने पर वे लेखक बन जाते थे। "फिर उन्हें हिन्दी न आने की परवा क्यों होने लगी?'

शुक्ल जी ने जोर देकर लिखा है कि अंग्रेजी या संस्कृत या अरबी-फारसी जानने से हिन्दी की जानकारी नहीं हो जाती। हिन्दी का अपना जीवन है, अपनी विशेषताएँ हैं। इन्हें सीखे-समझे बिना कोई हिन्दी लेखक नहीं बन सकता। उन्होंने ऐसे लोगों को फटकारा है जो हिन्दी लेखक होने की अपेक्षा अंग्रेजी, संस्कृत या अरबी-फारसी का विद्वान् कहने-कहलवाने में ज्यादा गौरव समझते थे। जो लोग भी हिन्दी का हित चाहते हैं और जिनमें जातीय सम्मान की भावना है, उन्हें शुक्ल जी के ये वाक्य गाँठ बाँध लेने चाहिए। द्विवेदी-युग की चर्चा करते हुए शुक्ल जी ने लिखा है :

"इस कालखंड के बीच हिन्दी लेखकों की तारीफ में प्राय: यही कहा-सुना जाता रहा कि ये संस्कृत बहुत अच्छी जानते हैं, ये अरबी-फारसी के पूरे विद्वान् हैं, ये अंग्रेजी के अच्छे पंडित हैं। यह कहने की आवश्यकता नहीं समझी जाती थी कि ये हिन्दी बहुत अच्छी जानते हैं। यह मालूम ही नहीं होता था कि हिन्दी भी कोई जानने की चीज है। परिणाम यह हुआ कि बहुत-से हिन्दी के प्रौढ़ और अच्छे लेखक भी अपने लेखों में फारसीदानी, अंग्रेजीदानी, संस्कृतदानी आदि का कुछ प्रमाण देना जरूरी समझने लगे थे।"

यह परिस्थिति अब भी बहुत कुछ कायम है। और यह तब तक पूरी तरह दूर न होगी जब तक हिन्दी-प्रदेश में उद्योग-धन्धों का विकास न होगा, किसानों की हालत न सुधरेगी, जनता की निरक्षरता दूर न की जाएगी और हिन्दीभाषी जनता अपना अलगाव दूर करके एक ही राज्य (या प्रान्त) में संगठित न होगी। जातीय संस्कृति के विकास का बहुत गहरा सम्बन्ध इन सब बातों से है। सामाजिक जीवन में जब तक ये तमाम साधन न होंगे, तब तक हिन्दी अपनी पूरी शक्ति से उन्नति न कर सकेगी।

शुक्ल जी ने बताया कि कोश के सहारे अंग्रेजी का उल्था करके हिन्दी नहीं लिखी जा सकती। ऐसे लोग "हिन्दी और संस्कृत के शब्द-भर लिखते थे, हिन्दी भाषा नहीं लिखते थे।" इस रास्ते पर डॉ. नगेन्द्र, शिवदानसिंह चौहान, अज्ञेय,

धर्मवीर भारती जैसे लेखकों ने अपनी आलोचना की भाषा में यह तरक्की की है कि उनके बहुत-से शब्द न हिन्दी के होते हैं, न संस्कृत के। पहले अंग्रेजीदाँ लेखकों के वाक्य "अंग्रेजी भाषा की भावभंगी से परिचित लोग ही समझ सकते थे।" लेकिन इन विद्वानों के लिए यह भी नहीं कहा जा सकता। कारण यह कि इलियट आदि इनके बहुत-से अंग्रेजी-अमरीकी धर्मगुरुओं की बात अंग्रेज और अमरीकी भी नहीं समझ पाते!

शुक्ल जी ने हर बात में योरप की नकल करने का विरोध किया है। उनके रूपों को लेकर रूपवान बनने के बदले "अपने स्वतंत्र स्वरूप विकास" पर जोर दिया है। पश्चिम की चीजों का अध्ययन हम किस तरह करें, इसके बारे में उन्होंने लिखा है : "यदि हमें वर्तमान जगत् के बीच से अपना रास्ता निकालना है तो वहाँ के अनेक 'वादों' और प्रवृत्तियों तथा उन्हें उत्पन्न करनेवाली परिस्थितियों का पूरा परिचय हमें होना चाहिए। उन वादों की चर्चा अच्छी तरह हो, उन पर पूरा विचार हो और उनके भीतर जो थोड़ा-बहुत सत्य छिपा हो, उसका ध्यान अपने साहित्य के विकास में रखा जाए।" दूसरों से सीखते हुए अपने जातीय स्वरूप के विकास का यही रास्ता है। न तो अहंकार के मद में अपने को ही सब कुछ समझना सही है, न अन्धे बनकर दूसरों की नकल करना सही है। अन्धे बनकर नकल करने को शुक्ल जी ने ठीक ही अनाड़ीपन और जंगलीपन कहा है।

अंग्रेजी का गलत असर भाषा पर पड़ा। व्याकरण की तरफ लापरवाही के अलावा "अपनी भाषा की प्रकृति की पहचान न रहने के कारण कुछ लोग उसका स्वरूप भी बिगाड़ चले हैं। वे अंग्रेजी के शब्द, वाक्य और मुहावरे तक ज्यों-के-त्यों उठाकर रख देते हैं; यह नहीं देखने जाते कि भाषा हिन्दी हुई या और कुछ।" हिन्दी की अपनी प्रकृति है, उसको समझो, उसकी रक्षा करो, शुक्ल जी ने बार-बार यही सीख दी है।

अंग्रेजी का दूसरा गलत असर उपन्यासों की विषयवस्तु पर पड़ा। यहाँ लेखकों का एक ऐसा दल पैदा हुआ जो "देश के सामान्य भारतीय जीवन से हटकर बिलकुल योरपीय रहन-सहन के ढाँचे में ढले हुए एक बहुत छोटे-से वर्ग का जीवन-चित्र ही यहाँ से वहाँ तक अंकित करते हैं।" शुक्ल जी के बाद ऐसे लेखकों की संख्या कुछ बढ़ी ही है, घटी नहीं। पहले अगर योरपीय रहन-सहन वाले एक छोटे वर्ग का चित्रण होता था—लेकिन होता था हिन्दी में—तो अब 'नदी के द्वीप' के प्राणी अपने प्रेम का इजहार भी अंग्रेजी कविताओं द्वारा करते हैं! ये सब लेखक प्रेमचन्द की जातीय परम्परा के विरोधी हैं। ये जातीय जीवन की धारा से दूर रेत पर सूखते हुए घोंघे हैं। प्रेमचन्द के लिए शुक्ल जी ने लिखा था : "प्रेमचन्द जी के उपन्यासों में भी निम्न और मध्यम श्रेणी के गृहस्थों के जीवन का बहुत सच्चा स्वरूप बराबर मिलता रहा।" इसीलिए जनता के सामान्य जीवन से दूर रहनेवाले लेखकों के लिए

शुक्ल जी ने लिखा है : "देश के असली सामाजिक और घरेलू जीवन को दृष्टि से ओझल करना हम अच्छा नहीं समझते।" शुक्ल जी की यह बात सही है तो असली सामाजिक जीवन की उपेक्षा करनेवाले और उसके बदले घटिया अंग्रेजी उपन्यासों की नकल पर रोमांस रचनेवाले लेखकों की बराबर आलोचना की जाएगी और यह कार्य आवश्यक और उचित होगा।

आधुनिक अंग्रेजी साहित्य में जो निराशा और दु:खवाद के रुझान हैं, उनका भी घातक प्रभाव कुछ हिन्दी लेखकों पर पड़ा है। कुछ लोग हिन्दी के अभावों की पूर्ति के लिए दु:खवाद की माँग भी करने लगे। ऐसे लोगों को फटकारते हुए शुक्ल जी ने लिखा : "बौद्धों के दु:खवाद का संस्कार किस प्रकार जर्मनी के शोपनहावर से होता हुआ हार्डी तक पहुँचा, यह भी जानना चाहिए।" शुक्ल जी साहित्य में आशा, उल्लास, जीवन में आस्था, मानव-शक्ति में विश्वास के हामी थे, निराशावाद, पस्ती और रोने-झींकने के नहीं। आधुनिक हिन्दी साहित्य का पहला युग अपनी जिन्दादिली के लिए प्रसिद्ध था। उसे अपने जातीय गुण की तरह साहित्य में पल्लवित करना चाहिए, शुक्ल जी की यही इच्छा थी।

शुक्ल जी के अन्तर्राष्ट्रीयतावाद का प्रमाण यह है कि पश्चिम के शुद्ध कलावादियों और निराशावादियों का विरोध करते हुए उन्होंने शेली और बर्न्स जैसे जनवादी कवियों की प्रशंसा की है। जहाँ अंग्रेजी के पतनशील कवियों का विरोध किया है, वहाँ शेली की क्रान्तिकारी चेतना की दा'द दी है, बर्न्स की सच्ची रोमांटिक भावधारा से सीखने पर जोर दिया है। उन्होंने जर्मनी के भाववादी सौन्दर्यशास्त्रियों का खंडन किया है। ('हिन्दी साहित्य का इतिहास', पृ. 684) साथ ही वहाँ के महान कवि गेटे की प्रशंसा भी की है। अच्छे कवि कुछ खास तरह के मतवाले नहीं होते, इस प्रसंग में उन्होंने लिखा है : "योरप में गेटे और वड्‌र्सवर्थ के समय तक 'मतवालेपन' और 'फक्कड़पन' की इस भावना का कवि और काव्य के साथ कोई नित्य सम्बन्ध नहीं समझा जाता था। जर्मन कवि गेटे बहुत ही व्यवहार-कुशल राजतीतिज्ञ था, इसी प्रकार वड्‌र्सवर्थ भी लोक-व्यवहार से अलग एक रिंद नहीं माना जाता था।"

बंगाल के गलत प्रभाव से सावधान करते हुए शुक्ल जी ने उसके सही प्रभाव का भी उल्लेख किया, वहाँ के साहित्यिकों से सीखने पर जोर दिया। बंगला से हिन्दी के कुछ लेखकों ने जहाँ अतिरंजित शैली और हिन्दी के लिए भोंडे शब्द लिये, वहाँ बंगला के प्रभाव से "बहुत ही परिमार्जित और सुन्दर संस्कृत पद-विन्यास की परम्परा हिन्दी में आई, यह स्वीकार करना पड़ता है।" बंगला कविता के रहस्यवाद का विरोध करते हुए उन्होंने रवीन्द्रनाथ के लोकपक्ष का समर्थन किया है; "ऐतिहासिक उपन्यास किस ढंग से लिखना चाहिए, यह प्रसिद्ध पुरातत्त्वविद् श्री राखालदास वंद्योपाध्याय ने अपने 'करुणा', 'शशांक' और 'धर्मपाल' नामक उपन्यासों द्वारा अच्छी तरह दिखा दिया।" शुक्ल जी संकुचित राष्ट्रवादी नहीं थे।

उन्होंने कहीं भी बंगाली होने से ही बंगालियों का विरोध नहीं किया, रहस्यवाद और संस्कृत-गर्भित शैली का विरोध करने के साथ उनकी कई विशेषताओं से सीखने पर भी जोर दिया है।

अरबी-फारसी शब्दों से लदी हुई उर्दू का उन्होंने विरोध किया है, साथ ही बाण और दंडी की नकल पर चलनेवाली गोविन्दनारायण मिश्र की हिन्दी का भी उन्होंने विरोध किया है। बालमुकुन्द गुप्त ने उर्दू से कुछ सीखा, यह उन्होंने स्वीकार किया। उन्होंने न केवल जायसी आदि पुराने कवियों को—जिनकी पुस्तकें फारसी लिपि में थीं—वरन् नज़ीर जैसे बाद के और खड़ी बोली के कवि की चर्चा भी अपने इतिहास में की। उनके इस संकेत पर हिन्दी-उर्दू का मिला-जुला और विस्तृत अध्ययन करना जरूरी है।

इस तरह शुक्ल जी ने हिन्दी की अपनी प्रकृति पहचानना सिखाया, अंग्रेजी, संस्कृत या फारसी की बदौलत हिन्दी का लेखक बनने से सावधान किया, अंग्रेजी के गलत रुझानों से बचते हुए उसकी प्रगतिशील धारा से सम्बन्ध जोड़ना सिखाया, भारत की दूसरी भाषाओं से नकल न करके उनकी उपयोगी विशेषताओं से सीखने का मार्ग दिखाया और सबसे बड़ा काम यह किया कि अंग्रेजी भाषा और संस्कृत के दबाव के आड़े आकर हिन्दी के जातीय सम्मान की रक्षा की और अपनी रचनाओं से उसे और भी समृद्ध किया।

तीसरी समस्या कविता, नाटक, उपन्यास आदि साहित्य के विभिन्न रूपों की है। इनमें शुक्ल जी को सबसे प्रिय कविता थी। अपने इतिहास में उन्होंने अधिकतर कवियों का ही विवेचन किया है; तुलसी, जायसी और सूर पर उनकी पुस्तकें और निबन्ध कवियों से ही सम्बन्धित हैं। उनके ज्यादातर सैद्धान्तिक विवेचन का आधार भी कविता है। किसी समय साहित्य शब्द काव्य का पर्यायवाची था। अब भी पूरब और पश्चिम की बहुत-सी आलोचना में काव्य को साहित्य और कला का पर्यायवाची मानकर उसका विवेचन किया जाता है। कहीं-कहीं साहित्य को कथा-साहित्य तक सीमित करके सिद्धान्त-चर्चा करने का रुझान भी देखा जाता है। 'कविता क्या है?' जैसे निबन्धों में शुक्ल जी ने कविता के बारे में जो बातें कही हैं, वे प्राय: सब-की-सब साहित्य के दूसरे रूपों या अंगों पर भी लागू होती हैं।

कविता में भी शुक्ल जी प्रबन्ध-काव्य को श्रेष्ठ समझते थे। जायसी की भूमिका में प्रबन्ध और मुक्तक की तुलना करते हुए उन्होंने लिखा है : "यदि कोई इसके विचार का आग्रह करे कि प्रबन्ध मुक्तक इन दो क्षेत्रों में कौन अधिक महत्त्व का है, किसी क्षेत्र में कवि की सहृदयता और भावुकता की पूरी परख हो सकती है तो हम बार-बार वही बात कहेंगे जो गोस्वामी जी की आलोचना में कह आए हैं अर्थात् प्रबन्ध के भीतर आई हुई मानव-जीवन की भिन्न-भिन्न दशाओं के साथ जो अपने हृदय का पूर्ण सामंजस्य दिखा सके, वही पूरा और सच्चा कवि है।"

शुक्ल जी की धारणा यूनानी विचारक अरस्तू से मिलती-जुलती है। अरस्तू के लिए काव्य मानव-कर्मों की छवि है। मानव-कर्मों के चित्रण से काव्य में सहज नाटकीयता आ जाती है। यदि कविता केवल हृदय का उद्‌गार-मात्र नहीं है वरन् मानव-जीवन का व्यापक दर्पण है तो उसमें घटनाओं, चरित्रों, स्थानों आदि का चित्रण और वर्णन अवश्य होगा। इस तरह की कविता मुक्तक भी हो तो वह नाटकीय होगी। सूर और मीरा के पदों में, तुलसी, रसखान, रहीम आदि के छंदों में अधिकतर यही नाटकीयता पाई जाती है। इसके साथ ही सूर और तुलसी में आत्मोद्‌गार भी हैं, न केवल पदों में वरन् जगह-जगह रामचरिचतमानस जैसे प्रबन्ध काव्य में भी। शुक्ल जी ने प्रबन्ध-काव्य को श्रेष्ठ बताकर साहित्य के इस महत्त्वपूर्ण रूप की ओर हिन्दी साहित्यकारों का ध्यान ठीक ही आकर्षित किया है। अंग्रेजी की रोमांटिक कविता के प्रभाव से कविता को आत्मोद्‌गार मानने का चलन-सा हो गया था। पूँजीवादी विचारधारा में व्यक्तिवाद को जो प्रमुखता दी जाती है—जिसका अर्थ व्यक्तित्व का विकास नहीं होता क्योंकि यह विकास भरे-पूरे सामाजिक जीवन पर निर्भर है—उसका असर भी इस आत्मोद्‌गारवाद पर रहा है। शुक्ल जी ने साहित्य के लोकपक्ष पर जोर दिया है, उसका यह सहज परिणाम है। फिर भी हर मुक्तक लिखनेवाला व्यक्तिवादी ही हो, यह जरूरी नहीं है। आत्मोद्‌गार का लोकपक्ष हो सकता है; स्वान्तःसुखाय और लोकहिताय में कोई अनिवार्य शत्रुता नहीं है।

साहित्य के अन्य रूपों को देखते हुए हिन्दी में नाटकों का विकास कम हुआ है। शुक्ल जी ने हिन्दी नाटकों की कुछ विशेषताएँ बतलाई हैं। हिन्दी-गद्य-साहित्य के विकास में नाटकों का भी हाथ रहा है। भारतेन्दु ने हिन्दी नाटकों में पुरानी पद्धति बहुत कुछ कायम रखते हुए उसमें आवश्यक सुधार भी किये। हिन्दी में रंगमंच न होने से भारतेन्दु के बाद नाटकों का उचित विकास न हो सका। शुक्ल जी यह जरूरी समझते थे कि नाटक अभिनय के योग्य हों।

बद्रीनारायण चौधरी के 'भारत सौभाग्य' की आलोचना उन्होंने अभिनय को ध्यान में रखते हुए की है। "पात्र इतने अधिक और इतने प्रकार के हैं, अभिनय दुस्साध्य ही समझिए।"

शुक्ल जी ने विदूषकों के परम्परागत हास्य को कैसे कृत्रिम बतलाया था, यह हम पहले देख चुके हैं। इतिहास में गद्य-साहित्य की वर्तमान गति की चर्चा करते हुए उन्होंने विदूषक-हास्य की तारीफ भी कर दी है। यहाँ वह हास्य और करुणा का विरोध दिखलाने और हास्य को आनन्दात्मक सिद्ध करने के फेर में अपने यथार्थवादी आसन से डिग गए हैं। उन्होंने यहाँ तक लिख दिया है : "दया या करुणा दुःखात्मक भाव है, हास आनन्दात्मक। दोनों की एक साथ स्थिति बात ही बात है।" मानव-जीवन में करुणा और आनन्द का ऐसा विरोध नहीं दिखाई देता और शेक्सपियर जैसे नाटककारों की रचनाओं से भी यही सिद्ध होता है कि घोर

करुण नाटक में भी हास्य गौण रूप में रह सकता है। प्रसाद जी के नाटकों की आलोचना करते हुए शुक्ल जी ने विदूषक की वैज्ञानिकता की धारणा वापस लेते हुए ठीक लिखा है : "एक बात बहुत अच्छी यह हुई है कि पुराने नाटकों में दरबारी विदूषक नाम का जो फालतू पात्र रहा करता था, उसके स्थान पर कथा की गति से सम्बद्ध कोई पात्र ही हँसोड़ प्रकृति का बना दिया जाता है।" यहाँ वह अपनी प्रकृत यथार्थवादी भूमि पर हैं। नाटक-रचना को स्वाभाविक बनाने के लिए यह जरूरी है कि 'फालतू पात्र' के बदले 'कथा की गति से सम्बद्ध' कोई पात्र रहे।

नाटक का उद्देश्य क्या है? हमारे यहाँ नाटक को भी काव्य कहा जाता रहा है। नाटक और काव्य के रूपों में अन्तर क्या है? इन प्रश्नों का उत्तर शुक्ल जी ने भारतीय साहित्यशास्त्र का हवाला देकर नाटक का लक्ष्य बतलाते हुए दिया है : "उसका लक्ष्य भी निर्दिष्ट शीलस्वभाव के पात्रों को भिन्न-भिन्न परिस्थितियों में डालकर उनके वचनों और चेष्टाओं द्वारा दर्शकों में रस-संचार कराना ही रहा है।" नाटक और काव्य, दोनों ही का उद्देश्य रस-संचार कराना है। पात्रों का भिन्न-भिन्न परिस्थितियों में पड़ना नाटक और प्रबन्ध-काव्य, दोनों ही की विशेषता है। लेकिन पात्रों के वचनों और चेष्टाओं द्वारा दर्शकों में रस-संचार करना नाटकों की अपनी विशेषता है। जैसे काव्य-चर्चा में, वैसे ही नाटक-चर्चा में शुक्ल जी ने रस-सिद्धान्त को सूत्ररूप में ही लिया है, संस्कृत साहित्य में उसके विशेष विस्तार को स्वीकार नहीं किया। रीतिकाव्य की तरह नाटक लिखने के लिए भी लक्षणग्रंथ रचे गए थे। वास्तव में काव्य से पहले नाटकों के बारे में ही लक्षण-ग्रंथों की रचना हुई थी। (नाटक को भी काव्य माना गया, वह दूसरी बात है।) संस्कृत नाटकों पर रीतिग्रंथों के प्रभाव का यह फल हुआ था : "पात्रों के धीरोदात्त आदि बँधे हुए ढाँचे थे जिनमें ढले हुए सब पात्र सामने आते थे। इन ढाँचों के बाहर शील-वैचित्र्य दिखाने का प्रयास नहीं किया जाता था।" बाण और दंडी के गद्य के अलावा यह दूसरी जगह शुक्ल जी ने संस्कृत साहित्य की रूढ़ि-विशेष का खंडन किया है। साहित्य में उन्होंने कितनी दृढ़ता से रीतिग्रंथों का विरोध किया है, उसी का यह एक और प्रमाण है। साथ ही यथार्थवाद के नाम पर नाटकों से काव्यत्व हटा दिया जाए, यह भी उन्हें सह्य नहीं है। योरप में नाटक को जो शुद्ध गद्यात्मक बनाने की प्रवृत्ति रही थी, शुक्ल जी उसे वांछनीय न समझते थे। नाटक में काव्यत्व की रक्षा भी हो और चरित्र-विधान भी यथार्थ हो, हिन्दी नाटकों के लिए उन्होंने यही मार्ग ठीक बतलाया है। "हमारे यहाँ के पुराने ढाँचों के भीतर शील-वैचित्र्य का वैसा विकास नहीं हो सकता था, अत: उनका बन्धन हटाकर वैचित्र्य के लिए मार्ग खोलना तो ठीक है, पर यह आवश्यक नहीं कि उसके साथ ही रसात्मकता भी हम निकाल दें।"

शुक्ल जी के लिए काव्यत्व की रक्षा का अर्थ यह न था कि नाटक के पात्र गद्य-काव्य ही में बातें करें और मौके-बेमौके गाना गाने लगें। प्रसाद जी में इस तरह के दोष दिखलाते हुए उन्होंने लिखा है कि भावुकता की अधिकता से कथोपकथन

कई स्थलों पर नाटकीय न होकर वर्तमान गद्य-काव्य के खंड हो गए हैं। "बीच-बीच में जो गाने रखे गए हैं, वे न तो प्रकरण के अनुकूल हैं, न प्राचीन काल की भाव-पद्धति के।"

नाटक की कथा-वस्तु में समय के अतिशय विस्तार को भी उन्होंने अनुचित माना है। बीस-पच्चीस साल की अवधि नाटकों में न होनी चाहिए; जो पात्र युवक के रूप में नाटक के आरम्भ में दिखाई पड़े, वे नाटक के अन्त में भी उसी रूप में सामने आते हैं। इससे दर्शक यह शंका कर सकता है कि पच्चीस साल में ये क्या वैसे ही बने हुए हैं?

शुक्ल जी ने कथा-वस्तु के गठन के सिलसिले में एक बहुत ही महत्त्वपूर्ण बात कही है : "बहुत-से भिन्न-भिन्न पात्रों से सम्बद्ध घटनाओं के जुड़ते चलने के कारण बहुत कम चरित्रों के विकास का अवकाश रह गया है।" यह एक ऐसा दोष है जो नाटकों के अलावा हिन्दी और अन्य भाषाओं के भी बहुत-से उपन्यासों में पाया जाता है। चरित्रों के विकास का अवकाश होना चाहिए, वरना वे चरित्र पाठकों को याद न रहेंगे, उनके अविकसित रहने से उपन्यास अधूरा लगेगा, पाठक को तृप्ति न होगी, वह लेखक की जल्दबाजी को कोसेगा। इसीलिए वर्तमान नाटककारों और उपन्यास-लेखकों के लिए शुक्ल जी का सूत्र महत्त्वपूर्ण है।

शुक्ल जी ने एक ओर जहाँ नाटक-रचना के पुराने बन्धन ढीले करके उसमें शील-वैचित्र्य लाने पर जोर दिया है, वहाँ नाटक का रूप विकृत न हो, नाटक नाटक ही रहे, यह भी जरूरी समझा है। पंत जी की 'ज्योत्स्ना' शेली के ढंग पर लिखी गई है। लेकिन शेली में जहाँ "आधिदैविक शासन से मुक्ति और जगत् के स्वातंत्र्य का एक समन्वित प्रसंग" है, वहाँ पंत जी में "बहुत दूर तक केवल सौन्दर्य-चयन करनेवाली कल्पना मनुष्य के सुख-विलास की भावना के अनुकूल" सामग्री जुटाती है। पंत जी का यह मूल सौन्दर्यवादी—लोक-विमुख कलावादी—रूप है जिसका जिक्र शुक्ल जी ने उनकी कविता के सिलसिले में भी किया था। "उसके उपरान्त आजकल की हवा में उड़ती हुई कुछ लोक-समस्याओं पर कथोपकथन हैं।" 'हवा में उड़ती हुई'—पंत जी के लोकवाद का उथलापन सूचित करने के लिए शुक्ल जी की यह मार्मिक उक्ति है। वे लोक-समस्याएँ पंत जी के लिए कितनी हवाई थीं, यह अब पूरी तरह साबित हो गया है। पंत जी के सौन्दर्यवाद और हवाई लोकवाद के मेल से नाटक नहीं रचा जा सकता। 'ज्योत्स्ना' के लिए शुक्ल जी कहते हैं : "सब मिलाकर क्या है, यह नहीं कहा जा सकता।"

रूढ़िवादियों और नैतिकतावादियों की तरह शुक्ल जी ने उपन्यास को आलसियों का व्यसन और चरित्र बिगाड़ने का साधन नहीं समझा। वह उपन्यास को एक बहुत बड़ी शक्ति मानते थे, उसे समाज-सुधार का प्रबल अस्त्र समझते थे। साथ ही उन्होंने उपन्यास की वह विशेषता भी परख ली थी, जो उसे साहित्य के अन्य अंगों से अलग करती है। नाटक, उपन्यास आदि निर्माण-कला में एक-दूसरे से भिन्न हैं,

यह तो सभी जानते हैं और इस पर बहुत कुछ लिखा गया है, लेकिन ये रूप मानव-जीवन को किस तरह प्रतिबिम्बित करते हैं, यह प्रतिबिम्ब सभी रूपों में एक-सा नहीं रह सकता, न रहता है, इसकी ओर बहुत कम लोगों का ध्यान गया है। शुक्ल जी ने अपने इतिहास में लिखा है : "वर्तमान जगत् में उपन्यासों की बड़ी शक्ति है। समाज जो रूप पकड़ रहा है, उसके भिन्न-भिन्न वर्गों में जो प्रवृत्तियाँ उत्पन्न हो रही हैं, उपन्यास उनका विस्तृत प्रत्यक्षीकरण ही नहीं करते, आवश्यकतानुसार उनके ठीक विन्यास, सुधार अथवा निराकरण की प्रवृत्ति भी उत्पन्न करते हैं।" उपन्यास की विशेषता है, विस्तृत प्रत्यक्षीकरण। उपन्यास में जितने विस्तार से समाज की गतिविधि का चित्रण किया जा सकता है, उतने विस्तार से न तो कविता में सम्भव है, न नाटक में। यही कारण है कि साहित्य में यथार्थवाद के विकास के साथ-साथ उपन्यास भी उसका मुख्य रूप बन गया है। यह एक सूत्र हुआ। दूसरा सूत्र यह है कि उपन्यासकार का कर्तव्य है कि व्यक्तिवाद के दायरे में चक्कर न लगाकर "भिन्न-भिन्न वर्गों में जो प्रवृत्तियाँ उत्पन्न हो रही हैं" उनका चित्रण करे। ऐसा न करने पर उपन्यास में विस्तृत प्रत्यक्षीकरण असम्भव है। वर्गों का उल्लेख आकस्मिक नहीं है। कथा-वस्तु और उद्देश्य के अनुसार उपन्यासों का विभाजन करते हुए उन्होंने एक किस्म यह बतलाई है : "समाज के भिन्न-भिन्न वर्गों की परस्पर स्थिति और उनके संस्कार चित्रित करनेवाले, जैसे प्रेमचन्द जी का 'रंगभूमि', प्रसाद जी का 'कंकाल', 'तितली'।" प्रेमचन्द और प्रसाद के उपन्यासों में शुद्ध मानव-चित्रण के बदले वर्गों की परस्पर स्थिति पर विचार करना शुक्ल जी की आलोचना-पद्धति के खिलाफ नहीं है, उसके अनुकूल है। जिन लोगों को 'वर्ग' शब्द ही से मार्क्सवाद और रूस की गंध आने लगती है, वे शुक्ल जी के वाक्य पर गम्भीरता से विचार करें। उनके वाक्य में 'संस्कार' शब्द भी बड़े मार्के का है। संस्कारों के चित्रण के बिना वर्गों और उनके प्रतिनिधियों की संस्कृति समझ में नहीं आ सकती; उपन्यास गहराई से सामाजिक जीवन का चित्र नहीं दे सकता।

शुक्ल जी का आग्रह है कि उपन्यासकार अपना ध्यान सर्वसामान्य जीवन पर केन्द्रित करें। थोड़े-से लोगों के विशेष प्रकार के जीवन का चित्र देकर कोई बड़ा उपन्यासकार नहीं बन सकता। "देश के असली सामाजिक और घरेलू जीवन को दृष्टि से ओझल करना हम अच्छा नहीं समझते।" इस कसौटी पर उन्होंने प्रेमचन्द के यथार्थ चित्रण की तारीफ की है; इसी कसौटी पर बंगला से अनुवादित उन उपन्यासों की तारीफ की है जिनमें "देश के सर्वसामान्य जीवन के बड़े मार्मिक चित्र रहते थे।" भारतीय उपन्यासों की यह प्रगतिशील और मौलिक प्रवृत्ति है। इसके विरुद्ध मुट्ठी-भर साधन-सम्पन्न व्यक्तियों की विकृत काम-वासनाओं का चित्रण करनेवाले उपन्यास कभी भी भारतीय साहित्य का प्रतिनिधित्व नहीं कर सकते।

शुक्ल जी ने ऐतिहासिक उपन्यासों को रोमांटिक कल्पना का खेल नहीं माना; वे अतीत को गलत-सही ढंग से रंग-चुनकर पेश करने का साधन न बनने चाहिए। जिस युग का भी चित्रण करना है, लेखक को उसकी सामाजिक स्थिति और संस्कृति का ज्ञान जरूर होना चाहिए। उन्होंने लिखा है : "जब तक भारतीय इतिहास से भिन्न-भिन्न कालों की सामाजिक स्थिति और संस्कृति का अलग-अलग विशेष रूप से अध्ययन करनेवाले और उस सामाजिक स्थिति के सूक्ष्म ब्यौरों की अपनी ऐतिहासिक कल्पना द्वारा उद्भावना करनेवाले लेखक तैयार न हों तब तक ऐतिहासिक उपन्यासों में हाथ लगाना ठीक नहीं।" भिन्न-भिन्न कालों की सामाजिक स्थिति, अलग-अलग विशेष रूप से अध्ययन, सूक्ष्म ब्यौरों की उद्भावना—शुक्ल जी ऐतिहासिक उपन्यास लिखना बहुत ही जिम्मेदारी का काम समझते थे। यहाँ भी उनका यथार्थवादी दृष्टिकोण प्रधान है; ऐतिहासिक उपन्यासों का मूल उद्देश्य सामाजिक स्थिति और संस्कृति का चित्रण है। कल्पना इस काम में सहायक होती है लेकिन सबसे पहले जरूरी है किसी भी युग का विशेष अध्ययन। इस कसौटी पर श्री वृन्दावनलाल वर्मा के उपन्यासों को परखते हुए शुक्ल जी ने लिखा है : "उन्होंने भारतीय इतिहास के मध्ययुग के प्रारम्भ में बुन्देलखंड की स्थिति लेकर 'गढ़ कुंडार', 'विराटा की पद्मिनी' नामक दो बड़े सुन्दर उपन्यास लिखे हैं। 'विराटा की पद्मिनी' की कल्पना तो अत्यन्त रमणीय है।" यहाँ शुक्ल जी ने वर्माजी की तीन विशेषताओं का उल्लेख किया है : मध्ययुग का ज्ञान, बुन्देलखंड की स्थिति का विशेष ज्ञान और रमणीय कल्पना। वर्माजी के उपन्यासों की सजीवता का कारण बुन्देलखंड के जनजीवन और इतिहास की जानकारी और उससे प्रेम है, इसमें सन्देह नहीं। प्रेमचन्द के साथ वह युग के श्रेष्ठ भारतीय साहित्यकारों में हैं।

शुक्ल जी ने उपन्यासों के मुकाबले कहानियों के विकास को "और भी विशद और विस्तृत" बतलाया है, इस विकास में "कवियों का भी पूरा योग रहा है', यह विशेषता बतलाई है। पश्चिमी कहानी-शास्त्र के आधार पर हिन्दी कहानियों की छानबीन करनेवालों को सावधान करते हुए उन्होंने लिखा है : "उनके इतने रूप-रंग हमारे सामने आए हैं कि वे सब अब पाश्चात्य लक्षणों और आदर्शों के भीतर नहीं समा सकते।"

उपन्यासों की तरह शुक्ल जी निबन्धों को भी साहित्य का बहुत ही महत्त्वपूर्ण अंग मानते थे। "यदि गद्य कवियों या लेखकों की कसौटी है तो निबन्ध गद्य की कसौटी है। भाषा की पूर्ण शक्ति का विकास निबन्धों में ही सबसे अधिक सम्भव होता है।" कारण यह कि उपन्यास या कहानी की तरह लेखक पर कथा-वस्तु आदि का प्रतिबन्ध नहीं रहता। अंग्रेजी में जो लेखक अपने गद्य के लिए प्रसिद्ध हैं, वे प्राय: निबन्धकार हैं। अंग्रेजी गद्य को बहुत कुछ व्यवस्थित करनेवाले ऐडीसन और स्टील निबन्ध-लेखक ही थे। इसी विचार से उन्होंने प्रतापनारायण मिश्र और बालकृष्ण भट्ट के लिए लिखा है कि उन्होंने "हिन्दी गद्य-साहित्य में वही काम

किया है जो अंग्रेजी गद्य-साहित्य में ऐडीसन और स्टील ने किया था।" पश्चिम के व्यक्तिगत विशेषता वाले निबन्धों को कुछ शर्तों के साथ उन्होंने ग्राह्य माना है। व्यक्तिगत विशेषता का यह अर्थ न होना चाहिए कि "विचारों की शृंखला रखी ही न जाए" या "लोकसामान्य स्वरूप से कोई सम्बन्ध ही न रखे।" निबन्ध-लेखक को--वैज्ञानिक के विपरीत—"अपने मन की प्रवृत्ति के अनुसार स्वच्छंद गति से" विचरने की सुविधा होनी चाहिए लेकिन कहने के लिए उसके पास कुछ महत्त्व की बात भी होनी चाहिए। "जहाँ गतिशील अर्थ की परम्परा नहीं", वहाँ निबन्ध अपना साहित्यिक रूप खोकर सिर्फ एक तमाशा बन जाएगा। शुक्ल जी ने भारतेन्दु-युग में निबन्धों के विकास का उल्लेख करते हुए बाद को अच्छे निबन्ध न लिखे जाने पर खेद प्रकट किया है। हिन्दी में यदि कुछ अपनी विशेषताएँ लिये हुए निबन्ध-रचना का कार्य आगे बढ़ाना है, तो भारतेन्दु-युग के निबन्ध साहित्य का अध्ययन करके उस परम्परा का उद्धार करना जरूरी होगा।

साहित्य के रूपों के सिलसिले में आखिरी बात आलोचना के बारे में है। शुक्ल जी स्वयं आलोचक थे, इसलिए इस विषय पर उन्होंने विस्तार से विचार किया है। यहाँ उन्होंने रूढ़िवाद का बहुत ही स्पष्ट और तीव्र खंडन किया है। बालकृष्ण भट्ट आदि लेखकों को उन्होंने नई आलोचना का जन्मदाता कहा है। शुक्ल जी से पहले यह नई अलोचना बहुत ही अविकसित दशा में थी; जो आलोचना फली-फूली थी, वह रीतिकालीन परम्परा का ही विस्तार थी। शुक्ल जी ने इस निर्जीव परम्परा के खंडन की ओर विशेष ध्यान दिया। इसकी थोड़ी-सी चर्चा रीतिकाव्य वाले अध्याय में हो चुकी है। संस्कृत साहित्यालोचन की सीमाएँ बतलाते हुए उन्होंने कहा है कि इसका उद्देश्य लक्षण ग्रंथों के अनुसार गुण-दोष विवेचन होता था। एक आचार्य दूसरे का खंडन करना चाहता था तो उसके प्रशंसित पदों को दोष दिखाने के लिए उद्धृत करता था और जिन्हें खुद अच्छा समझता था, उन्हें रस, अलंकार आदि का उदाहरण बनाता था। "साहित्य-दर्पणकार ने शृंगार रस के उदाहरण में 'शून्यं वासगृहं विलोक्य' यह श्लोक उद्धृत किया, रस-गंगाधर-कार ने इस श्लोक में अनेक दोष दिखलाए और उदाहरण में अपना बनाया श्लोक भिड़ाया।" संस्कृत-आलोचना में जहाँ इस तरह की रूढ़ियाँ हैं, वहाँ उनसे बाहर विशद सैद्धान्तिक चर्चा और अनेक कवियों की प्रतिभा की मार्मिक व्याख्या भी है। इस सिलसिले में अभिनवगुप्त, मम्मट और मल्लिनाथ का नाम लेना काफी होगा।

हिन्दी रूढ़िवादी आलोचना के बारे में उनका यह मत ज्यादा सही है कि "मिश्रबन्धुओं और पंडित पद्मसिंह शर्मा ने अपने ढंग पर कुछ पुराने कवियों के सम्बन्ध में विचार प्रकट किये, पर यह सब आलोचना अधिकतर बहिरंग बातों तक ही रही। भाषा के गुण-दोष, रस-अलंकार आदि की समीचीनता, इन्हीं सब परम्परागत विषयों तक पहुँची।" इस तरह की आलोचना कवि-प्रतिभा की मार्मिक

व्याख्या करने में असमर्थ थी। पंडितों में प्रचलित पुराने ढंग की आलोचना की मिसाल उन्होंने आचार्य महावीर प्रसाद द्विवेदी से दी है। संस्कृत कवियों पर उनकी रचनाओं के बारे में लिखा है : "इनमें कुछ तो पंडित-मंडली में प्रचलित रूढ़ि के अनुसार चुने हुए श्लोकों की खूबियों पर साधुवाद हैं (जैसे, क्या उत्तम उत्प्रेक्षा है!) और कुछ भिन्न विद्वानों के मतों का संग्रह।" एक मोहल्ले की बात दूसरे मोहल्ले वालों को मालूम हो गई, इस तरह की आलोचना का इतना ही मूल्य शुक्ल जी ने स्वीकार किया है।

मिश्रबन्धुओं के 'हिन्दी नवरत्न' को एक ही वाक्य-बाण से बेधते हुए उन्होंने लिखा है कि इसमें "सबसे बढ़कर नई बात यह थी कि 'देव' हिन्दी के सबसे बड़े कवि हैं।" देव-बिहारी विवाद नई आलोचना के विकास के लिए कितना निरर्थक था, यह शुक्ल जी ने विस्तार से दिखाया है। इसका कारण यह है कि इस विवाद से साहित्य की उन मूल समस्याओं का समाधान न होता था, वरन् उनसे ध्यान हट जाता था, जो नये हिन्दी साहित्य के विकास के सिलसिले में उठ रही थीं। हिन्दी आलोचना का मौलिक कर्तव्य यह था—और शुक्ल जी ने उसे पूरा किया : रीतिशास्त्र के बदले यथार्थवाद के अनुकूल नये साहित्य-सिद्धान्तों की प्रतिष्ठा, रूढ़िवादी साहित्य का विरोध और नये राष्ट्रीय और जनवादी साहित्य का समर्थन। इस कर्तव्य को ध्यान में रखते हुए ही शुक्ल जी ने दूसरे आलोचकों की नुक्ताचीनी की थी। पद्मसिंह शर्मा की अनूठी शैली, विद्वत्ता आदि की प्रशंसा करने के बाद उन्होंने लिखा है : "शर्माजी की यह समीक्षा भी रूढ़िगत (Conventional) है।" वह दूसरे शृंगारी कवियों से भिन्न बिहारी की विशेषताएँ नहीं दिखा पाई, उनकी 'अन्त:प्रवृत्तियों के उद्‌घाटन' का प्रयत्न नहीं कर पाई और इसमें सबसे बड़ा दोष या, "बिना जरूरत के जगह-जगह चुहलबाजी और शाबाशी का महफिली तर्ज।"

पुरानी रूढ़ियों के साथ कुछ नई रूढ़ियों का भी जन्म हो रहा था। आलोचना में संगत तर्क-पद्धति की जगह गद्य-काव्य रचने की प्रवृत्ति भी बढ़ रही थी। "कविता देवलोक के मधुर संगीत की गूँज है", इस तरह के वाक्यों का मजाक उड़ाते हुए शुक्ल जी ने 'घोर विचार-शैथिल्य और बुद्धि का आलस्य फैलने' के खतरे से हिन्दी लेखकों को सावधान किया है।

शुक्ल जी ने आलोचना के रूप पर विचार करते हुए अलंकार और रस-निरूपण वाली पद्धति की सीमाएँ बतलाईं, साहित्य की मार्मिक व्याख्या करने पर जोर दिया, आलोचना को गद्य-काव्य बनने से बचाकर उसे तर्क-योजना के सहारे आगे बढ़ने का मार्ग दिखाया। 'भावुकता की सजावट' और आलोच्य विषय के चारों ओर 'चमचमाता वाग्जाल' बिछाने वालों की संख्या कम नहीं हुई, कुछ बढ़ी है। इसलिए शुक्ल जी की सीख पर बराबर ध्यान देना अब भी आवश्यक है।

निबन्ध-रचना, शैली और व्यक्तित्व

'चिन्तामणि' में शुक्ल जी के दस निबन्ध ऐसे हैं जिनका सम्बन्ध मुख्यत: मनोविज्ञान से है। ये निबन्ध शुक्ल जी के साहित्यालोचन का मनोवैज्ञानिक आधार स्पष्ट करते हैं। हम पहले देख चुके हैं कि शुक्ल जी की आलोचना-पद्धति न तो रीतिशास्त्रों का अनुसरण करती है, न पश्चिम के काव्यशास्त्र का। इसलिए मनोविज्ञान के बारे में उनकी स्थापनाएँ और भी दिलचस्प हो जाती हैं। इनमें न तो शुक्ल जी ने रीतिशास्त्र के भाव-विवेचन को अपना आधार बनाया है, न पश्चिम के मनोविज्ञान को। उनकी स्थापनाएँ मौलिक हैं और न केवल साहित्यशास्त्र को, वरन् मनोविज्ञान और समाजशास्त्र को भी महत्त्वपूर्ण देन हैं।

पश्चिम के मनोविज्ञान की मूल प्रवृत्ति व्यक्तिवाद को लेकर चली है। उनका मुख्य रुझान व्यक्ति को समाज से, उसके वर्ग से अलग करके उसके मनोविकारों का अध्ययन करना रहा है। मनोविज्ञान की कुछ धाराएँ जड़ भौतिकवाद को लेकर चली हैं। वैज्ञानिक भौतिकवाद के विपरीत ये धाराएँ मनुष्य को निष्क्रिय पदार्थ मानकर, उसकी स्वतंत्र इच्छाशक्ति और चिन्तन को कोई जगह न देकर उसे परिस्थितियों का नपा-तुला परिणाम मात्र मान लेती हैं। बिहेवियरिस्ट धारा यांत्रिक भौतिकवाद की धारा है जो मनुष्य की हर क्रिया को परिस्थितियों की प्रतिक्रिया मानकर चलती है। इसी अवैज्ञानिक विचारधारा से मिलता-जुलता फ्रायड आदि का मनोविश्लेषण है जो प्राय: मनुष्य की हर क्रिया के पीछे उसकी दमित कामवासना का खेल देखता है। भारतीय भाववादी दर्शन का रुझान ज्ञान और भावना को मनुष्य के सामाजिक जीवन, उसके सामाजिक व्यवहार से अलग करके देखने का है। यह रुझान भारतीय दर्शन की एकमात्र धारा नहीं है। हमारे दर्शन में वस्तुवाद की ओर उन्मुख और धाराएँ भी हैं लेकिन रीतिशास्त्र पर इनका प्रभाव नहीं पड़ा, मुख्य प्रभाव भाववादी दर्शन का पड़ा है। नतीजा यह कि इस तरह के दर्शन से जो मनोविज्ञान और साहित्यशास्त्र प्रभावित होगा, वह भावों का सम्बन्ध मनुष्य के व्यवहार से न जोड़ सकेगा, वह यह न दिखला सकेगा कि भावों का सामाजिक आधार क्या है; कौन से भाव अच्छे हैं, कौन से बुरे; भावों का सामाजिक परिणाम क्या होता है; उनका प्रभाव मनुष्य के सामाजिक जीवन पर क्या पड़ता है, इत्यादि। उनकी प्रवृत्ति साहित्य को लोक-जीवन

से अलग करके देखने, रस या आनन्द को मानव-संस्कारों से दूर रखने, शुद्ध कला या लोकोत्तर आनन्द की व्याख्या करने की ओर होगी। शुक्ल जी का मनोविज्ञान और साहित्यशास्त्र इससे विरोधी दशा में विकसित होता है।

मनुष्य के हृदय में भाव क्यों पैदा होते हैं? इनका सम्बन्ध किसी शुद्ध आत्मा या अशुद्ध माया नाम की वस्तु से है या इनका स्रोत मनुष्य के सामाजिक व्यवहार, उसके भौतिक जीवन में ढूँढ़ना चाहिए? शुक्ल जी का कहना है : "संसार-सागर की रूप-तरंगों से ही मनुष्य की कल्पना का निर्माण और इसी की रूप-गति से उसके भीतर विविध भावों या मनोविकारों का विधान हुआ है।" ('रसात्मक बोध के विविध रूप')

मनुष्य के भावों का विधान संसार की रूप-गति में हुआ है। उनका आधार मनुष्य का भौतिक जीवन है, उससे अलग हम शुद्ध आत्मा की तरह विशुद्ध भावों या 'इंस्टिंक्ट' की कल्पना नहीं कर सकते। बहुत-से पश्चिमी विचारकों का 'इंस्टिंक्ट'—यानी अपरिवर्तनशील मूल भाव—आत्मा का ही पर्यायवाची है। शुक्ल जी के लिए ऐसे अपरिवर्तनशील भावों की सत्ता नहीं है। भावों की सत्ता अनुभूति पर निर्भर है और अनुभूति विषयवस्तु के बिना, बाह्य जगत् के बिना नहीं होती। मनुष्य की काल्पनिक अनुभूति भी बाह्य जगत् की ही प्रतिच्छवि रहती है। कारण यह है कि "मनुष्य लोकबद्ध प्राणी है। उसका अपनी सत्ता का ज्ञान तक लोकबद्ध है। लोक के भीतर ही कविता क्या किसी कला का प्रयोजन और विकास होती है।" ('काव्य में रहस्यवाद')

सत्ता का ज्ञान विशुद्ध आत्मानुभूति नहीं है वरन् लोकबद्ध है। कविता का विकास—मनुष्यों के भावों और उनकी व्यंजना का विकास—लोक के ही भीतर होता है, इसलिए भावों में जो विभिन्नता दिखाई देती है, वह लोक की ही विभिन्नता, मनुष्य के व्यवहार और बाह्य जगत् की विभिन्नता का ही परिणाम है।

"अनुभूति के द्वंद्व ही से प्राणी के जीवन का आरम्भ होता है" (भाव या मनोविकार) यह द्वंद्व सुख और दु:ख का है। "मूल अनुभूति ही विषय-भेद के अनुसार' नये-नये भाव पैदा करती है। भाव की विभिन्नता दो कारणों से होती है : मनुष्य की इच्छा से और विषयबोध से। आत्मगत और वस्तुगत, दोनों ही तरह के कारणों से भावों का विकास होता है। यदि आत्मगत कारण न हों तो मनुष्य दर्पण की तरह यांत्रिक ढंग से वस्तुगत व्यापारों को ही प्रतिबिम्बित करता रहे। शुक्ल जी ने लिखा है : "विषय-बोध की विभिन्नता तथा उससे सम्बन्ध रखनेवाली इच्छाओं की विभिन्नता के अनुसार मनोविकारों की अनेकरूपता का विकास होता है।" इस तरह भावों की कोई विशुद्ध आत्मगत सत्ता नहीं है; उनकी विभिन्नता का विकास विषय-बोध पर भी निर्भर है। मनुष्य के भाव उसके सामाजिक जीवन से किस तरह उत्पन्न होते हैं, इसकी एक मिसाल ईर्ष्या है। ईर्ष्या के बारे में शुक्ल जी ने लिखा है : "ईर्ष्या सामाजिक जीवन की कृत्रिमता से उत्पन्न एक विष है।"

इसी तरह उत्साह को लीजिए : "साहसपूर्ण आनन्द की उमंग का नाम उत्साह है। कर्म-सौन्दर्य के उपासक ही सच्चे उत्साही कहलाते हैं।" यहाँ भी उत्साह का सम्बन्ध मनुष्य के व्यवहार से है। इसी तरह श्रद्धा वह आनन्द-पद्धति है "जो किसी मनुष्य में जनसाधारण से विशेष गुण व शक्ति का विकास देख" कर पैदा होती है। यहाँ भी उसका वस्तुगत कारण मौजूद है। करुणा का तो कहना क्या! "जब बच्चे को सम्बन्ध-ज्ञान कुछ-कुछ होने लगता है तभी दु:ख के उस भेद की नींव पड़ जाती है जिसे करुणा कहते हैं।" यह सम्बन्ध-ज्ञान न हो, बाह्यजगत् का बोध न हो तो करुणा का भी अस्तित्व न हो। व्यक्तिगत दु:ख की अनुभूति से करुणा को अलग करते हुए शुक्ल जी ने लिखा है : "पर दूसरों की पीड़ा, वेदना देख जो 'करुणा' जगती है, उसकी अनुभूति सच्ची रसानुभूति कही जा सकती है।" ('रसात्मक बोध के विविध रूप') करुणा लोकजीवन से विमुख एकान्तवासी कवियों की आत्मानुभूति नहीं है, वह दूसरों की पीड़ा देखकर जगती है, उसके संचार के लिए दूसरों का अस्तित्व भी जरूरी है।

मनुष्य के हृदय में लज्जा क्यों पैदा होती है? जब उसे यह आशंका होती है कि 'दूसरों के चित्त' में उसके प्रति बुरी धारणा है, तब उसकी वृत्तियों का संकोच होता है और वही लज्जा है। इस तरह लज्जा का जन्म भी लोक-व्यवहार में होता है। लोभ कब पैदा होता है? जब किसी सुख देनेवाली 'वस्तु के सम्बन्ध में' प्राप्ति की इच्छा पैदा होती है। "अरुचिकर विषयों की उपस्थिति होने पर" घृणा पैदा होती है। "किसी आती हुई आपदा की भावना या दु:ख के कारण के साक्षात्कार से" भय पैदा होता है। "दु:ख के चेतन कारण या अनुमान से" क्रोध पैदा होता है। सारांश यह कि हर मनोविकार का कोई-न-कोई वस्तुगत कारण होता है। काव्य का सम्बन्ध मनोविकारों से है और मनोविकारों का सम्बन्ध मनुष्य के व्यवहार-जगत् से। इसलिए व्यवहार-जगत् का ज्ञान प्राप्त किये बिना, उससे भावात्मक सम्बन्ध स्थापित किये बिना कोई भी शुद्ध आत्मानुभूति के बल पर कवि नहीं बन सकता। शुक्ल जी के साहित्यालोचन का यह वस्तुवादी सूत्र है : "शब्द-काव्य की सिद्धि के लिए वस्तु-काव्य का अनुशीलन परम आवश्यक है।"

भावों के वस्तुगत कारण हैं। उनका आधार मनुष्य का व्यवहार जगत् है, लेकिन वे उत्पन्न होते हैं मनुष्य में ही। भाव-धारणा की यह क्षमता मनुष्य के ऐतिहासिक विकास का परिणाम है। शुक्ल जी ने कई जगह पशुओं और मनुष्यों में भेद करते हुए मानव के विकास के साथ उसका ज्ञान-प्रसार और भाव-प्रसार बढ़ता हुआ दिखाया है। 'कविता क्या है' नाम के निबन्ध में उन्होंने लिखा है : "पर मनुष्य में ज्ञान-प्रसार के साथ भाव-प्रसार भी क्रमशः बढ़ता गया है, अकस्मात् मनुष्य इस भाव-प्रसार के साथ पैदा नहीं हो गया। मनुष्य अपने विकास-क्रम में कुछ संस्कार पूर्वजों से पाता है, कुछ अपने नये अनुभवों से संचित भी करता जाता है। ऐसा न हो तो उसके कुछ

आदिम संस्कार ही बने रहें, उनसे वह आगे न बढ़े। 'काव्य में प्राकृतिक दृश्य' नाम के निबन्ध में शुक्ल जी ने लिखा है : "पूर्वजनों की दीर्घ परम्परा द्वारा चली आती हुई जन्मगत वासना के अतिरिक्त जीवन में भी बहुत-से संस्कार प्राप्त किये जाते हैं।" मनुष्य को आज जो भावनाशक्ति मिली है, वह एक दीर्घ परम्परा का फल है और अपने नये संस्कार जोड़कर मनुष्य उसे आगे भी बढ़ाता चलता है। मनुष्य की वासना, सहृदयता, उसकी रसग्राहिका शक्ति के विकास का यह वैज्ञानिक सिद्धान्त है। शुक्ल जी ने संस्कृत के रस-शास्त्रियों की वासना को स्थिर और शाश्वत् न मानकर उसे एक ऐतिहासिक विकास का परिणाम स्वीकार किया है। इस तरह भावों में बाह्य जगत् के अलावा मनुष्य की जिस आत्मगत चेतना, इच्छा आदि का योग रहता है, उसकी भी एक वस्तुगत सत्ता है, वह भी ऐतिहासिक विकास का परिणाम है। विषयवस्तु के विचार से भी और मनुष्य की अपनी इच्छा के विचार से भी भाव की वस्तुगत सत्ता सिद्ध होती है, इसलिए भावों को प्रकट करनेवाली कविता भी एक वस्तुगत व्यापार है जिसका वैज्ञानिक अध्ययन सम्भव है।

भाव का सम्बन्ध किसी शाश्वत् आत्मा से नहीं है, इसी कारण विभिन्न मनुष्यों और वर्गों में रुचि की भिन्नता दिखाई देती है। रुचि की समानता का आधार मानव-जीवन की समानता है। मानव-जीवन की विषमता से रुचि की विषमता भी पैदा होती है। 'भाव या मनोविकार' में शुक्ल जी शासकवर्ग का जिक्र करते हैं जो भावों का उपयोग "अपनी रक्षा और स्वार्थ सिद्धि के लिए भी" करते आए हैं, "उसी प्रकार धर्म-प्रवर्तक और आचार्य अपने स्वरूप-वैचित्र्य की रक्षा और अपने प्रभाव की प्रतिष्ठा के लिए भी।" इसलिए जनसाधारण का भाव-व्यापार वही नहीं है जो शासकों और धर्माचार्यों का होता है। रुचि का वर्ग-आधार, वर्गों द्वारा भावों का उपयोग शुक्ल जी के इन दो वाक्यों में बहुत अच्छी तरह प्रकट हुआ है। "शासकवर्ग अपने अन्याय और अत्याचार के विरोध की शान्ति के लिए भी डराते और ललचाते आए हैं। मत-प्रवर्तक अपने द्वेष और संकुचित विचारों के प्रचार के लिए भी जनता को कँपाते और ललचाते आए हैं।" यह द्वेष और संकुचित विचार कहाँ से पैदा होते हैं? मत-प्रवर्तकों और शासकों के स्वार्थमय जीवन से। उनका जीवन जनसाधारण से भिन्न है। एक अत्याचार और अन्याय करनेवाला है, दूसरा सहनेवाला है। इसी विषमता के कारण उनकी रुचि में भी विषमता होती है। इसलिए 'कविता क्या है' में 'अर्थागम से हृष्ट' ज्योतिषियों, कर्मकांडियों, बनियों और दलालों, अमलों और मुख्तारों को कवि और साहित्यकार निठल्ले और खब्तुलहवास लगते हैं; इस रुचि-भेद का कारण सामाजिक जीवन की असमानता है। यह असमानता अखंड और निरपेक्ष नहीं होती; असमानता के साथ बहुत-सी समानता भी कायम रहती है। यही कारण है कि बहुत-सी बातों में रुचि की असमानता के साथ कुछ बातों में रुचि की समानता भी मिलती है। उसी निबन्ध में शुक्ल जी ने कविता पर अत्याचार की बात कही है,

लोभियों और स्वार्थियों द्वारा उसका गला दबाये जाने की बात कही है, केशव आदि के विवेचन में राजदरबारों के कुसंस्कारों का उल्लेख किया है—यह सब सिद्ध करता है कि मनुष्य की रुचि का आधार उसके जीवन की परिस्थितियाँ हैं। रुचि के वर्ग-आधार का यह अर्थ नहीं होता कि मनुष्य की अपनी इच्छाशक्ति की कोई भूमिका नहीं होती। इच्छाशक्ति परिस्थितियों से प्रभावित होती है लेकिन जिनका मनोबल दृढ़ होता है, वे अपने वर्ग की परिस्थितियों से ऊपर भी उठ सकते हैं और उठ जाते हैं।

रुचि और भावना का आधार पहचानने के कारण शुक्ल जी ने सामन्ती संस्कारों और सामन्ती साहित्यशास्त्र का बार-बार खंडन किया है। भावना और नैतिकता का गहरा सम्बन्ध है। मनुष्य के कर्मों के नियामक बुद्धि से ज्यादा उसके भाव, उसके संस्कार होते हैं। शुक्ल जी ने सामन्ती और पूँजीवादी वर्गों की रुचि और नैतिकता का तीव्र खंडन किया है। "गेरुआ वस्त्र लपेटे धर्म का डंका" पीटनेवाले, "देश-हितैषिता का लम्बा चोगा पहने" देशोद्धार की पुकार करनेवाले उन्हें धोखा नहीं दे सकते ('श्रद्धा-भक्ति') दूसरों की श्रद्धा के लिए ललकनेवाले धूर्तों को उन्होंने कड़ी फटकार बतलाई है। इनके लिए श्रद्धा ठगविद्या का ही दूसरा नाम है। दूसरों के कर्मों के लिए सच्ची सम्मान-भावना से उसका कोई सम्बन्ध नहीं है। शुक्ल जी ऐसे ठगों पर व्यंग्य करते हुए लिखते हैं : "परश्रद्धाकर्षण की विद्या की भी आजकल खूब उन्नति हुई है। आश्चर्य नहीं कि इसके लिए कुछ दिनों में एक अलग विद्यालय खुले।" यह व्यापार-युग है। यहाँ हर चीज बिकती है : "तब श्रद्धा ऐसे भाव क्यों न बिके?" पूँजीवादी वर्ग बिकाऊ माल के सहारे जीता है। यह उसका वर्गधर्म है, उसकी वर्ग-नैतिकता है। इसलिए वह श्रद्धा को भी बिकाऊ माल बना डालता है। और व्यापार-युग से पहले दान-दक्षिणा का युग था। पंडों और पुरोहितों के लिए श्रद्धा का अर्थ दक्षिणा हो गया। यजमान कहता है, "इतनी ही श्रद्धा है, और पंडे कहते हैं, 'जितनी श्रद्धा हो, उतना दो।'...'यद्यपि इन पंडों और पुरोहितों के सम्बन्ध में सदा यह निश्चय नहीं रहता कि वे बड़े विद्वान्, बड़े धार्मिक या बड़े परोपकारी हैं।" (उप.) धर्म के नाम पर श्रद्धा का व्यापार यहाँ भी होता है।

लोक-दिखावे के लिए धनी व्यक्ति सदाचार का ढोंग रचते हैं, दूसरों पर दया का अभिनय करते हैं! लेकिन वे भूल जाते हैं कि "मनोवेग-वर्जित सदाचार दंभ या झूठी कवायद है।" ('करुणा') इसी तरह नि:संकोच होकर अपने संकोची होने का दावा करनेवालों को शुक्ल जी ढोंगी कहते हैं। हमारे यहाँ के समाज में ऊँचनीच का भेद रहा है। जो आदर और सम्मान के योग्य हैं, वे आदर पाएँ, लेकिन जनता को दबाकर जब आदर पाने का एक पेशा बन जाता है, तब उस समाज-व्यवस्था को जीर्ण-शीर्ण समझ लेना चाहिए। शुक्ल जी कहते हैं : "जिस जाति में इस छोटाई-बड़ाई का अभिमान जगह-जगह जमकर दृढ़ हो जाता है,

उसके भिन्न-भिन्न वर्गों के बीच स्थायी ईर्ष्या स्थापित हो जाती है और संघ-शक्ति का विकास बहुत कम अवसरों पर देखा जाता है।" ('ईर्ष्या') ईर्ष्या का यह सामाजिक आधार हुआ। संघशक्ति का तभी विकास हो सकता है जब वर्गों के बीच की यह विषमता न रहे। लेकिन विषमता घटने के बदले और बढ़ती जाती है। उसका बढ़ना एक वस्तुगत क्रम है, वह कुछ लोगों की व्यक्तिगत इच्छा का परिणाम नहीं है। उसका निवारण वर्गहीन समाज के निर्माण से ही सम्भव है। शुक्ल जी ने लिखा है : "किसी अवध के ताल्लुकेदार के लिए बड़ाई का यह स्वाँग दिखाना आवश्यक नहीं है कि वह जब मन में आए तब कामदार टोपी सिर पर रख, हाथी पर चढ़ गरीबों को पिटवाता चले।" ('ईर्ष्या') टोपी बदल गई है लेकिन गरीबों पर अत्याचार कायम हैं बल्कि राइफल और टियर गैस की मदद से और बढ़ गए हैं।

पूँजीवादी समाज में एक संस्कार खूब पनपता है। यह संस्कार 'खुद कमाओ और जियो, दूसरों को मरने दो' का है। पूँजीवादी नैतिकता का आधार वह स्वार्थवृत्ति है जिसे व्यक्ति की स्वाधीनता का नाम दिया जाता है। अंग्रेजी में इसे झूठे सिद्धान्त का रूप दिया गया है : 'सर्वाइवल आफ दि फिटेस्ट'। समाज में जो शक्तिशाली है, वह दूसरों को मारकर या मर जाने देकर खुद जिएगा। डार्विन ने विकासवाद के वैज्ञानिक सिद्धान्त के साथ यह कल्पना भी जोड़ दी थी। इस कल्पना का आधार इंग्लैंड के पूँजीवादी समाज में स्वार्थ की होड़ थी। आजकल इस सिद्धान्त का उपयोग पूँजीवादी लूट और युद्धों को जायज ठहराने के लिए किया जाता है। शुक्ल जी ने इस धारणा को पास नहीं फटकने दिया। उनके लिए मनुष्यता का विकास परस्पर सहयोग के आधार पर होता है और होना चाहिए, न कि इस हिंसा के द्वारा। अपने 'श्रद्धा-भक्ति' वाले निबन्धों में शुक्ल जी ने लिखा है : "अपने कार्यक्षेत्र के बाहर यदि वह अपने इन भावों का सामंजस्य ढूँढ़ता है तो नहीं पाता है—कहीं उसे 'जीवो जीवस्य जीवनं' का सिद्धान्त चलता दिखाई पड़ता है, कहीं लाठी और भैंस का। वह सोचता है कि इन बातों का अनुसरण मनुष्य-समाज में भी जान-बूझकर क्यों न किया जाए, यह नहीं सोचता कि मनुष्य जाति की स्थिति इन अवस्थाओं से बहुत आगे बढ़ी है और चेतना की श्रेणी में उसके आगे की ओर कोई भूमि उसे दिखाई नहीं पड़ रही है।" जीवो जीवस्य जीवनं—जंगल का नियम है। जिस समाज में यह नियम लागू हो, वह सभ्य समाज कहलाने का अधिकारी नहीं, वह मनुष्यता की स्थिति तक पहुँचा हुआ नहीं, उसकी चेतना अवरुद्ध और कुंठित हो गई है।

पश्चिम के कुछ मनोवैज्ञानिकों ने समाज विशेष के वर्ग-सम्बन्धों में पनपने वाली स्वार्थपरता को शाश्वत् नियम का रूप दे दिया। उनके लिए मनुष्य का कोई काम निःस्वार्थ होता ही नहीं, कोई देश और जनता के लिए हँसते-हँसते प्राण भी दे दे तो वे उसमें उनके अहंकार की तुष्टि या किसी दमित वासना की अभिव्यक्ति देख लेंगे और उसकी निःस्वार्थ सेवा से इनकार करेंगे। ऐसे लोगों के लिए करुणा,

सहानुभूति आदि का कोई अस्तित्व नहीं है। इन्हें लक्ष्य करके शुक्ल जी ने लिखा है : "समाजशास्त्र के पश्चिमी ग्रंथकार कहा करें कि समाज में एक-दूसरे की सहायता अपनी-अपनी रक्षा के विचार से की जाती है, यदि ध्यान से देखा जाए तो कर्मक्षेत्र में परस्पर सहायता की सच्ची उत्तेजना देनेवाली किसी-न-किसी रूप में करुणा ही दिखाई देगी।" ('करुणा') शुक्ल जी का मनोविज्ञान पश्चिमी मनोविज्ञान से किस तरह भिन्न है, उसकी यह मिसाल है।

शुक्ल जी ने कई जगह अंग्रेज आलोचक आई.ए. रिचाड्र्स का नाम प्रशंसा के साथ लिया है। वह इसलिए कि रिचाड्र्स ने शुद्ध कलावाद का खंडन किया था, साहित्य को अनुभूति से अलग न किया था। पश्चिम के दूसरे पतनशील विचारकों के मुकाबले में उन्होंने उसकी प्रशंसा की थी, लेकिन रिचाड्र्स के मनोविज्ञान का आधार भी व्यक्तिवाद है। वह कविता का लक्ष्य मनुष्य के मनोविकारों में संतुलन मानता है, लेकिन कौन-सी प्रवृत्तियाँ अच्छी हैं और कौन-सी बुरी, इसकी छानबीन उसने नहीं की। रिचाड्र्स के विपरीत शुक्ल जी के विवेचन की आधारशिला है लोकहित। कौन-सा भाव अच्छा है, कौन-सा बुरा, भिन्न-भिन्न वर्गों में एक ही भाव के कौन-कौन से रूप होते हैं (वास्तव में भाव-विशेष का नाम एक होता है, उसके तत्त्व अलग-अलग होते हैं), ये समस्याएँ शुक्ल जी ने उठाई हैं, रिचाड्र्स ने नहीं। भाव अच्छा है या बुरा, इसकी कसौटी यह है : "किसी भाव के अच्छे या बुरे होने का निश्चय अधिकतर उसकी प्रवृत्ति के शुभ या अशुभ परिणाम से होता है।" ('उत्साह') रिचाड्र्स ने मानव-वृत्तियों के परिणाम का सवाल नहीं उठाया, इसीलिए उसने कलावाद का जो खंडन किया है, वह संगत नहीं है।

उत्साह क्या है? "कर्ममात्र से सम्पादन में जो तत्परतापूर्ण आनन्द देखा जाता है", वही उत्साह है। कर्म के साथ फल की इच्छा भी होती है और यह इच्छा अनुचित नहीं है, यदि फल का सम्बन्ध शुद्ध स्वार्थ न हो। देशरक्षा में भी साहस देखा जाता है, परपीड़न और डकैती में भी। दूसरी तरह का साहस पहले के सौन्दर्य तक "कभी नहीं पहुँच सकता।" ('उत्साह') परिणाम के अनुसार, यह भाव का सौन्दर्य-निरूपण हुआ।

श्रद्धा से क्या सिद्ध होता है? यही कि "जिन कर्मों के प्रति श्रद्धा होती है, उनका होना संसार को वांछित होता है।" इस तरह लोकहित भावों का शुभ या अशुभ रूप परखने की कसौटी बनता है। इसी लोकहित के कारण श्रद्धालु की दृष्टि "सामान्य की ओर होनी चाहिए, विशेष की ओर नहीं।" अन्ध श्रद्धा क्यों खराब है? इसलिए कि उससे समाज का अनिष्ट होता है। अन्ध श्रद्धा के ही कारण धर्म और देशहितैषिता के नाम पर लोग ठगे जाते हैं।

क्रोध के त्याग का उपदेश बहुत-से महात्माओं ने दिया है, लेकिन समाज-रक्षा के लिए क्रोध आवश्यक हो, तो उसका पूर्ण त्याग हानिकर होगा। किसी स्त्री पर अत्याचार होते देखकर हम क्रोध करें तो "उस समय का हमारा क्रोध कितना सुन्दर

और अक्रोध कितना गर्हित होगा!" इसी तरह करुणा की आवश्यकता "जीवन-निर्वाह की सुगमता के लिए है।" मनुष्य बनने के लिए शील और संकोच की जरूरत होती है। लेकिन लज्जा को स्त्रियों का भूषण कहकर पुरुषों ने उसे 'आनन्द और विलास की एक सामग्री' बना डाला। लोभ का एक रूप प्रेम होता है, जिसका उत्कृष्ट रूप देशप्रेम है। इसके विरुद्ध पैसे का लोभ है, जिससे लोभ का मतलब ही पैसे का लोभ हो गया है। घृणा और क्रोध का नजदीकी सम्बन्ध है और जैसे जीवन में क्रोध आवश्यक है, वैसे ही घृणा भी। भय की स्थायी वृत्ति कायरता कहलाती है। असभ्य, पिछड़ी हुई और जंगली जातियों में भय की मात्रा ज्यादा होती है। जैसे-जैसे प्रकृति के बारे में मनुष्य का ज्ञान बढ़ता जाता है, वैसे-वैसे उसका भय कम होता जाता है। ईर्ष्या एक ऐसा भाव है जो समाज की कृत्रिमता से पैदा होता है और जिसे कोई प्रकट नहीं करना चाहता।

इस तरह शुक्ल जी ने हर मनोविकार का सामाजिक आधार बतलाया है, उसका सम्बन्ध मनुष्य के व्यवहार से जोड़ा है, उसके सामाजिक परिणाम के हिसाब से उसे शुभ या अशुभ माना है। इससे सिद्ध हुआ कि शुक्ल जी के मनोविज्ञान का एक ठोस सामाजिक आधार है।

जीवन में भावों की महत्त्वपूर्ण भूमिका है। "समस्त मानव-जीवन के प्रवर्तक भाव या मनोविकार ही होते हैं।" ('भाव या मनोविकार') भावों का सम्बन्ध मनुष्य के कर्मों से है। जैसे उसके भाव और संस्कार होते हैं, वैसे ही उसके कर्म होते हैं। "मनुष्य की सजीवता मनोवेग या प्रवृत्ति में, भावों की तत्परता में है।" ('करुणा') इसलिए भावों की छानबीन का काम सामाजिक महत्त्व का है। कविता मनुष्य के भावों को प्रतिबिम्बित करती है, इसलिए उसे भी मानव-जीवन की प्रवर्तक मानना होगा, उसे भी मनुष्य की सजीवता का कारण मानना होगा। योगबाला चित्तवृत्तियों का निरोध काव्य का मार्ग नहीं है। साहित्य में मनोविकार प्रकट ही नहीं किये जाते, उनका परिष्कार भी किया जाता है। यह साहित्य की सामाजिक उपयोगिता है। मनोविकारों का दमन करनेवालों को लक्ष्य करके शुक्ल जी कहते हैं : "नीतिज्ञों और धार्मिकों का मनोविकारों को दूर करने का उपदेश घोर पाखंड है। इस विषय में कवियों का प्रयत्न ही सच्चा है जो मनोविकारों पर सान ही नहीं चढ़ाते बल्कि उन्हें परिमार्जित करते हुए सृष्टि के पदार्थों के साथ उनके उपयुक्त सम्बन्ध-निर्वाह पर जोर देते हैं।" ('करुणा') कवि तीन काम करता है : मनोवेगों को तीव्र करता है, उन्हें परिमार्जित करता है और संसार के साथ उनके उपयुक्त सम्बन्ध-निर्वाह पर जोर देता है। शुक्ल जी का यह सिद्धान्त अरस्तू के कैथार्सिस या भाव-परिष्कार के सूत्र से ज्यादा भरा-पूरा है। संस्कृति का आधार मानव-सम्बन्ध है, उसका प्रभाव मानव-सम्बन्धों पर पड़ता है, संस्कृति अपने उस आधार को दृढ़ या निर्बल करती है। यह बात साहित्य के लिए भी नहीं कही जा सकती। साहित्य केवल भाव-परिष्कार

ही नहीं करता, वह किन्हीं मानव-सम्बन्धों को दृढ़ या कमजोर भी करता है। इस तरह किसी समाज-व्यवस्था को कायम रखने या उसे निर्मूल करने में साहित्य का बहुत बड़ा हाथ होता है। इसी कारण साहित्यकार किन्हीं मानव-सम्बन्धों या किसी समाज-व्यवस्था की रक्षा या विनाश के प्रति तटस्थ नहीं रह सकता, चाहे तो भी उसके लिए यह सम्भव नहीं है।

साहित्य की अनुभूति भावों की अनुभूति है। भावों की अनुभूति वास्तविक जीवन में, मनुष्य के व्यवहार-जगत् में होती है। इसलिए साहित्य की अनुभूति वास्तविक जगत् की अनुभूति से निराली नहीं है। जिन बातों से संसार में दुःख मिलता है, उनसे साहित्य में भी मिलता है। ट्रैजेडी पर आँसू बहाने में शुद्ध आनन्द का अनुभव होता है, शुक्ल जी यह नहीं मानते। वह पहले आलोचक हैं जिन्होंने पूर्व और पश्चिम के विचारकों से इस बारे में मतभेद प्रकट किया है।

भावों की अनुभूति का नाम ही रस है। शुक्ल जी ने एक ओर क्रोचे का खंडन किया है जो काव्य (या कला) को शुद्ध अभिव्यंजना मानता है लेकिन कहीं-कहीं दबी जबान से भावानुभूति स्वीकार भी कर गया है, दूसरी ओर उन्होंने उन भारतीय विचारकों को भी फटकारा है जो हृदय की अनुभूति की बातें तो करते हैं लेकिन रस शब्द से परहेज करते हैं। उन्होंने ऐसे लोगों को याद दिलाया है कि हृदय की अनुभूति रस से अलग कोई अनूठी चीज नहीं है।

साहित्य के व्यापक प्रभाव का कारण भावना की लोक-सामान्य भूमि है। रस-दशा लोक-हृदय में लीन होने की दशा का ही नाम है। इसलिए साहित्य का भाव-जगत् जनसाधारण का भाव-जगत् होना चाहिए, मुट्ठी-भर लोगों का कृत्रिम भाव-जगत् नहीं। साहित्य राज-दरबारों, पंडों-पुरोहितों और देशभक्ति का सौदा करनेवालों का गुलाम बन जाए, उन्हीं की भावनाएँ व्यक्त करने लगे तो वह अपनी व्यापकता खो देगा। साहित्य में आत्माभिव्यक्ति वहीं तक मान्य है जहाँ तक वह लोक-जीवन की भी अभिव्यक्ति है। इससे आगे व्यक्ति-वैचित्र्यवाद आ जाता है—जिसकी जगह किसी अजायबघर में है, साहित्य में नहीं। पश्चिम से व्यक्तिवाद के मुकाबले में शुक्ल जी ने भारत का साधारणीकरण का सिद्धान्त रखा है। उन्होंने इसकी नई व्याख्या की है। "यह सिद्धान्त यह घोषित करता है कि सच्चा कवि वही है, जिसे लोक-हृदय की पहचान हो, जो अनेक विशेषताओं और विचित्रताओं के बीच मनुष्य जाति के सामान्य हृदय को देख सके।" ('साधारणीकरण और व्यक्ति-वैचित्र्यवाद') काव्य में भाव-व्यंजना किसी विशेष आलम्बन के सहारे ही होती है। लेकिन यह विशेष सामान्य का विरोधी नहीं होता। कवि-कौशल विशेष और सामान्य की एकता स्थापित करके उनका विरोध मिटा देता है। "भारतीय काव्यदृष्टि भिन्न-भिन्न विशेषों के भीतर से सामान्य के उद्‌घाटन की ओर बराबर रही है।" (उप.)

साहित्य का भाव-व्यापार बौद्धिक क्रिया का विरोधी नहीं है, न वह उससे स्वतंत्र या तटस्थ है। शुक्ल जी ने अबुद्धिवाद का बार-बार खंडन किया है, उन लोगों पर फब्तियाँ कसी हैं जो बुद्धि के विकास को काव्य के ह्रास का कारण मानते हैं। उन्होंने दिखलाया है कि मनुष्य के भावों का परिष्कार और संचार वर्तमान सभ्यता और मनुष्य के बनावटी सामाजिक जीवन से रुक सकता है, बुद्धि के प्रसार से नहीं। बुद्धि को कोसना वर्तमान सभ्यता (अर्थात् पूँजीवादी सभ्यता) और सामाजिक जीवन के बनावटीपन पर पर्दा डालना है। इन्दौर वाले भाषण में शुक्ल जी ने बुद्धि और हृदय, बौद्धिक ज्ञान और भावना का सम्बन्ध बहुत अच्छी तरह बतला दिया है। बुद्धि और हृदय एक-दूसरे के विरोधी न हों, "दोनों एक-दूसरे के सहयोगी के रूप में काम करें।" यह सहयोग किस तरह कायम होता है? बुद्धि अपने 'विशेष मनन और चिन्तन द्वारा' जिन तथ्यों का निरूपण करती है, कवि उन्हीं को 'गोचर और मार्मिक रूप में' सामने रखता है। भावना का आधार अज्ञान नहीं, ज्ञान ही है। ज्ञान ही भावों के संचार के लिए मार्ग खोलता है। "ज्ञान-प्रसार के भीतर ही भाव-प्रसार होता है।" काव्य को अबौद्धिक क्रिया माननेवालों को शुक्ल जी का यह अकाट्य उत्तर है। ज्ञान और भावना का यह सम्बन्ध उसी सूत्र को लेकर चला है, जिसके अनुसार 'हृदय सिंधु मति सीप समाना' है और 'बरबारि बिचारू' के बरसने पर 'कवित मुक्ता मनि चारू' उत्पन्न होते हैं। साहित्य विचारशून्य, विचारों से तटस्थ, ज्ञान के प्रति उदासीन क्रिया नहीं है। श्रेष्ठ साहित्य सदा ज्ञान-प्रसार के भीतर भाव-प्रसार के मार्ग पर चलता है।

साहित्य के भाव-जगत् के एक छोर पर विचार और बौद्धिक चिन्तन हैं तो दूसरे छोर पर इन्द्रियबोध और मूर्तिमत्ता है। साहित्य और शिल्प, स्थापत्य आदि की सामान्य भूमि यह गोचरता है। शुक्ल जी ने कई जगह साहित्य को कला की संज्ञा न देने पर जोर दिया है। ऐसा उन्होंने उसे शुद्ध कलावाद से बचाने के लिए किया है। लेकिन शिल्प आदि कलाओं की सामान्य भूमि यह गोचरता है, गोचरता के आधार पर उनका सौन्दर्य है, सौन्दर्य के साथ मनुष्य की वासना का संस्कार और आनन्द है। इस कारण साहित्य को ललित कलाओं से एकदम अलग नहीं किया जा सकता, न साहित्य-मीमांसा से सुन्दर शब्द खारिज किया जा सकता है।

ऊपर हमने देखा है कि बुद्धि अपने चिन्तन और मनन द्वारा जिन तथ्यों का निरूपण करती है, कल्पना उन्हीं को "गोचर और मार्मिक रूप में" सामने रखती है। जहाँ गोचर रूप होगा, वहाँ यह भी देखा जाएगा कि यह रूप किस तरह सँवारा गया है, उसका आकार-प्रकार, रंग आदि हमारे सौन्दर्यबोध के अनुकूल है या नहीं। पश्चिम के कुछ विचारकों ने साहित्य को गोचरता तक, इन्द्रियबोध और रूपरंग की सुन्दरता तक सीमित कर दिया है। इसी कारण शुक्ल जी काव्यशास्त्र के बदले सौन्दर्यशास्त्र का प्रयोग गलत मानते हैं। उनका यह विरोध सही है।

सौन्दर्य से इन्द्रियबोध का ही सौन्दर्य लेना गलत है। सौन्दर्य का अर्थ केवल इन्द्रियबोध वाला सौन्दर्य नहीं है। "कविता केवल वस्तुओं के ही रंग-रूप के सौन्दर्य की छटा नहीं दिखाती, प्रत्युत कर्म और मनोवृत्ति के सौन्दर्य के भी अत्यन्त मार्मिक दृश्य सामने रखती है।" ('कविता क्या है')

साहित्य या कला की गोचरता का सिद्धान्त शुक्ल जी के ज्ञान-शास्त्र का ही परिणाम है। ज्ञान न तो आत्मा का प्रकाश है, न इलहाम होने से प्रकट हुआ है, न वह मनुष्य की सहज भावना (Intution) का फल है। इस तरह के ज्ञान-शास्त्रों का विरोध करने के बाद शुक्ल जी ने अपना वैज्ञानिक सिद्धान्त रखा है। वह सिद्धान्त यह है कि मनुष्य के बौद्धिक चिन्तन का विकास इन्द्रियज ज्ञान के आधार पर ही हुआ है। "आरम्भ में मनुष्य-जाति की चेतन-सत्ता इन्द्रियज ज्ञान की समष्टि के रूप में ही अधिकतर रही। पीछे ज्यों-ज्यों सभ्यता बढ़ती गई है, त्यों-त्यों मनुष्य की ज्ञान-सत्ता बुद्धि-व्यवसायात्मक होती गई है।" ('काव्य में अभिव्यंजनावाद') ज्ञान की पहली सीढ़ी इन्द्रियबोध है। साहित्य इस सीढ़ी को पूरी तरह कभी नहीं छोड़ता। वैज्ञानिक चिन्तन जहाँ बुद्धि-व्यवसायात्मक है, वहाँ साहित्य इन्द्रियबोध का सहारा लिये रहता है। उसके कलात्मक सौन्दर्य का यह भी एक आधार होता है।

अपने इतिहास में शुक्ल जी ने लिखा है : "प्रत्येक भाव का प्रथम अवयव विषयबोध ही होता है।" भाव के साथ प्रथम अवयव के रूप में विषयबोध मौजूद हो तो भावजगत् विषयबोध से अलग नहीं हो सकता। साहित्य की अनुभूति शुद्ध भावानुभूति नहीं हो सकती, उसके साथ इन्द्रियबोध भी जुड़ा रहेगा। विचार से भाव ज्यादा व्यापक होता है, भाव से इन्द्रियबोध। इस गोचर आधार के कारण साहित्य विज्ञान की अपेक्षा ज्यादा व्यापक और प्रभावशाली होता है। काव्य की विशेषता भावों को मूर्त रूप देने में है। "जब तक भावों से सीधा और पुराना लगाव रखने वाले मूर्त और गोचर रूप न मिलेंगे तब तक काव्य का वास्तविक ढाँचा खड़ा न हो सकेगा।" ('कविता क्या है')

कल्पना का आधार इन्द्रियबोध ही है। शुद्ध कल्पना नाम की कोई चीज नहीं है। पश्चिम के जिन विचारकों ने कल्पना का स्वतंत्र अस्तित्व माना है, उसकी निराली सष्टि की चर्चा की है, शुक्ल जी ने उनका खंडन किया है। उनका प्रत्यक्ष विरोध क्रोचे जैसे भाववादियों से है, अप्रत्यक्ष विरोध कोलरिज जैसे भाववादियों से भी है जिन्होंने कल्पना को शाश्वत् और निरपेक्ष चेतना का पर्याय मान लिया था और मनुष्य की व्यावहारिक कल्पना को उसी परम चेतना का अंश मान लिया था। योरप की कल्पनावादी साहित्य-मीमांसा के विपरीत शुक्ल जी का मत यह है : "जो तथ्य हमारे किसी भाव को उत्पन्न करे, उसे उस भाव का आलम्बन कहना चाहिए। ऐसे रसात्मक तथ्य आरम्भ में ज्ञानेन्द्रियाँ उपस्थित करती हैं। फिर ज्ञानेन्द्रियों द्वारा प्राप्त सामग्री से भावना या कल्पना उनकी योजना करती है।" ('कविता क्या है')

शुक्ल जी के ज्ञान-शास्त्र में मनुष्य का मन बाह्य जगत् का ही प्रतिबिम्ब है। वह रूप-गतिहीन नहीं है, रूपगति का ही संघात है। मानसिक प्रक्रिया की यह वस्तुवादी व्याख्या है। "जिस प्रकार यह जगत् रूपमय और गतिमय है, उसी प्रकार मन भी। मन भी रूप-गति का संघात ही है।" ('कविता क्या है') मन स्वयं रूपमय है, इसलिए ज्ञान भी रूपातीत नहीं होता। "हमें अपने मन का और अपनी सत्ता का बोध रूपात्मक ही होता है।" (उप.) जो चिन्तन और विचार अरूप लगते हैं, उनका आधार भी रूपमय जीवन ही है। मनुष्य अपनी सुविधा के लिए संकेतों से काम लेता है लेकिन हर संकेत इस रूपमय जगत् या उसके मानसिक प्रतिबिम्ब की ओर ही होता है। "भावों के अमूर्त विषयों की तह में भी मूर्त और गोचर रूप छिपे मिलेंगे।" (उप.) साहित्य की मूर्तिमत्ता का यह दार्शनिक आधार है।

इस ठोस दार्शनिक आधार पर ही शुक्ल जी ने साहित्य में रूपविधान की चर्चा की है। कल्पना क्या है? "मानसिक रूपविधान का नाम ही सम्भावना या कल्पना है।" ('रसात्मक बोध के विविध रूप') ऐडीसन के कल्पना-सम्बन्धी विवेचन के साथ चलते हुए शुक्ल जी दो तरह का रूप-विधान बतलाते हैं : एक तो "प्रत्यक्ष देखी हुई वस्तुओं का ज्यों-का-त्यों प्रतिबिम्बित होता है"; दूसरा, इनके "आधार पर खड़ा किया हुआ नया वस्तु-व्यापार-विधान" होता है। पहला रूपविधान स्मृति है, दूसरा कल्पना। ऐडीसन ने स्मृति को भी कल्पना का नाम दिया है। शुक्ल जी ने वह स्थापना अमान्य ठहरा दी है। इसके सिवा "प्रत्यक्ष या स्मरण द्वारा जाग्रत वास्तविक अनुभूति भी विशेष दशाओं में रसानुभूति की कोटि में आ सकती है", यह स्थापना ऐडीसन के चिन्तन से बहुत दूर है। अनुभूति का अर्थ शुक्ल जी के लिए 'चाक्षुष ज्ञान' के अलावा शब्द, गन्ध, रस और स्पर्श भी है। इस तरह रूपविधान का अर्थ इन्द्रियबोध का ही विधान समझना चाहिए।

रूपविधान में चाक्षुष ज्ञान मुख्य है। इसीलिए शास्त्र-चर्चा की विशेषता अर्थग्रहण है तो साहित्य की विशेषता बिम्बग्रहण ('कविता क्या है') साहित्य से प्रभावित होने की शक्ति उनमें होती है, जिनमें मूर्तिविधान की क्षमता होती है। जो लोग साहित्य से प्रभावित नहीं होते, उसका एक कारण यह है कि "उनके अन्त:करण में चटपट वह सजीव और स्पष्ट मूर्तिविधान नहीं होता जो भावों को परिचालित करता है।" (उप.) कल्पना की आवश्यकता न केवल साहित्यकार के लिए है, वरन् उसके पाठक के लिए भी वह जरूरी है।

बौद्धिक चिन्तन, इन्द्रियबोध और भावना का समन्वय साहित्य की विशेषता है। इस विशेषता के मौलिक व्याख्याकार आचार्य शुक्ल हैं। यह व्याख्या पूर्व और पश्चिम, दोनों के काव्यशास्त्र से ज्यादा संगत और वैज्ञानिक है। यह हिन्दी का अपना साहित्यशास्त्र है।

इस शास्त्र के आधार पर उन्होंने क्रोचे आदि पश्चिम के विचारकों का खंडन किया है। जो लोग हिन्दी के साहित्यशास्त्र को अंग्रेजी किताबों की नकल समझते हैं, वे हिन्दी-अंग्रेजी, दोनों ही के साहित्यशास्त्र का अपना अज्ञान प्रकट करते हैं। पश्चिमी साहित्यशास्त्र के बारे में शुक्ल जी का कहना है : "सौन्दर्य बाहर की कोई वस्तु नहीं है, मन के भीतर की वस्तु है, योरपीय कला-समीक्षा की यह एक बड़ी ऊँची उड़ान या बड़ी दूर की कौड़ी समझी गई है। पर वास्तव में यह भाषा के गड़बड़झाले के सिवा और कुछ नहीं है। जैसे वीरकर्म से पृथक् वीरत्व कोई पदार्थ नहीं, वैसे ही सुन्दर वस्तु से पृथक् सौन्दर्य कोई पदार्थ नहीं।" ('कविता क्या है') यह सब पढ़कर भी कोई कहे कि हिन्दी का काव्यशास्त्र अंग्रेजी की नकल है तो उससे पूछना चाहिए कि दिमाग में अकल भी है या उसकी नकल ही रह गई है।

शुक्ल जी अंग्रेजी आलोचकों में जिसके सबसे ज्यादा निकट हैं, वह ऐडीसन है। लॉक के वस्तुवाद से प्रभावित होकर ऐडीसन ने कल्पना का सिद्धान्त निकाला था और काव्य की विशेषता उसका रूपविधान बतलाया था। तब से योरप की समीक्षा में मूर्तिमत्ता का खूब जोर रहा है। लेकिन हर तरह की कल्पना, हर तरह का रूपविधान तो कलात्मक नहीं होता। किस तरह की कल्पना काव्य के लिए आवश्यक है, इसका जवाब ऐडीसन के यहाँ नहीं है। कारण यह है कि उसके पास रस-सिद्धान्त नहीं था। कल्पना और रूपविधान को काव्य-सौन्दर्य का मूल आधार मानकर इस प्रश्न का उत्तर दिया ही नहीं जा सकता। इसका उत्तर तभी सम्भव है जब कल्पना का सम्बन्ध भावानुभूति से जोड़ा जाए। शुक्ल जी ने यह सम्बन्ध जोड़ा है। उन्होंने रूपविधान और भावानुभूति का सम्बन्ध इस तरह जोड़ा है : "काव्यविधायिनी कल्पना वही कही जा सकती है जो या तो किसी भाव द्वारा प्रेरित हो अथवा भाव का प्रवर्तन और संचार करती हो। सब प्रकार की कल्पना काव्य की प्रक्रिया नहीं कही जा सकती। अत: काव्य में हृदय की अनुभूति अंगी है, मूर्तरूप अंग-भाव प्रधान है, कल्पना उसकी सहयोगिनी।" ('काव्य में अभिव्यंजनावाद')

क्रोचे के सौन्दर्यशास्त्र का खंडन करते हुए शुक्ल जी ने योरप के आत्मवाद (या Idealism) का भी खंडन किया है। क्रोचे की विचारधारा बाह्य जगत् की वास्तविकता को अस्वीकार करती है। इसके बदले अपने उलझे तर्कजाल से वह बर्कले के दर्शन या मध्यकालीन अन्धविश्वासों की ही प्रतिष्ठा कर सकता है। शुक्ल जी ने उसके प्रतिक्रियावाद की जड़ पर ही आघात किया है। क्रोचे की मूल स्थापना क्या है? "उसने कला की अभिव्यंजना के इस व्यवसाय को बाह्य प्रकृति और अन्त:प्रकृति, दोनों से परे जो आत्मा है, उसको अपनी निज की क्रिया कहा है—इस जगत् और जीवन से स्वतंत्र।" यह बात किसी-न-किसी रूप में भारत के अध्यात्मवादी भी दोहराते हैं, इसमें सन्देह नहीं। शुक्ल जी ने इसी का खंडन किया है। क्रोचे जिसे आत्मा के कारखाने से निकला हुआ माल समझता है,

उसे वह इस व्यवहार जगत् का ही प्रतिबिम्ब साबित करते हैं। स्वयं शुक्ल जी भी जहाँ अपवादरूप से आत्मवादी विचारधारा की ओर झुक जाते हैं, वहाँ क्रोचे की उपर्युक्त धारणा से मिलती-जुलती बात ही कहते हैं। जैसे यह उक्ति : "परस्पर साहाय्य के जो व्यापक उद्देश्य हैं, उनको धारण करनेवाला मनुष्य का छोटा-सा अन्त:करण नहीं, विश्वात्मा है।" ('करुणा') मानव मात्र के हृदय को विश्वात्मा कहा जाए तो बात दूसरी है लेकिन शुक्ल जी का वह अर्थ नहीं है। उन्होंने अन्यत्र भी लिखा है कि काव्य का लक्ष्य यह है कि "मनुष्य अपने व्यक्तिगत संकुचित घेरे से अपने हृदय को निकालकर उसे विश्वव्यापिनी और त्रिकालवर्तिनी अनुभूति में लीन करे।" ('काव्य में अभिव्यंजनावाद') लेकिन मनुष्य की अनुभूति विकासमान है। इन्द्रियज ज्ञान से मनुष्य बुद्धि-व्यवसायी ज्ञान की ओर बढ़ता आया है, पूर्वजों के संस्कारों में नये संस्कार जोड़ता आया है, यह शुक्ल जी सिद्ध कर चुके हैं। इसलिए देशकालबद्ध मानव से परे कोई त्रिकालवतनी अनुभूति नहीं है।

इस तरह की उक्तियाँ अपवाद हैं। शुक्ल जी जब हृदय की मुक्त दशा की बात करते हैं तब उसकी व्याख्या करके स्पष्ट कर देते हैं कि उनका आशय लोकहृदय में लीन होने की दशा से है।

शुक्ल जी की आलोचना बड़ी गम्भीर है, यह बात अक्सर दोहराई जाती है। इस प्रशंसा में अज्ञान भी छिपा रहता है। बात समझने में बुद्धि पर ज्यादा जोर पड़े तो उसे गम्भीर कहने से जल्दी पीछा छूट जाता है। दूसरी तरह का अज्ञान शुक्ल जी को देखकर मुँह मटकाने से प्रकट होता है। ब्राह्मणवादी हैं, एकांगी समाजशास्त्री हैं, आउट आफ डेट हैं, कुछ अंग्रेजी चीजों का अनुवाद किया है, मध्यवर्ग के संस्कारों से पीड़ित हैं, आदि बातें इसी तरह का अज्ञान प्रकट करती हैं।

शुक्ल जी की आलोचना गम्भीर है, इसलिए कि उसका आधार वस्तुवादी दृष्टिकोण है। वह संसार के उन इने-गिने आलोचकों में हैं जिन्होंने मुक्त कंठ से इस भौतिक जगत्, मनुष्य के व्यवहार जगत् को सत्य स्वीकार किया है। शुक्ल जी ने लिखा है : "संसार का अर्थ आजकल योरप और अमरीका लिया जाता है।" जब संसार में भारत की भी गिनती होने लगेगी, यानी कुछ बुद्धिजीवियों का दिमाग पश्चिम की गुलामी से मुक्त होगा, वहाँ की प्रगतिशील विचारधारा पहचानकर उससे शुक्ल जी की तुलना करेगा, तब वह उनका महत्त्व पहचानेगा, उससे पहले नहीं।

शुक्ल जी की गम्भीरता का दूसरा कारण उनकी तर्क और चिन्तन-पद्धति है। इस पद्धति को हम द्वंद्व नाम दें तो अनुचित न होगा। विरोधी लगनेवाली वस्तुओं का सामंजस्य पहचानना, उन्हें गतिशील और विकासमान देखना, संसार के विभिन्न भौतिक और मानसिक व्यापारों का परस्पर सम्बन्ध स्थापित करके उनका अध्ययन करना इस पद्धति की विशेषताएँ हैं। भारतीय दार्शनिकों और तार्किकों की लम्बी परम्परा में भी शुक्ल जी अपनी इस चिन्तन-पद्धति के कारण एक श्रेष्ठ विचारक ठहरते हैं।

विरोधी तत्त्वों की एकता देखने के कारण शुक्ल जी ही लिख सकते थे : "यदि राम हमारे काम के हैं तो रावण भी हमारे काम का है।" ('श्रद्धा-भक्ति') कारण यह है कि एक में प्रवृत्ति का क्रम है तो दूसरे में निवृत्ति का। साहित्य के लिए दोनों का संयोग आवश्यक है। "जीवन में इस निवृत्ति और प्रवृत्ति का प्रभाव साथ-साथ चलता है।" (उप.) इस पद्धति से उन्होंने निर्माण के साथ ध्वंस को भी आवश्यक बतलाया है, माधुर्य के साथ भीषणता में भी सौंदर्य देखा है। इसी पद्धति से रूपविधान और भाव का सम्बन्ध, इन्द्रियबोध और विचार का सम्बन्ध, साहित्य में सामान्य और विशेष का सम्बन्ध समझ में आता है। इसी तरह साहित्य में विभिन्न अर्थों का समन्वय होता है। अनुमित अर्थ का क्षेत्र दर्शन-विज्ञान है, आप्तोलब्ध का इतिहास और कल्पित अर्थ का काव्य है। "पर भाव या चमत्कार से समन्वित होकर ये तीनों प्रकार के अर्थ काव्य के आधार हो सकते हैं और होते हैं।" ('काव्य में अभिव्यंजनावाद') इसी तरह काव्य में विभाव प्रधान वस्तु है; उसी से भाव-व्यंजना होती है। "भाव और विभाव, दोनों पक्षों के सामंजस्य के बिना पूरी और सच्ची रसानुभूति नहीं हो सकती।" ('साधारणीकरण और व्यक्ति-वैचित्र्यवाद') काव्य में साधारण और असाधारण का सम्बन्ध इसी पद्धति से समझा जा सकता है। "साधारण के बीच में ही असाधारण की प्रकृति अभिव्यक्त हो सकती है।" ('काव्य में प्राकृतिक दृश्य') इस तरह के वाक्य अचानक पाठक को चमत्कृत कर देते हैं। उनमें जीवन और साहित्य के सत्य की झलक रहती है, यही उनके अनूठेपन का कारण है।

शुक्ल जी ने न तो ऑस्कर वाइल्ड जैसे कुछ लेखकों की तरह आलंकारिक शैली मात्र के विरोधाभास खड़े किये हैं, न उन्होंने कुछ भारतीय समन्वयवादियों की तरह वास्तविक विरोध पर पर्दा डालकर नकली एकता कायम कर दी है। वह विरोधी लगनेवाले तत्त्वों की जो एकता दिखलाते हैं, वह वास्तविक होती है, उसका आधार मनुष्य का व्यवहार-जगत् होता है, कल्पना नहीं।

शुक्ल जी ने अपने इतिहास में लिखा है : "संसार की हर एक बात और सब बातों से सम्बद्ध है।" इसकी बहुत अच्छी मिसाल वह विवेचन है जहाँ शुक्ल जी ने विदेश के सामाजिक आन्दोलनों से भारत का सम्बन्ध जोड़ा है। इस पद्धति के कारण वह क्रोचे आदि विचारकों और अंग्रेजी के इलियट आदि कवियों के हानिकर प्रभाव से हिन्दी लेखकों और पाठकों को सावधान कर सके।

वह वस्तुओं और विचारों को गतिशील और विकासमान किस तरह देखते हैं, इसकी मिसाल मनुष्य की देव-सम्बन्धी धारणा, उसकी भावना और चिन्तन के विकास तथा संस्कारों के अर्जन का विवेचन है। उन्होंने अनेक रसवादियों या कल्पनावादियों की तरह मनुष्य के भाव-जगत् को अपरिवर्तनशील नहीं माना। इसीलिए विकास-क्रम में कौन-से तत्त्व पतनशील हैं, कौन-से प्रगतिशील, इसका भेद वह दिखा सके। उन्होंने संस्कृत, फारसी, हिन्दी, उर्दू के दरबारी साहित्य का लगातार और डटकर विरोध किया।

उन्होंने हिन्दी साहित्य में संस्कृत साहित्य के पतनशील रुझान छोड़ने को कहा, उसके प्रगतिशील रुझान अपनाने की सलाह दी। उन्होंने लिखा है : "हिन्दी की कविता का उत्थान उस समय हुआ जब संस्कृत-काव्य लक्ष्यच्युत हो चुका था।" ('काव्य में प्राकृतिक दृश्य') यहाँ एक ओर तो उन्होंने संस्कृत साहित्य से हिन्दी साहित्य का सम्बन्ध देखा है। द्वंद्व-पद्धति की यह एक विशेषता है। साथ ही उन्होंने संस्कृत साहित्य को गतिशील देखा है, उसके पतनशील रूप से सावधान किया है। द्वंद्व-पद्धति की यह दूसरी विशेषता हुई।

शुक्ल जी की गम्भीरता का तीसरा कारण उनका सामाजिक दृष्टिकोण है। वह हिन्दी के मानववादी, सामन्त-विरोधी और देशभक्त लेखक हैं। उन्हें जनसाधारण से प्रेम है। इसलिए वह साधारण में ही असाधारण की स्थिति देख सकते हैं। उन्हें अपने देश की संस्कृति से प्रेम है, इसलिए वह पश्चिम के घटिया सिद्धान्तों की नकल बर्दाश्त नहीं कर सकते। इस दिशा में कहीं-कहीं उनका विवेचन गलत हो गया है, कहीं-कहीं तुलसी को महान् सिद्ध करने की धुन में वह साहित्य का सम्बन्ध धर्म से जोड़ने लग गए हैं, लेकिन यह उनकी मूल विचारधारा नहीं है। सच्चे हिन्दूवादी और इस्लामवादी की पहचान यह है कि वह साम्राज्यवाद और सामन्तवाद का समर्थक होता है। शुक्ल जी साम्राज्यवाद और सामन्तवाद के निर्मम आलोचक हैं। उन्होंने पैसे पर टिके हुए मानव-सम्बन्धों की, पूँजीवादी सभ्यता की कड़ी आलोचना की है, योरप के उपनिवेशवादियों का सच्चा रूप प्रकट किया है, कविता को उद्दीपन का व्यापार बनानेवालों और धार्मिक पाखंड से जनता को ठगनेवालों की तीखी नुक्ताचीनी की है। शुक्ल जी का काव्यशास्त्र जैसे दार्शनिक क्षेत्र में महत्त्वपूर्ण है, वैसे ही उनका साहित्यालोचन सामाजिक क्षेत्र में है।

मनुष्य उनके लिए देशबद्ध प्राणी है। जिसके हृदय में देशप्रेम नहीं, उसका मानवतावाद झूठा है। काव्य में प्रकृति-चित्रण की माँग करते हुए न तो उन्होंने प्रकृति को आध्यात्मिक सत्य का सन्देशवाहक बनाया है, न उसकी रूपपूजा को महत्त्वपूर्ण माना है। प्रकृति-चित्रण की आवश्यकता उससे मनुष्य के साहचर्य से पैदा होती है। और मनुष्य का सबसे ज्यादा सम्बन्ध उसके अपने देश से होता है। "इसी देशबद्ध मनुष्यत्व के अनुभव से सच्ची देशभक्ति या देशप्रेम की स्थापना होती है। जो हृदय संसार की जातियों के बीच अपनी जाति की स्वतंत्र सत्ता का अनुभव नहीं कर सकता, वह देशप्रेम का दावा नहीं कर सकता।" ('काव्य में प्राकृतिक दृश्य') शुक्ल जी नहीं चाहते कि जैसे "एक अमरीकन फारसवालों को उनके देश का सारा हिसाब-किताब समझाकर चला गया", वैसे ही भारत के लोग भी अमरीकनों से देशप्रेम करना सीखें और "विलायती बोली में 'अर्थशास्त्र' की दुहाई' दिया करें। शुक्ल जी की देशभक्ति तमाम हिन्दी पाठकों और साहित्यकारों को अपनी स्वाधीनता की रक्षा करना सिखलाती है। इस स्वाधीनता को आज खास खतरा उन्हीं से है जो

फारस वालों को देश का हिसाब-किताब समझाकर चले नहीं आए, वरन् वहाँ युद्ध का अड्डा बना रहे हैं।

दृढ़ता, आत्मविश्वास और निर्भीकता शुक्ल जी के विशेष गुण हैं। लाख विरोधी प्रचार हो, वह अपने सिद्धान्तों पर अडिग रहे। रहस्यवाद की भारतव्यापी धूम होने पर उन्होंने उसका विरोध करना नहीं छोड़ा। भारतीय अध्यात्मवाद की विश्व में डुग्गी पिटने पर भी उन्होंने वास्तविक जगत् का सूत्र नहीं छोड़ा, इस जगत् के चित्रण को भारतीय साहित्य की मूल विशेषता बतलाया और 'अध्यात्म' शब्द को साहित्य के मैदान से बाहर निकाल देने को कहा। अंग्रेजी और संस्कृत की धाक की परवाह न करके उन्होंने इन भाषाओं के साहित्य में उन्हें जो कमजोरियाँ दिखीं, उनका भी खुलकर विवेचन किया। इन सब कामों के लिए उन्हें बल मिलता था हिन्दी जनता से, हिन्दी के तरुण विद्यार्थियों से, उच्च वर्गों को अवज्ञा और अपमान से, वाल्मीकि, भवभूति और तुलसी की परम्परा से, संसार की बढ़ती हुई स्वाधीनता-प्रेमी मानवता से और अपने विशाल हृदय से।

शुक्ल जी सहृदय आलोचक हैं। तर्कशास्त्री से अधिक वह भावुक साहित्य-प्रेमी हैं। उनकी तर्क-योजना में चूक हो सकती है, सहृदयता में नहीं। उनमें भारतेन्दु-युग की जिन्दादिली है, उस युग के लेखकों जैसा व्यंग्य-विनोद है। व्यंग्य हमेशा विनोद के लिए नहीं होता। कहीं-कहीं उनका व्यंग्य क्रोधाग्नि में तपे हुए तीर की तरह होता है। लोभियों के लिए वे कहते हैं : "न उन्हें मक्खी चूसने में घृणा होती है और न रक्त चूसने में दया।" ऐसा तीखा व्यंग्य या तो प्रेमचन्द में मिलता है या निराला में। ऐसे तीर वे जब-तब ही निकालते हैं। उनका विनोद साधारणत: मनोरंजन और उल्लास के लिए होता है। "एक सभा के सहायक मंत्री हैं जो कार्य-विवरण पढ़ने में संकोच करते हैं। सारांश यह है कि एक बेवकूफी करने में लोग संकोच नहीं करते, और सब बातों में करते हैं।" ('लज्जा और ग्लानि') केशव, मिश्रबन्धु आदि उनके व्यंग्य-विनोद का लक्ष्य किस तरह बने हैं, यह हम पहले देख चुके हैं।

शुक्ल जी की शैली वैज्ञानिक विवेचन की शैली है। उसमें कलात्मक सौन्दर्य पैदा करने की कोशिश नहीं की गई। फिर भी यह शैली एक-सी नहीं है। करुणा, क्रोध आदि निबन्धों में शैली का आनन्द कम है; सूक्ष्म तर्क-योजना में रस लेने वाले ही इन्हें पढ़कर प्रसन्न हो सकते हैं। जहाँ-तहाँ आवेशपूर्ण वाक्य या आलंकारिक शैली आ गई है, वह मरुभूमि में जलाशय की तरह। लेकिन 'काव्य में प्राकृतिक दृश्य', 'काव्य में रहस्यवाद' आदि निबन्ध खूब प्रवाहपूर्ण हैं। इनमें एक सरस वक्ता की आवेशपूर्ण शैली का आनन्द मिलता है। शुक्ल जी की आलोचना जब लड़ाकू रूप धारण करती है, तब उनकी शैली बहुत ही स्वाभाविक और मनोरंजक होती है।

शुक्ल जी की एक बहुत बड़ी विशेषता अत्यन्त सारगर्भित वाक्य रचने की क्षमता है। इस तरह के वाक्य अनायास उनके साधारण वाक्य-प्रवाह में आकर अपनी असाधारणता से पाठक को आकर्षित कर लेते हैं। इन वाक्यों में जीवन के अनुभवों और सुदीर्घ चिन्तन का फल संचित होता है। "यदि प्रेम स्वप्न है तो श्रद्धा जागरण है।"..."जिन्हें यह कहने में संकोच नहीं कि हम बड़े संकोची हैं, उनमें संकोच कहाँ?"..."जो किसी के लिए नहीं जीते, उनका जीना-न-जीना बराबर है।"..."राम का नाता सारे संसार से नाता जोड़ता है, तोड़ता नहीं।"—इस तरह के सैकड़ों वाक्य उनकी रचनाओं में बिखरे हुए हैं।

जहाँ-तहाँ वह भारतेन्दु-युग के लेखकों के रंग में शब्द-चमत्कार दिखाते हुए विनोद करते हैं। "लोभ और प्रीति' के सिलसिले में "सबकी टकटकी टके की ओर लग गई।"..."लक्ष्मी की मूर्ति धातुमयी हो गई, उपासक सब पत्थर के हो गए।" या क्रोध की चर्चा में, "धज के साथ धर्म की ध्वजा लेकर चलनेवाला धोखे में भी क्रोध को पाप का बाप ही कहेगा।"

शुक्ल जी ने तत्सम शब्दों का प्रयोग काफी किया है, लेकिन इधर के आलोचकों से कम। तद्भव रूपों का भी प्रयोग वह धड़ल्ले से करते हैं। जैसे इतिहास में : "वज्रयानी सिद्धों का लीला-क्षेत्र भारत का पूरबी भाग था। गोरख ने अपने पंथ का प्रचार देश के पच्छिमी भागों में" किया। पूरब-पच्छिम जैसे रूप उनके यहाँ खूब हैं। उर्दू के प्रचलित शब्दों का प्रयोग भी उन्होंने काफी और बिना झिझक के किया है। इतिहास में देव-बिहारी वाले विवाद का नतीजा बतलाते हुए लिखा है कि बहुत-से लोग "इस तुलनात्मक समालोचना के मैदान में उतरने का शौक जाहिर करने लगे।" अंग्रेजी पढ़े-लिखों की हिन्दी में "जो दोष रहते थे, वे उनकी खातिर से दरगुजर कर दिये जाते थे।" बदरीनारायण चौधरी ने अपने दो नाटक "हाथ आजमाने के लिए लिखे थे।" किशोरीलाल गोस्वामी के लिए "खैरियत यह हुई कि आपने सब उपन्यासों को अपना यह मँगनी का लिबास नहीं पहनाया।" इस तरह के और बहुत-से वाक्य उद्धृत किये जा सकते हैं। उर्दू शब्दों के प्रयोग का तो कहना ही क्या। 'अलबत' उनका वैसे ही प्रिय शब्द है, जैसे 'नाना'!

किसी लेखक का कृतित्व ही उसका सच्चा व्यक्तित्व है। शुक्ल जी के कृतित्व का अब तक जो विवेचन हुआ है, उसी को उनके मेधावी व्यक्तित्व का विवेचन समझना चाहिए। इसके सिवा कुछ उनकी व्यक्तिगत बातें हैं जिनसे पाठकों को दिलचस्पी हो सकती है। उनके इतिहास में जहाँ-तहाँ दो-चार बातें इस तरह की मिलती हैं। शुक्ल जी भारतेन्दु-युग के अनेक लेखकों से अच्छी तरह परिचित थे। बालकृष्ण भट्ट से उन्होंने अनेक बार सुना था : "न जाने कैसे लोग बड़े-बड़े लेख लिख डालते हैं?" एक बार वह शुक्ल जी के घर आए थे और इनके भाई की आँख आई देखकर बोले थे : "भैया! यह आँख बड़ी बला है; इसका आना-जाना, उठना-बैठना सब बुरा है।"

बदरीनारायण चौधरी शुक्ल जी पर विशेष कृपा रखते थे। कांग्रेस में दो दल होने पर उन्होंने शुक्ल जी से एक नोट लिखने को कहा था। उसका एक वाक्य बदलकर उन्होंने यों लिखने का आग्रह किया था : "दोनों दलों की दलादली में दलपति का विचार भी दलदल में फँसा रहा।" शुक्ल जी ने ठीक यही शैली तो नहीं अपनाई, लेकिन कभी-कभी मनोरंजन के लिए उससे मिलती-जुलती सानुप्रास शैली का प्रयोग उन्होंने जरूर किया है। जैसे सत्यनारायण कविरत्न के लिए लिखा है : "वे थे ब्रजमाधुरी में पगे जीव; उनकी पत्नी थीं आर्यसमाज के तीखेपन में तली महिला।"

बदरीनारायण चौधरी से उन्होंने भारतेन्दु के बारे में बहुत-सी बातें सुनी होंगी। आनन्दकादंबिनी पर भारतेन्दु ने जो राय दी थी, उसे शुक्ल जी ने इतिहास में उद्धृत किया है। (पृ. 560) प्रसाद जी से उन्होंने कई बार ऐतिहासिक उपन्यास लिखने के लिए कहा था, इसका जिक्र भी उन्होंने किया है। इस तरह के उल्लेख आलोचना में संस्मरणों का महत्त्व जोड़ देते हैं। शुक्ल जी इतिहास लिख रहे थे, संस्मरण नहीं; इसलिए उन्होंने आवश्यक होने पर ही ऐसी बातों की चर्चा की है।

अपने बारे में उन्होंने कम लिखा है, फिर भी उनकी रचनाओं में जहाँ-तहाँ व्यक्तिगत बातों का उल्लेख हुआ है, उनसे पुस्तक-सेवी विद्वान् के बदले एक घुमक्कड़ और विनोदी व्यक्तित्व की तसवीर बनती है। "मैंने पहाड़ों और जंगलों में घूमते समय" साधुओं को प्रकृति पर मुग्ध होते देखा था। साधु मुग्ध हुए हों चाहे न हुए हों, शुक्ल जी ने जंगलों-पहाड़ों में घूमकर प्रकृति का बहुत निकट से परिचय पाया था, इसमें सन्देह नहीं। "एक दिन रात को मैं सारनाथ से लौटता हुआ" काशी की गली में प्राचीन उज्जयिनी का भ्रम कर चुका था। यह भ्रम टूटा म्युनिसिपैलिटी की लालटेन से! काशी की गलियों में उन्होंने ठठेरों को मायावाद समझाकर गाहक से दूना दाम वसूल करते देखा था। साँची का स्तूप देखते हुए महुओं की सुगन्ध पर वह झूम उठे थे और उस लखनवी दोस्त से खीझ उठे थे जिसे डर था कि महुए का नाम लेने से लोग देहाती समझेंगे। उन्होंने चूल्हा फूँकते हुए ब्राह्मण देवता को उसमें पानी डालते देखकर रसात्मक अनुभूति की थी, सीताराम और करेला कहकर बूढ़ों को चिढ़ाने वाले लड़कों की भीड़ से भी आनन्द प्राप्त किया था। इसका कारण शुक्ल जी का मानवप्रेम, उनकी विनोदप्रियता और जिन्दादिली थी। लड़कों के सिवा बूढ़े रसिकों से भी यह पद सुनकर उन्होंने याद कर लिया था : "कवि सेवक बूढ़े भए तौ कहा पै हनोज है मौज मनोज ही की!"

शुक्ल जी में कुछ बातें डाक्टर जॉनसन की-सी हैं। दोनों ही लेखक सहज बुद्धि (कॉमन सेंस) की जमीन नहीं छोड़ना चाहते। शुक्ल जी यथार्थवाद की कसौटी पर कभी-कभी साहित्य को इस तरह परखते हैं कि अद्‌भुत रस की सृष्टि हो जाती है। प्रकृति को अबलामय देखनेवाले कवियों को लक्ष्य करके आचार्य कहते हैं :

"आजकल तो स्त्री-कवियों की कमी नहीं है। उन्हें अब पुरुष-कवियों का दीन अनुकरण न कर अपनी रचनाओं में क्षितिज पर उठती हुई मेघमाला को दाढ़ी-मूँछ के रूप में देखना चाहिए।" जायसी की भूमिका में "काजर दे नहीं एरी सुहागिनी! आँगुरि तेरी कटैगी कटाछन"—इस पंक्ति पर शुक्ल जी की टिप्पणी है : "यदि कटाक्ष से उँगली कटने का डर है, तब तो तरकारी चीरने या फल काटने के लिए छुरी, हँसिया आदि की कोई जरूरत न होनी चाहिए।"

शुक्ल जी ने अपने निबन्धों द्वारा हिन्दी के काव्य-शास्त्र को एक नया मनोवैज्ञानिक और दार्शनिक आधार दिया। इस आधार पर उन्होंने साहित्य की प्रगति-विरोधी धाराओं का खंडन किया और संस्कृत-हिन्दी की प्रगतिशील परम्परा का समर्थन किया। उनकी शैली तार्किक विवेचन के लिए उपयुक्त होने के साथ आवश्यकतानुसार आवेशपूर्ण और आलंकारिक भी है और उसकी एक विशेषता जीवन का संचित अनुभव प्रकट करनेवाली वाक्यावली है। शब्द-चयन में उर्दू के प्रचलित शब्दों से उन्हें परहेज नहीं है। उनका व्यक्तित्व एक सहृदय और विनोदी साहित्य-प्रेमी और संसार-प्रेमी मनुष्य का है, पुस्तक-सेवी संन्यासी का नहीं। उनकी निर्भीकता, दृढ़ता, गहन अध्यवसाय और आत्मविश्वास के गुण उनके काव्य-सिद्धान्तों और साहित्यालोचन की ही तरह हिन्दी-प्रेमियों के लिए शिक्षाप्रद और प्रेरणादायक हैं।

शुक्ल जी का पुनर्मूल्यांकन और वामपंथी अवसरवाद

1. साम्राज्यवाद और सामन्तवाद

जुलाई-सितम्बर, 1985 की 'आलोचना' में वीरभारत तलवार ने एक लेख लिखा : 'राष्ट्रीय आन्दोलन और रामचन्द्र शुक्ल।' (आगे कोष्ठकों में दी हुई संख्या इसी अंक की पृष्ठ-संख्या है।) इसमें उन्होंने प्रश्न किया है : "क्या रामचन्द्र शुक्ल सामन्तवाद विरोधी थे?" (21) इस सिलसिले में वामपंथी लेखकों की स्थिति यह है : "सी.पी.आई., सी.पी.एम. और सी.पी.आई. (एम.एल.)—तीनों से जुड़े लेखक आज एक स्वर में कह रहे हैं कि शुक्ल जी सामन्तवाद-विरोधी थे। यह स्थापना असल में रामविलास शर्मा की है।" (उप.) वीरभारत तलवार को इन लेखकों से शिकायत यह है कि उन्होंने शुक्ल जी की असंगतियों की ओर ध्यान नहीं दिया। "रामविलासजी के तरह-तरह के मार्क्सवादी भक्तों ने रामविलासजी द्वारा दिखाई गई शुक्ल जी की असंगतियों को भुला दिया और शुक्ल जी सामन्तवाद-विरोधी थे, इसे रट लिया।" (उप.)

वास्तव में बात केवल असंगतियों को भुलाने की नहीं है। होता तो उनकी याद दिलाने से काम चल जाता। वीरभारत की स्थापना यह है कि शुक्ल जी मूलत: सामन्तवाद के समर्थक थे; साम्राज्यवाद का मुख्य सामाजिक आधार था सामन्तवाद, अत: शुक्ल जी मूलत: साम्राज्यवाद के समर्थक भी थे। इसी कारण उन्होंने सन् '20 के असहयोग आन्दोलन का विरोध किया। अपने विश्लेषण के लिए उन्होंने 1921 में लिखे हुए शुक्ल जी के एक लेख को आधार बनाया। मूल लेख अंग्रेजी में था; "असहयोग और अव्यापारिक श्रेणियाँ" शीर्षक से उसका हिन्दी रूपान्तर अक्तूबर, 1983—जनवरी, 1984 के 'दस्तावेज़' में छपा। वामपंथी लेखकों पर शुक्ल जी का इतना प्रभाव है कि वीरभारत अपनी बात साफ-साफ कहते सकुचाते हैं। प्रश्न करते हैं : "शुक्ल जी की मूल विचारधारा क्या थी? साम्राज्यवाद-सामन्तवाद-विरोधी विचारधारा? अगर हाँ, तो बोल्शेविक क्रान्ति से सम्बन्धित उनके विचार उनकी विचारधारा से मेल क्यों नहीं खाते?" (उप.) इन प्रश्नों का एक ही उत्तर हो सकता है : शुक्ल जी की विचारधारा न तो साम्राज्य-विरोधी थी, न सामन्त-विरोधी, इसीलिए उन्होंने बोल्शेविक क्रान्ति का विरोध किया था, पर शुक्ल जी को प्रतिक्रियावादी

कहने से वीरभारत कतराते हैं। उससे उल्टी बात कहते हैं : "शुक्ल जी रुढ़िवादी या प्रतिक्रियावादी लेखक नहीं थे।" (23)

वीरभारत की तर्क-योजना इस प्रकार है : अंग्रेजी राज का मुख्य आधार सामन्त वर्ग था। "शुक्ल जी बड़े सामन्त वर्ग के समर्थक न थे, यह सही है। छोटे सामन्त वर्ग के समर्थक थे या नहीं? क्या 2% बड़े सामन्त वर्ग की भूमि-व्यवस्था सामन्तवादी थी और 98% छोटे सामन्त वर्ग की भूमि-व्यवस्था सामन्तवादी न थी?" (22) सामन्त-विरोधी क्रान्ति हो तो छोटे-बड़े सामंन्तों पर एक साथ हल्ला बोलना चाहिए, वर्ना वह 2% सामन्तों के खिलाफ होगी, 98% सामन्त बच जाएँगे। अब यदि यह बात याद रखें कि सामन्त वर्ग अंग्रेजी राज का आधार है तो यह स्पष्ट हो जाएगा कि इस वर्ग के खिलाफ संघर्ष की योजना अंग्रेजी राज को ध्यान में रखकर ही बनाई जाएगी। साम्राज्यवाद के सन्दर्भ में 98% छोटे जमींदारों और 2% बड़े सामन्तों में महत्त्वपूर्ण भेद यह है कि छोटे जमींदार साम्राज्यवाद द्वारा शोषित हैं, बड़े सामन्त उसके आधार स्तंभ हैं। लेकिन वीरभारत का मत है, साम्राज्यवाद से लड़ना है तो उसके द्वारा शोषित जमींदारों और उसके आधार स्तंभों—दोनों के विरुद्ध एक साथ लड़ाई छेड़ देनी चाहिए। इस क्रान्तिकारिता से अलग खड़े हुए "शुक्ल जी की चिन्ता के विषय थे छोटे जमींदार, जो अंग्रेजी राज में तबाह हो रहे थे" (19) जैसे निर्माण-कार्यों में बड़ी-बड़ी ठेकेदार कम्पनियाँ मालामाल हो जाती हैं, उनके मातहत ठेकेदार "गरीब और तबाह नजर आते हैं, वैसे ही अंग्रेजी राज में छोटे जमींदार भी तबाह थे।" (उप.) छोटे जमींदारों की तबाही में कोई सन्देह नहीं है। उनकी तबाही के मुद्दे पर रामचन्द्र शुक्ल और वीरभारत तलवार में कोई मतभेद नहीं है। मतभेद है, रणनीति को लेकर। वीरभारत का मत है कि जो साम्राज्यवाद द्वारा शोषित हैं और जो साम्राज्यवादी शोषण में सहायक हैं, दोनों तरह के सामन्तों का विरोध एक साथ करना चाहिए। सामन्त वर्ग एक रूप वर्ग नहीं है, साम्राज्यवाद से उसके विभिन्न स्तरों का सम्बन्ध एक-सा नहीं है, यह जानते हुए भी वीरभारत तलवार ने उसके सभी स्तरों से एकबारगी युद्ध छेड़ने की नीति का समर्थन किया है। यह समझना कठिन नहीं है कि इस नीति से लाभ साम्राज्यवाद को होगा, उसके विरोधियों को नहीं।

चीन में पूँजीपतिवर्ग का एक हिस्सा साम्राज्यवाद से मिला हुआ था। त्रोत्स्की का कहना था कि पूँजीपति सब एक से हैं, साम्राज्यवाद से चाहे मिले हों, चाहे न मिले हों। इसलिए चीन में जनवादी क्रान्ति का नहीं, सर्वहारा क्रान्ति का नारा देना चाहिए। आगे चलकर जापान के विरुद्ध राष्ट्रीय प्रतिरोध संगठित करते हुए माओ जे दुंग ने पूँजीपतियों में तो भेद किया ही, उन्होंने जमींदारों में भी भेद किया, इससे भी आगे बढ़कर उन्होंने साम्राज्यवादियों में भेद किया। जापान समर्थक पूँजीपतियों और जमींदारों को उन्होंने शत्रु माना, जापान-विरोधी पूँजीपतियों और जमींदारों को उन्होंने सहयोगी बनाया।

अमरीका और जापान के अन्तर्विरोध से लाभ उठाकर उन्होंने अमरीकी साम्राज्यवाद के समर्थकों से भी सहयोग करने पर जोर दिया।

दिसम्बर, 1935 में उन्होंने राष्ट्रीय संयुक्त मोर्चे की सरकार के बारे में कहा : "वर्तमान काल में ऐसी सरकार का बुनियादी काम चीन को हड़पने के जापानी साम्राज्यवादी प्रयत्न का विरोध होना चाहिए। इसमें विस्तृत प्रतिनिधित्व होगा, जिससे इस सरकार में वही भाग लें जो राष्ट्रीय क्रान्ति के लिए आतुर हैं, पर खेतिहर क्रान्ति नहीं चाहते और ऐसे लोग भी शामिल हो सकते हैं, जो अपने सम्बन्धों के कारण अमरीका और योरप के साम्राज्यवाद का तो विरोध नहीं करेंगे, पर जापानी साम्राज्यवाद और उसके दलालों का विरोध करेंगे।" ('माओ-त्से-तुंग, चुनी हुई कृतियाँ', पहला ग्रंथ, कानपुर, 1968, पृ. 205) जो राष्ट्रीय क्रान्ति चाहते हैं, पर खेतिहर क्रान्ति नहीं चाहते, अर्थात् सामन्त वर्ग के सभी स्तरों का विनाश नहीं चाहते, वे राष्ट्रीय संयुक्त मोर्चे में शामिल होंगे, इस मोर्चे की सरकार में शामिल होंगे। जो लोग जापानी साम्राज्यवाद का विरोध करते हैं, पर अमरीकी तथा योरपियन साम्राज्यवाद का विरोध नहीं करते, वे भी इस सरकार में शामिल हो सकते हैं।

मई, 1937 में माओ जे दुंग ने कम्युनिस्ट पार्टी के राष्ट्रीय सम्मेलन में अपनी रिपोर्ट पेश करते हुए बताया कि पार्टी ने च्याङ् काई शेक के दल क्वोमिन्तांग की केन्द्रीय कार्यकारिणी को "तार देकर निम्न चार बातों की प्रतिज्ञा की है।" इनमें चौथी बात यह है : "जमींदारों से जमीन छीनना बन्द कर दिया जाएगा।" (उप., पृ. 330) माओ जे दुंग के लिए सम्राज्यवाद मूर्त इकाई था। उसका नाम था जापानी साम्राज्यवाद। इसे उन्होंने दूसरी मूर्त इकाई अमरीकी साम्राज्यवाद से अलग करके अपनी कार्यनीति बनाई थी। जापानी साम्राज्यवाद से चीनी सामन्त वर्ग के विभिन्न स्तरों का सम्बन्ध पहचानते हुए उन्होंने जमींदारों से जमीन छीनना बन्द करने की बात कही थी। तब यदि रामचन्द्र शुक्ल ने साम्राज्यवाद के समर्थक बड़े सामन्तों का विरोध किया, उसके द्वारा तबाह किये जानेवाले छोटे सामन्तों से सहयोग किया, तो उन्होंने कोई गम्भीर अपराध न किया था। वास्तव में, राष्ट्रीय स्वाधीनता आन्दोलन की सफलता के लिए उस तरह का सहयोग उचित था और आवश्यक था। चीन में वामपंथी पैंतरेबाजी से जो लोग राष्ट्रीय संयुक्त मोर्चे के विघटन में जी-जान से लगे थे, उन्हें 'त्रोत्स्कीवादी' कहा जाता था। माओ ने इन्हें भी शत्रुओं में गिना था। मई, 1937 वाली रिपोर्ट में उन्होंने कहा था : "हमारे दुश्मन—जापानी साम्राज्यवादी, साम्राज्यवाद के चीनी सहयोगी, जापान परस्त गुट और त्रोत्स्कीवादी—पूरी ताकत लगाकर यह कोशिश कर रहे हैं कि शान्ति और एकता के लिए, जनवाद और स्वतंत्रता के लिए और जापान का सशस्त्र प्रतिरोध करने के लिए उठाये जानेवाले हर कदम को बेकार बना दिया जाए।" ('माओत्से-तुंग, चुनी हुई कृतियाँ', पृ. 330) कम्युनिस्ट नेताओं की सतर्कता से

त्रोत्स्कीवादी मन्सूबे सफल न हुए, जापान की पराजय के बाद चीन में जनवादी क्रान्ति सम्पन्न हुई।

वीरभारत तलवार ने शुक्ल जी पर वह सब कहने का आरोप लगाया है जो वास्तव में त्रोत्स्कीवादी राजनीतिज्ञ सारी दुनिया में कहते रहे हैं। शुक्ल जी के लिए "पूँजीवाद पूँजीवाद था, चाहे वह देशी हो या विदेशी, उत्पीड़ित हो या दलाल, विकासशील हो या साम्राज्यवादी। इस तरह वे पूँजीवाद को एक भाव के रूप में, एक तत्त्व के रूप में, एक धर्म (वणिक धर्म) के रूप में देखते थे और हर जगह उसका समान रूप से विरोध करते थे।" (17) उल्टा चोर कोतवाल को डाँटे! सामन्तवाद को भाव, तत्त्व, धर्म बनाया है वीरभारत तलवार ने और इस तत्त्ववाद के लिए दोषी ठहराया है शुक्ल जी को! सामन्त चाहे उत्पीड़ित हों, चाहे साम्राज्यवाद के समर्थक हों, हर जगह उनका विरोध करने की माँग वीरभारत तलवार ने की है।

"सवाल सामन्तवाद का है। सामन्तों में बड़े सामन्तों का भी वर्ग था। शुक्ल जी बड़े सामन्त वर्ग के समर्थक न थे, यह सही है। छोटे सामन्त वर्ग के थे या नहीं?" (22) चीन में जापान समर्थक सामन्तों का वर्ग था। माओ जे दुंग इस वर्ग के समर्थक न थे, यह सही है। जापान-विरोधी सामन्त वर्ग के समर्थक थे या नहीं? क्या भारत में कोई साम्राज्य-विरोधी सामन्त वर्ग था? वीरभारत का कहना है : "खुद इस छोटे जमींदार वर्ग ने राष्ट्रीय आन्दोलन के एक दौर तक महत्त्वपूर्ण भूमिका निभाई" (27) भारत में साम्राज्य-विरोधी सामन्त वर्ग था। वीरभारत उसके साथ संयुक्त मोर्चा बनाना भी अनुचित नहीं मानते। प्रेमचन्द का हवाला देकर कहते हैं कि "किसान और जमींदार के सहयोग की शर्त किसानों के हितों का त्याग नहीं हो सकती; त्याग जमींदार को करना होगा" (25) किस तरह का त्याग? जमीन का त्याग या गैरकानूनी कार्रवाइयों का त्याग? प्रेमचन्द के 'संग्राम' नाटक में सबलसिंह "नाजायज़ लगान इजाफा नहीं करता, नजराना नहीं लेता, बेगार और रसद नहीं माँगता, असबाब नहीं वसूलता, बात-बात पर बेदखली की धमकी नहीं देता।" (उप.) यानी वह अंग्रेजी राज में तबाह होनेवाला छोटा जमींदार नहीं है, नाजायज आमदनी के तमाम जरिये उसे सुलभ हैं, वह चाहे तो उनका उपयोग कर सकता है। जायज आमदनी के जरिये तो उसके पास हैं ही। "नाटक के अन्त में सबलसिंह अपनी जमींदारी से इस्तीफा देता है।" (उप.) जायज आमदनी के जरिये छोड़ देने के बाद खुद किसान की तरह रहने लगा होगा। शुक्ल जी जिस छोटे जमींदार को साथ लेने की बात कहते हैं, वह किसान जैसा ही है। चन्द्रशेखर आजाद से उन्होंने कहा था : "औसत जमींदार टैक्स आदि देने के बाद किसान की ही तरह हो जाता है।" ('साक्षात्कार', अगस्त-नवम्बर, 1984, पृ. 255)

वीरभारत का तर्क है : "भारत के बहुसंख्यक किसानों का जमींदार वर्ग से विरोध था। उनका शोषण-उत्पीड़न जैसे बड़े जमींदार करते थे, वैसे ही छोटे जमींदार

भी करते थे" (22) चीन के बहुसंख्यक किसानों का भी जमींदार वर्ग से विरोध था। उनका शोषण-उत्पीड़न जैसे जापान समर्थक जमींदार करते थे, वैसे ही जापान विरोधी जमींदार भी करते थे। यहाँ छोटे-बड़े जमींदार का सवाल भी न था। मुख्य अन्तर्विरोध जापानी साम्राज्यवाद से था। इसीलिए माओ ने जापान-विरोधी जमींदारों को साथ लेना उचित समझा। संयुक्त मोर्चे में छोटे जमींदार थे, बड़े जमींदार थे। शुक्ल जी ने आजाद से औसत जमींदारों के लिए कहा था : "अपने संगठन में उन्हें भी लीजिए। किसानों के साथ वे भी विद्रोह करने के लिए तैयार बैठे हैं।" (उप.) साम्राज्यवाद का विध्वंस—यह है शुक्ल जी के लिए किसानों के साथ छोटे जमींदारों के संयुक्त मोर्चे का उद्‌देश्य।

वीरभारत इस बात से क्षुब्ध हैं कि "जमींदारी प्रथा के उन्मूलन की माँग किये बिना' शुक्ल जी अंग्रेजी राज के खिलाफ किसान-जमींदार एकता की बात करते रहे और जो विचार उन्होंने 1921 में प्रकट किये थे : "उन विचारों को उन्होंने 1939 में दोहराया" (25) 1939 से दो ही वर्ष पहले माओ जे दुंग ने च्याङ् काई शेक को तार देकर आश्वस्त किया था : "जमींदारों की जमीन छीनना बन्द कर दिया जाएगा।" वीरभारत ने संयुक्त मोर्चा बनाने के लिए जिस जमींदार को आदर्श रूप से चुना है, वह "अपनी जमींदारी से इस्तीफा देता है।" (उप.) इसका यह अर्थ होगा कि जमींदार के साथ संयुक्त मोर्चा तभी बनेगा जब वह जमींदार न रह जाएगा! संयुक्त मोर्चा केवल किसानों का होगा, जब तक जमींदार जमींदार है, तब तक वह उससे बाहर रहेगा। चीन की जनवादी क्रान्ति में राष्ट्रीय पूँजीपतिवर्ग ने भाग लिया। मजदूरों का शोषण राष्ट्रीय पूँजीपति करते थे, राष्ट्र-विरोधी पूँजीपति भी। दोनों से लड़ना चाहिए था, क्या फर्क पड़ता? पर चीनी कम्युनिस्ट एक से लड़े, दूसरे को बचा गए। त्रोत्स्कीवादियों के लिए वहाँ मुख्य अन्तर्विरोध पूँजीवाद से था, साम्राज्यवाद से नहीं। वीरभारत तलवार के लिए भी यहाँ मुख्य अन्तर्विरोध सामन्तवाद से था, साम्राज्यवाद से नहीं। और इस सामन्तवाद का मुख्य भाग था छोटे जमींदारों का समूह। "शुक्ल जी ने अंग्रेजी राज में तबाह हो रहे छोटे जमींदारों की दुर्दशा को ठीक ही देखा" [ये सब भी अंग्रेजी राज के आधार थे। कितने मूर्ख थे अंग्रेज जो अपने राज के आधार को तबाह कर रहे थे!] पर शुक्ल जी "उनकी दुर्दशा को उसी वर्ग की दृष्टि से देख रहे थे, इसलिए वे जमींदारी प्रथा के सवाल को उठा ही न सकते थे जो देहाती इलाकों में मुख्य अन्तर्विरोध था और राट्रीय आन्दोलन में किसानों के हितों से सम्बन्धित केन्द्रीय प्रश्न था।" (उप.) मुख्य अन्तर्विरोध साम्राज्यवाद से नहीं है। किसानों के लिए केन्द्रीय प्रश्न राष्ट्रीय स्वाधीनता का नहीं है। जमींदार चाहे अंग्रेजों का समर्थक हो, चाहे विरोधी हो, अंग्रेजी राज में फल-फूल रहा हो, चाहे तबाह हो रहा हो, सब जमींदारों से एक साथ लड़ना चाहिए क्योंकि केन्द्रीय प्रश्न साम्राज्यवाद को खत्म करने का नहीं है, जमींदारी प्रथा को खत्म करने का है!

सामन्तवाद को खत्म करना इसलिए जरूरी था कि वह साम्राज्यवाद का मुख्य आधार था, उसे स्वाधीनता आन्दोलन को सफल बनाने के लिए खत्म करना जरूरी था लेकिन इसी कारण कौन से सामन्त अंग्रेजों से मिले हैं, कौन उनके विरोधी हैं, यह भेद करना बहुत जरूरी था। वीरभारत के विवेचन में किसानों के मुख्य शत्रु अंग्रेज और उनके समर्थक बड़े जमींदार नहीं हैं, मुख्य शत्रु हैं छोटे जमींदार, वे तबाह हो रहे हैं, किसानों के साथ मिलकर अंग्रेजों से लड़ सकते हैं पर मुख्य लड़ाई इन्हीं से है। वीरभारत के विवेचन में बड़े जमींदार पीछे छूट जाते हैं, राजाओं-महाराजाओं का जिक्र ही नहीं है, मुख्य शत्रु के रूप में रह जाते हैं छोटे जमींदार। इस रणनीति के आधार पर स्वाधीनता आन्दोलन कभी सफल न हो सकता था। ऐसी रणनीति साम्राज्यवाद के लिए लाभकारी थी।

2. नया सामन्तवाद, पुराना सामन्तवाद

जैसे अंग्रेजी राज में तबाह होनेवाले जमींदारों और उस राज में फलने-फूलनेवाले जमींदारों में भेद करना जरूरी था, वैसे ही अंग्रेजी राज के सामन्तवाद और उससे पहले के सामन्तवाद में भेद करना जरूरी था। अंग्रेजों ने जिन पुराने सामन्तों को बचाये रखा, उन्हें अपनी कठपुतलियाँ बनाकर रखा। पुराने सामन्तों का आपस में जो सम्बन्ध था, उनका प्रजा से और सम्राट् से जो सम्बन्ध था, वह सब बदल गया। इनके अतिरिक्त अंग्रेजों ने एक नया सामन्त वर्ग भी तैयार किया जो उनके शोषण में सहायक था। अंग्रेजी राज में नये और पुराने सामन्तों की प्रजा दोहरे उत्पीड़न का शिकार थी, एक उत्पीड़न अंग्रेजों का, दूसरा सामन्तों का। इसीलिए अंग्रेजी राज से पहले का सामन्त वर्ग अंग्रेजी राज के सामन्त वर्ग से गुणात्मक रूप में भिन्न था। कोई आश्चर्य नहीं कि अनेक लेखकों को पुरानी समाज-व्यवस्था अधिक संतुलित जान पड़ती थी।

शुक्ल जी के अनुसार पुराने समाज में व्यापारिक और अव्यापारिक वर्गों के कार्यक्षेत्र अलग-अलग थे। इस तरह समाज में संतुलन बना हुआ था। अंग्रेजी राज में यह संतुलन खत्म हो गया। "ईस्ट इंडिया कम्पनी के रूप में योरप के घृणित व्यापारवाद ने भारत में कदम रखा और समाज के द्विस्तरीय विभाजन के आधार पर जो सामंजस्य इतने दिनों से चला आ रहा था, उसे अस्त-व्यस्त कर दिया।" ('दस्तावेज', पृ. 2) अंग्रेजों के 'घृणित व्यापारवाद' के सन्दर्भ में पुराने समाज के संतुलन और सामंजस्य की बात सापेक्ष रूप में सही है। उस सन्दर्भ से अलग हटकर निरपेक्ष रूप में वह सही नहीं है। पुराना समाज संतुलित और सामंजस्यपूर्ण था : "क्या यह बात उन किसानों की नजर से कही जा रही थी जो सामन्ती शोषण के शिकार थे और अंग्रेजी राज में भी बने रहे?" (8) वीरभारत के प्रश्न में सामन्ती शोषण का प्रवाह अविच्छिन्न है, पहले के और बाद के शोषण

में कोई गुणात्मक अन्तर नहीं है। किसान पुरानी व्यवस्था में सामन्ती शोषण के शिकार थे, अंग्रेजी राज में भी बने रहे।

वीरभारत तलवार ने सामन्ती शोषण की प्रक्रिया दिखाने के लिए जिस तरह 'लगान' शब्द का प्रयोग किया है, उससे यह धारणा पुष्ट होती है कि उनके लिए नये-पुराने सामन्तवाद में कोई खास फर्क नहीं है। "उस समाज के वर्णन में शुक्ल जी लगान के सवाल पर चुप हैं। लगान और रैयत पर सामन्ती दावों के सवाल पर चुप रहकर ही उस समाज को 'संतुलित' और 'सामंजस्यपूर्ण' कहा जा सकता था। जैसे ही लगान और उन दावों की बात आएगी, सारा संतुलन ताश के महल की तरह ढह जाएगा। अत्यधिक लगान और सामन्ती दावों के कारण किसानों की घोर दरिद्रता..." (8) वीरभारत ने यहाँ अंग्रेजी राज की लगान व्यवस्था पुराने समाज पर आरोपित की है। मालगुजारी, टैक्स, जमीन का भाड़ा—मोटे तौर पर 'लगान' शब्द का व्यवहार अनेक अर्थों में किया जाता है। भाड़ा और टैक्स ये दो जुदा चीजें हैं। वीरभारत तलवार ने पुराने और नये लगान में फर्क नहीं किया क्योंकि उनके सामने भाड़ा और टैक्स में फर्क नहीं है। किसान पहले लगान देते थे, बाद में भी देते रहे; वे पहले सामन्ती शोषण के शिकार थे, अंग्रेजी राज में भी बने रहे। जमींदार तो जमींदार! यदि वह अंग्रेजी राज में लगान वसूल करता था तो मुगल राज में क्यों न करता था? जैसे जमींदार एक भाव है, तत्त्व है, धर्म है, वैसे ही लगान एक भाव है, तत्त्व है, धर्म है!

अंग्रेजी राज में भू-सम्पत्ति के अनेक रूप थे, मूल बात यह थी कि विदेशी राज्य सत्ता सबसे बड़ा जमींदार थी। अंग्रेजी राज से पहले यहाँ भू-सम्पत्ति के अनेक रूप थे, पर मूल बात यह थी कि अधिकांश किसान जमीन के मालिक थे। रजनी पाम दत्त ने लिखा था : "अंग्रेजी राज से पहले भारत की परम्परागत भूमि-व्यवस्था के अन्तर्गत भूमि किसान की होती थी, और सरकार को उपज का एक अंश मिलता था" (India Today, बम्बई 1947, पृ. 184) यह अंश लगान नहीं था। लगान का अर्थ है भाड़ा। जमींदार किसान को भाड़े पर जमीन देता है, जमीन का उपयोग करने के लिए उससे लगान वसूल करता है। महावीर प्रसाद द्विवेदी ने रावबहादुर जोशी का हवाला देते हुए लिखा था : "किसान ही जमीन का सच्चा मालिक है। अतएव उसे अपनी जमीन को बेचने और रेहन करने का इख्तियार है। जिसके कब्जे में जमीन हो, उससे सिर्फ उस जमीन की आमदनी पर लगान के रूप में नहीं, किन्तु कर के रूप में सरकार एक निश्चित रकम ले सकती है; लगान नहीं ले सकती" (सम्पत्ति शास्त्र, पृ. 127) कर और लगान में भेद है। पुरानी भूमि-व्यवस्था में सामन्त किसान से लगान न लेता था, वह केवल कर ले सकता था। नई-पुरानी व्यवस्था का भेद द्विवेदी जी ने स्पष्ट कर दिया था। "पुराने जमाने में, हिन्दुस्तान में, जमीन पर राजा का स्वामित्व न था। हर आदमी अपनी-अपनी जमीन का मालिक था।

राजा उससे सिर्फ उसकी जमीन की पैदावार का छठा हिस्सा ले लिया करता था। उस राजा का सिर्फ इतना ही हक था। वह एक प्रकार का कर था, जमीन का लगान नहीं।" ('सम्पत्तिशास्त्र', पृ. 111) लेकिन शुक्ल जी पुरानी व्यवस्था में सामन्तों द्वारा लगान वसूल किये जाने पर चुप थे! कितना भयंकर अपराध किया था उन्होंने! उनके सामन्तवाद-समर्थक दृष्टिकोण का इससे बड़ा प्रमाण और क्या होगा!

अंग्रेजी राज में जमींदारी प्रथा के अन्तर्गत किसान जमीन का मालिक नहीं था, पुराने जमाने में वह उसका मालिक था। जमींदारी प्रथा में किसान जमीन का मालिक नहीं था, पुरानी सामन्ती व्यवस्था में वह जमीन का मालिक था—दोनों में यह गुणात्मक अन्तर था। नया जमींदार "अपने शोषण-उत्पीड़न में और भी अधिक सामन्ती, और भी अधिक क्रूर और बर्बर था" (8) पुराना जमींदार सामन्त था, नया जमींदार भी सामन्त है। दोनों का शोषण सामन्ती है, केवल नये जमींदार के शोषण में सामन्तीपन की मात्रा ज्यादा है। गुणात्मक अन्तर नहीं है, फर्क केवल परिमाण में है। केवल भू-स्वामीवर्ग के लिए नहीं : "घोर दरिद्रता के दलदल में फँसे उन नंग-धड़ंग रैयतों के लिए, जिन्होंने जीवन में सिवा अभावों के और कुछ नहीं जाना" (8) पुरानी व्यवस्था अधिक आकर्षक थी।

1807-14 में दीनाजपुर (बंगाल) के किसानों की स्थिति का सर्वेक्षण डॉ. बकनन ने किया था। उन्होंने लिखा था : "देशी लोगों का कहना है, मुगल अफसर अक्सर उन्हें निचोड़ लेते थे और हमेशा उनके साथ बेहद नफरत का व्यवहार करते थे। लेकिन वे यह सब बर्दाश्त करने को तैयार थे। अब चलन यह है कि अदायगी न कर पाने पर उनकी जमीन बेच दी जाती है। यह चलन वे बर्दाश्त करने को तैयार नहीं हैं। इसके अलावा बहुत बार घूस दे-दिलाकर काम बन जाता था। उनका कहना है कि घूस समेत वह जो कुछ देते थे, दरअसल वह अब का आधा भी न होता था" (India Today, पृ. 185-86) 1826 में बिशप हेबर ने लिखा था : "देशी रियासतों की तुलना में कम्पनी के सूबों के किसान कुल मिलाकर ज्यादा गरीब हैं, ज्यादा पस्त हैं और उनकी हालत ज्यादा खराब है। यहाँ मद्रास में जमीन आम तौर से घटिया किस्म की है; इसलिए फर्क और भी साफ दिखाई देता है। हकीकत यह है कि कोई भी देशी राजा उतना लगान (Rent) नहीं माँगता जितना हम माँगते हैं।" (उप., पृ. 186)

1857 में मार्क्स ने नोट किया कि कर्णाटक के लोग "अपनी मौजूदा हालत से पुरानी हालत की तुलना करते हैं।" सरकारी दस्तावेजों से मार्क्स ने वहाँ के किसानों का यह बयान उद्धृत किया था : "जहाँ बरसात होती थी और जहाँ नहीं होती थी, वहाँ हम खेती करते थे, हम पहाड़ी जमीन, मैदानी जमीन और जंगल की जमीन पर खेती करते थे। जो हल्की जमाबन्दी (light assessment) तै की जाती थी, हम उसे भर देते थे। इस तरह हम रानी बहादुर और टीपू की अमलदारी में सुख

और शान्ति से रहते थे। तब की सरकार के अमले अतिरिक्त जमाबन्दी लाद देते थे लेकिन हम लोग उसे कभी अदा न करते थे। मालगुजारी (revenue) वसूलने के लिए हमें भूखा न रखा जाता था, सताया न जाता था, हमारे साथ दुर्व्यवहार न किया जाता था। जब यह देश कम्पनी को सौंप दिया गया, तब उन्होंने [कम्पनी के कर्मचारियों ने] पैसे के लिए हमें तरह-तरह से निचोड़ने की तरकीबें निकाल लीं" (The First Indian War of Independence, पृ. 76-77) सारे भारत में सामन्ती शोषण का रूप एक जैसा नहीं था। बंगाल में लोग कहते थे, उन्हें निचोड़ा जाता था, तो कर्णाटक में उनके भाई कहते थे, वे सुख और शान्ति से रहते थे। अवध पर अंग्रेजों का सीधा शासन 1856 में हुआ था। यहाँ के लोगों को पुराना जमाना और भी याद आता था। भारत के अनेक प्रदेशों में किसानों के पास हथियार थे। अवध में ताल्लुकेदारों और जमींदारों के पास तोपें थीं, वे किलों में रहते थे; यहाँ के किसान बन्दूकें और तलवारें पास रखते थे। 1857 में उन्होंने इनसे खूब काम लिया। अंग्रेजों ने जहाँ-जहाँ बन पड़ा, किसानों से उनके हथियार छीन लिये। अवध में उन्हें डर था कि हथियार छीनने पर फौज में किसानों के भाईबन्द बगावत कर देंगे। बिशप हेबर ने मद्रास में किसानों की जिस पस्ती का जिक्र किया था, वह अभी अवध में न फैली थी।

अंग्रेजी राज में किसानों की स्थिति एकदम बदल गई। जमीन के मालिक होने के बदले वे आसामी बन गए। रजनी पाम दत्त ने लिखा है कि अंग्रेजों की कानूनी व्यवस्था से "मूलभूत स्वामित्व, व्यवहारत: ब्रिटिश विजेताओं की राज्यसत्ता के हाथ में आ गया। उसने किसानों को आसामी-जैसा बना दिया। अदायगी न करने पर वह उन्हें बेदखल कर सकती थी या उनकी भूमि उसके द्वारा नामजद किये हुए जमींदारों के पास पहुँच जाती। इन्हें [जमींदारों को] अपना हक राज्यसत्ता से मिला था। अदायगी न करने पर वे भी बेदखल किये जा सकते थे" (India Today, पृ. 189) इसका अर्थ यह हुआ कि यहाँ का वास्तविक सामन्त अंग्रेज था। उसकी आय का मुख्य स्रोत अब भी किसान की अतिरिक्त उपज का अपहरण था। बंगाल का पक्का बन्दोबस्त, उत्तर भारत का कच्चा बन्दोबस्त, बम्बई-मद्रास का रैयतवारी बन्दोबस्त, भूमि-व्यवस्था के इन तीनों रूपों का स्रोत ब्रिटिश सरकार थी; ये रूप "वास्तव में उसका यह दावा प्रतिबिम्बित करते थे कि वह सर्वोच्च जमींदार (Paramount Landlord) है।" (उप., पृ. 195) सामन्त-विरोधी संघर्ष का मतलब सबसे पहले इस सर्वोच्च जमींदार के खिलाफ संघर्ष था। रैयतवारी इलाकों में जमींदार नहीं थे; सामन्त-विरोधी संघर्ष वहाँ भी चलाना था क्योंकि किसानों के ऊपर महासामन्त अंग्रेज वहाँ भी था।

पुराने सामन्त किसानों से जो धन वसूल करते थे, वह देश में ही रहता था, वह उद्योग और व्यापार में लगाया जा सकता था। अंग्रेज जो धन वसूल करते थे,

वह ब्रिटेन जाता था, भारत में सैनिक और असैनिक ब्रिटिश अफसरशाही पर खर्च होता था। अंग्रेजों ने यहाँ के उद्योग-धन्धों का नाश किया, इससे खेती के सहारे रोटी-रोजी कमानेवालों की संख्या में अपार वृद्धि हुई। क्या शहर, क्या देहात—वर्गों का संतुलन हर जगह बिगड़ गया। पुराने सामन्त सिंचाई-व्यवस्था पर पैसा खर्च करते थे, अंग्रेज उसके प्रति उदासीन थे। नई नहरों, जलाशयों आदि का प्रबन्ध करना दूर, वे पुरानी नहरों, जलाशयों आदि को बर्बाद होने दे रहे थे। परिणाम यह कि थोड़े-थोड़े समय के अन्तराल से भारत के विभिन्न प्रदेशों में—क्या रैयतवारी, क्या जमींदारी, सभी इलाकों में—लाखों किसानों ने भुखमरी में प्राण गँवाये। वीरभारत तलवार ने पुरानी सामन्ती व्यवस्था के अन्तर्गत घोर दलदल में फँसे नंग-धड़ंग रैयतों का जो करुण चित्र खींचा है, उसका वास्तविक उद्देश्य अंग्रेजी राज के नरसंहारक रूप को छिपाना है, अंग्रेजी राज में किसानों का शोषण गुणात्मक रूप से भिन्न है, इस तथ्य को छिपाना है। 1858 में मार्क्स ने अंग्रेजों की कर-व्यवस्था के लिए लिखा था : "वह आम जनता को कुचलकर धूल में मिला देती है (crushes the mass of the Indian people to the dust)" Marx and Engels, The First Indian War of Independence, पृ. 173) अंग्रेजी राज में जनता की यह दशा देखकर भारतीय लेखकों को पुराना समाज संतुलित और सामंजस्यपूर्ण लगता था।

शुक्ल जी के लिए ईस्ट इंडिया कम्पनी का जो घृणित व्यापारवाद था, प्रेमचन्द के लिए उसी का नया संस्करण महाजनी सभ्यता थी। शुक्ल जी के लिए पुराना समाज संतुलित और सामंजस्यपूर्ण था। इसी धारणा के अनुरूप 'महाजनी सभ्यता' में प्रेमचन्द ने लिखा था : "राजा और सम्राट् जनसाधारण को अपने स्वार्थ-साधन और धन-शोषण की भट्ठी का ईंधन न समझते थे; किन्तु उनके दु:ख-सुख में शरीक होते थे और उनके गुणों की कद्र करते थे।" ('मंगलसूत्र व अन्य रचनाएँ', इलाहाबाद, 1982, पृ. 191) अंग्रेजी राज में जनता की बेतहाशा लूट को ध्यान में रखते हुए इस तरह के वाक्यों का आशय समझना चाहिए।

3. साम्राज्यवाद और देशी महाजन

अंग्रेजों ने यहाँ नये सामन्तों का वर्ग तैयार किया, वैसे ही उन्होंने व्यापारियों का नया वर्ग तैयार किया। भारत का कच्चा माल खरीदने और ब्रिटेन का तैयार माल भारत में बेचने के लिए उन्हें देशी व्यापारी चाहिए थे। ये व्यापारी पुराने व्यापारियों से एकदम भिन्न थे। पुराने व्यापारी यहाँ के उद्योग-धन्धों से जुड़े थे, कारीगरों को पेशगी रुपया देकर उनसे अपने लिए माल तैयार कराते थे। नये व्यापारियों का स्वदेशी माल के उत्पादन से कोई सम्बन्ध न था। वे विदेशी उद्योगपतियों और व्यापारियों के दलालों का काम करते थे। इस तरह वे साम्राज्यवादी शोषण तंत्र का अभिन्न अंग थे। इन व्यापारियों के साथ साहूकारों और महाजनों का वर्ग जुड़ा हुआ था।

अक्सर व्यापारी महाजनी का धन्धा भी करता था। जमींदारों और किसानों की भूमि के हस्तान्तरण की प्रक्रिया से इस वर्ग का सीधा सम्बन्ध था। किसानों की कमाई सरकार तक पहुँचाने का मुख्य साधन ये सूदखोर महाजन थे। प्रेमचन्द के कथा-साहित्य में महाजन भरे पड़े हैं। वीरभारत तलवार ने प्रेमचन्द का नाम अनेक बार लिया है, महाजनों का जिक्र एक बार भी नहीं किया। शुक्ल जी ने 1921 वाले लेख में "शहरी महाजनों के हाथ में।" ('दस्तावेज़', पृ. 2) औसत जमींदारों की भूमि के हस्तान्तरित होने की बात कही थी। इस लेख को अपने विवेचन का मुख्य आधार बनानेवाले वीरभारत तलवार ने उसके अनेक उद्धरण दिये हैं, पर इस बात का ध्यान रखा है कि उनमें महाजनों का उल्लेख न आने पाए। शुक्ल जी ने चन्द्रशेखर आजाद से कहा था : "अंग्रेजों ने अपनी नीति से महाजन-जमींदार पैदा किये हैं।" ('साक्षात्कार', पृ. 255) वीरभारत ने इस लेख का हवाला भी दिया है, पर अंग्रेजों के पैदा किये हुए महाजनों और जमींदारों की बात गोल कर गए हैं।

शुक्ल जी ने ईस्ट इंडिया कम्पनी और देशी बनियों के सम्बन्ध के बारे में लिखा था : "कम्पनी अपने व्यापारिक प्रचार-प्रसार के लिए बनियों पर आश्रित थी इसलिए उसने केवल उन्हीं के अनुकूल परिस्थितियाँ उत्पन्न कीं। कम्पनी के गुमाश्ता और एजेंट की हैसियत से बृहत्तम लाभ कमाने के अतिरिक्त उन्होंने अपने क्रय के लिए ही दूसरों से खाली कराई जमीन भी हासिल कर ली, बड़े क्षेत्रों के राजस्व का कार्यभार उन्हें सौंपा गया, ये ही दीवान बन गए एवं अन्य अनेक उपायों से उन्होंने महत्त्व अवाप्त किया।" ('दस्तावेज़', पृ. 2) यह वस्तुस्थिति का सही वर्णन है। 1772 में विलियम बोल्ट्स ने भारत पर एक पुस्तक लिखी थी। रजनी पाम दत्त ने कम्पनी राज में प्रजा की लूट-खसोट दिखाने के लिए उसका जो अंश उद्धृत किया है, उससे शुक्ल जी के विवरण की पुष्टि होती है। "अंग्रेज, अपने बनियों और काले गुमाश्तों को साथ लिये, तै करते हैं कि हर धन्धे वाला उन्हें कितना माल देगा और उसके लिए उसे कितने दाम मिलेंगे।...बेचारे बुनकर की सहमति प्राप्त करना आम तौर से अनावश्यक समझा जाता है। कारण यह कि जब गुमाश्ते कम्पनी की लगाई पूँजी के लिए काम करते हैं, तब अक्सर वे जो भी चाहते हैं, उस पर उनसे दस्तखत करा लेते हैं। जो रुपया दिया जाने को हो, उसे वे न लें तो पता चला है कि उनकी कमर में रस्सी बाँध दी जाती है और उन्हें बेंतों से पीटकर खदेड़ दिया जाता है।...कम्पनी के गुमाश्तों की बहियों में आम तौर से ऐसे कुछ बुनकरों के नाम पूँजीकृत रहते हैं। उन्हें और किसी के लिए काम करने की अनुमति नहीं होती। वे गुलामों की तरह एक से दूसरे को हस्तान्तरित कर दिये जाते हैं" (India Today, पृ. 88)

भारत कच्चे माल की प्राप्ति का स्रोत और विलायती माल की खपत का बाजार तभी बन सकता था जब यहाँ के उद्योग-धन्धों का नाश कर दिया जाता।

शुक्ल जी ने और बोल्ट्स ने जिन बनियों और गुमाश्तों का जिक्र किया है, उनकी सहायता से ही अंग्रेजों ने यह विनाश कार्य पूरा किया था। अंग्रेजों ने किसानों की जमीन छीनकर नये मालिक जमींदार खड़े किये। किसानों ने विद्रोह किया। मार्क्स ने लिखा : "कई बार ऐसा हुआ कि जमींदार निकाल दिये गए और उनकी जगह मालिक बनकर ईस्ट इंडिया कम्पनी आ गई" (Marx, Notes on Indian History, मॉस्को, पृ. 120) यह एक तरह की घटनाक्रम था। "दूसरी तरह की घटनाओं में जमींदार मुफलिस हो गए और बकाया टैक्स तथा व्यक्तिगत ऋण के भुगतान के लिए उनकी रियासतें, उनकी इच्छा से अथवा जबरन, बेच दी गईं। इस प्रकार सूबे की अधिकांश खेती की जमीन तेजी से उन थोड़े-से शहरी पूँजीपतियों के हाथ में आ गई जिनके पास फालतू पूँजी थी और जो उसे जमीन में लगाने को तैयार थे।" (उप.) शुक्ल जी ने कम्पनी राज में बनियों और गुमाश्तों के लिए कहा था : "उन्होंने अपने क्रय के लिए ही दूसरों से खाली कराई गई जमीन भी हासिल कर ली।" शुक्ल जी की इस स्थापना की पुष्टि स्वयं मार्क्स के कथन से होती है। वीरभारत तलवार ने एक सूत्र पकड़ा है, साम्राज्यवाद का आधार है सामन्तवाद। इसलिए ईस्ट इंडिया कम्पनी के शोषण में बनिये सहायक न हो सकते थे, इसलिए जमींदारों की जमीन बनिये न खरीद सकते थे! उन्होंने शुक्ल जी की बात अपने शब्दों में सही दोहराई है : "जिन बनियों को अँगरेजों ने आगे बढ़ाया, उन्होंने रुपये के बल पर जमींदारों की जमीनें खरीद लीं" (8) फिर ईस्ट इंडिया कम्पनी की उस बनिया-गुमाश्ता पक्ष वाली कार्रवाई को अस्वीकारते हुए उन्होंने लिखा : "ईस्ट इंडिया कम्पनी व्यापारिक तो थी, पर उसकी आमदनी का मुख्य स्रोत, जैसाकि शुक्ल जी ने भी लिखा है, भू-राजस्व था" (9) भू-राजस्व कम्पनी का स्रोत तब होगा जब वह राजा बन जाएगी। जब वह राजा नहीं थी, तब उसने यहाँ के उद्योग-धन्धों का माल अपनी मर्जी से तय किये भाव पर खरीदा। बुनकरों को सताकर मिट्टी-मोल उनका माल खरीदने का काम बनिये और गुमाश्ते करते थे। जो माल वे खरीदते थे, वह दूसरी जगह बेचे जाने के लिए था; वह भू-राजस्व नहीं था। वीरभारत यह तो जानते हैं कि अंग्रेजों ने भारतीय व्यापार और उद्योगों को 'तबाह किया' (10), पर उस प्रक्रिया का जिक्र नहीं करते जिससे यह तबाही का काम पूरा हुआ। उसका वर्णन मार्क्स ने किया है, रजनी पाम दत्त ने किया है। इस तबाही में अंग्रेजों के मुख्य सहायक जमींदार नहीं थे, बनिये, गुमाश्ते और महाजन थे। ईस्ट इंडिया कम्पनी के प्रचार-प्रसार के समय बनियों ने अनुकूल परिस्थितियों से लाभ उठाया, फिर उन्होंने अंग्रेजों से मिलकर आयात-निर्यात व्यापार से धन कमाया। "स्वदेशी उद्योगों का विध्वंस उनके लिए अभिनंदनीय हुआ।" ('दस्तावेज़', पृ. 3) पहले उद्योग-धन्धों के विनाश में मदद दी, फिर उस विनाश से लाभ उठाया—व्यापारियों और महाजनों के नये वर्ग की ऐसी ही भूमिका थी।

वीरभारत के अनुसार ईस्ट इंडिया कम्पनी की आमदनी का मुख्य स्रोत भू-राजस्व था और यह "शुक्ल जी ने भी लिखा है।" पर शुक्ल जी ने लिखा था : "बड़े क्षेत्रों के राजस्व का कार्यभार उन्हें सौंपा गया।" उन्हें अर्थात् बनियों को, कम्पनी के गुमाश्तों और एजेंटों को। वीरभारत का तर्क है : "भू-राजस्व के लिए कम्पनी बनियों पर नहीं, भू-स्वामियों पर आश्रित थी" (9) यहाँ मार्क्स की वह बात याद करनी चाहिए कि जहाँ रैयत ने कठपुतली जमींदारों को मार भगाया, वहाँ "उनकी जगह मालिक बनकर ईस्ट इंडिया कम्पनी आ गई।" भू-राजस्व के लिए, ऐसी स्थिति में, कम्पनी अपने गुमाश्तों का ही भरोसा कर सकती थी।

1772 में ईस्ट इंडिया कम्पनी को बंगाल की दीवानी मिली। भू-राजस्व का परिमाण बढ़ाने के लिए अब उसने एक तरकीब निकाली। शशिभूषण चौधरी के अनुसार, अंग्रेजों ने जमींदारियाँ नीलाम करनी शुरू कीं, यह जरूरी नहीं था कि जमींदारियाँ जमींदारों को ही मिलें, जो सबसे ऊँची बोली बोलें, उन्हें मिलती थीं। ('not necessarily to the Zamindars, but to the highest bidders.' S.B. Chaudhury, Civil Disturbances during the British Rule in India, 1765-1857, कलकत्ता, 1955, पृ. 14-15) 1777 में अंग्रेजों ने बंगाल में हर साल जमींदारियाँ नीलाम करने की नीति अपनाई। जमींदारों के लिए, सट्टेबाजों और सूदखोरों की भीड़ के विरुद्ध ('against a host of speculators and moneylenders'), नीलामी में बोली बोलकर अपनी प्राचीन भू-सम्पत्ति की रक्षा करना अधिकाधिक कठिन हो गया। (उप., पृ. 15) उन्नीसवीं सदी के पूर्वार्द्ध में उड़ीसा की जमींदारियाँ कलकत्ते में बिक रही थीं और "अधिकतर ये बंगाली सट्टेबाजों (Bengali Speculators) के हाथ सस्ते दामों बेची जा रही थीं।" (उप., पृ. 91) अंग्रेजों ने पुराने व्यापारियों को तबाह करके नये व्यापारी खड़े किये थे, वैसे ही उन्होंने पुराने जमींदारों को तबाह करके नये जमींदार खड़े किये थे। शशिभूषण चौधरी की पुस्तक में पुराने जमींदारों की तबाही का विस्तृत वर्णन है। इस तबाही का उल्लेख रजनी पाम दत्त की पुस्तक में भी है। उन्नीसवीं सदी के आरम्भ में मिदनापुर के कलक्टर ने अपनी रिपोर्ट में लिखा था : "[भू-सम्पति को] बेचने और जब्त करने की व्यवस्था ने थोड़े ही वर्षों में बंगाल के बड़े जमींदारों को मुफलिस और भिखारी बना दिया। इससे बंगाल की भू-सम्पत्ति में जितना बड़ा परिवर्तन हुआ, उतना शायद किसी भी युग या देश में, केवल आन्तरिक नियमन से, उतने ही समय में न हुआ होगा" (India Today, पृ. 191) नये जमींदारों में अब एक स्तर ऐसे लोगों का था जो व्यापारी, महाजन और साहूकार थे।

शुक्ल जी ने लिखा था कि मुकदमेबाजी और सरकारी भुगतान के बाद "औसत जमींदारों के पास कुछ शेष नहीं रहता। वे भूमि पर अपना कब्जा बनाए रखना अब सम्भव नहीं पा रहे। उन शहरी महाजनों के हाथ में उनकी अधिकांश भूमि हस्तान्तरित हो गई और अब भी होती जा रही है जो केवल अपने अतिरंजित वर्धन

के लिए भूमि ढूँढ़ते फिरते हैं।" ('दस्तावेज़', पृ. 2) जिन्होंने जमींदारियाँ खरीदीं, वे भी जमींदार ही हुए। शुक्ल जी इनसे उन जमींदारों को अलग करते हैं जिनका भूमि से पुश्तैनी सम्बन्ध था। जो महाजन जमीन खरीद रहे थे, वे औसत जमींदारों से भिन्न श्रेणी के लोग थे। उनके पास फालतू पूँजी थी, वे "अपने अतिरंजित वर्धन के लिए" जमीन खरीदते थे। मार्क्स के अनुसार बंगाल में अधिकांश खेती की जमीन "उन थोड़े-से शहरी पूँजीपतियों के हाथ में आ गई जिनके पास फालतू पूँजी थी।" वीरभारत यह सब स्वीकार नहीं करते। उनका विचार है कि जमींदारियाँ जमींदारों ने ही खरीदीं, और औसत जमींदार तबाह हुए तो इसके लिए वे खुद जिम्मेदार थे, अंग्रेज नहीं। शुक्ल जी ने जहाँ भी व्यापारियों का विरोध किया, वहाँ उन्होंने अंग्रेजों से सहयोग करनेवाले, साम्राज्यवादी शोषण में सहायक बनकर मुनाफा कमानेवाले व्यापारियों का विरोध किया, सभी व्यापारियों का नहीं। व्यापारियों के साथ उन्होंने महाजनों का उल्लेख किया। इसे समस्त पूँजीपतिवर्ग का विरोध नहीं कहा जा सकता। "उनकी जमींदारी के गाहक अकेले व्यापारी न थे" (9) वीरभारत इतना तो मानते हैं कि व्यापारियों ने भी जमींदारियाँ खरीदीं। पर शुक्ल जी ने जिन शहरी महाजनों का स्पष्ट उल्लेख किया था, उन्हें वह अपने विवेचन से बाहर रखते हैं। अंग्रेजों के कानून ने, उनके पाले-पोसे महाजनों ने, छोटे जमींदारों को तबाह किया, यह कहने से शुक्ल जी को सामन्तवाद का समर्थक नहीं कहा जा सकता। उन्हें सामन्तवाद का समर्थक सिद्ध करने के लिए अंग्रेजों के कानून और उनके पाले-पोसे महाजनों का अप्रत्यक्ष रूप से समर्थन करना जरूरी होगा।

वीरभारत तलवार ने लिखा है : "शुक्ल जी के मुताबिक अंग्रेजी राज ने यहाँ के व्यापारी और पूँजीपतिवर्ग पर सुविधाओं की वर्षा की लेकिन "कृषक वर्गों"—किसानों और जमींदारों—को तबाह कर दिया। जिन बनियों को अँगरेजों ने आगे बढ़ाया, उन्होंने रुपये के बल पर जमींदारों की जमीनें खरीद लीं" (8) अंग्रेज समर्थित बनियों ने जमींदारों की जमीनें खरीदीं, इस धारणा का खंडन करते हुए वीरभारत ने लिखा : "शुक्ल जी की यह धारणा सही न थी कि ब्रिटिश राज द्वारा संरक्षित व्यापारी वर्ग ने अधिकांश जमींदारों को अपदस्थ कर दिया था। जमींदारियाँ जहाँ बिकीं, वहाँ जमींदारों ने भारी कर्जे ले रखे थे। उनकी भारी कर्जदारी का कारण सिर्फ भू-राजस्व प्रणाली न थी; जमींदारों की बदइन्तजामी, सामन्ती तबीयत और फिजूलखर्ची भी थी। फिर भी, उनकी जमींदारी के गाहक अकेले व्यापारी न थे। उनकी जमींदारियाँ खरीदनेवालों में मुख्यत: उन्हीं के पट्टीदार, पास-पड़ोस के दूसरे जमींदार और ताल्लुकेदार थे। इनके अलावा, जमींदारों, ताल्लुकेदारों के मैनेजर, जिलादार, कारिन्दे, मुख्तार और शहर के धनवान वकीलों के साथ सरकारी मुलाजिमों ने भी बिकती हुई जमींदारियाँ खरीदीं। बाकी सबकी उपेक्षा करके शुक्ल जी ने सिर्फ व्यापारी वर्ग पर निगाह जमाई और एकांगी धारणा बनाई।" (6)

शुक्ल जी की धारणा का एकांगीपन दूर करने के लिए वीरभारत तलवार ने सब तरफ निगाह दौड़ाई, जमींदारों के पट्टीदारों से लेकर शहर के वकीलों तक उन्हें जमींदारियाँ खरीदने वाले मिल गए, केवल सूदखोर महाजन उनकी निगाह से बच गए। वह मानते हैं कि जमींदारों ने भारी कर्जे ले रखे थे। किससे ले रखे थे? जो दूसरे को कर्ज देता है, वह महाजन नहीं है क्या? यदि मैनेजर, जिलेदार, कारिन्दे, मुख्तार, शहर के वकील, सभी जमींदारियाँ खरीदते थे तो मानना चाहिए, सूदखोरी का धन्धा समाज में बड़े पैमाने पर चालू था, पर वीरभारत का कहना है, जमींदारियाँ खरीदने वाले मुख्यत: जमींदारों के ही पट्टीदार, पास-पड़ोस के जमींदार और ताल्लुकेदार होते थे। इसका मतलब होगा, सूदखोरी का धन्धा मुख्यत: जमींदार ही करते थे।

जहाँ तक बदइन्तजामी का सम्बन्ध है, ऐसी कौन-सी रियासत है जिसे अंग्रेजों ने हथिआया हो और उसके मालिक पर बदइन्तजामी का आरोप न लगाया हो? अगस्त, 1854 में 'हिन्दू पेट्रिअट' नाम के पत्र ने लिखा था कि मराठा शक्ति के पतन के बाद अंग्रेजों ने जिस रियासत से भी संधि की, वे उसमें एक शर्त जरूर रखते थे कि बहुत बदइन्तजामी हुई तो कुछ समय के लिए वे उसके कुछ हिस्से का इन्तजाम अपने हाथ में ले लेंगे। (Freedom Struggle in U.P., लखनऊ, 1957, खंड 1, पृ. 93) अवध से भी अंग्रेजों ने संधि कर रखी थी। 1854 में उन्होंने हल्ला मचाना शुरू कर दिया था कि अवध में बदइन्तजामी है। इसके बारे में 'हिन्दू पेट्रिअट' ने लिखा था : "पिछले दिनों अवध को अपने राज में मिला लेने के लिए जो शोर मचाया गया है, वह अन्तर्राष्ट्रीय नैतिकता के सामान्य नियमों को देखते जितना न्यायविरुद्ध है, उतना ही हमारी सरकार और उस रियासत के बीच सकारात्मक सम्बन्धों को देखते न्यायविरुद्ध है।" (उप., पृ. 92) न्याय-अन्याय की चिन्ता न करके 1856 में ब्रिटिश रेजिडेंट ने वाजिद अलीशाह से कहा कि "ब्रिटिश सरकार ऐसी नीति अपनाने के लिए बाध्य हो गई जिससे बादशाह सलामत की दु:ख भोगती प्रजा के जीवन और सम्पत्ति की रक्षा की जा सके।" (उप., 66) अंग्रेजों ने अवध को बदइन्तजामी के नाम पर ही अपने राज में मिलाया था। ताल्लुकेदारों पर बदइन्तजामी का आरोप लगाना और भी आसान था।

विलियम एड्वर्ड्स बनारस में जज रह चुके थे, बदायूँ में उन्होंने मजिस्ट्रेट के पद पर काम किया था। ताल्लुकेदारों की जमीन ग्रामसमाजों को लौटाने के नाम पर अंग्रेज उनकी रियासतें हड़प रहे थे। ताल्लुकेदारों से कहते थे, कागज दिखाओ, जिससे तुम्हारी मिल्कियत साबित हो। इस सिलसिले में एडवर्ड्स ने लिखा था : "बन्दोबस्त करनेवाले बहुत-से अफसरों की रीति यह थी कि मिल्कियत-सम्बन्धी गुत्थियाँ सुलझाने में वे व्यक्तिगत चाल-चलन और चरित्र के उल्लेख से सहायता करते थे। जब किसी बड़े ताल्लुकेदार के हक की पूरी तरह अनदेखी न की जा सकती थी, तब यह घोषित किया जाता था कि वह गुंडा था या गधा था—

या दोनों का बेहूदा मिश्रण था—और अपने जुल्मोसितम से या अपनी बेपरवाही से, जो उसके जुल्म से कम सितमगर नहीं थी, उसने राज्यसत्ता की रहमदिली पर अपना सारा हक खो दिया है। वे पहले उसे बदनाम करते थे, फिर उसे तबाह कर देते थे।" (उप., पृ. 157) बड़े सामन्त-विरोधी थे अंग्रेज! बदइन्तजामी वाला आरोप वीरभारत तलवार ने उन्हीं की टकसाल से प्राप्त किया है।

अंग्रेजों ने पुराने सामन्तवाद की जगह नये ढंग का सामन्तवाद कायम किया, उसी तरह उन्होंने पुरानी सूदखोरी की जगह नये ढंग की सूदखोरी कायम की। नई और पुरानी सूदखोरी का फर्क बताते हुए रजनी पाम दत्त ने लिखा है : "भारत के लिए महाजन और कर्ज कोई नई चीज नहीं हैं, लेकिन पूँजीवादी शोषण के अन्तर्गत, विशेष रूप से साम्राज्यवाद के दौर में, महाजन की भूमिका के नये आयाम उद्घाटित हुए हैं, उसने नई अर्थवत्ता प्राप्त की है। पहले किसान अपनी निजी जमानत पर ही महाजन से कर्ज ले सकता था; महाजनी का धन्धा अनिश्चित था और आपदाओं से भरा था। व्यवहारत: महाजन की सारी कार्रवाई गाँव के निर्णय के अधीन थी। पुराने कानून के अन्तर्गत महाजन भी कर्जदार की जमीन न हथिया सकता था। अंग्रेजी राज में यह सब बदल गया। अंग्रेजी कानून में कर्जदार के माल-असबाब की कुड़की हो सकती थी और जमीन हस्तान्तरित की जा सकती थी। इससे महाजन को खुलकर खेलने का मौका मिला, कानून और पुलिस की सारी ताकत उसकी मदद को थी। पूँजीवादी शोषण की सारी व्यवस्था की वह अपरिहार्य धुरी बन गया। मालगुजारी उगाहने का वह अनिवार्य माध्यम है; यही नहीं, वह सूदखोरी के साथ आम तौर से गल्ले के व्यापारी की भूमिका भी निबाहता है। कटाई के समय फसल खरीदने में उसकी स्थिति इजारेदार की होती है। अक्सर वह किसानों को बीज और खेती के उपकरण पेशगी देता है। आम तौर से उसके बही-खाते देखकर किसान इस बात की जाँच नहीं कर पाते कि वे कितना दे चुके हैं, कितना और उन्हें देना है। इस तरह वे अधिकाधिक उसके जाल में फँसते जाते हैं। वह गाँव का तानाशाह बन जाता है।" (India Today, पृ. 207-08)

यहाँ व्यापारी और महाजन की भूमिकाएँ घुल-मिल गई हैं। यह महाजन-व्यापारी जमींदार भी बन जाता है। उसका सम्बन्ध महाजनी पूँजीवाद से है। महाजनी पूँजीवाद का ही दूसरा नाम है साम्राज्यवाद। यह पूँजीवाद पुराने पूँजीवाद से अलग किस्म का होता है। उसकी विशेषता है सूदखोरी। सबसे ऊपर बड़े बैंकपतियों की सूदखोरी, सबसे नीचे गाँव के तानाशाह महाजन की सूदखोरी। यह नीचे का महाजन ही किसानों का खून चूसकर ऊपर के बैंकपतियों तक पहुँचाता है। गाँव का महाजन इजारेदार पूँजीवाद की धुरी क्यों है, रजनी पाम दत्त ने यह बहुत अच्छी तरह समझा दिया है। लिखा है : "जैसे-जैसे जमीन उसके हाथ आती जाती है, वैसे-वैसे यह प्रक्रिया और आगे बढ़ाई जाती है। किसान खेत-मजदूर या बटाईदार बन जाते हैं और

केवल उसी के लिए काम करते हैं। जो कुछ पैदा करते हैं, वह सूद और लगान मिलाकर उसे देते जाते हैं। वह अधिकाधिक भारत के ग्रामीण अर्थतंत्र का छोटा पूँजीपति बन जाता है, किसानों से अपने मजदूरों की तरह काम कराता है। किसान सबसे पहले अपना गुस्सा महाजन पर उतार सकते हैं। सामने अत्याचारी के रूप में वही दिखाई देता है। उन्हें लगता है कि सारी मुसीबतों की जड़ वही है। मुद्दत से दु:ख सहनेवाले भारत के शान्तिप्रिय किसान भी जब-तब महाजनों का खून कर देते हैं, यह उस प्रक्रिया का निदर्शन है। लेकिन उन्हें बहुत जल्दी पता चल जाता है कि महाजन के पीछे अंग्रेजी राज की सारी ताकत है। समूचे महाजनी शोषण यंत्र का सबसे निचला अपरिहार्य पुर्जा है यह ऋणदाता जो उत्पादन के स्रोत पर फिट किया गया है।" (उप., पृ. 208)

सामन्तवाद का अभिन्न अंग है, सूदखोरी। साम्राज्यवाद के अन्तर्गत इस सूदखोरी की भूमिका बदल जाती है। सामन्तवादी व्यवस्था में सूदखोरी नियंत्रित थी, साम्राज्यवादी व्यवस्था में वह अनियंत्रित है। लेनिन ने बताया था कि दुनिया कर्ज देनेवाली और कर्ज लेनेवाली जातियों में विभाजित है। ऊपर अन्तरराष्ट्रीय महाजन-संघों के रूप में बड़ी-बड़ी जोंकें हैं, नीचे गाँव के महाजनों के रूप में छोटी जोंकें हैं। शहरों में इनके बीच की मँझोली जोंकें हैं। छोटी जोंकें किसान का रक्त चूसकर इन्हीं के माध्यम से ऊपर की जोंकों तक पहुँचाती हैं। गल्ले का देहाती व्यापारी शहर में गल्ले के व्यापारी से जुड़ा है। महाजनी पूँजीवाद का दूसरा नाम है इजारेदार पूँजीवाद। बड़े-बड़े बैंकपति उद्योग-धन्धों पर, कच्चे माल के स्रोतों पर, कच्चे माल और तैयार माल के व्यापार पर अपना नियंत्रण कायम करते हैं। गाँव का महाजन उत्पादन के स्रोत पर आसन जमाता है, गल्ले का व्यापार अपने हाथ में रखता है। शुक्ल जी ने लिखा था : "किसान और जमींदार एक ओर तो सरकार की भूमि-कर सम्बन्धी नीति से पिसते आ रहे हैं, दूसरी ओर उन्हें भूखों मारने वाले नगरों के व्यापारी हैं जो इतने घोर श्रम से पैदा की हुई भूमि की उपज का भाव अपने लाभ की दृष्टि से घटाते-बढ़ाते रहते हैं।" ('हिन्दी साहित्य का इतिहास', पृ. 603-04)

रजनी पाम दत्त ने महाजनी पूँजीवाद के अन्तर्गत जिस शोषण-प्रक्रिया का विवरण दिया है, शुक्ल जी की बताई हुई स्थिति उससे मिलती-जुलती है।

वीरभारत तलवार का आरोप है : "शुक्ल जी ने 1920-22 के असहयोग आन्दोलन का विरोध किया" (11) जिस लेख के आधार पर उन्होंने यह घोषणा की है, वह 1921 में लिखा गया था, पर वीरभारत ने उसमें 1922 तक के असहयोग आन्दोलन को शामिल कर लिया है। तर्क-योजना यह है : शुक्ल जी सामन्त वर्ग के समर्थक हैं, पूँजीपतिवर्ग के विरोधी हैं; राष्ट्रीय आन्दोलन में पूँजीपतिवर्ग ने अपनी सीमित भूमिका निबाही। शुक्ल जी ने इसका विरोध किया।

शुक्ल जी ने राष्ट्रीय आन्दोलन के सशक्त विकास के लिए जिन पूँजीपतियों का विरोध किया है, वे अंग्रेजों के साथ आयात-निर्यात का व्यापार करनेवाले पूँजीपति थे। "जमीन से जुड़े वर्ग जबकि प्रतिदिन इस प्रकार विनाश की ओर खींचे जा रहे थे, नगरों के बनिया आयात-निर्यात उद्योग द्वारा प्रचुरतम लाभ पैदा कर रहे थे। स्वदेशी उद्योगों का विध्वंस उनके लिए अभिनन्दनीय हुआ।" ('दस्तावेज़', पृ. 3) अंग्रेजों ने स्वदेशी उद्योगों का नाश किया। इससे लाभ उठाया उन बनियों ने जो आयात-निर्यात के उद्योग में लगे थे। यह उद्योग कल-कारखानों वाला उद्योग नहीं था, यह बिलायती माल के आयात और देशी माल के निर्यात का व्यापार था। शुक्ल जी इन बनियों से कह रहे थे : असहयोग आन्दोलन तब सफल होगा जब भारत में विलायती माल बेचना बन्द करोगे। उन्हें भय यह था कि ये बनिये छोटे जमींदारों की जमीनें खरीद लेंगे। यदि असहयोग की सफलता के लिए जमींदार भूराजस्व देना बन्द करें तो बनियों को बिलायती माल बेचना बन्द करना होगा। शुक्ल जी ने बिलायती माल बेचना बन्द करने के लिए कहीं बनियों को ललकारा है, वीरभारत इस बारे में अपने पाठकों को कुछ नहीं बताते। इस असहयोग आन्दोलन की पृष्ठभूमि में है जलियाँवाला बाग, जलियाँवाला बाग से पहले है भारतीय जनता का क्रान्तिकारी उभार और इस उभार को शान्त रखने के लिए अंग्रेजों की पहलकदमी से कांग्रेस की स्थापना।

भारतीय पूँजीपति "ब्रिटिश शासन की कृपा चाहते थे", अत: "ब्रिटिश शासन के आगे झुकते भी थे"; लेकिन "ब्रिटिश शासन के साथ उनके अन्तर्विरोध भी थे। शुक्ल जी इस अन्तर्विरोध को नहीं देखते, इसे महत्त्व देना तो दूर रहा" (10) स्वयं वीरभारत ने उसे महत्त्व देने का काम थोड़े ही दिन से शुरू किया है। शुक्ल जी बिलायती माल बेचनेवाले व्यापारियों का विरोध करते थे, यह तथ्य देखकर भी वीरभारत उसकी अनदेखी क्यों करते हैं? अंग्रेजों की छत्रच्छाया में सूदखोर महाजन फल-फूल रहे थे, किसानों और छोटे जमींदारों की जमीनें खरीद रहे थे, रजनी पाम दत्त की पुस्तक में उन्हें यह सब क्यों नहीं दिखाई देता? सबसे बड़ी बात यह कि कांग्रेस से जन्म के पहले का क्रान्तिकारी उभार उन्हें क्यों नहीं दिखाई देता?

4. कांग्रेस और असहयोग आन्दोलन को पृष्ठभूमि

उन्नीसवीं सदी के अन्तिम चरण में ब्रिटेन ने इजारेदार पूँजीवाद के युग में प्रवेश किया। इस युग में साम्राज्यवाद का संकट और गहरा हुआ। भारतीय जनता के प्रतिरोध को दबाने के लिए अंग्रेजों ने 1878 में वर्नाक्युलर प्रेस ऐक्ट बनाया। अगले साल उन्होंने आर्म्स ऐक्ट लागू किया, जनसभाओं पर पाबन्दी लगाई। अभी कांग्रेस का जन्म न हुआ था, पर लोग सभाएँ करना जानते थे, इसलिए उन पर पाबन्दियाँ लगाई गई थीं। वे देशी भाषाओं में लेख लिखना जानते थे, इसीलिए प्रेस ऐक्ट बना था।

हथियार चलाना भी जानते होंगे, तभी उनके हथियार छीने गए थे। अंग्रेजी राज के बारे में लोग क्या सोचते हैं, क्या कहते हैं, यह जानने के लिए अंग्रेजों ने तीस हजार रिपोर्टर नियुक्त किये थे। कांग्रेस के जन्मदाता ऐलन ऑक्टेवियन ह्यूम ने इनकी रिपोर्टें देखी थीं। बहुत-सी रिपोर्टों में सबसे निचले वर्गों की बातचीत का हवाला था। इन्हें देखकर ह्यूम ने नोट किया था : "इस सबसे यही पता चलता था कि इन गरीब आदमियों के मन में मौजूदा हालात के प्रति घोर निराशा भर गई है, उन्हें विश्वास हो गया है कि वे भूखों मरेंगे। वे कुछ करना चाहते हैं। वे एक-दूसरे का साथ देना, कुछ कर गुजरना चाहते हैं और यह कुछ होगी हिंसा।" (India Today, पृ. 259) ह्यूम के अनुसार लोग जहाँ-तहाँ अपराध करेंगे, छोटे-छोटे गुट बनाएँगे, फिर उन्हें मिलाकर और बड़े गुट बनाएँगे। साम्राज्यवादियों को जनता का प्रतिरोध हमेशा अपराध जान पड़ता है, उसी दृष्टिकोण से ह्यूम ने अपराधों की चर्चा की है। लेकिन यह सब राष्ट्रीय विद्रोह की तैयारी थी, यह आगे के उल्लेख से स्पष्ट हो जाता है। जब छोटे-छोटे गुट मिलकर बड़ा गुट बना लेंगे, तब शिक्षित वर्गों के कुछ लोग "आन्दोलन में शामिल हो जाएँगे, जहाँ-तहाँ नेतृत्व करेंगे, विद्रोह को भीतर से एकताबद्ध करेंगे और राष्ट्रीय विद्रोह के रूप में (as a national revolt) उसका संचालन करेंगे।" (उप.) ह्यूम ने इन शिक्षित जनों के बारे में लिखा था कि उनके मन में "सरकार के विरुद्ध बेहद, शायद अकारण, आक्रोश है।" (उप.) रिपोर्टों में एक बात की चर्चा और थी। ह्यूम के जीवनी लेखक सर विलियम वेडरबर्न के अनुसार, अनगिनत प्रवृष्टियों में पुरानी तलवारें, भाले और बन्दूकें जमा करने का हवाला था। मौके पर काम आने के लिए ये सब चीजें तैयार रखी जाएँगी।" (उप.) सर वेडरबर्न को लगा कि प्रेस ऐक्ट आदि गलत ढंग के कानून बनाए गए, इनके साथ "पुलिस दमन के रूसी तरीके" अपनाये गए; नतीजा यह कि "लॉर्ड लिटन के दौर में भारत क्रान्तिकारी विस्फोट के काफी पास पहुँच गया। तभी समय रहते मिस्टर ह्यूम और उनके भारतीय सलाहकार हस्तक्षेप करने को प्रेरित हुए।" (उप., पृ. 258)

कांग्रेस के अभ्युदय पर अपनी पुस्तक में ऐन्ड्रू और मुकर्जी ने लिखा था, "कांग्रेस [के जन्म] से तुरत पहले के साल 1857 के बाद के सबसे खतरनाक साल थे...कुल मिलाकर अच्छा ही हुआ कि हिंसा पर आधारित क्रान्तिकारी परिस्थिति को एक बार फिर निर्मित नहीं होने दिया गया।" (उप., पृ. 260-61)

ह्यूम की कांग्रेस और महात्मा गांधी की कांग्रेस में फर्क था लेकिन इस संगठन की दोहरी भूमिका बराबर रही। रजनी पाम दत्त ने ठीक लिखा है : "एक ओर जन-आन्दोलन की 'विभीषिका' (menace) के खिलाफ साम्राज्यवाद से सहयोग के सूत्र; दूसरी ओर राष्ट्रीय संघर्ष में जनता के नेतृत्व के सूत्र।" (उप., पृ. 262) गांधी जी के अहिंसावाद की पृष्ठभूमि यह थी।

माधवराव सप्रे मानते थे कि वर्ण-व्यवस्था अपने समय के लिए उचित थी पर उनका यह भी कहना था कि "समाज की परिवर्तित स्थिति के अनुसार इस देश के भिन्न-भिन्न व्यवसायियों और मजदूरों को स्पर्धा और हड़ताल करने की आवश्यकता प्रतीत होने लगी है। प्रेसमैन, कम्पोजिटर, सिग्नेलर (तार बाबू), पोस्टमैन, पुतलीघरों के मजदूर, खलासी, रेलवे के नौकर आदि लोगों को अपने-अपने व्यवसायों के क्लेश दूर करने के लिए सभा, संघ, मंडली, समवाय, यूनियन इत्यादि स्थापित करना चाहिए, और उन्हीं के द्वारा उन लोगों को इस बात का निर्णय करना चाहिए कि अपने स्वत्वों की पूरी-पूरी रक्षा होती है या नहीं। यदि आजकल कोई किसी यूनियन के आश्रय के बिना हड़ताल करेगा, तो उसे कदापि सफलता न मिलेगी।" ('महावीर प्रसाद द्विवेदी और हिन्दी नवजागरण', पृ. 78-80) सप्रे जी ने ये बातें 1907 में कही थीं, मई की 'सरस्वती' में। फिर 1912 में कार्ल मार्क्स पर लाला हरदयाल का लेख प्रकाशित हुआ। इसमें उन्होंने मार्क्स के लिए कहा कि उन्होंने "एक ऐसी रक्तहीन क्रान्ति का सूत्रपात किया जिससे संसार के करोड़ों मनुष्यों की जीवनधारा का प्रवाह बदल गया।" ('भारत में अंग्रेजी राज और मार्क्सवाद', खंड 1, पृ. 158) लाला हरदयाल ने अभी गदर पार्टी का संगठन न किया था, बोल्शेविक क्रान्ति होने में अभी पाँच साल की देर थी। पर लाला हरदयाल 1857 की राज्यक्रान्ति के समर्थक थे, वह अहिंसावादी नहीं थे। मार्क्स ने जिस सामाजिक क्रान्ति की बात कही थी, वह कितनी हिंसक है, कितनी अहिंसक, इस पर बहस की गुंजाइश है; लाला हरदयाल की स्थापना का महत्त्वपूर्ण पक्ष यह है कि वह मानते हैं, मार्क्स की विचारधारा से करोड़ों मनुष्यों की जीवनधारा का प्रवाह बदल गया।

लाला हरदयाल ने लिखा था : "दुनिया में जब इतनी अमीरी है तब जनता गरीब क्यों है? यह समस्या थी जिसे मार्क्स ने हल करना चाहा था...उन्होंने तै किया था कि जो गरीबी तमाम रोगों का घर है, जो मनुष्य को भीतर से तोड़ देती है, उसे भोगने वाले योरप के मजदूरों का उद्धार करेंगे और इसके लिए वे अपने उज्ज्वल भविष्य और जीवन का भी बलिदान करेंगे।...दुनिया के मजदूरो, एक हो, मार्क्स का यह युद्धघोष सारे योरप में गूँज उठा था।" (उप., पृ. 162-64) भारत में जो नवयुवक लाला हरदयाल के सम्पर्क में आए, उनमें जनार्दन भट्ट भी थे (इस तथ्य की जानकारी मुझे भट्ट जी से प्राप्त हुई) उनके विचारों से प्रभावित होकर उन्होंने "हमारे गरीब किसान और मजदूर" लेख लिखा। यह लेख जून, 1914 की 'सरस्वती' में छपा। इसमें उन्होंने बताया कि योरप और अमरीका के मजदूर संगठित होकर अन्याय के विरुद्ध लड़ रहे हैं "किन्तु भारतीय किसान और मजदूर, मूर्ख होने के कारण, अपने दुःख और दारिद्र्य को अपने भाग्य पर फेंककर संतोष कर लेता है।...मध्यम श्रेणी के लोग पढ़े-लिखे और बुद्धिमान

होते हैं...जब ये अपने विचारों को अपने अशिक्षित भाइयों पर प्रकट करेंगे, जब ये अपने गरीब भाइयों को उनकी सच्ची हालत बतलावेंगे और उनके दारिद्र्य और दु:खों का सच्चा कारण उन्हें सुझावेंगे, जब वे उन्हें उनके अधिकारों का ज्ञान करावेंगे, जब वे उन्हें बतलावेंगे कि जो धन वे पैदा करते हैं, कहाँ जाता है, और उन्हें क्यों नहीं मिलता, तभी देश का सच्चा सुधार होगा।" ('महावीर प्रसाद द्विवेदी और हिन्दी नवजागरण', पृ. 84-86) कांग्रेस के संस्थापक ह्यूम और उनके जीवनी लेखक वेडरबर्न को मध्यवर्ग के ऐसे ही पढ़े-लिखे लोगों से भय था कि वे किसानों और मजदूरों से मिलकर अंग्रेजी राज का तख्ता उलट देंगे।

फिर आया जलियाँवाला बाग। जनता के शान्तिपूर्ण प्रदर्शन के विरुद्ध साम्राज्यवाद की हिंसा नितान्त क्रूर रूप में प्रकट हुई। भारतीय जनता इस हिंसा का जवाब देना चाहती थी। शुक्ल जी ने उसी 1921 के लेख में, इस भावना को लक्ष्य करके, लिखा था : "पंजाब में ढाए गए क्रूर नृशंस अत्याचार और इस जुर्म के कर्णधारों का बिना दंड पाए घूमना प्रत्येक राष्ट्रभक्त भारतीय के हृदय को गहरे क्रोध से भर देता है। इन अन्याओं के विरुद्ध सशक्त प्रदर्शन में सम्पूर्ण देश सम्मिलत हुआ और वह अपनी माँगों को सुनिश्चित रूप देने जा ही रहा था कि तभी मि. गांधी ने असहयोग की अनिश्चित योजना प्रारम्भ कर दी।" ('दस्तावेज', पृ. 4)

वीरभारत तलवार ने जलियाँवाला कांड के सिलसिले में शुक्ल जी की भावना का उल्लेख जिस ढंग से किया है, बहस में वह उनके दाँव-पेंच का अच्छा नमूना है। "असहयोग आन्दोलन को जिन कारणों से समर्थन मिला, उनका वर्णन करते हुए शुक्ल जी ने जलियाँवाला बाग कांड का जिक्र किया, पर खिलाफत के सवाल पर चुप्पी साध ली" (13) असहयोग आन्दोलन को समर्थन क्यों मिला, यह बताने के लिए शुक्ल जी ने जलियाँवाला कांड का जिक्र किया था! इससे अलग उनके चिन्तन में उसकी कोई स्वतंत्र भूमिका न थी! शुक्ल जी ने उस कांड का जिक्र किस तरह किया, यह न बताकर वह एक दूसरे प्रश्न पर पहुँच जाते हैं। शुक्ल जी ने खिलाफत के प्रश्न पर चुप्पी साध ली! जलियाँवाला बाग में जमींदारों ने प्रदर्शन न किया था। शुक्ल जी की सामन्तवादी वर्गदृष्टि के आधार पर उनके आक्रोश की व्याख्या न की जा सकती थी, इसलिए वीरभारत ने उसे अपनी तर्क-योजना से बाहर रखा! किन्तु शुक्ल जी ने असहयोग आन्दोलन की आलोचना करते हुए जो कुछ कहा, वह सीधे इस आक्रोश से जुड़ा हुआ है।

शुक्ल जी को आपत्ति इस बात पर है कि असहयोग की योजना 'अनिश्चित' है। "अन्यायों के विरुद्ध सशक्त प्रदर्शन में सम्पूर्ण देश सम्मिलित हुआ"; असहयोग की योजना सशक्त नहीं है, वह प्रत्येक राष्ट्रभक्त भारतीय के 'गहरे क्रोध' का जवाब नहीं है। ऐसा जवाब देने के लिए देश "अपनी माँगों को सुनिश्चित रूप"

देने जा रहा था, तब गांधी जी ने असहयोग आन्दोलन शुरू किया। इस आन्दोलन में हल्ला मचानेवाले बहुत हैं। शुक्ल जी का विचार है कि कोलाहल का सृजनमात्र "किसी भी तरह अन्यायों का निराकरण नहीं कर पाएगा।" शुक्ल जी की माँग है : "विभाजन के विरुद्ध बंगाल में जिस प्रकार आन्दोलन संगठित किया गया, उसी प्रकार अधिक सुनिश्चित एवं अधिक लक्ष्योन्मुख प्रदर्शन की आवश्यकता है।" ('दस्तावेज़', पृ. 4) शुक्ल जी का यह भी कहना था कि "जहाँ इस आन्दोलन में कुछ ऐसे निःस्वार्थ एवं ईमानदार कार्यकर्ता हैं जिनका उदात्त एवं राष्ट्रभक्तिपूर्ण बलिदान प्रत्येक सम्मान के योग्य है, वहीं ऐसे व्यक्तियों की संख्या भी किसी प्रकार कम नहीं है जो दूसरों की कीमत पर दोहरा खेल खेलना चाहते हैं और जनसंख्या के बृहद् भाग के विरुद्ध अपने क्रियाकलापों के क्षेत्र ढूँढ़ रहे हैं।" (उप., पृ. 4-5) यह स्थिति का सही विश्लेषण है। असहयोगियों में ईमानदार कार्यकर्ता हैं, उनका बलिदान सम्मान के योग्य है, इस बात को दबा जाइए, शुक्ल जी सत्याग्रह आन्दोलन के सम्पूर्ण और निरपेक्ष विरोधी साबित हो जाएँगे। वह कहते हैं, असहयोग आन्दोलन की "पताका के नीचे छद्मवेश में छिपी हुई दुष्ट शक्तियों का पर्दाफाश करने के लिए जनता के समक्ष स्पष्ट और सुनिश्चित स्वराज्य प्रचार (होमरूल) विकल्प के रूप में प्रस्तुत करना चाहिए। क्योंकि अपने देश के दुःख भोगों को देखते हुए जनता आलसी बनकर अलग नहीं बैठ सकती। वह करने के लिए कुछ चाहती है।" (उप., पृ. 5)

असहयोग के आगे यह स्वराज्य और होमरूल की बात बहुत पिछड़े हुए दिमाग की उपज मालूम होती है। पर शुक्ल जी का स्वराज्य लिबरलों के स्वराज्य से अलग था, वह गांधी जी के स्वराज्य से भी अलग था। उसके पीछे अन्याय के प्रतिकार की भावना है, जलियाँवाला कांड से उत्पन्न देशभक्त हृदय का गहरा क्रोध है। गांधी जी इसी क्रोध को शान्त रखना चाहते थे। जनता आलसी होकर अलग नहीं बैठ सकती, वह कुछ करना चाहती है, वह साम्राज्यवाद का सक्रिय प्रतिरोध करेगी, इस सक्रिय प्रतिरोध का परिणाम होगा स्वराज्य। गांधी जी ने उस समय स्वराज्य की स्पष्ट व्याख्या न की थी; कांग्रेसी नेतृत्व ने पूर्ण स्वाधीनता का लक्ष्य स्वीकार किया 1930 में।

"विभाजन के विरुद्ध बंगाल में जिस प्रकार आन्दोलन संगठित किया गया"—शुक्ल जी के लिए वह प्रकार आन्दोलन का बहुत कारगर तरीका था। वह कारगर था, यह इसी से साबित हो गया कि अंग्रेजों को विभाजन रद्द करना पड़ा। फिर कांग्रेस ने आन्दोलन इस प्रकार चलाया कि 1947 में उसी बंगाल का विभाजन उसे स्वीकार करना पड़ा। बंगाल के विभाजन के विरोध में स्वदेशी आन्दोलन चलाया गया। शुक्ल जी स्वदेशी आन्दोलन का विरोध करते, इसकी सम्भावना न थी। उन्होंने स्वयं सरकारी नौकरी स्वीकार न की थी,

इसलिए वे औरों से सरकारी नौकरी पर चिपके रहने को कहते तो आश्चर्य की बात होती। वीरभारत तलवार ने लिखा है : "1905 में अपने पिता के लाख समझाने पर भी उन्होंने अँगरेज कलक्टर विंढम द्वारा पेश की गई सरकारी नौकरी बेहिचक ठुकरा दी थी, महज इसलिए कि वह सरकारी थी और सरकार विदेशी थी। इस घटना के 15 वर्ष बाद उन्होंने युवकों को राष्ट्रीय आन्दोलन के जोश में सरकारी नौकरियाँ छोड़ने से मना किया।" (17)

1905 बंगाल के विभाजन का साल है। इसी साल उन्होंने सरकारी नौकरी बेहिचक ठुकरा दी थी। इस विभाजन के विरुद्ध आन्दोलन को वह 1921 में एक कारगर आन्दोलन के रूप में याद कर रहे थे। क्या अब पछता रहे थे, हाय! उस समय सरकारी नौकरी क्यों छोड़ दी? 1921 में शुक्ल जी का कहना यह था : "यदि अव्यापारिक-राजनीतिक श्रेणियों को राजकीय सेवा से अपने को हटा लेने का निर्देश दिया जाता है तो व्यापारिक श्रेणियाँ भी ब्रिटिश या विदेशी वस्तुओं के साथ अपना समस्त व्यापार छोड़ देने को तैयार रहें।" ('दस्तावेज़', पृ. 8) इस घोषणा का सीधा अर्थ है, सरकारी नौकरियाँ छोड़ने की नीति तभी सफल होगी जब विदेशी माल का व्यापार बन्द किया जाएगा। वीरभारत ने इस बात को बराबर छिपाया है कि शुक्ल जी विदेशी माल के व्यापार को बन्द करने की बात भी कह रहे थे। उन्हें प्रतिक्रियावादी सिद्ध करने के लिए, समस्त पूँजीपतिवर्ग का विरोधी सिद्ध करने के लिए, उस तथ्य को छिपाना जरूरी था।

जमींदार सरकार को राजस्व देना बन्द करें, शुक्ल जी इसके विरोधी नहीं थे। शर्त यह थी कि उनकी जमीन महाजन न खरीदें। इस शर्त में बेजा क्या था? शुक्ल जी ने प्रश्न किया था : "जब असहयोग राजस्व को भुगतान न करने की सीमा तक जा सकता है तो भूमि अधिकारी या कृषक वर्गों के पास क्या गारंटी है कि जिस समय उनकी भूमि नीलामी पर रखी जाएगी, उस समय व्यापारिक समुदाय के सदस्य उनकी जमीनों को खरीद लेने के लिए आगे बढ़कर भाग-दौड़ नहीं करेंगे।" (उप., पृ. 9)? जाहिर है, करेंगे, पहले भी कर चुके हैं। तब समस्या का समाधान क्या है? समाधान यह है : "दोनों वर्गों द्वारा समान त्याग का सिद्धान्त असहयोगियों की नीति में चरितार्थ होना चाहिए। यदि वे वास्तव में सरकारी कार्यतंत्र को बन्द कर देने एवं ब्रिटिश व्यवसाय को पंगु बना देने में अपने को सक्षम समझते हैं तो उन्हें अपने कर्म में अनिवार्यत: एक बृहत्तर दृष्टिकोण अपनाना होगा।" दृष्टिकोण को संकुचित करने का नहीं, उसे बृहत्तर करने का सवाल है। बृहत्तर दृष्टिकोण का अर्थ है : एक ओर भू-राजस्व की अदायगी बन्द, दूसरी ओर विलायती माल का व्यापार बन्द। लेकिन शुक्ल जी तो जमींदारों के साथ संयुक्त मोर्चा बनाने पर तुले हुए थे; वह इस नीति का समर्थन कैसे करते? इस सिलसिले में वीरभारत तलवार ने एक सबूत और पेश किया है : "गोकुल चन्द्र शुक्ल ने लिखा है कि 1926 में

शुक्ल जी ने चन्द्रशेखर आजाद से कहा कि अँगरेजों के खिलाफ किसान और जमींदार, दोनों का एक संगठन बनाओ।" (24)

5. शुक्ल जी और चन्द्रशेखर आजाद

शुक्ल जी ने चन्द्रशेखर आजाद से कहा था : "अँगरेजों ने अपनी नीति से महाजन-जमींदार पैदा किये हैं। इन्हें छोड़िए। औसत जमींदार टैक्स आदि देने के बाद किसान की ही तरह हो जाता है। अपने संगठन में उन्हें भी लीजिए। किसानों के साथ वे भी विद्रोह करने के लिए तैयार बैठे हैं। बहुत जुल्म हुआ। अब केवल शक्ति का मार्ग रह गया है।" ('साक्षात्कार', पृ. 255) वीरभारत ने पहला वाक्य एकदम छोड़ दिया। "अंग्रेजों ने अपनी नीति से महाजन-जमींदार पैदा किये हैं"—शुक्ल जी की यह स्थापना उद्धृत करने से वीरभारत तलवार की सारी व्यूह-रचना छिन्न-भिन्न हो जाती है। शुक्ल जी जानते थे कि अपने सामाजिक आधार के रूप में अंग्रेजों ने यहाँ नये ढंग के जमींदार पैदा किये हैं। संयुक्त मोर्चा इनके साथ न बनाना था। संयुक्त मोर्चा उन जमींदारों के साथ बनाना था जो टैक्स आदि देने के बाद किसान की ही तरह हो जाते हैं। इन्हें शुक्ल जी ने 'औसत जमींदार' कहा था। वीरभारत ने उनकी बात का हवाला देते समय 'औसत' शब्द उड़ा दिया। शुक्ल जी ने औसत जमींदार की जो व्याख्या की थी, उसे उन्होंने उड़ा दिया। शुक्ल जी के अनुसार इनके साथ संयुक्त मोर्चा इसलिए बनाना जरूरी था कि "किसानों के साथ वे भी विद्रोह करने के लिए तैयार बैठे हैं।" वीरभारत तलवार ने विद्रोह की बात उड़ा दी। "बहुत जुल्म हुआ"—इस वाक्य को जलियाँवाला कांड के प्रति शुक्ल जी के आक्रोश से मिलाकर पढ़िए। "पंजाब में ढाये गए क्रूर नृशंस अत्याचार और इस जुर्म के कर्णधारों का बिना दंड पाए मुक्त घूमना प्रत्येक राष्ट्रभक्त के हृदय को गहरे क्रोध से भर देता है"—1921 में लिखे हुए इस वाक्य के सन्दर्भ में चन्द्रशेखर आजाद से शुक्ल जी के सम्बन्ध पर विचार कीजिए। चन्द्रशेखर आजाद गांधीवादी नहीं थे, रामचन्द्र शुक्ल गांधीवादी नहीं थे। दोनों की सामान्य भूमि यह थी : "अब केवल शक्ति का मार्ग रह गया है।" अहिंसावाद से काम न चलेगा, अंग्रेजों को अपने किये की सजा मिलनी चाहिए। पर शुक्ल जी केवल प्रतिहिंसा की बात न सोच रहे थे, वह विद्रोह की बात सोच रहे थे—ऐसे विद्रोह की बात, जिसमें किसानों के साथ औसत जमींदार भी शामिल होंगे।

चन्द्रशेखर आजाद से रामचन्द्र शुक्ल का सम्बन्ध भारत के राजनीतिक इतिहास और हिन्दी साहित्य के इतिहास की महत्त्वपूर्ण घटना है। उस सम्बन्ध पर ध्यान देने से भारतीय समाज के प्रति और हिन्दी साहित्य के इतिहास के प्रति शुक्ल जी की अनेक धारणाएँ ज्यादा अच्छी तरह समझ में आ जाती हैं। गोकुलचन्द्र शुक्ल के संस्मरण का एक अंश इस प्रकार है : "शुक्ल जी अपनी आदत के अनुसार लिख रहे थे।

आजाद पलँग के कोने पर बैठ गए। मैं माँ की चारपाई पर बैठा। उस दिन उन दोनों के बीच बहुत-सी बातें हुईं। इतने दशकों बाद कई बातें स्मृति से उतर गईं, कुछ याद हैं। आजाद ने कहा, "पंडितजी, अब तो हम फाँसी के तख्ते पर भारत माँ को ढूँढ़ते हैं।" शुक्ल जी ने उत्तर दिया, "बेटे, भारत माँ को खेतों में ढूँढ़ो। विश्व आन्दोलन के मेले में हमारा स्वाधीनता-आन्दोलन होना चाहिए। किसानों का संगठन किये बिना आन्दोलन सफल नहीं होगा।" आजाद ने हँसते हुए पूछा, "और हिंसा को कहाँ रखते हैं गुरुजी?" शुक्ल जी बोले, "भीष्म भगवान नहीं हुए। लोकव्यापी अत्याचार के विरुद्ध शस्त्र उठानेवाले राम कृष्ण ही भगवान कहलाए, भगवान के नाम पर चलनेवाले धर्म को राजनीति से अलग रखना चाहिए।" आजाद ने कहा, "इसी से मैंने क्रान्ति का रास्ता अपनाया है।" शुक्ल जी ने कहा, "बहुत-से लोग क्रान्ति के नाम पर गला फाड़ते हैं, पर मानसिक दृष्टि से पुरखों की ही श्रेणी में हैं। तुम्हारे जैसे पाँच सौ भी हो जाएँ तो देश एक दिन में स्वतंत्र हो जाए।" आजाद ने कहा, "अंग्रेज हमें कमजोर समझकर शर्तें रखता है। उसे वह सबक सिखाऊँगा कि वह अपने घर में भी चैन से न बैठ सके।" शुक्ल जी ने कहा, "चोर का मुकाबला करने के लिए डकैत बनना होता है। अब तो छीनकर बाँटनेवाली हालत आ गई है। कोठीवाले उनका साथ दे रहे हैं। इधर कांग्रेस से भी मिले हैं।" आजाद ने कहा, "गांधी जी के पास हमने सन्देश भेजे थे पर उन्हें हमारे रास्ते में विश्वास नहीं है।" शुक्ल जी ने उत्तर दिया, "उनका भी रास्ता बदलेगा। आपकी और उनकी भावना का उद्‌गम एक है,संगम भी एक है।" आजाद ने कहा, "उन्होंने बड़े-बड़े जमींदारों और व्यापारियों को छूट दे दी है।" शुक्ल जी ने कहा, "बस, यही एक कमजोर पक्ष है। अंग्रेजों ने अपनी नीति से महाजन-जमींदार पैदा किये हैं। इन्हें छोड़िए। औसत जमींदार टैक्स आदि देने के बाद किसान की ही तरह हो जाता है। अपने संगठन में उन्हें भी लीजिए। किसानों के साथ वे भी विद्रोह करने के लिए तैयार बैठे हैं। बहुत जुल्म हुआ। अब केवल शक्ति का मार्ग रह गया है।" आजाद ने अपने मन की व्यथा प्रकट की, "दु:ख तब होता है गुरुजी, जब हमारे देशवासी ही हमारी दृष्टि नहीं समझते।" शुक्ल जी बोले, "आप अपना काम कीजिए। आपके मानसिक स्तर पर पहुँचने के बाद ही वे समझेंगे।" आजाद उठकर खड़े हुए और कहा, "पंडितजी, मेरे रिवॉल्वर की गोलियाँ कभी खत्म नहीं होंगी। आप मुझे हमेशा याद रहेंगे। चलूँ, प्रणाम।" शुक्ल जी की आँखें भीग गईं। वे बोले, "अपने उद्‌देश्य में सफल होओ, बेटा। यह संसार प्रेम करने के लिए है। पर कुछ मुट्‌ठी भर लोगों ने अधिकार हस्तगत करके हिंसा को अनिवार्य बना दिया। जाओ, संकट के समय यह घर तुम्हारा है।"...शुक्ल जी आजाद को कभी नहीं भूल सके। उनकी शहादत की सूचना पाने पर वे प्रात: से रात तक एकदम मौन रहे। उस दिन दोनों वक्त भोजन नहीं किया।

रात में हम लोग अपनी माँ की चारपाई पर बैठे यही चर्चा कर रहे थे। शुक्ल जी बीच में एक वाक्य बोले, "देखना है अब गांधी जी क्या करते हैं?" (उप., पृ. 255-56)

हिन्दी का बिरला ही कोई पाठक होगा जो इस सजीव और मार्मिक संस्मरण से प्रभावित न होगा। शुक्ल जी का विवेक दोषपूर्ण हो सकता है, देश से उनका भावात्मक सम्बन्ध निर्दोष है। भाषा और साहित्य का विवेचन करते समय वह देश के बारे में क्या सोचते थे, यह समझने के लिए "शुक्ल जी आजाद को कभी नहीं भूल सके"—इस एक वाक्य को याद रखना काफी है। किन्तु वीरभारत तलवार का मत है : "राष्ट्रीय आन्दोलन के मामले में शुक्ल जी उतने भावनाशील न थे, जितने तर्कशील थे।" (17)

आजाद की शहादत के बाद शुक्ल जी ने कहा : "देखना है अब गांधी जी क्या करते हैं।" बहुत-से देशभक्त गांधीवाद का विकल्प खोज रहे थे, उनमें शुक्ल जी भी थे। यह संसार प्रेम करने के लिए है, पर कुछ मुट्ठी भर लोगों ने अधिकार हस्तगत करके "हिंसा को अनिवार्य बना दिया"—गांधीवाद और शुक्ल जी के चिन्तन में यह फर्क था। क्रान्तिकारियों की हिंसा साम्राज्यवादी हिंसा की प्रतिक्रिया है, वह उसे समाप्त करने के लिए है। यह संसार प्रेम करने के लिए है, जो व्यक्ति यह जानता है, वही क्रान्तिकारी हिंसा का मार्ग अपनाता है। इस मार्ग पर चलकर सफलता तब मिलती है जब क्रान्तिकारी दल जनता को संगठित करता है और उसके साथ आगे बढ़ता है। "तुम्हारे जैसे पाँच सौ भी हो जाएँ तो देश स्वतंत्र हो जाए"—यह दल के महत्त्व की घोषणा है। "भारत माँ को खेतों में ढूँढ़ो"—यह क्रान्ति में जनता के महत्त्व की घोषणा है। "विश्व आन्दोलन के मेल में हमारा स्वाधीनता आन्दोलन होना चाहिए"—यह स्थापना इस तथ्य की स्वीकृति है कि भारत का स्वाधीनता आन्दोलन विश्व साम्राज्य-विरोधी आन्दोलन का अंग है। शुक्ल जी ने अपनी बातें अत्यन्त दृढ़ता और आत्मविश्वास से कही होंगी, तभी आजाद ने चलते समय कहा था : "पंडितजी, मेरे रिवॉल्वर की गोलियाँ कभी खत्म नहीं होंगी। आप मुझे हमेशा याद रहेंगे।"

काकोरी केस में चन्द्रशेखर आजाद फरार हुए, रामप्रसाद बिस्मिल पकड़े गए, उन्हें फाँसी की सजा हुई। फाँसी पाने से पहले उन्होंने 'आत्मकथा' लिखी, शिव वर्मा ने उसे गणेश शंकर विद्यार्थी के पास पहुँचाया और पहले-पहल उन्होंने उसे प्रकाशित किया। अनेक मुद्दों पर शुक्ल जी और बिस्मिल के विचारों में जो समानता है, वह ध्यान देने योग्य है। रामप्रसाद बिस्मिल ने 'आत्मकथा' में लिखा था : "असहयोग आन्दोलन में कार्यकर्ताओं की इतनी अधिक संख्या होने पर भी सब-के-सब शहर के प्लेटफॉर्मों पर लेक्चरबाजी करना ही अपना कर्तव्य समझते थे। ऐसे बहुत थोड़े कार्यकर्ता थे, जिन्होंने ग्रामों में कुछ कार्य किया। इनमें भी अधिकतर ऐसे थे जो केवल हुल्लड़ कराने में ही देशोद्धार समझते थे" (पृ. 126) इसी हुल्लड़बाजी के

लिए शुक्ल जी ने लिखा था : "कोलाहल का सृजन मात्र, जिसमें असहयोगियों ने निश्चितरूपेण उल्लेखनीय सफलता अर्जित की है, किसी भी तरह अन्यायों का निराकरण नहीं कर पाएगा।" ('दस्तावेज़', पृ. 4) रामप्रसाद बिस्मिल ने नवयुवकों का आह्वान किया था कि वे "श्रमजीवी तथा कृषकों का संगठन करके उनको जमींदारों तथा रईसों के अत्याचारों से बचाएँ।" ('आत्मकथा', पृ. 123) इससे तुलनीय है शुक्ल जी की उक्ति : "किसानों का संगठन किये बिना आन्दोलन सफल नहीं होगा।" जनता को संगठित करने के लिए क्रान्तिकारियों का दल चाहिए। बिस्मिल ने लिखा था : "राजनैतिक क्रान्ति के लिए सर्वप्रथम क्रान्तिकारियों का संगठन ऐसा होना चाहिए कि अनेक विघ्न तथा बाधाओं के उपस्थित होने पर भी संगठन में किसी प्रकार की त्रुटि न आए।" शुक्ल जी ने आजाद से कहा था : "तुम्हारे जैसे पाँच सौ भी हो जाएँ तो देश एक दिन में स्वतंत्र हो जाए।" बिस्मिल के पिता इतने पुरानपंथी थे कि पुत्र आर्यसमाजी हुआ तो उन्होंने कहा : "आर्य समाज से त्यागपत्र न दोगे तो मैं रात में सोते समय मार दूँगा।" बिस्मिल झुके नहीं, अन्त में पिता को ही झुकना पड़ा। शुक्ल जी ने परिवारों में दृढ़ता से जमे हुए इसी रूढ़िवाद को लक्ष्य करके कहा था : "बहुत-से लोग क्रान्ति के नाम पर गला फाड़ते हैं, पर मानसिक दृष्टि से पुरखों की ही श्रेणी में हैं।"

बिस्मिल ने पूँजीवादी जनतंत्र के लिए लिखा था : "देश के शासन में धनियों का मत ही उच्च आदर पाता है। धन-बल से देश के समाचार-पत्रों, कल-कारखानों तथा खानों पर उनका ही अधिकार हो जाता है।" शुक्ल जी ने 1921 में ही लिखा था : "सारा हिन्दी प्रेस व्यापारिक समुदाय के चंगुल में आ गया है।" ('दस्तावेज़', पृ. 8) इस व्यापारिक समुदाय के बारे में आजाद से उनकी बातचीत दिलचस्प है। आजाद ने अंग्रेजों को सबक सिखाने की बात कही। इस पर शुक्ल जी की टिप्पणी थी : "चोर का मुकाबला करने के लिए डकैत बनना पड़ता है। [यहाँ चोर है पूँजीपति, डकैत है क्रान्तिकारी]। अब तो छीनकर बाँटनेवाली हालत आ गई है। [क्रान्ति में सम्पत्ति का नये सिरे से वितरण होगा।] कोठीवाले उनका साथ दे रहे हैं। [पूँजीपति अंग्रेजों का साथ दे रहे हैं]। उधर कांग्रेस से भी मिले हैं। [अंग्रेजों का नरम विरोध करनेवाले दल से मिले हैं]।" इस पर आजाद ने कहा : "गांधी जी के पास हमने सन्देश भेजे थे, पर उन्हें हमारे रास्ते में विश्वास नहीं।" इसके उत्तर में शुक्ल जी की टिप्पणी महत्त्वपूर्ण है : "उनका भी रास्ता बदलेगा। आपकी और उनकी भावना का उद्‌गम एक है। संगम भी एक है।" शुक्ल जी के चिन्तन में गांधीवाद का विरोध सम्पूर्ण और निरपेक्ष नहीं है। गांधी जी देशभक्त हैं। उनका और पूँजीपतिवर्ग का विरोध वहीं उचित है जहाँ वे साम्राज्यवाद से समझौता करते हैं। असहयोग आन्दोलन में कुछ निःस्वार्थ और ईमानदार कार्यकर्ता थे, उनका उदात्त एवं राष्ट्रभक्तिपूर्ण बलिदान प्रत्येक सम्मान के योग्य था, यह बात उन्होंने 1921 में स्वीकार की थी।

उसी के अनुरूप उन्होंने आजाद के सामने यह आशा प्रकट की थी : "उनका भी रास्ता बदलेगा।" फिर आजाद की शहादत के बाद कहा था : "देखना है, अब गांधी जी क्या करते हैं?" इस वाक्य में आशा है, गांधी जी शायद आन्दोलन का सुनिश्चित कार्यक्रम बनाएँगे; चुनौती भी है, नहीं बनाएँगे तो दूसरे लोग नया कार्यक्रम लेकर आएँगे। आजाद ने गांधी जी के लिए कहा था : "उन्होंने बड़े-बड़े जमींदारों और व्यापारियों को छूट दे दी है।" शुक्ल जी ने अपने उत्तर में बड़े-बड़े जमींदारों से उन औसत जमींदारों को अलग किया जो किसान जैसे थे और विद्रोह करने को तैयार थे। साथ ही, उन्होंने व्यापारियों में महाजनों का विशेष रूप से उल्लेख किया—अंग्रेजों ने अपनी नीति से महाजन-जमींदार पैदा किये हैं। शुक्ल जी के चिन्तन में आन्तरिक संगति है। जैसे वह सभी जमींदारों के विरुद्ध नहीं थे, वैसे ही वह सभी पूँजीपतियों के विरुद्ध नहीं थे।

शुक्ल जी ने आजाद से कहा : "अपने उद्‌देश्य में सफल होओ, बेटे; संकट के समय यह घर तुम्हारा है।" यह शुक्ल जी की भावनाशीलता थी। उन्होंने आजाद से यह भी कहा : "किसानों का संगठन किये बिना आन्दोलन सफल नहीं होगा।" यह उनकी तर्कशीलता थी।

शुक्ल जी ने विवेकशीलता से गांधीवाद की सीमाएँ पहचानी थीं, उसकी सीमित प्रगतिशील भूमिका पहचानी थी। गांधीवाद के प्रतिनिधि कवि मैथिलीशरण गुप्त के 'साकेत' के प्रसंग में उन्होंने लिखा था : " 'रामायण' के भिन्न-भिन्न पात्रों के परम्परा से प्रतिष्ठित स्वरूपों को विकृत न करके उनके भीतर ही आधुनिक आन्दोलनों की भावनाएँ—जैसे किसानों और श्रमजीवियों के साथ सहानुभूति, युद्ध-प्रथा की मीमांसा, राज्य-व्यवस्था में प्रजा का अधिकार और सत्याग्रह, विश्वबन्धुत्व, मनुष्यत्व—कौशल के साथ झलकाई गई हैं।" ('हिन्दी साहित्य का इतिहास', पृ. 742) पुन: मैथिलीशरण गुप्त के समग्र काव्य-साहित्य का विहंगावलोकन करते हुए उन्होंने लिखा : "इधर के राजनीतिक आन्दोलनों ने जो रूप धारण किया, उसका पूरा आभास पिछली रचनाओं में मिलता है। सत्याग्रह, अहिंसा, मनुष्यत्ववाद, विश्वप्रेम, किसानों और श्रमजीवियों के प्रति प्रेम और सम्मान सबकी झलक हम पाते हैं।" (उप., पृ. 743) इससे स्पष्ट है, शुक्ल जी राजनीति में गांधीवाद की सीमित प्रगतिशील भूमिका स्वीकार करते थे, साहित्य में उसकी अभिव्यक्ति का मूल्यांकन भी सकारात्मक ढंग से करते थे। पर गांधीवाद की इस अभिव्यक्ति से उन्हें संतोष नहीं था।

हिन्दी काव्य के प्रथम उत्थान के कवियों के बारे में शुक्ल जी ने लिखा था : "सरकार पर रोष या असंतोष की व्यंजना उनमें नहीं मिलती।" ('इतिहास', पृ. 777) इससे थोड़ा आगे और बढ़े तो द्वितीय उत्थान में "देशभक्ति-सम्बन्धी रचनाओं में शासन-पद्धति के प्रति असंतोष तो व्यंजित होता है, पर कर्म में तत्पर करानेवाला, आत्मत्याग करानेवाला जोश और उत्साह न था। आन्दोलन भी कड़ी याचना के आगे नहीं बढ़े थे।" (उप., पृ. 778) स्पष्ट ही शुक्ल जी राजनीतिक आन्दोलनों से

हिन्दी काव्यधारा को सम्बद्ध करके उसका मूल्यांकन कर रहे। थे। "तृतीय उत्थान में आकर परिस्थिति बहुत बदल गई। आन्दोलनों ने सक्रिय रूप धारण किया और गाँव-गाँव राजनीतिक और आर्थिक परतंत्रता के विरोध की भावना जगाई गई। सरकार से कुछ माँगने के स्थान पर अब कवियों की वाणी देशवासियों को ही "स्वतंत्रता देवी की वेदी पर बलिदान" होने को प्रोत्साहित करने में लगी। अब जो आन्दोलन चले, वे सामान्य जनसमुदाय को भी साथ लेकर चले। इससे उनके भीतर अधिक आवेश और बल का संचार हुआ। सबसे बड़ी बात यह हुई कि ये आन्दोलन संसार के और भागों में चलनेवाले आन्दोलनों के मेल में लाए गए, जिससे ये क्षोभ की एक सार्वभौम धारा की शाखाओं से प्रतीत हुए।" (उप.) आजाद से कही हुई शुक्ल जी की अनेक बातों की पुष्टि पाठक यहाँ देख सकते हैं। माधवप्रसाद मिश्र के राजनीतिक दृष्टिकोण के बारे में शुक्ल जी ने जो कुछ लिखा है, वह बहुत कुछ स्वयं उनके दृष्टिकोण का परिचायक है।

"राजनीतिक आन्दोलनों के साथ इनका हृदय बराबर रहता था। जब देशपूज्य मालवीयजी ने छात्रों को राजनीतिक आन्दोलनों से दूर रहने की सलाह दी तब इन्होंने एक अत्यंत क्षोभपूर्ण 'खुली चिट्ठी' उनके नाम छापी थी। देशदशा की इस तीव्र अनुभूति के कारण इन्हें श्रीधर पाठक की कविताओं में एक बात बहुत खटकी। पाठकजी ने जहाँ ऋतुशोभा या देश-छटा का वर्णन किया है, वहाँ केवल सुख, आनन्द और प्रफुल्लता के पक्ष पर ही उनकी दृष्टि पड़ी है, देश के असंख्य दीन-दुखियों के पेट की ज्वाला और कंकालवत् शरीर पर नहीं" (उपर्युक्त, पृ. 613-14) देश-दशा की तीव्र अनुभूति—शुक्ल जी ऐसी भावनाशीलता के पक्षधर थे।

6. खिलाफत, तिलक और असहयोग आन्दोलन

शुक्ल जी स्वाधीनता आन्दोलन के विरोधी थे, यह सिद्ध करने के लिए वीरभारत तलवार ने खिलाफत के बारे में शुक्ल जी की चुप्पी पर बहुत जोर दिया है। "शुक्ल जी ने जलियाँवाला बाग कांड का जिक्र किया, पर खिलाफत के सवाल पर चुप्पी साध ली, जबकि असहयोग का प्रस्ताव आया ही खिलाफत के सिलसिले में था और कलकत्ते में उसे मिले समर्थन के पीछे खिलाफत के अनुयायियों का भारी हाथ था" (13) वीरभारत तलवार ने यह नहीं बताया, भारतीय राष्ट्रीयता से खिलाफत का सम्बन्ध किस तरह का था; किसानों, मजदूरों अथवा साम्राज्य-विरोधी पूँजीपतियों के कौन से हित खिलाफत से सिद्ध होते थे? विश्व इस्लामवाद से प्रभावित सम्प्रदायवादी मुसलमान नेता तुर्की स्थित खलीफा के अधिकारों की सुरक्षा के लिए आन्दोलन चला रहे थे, भारतीय राष्ट्रीयता से उसका कोई सम्बन्ध न था। खिलाफत के नेताओं को न राष्ट्रीय आन्दोलन में आते देर लगी, न उससे बाहर जाते देर लगी। राष्ट्रीय एकता के टूटने पर सम्प्रदायवाद का विष और भी तेजी से फैला।

कांग्रेस के जिस नेता ने यह प्रक्रिया बहुत स्पष्ट देखी थी, उसका नाम गणेशशंकर विद्यार्थी था।

अपने लेख के आरम्भ में ही वीरभारत ने बता दिया है कि शुक्ल जी "राष्ट्रीय आन्दोलन की उथल-पुथल से भरे उसी दौर के लेखक थे, जिस दौर में प्रेमचन्द, माखनलाल चतुर्वेदी और गणेशशंकर विद्यार्थी जैसे सजग साम्राज्य-विरोधी लेखक, कवि और पत्रकार अपना लेखन कर रहे थे" (7) एक ओर सजग साम्राज्य-विरोधी लेखक हैं, दूसरी ओर शुक्ल जी हैं; शुक्ल जी या तो साम्राज्यवाद के समर्थक हैं या उनका साम्राज्य-विरोध सुषुप्त अवस्था में था। प्रश्न है : वीरभारत तलवार का साम्राज्य-विरोध किस अवस्था में है? खिलाफत के प्रति गणेशशंकर विद्यार्थी और वीरभारत तलवार की धारणाओं में जो अन्तर है, उसका कारण क्या है? विद्यार्थीजी ने लिखा था : "देश की स्वाधीनता के लिए जो उद्योग किया जा रहा था, उसका वह दिन निस्सन्देह अत्यन्त बुरा था, जिस दिन स्वाधीनता के क्षेत्र में खिलाफत, मुल्ला, मौलवियों और धर्माचार्यों को स्थान दिया जाना आवश्यक समझा गया। एक प्रकार से उस दिन हमने स्वाधीनता के क्षेत्र में एक कदम पीछे हटकर रखा था। अपने उसी पाप का फल आज हमें भोगना पड़ रहा है। देश की स्वाधीनता के संग्राम ने ही मौलाना अब्दुलबारी और शंकराचार्य को देश के सामने दूसरे रूप में पेश किया, उन्हें अधिक शक्तिशाली बना दिया, और हमारे इस काम का फल यह हुआ है कि इस समय हमारे हाथों से ही बढ़ाई इनकी और इनके से लोगों की शक्तियाँ हमारी जड़ उखाड़ने और देश में मजहबी पागलपन, प्रपंच और उत्पात का राज्य स्थापित कर रही हैं।" ('श्रेष्ठ निबन्ध', दिल्ली, 1967, पृ. 141) जो खिलाफत गणेशशंकर विद्यार्थी के लिए मजहबी पागलपन फैलाने का मूल कारण है, वह वीरभारत तलवार के लिए स्वाधीनता आन्दोलन की महान् उपलब्धि है। कांग्रेस ने जहाँ कमजोरी दिखाई, सम्प्रदायवाद से समझौता किया, वहाँ वीरभारत ने उसकी राष्ट्रीयता को सराहा। शुक्ल जी का विरोध करने के लिए कांग्रेसी नीति के अत्यन्त हानिकारक पक्ष का समर्थन करना जरूरी हो गया।

वीरभारत तलवार ने शुक्ल जी को 'तिलकपंथी' कहकर उनकी निन्दा की। गांधी प्रगतिशील हैं; तिलक प्रतिक्रियावादी हैं; शुक्ल जी गांधी के विरोधी हैं, तिलक के समर्थक हैं, अत: प्रतिक्रियावादी हैं। इस प्रकार : "तिलकपंथी शुक्ल जी यह नहीं देख सके कि तेजी से घट रही राष्ट्रीय-अन्तर्राष्ट्रीय घटनाओं और संघर्ष की माँग कर रही परिस्थितियों के सामने अपने जीवनकाल में ही तिलक पिछड़ रहे थे, गांधी उभर रहे थे" (11) गांधी की प्रगतिशीलता सिद्ध करने के लिए वीरभारत ने एम.एन. राय का हवाला दिया है। राय के अनुसार, लेनिन मानते थे कि भारतीय जनता को प्रेरित करने और उसे नेतृत्व प्रदान करने के लिहाज से वे क्रान्तिकारी हैं। यह काफी आश्चर्य की बात है कि लेनिन जिसे क्रान्तिकारी नेता मानते थे,

उसका नाम उनकी रचनाओं में एक बार भी नहीं आया। एम.एन. राय स्वयं को क्रान्तिकारी और लेनिन को गांधीवाद का समर्थक कहकर उनका विरोध करते रहे थे। लेनिन पराधीन देशों के राष्ट्रीय आन्दोलन में सीमित प्रगतिशील भूमिका स्वीकार करते थे, कम्युनिस्टों को उसके साथ अस्थायी संयुक्त मोर्चा बनाने की सलाह देते थे। इस तथ्य को तोड़-मरोड़कर राय ने लेनिन से गांधी जी को क्रान्तिकारी कहलाया है। जो लोग राष्ट्रीय स्वाधीनता आन्दोलन में मजदूरवर्ग और कम्युनिस्ट पार्टी की क्रान्तिकारी भूमिका अस्वीकार करते हैं, वे एम.एन. राय के आधार पर गांधी जी के क्रान्तिकारीत्व को मान्यता देने की बात बराबर करते हैं। इससे स्वाधीनता आन्दोलन के सामने गांधीवाद का कोई विकल्प नहीं रह जाता, कम्युनिस्ट पार्टी की सार्थकता इतनी रह जाती है कि वह गांधीवाद का समर्थन करती रहे।

लेनिन ने गांधी जी के बारे में क्या कहा, यह बताने के लिए वीरभारत तलवार ने एम.एन. राय का हवाला देना उचित समझा, पर लेनिन ने सीधे तिलक का नाम लेकर जो कुछ कहा था, उसे उद्धृत करना उन्होंने अनावश्यक समझा। यह उनकी रणनीति के अनुरूप ही है। तिलक के स्वराज्य-आन्दोलन से क्षुब्ध होकर अंग्रेजों ने उन्हें कठोर सजा दी। इसकी तीव्र भर्त्सना करते हुए लेनिन ने अगस्त, 1908 में लिखा था : "ब्रिटिश गीदड़ों ने भारतीय लोकतंत्रवादी तिलक के प्रति कुख्यात दंड की घोषणा की है। उन्हें देश से दीर्घकालीन निर्वासन का दंड दिया गया। ब्रिटिश हाउस आफ कॉमन्स में प्रश्न किये जाने पर पता चला कि भारतीय पंचों ने उन्हें बरी कर दिया था, फैसला हुआ ब्रिटिश पंचों के वोट से! थैलीशाहों के चमचों ने एक लोकतंत्रवादी से बैर का बदला लिया। इससे बम्बई में हड़ताल हुई और सड़कों पर प्रदर्शन हुए। भारत में भी सर्वहारा वर्ग सचेत राजनीतिक जन-संघर्ष के स्तर तक अभी भी विकसित हो चुका है। ऐसी स्थिति में भारत में रूसी ढंग की ब्रिटिश राज्यव्यवस्था का विनाश निश्चित है।" (कलेक्टेड वर्क्स, खंड 15, पृ. 184)

थैलीशाहों ने तिलक पर दायें बाजू से हमला किया था, बायें बाजू से हमला किया है वीरभारत तलवार ने। वामपंथी अवसरवाद किस तरह की वक्तृत्वकला से काम लेता है, उसका नमूना यह है : "जब भारतीय जनता अंग्रेजी राज के दमन और अत्याचारों से क्षुब्ध थी, खिलाफत का सवाल मुसलमानों को खौला रहा था और जलियाँवाला बाग का हत्याकांड और उसके बाद के जुल्म राष्ट्रीय अपमान के प्रतीक बन गए थे और समूची जनता ब्रिटिश शासन के खिलाफ संघर्ष करना चाहती थी, तब तिलक लन्दन में एक कानूनी मुकदमा लड़ने में व्यस्त रहे" (11) यानी स्वाधीनता आन्दोलन की राह में सबसे बड़ी रुकावट थे, लोकमान्य बाल गंगाधर तिलक! खैर, लेनिन ने उन्हें 'लोकतंत्रवादी' कहा, हमारे लिए इतना काफी है। रामचन्द्र शुक्ल 'तिलकपंथी' थे, यह उनके लिए गौरव की बात है।

"तब तिलक लन्दन में एक कानूनी मुकदमा लड़ने में व्यस्त रहे"—तब कब? कानूनी मुकदमे के सिलसिले में तिलक 30 अक्तूबर, 1918 से 6 नवम्बर, 1919 तक इंग्लैंड में थे। उनके लौटने पर दिसम्बर, 1919 में अमृतसर में कांग्रेस का अधिवेशन हुआ। इस समय गांधी जी अंग्रेजों से पूर्ण सहयोग करने के पक्ष में थे। ब्रिटिश पार्लियामेंट ने इंडिया बिल पास करके जो संवैधानिक रिआयतें दी थीं, उन्हें तिलक ने 'अपर्याप्त और असंतोषजनक' कहा था। गांधी जी रिआयतों की इतनी आलोचना सुनने को भी तैयार न थे। उनका विचार था कि बादशाह सलामत का ऐलान महज राजनीतिक वक्तव्य नहीं है, वह ब्रिटिश जनता की सच्ची भावनाओं की अभिव्यक्ति है। "इसलिए उनकी राय थी कि भारतीय राष्ट्रीय कांग्रेस को सुधार मंजूर कर लेने चाहिए और उन्हें अमल में लाने के लिए सरकार से सहयोग करना चाहिए" (D.V. Tahmankar, 'Lokamanya Tilak', लन्दन, 1956, पृ. 298) तिलक का कहना था : "हम सहयोग के लिए तैयार हैं, लेकिन पहले कोई चीज होनी चाहिए जिसको लेकर सहयोग करें।...अधिकारी पहले घोषित करें कि वे हमसे किस तरह सहयोग करना चाहते हैं, तब हम उन्हें आश्वस्त कर देंगे कि यदि वे सहयोग करेंगे तो हम भी सहयोग का हाथ बढ़ाएँगे। सहयोग यातायात का एकतरफा मार्ग नहीं है, वह पारस्परिक है। मैं उसे उत्तर सापेक्ष (responsive) कहता हूँ।" (उप.) अमृतसर कांग्रेस में ब्रिटिश सुधारों को लेकर तीन मत थे : "सहयोग शर्तों के साथ हो"—"तिलक। सहयोग बिना शर्तों के हो"—गांधी। "सहयोग बिलकुल न हो"—चित्तरंजनदास और बिपिनचन्द्र पाल।

तिलक के प्रयत्न से कांग्रेस ने एकमत होकर प्रस्ताव पास किया। उसमें कहा गया था : भारत पूर्ण स्वराज्य (full self-government) के योग्य है। सुधारोंवाला कानून अपर्याप्त, असंतोषजनक और निराशाजनक है। आत्मनिर्णय के सिद्धान्त के अनुसार भारत में पूर्ण स्वराज्य कायम करने के लिए जल्दी कदम उठाने चाहिए। जहाँ तक सम्भव हो, सुधार इस तरह अमल में लाए जाने चाहिए, जिससे पूर्ण स्वराज्य शीघ्र स्थापित हो। (उप., पृ. 299-300) इस समय नरम नीति का समर्थन गांधी जी कर रहे थे, गरम नीति के समर्थक चित्तरंजनदास और बिपिनचन्द्र पाल थे। मध्य मार्ग का अनुसरण कर रहे थे तिलक। वीरभारत तलवार ने घटनाओं में हेराफेरी करके तिलक को लन्दन में जमाये रखा और यहाँ गांधी जी को असहयोगी बना दिया।

गांधी जी ने सुधारों के पूर्ण बहिष्कार की बात जून, 1920 में कही। "भारत में 1920 की हलचल का तात्कालिक कारण तुर्की से संधि की शर्तों का प्रकाशन था। इससे अधिकांश मुसलमान क्षुब्ध हो उठे और सख्त कदम उठाने को बाध्य हुए। तुर्की से संधि का विरोध करने के लिए 'केन्द्रीय खिलाफत समिति' का गठन किया गया। इस समिति ने असहयोग का कार्यक्रम स्वीकार किया—सरकारी खिताब छोड़ दिये जाएँ; स्कूलों, कचहरियों और कानूनसाज कौंसिलों का बहिष्कार किया जाए

और अन्त में टैक्सों की अदायगी बन्द की जाए। महात्मा गांधी ने इस कार्यक्रम से सहमति प्रकट की, और उन्होंने मुसलमानों के समर्थन में, संधि के विरोध में और पंजाब की परिस्थितियों के विरोध में भी आन्दोलन में अगुवाई की। वह इस नतीजे पर पहुँचे कि जो शासन-व्यवस्था पंजाब की घटनाओं के लिए जिम्मेदार थी अथवा जो गम्भीरता से की हुई प्रतिज्ञाएँ, जैसेकि खिलाफत के मामले में, भंग कर सकती थी, वह अब बरदाश्त न की जा सकती थी। उन्होंने सारे देश का दौरा किया और लोगों से कहा कि वे अपने मुसलमान भाइयों का साथ दें और पंजाब के सम्मान की रक्षा भी करें। सारे भारत ने उनकी अपील मानी। तिलक ने भी नये आन्दोलन को आशीष दी और कानूनसाज कौंसिलों के बहिष्कार के सवाल को छोड़कर गांधी जी के कार्यक्रम से सहमति प्रकट की।" ('Lokamanya Tilak', पृ. 302) पूरी स्थिति यह थी।

सजग साम्राज्य-विरोधी कवि माखनलाल चतुर्वेदी भी तिलकपंथी थे। और उन्होंने तिलक से ही जलियाँवाला बाग के जन-प्रतिरोध का सम्बन्ध जोड़ा था :

तेरी हुंकारों का फल था, अगणित वीरों ने प्राण दिया,
राष्ट्रीय शक्ति ने तुझसे ही अमृतसर में था त्राण लिया।
तुझको अब कष्ट नहीं देंगे, हाथों में झंडा ले लेंगे,
मंडाले के क्या, शूली के कष्टों को सादर झेलेंगे।
इंग्लैंड नहीं नभ मंडल में हम तेरे हैं, हो आवेंगे,
तू ने नरसिंह बनाए हैं, अपना तिलकत्व दिखावेंगे।

('माखनलाल चतुर्वेदी रचनावली', खंड 6, पृ. 67)।

क्या कहा था लेनिन ने—ब्रिटिश गीदड़ों ने लोकतंत्रवादी तिलक के प्रति कुख्यात दंड की घोषणा की थी। क्या कहते हैं कवि माखनलाल चतुर्वेदी :

तूने नरसिंह बनाए हैं, अपना तिलकत्व दिखावेंगे।

एक है गीदड़ दृष्टि, दूसरी ही नरसिंह दृष्टि। दोनों में जो पसन्द हो, चुन लीजिए।

तिलकपंथियों के विरुद्ध गांधी जी का महत्त्व दिखाने के लिए वीरभारत तलवार ने लेनिन का हवाला देते हुए लिखा : "भारत के राष्ट्रीय आन्दोलन के हर विकास को ध्यान से देख रहे लेनिन ने असहयोग आन्दोलन को उठता देखकर 1921 में लिखा, "एशियाई देशों की जनता विश्व राजनीति और साम्राज्यवाद के क्रान्तिकारी विध्वंस की एक महत्त्वपूर्ण शक्ति बनती जा रही है। ऐसे देशों में भारत सबसे आगे है जहाँ क्रान्ति की ओर बढ़ने की तीव्रता दिखाई दे रही है।" (12)

बेशक लेनिन भारत के, और एशिया के अन्य देशों के, स्वाधीनता आन्दोलन के विकास को ध्यान से देख रहे थे। इन देशों की जनता साम्राज्यवाद के क्रान्तिकारी

विध्वंस की शक्ति बनती जा रही थी। लेकिन कैसे? कम्युनिस्ट इंटरनेशनल की तीसरी कांग्रेस में लेनिन ने कहा कि उपनिवेशों और अर्द्ध-उपनिवेशों की श्रमिक जनता संसार की आबादी का भारी बहुसंख्यक भाग है। बीसवीं सदी शुरू हुई तो यह जनता राजनीतिक जीवन के प्रति जाग्रत हुई "विशेष रूप से रूस, तुर्की, ईरान और चीन की क्रान्तियों द्वारा।" यहाँ लेनिन ने भारतीय स्वाधीनता आन्दोलन की एशियाई पृष्ठभूमि पर ध्यान केन्द्रित किया है, एशियाई जनजागरण से उसका सम्बन्ध जोड़ा है। आगे उन्होंने कहा : "विश्व राजनीति में और साम्राज्यवाद के क्रान्तिकारी विध्वंस में इस जनता को सक्रिय उपकरण के रूप में बदलने की प्रक्रिया 1914-18 का साम्राज्यवादी युद्ध और रूस की सोवियत सत्ता पूरी कर रहे हैं (The imperialist war of 1914-18 and the Soviet power in Russia are completing the process of converting these masses into an active factor in world politics and in the revolutionary debtruction of imperialism...) यद्यपि दूसरी और अढ़ाई इंटरनेशनलों के नेताओं समेत योरप और अमरीका के शिक्षित कमाऊ-खाऊ लोग इसे देखने से हठपूर्वक इनकार करते हैं। ब्रिटिश भारत इन देशों के सिरे पर है, और वहाँ क्रान्ति उसी अनुपात में परिपक्व हो रही है जिस अनुपात में एक ओर औद्योगिक और रेल सम्बन्धित सर्वहारा वर्ग में वृद्धि हो रही है, दूसरी ओर उन अंग्रेजों के पाशविक आतंक में वृद्धि हो रही है जो और भी शीघ्रता से बार-बार हत्याकांडों (अमृतसर), सार्वजनिक रूप से कोड़े लगाने आदि से काम लेते हैं।" ('कलेक्टेड वर्क्स', खंड 32, पृ. 454-55)

लेनिन भारत के स्वाधीनता आन्दोलन का विकास अन्तरराष्ट्रीय परिस्थिति के सन्दर्भ में देखते हैं। इस परिस्थिति में एक उपकरण है, साम्राज्यवादी युद्ध और दूसरा उपकरण है, सोवियत राज्यसत्ता। ये दोनों उपकरण पहले से चली आती प्रक्रिया को पूरा कर रहे हैं : 1905 की रूसी क्रान्ति तथा अन्य पूर्वी देशों की क्रान्ति से वह प्रक्रिया शुरू हुई थी। भारत के स्वाधीनता आन्दोलन में दो उपकरण हैं : एक है तिलक जैसे नेताओं का लोकतंत्रवाद, दूसरा है औद्योगिक सर्वहारा वर्ग। 1908 में उन्होंने इस सर्वहारा वर्ग का उल्लेख किया और 1921 में भी। इस बार उन्होंने और भी स्पष्ट कर दिया कि भारत में क्रान्ति किस हद तक परिपक्व होती है, यह सर्वहारा वर्ग की वृद्धि पर निर्भर है। वीरभारत तलवार ने अन्तरराष्ट्रीय परिस्थिति को तो अपने उल्लेख से बाहर रखा ही है, भारत के सर्वहारा वर्ग को भी बाहर कर दिया है। इससे एक ओर राष्ट्रीय स्वाधीनता आन्दोलन सोवियत संघ की छूत से बच जाता है, दूसरी ओर उस आन्दोलन में सर्वहारा वर्ग की भूमिका खारिज हो जाती है, और पूँजीपतिवर्ग उसका एकमात्र नेता रह जाता है। लेनिन ने बहुत स्पष्ट रूप से अमृतसर के हत्याकांड, वहाँ सार्वजनिक रूप से कोड़े लगाने का उल्लेख किया, पर खिलाफत के सवाल पर चुप्पी साध ली!

लेनिन भारत के राष्ट्रीय आन्दोलन के हर विकास को ध्यान से देखते थे। एक विकास देशी फौज में गदर पार्टी की कार्रवाई थी। 1916 में उन्होंने लिखा था : "उपनिवेशों में विद्रोह करने की कई कोशिशें हुई हैं। स्वभावत: उत्पीड़क जातियों ने फौजी सेंसर के जरिये इन्हें छिपाने की भरपूर कोशिश की। इसके बावजूद पता चला कि सिंगापुर में अंग्रेजों ने क्रूरता से अपनी भारतीय पलटनों के विद्रोह का दमन किया।" ('कलेक्टेड वर्क्स', खंड 39, पृ. 254) मार्क्स ने 1853 में ही ब्रिटिश सार्जेंट द्वारा प्रशिक्षित सेना को 'भारत के उद्धार' की शर्त माना था। 1857 में उन्होंने लिखा कि देशी फौज के गठन के साथ अंग्रेजों ने भारतीय जनता के लिए "प्रतिरोध का पहला सामान्य केन्द्र भी स्थापित कर दिया" 1920 में लेनिन ने भारत की देशी सेना के बारे में लिखा : "ब्रिटिश पूँजीपतिवर्ग ने भारत के सैनिकों को समझाया कि जर्मनी के विरुद्ध ब्रिटेन की रक्षा करना भारतीय किसानों का कर्तव्य है...पूँजीपति वर्ग ने उन्हें हथियार इस्तेमाल करना सिखाया, बड़े काम की चीज सिखाई, इसके लिए हमें पूँजीपतिवर्ग के प्रति आभार प्रकट करना चाहिए। सभी रूसी किसानों और मजदूरों की ओर से, खास तौर से रूसी लाल फौज की ओर से, आभार प्रकट करना चाहिए।" (उप., खंड 31, पृ. 232)

असहयोग आन्दोलन का विकल्प लेनिन के सामने मौजूद था। मार्क्सवादियों में जितने अवसरवादी हैं, वे इस विकल्प के बारे में चुप रहते हैं। वे कांग्रेस की नरम और ढुलमुल नीति को भारत के लिए ऐतिहासिक रूप से अनिवार्य मानते हैं।

जब तिलक लन्दन में थे, तब उन पर नजर रखने और उनके काम की रिपोर्ट देने के लिए भारत से तीन सी.आई.डी. अफसर भेजे गए थे। तिलक देशी सेना की भूमिका के बारे में क्या सोचते थे, इसकी जानकारी उनकी रिपोर्ट से होती है : "जहाँ तक स्वयं भारत में प्रचार [स्वराज्य-सम्बन्धी प्रचार] का सवाल है, मिस्टर तिलक नहीं समझते कि अब उसकी उतनी ज्यादा जरूरत है जितनी पहले थी। उनके विचार से वापस आनेवाले मजदूर-बटालियन, सैनिक, इंग्लैंड की चाकरी में लड़नेवाले सीमान्त प्रदेश के कबीले, शाही सेवा के सैन्यदल, जर्मनी से आनेवाले कैदी आदि, ये सब जिस मोर्चे से भी आएँ, वे परिस्थिति के कारण ही प्रचार संस्थाएँ बन जाएँगे और स्वयं को ऐसी संस्थाएँ बना लेंगे। उनके अपने हर सूबे, जिले, शहर और गाँव में लोग उनका प्रभाव महसूस करेंगे और उनका काम पूरा किया जाएगा। जहाँ के वे रहनेवाले हैं, वहाँ की देहाती जनता के लिए इसका भारी महत्त्व होगा।" (Tahmankar, 'Lokamanya Tilak', पृ. 288) सेना के जवानों ने सरकार का नमक खाया है, उसके प्रति वफादार रहने की कसम खाई है, हर हालत में उन्हें उसके प्रति वफादार रहना चाहिए, यह नीति तिलक की न थी। युद्ध के मोर्चों से लौटनेवाले जवानों के लिए उन्होंने एक राजनीतिक भूमिका निश्चित कर ली थी।

युद्ध के बाद की अन्तरराष्ट्रीय परिस्थिति और उसमें इंग्लैंड की बदली हुई स्थिति को भी वह ध्यान से देख रहे थे। उस रिपोर्ट में आगे कहा गया था : "मिस्टर तिलक को इसका भरोसा भी है कि इंग्लैंड का खजाना खाली है और इसका कि अन्य राष्ट्र क्षति सह चुके हैं, अत: भविष्य में कोई उसकी मदद को आएगा भी नहीं। कुशल मजदूरों को मारा जाना और घायल होना, जहाजरानी का विनाश, जापान और अमरीका की प्रतिद्वंद्विता, अगले अनेक वर्षों तक विदेश नीति का उलझाव, ये सब उपकरण ऐसे हैं जिनके फलस्वरूप इंग्लैंड की शक्ति और रोबदाब का ह्रास होगा।" ('Lokamanya Tilak', पृ. 289) इंग्लैंड की इस स्थिति को ध्यान में रखते हुए तिलक ने सेना के जवानों की राजनीतिक भूमिका निर्धारित की थी। यह भूमिका भारत में अंग्रेजी राज को स्थायित्व प्रदान करनेवाली न थी।

स्वयं इंग्लैंड की आन्तरिक स्थिति में भारी परिवर्तन हो रहा था। तम्हनकर ने सही लिखा है : "एक से अधिक अर्थों में यह दौर क्रान्तिकारी था। ब्रिटेन के मजदूर वर्ग पर रूसी क्रान्ति का गहरा असर पड़ रहा था, फौज को भंग करने से नई समस्याएँ पैदा हो रही थीं, कीमतें आसमान छू रही थीं, आयरलैंड की मुसीबत विराट् रूप ग्रहण कर रही थी, मजदूरों में बेचैनी बढ़ रही थी, पेरिस में शान्ति सम्मेलन हो रहा था।" (उप., पृ. 276) तिलक ने लेबर पार्टी के मंच का उपयोग करके ब्रिटिश मजदूरों को समझाया कि उन्हें स्वराज्य की माँग का समर्थन क्यों करना चाहिए। वह बर्नार्ड शॉ और सिडनी वेब से मिले। ये दोनों लेखक समाजवाद के प्रचारक थे और स्वराज्य की माँग का समर्थन करते थे। तिलक ने लेबर पार्टी के मुखपत्र 'डेली हेरॉल्ड' में लेख लिखे और भारतीय पक्ष को सही ढंग से प्रस्तुत करनेवाली पुस्तिकाएँ छापीं। युद्ध के बाद ब्रिटेन में जो चुनाव हुआ, उसके दौरान उन्होंने एक पुस्तिका की दस लाख प्रतियाँ वितरित कीं। सर वैलेंटाइन शिरोल ने 'भारतीय असंतोष' (Indian Unrest) नाम की पुस्तक में ब्रिटिश जनता के बीच भारतीय स्वाधीनता आन्दोलन और तिलक के बारे में बहुत-से भ्रम फैलाए थे। तिलक ने अपने भाषणों और लेखों से इन भ्रमों को दूर किया।

शिरोल को ब्रिटिश पूँजीपतियों के अखबार 'टाइम्स' ने भारत का हाल लिखने को भेजा था। सी.आई.डी. की रिपोर्टों समेत यहाँ उसे हर तरह की सरकारी सहायता दी गई थी। तिलक ने शिरोल पर मानहानि का जो मुकदमा चलाया, वह व्यक्तिगत रूप से शिरोल पर न होकर भारत सरकार पर हो गया। सरकार ने किताब लिखने में उसकी मदद की थी, अब मुकदमा लड़ने में उसकी मदद की। आवश्यक सामग्री जुटाने के लिए एक विशेष अधिकारी नियुक्त किया गया। इस सिलसिले में वाइसराय के सलाहकारों ने उन्हें सूचित किया : "विशेष कार्य के लिए अधिकारी की नियुक्ति ऐसा कदम है जो इस पूर्वधारणा के बल पर हिम्मत से उठाया जा सकता है कि आज जो सर वैलेंटाइन शिरोल पर आक्रमण है, वह कल हम पर हो सकता है।

दोनों ही स्थितियों में बचाव, सारतत्त्व को देखते, एक ही ढंग का होगा। जब हम ऐसी सूचना-सामग्री इकट्ठा करते हैं, जो सर वैलेंटाइन शिरोल के काम आ सके, तब जो सामग्री खुद हमारे लिए जरूरी है, उसे इकट्ठा करते हैं।" (उप., पृ. 271) ब्रिटेन के अखबार खुलकर तिलक का विरोध कर रहे थे, जज के अलावा जूरी के सदस्यों को प्रभावित कर रहे थे। जज ने जूरी को सम्बोधित करते हुए जो कुछ कहा, वह आज तिलक की देशभक्ति का प्रमाणपत्र जैसा लगता है : "सज्जनो, वादी का कहना है कि वह राजद्रोह (Sedition) का दोषी है। इस बारे में जरा भी सन्देह नहीं है। अपने जीवन में बरसों तक उसने बहुत-से राजद्रोहात्मक लेख लिखे या प्रकाशित किये हैं, और राजद्रोहात्मक किस अर्थ में? क्या यह कहना अतिशयोक्तिपूर्ण है कि उनका प्रभाव, अक्सर भाषा की दुरूहता से ढँका हुआ, यह था कि भारत में अंग्रेजों की सरकार की भर्त्सना की जाए और जैसे भी बन पड़े, उसे बदनाम किया जाए?...ये स्वदेशी लोग अंग्रेजी माल में आग लगाते थे। आपको वे वाक्य याद हैं जिनमें उन्हें सलाह दी गई थी कि मुख्य बात है, अंग्रेजी चीजों को न खरीदना? मिल सके तो केवल भारत में बनी हुई चीजें खरीदो, दूसरी चीजों का बाईकॉट करो, और सबसे बढ़कर अंग्रेजी चीजों का बाईकॉट करो। अंग्रेजी चीजें मत इस्तेमाल करो; कोई चीज जर्मनी में मिलती हो तो जर्मनी से मँगा लो।...उसी समय एक दूसरा आन्दोलन भी चल रहा था—स्वराज के लिए। इसके बारे में स्वयं वादी की गवाही मौजूद है। जब यहाँ वह कठघरे में खड़ा था, उसने कहा था, उसका [स्वराज का] मतलब है, ब्रिटिश साम्राज्य के अन्तर्गत स्वायत्त शासन। लेकिन क्या उसका इतना ही मतलब है? लेख आपके सामने है। स्वराज का मतलब है : स्वाधीनता। साम्राज्य के अन्तर्गत स्वाधीनता को ऐसे पृथक् गणतंत्र में विकसित होते कितना समय लगता है जिसकी अपनी पार्लियामेंट हो?...उसके व्याख्यान देने पर रोक लगा दी गई थी। किस कारण? इस कारण कि वह जज [कारावास का दंड देनेवाला भारतीय जज] उसे कुछ भी सुधार न सका था और काले पानी की सजा उसे कुछ भी सुधार न सकी थी और उसके व्याख्यान देने पर रोक लगाई गई थी, इस कारण कि वह भारत के लोगों को समझाते हुए घूमता था कि वे ब्रिटिश फौज में भर्ती न हों, यह उस समय जबकि 1914 से लेकर पिछले नवम्बर तक, जैसाकि आप जानते हैं, हम अब तक की सबसे बड़ी फौजी ताकत से अपनी जिन्दगी के लिए लड़ रहे थे।" (उप., पृ. 265-66)

तिलक का मुकदमा खारिज हो गया। जिस पर मानहानि का दावा किया था, उसे हर्जाना देना पड़ा। इसके साथ अंग्रेज जिस न्याय-व्यवस्था की डींग हाँकते अघाते न थे, उसका भंडाफोड़ भी हुआ। भारत के नरमदली अखबारों तक ने ब्रिटिश अदालत के फैसले की आलोचना की। तिलक की सम्मान-रक्षा का प्रश्न भारत की सम्मान-रक्षा का प्रश्न बन गया। उनकी सहायता के लिए सभाएँ की गईं।

बम्बई में ऐसी एक सभा की अध्यक्षता करते हुए गांधी जी ने कहा : "मेरी पद्धति और तरीके लोकमान्य तिलक से भिन्न हैं, पर उन्होंने देश की जो नि:स्वार्थ सेवा की है, उसके प्रति मुझे अपनी श्रद्धा अर्पित करनी ही चाहिए। यह समझना भ्रम होगा कि ब्रिटिश अदालत का फैसला उनके खिलाफ गया, इससे उनके प्रति जनता के आदर और प्रेम में कोई कमी आ सकती है। अस्लियत यह है कि विरुद्ध फैसला होने से वह उसकी निगाह में और भी ऊँचे उठ गए हैं। हकीकत यह है कि भारी थैलीवाला जीत गया है। लोकमान्य की दृढ़ता और उनके साहस की प्रशंसा करनी ही पड़ती है। कानूनी पराजय से विचलित न होकर वह इंग्लैंड में अपना राष्ट्रीय कार्य करते जा रहे हैं। जब वहाँ वे हमारी लड़ाई लड़ रहे हैं, तब यहाँ हमारा कर्तव्य यह है कि हम पैसा इकट्ठा करें और उन्हें आर्थिक चिन्ता से मुक्त कर दें।" ('Lokamanya Tilak', पृ. 294-95)

तिलक के भारत लौटने तक तीन लाख रुपयों की थैली भेंट करने का इन्तजाम हो चुका था। (उप., पृ. 295)

स्वाधीनता आन्दोलन के जिस दौर के लेखक रामचन्द्र शुक्ल थे, उसी दौर के प्रेमचन्द, माखनलाल चतुर्वेदी और गणेशशंकर विद्यार्थी जैसे "सजग साम्राज्य-विरोधी लेखक, कवि और पत्रकार भी थे" (7) इन तीनों में अहिंसावादी एक भी न था। गणेशशंकर विद्यार्थी, भगतसिंह आदि क्रान्तिकारियों के मित्र तथा सहयोगी थे। माखनलाल चतुर्वेदी स्वयं क्रान्तिकारी रह चुके थे। कांग्रेस में शामिल होने के बाद भी क्रान्तिकारियों के प्रति उनकी सहानुभूति बनी रही। 1927 में कांग्रेस के प्रस्तावित सभापति डॉ. अंसारी के एक वक्तव्य की तीखी आलोचना करते हुए उन्होंने लिखा था : "हम निहायत अदब से एक बात और पूछें। कांग्रेस के भावी सभापति की दृष्टि में, जिस तरह नरम, एंग्लो इंडियन, और भारत में बसे अंग्रेज आ गए, क्या उसी तरह, उनकी दृष्टि से, देश के उन क्रान्तिकारी तरुणों का भुलाया जाना उचित हुआ, जिनकी जेलों, फाँसियों, काले पानियों और यंत्रणाओं ने, देश में नये युग को जन्म दिया, और जो लोग, यदि अपनी पिस्तौलें फेंककर, ईमानदारी से, असहयोग का साथ न देते, तो कांग्रेस के अनुशासन की धाक और गांधी-युग का अहिंसा का कार्यक्रम—बम और पिस्तौलों की आवाजों पर देखते [-देखते] धूल में मिल जाता।" ('माखनलाल चतुर्वेदी रचनावली', खंड 10, पृ. 269-70)?

माखनलाल चतुर्वेदी के अनुसार, देश में नये युग को जन्म क्रान्तिकारियों ने दिया था। इनमें बहुतों ने अपनी पिस्तौलें फेंककर ईमानदारी से असहयोग का साथ दिया था। शुक्ल जी सम्भवत: जानते थे कि अनेक क्रान्तिकारी असहयोग आन्दोलन में शामिल हुए हैं। "इस आन्दोलन में कुछ ऐसे नि:स्वार्थ एवं ईमानदार कार्यकर्ता हैं, जिनका उदात्त एवं राष्ट्रभक्तिपूर्ण बलिदान प्रत्येक सम्मान के योग्य है"—लगता है, ये शब्द उन्होंने क्रान्तिकारियों को लक्ष्य करके कहे थे।

प्रेमचन्द गांधीवाद के समर्थक थे। किसानों के संघर्ष से सम्बन्धित अपने पहले ही उपन्यास 'प्रेमाश्रम' में उन्होंने लिखा था : "सत्याग्रह में अन्याय का दमन करने की शक्ति है, यह सिद्धान्त भ्रान्तिपूर्ण सिद्ध हो गया।" इससे तुलनीय है शुक्ल जी की उक्ति : "कोलाहल का सृजन मात्र किसी भी तरह अन्यायों का निराकरण नहीं कर पाएगा।" 'प्रेमाश्रम' में मनोहर ने गौस खाँ का वध किया, 'कर्मभूमि' में छात्रों और मजदूरों ने बलात्कारी गोरों को मारा।

सन् '20 से पहले और सन् '20 के बाद भारत के क्रान्तिकारी नौजवान और सजग साम्राज्य-विरोधी लेखक कांग्रेसी नीति का विकल्प बराबर खोजते रहे थे। वीरभारत के चिन्तन में इस नीति का कोई विकल्प था ही नहीं। "असहयोग आन्दोलन के रूप में अच्छा या बुरा, सही या गलत, सतही या गहरा, जैसा भी वह था, संघर्ष का एक कार्यक्रम लेकर गांधी आगे आए, सही वक्त पर आगे आए। जनता उनके साथ हो ली" (12) फिर यह जनता अचानक गायब हो गई : "आन्दोलन का मुख्य आधार शहरी शिक्षित मध्यवर्ग था" (16) किसानों के बिना तो सामन्त-विरोधी आन्दोलन चलाया न जा सकता था। वीरभारत की तर्क-योजना से निष्कर्ष यह निकलेगा कि असहयोग आन्दोलन की सीमित साम्राज्य-विरोधी भूमिका भी न थी!

7. स्वाधीनता आन्दोलन में वर्गों की भूमिका

रामचन्द्र शुक्ल का अपराध यह है कि "वे उपनिवेशवाद के चंगुल में फँसे सामन्ती व्यवस्थावाले पराधीन देश में पूँजीवाद की कोई प्रगतिशील भूमिका भी नहीं मानते।" (17) वीरभारत तलवार इस प्रगतिशील भूमिका को किस हद तक स्वीकार करते हैं? यदि पूँजीपतिवर्ग 'कृषक वर्गों' को "पूँजी के प्रभाव के मातहत ला रहा होता, तब तो यह एक शानदार बात होती क्योंकि उसका मतलब यह भी होता कि भारत का पूँजीपतिवर्ग सामन्त-विरोधी क्रान्ति कर रहा था। दुर्भाग्य से ऐसी कोई बात न थी। उसके पास न इतनी पूँजी थी, न ऐसी क्रान्ति करने की क्षमता" (14) भारतीय पूँजीवाद ने सामन्त-विरोधी क्रान्ति नहीं की। शायद उसने कोई सीमित सामन्त-विरोधी भूमिका निबाही हो? ऐसी कोई बात नहीं है। कांग्रेस के अपने किसान कार्यक्रम में जमींदार के शोषण-उत्पीड़न के खिलाफ संघर्ष चलाने का कार्यक्रम न था" (18) तब नतीजा क्या निकला? नतीजा यह निकला कि कांग्रेस में और रामचन्द्र शुक्ल में कोई फर्क न था। लिखा है : "कांग्रेस तो वही चाहती थी जो रामचन्द्र शुक्ल चाहते थे, यानी जमींदार किसान संघर्ष को टालना" (18) सामन्त-विरोधी भूमिका न तो कांग्रेस की थी, न रामचन्द्र शुक्ल की। गांधी जी की सीमित प्रगतिशील भूमिका यह थी कि उन्हें तिलकपंथी रामचन्द्र शुक्ल के विरुद्ध खड़ा किया जा सकता था।

वास्तव में दोनों का लक्ष्य एक था—सामन्तवाद, अत: साम्राज्यवाद, की रक्षा करना। "शुक्ल जी चाहते थे कि अंग्रेजी राज से लड़ने के सिलसिले में किसान-जमींदार का संघर्ष न हो। गांधी जी भी ठीक यही चाहते थे" (24) और इन्हीं गांधी जी को एम.एन. राय के अनुसार लेनिन ने क्रान्तिकारी कहा था!

शायद मध्यवर्ग ने कोई सामन्त-विरोधी भूमिका निबाही हो? "राष्ट्रीय आन्दोलन का नेतृत्व कर रहा शिक्षित मध्यवर्ग क्रान्तिकारी न था", कारण यह कि "वह किसानों पर भू-स्वामीवर्ग का प्रभुत्व खत्म न करना चाहता था" (15) और भी : "यह वर्ग रोज देश की गरीबी के बारे में बड़ी-बड़ी बातें करता था, देशप्रेम की दुहाई देता था, लेकिन देश के गरीब किसानों से उसको कोई लगाव न था" (16) यह वर्ग भी उतना ही प्रतिक्रियावादी निकला जितना पूँजीपति वर्ग। वास्तव में प्रगतिशील भूमिका निबाही है छोटे जमींदारवर्ग ने! "खुद उस छोटे जमींदारवर्ग ने राष्ट्रीय आन्दोलन के एक दौर तक महत्त्वपूर्ण भूमिका निबाही" (27)

वीरभारत के चिन्तन में इस देश का जो वर्ग सबसे प्रभावशाली है, वह सामन्तवर्ग है। "भारतीय समाज में शिक्षित मध्यवर्ग के नेतृत्व में राष्ट्रीय आन्दोलन शुरू होने से पहले तक सामन्तवर्ग ही समाज का सबसे शक्तिशाली वर्ग था" (14-15) आगे चलकर जब शिक्षित मध्यवर्ग ने राष्ट्रीय आन्दोलन शुरू किया, तब भी यह वर्ग प्रभावशाली बना रहा। कारण यह कि "पूरे भारत में राष्ट्रीय आन्दोलन को खड़ा करनेवाले नेता मुख्यत: इसी वर्ग की पृष्ठभूमि से आए शिक्षित लोग थे" (27) जो वर्ग अंग्रेजी राज का आधार था, वह सामन्तवर्ग था; जिस वर्ग ने राष्ट्रीय आन्दोलन खड़ा किया, वह भी सामन्तवर्ग था। पूँजीपतिवर्ग समाज के अन्य अंगों की तरह पिछड़ा हुआ था। अंग्रेजी शिक्षा से लाभ उठाने की योग्यता उसमें न थी। "अंग्रेजी राज में शिक्षा हासिल करनेवाले सामाजिक वर्गों में सबसे मुख्य यही वर्ग था" (27) राजनीतिक आन्दोलन और सांस्कृतिक आन्दोलन—दोनों का संचालक है छोटे जमींदारों का वर्ग, उसका शिक्षित भाग। छोटे भू-स्वामीवर्ग के माहात्म्य का ऐसा प्रतिपादन अन्य किसी हिन्दी लेखक ने नहीं किया।

सामन्तवर्ग राष्ट्रीय आन्दोलन के पहले शक्तिशाली था, उसके दौरान शक्तिशाली रहा और बाद में भी बना रहा। राष्ट्रीय आन्दोलन में छोटा भू-स्वामीवर्ग प्रभावशाली इसलिए था कि "वह गाँवों में कांग्रेस का आधार था" (27) अंग्रेजी राज का आधार था सामन्तवर्ग और कांग्रेस का आधार भी है सामन्तवाद। ब्रिटिश पूँजीवाद और भारतीय पूँजीवाद में कोई खास अन्तर नहीं दिखाई देता। बहुत-से बहुत छोटे और बड़े भू-स्वामियों का अन्तर हो सकता है। पर छोटे हों या बड़े, थे तो वे सामन्त। जैसाकि वीरभारत ने कहा है : "वर्ग का निर्धारण आमदनी की मात्रा से नहीं, आमदनी प्राप्त करने के जरिये से, उत्पादन में निभाई गई भूमिका से होता है" (23) जैसे नागनाथ, वैसे साँपनाथ। नागनाथ हैं ब्रिटिश पूँजीपति, साँपनाथ हैं देशी पूँजीपति।

दोनों का सामाजिक आधार एक है। "किसानों पर उनके मालिक जमींदारों के प्रभावों के कारण जैसे अँगरेजों ने उन्हें अपना आधार बनाया, वैसे ही कांग्रेस भी उन्हें अपना आधार बनाना चाहती थी" (27) यहाँ छोटे सामन्त और बड़े सामन्त का भेद नगण्य है, साथ ही अंग्रेजी राज और राष्ट्रीय आन्दोलन का भेद भी नगण्य है!

कांग्रेस जमींदारों को अपना आधार बनाना चाहती थी—इस उद्देश्य में उसे सफलता मिली या नहीं? छोटा भू-स्वामीवर्ग तो पहले ही कांग्रेस का समर्थक था : "1937 में बिहार के बड़े-बड़े भूमिपतियों के सरताज सर सी.पी.एन. सिंह (जो अब सर हटाकर कांग्रेसी राज्यों में गवर्नर बनते हैं) और दरभंगा नरेश ने मिलकर बिहार के बड़े जमींदारों का एक संगठन कायम किया और कांग्रेस में मिलने का फैसला किया" (25) और भी : "छोटे जमींदारों ने ही नहीं, बड़े जमींदारों ने भी समझ लिया था कि कैसे अपने वर्गीय हितों को सुरक्षित रखते हुए राष्ट्रवादी बना जा सकता है" (26) इस राष्ट्रवाद में और अंग्रेजी राज में कोई मौलिक अन्तर नहीं है। जमींदारों को जैसे अंग्रेजों ने अपना आधार बनाया, वैसे ही कांग्रेस ने बनाया। अंग्रेजी राज का जो सामाजिक आधार पहले था, वह अब भी बना हुआ है। सामन्त-विरोधी क्रान्ति के जो कार्य पहले सम्पन्न करने थे, उन्हीं को आज भी सम्पन्न क़रना है। सवाल सामन्ती अवशेषों का नहीं है, अंग्रेजी राज के पुष्ट सामाजिक आधार का है, बड़े और छोटे जमींदारों के सम्मिलित सामन्त वर्ग का है। यह वर्ग पहले की ही तरह सुरक्षित है। भारतीय पूँजीवाद की सीमित साम्राज्य-विरोधी भूमिका यहाँ समाप्त हो जाती है। या भारतीय पूँजीवाद साम्राज्य-विरोधी तो है, सामन्त-विरोधी नहीं है?

दरअसल वीरभारत ने भारतीय पूँजीवाद को कांग्रेस का नेतृत्व सँभालने ही नहीं दिया। उसका नेतृत्व तो शिक्षित मध्यवर्ग कर रहा था और यह मध्यवर्ग छोटे जमींदार-वर्ग का विस्तार था। वीरभारत तलवार के विवेचन में शक्तिशाली वर्ग पूँजीपतियों का नहीं है, सामन्तों का है; शिक्षित मध्यवर्ग का सम्बन्ध पूँजीपतिवर्ग से नहीं है, सामन्तवर्ग से है। एक प्रगतिशील भूमिका अंग्रेजी राज की है, उसने भारत के सामन्ती अन्धकार में पाश्चात्य सभ्यता का प्रकाश फैलाया। दूसरी प्रगतिशील भूमिका है छोटे जमींदार वर्ग की। उसने पाश्चात्य शिक्षा से लाभ उठाया, देश में राष्ट्रीय आन्दोलन खड़ा किया। पाश्चात्य शिक्षा से लाभ उठानेवाला छोटे जमींदारों का वर्ग मध्यवर्ग है, यह बात वीरभारत ने अपने लेख में कई जगह दोहराई है और इस ढंग से दोहराई है, कि वह उनकी मौलिक स्थापना प्रतीत हो, पर वह स्थापना उन्होंने शुक्ल जी से प्राप्त की है।

शुक्ल जी ने लिखा था : "अव्यापारिक तथा राजनीतिक श्रेणियों के सदस्यों ने जमीन से जुड़े रहने की सुरक्षा अब आगे सम्भव न पाकर अंग्रेजी शिक्षा का लाभ उठाया, सरकारी नौकरियों पर टूट पड़े और इस ढंग से व्यापारिक वर्ग के आक्रमणों

के विरुद्ध अपनी प्रतिष्ठा एवं आत्मसम्मान की रक्षा की।...वे उस वृहद् भाग का निर्माण करते हैं जिसे शिक्षित मध्यवर्ग कहा जाता है।" ('दस्तावेज़', पृ. 6) मध्यवर्ग के बारे में अपनी स्थापना के स्रोत का उल्लेख करने के बदले वीरभारत तलवार ने शुक्ल जी के वर्ग-विश्लेषण की आलोचना की है। शुक्ल जी इतना भी नहीं जानते कि किसान और जमींदार दो भिन्न वर्ग हैं, वह उन्हें मिलाकर एक वर्ग बना देते हैं। "शुक्ल जी के साथ कठिनाई यह है कि वे किसान और जमींदार, दोनों को 'कृषकवर्ग' कहते हैं। किसान को उसके मालिक जमींदार के साथ रखकर 'कृषक श्रेणी' और किसान से लेकर जागीरदार तक को एक साथ रखकर 'अव्यापारिक श्रेणी' बनाते हैं" (9) यहाँ वीरभारत एक छोटी-सी बात भूल गए हैं। जिस लेख के आधार पर उन्होंने शुक्ल जी पर यह आरोप लगाया है, उसका शीर्षक है : "असहयोग और अव्यापारिक श्रेणियाँ"। एक श्रेणी नहीं, अनेक श्रेणियाँ हैं। 'कृषकवर्ग', 'कृषक श्रेणी' की बात करने के पहले वीरभारत शुक्ल जी के 'कृषकवर्ग' का उल्लेख भी कर आए हैं। "शुक्ल जी के मुताबिक, अंग्रेजी राज ने यहाँ के व्यापारी और पूँजीपतिवर्ग पर सुविधाओं की वर्षा की, लेकिन 'कृषकवर्ग'—किसानों और जमींदारों—को तबाह कर दिया" (8) 'कृषकवर्ग' के आगे 'किसानों और जमींदारों' लिखकर बता भी दिया कि वे वर्ग कौन से हैं। शुक्ल जी ने तो किसानों के अलावा खेत मजदूरों का उल्लेख भी किया था : "गाँवों की जनसंख्या में जमींदार, किसान और मजदूर होते हैं।" ('दस्तावेज़', पृ. 7) वीरभारत ने शुक्ल जी पर यह आरोप तो लगाया कि उन्होंने किसानों और जमींदारों को मिलाकर एक वर्ग बना दिया, यह आरोप क्यों नहीं लगाया कि उन्होंने मजदूरों और जमींदारों को मिलाकर एक वर्ग बना दिया? 'कृषक वर्गों।' ('एग्रीकल्चरल क्लासेज') में मजदूर भी तो शामिल हैं! ऐसा करते तो 'कृषक वर्ग' का रहस्य तुरत प्रकट हो जाता! तब वर्ग विश्लेषण में शुक्ल जी का अनाड़ीपन और वीरभारत का हस्तकौशल प्रकट होने से रह जाता।

पर छोटे जमींदारों के शिक्षा प्राप्त अंग—मध्यवर्ग—के प्रति शुक्ल जी के मन में कोई सम्मान का भाव नहीं है। जब छोटे जमींदारों ने देखा कि जमीन से जुड़े रहने की सुरक्षा अब आगे सम्भव नहीं है, तब उन्होंने अंग्रेजी शिक्षा का लाभ उठाया, सरकारी नौकरी पर टूट पड़े। सरकारी नौकरी करना कोई शान की बात नहीं है। शान की बात थी अंग्रेजों और उनके द्वारा संरक्षित महाजनों से लड़ना, पर यह न करके वे सरकारी नौकरी को ही गनीमत समझ रहे हैं। जमीन हाथ से निकली जा रही है और मुआवजे में मिल रही है सरकारी नौकरी! "स्पष्ट कहें तो ब्रिटिश शासन द्वारा प्रस्तुत प्रतिकूल स्थितियों के बीच से इस प्रकार किसी भी किस्म का मुआवजा वसूल कर लेने का उनकी तरफ से यह एक दयनीय प्रयास है।" ('दस्तावेज़', पृ. 6) शुक्ल जी के यहाँ जो वर्ग दयनीय प्रयास के योग्य ही रह गया है, वह वीरभारत के यहाँ स्वाधीनता आन्दोलन का कर्णधार बन गया।

पर वीरभारत तलवार के यहाँ मध्यवर्ग काफी लचीली संज्ञा है। एक मध्यवर्ग भू-स्वामीवर्ग का विस्तार है, दूसरा मध्यवर्ग पूँजीपतिवर्ग का विस्तार है। "तथ्य यह था कि राष्ट्रीय आन्दोलन में शामिल व्यापारी पूँजीपति और उनके शिक्षित मध्यवर्गीय प्रतिनिधि देहाती भू-स्वामीवर्ग के साथ समझौते की नीति पर चल रहे थे" (15) सामन्ती मध्यवर्ग, पूँजीवादी मध्यवर्ग, इनसे अलग तीसरा मध्यवर्ग भी है—साधारण मध्यवर्ग! सामन्ती मध्यवर्ग ने इस साधारण मध्यवर्ग को प्रभावित किया। छोटे जमींदारवर्ग ने राष्ट्रीय आन्दोलन के एक दौर तक महत्त्वपूर्ण भूमिका निभाई। "राष्ट्रीय आन्दोलन में शुरू के तीन दशकों तक आन्दोलन के विभिन्न पक्षों को संगठित करनेवाला वर्ग यही था। राष्ट्रीय आन्दोलन से सम्बन्धित विभिन्न संस्थाओं, जैसे धार्मिक सभाओं, साहित्यिक परिषदों...यहाँ तक कि किसान सभाओं तक को संगठित करने और नेतृत्व देने का काम इसी वर्ग ने किया था। राष्ट्रीय आन्दोलन से सम्बन्धित इतनी सारी संस्थाओं को संगठित करने और नेतृत्व देने के दौर में उसकी विचारधारा, मूल्यों और कार्यशैली का असर राष्ट्रीय आन्दोलन से जुड़े साधारण मध्यवर्ग पर पड़ना लाजमी था।" (27-28)

इस साधारण मध्यवर्ग का उल्लेख करने के तुरत बाद वीरभारत ने नया पैरा शुरू करते हुए लिखा : "इसी वर्ग की दृष्टि को लेकर रामचन्द्र शुक्ल हिन्दी प्रदेश में राष्ट्रीय आन्दोलन के साहित्यिक मोर्चे पर सामने आए" (28) सम्भव है, 'इसी वर्ग' का अर्थ हो साधारण मध्यवर्ग; यह भी सम्भव है कि संकेत सामन्ती मध्यवर्ग की ओर हो!

शुक्ल जी की वर्गदृष्टि पर वीरभारत तलवार ने कई दृष्टिकोणों से विचार किया है। "शुक्ल जी पूँजीवाद का विरोध देहात के छोटे भू-स्वामीवर्ग की दृष्टि से कर रहे थे" (20) यहाँ शुक्ल जी की वर्गदृष्टि देहाती ही नहीं, प्रतिक्रियावादी भी है। "वे गांधी की आलोचना वामपंथी दृष्टि से नहीं, दक्षिणपंथी दृष्टि से कर रहे थे।" (उप.) फिर दृष्टिकोण बदलता है। "वे शहरी मध्यवर्ग के लेखक थे और राष्ट्रीय आन्दोलन के समर्थक थे" (23) यहाँ शुक्ल जी शहरी ही नहीं, राष्ट्रीय आन्दोलन के समर्थक भी हैं। हो सकता है कि यह समर्थन उन्होंने दक्षिणपंथी दृष्टि से किया हो। लेकिन आगे बढ़ने पर ज्ञात होता है : "रामचन्द्र शुक्ल थे उग्र राष्ट्रवादी" (26) जो व्यक्ति गांधी जी की आलोचना दक्षिणपंथी दृष्टि से कर रहा था, वह उग्र राष्ट्रवादी कैसे हुआ, यह समझ पाना कठिन है। यह तो निश्चित है कि शुक्ल जी की वर्गदृष्टि पर वीरभारत तलवार ने कई दृष्टिकोणों से विचार किया है।

"रामचन्द्र शुक्ल बड़े जमींदारों, ताल्लुकेदारों, राजाओं और नवाबों के समर्थक न थे। बड़े जमींदार-ताल्लुकेदार, राजा और नवाब अंग्रेजी राज के दोस्त और दलाल थे जबकि रामचन्द्र शुक्ल थे उग्र राष्ट्रवादी। भोगविलास के बीच मर्यादीहीन जीवन गुजारनेवाले इन बड़े सामन्तों की सांस्कृतिक और साहित्यिक कुरुचियों पर शुक्ल जी

ने अपने साहित्य में कड़े प्रहार किये" (26) जहाँ तक अंग्रेजी राज के सामाजिक आधार का सम्बन्ध है, ये राजा, नवाब और बड़े जमींदार और ताल्लुकेदार ही उसके आधार थे। शुक्ल जी ने इनकी साहित्यिक और सांस्कृतिक कुरुचियों पर प्रहार छो!टे जमींदारों की सुरुचियों के आधार पर किये होंगे। "अपने लेखन में उन्होंने इस वर्ग के साहित्यिक मूल्यों का खंडन किया, पर उसकी भू-सम्पत्ति के विरुद्ध उन्होंने कुछ नहीं कहा।" (उप.) अर्थात् उग्र राष्ट्रवादी रामचन्द्र शुक्ल मन-ही-मन यह चाहते थे कि बड़ी भूसम्पत्तिवाला अंग्रेजों का सामन्ती आधार भारत में कायम रहे। "शुक्ल जी सामन्ती तबीयत के लेखक न थे। उन्होंने अपने साहित्य में बहुत-से साहित्यिक और कलागत सामन्ती मूल्यों-विचारों का खंडन किया है" (23) शुक्ल जी दोहरा खेल खेल रहे थे। वह सामन्ती मूल्यों-विचारों का खंडन कर रहे थे और सामन्ती भू-सम्पत्ति कायम रखने का समर्थन कर रहे थे!

"अपने साम्राज्यवाद-विरोधी साहित्यिक लेखन में शुक्ल जी ने राष्ट्रीय चरित्रवाले प्रश्नों का विवेचन किया" (28) उनके लेखन का साम्राज्यवाद-विरोध सतही किस्म का रहा होगा क्योंकि इस साम्राज्यवाद के सामन्ती आधार, राजाओं, नवाबों, बड़े जमींदारों-ताल्लुकेदारों, की भू-सम्पत्ति के बारे में उन्होंने कुछ नहीं कहा। "अपने इतिहास की खोज, इतिहास की रचना और इतिहास की व्याख्या हर उत्पीड़ित राष्ट्र के हाथों साम्राज्यवाद-विरोधी संघर्ष का एक हथियार होता है। हिन्दी-भाषी जनता के लिए इस हथियार को रामचन्द्र शुक्ल ने तैयार किया। शुक्ल जी के इतिहास से हिन्दी प्रदेश की जनता उपनिवेशवाद के सांस्कृतिक हमलों का मुकाबला करने में और समर्थ हुई" (28) लेकिन इतिहास की खोज में उन्होंने पाया क्या? नाथसिद्धों की अनुयायी जनता से लेकर छायावाद के समर्थकों तक वह हिन्दी-भाषी जनता को तो मूर्ख समझते थे। सामन्तवाद के समर्थन के अलावा उनके साहित्य में और होगा क्या? उपनिवेशवाद के सांस्कृतिक हमलों का मुकाबला—बड़ी उत्साहवर्धक बात है, पर इन सांस्कृतिक हमलों की विषयवस्तु क्या थी? विषयवस्तु यही थी कि भारत की जनता सामन्ती अन्धकार में डूबी हुई थी और उसने पहली बार प्रकाश के दर्शन किये अंग्रेजी राज में। पर यह बात रामचन्द्र शुक्ल ने नहीं कही, यह बात कही है वीरभारत तलवार ने।

वीरभारत तलवार और रामचन्द्र शुक्ल के दृष्टिकोणों में बुनियादी अन्तर है। वीरभारत के अनुसार, अंग्रेजी राज से पहले वर्णाश्रम धर्म की गोद में पली सामन्ती संस्कृति में कोई परिवर्तन न हुआ था। शुक्ल जी के अनुसार, ऐसा परिवर्तन हुआ था। यहाँ का भक्ति-आन्दोलन लोक-संस्कृति का संवाहक था, सामन्ती संस्कृति का नहीं। जनता और साहित्य के बीच विच्छेद पड़ा था रीतिकाल में, उसे दूर किया भारतेन्दु हरिश्चन्द्र ने! लोक और साहित्य के बीच विच्छेदक भूमिका है सामन्ती संस्कृति की। अंग्रेजी राज कायम होने से पहले यहाँ सामन्ती संस्कृति का सार्वभौम प्रभुत्व नहीं था।

रीतिकाल के बाद भारतेन्दु हरिश्चन्द्र ने उस लोक साहित्य की परम्परा को पुनर्जीवित किया और नई परिस्थितियों में उसका विकास किया। उल्लेखनीय है कि कांग्रेस का जन्म 1885 में हुआ, उसी वर्ष भारतेन्दु का निधन हुआ। कांग्रेस के जन्म से पहले भारतेन्दु हरिश्चन्द्र अपनी युगान्तरकारी भूमिका पूरी कर चुके थे।

कांग्रेस ने असहयोग आन्दोलन चलाया। वीरभारत के अनुसार : "आन्दोलन का मुख्य आधार शहरी शिक्षित मध्यवर्ग था" (16) शुक्ल जी के अनुसार : "कांग्रेस की प्रतिष्ठा होने के उपरान्त भी बहुत दिनों तक देशभक्ति की वाणी में विशेष बल और वेग न दिखाई पड़ा।" ('इतिहास', पृ. 777) फिर देशभक्ति-सम्बन्धी रचनाओं में शासन-पद्धति के प्रति असंतोष व्यंजित हुआ, कर्म में तत्पर करनेवाला उत्साह उसमें नहीं था। "तृतीय उत्थान में आकर परिस्थिति बहुत बदल गई। आन्दोलनों ने सक्रिय रूप धारण किया और गाँव-गाँव राजनीतिक और आर्थिक परतंत्रता के विरोध की भावना जगाई गई।" (उप., पृ. 778) गाँवों में आर्थिक-राजनीतिक परतंत्रता के विरोध की भावना जगाई गई थी, अपने-आप न जाग गई थी। उसे आन्दोलनकारियों ने जगाया था। यही आन्दोलनों का सक्रिय रूप था जो द्वितीय उत्थान में नहीं था। शुक्ल जी का तृतीय उत्थान सं. 1975 अर्थात् सन् 1918 से शुरू होता है। इसकी विशेषता यह है कि "अब जो आन्दोलन चले, वे सामान्य जन-समुदाय को भी लेकर चले।" (उप.) वीरभारत तलवार के विवेचन में यही सामान्य जन-समुदाय गायब है। अंग्रेज कहते थे, भारत के कुछ पढ़े-लिखे लोग आन्दोलन कर रहे हैं, सामान्य जनता का उससे कोई सम्बन्ध नहीं है। वीरभारत जो कुछ कहते हैं, उसका सारतत्त्व भी यही है।

शुक्ल जी ने छोटे जमींदारों के बारे में लिखा था : "वे उस बृहद् भाग का निर्माण करते हैं जिसे शिक्षित मध्यवर्ग कहा जाता है।" ('दस्तावेज़', पृ. 6) इस वर्ग के सदस्य "सरकारी नौकरी पर टूट पड़े।" अंग्रेजी राज में सरकारी नौकरियों को हाथ से निकलती जमीन का मुआवजा समझना इस वर्ग का 'दयनीय प्रयास' था। वीरभारत तलवार ने इस वर्ग को राष्ट्रीय आन्दोलन का कर्णधार बना दिया। राजनीतिक ही नहीं, सामाजिक, साहित्यिक, सांस्कृतिक—सभी आन्दोलनों का सूत्रधार उन्होंने इसी वर्ग को माना है। भारत के राजनीतिक आन्दोलन की तरह उसके साहित्यिक-सांस्कृतिक आन्दोलन भी सामन्तवर्ग के अपने अन्तर्विरोध की अभिव्यक्ति हैं। छोटे जमींदारों की यह युगविधायक भूमिका न तो रामचन्द्र शुक्ल के साहित्य में है, न किसी अन्य हिन्दी लेखक के साहित्य में।

शुक्ल जी ने जिस मध्यवर्ग का सम्बन्ध छोटे जमींदारों से जोड़ा है, वह अखिल भारतीय नहीं है, वह कुछ खास क्षेत्रों की उपज है। वीरभारत ने मानो यह मान लिया है कि सारे भारत में छोटे जमींदार हैं और उनके वर्ग का विस्तार है अखिल भारतीय मध्यवर्ग। महाराष्ट्र में रैयतवारी व्यवस्था थी, जमींदारी प्रथा नहीं थी।

बालगंगाधर तिलक भारत को महाराष्ट्र की देन थे। रामचन्द्र शुक्ल तिलकपंथी थे। तिलक के सन्दर्भ में छोटे जमींदारों को राष्ट्रीय आन्दोलन का सूत्रधार कहना और भी हास्यास्पद है। जमींदारी प्रथा सारे भारत में नहीं थी, पर सूदखोरी का चलन सारे भारत में था। शुक्ल जी ने अंग्रेजी राज में शहरी महाजनों के फलने-फूलने की बात कही है। वीरभारत तलवार ने इन महाजनों के बारे में चुप्पी साध ली है। शुक्ल जी ने इन महाजनों को छोटे जमींदारों की भूमि हथियाते दिखाया है। मार्क्स से लेकर रजनी पाम दत्त तक भारतीय इतिहास के विवेचकों ने यह तथ्य स्वीकार किया है, वीरभारत तलवार ने उसे अस्वीकार किया है। शुक्ल जी ने ईस्ट इंडिया कम्पनी की शोषण प्रक्रिया में बनियों और गुमाश्तों की भूमिका पर जोर दिया था। इसे रजनी पाम दत्त ने स्वीकार किया था, वीरभारत ने इस ऐतिहासिक तथ्य को भी अस्वीकार किया है। शुक्ल जी अंग्रेजों के अन्याय से क्षुब्ध थे, जलियाँवाला बाग के हत्याकांड का विरोध वह कारगर ढंग से करना चाहते थे। वीरभारत इस तरह के क्षोभ से स्वयं तो दूर हैं ही, उन्होंने प्रयत्न किया है कि पाठक को भी शुक्ल जी के क्षोभ का पता न लगे।

शुक्ल जी कांग्रेस संचालित आन्दोलन में गाँवों की जनता का सिमट आना देख रहे थे, वीरभारत ने इसकी अनदेखी की है। बंगभंग-विरोधी अभियान में शुक्ल जी स्वदेशी आन्दोलन की भूमिका देख चुके थे; उन्होंने व्यापारीवर्ग को ललकारा था कि वह विलायत से अपना आयात-निर्यात व्यापार बन्द करे। वीरभारत स्वदेशी आन्दोलन की भूमिका से परिचित हैं, पर इस लेख में उन्होंने उसका जिक्र नहीं किया; शुक्ल जी ने चुनौती के रूप में विलायत से आयात-निर्यात व्यापार बन्द करने की बात कही है, उसे उन्होंने अपने पाठकों से छिपाया है। शुक्ल जी कांग्रेस संचालित आन्दोलन के विकल्प की तलाश बराबर करते रहे थे। दो बातें उनके सामने स्पष्ट थीं : किसानों का संगठन किये बिना आन्दोलन सफल नहीं होगा; और औसत जमींदार टैक्स आदि देने के बाद किसान की तरह हो जाते हैं, क्रान्तिकारियों को इन्हें भी अपने संगठन में लेना चाहिए। शुक्ल जी की रणनीति साम्राज्य-विरोधी मोर्चे को सुदृढ़ बनाने की नीति है। वीरभारत अपने मोर्चे से छोटे जमींदारों को निकाल देते हैं, धनी और मझोले किसानों को निकाल देते हैं; देहात में समाजवादी क्रान्ति का यह कार्यक्रम जनता के साम्राज्य-विरोधी मोर्चे को भीतर से विघटित करनेवाला है। वीरभारत के संयुक्त मोर्चे से मध्यवर्ग तो दूर है ही, औद्योगिक सर्वहारावर्ग भी दूर है।

शुक्ल जी कांग्रेस संचालित आन्दोलन का विकल्प खोज रहे थे। उनके सामने यह स्पष्ट न था कि औद्योगिक सर्वहारावर्ग किसानों और सभी देशभक्त समुदायों को एकजुट करके सुसंगत रूप से साम्राज्य-विरोधी संग्राम का संचालन कर सकता है। वीरभारत ने स्वयं तो इस औद्योगिक सर्वहारा को अपनी रणनीति से दूर रखा ही है, लेनिन ने जहाँ इस वर्ग का उल्लेख किया है, वहाँ वीरभारत ने लेनिन को उद्धृत

करते हुए सर्वहारावर्ग सम्बन्धी अंश हटा दिया है। शुक्ल जी ने भारत के स्वाधीनता आन्दोलन को विश्व साम्राज्य-विरोधी आन्दोलन के अंग के रूप में देखा था। संसार के क्रान्तिकारी आन्दोलन से भारत के स्वाधीनता आन्दोलन को वीरभारत ने स्वयं तो दूर रखा ही है, लेनिन ने भारत के सन्दर्भों में जहाँ इन आन्दोलनों का जिक्र किया है, वहाँ लेनिन को उद्धृत करते समय उन्होंने उक्त आन्दोलनों से सम्बन्धित अंश हटा दिये हैं। यह सारी कार्रवाई अनजाने में सम्पन्न नहीं की गई। वह वामपंथी अवसरवाद की सुनियोजित योजना का परिणाम है। इस योजना का उद्देश्य होता है जनवादी आन्दोलन को भीतर से विघटित करना। इस योजना को अमल में लानेवालों की विशेषता है : सतह पर क्रान्तिवाद, सतह के नीचे पराजयवाद। घोर दरिद्रता के दलदल में फँसे नंग-धड़ंग रैयतों के बारे में क्रान्तिकारी भाषण देने का फल क्या निकला? यही कि अंग्रेजी राज से पहले यहाँ की समाज-व्यवस्था में कोई परिवर्तन न हुआ था। काले कानूनों से क्षुब्ध मध्यवर्ग, खिलाफत से बेचैन मुसलमान, महँगाई और छँटनी के मारे मजदूर, सामन्ती जुल्म और अंग्रेजी राज के छलबल से क्रोधित किसान—इस ओजस्वी वक्तृता से परिणाम क्या निकला? यही कि स्वाधीनता आन्दोलन का मुख्य आधार शहरी मध्यवर्ग था, शहरी मध्यवर्ग का आधार छोटा भू-स्वामीवर्ग था और अंग्रेजी राज का जो सामन्ती आधार पहले था, वह स्वाधीनता-प्राप्ति के बाद भी कायम रहा। ऊपर से क्रान्तिवाद, भीतर से पराजयवाद—समकालीन वामपंथी अवसरवाद का वास्तविक रूप यह है।

8. व्यक्तिवाद और नई शिक्षा

शुक्ल जी का घेराव करने के लिए वीरभारत तलवार ने मोतीलाल नेहरू और उनके परिवार को भी तलब किया है। सन्दर्भ है शुक्ल जी द्वारा "व्यक्तिवाद की प्रवृत्ति को असहयोग आन्दोलन के समर्थन का एक आधार बतलाना" (13) यह प्रवृत्ति सामन्ती भारत में प्रगतिशील भूमिका निबाह रही थी। इसका सामाजिक आधार क्या था? "सभी देशों में पूँजीपतिवर्ग ही व्यक्तिवादी मूल्यों और विचारों का सबसे मुख्य आधार रहा है" (13) क्या यह आधार भारत में था? नहीं। भारतीय पूँजीवाद की सीमित प्रगतिशील भूमिका यहाँ पूरी तरह समाप्त हो जाती है। 'सभी देशों में' का अर्थ है, भारत को छोड़कर योरप के देशों में, अथवा एशिया को छोड़कर केवल पश्चिमी योरप के देशों में। ब्रिटेन, फ्रांस और जर्मनी में पूँजीपतिवर्ग व्यक्तिवादी मूल्यों और विचारों का सबसे मुख्य आधार रहा है। "पर भारतीय पूँजीपति वर्ग, 1921 तक, किसी भी दृष्टि से योरपीय समाजों के पूँजीपतिवर्ग जैसा व्यक्तिवादी न था।" उन जैसा न सही अपने ढंग का व्यक्तिवादी रहा हो? सो भी नहीं। "बाकी भारतीय समाज की ही तरह भारतीय पूँजीपतिवर्ग भी सामाजिक दृष्टि से पिछड़ा हुआ, धर्मभीरु और रूढ़िवादी था।" (उप.) यह पूँजीपतिवर्ग अंग्रेजी राज में पैदा हुआ, पर था पूरा सामन्तवादी!

अंग्रेजों से उसने कुछ न सीखा, पुराने सामन्तों की तरह दकियानूसी बना रहा! न पूँजीपतिवर्ग से कोई आशा थी, न शेष भारतीय समाज से। सभ्यता का प्रकाश कौन फैला रहा था? अंग्रेज! यदि भारत में अंग्रेजी राज कायम न होता तो यह नया प्रकाश यहाँ कैसे फैलता? "वर्णाश्रम धर्म की गोद में पली सामन्ती सांस्कृति की आचार संहिता से प्रभावित एक राष्ट्रवादी धारा पाश्चात्य शिक्षा के मुकाबले अपने देश की सामन्ती मान-मर्यादा को ज्यादा पवित्र मानती थी।" (उप.) वीरभारत के लिए भारत में सामन्त-विरोधी किसी संस्कृति का विकास नहीं हुआ, यहाँ के दर्शन, विज्ञान, साहित्य पर समान रूप से वर्णाश्रम धर्मवाली संस्कृति हावी थी। भारतीय मानस को इस जकड़बन्दी से मुक्त किया अंग्रेजों ने अपनी सभ्यता के प्रसार से। "सोचने की बात है, 1920-21 में भारतीय समाज किस तरह का समाज था और उसमें पाश्चात्य शिक्षा कौन-सी भूमिका अदा कर रही थी?" (उप.) "उस युग के समस्त प्रगतिशील साहित्य और चिन्तन का लक्ष्य सामन्ती मूल्यों और परम्पराओं के बन्धनों के खिलाफ संघर्ष" करना और नये मूल्यों तथा सम्बन्धों को कायम करना ही हो सकता था, न कि "वैयक्तिक स्वतंत्रता को पाश्चात्य शिक्षा का प्रभाव बताकर सामन्ती बन्धनों और रूढ़ियों की सुरक्षा करना।" (उप.)

सामन्ती बन्धन और रूढ़ियाँ कहीं से शिथिल नहीं हैं, उन्हें ध्वस्त करनेवाली शक्तियाँ भारत में नहीं हैं। समस्त प्रगतिशील साहित्य और चिन्तन का लक्ष्य सामन्ती मूल्यों और परम्पराओं के खिलाफ संघर्ष करना है। इस संघर्ष का साधन है पाश्चात्य शिक्षा। अंग्रेजी राज के बिना पाश्चात्य शिक्षा का चलन असम्भव था। समस्त प्रगतिशील साहित्य और चिन्तन अंग्रेजी राज का समर्थन करेगा या नहीं? वीरभारत तलवार यह तो जानते हैं कि अंग्रेजों ने भारत में नये जमींदारवर्ग को जन्म दिया पर यह नहीं जानते कि इस वर्ग के कारण सामन्ती बन्धन और मजबूत हुए, चमारों को चमार बनाए रखकर उनसे बेगार कराने में इसी वर्ग को लाभ था, मुस्लिम लीग और हिन्दू महासभा के सम्प्रदायवादियों का पृष्ठपोषक यही वर्ग था। जो अंग्रेज यहाँ आधुनिक शिक्षा प्रसार का दावा करते थे, वही करोड़ों किसानों को निरक्षर रखकर उनमें मौलवियों और पुरोहितों द्वारा अन्धविश्वासों की जड़ जमाते थे।

शिक्षित मध्यवर्ग में "एक ऊपरी तबका ऐसा था जो अंग्रेजी राज के मित्रों में था।" मोतीलाल नेहरू "असहयोग आन्दोलन से कुछ वर्ष पहले तक अंग्रेजी राज के मित्रों में थे" (14) यह स्वाभाविक था। बड़े वकील बड़े जमींदारों और ताल्लुकेदारों के मुकद्दमे लेकर ही धन कमा सकते थे और ये सब अंग्रेजों के मित्र थे। मोतीलाल नेहरू ने विदेश-यात्रा की, बिरादरी ने उनसे प्रायश्चित्त करने को कहा। उन्होंने इनकार कर दिया। "नेहरू का यह व्यक्तिवाद सामाजिक अनुशासन के विरुद्ध था। यह व्यक्तिवाद अच्छा था या बुरा?" (14) मानो शुक्ल जी इंग्लैंड जाकर शिक्षा पाने के विरुद्ध हों! मानो स्वयं "तिलक लन्दन में एक कानूनी मुकदमा लड़ने" (11)

के बाद भारत लौटने पर प्रायश्चित्त करने को बाध्य हुए हों! मानो अंग्रेजी राज कायम होने से पहले भारतवासियों ने विदेश-यात्रा की ही न हो!

"नेहरू-परिवार की पाश्चात्य शिक्षा-प्राप्त स्त्रियों ने 1909 में इलाहाबाद में स्त्रियों का संगठन बनाया, स्त्री अधिकारों के लिए आन्दोलन चलाया और एक पत्रिका निकाली : 'स्त्री-दर्पण'। इस पत्रिका में अधिकांश लेख परम्परागत सामाजिक-नैतिक अनुशासन के खिलाफ होते थे, जिनमें स्त्रियों को भी इनसान समझने और उन्हें बराबर के अधिकार और अवसर देने की, उनके अपने व्यक्तित्व को मान्यता देने की, माँग रहती थी। यह सब रामचन्द्र शुक्ल के सामने ही हो रहा था। वैयक्तिक स्वतंत्रता के लिए चल रहे ये सारे संघर्ष सही थे या गलत?" (14) अर्थात् रामचन्द्र शुक्ल स्त्री-शिक्षा के विरोधी थे, वह स्त्रियों को इनसान न समझते थे।

असहयोग आन्दोलन के सन्दर्भ में शुक्ल जी ने जिस व्यक्तिवाद की आलोचना की थी, उसे अनेक सन्दर्भों में स्थापित करके वीरभारत तलवार ने शुक्ल जी को व्यापक रूप से प्रतिक्रियावादी सिद्ध किया। लेकिन असहयोग आन्दोलन के सन्दर्भ में भी शुक्ल जी ने व्यक्तिवाद के बारे में कहा क्या था? "शुक्ल जी ने पाश्चात्य शिक्षा को कोसते हुए लिखा कि इसने "हमारे नवयुवकों को वैयक्तिक स्वतंत्रता के विचारों से भर दिया" जो "सामाजिक एवं नैतिक अनुशासन के सम्पूर्ण बोध को निष्प्रभ कर देते हैं'" (13) वीरभारत ने 'जो' के द्वारा दो वाक्यांशों को जोड़ा है। इनके बीच में शुक्ल जी ने इन विचारों की एक विशेषता बताई थी। वीरभारत ने उस विशेषता का उल्लेख अनावश्यक समझा। शुक्ल जी का पूरा वाक्य इस प्रकार है : "पाश्चात्य शिक्षा ने हमारे नवयुवकों के मस्तिष्क को वैयक्तिक स्वतंत्रता के विचारों से भर दिया जो अधिकांश स्थितियों में इतने अस्पष्ट एवं असंतुलित हैं कि वे सामाजिक एवं नैतिक अनुशासन के सम्पूर्ण बोध को निष्प्रभ कर देते हैं।" ('दस्तावेज़', पृ. 5) शुक्ल जी ने वैयक्तिक स्वतंत्रता के उन विचारों का विरोध किया है जो अधिकांश स्थितियों में अस्पष्ट और असंतुलित हैं। उनके ऐसा लिखने से ही जाहिर है कि वैयक्तिक स्वतंत्रता के विचार स्पष्ट और संतुलित भी हो सकते हैं। अधिकांश स्थितियों में अस्पष्ट और असंतुलित विचारों की बात हटाकर वीरभारत ने शुक्ल जी के सापेक्ष विरोध को निरपेक्ष विरोध बना दिया। अंग्रेजी राज से सम्बद्ध पाश्चात्य शिक्षा के समर्थन के लिए, शुक्ल जी को आधुनिक शिक्षा का आम तौर से, स्त्री-शिक्षा का खास तौर से, विरोधी सिद्ध करने के लिए, शुक्ल जी के वाक्य से उक्त अंश निकालना जरूरी था।

तिलक जब डेकन कॉलेज के छात्र थे तब उन्हें मिल्टन, शेली और बायरन का काव्य प्रोफेसर वड्र्सवर्थ ने पढ़ाया। यह प्रोफेसर वड्र्सवर्थ प्रकृति-प्रेमी कवि वड्र्सस्वर्थ के पोते थे। प्रोफेसर शूट ने उन्हें इतिहासकार गिब्बन, राजनीतिज्ञ बर्क और दार्शनिक ह्यूम के विचारों का ज्ञान कराया। जो कुछ पढ़ाया जाता था,

उसके अतिरिक्त वह स्वयं बहुत कुछ पढ़ते थे। "वह अपना काफी समय राजनीति और दर्शनशास्त्र के लेखकों, विशेष रूप से हेगल, कांट, स्पेंसर, मिल, बेंथम, वोल्तेयर और रूसो के अध्ययन में लगाते थे।" (Tahmankar, 'Lokamanya Tilak', पृ. 16) कॉलेज में उच्च शिक्षा के लिए उन्होंने कानून का विषय लिया था। 1880 में अपने मित्रों के सहयोग से उन्होंने जो शिक्षा संस्था कायम की, उसका नाम 'न्यू इंग्लिश स्कूल' था। इसके छात्र वैसे ही मैट्रिक की परीक्षा पास करते थे, जैसे सरकारी स्कूलों के। 1882 में शिक्षा आयोग के अध्यक्ष सर विलियम हंटर ने इस स्कूल का काम देखकर लिखा था : "पूरे भारत में अभी तक मैंने इस तरह का एक भी संस्थान नहीं देखा जिसकी तुलना इस संस्था से की जा सके। यद्यपि इस संस्था को सरकार से कोई सहायता नहीं मिलती, पर वह इस देश के सरकारी हाई स्कूलों से ही होड़ करे और होड़ में जीत जाए, ऐसा नहीं है; वह दूसरे देशों के स्कूलों का भी मजे में मुकाबला कर सकता है।" ('Lokamanya Tilak', पृ. 24) तिलक ने अपने मित्रों के साथ 'डंकन एजुकेशनल सोसायटी' की स्थापना की। न्यू इंग्लिश स्कूल निजी संस्थान से बदलकर सार्वजनिक संस्थान बना, तब उसे यह नाम दिया गया। 1885 में इस सोसायटी ने फर्गुसन कॉलेज स्थापित किया। इस कॉलेज के बारे में तम्हनकर ने लिखा है : "फर्गुसन कॉलेज के संवर्द्धकों को विश्वास था कि भारतीय समाज को सर्वाधिक आवश्यकता पाश्चात्य ज्ञान के प्रसार की है। यह ज्ञान-सुधार कार्य में सहयोगी होगा और राष्ट्रीय पुनर्जीवन का साधन बनेगा।" (उप., पृ. 33)

मजे की बात है कि पाश्चात्य शिक्षा के विरोधी के रूप में वीरभारत ने तिलक का नाम लिया है, गांधी का नहीं। इस सम्बन्ध में डॉ. विश्वनाथ प्रसाद वर्मा ने लिखा है : "होमरूल के दिनों में जब वे स्वराज्य के पैगम्बर के रूप में देश भ्रमण करते थे तो उन्होंने यह स्पष्ट रूप से स्वीकार किया कि देश में बौद्धिक विमोचन और राजनीतिक प्रबोध का एक कारण शिक्षा की अंग्रेजी पद्धति है। इस विषय में उनके विचार महात्मा गांधी से भिन्न थे। महात्मा गांधी, विशेषत: 'हिन्द स्वराज्य' में, पाश्चात्य सभ्यता के कठोर आलोचक जान पड़ते हैं। असहयोग आन्दोलन के दिनों में गांधी ने अंग्रेजी शिक्षा का स्पष्ट और निर्मम विरोध किया" (डॉ. विश्वनाथ प्रसाद वर्मा, 'लोकमान्य तिलक : जीवन और दर्शन', आगरा, 1982, पृ. 24) वीरभारत के चक्रव्यूह में शुक्ल जी असहयोग आन्दोलन और पाश्चात्य शिक्षा के विरोधी हैं। गांधी जी असहयोग आन्दोलन के समर्थक हैं, अत: उन्हें पाश्चात्य शिक्षा का समर्थक भी होना चाहिए। शुक्ल जी तिलकपंथी थे, अत: तिलक को भी पाश्चात्य शिक्षा का विरोधी होना पड़ेगा। उल्लेखनीय है कि 1901 में रवीन्द्रनाथ ठाकुर ने शान्ति निकेतन में अपनी 'ब्रह्मचर्य' पाठशाला कायम की थी।

असहयोग आन्दोलन से 15 साल पहले शुक्ल जी ने ऐडिसन के उन निबन्धों का अनुवाद किया था, जिनमें कल्पना के रूपों और उसकी शक्ति का विवेचन किया गया था।

जिस साल असहयोग आन्दोलन शुरू हुआ, उसी साल शुक्ल जी का किया हुआ हेकल की पुस्तक का अनुवाद प्रकाशित हुआ। विकासवाद पर हेकल की पुस्तक का विरोध योरप का समस्त पादरी समुदाय कर रहा था। ये रामचन्द्र शुक्ल पाश्चात्य शिक्षा के विरोधी थे! शुक्ल जी अच्छी तरह जानते थे कि असहयोग आन्दोलन में परस्पर विरोधी विचारधाराओं के लोग थे। इनमें एक ओर ऐसे लोग थे जो योरप के किसी नवीनतम उन्माद को मानव प्रगति का चरम बिन्दु समझकर स्वीकार कर लेते हैं और उस प्रत्येक वस्तु का सफाया कर देना चाहते हैं जो अतीत से उपलब्ध हुई है। दूसरी ओर उसमें ऐसे लोग भी हैं जो "प्राचीन भारत के स्वप्नचिन्तन में निरत हैं एवं पुरातन अवशेषों की प्रत्येक वस्तु के पुनरुत्थान का विचार कर रहे हैं।" इस आन्दोलन में ऐसे लोग हैं जो "देश के प्रति भक्ति के आधुनिक बोध से ओत-प्रोत हैं।" उसमें ऐसे लोग भी हैं जो "जाति, धर्म या मत के आधार पर एकता के विचारों को दृढ़ता से पकड़े हुए हैं।" ('दस्तावेज़', पृ. 7)

शुक्ल जी ने उन लोगों का विरोध किया है जो पाश्चात्य शिक्षा के प्रभाव से भारत की प्राचीन उपलब्धियों का तिरस्कार करते हैं। उन्होंने पुनरुत्थानवादियों का विरोध भी किया है जो जाति, धर्म या मत के आधार पर सामाजिक एकता कायम करना चाहते हैं। पुनरुत्थानवाद का सीधा सम्बन्ध सामन्ती अवशेषों से है। शुक्ल जी उसका विरोध करते हैं, यह उनके सामन्त-विरोधी दृष्टिकोण का प्रमाण है।

भारतेन्दु हरिश्चन्द्र ने साहित्य में जो युग प्रवर्तन किया, उसका सम्बन्ध शुक्ल जी ने नई शिक्षा से जोड़ा था। इस प्रकार : "नई शिक्षा के प्रभाव से लोगों की विचारधारा बदल चली थी। उनके मन में देशहित, समाजहित आदि की नई उमंगें उत्पन्न हो रही थीं।...बंग देश में नये ढंग के नाटकों और उपन्यासों का सूत्रपात हो चुका था जिनमें देश और समाज की नई रुचि और भावना का प्रतिबिम्ब आने लगा था, पर हिन्दी साहित्य अपने पुराने ढर्रे पर ही पड़ा था। भारतेन्दु ने उस साहित्य को दूसरी ओर मोड़कर हमारे जीवन के साथ फिर से लगा दिया।" ('इतिहास', पृ. 535) माना जाता है कि नई शिक्षा का प्रभाव सबसे पहले और सबसे ज्यादा बंगाल पर पड़ा। शुक्ल जी ने नई शिक्षा का और बंगला साहित्य पर उसके प्रभाव का सकारात्मक मूल्यांकन किया है और उसके सन्दर्भ में भारतेन्दुकालीन साहित्य को प्रस्तुत किया है। नई शिक्षा और अंग्रेजों की शिक्षा-नीति एक ही चीज नहीं हैं। शुक्ल जी के लिए जिस शिक्षा से मन में देशहित और समाजहित की उमंगें उठें, वह नई शिक्षा है। अंग्रेजों ने जो शिक्षा-नीति निर्धारित की थी, उसका उद्देश्य दूसरा था।

भारतेन्दु के साहित्य में एक ओर अंग्रेजी राज और उसके समर्थकों की आलोचना थी, दूसरी ओर उसमें रूढ़ियों और अन्धविश्वासों का विरोध भी था। भारतेन्दु-साहित्य के साम्राज्य-विरोधी और सामन्त-विरोधी, दोनों पक्षों का उल्लेख शुक्ल जी ने किया है। "वैदिकी हिंसा हिंसा न भवति" प्रहसन में

"धर्म और उपासना के नाम से समाज में प्रचलित अनेक अत्याचारों का जघन्य रूप दिखाते हुए उन्होंने राजा शिवप्रसाद को लक्ष्य करके खुशामदियों और केवल अपनी मानवृद्धि की फिक्र में रहनेवालों पर भी छींटे छोड़े। भारत के प्रेम में मतवाले, देशहित की चिन्ता में व्यग्र, हरिश्चन्द्रजी पर सरकार की जो कुदृष्टि हो गई थी, उसके कारण बहुत कुछ राजा साहब ही समझे जाते थे।" ('इतिहास', पृ. 547-48) भारतेन्दु के भक्तिपरक साहित्य के साथ शुक्ल जी ने उनके रूढ़िविरोधी पक्ष का उल्लेख फिर इस प्रकार किया था : "एक ओर तो राधाकृष्ण की भक्ति में झूमते हुए नई भक्तमाल गूँथते दिखाई देते थे, दूसरी ओर मंदिरों के अधिकारियों और टीकाधारी भक्तों के चरित्र की हँसी उड़ाते और स्त्री-शिक्षा, समाज-सुधार आदि पर व्याख्यान देते पाए जाते थे।" (उप., पृ. 550)

शुक्ल जी साहित्य के सामन्त-विरोधी पक्ष पर ध्यान तो देते ही हैं, बहुत बड़ी बात यह है कि वह सामन्त-विरोध की शुरुआत अंग्रेजी राज की स्थापना से, अथवा भारतेन्दु से, नहीं मानते। भारतेन्दु ने साहित्य को हमारे जीवन के साथ फिर से लगा दिया। "इस प्रकार हमारे जीवन और साहित्य के बीच जो विच्छेद पड़ रहा था, उसे उन्होंने दूर किया।" (उप., पृ. 535) शुक्ल जी के इतिहास में पहले भक्तिकाल है, फिर रीतिकाल है। यह रीतिकाल ही जीवन और साहित्य के बीच विच्छेद का काल है। सामन्ती संस्कृति और सामन्ती अभिरुचि का साहित्य है, रीतिवादी साहित्य। शुक्ल जी ने इस साहित्य का विरोध किया था। उनका विरोध सम्पूर्ण और निरपेक्ष नहीं है, और न यह आवश्यक था। पर यह सही है कि शुक्ल जी ने रीतिवादी साहित्य का जितना विरोध किया है, उतना हिन्दी साहित्य के अन्य किसी इतिहासकार ने नहीं। व्यवहार में उनका सामन्त-विरोध प्रत्यक्ष है। शुक्ल जी की नुक्ताचीनी करनेवाले जितने विद्वान् हैं, वे कहीं प्रत्यक्ष, कहीं अप्रत्यक्ष रूप से, रीतिवाद का समर्थन अवश्य करते हैं।

वीरभारत तलवार ने शुक्ल जी की विचारधारा को सुसंगत रूप से जनविरोधी सिद्ध करने के उद्देश्य से लिखा : "उन्होंने सिर्फ रूसी जनता को ही मूर्ख नहीं कहा, वे नाथ-सिद्धों की अनुयायी जनता, गांधी के असहयोग आन्दोलन के पीछे जानेवालों और छायावाद के समर्थकों को भी मूर्ख या अनपढ़ समझते थे। (इसीलिए निराला ने उन पर 'हमारे कॉलेज का बचुआ, जब से एफ.ए. फेल हुआ' कविता लिखकर शुक्ल जी पर जवाबी हमला किया था) जैसे नाथों-सिद्धों, गांधीवादियों और छायावादियों से उनका विरोध आवेशजन्य न था, वैसे ही रूस की नीची श्रेणियों की क्रान्ति से उनका विरोध आवेशजन्य न था।" (21) नाथों-सिद्धों का रहस्यवाद, गांधीवाद, छायावाद, सब वादों के विरोध का उल्लेख है, केवल रीतिवाद के विरोध का उल्लेख नहीं है! इस विरोध के उल्लेख मात्र से वीरभारत की सारी मोर्चाबन्दी ध्वस्त हो जाती। शुक्ल जी ने दरबारी कवियों के अत्युक्तिपूर्ण, अश्लील शृंगार वर्णन की आलोचना करते हुए लिखा था : "इसका कारण जनता की रुचि नहीं,

आश्रयदाता राजा-महाराजाओं की रुचि थी, जिनके लिए कर्मण्यता और वीरता का जीवन बहुत कम रह गया था।" ('इतिहास', पृ. 291) जनता की रुचि की पहचान जैसी शुक्ल जी को थी, वैसी साहित्य के अन्य इतिहासकारों को नहीं रही।

गीतों की परम्परा का विवेचन करते हुए शुक्ल जी ने लिखा था : "लिखित रूप में आकर उनका रूप पंडितों की काव्य-परम्परा की रूढ़ियों के अनुसार बहुत कुछ बदल जाता है। इससे जीवन के कैसे-कैसे योग सामान्य जनता का मर्म स्पर्श करते आए हैं और भाषा की किन-किन पद्धतियों पर वे अपने गहरे भावों की व्यंजना करते आए हैं, इसका ठीक पता हमें बहुत काल से चले आते हुए मौखिक गीतों से ही लग सकता है।" ('इतिहास', पृ. 201) जैसे जनता की रुचि राजा-महाराजाओं की रुचि से भिन्न थी, वैसे ही वह पंडितों की रुचि से भिन्न थी। पंडितों के पास हैं काव्य-परम्परा की रूढ़ियाँ, सामान्य जनता के पास हैं मर्मस्पर्श करनेवाले जीवन के योग, गहरे भावों की व्यंजना करनेवाली भाषा की पद्धतियाँ। इसीलिए "देश की अन्तवर्तिनी मूल भावधारा के स्वरूप के ठीक-ठीक परिचय के लिए ऐसे गीतों का पूर्ण संग्रह अत्यन्त आवश्यक है।" (उप.) लोक गीतों के बारे में यह सब सोचनेवाले शुक्ल जी के लिए यह कहना अत्यन्त स्वाभाविक था कि "सूर-सागर किसी चली आती हुई गीत काव्य-परम्परा का—चाहे वह मौखिक ही रही हो, पूर्ण विकास-सा प्रतीत होता है।" (उप., पृ. 200)

सूर-साहित्य में जीवन और साहित्य के बीच विच्छेद नहीं है, रीतिवादी साहित्य में यह विच्छेद है। इस विच्छेद को दूर किया भारतेन्दु हरिश्चन्द्र ने। इस तरह भारतेन्दुकालीन साहित्य पुराने लोकवादी साहित्य का नया विकास सिद्ध होता है।

शुक्ल जी ने रूसी क्रान्ति का विरोध किया, यह किसी जनविरोधी विचारधारा का परिणाम नहीं है। लेकिन वीरभारत तलवार 'फिलहाल' नाम के पत्र में निरन्तर सोवियत संघ का जो विरोध कर चुके हैं, वह अवश्य जनविरोधी विचारधारा का परिणाम है। विश्व पैमाने पर साम्राज्यवाद और सोवियत संघ का अन्तर्विरोध विश्व राजनीति का मुख्य अन्तर्विरोध पहले भी था, आज भी है। जो लोग सोवियत संघ को शोषक साम्राज्यवादी देश कहकर विश्व-राजनीति के मुख्य अन्तर्विरोध पर पर्दा डालते हैं, नवस्वाधीन देशों और स्वाधीनता आन्दोलनों को सोवियत संघ से दूर ठेलने की कोशिश करते हैं, वे वस्तुगत रूप से अमरीकी साम्राज्यवाद की मदद करते हैं।

शुक्ल जी ने छायावाद का विरोध किया, उन्होंने उसका समर्थन भी किया। निराला जी ने शुक्ल जी पर व्यंग्य कविता लिखी और उन्होंने उन्हें श्रद्धांजलि भी अर्पित की :

अमा निशा थी समालोचना के अम्बर पर
उदित हुए जब तुम हिन्दी के दिव्य कलाधर।

वीरभारत इस कविता का उल्लेख नहीं करते।

शुक्ल जी के विरोधी रीतिवाद के समर्थक हैं तो वे तंत्र-मंत्र, योग-सम्बन्धी चमत्कारों के समर्थक भी हैं। शुक्ल जी ने "वज्रयानी सिद्धों और नाथपंथी जोगियों" की बात कही थी। वीरभारत ने इनका समास बनाकर 'नाथसिद्धों' की रचना की। शुक्ल जी ने इनकी सकारात्मक भूमिका भी स्वीकार की थी। "अर्थशून्य बाहरी विधि-विधान, तीर्थाटन, पर्वस्नान आदि की निस्सारता का संस्कार फैलाने का जो कार्य वज्रयानी सिद्धों और नाथपंथी जोगियों के द्वारा हुआ, उसका उल्लेख हो चुका है।" ('इतिहास', पृ. 74) अर्थशून्य बाहरी विधि-विधान—धर्म-सम्बन्धी रूढ़िवाद की यही विशेषता है। सिद्ध और नाथपंथी योगी इसे निस्सार मानते थे, शुक्ल जी भी उसे नि:सार मानते थे। लेकिन ये लोग सिद्ध और योगी थे अपने तंत्र-मंत्र के कारण, योगबल से करामात और चमत्कार दिखाने के कारण। शुक्ल जी ने इस तंत्र-मंत्रवाद का विरोध करते हुए लिखा था : "सामान्य अशिक्षित या अर्द्ध-शिक्षित जनता पर इनकी बानियों का प्रभाव इसके अतिरिक्त और क्या हो सकता था कि वह सच्चे शुभ कर्मों के मार्ग से तथा भगवद्-भक्ति की स्वाभाविक हृदय पद्धति से हटकर अनेक प्रकार के मंत्र, तंत्र और उपचारों में जा उलझे और उसका विश्वास अलौकिक सिद्धियों पर जा जमे।" (उप., पृ. 75)

1 जून, 1986 के "टाइम्स आफ इंडिया' के इतवारी परिशिष्ट में जे.टी. नाम से एक पत्रकार ने कमलापति त्रिपाठी पर अपने रेखाचित्र की समाप्ति इस वाक्य से की है : पंडितजी अन्ततः कौन-सा रास्ता पकड़ेंगे, "शायद उनके ज्योतिषी और तांत्रिक ही जानते हैं।" गांधी जी भक्त थे, वैष्णव थे, तंत्रमंत्र से दूर थे। यह पूँजीवादी नेतृत्व के सांस्कृतिक ह्रास का चिह्न है कि उस पर उनके बाद, कांग्रेस के भीतर और बाहर, तंत्र-मंत्रवाद का प्रभाव पड़ा। शुक्ल जी भक्ति के समर्थक थे, तंत्र-मंत्रवाद के विरोधी थे। यह हिन्दी आलोचना में ह्रास का चिह्न है कि उनके बाद अनेक अशिक्षित या अर्द्धशिक्षित लेखक तंत्र-मंत्रवाद का समर्थन करने लगे।

वीरभारत तलवार को 'नाथसिद्धों' से इतना ही वास्ता है कि वह उन्हें मोतीलाल नेहरू के साथ शुक्ल जी के विरुद्ध पेश कर सकते हैं। उनकी बुनियादी मान्यता यह है : "बाकी भारतीय समाज की ही तरह भारतीय पूँजीपतिवर्ग भी सामाजिक दृष्टि से पिछड़ा हुआ, धर्मभीरु और रूढ़िवादी था" (13) इस पूँजीपतिवर्ग का अभ्युदय हुआ अंग्रेजी राज में। अंग्रेजी राज से पहले क्या था? "वर्णाश्रम धर्म की गोद में पली सामन्ती संस्कृति की आचार संहिता।" (उप.) सामाजिक सम्बन्धों में परिवर्तन के बिना यह आचार संहिता कैसे बदल जाएगी? अंग्रेजी राज में पाश्चात्य सभ्यता का प्रकाश फैला; उसके पहले भारत सामन्तकालीन अन्धकार में डूबा हुआ है। उस अन्धकार में नाथ, सिद्ध या कोई भक्त सामन्त-विरोधी कैसे हो जाएगा? वीरभारत अंग्रेजी राज की प्रगतिशील भूमिका स्वीकार करते हैं; उसी परिमाण में वह इस राज से पहले भारतीय साहित्य की सामन्त-विरोधी भूमिका अस्वीकार करते हैं।

वह पूँजीपतिवर्ग को उतना ही पिछड़ा हुआ और रूढ़िवादी मानते हैं जितना बाकी भारतीय समाज को। और हर देश, हर काल में जनता को मूर्ख कहने का आरोप लगाते हैं शुक्ल जी पर! पूँजीवाद पिछड़ा हुआ और रूढ़िवादी है तो पूँजीवादी नेतृत्व में जो आन्दोलन चलेगा, वह भी जनता को पिछड़ा हुआ और रूढ़िवादी बनाए रहेगा। वीरभारत के लिए पूँजीपतिवर्ग और मजदूर वर्ग के बीच मध्यवर्ग का अस्तित्व नहीं है। इसलिए चन्द्रशेखर आजाद से शुक्ल जी के सम्बन्ध का विवरण पढ़कर वह मध्यवर्ग की साम्राज्य-विरोधी चेतना के बारे में कोई निष्कर्ष नहीं निकालते। उनके लिए मध्यवर्ग छोटे जमींदारों की देन है। शेष सामन्त वर्ग के साथ ये जमींदार भी ब्रिटिश साम्राज्य का आधार हैं। इसलिए राजनीति और साहित्य में इस वर्ग की भूमिका भी मूलत: प्रतिक्रियावादी होगी। तब अंग्रेजी राज को छोड़कर और कौन प्रगतिशील है?

वीरभारत तलवार की कुछ मान्यताएँ काफी जल्दी-जल्दी बदलती रही हैं। 'राष्ट्रीय आन्दोलन और रामचन्द्र शुक्ल' नाम के लेख में भू-स्वामियों वाला मध्यवर्ग बहुत महत्त्वपूर्ण है। साल भर पहले के एक लेख में ('आलोचना', पृ. 70) पूँजीपतियों वाला मध्यवर्ग महत्त्वपूर्ण है। इस लेख का शीर्षक है : 'हिन्दी प्रदेश में समाजवादी चेतना का प्रसार'। इसमें उन्होंने बताया है कि "जनतांत्रिक बुर्जुआ बुद्धिजीवियों में", दादा भाई नौरोजी, रमेशचन्द्र दत्त आदि तो हैं ही, इनके साथ भारतेन्दु हरिश्चन्द्र भी हैं। जिन मुद्दों को दादाभाई नौरोजी आदि ने उठाया था, भारतेन्दु हरिश्चन्द्र ने भी "अंग्रेजी राज की आलोचना करते हुए लगभग इन्हीं मुद्दों को उठाया था।" (उप., पृ. 71) राधामोहन गोकुल जी इसी क्रम में "स्वदेशी आन्दोलन के फलस्वरूप देशी व्यापार उद्योग की कुछ सुधरी हालत पर खुशी प्रकट करते हैं, भेदमूलक सीमा शुल्कों को हटाकर भारतीय व्यापार उद्योग के विकास का मार्ग साफ करने की माँग करते हैं, अंग्रेजों की दलाली के बजाए अपने स्वतंत्र उद्योग खड़े करने को कहते हैं। और व्यापारी और पूँजीपतिवर्ग को सफलता के लिए बुद्धिमान बनने को कहते हैं। ये सारी बातें भारत की बुर्जुआ जनतांत्रिक चेतना की माँगें थीं।" (उप., पृ. 73)

स्वदेशी आन्दोलन के फलस्वरूप, देशी व्यापार-उद्योग की हालत थोड़ी-सी सुधरी थी। भारत में बुर्जुआवर्ग था, उसके साथ बुर्जुआ जनतांत्रिक चेतना थी। अक्सर मध्यवर्ग के शिक्षित लोगों का एक समुदाय पूँजीपतिवर्ग का प्रतिनिधित्व करता है, वीरभारत ने पूँजीपतिवर्ग से मध्यवर्ग का प्रतिनिधित्व कराया है! "अपने अधिकारों के लिए बेचैन शिक्षित मध्यवर्ग के बुर्जुआ प्रतिनिधियों ने साम्राज्यवाद के खिलाफ अपना जनाधार व्यापक करने के लिए असंतुष्ट मजदूर किसानों को संगठित करने का फैसला किया। साम्राज्य-विरोधी संघर्ष को व्यापक बनाने के लिए मजदूर वर्ग को संगठित करने की योजना विपिनचन्द्र पाल और तिलक की थी।" (उप., पृ. 75) केवल शहरी मध्यवर्ग नहीं, राष्ट्रीय आन्दोलन का व्यापक जनाधार था; तिलक-जैसे नेता उस जनाधार को व्यापक बनाने के लिए प्रयत्नशील थे।

वीरभारत ने बतलाया था कि जो मध्यवर्ग राष्ट्रीय आन्दोलन में शामिल था, उसके दो हिस्से थे। एक था "निम्न और साधारण मध्यवर्ग, जो किसान-मजदूरों से बहुत दूर न था", दूसरा था "उच्च मध्यवर्ग, जिसके हाथों में आन्दोलन का नेतृत्व था, लेकिन जो किसान-मजदूरों से कोई खास सहानुभूति न रखता था।" (उप.) विपिनचन्द्र पाल और तिलक कांग्रेस के नेता थे, अवश्य उच्च-मध्यवर्ग के सदस्य रहे होंगे। इस उच्च-मध्यवर्ग के भी दो हिस्से थे। किसानों को संगठित करने का प्रयास मदनमोहन मालवीय ने भी किया था। "पाल और तिलक गरमदली कांग्रेसी थे, मालवीय नरमदली कांग्रेसी थे।" ('आलोचना', पृ. 75) वीरभारत ने तीनों को 'बुर्जुवा राष्ट्रवादी' कहा है, पर स्पष्ट है, बुर्जुआ राष्ट्रवाद नरम और गरम, दो किस्मों का था। गरम किस्म का राष्ट्रवाद मजदूरों को संगठित करके ब्रिटिश सरकार को झुकाना चाहता था। "1918-19 में देश के विभिन्न हिस्सों में बम्बई, मद्रास, कलकत्ता और कानपुर में मजदूरों की हड़तालों की जो लहर चली, उन मजदूरों को सम्बद्ध करने की भूमिका बहुत-कुछ तिलकपंथियों ने निभाई थी।" (उप.) 'तिलकपंथी' शब्द की व्यंजना यहाँ दूसरी तरह की है। मुख्य बात यह है कि तिलकपंथी कार्यकर्ता राष्ट्रीय आन्दोलन का जनाधार व्यापक बना रहे थे।

"लेकिन मजदूर-किसानों को संगठित करने की दिशा में कांग्रेस का नेतृत्व इसलिए नहीं बढ़ा कि उसे मजदूर-किसान वर्गों के अधिकारों में निष्ठा थी, बल्कि इसलिए बढ़ा कि मजदूर-किसानों के बल पर ही वह अपने वर्गीय हितों की रक्षा कर सकता था।" (उप.) मजदूरों और किसानों के प्रति निष्ठा न सही, पूँजीपतिवर्ग के हितों के प्रति निष्ठा तो थी। इस वर्ग के हित साम्राज्यवाद के हितों से टकराते थे। अपने वर्गीय हितों की रक्षा के लिए कांग्रेसी नेतृत्व मजदूरों और किसानों को संगठित करने की दिशा में बढ़ा। "मजदूर किसानों के संगठन राष्ट्रवाद के हाथों में साम्राज्यवाद के साथ सौदेबाजी के लिए मोहरे थे।" (उप.) मान लिया, मोहरे थे, पर दूसरे लेख से ये मोहरे गायब कैसे हो गए?

'हिन्दी प्रदेश में समाजवादी चेतना का प्रसार', 'आलोचना' में प्रकाशित वीरभारत तलवार के इस लेख में पूँजीपतिवर्ग है, मजदूरवर्ग है, मध्यवर्ग है; जमींदार और किसान कुछ दूर हैं। समाजवादी चेतना के प्रसार का आधार जमींदार और किसान तो हो नहीं सकते, पूँजीपतिवर्ग और मजदूरवर्ग की चर्चा वाजिब है, लेकिन स्वाधीनता आन्दोलन में मजदूरवर्ग जनवादी क्रान्ति के कार्य पूरे करता है, समाजवादी क्रान्ति के नहीं। वीरभारत ने गंगाधर पंत के एक लेख 'अवध के जमींदार और काश्तकार' का हवाला देते हुए उनसे राधामोहन गोकुल जी की तुलना की है। "जैसे पंत किसानों के शुभचिन्तक थे, वैसे ही राधामोहन जी मजदूरों के। लेकिन पंत के सामने यह स्पष्ट न था कि जमींदारी अत्याचार और शोषण के खिलाफ किसान संगठित होकर संघर्ष कर सकते हैं। राधामोहन जी के सामने भी यह स्पष्ट न था

कि पूँजीपतिवर्ग की स्वार्थपरता और शोषण के खिलाफ मजदूरवर्ग सम्बद्ध होकर संघर्ष चला सकता है। न गंगाधर पंत जमींदारी प्रथा का अतिक्रमण चाहते हैं, न राधामोहन पूँजीवाद का।" (उप., पृ. 73) बड़े जमींदार साम्राज्यवाद के सामाजिक आधार हैं, साम्राज्यवाद से राष्ट्रीय पूँजीपतियों का अन्तर्विरोध है। दोनों के शोषण में फर्क है। जमींदारी प्रथा को खत्म करना है, पूँजीवाद को खत्म नहीं करना; उसका जो हिस्सा साम्राज्यवाद का समर्थन करता है, केवल उसे खत्म करना है। लेकिन वीरभारत के अनुसार जैसे जमींदारी प्रथा का अतिक्रमण जरूरी था, वैसे ही पूँजीवाद का; अर्थात् भारत में जैसे सामन्त-विरोधी क्रान्ति जरूरी थी, वैसे ही पूँजीवाद-विरोधी क्रान्ति जरूरी थी। इस लेख में वीरभारत तलवार एम.एन. राय की सर्वहारा क्रान्ति का समर्थन कर रहे हैं। एम.एन. राय के गुरु थे त्रोत्स्की। लेनिन और स्तालिन से उनका मतभेद इस बात को लेकर था कि पराधीन देशों में जनवादी क्रान्ति नहीं, सर्वहारा क्रान्ति होनी चाहिए।

'राष्ट्रीय आन्दोलन और रामचन्द्र शुक्ल'—इस दूसरे लेख में शहरी सर्वहारा का स्थान देहाती सर्वहारा ने ले लिया है। देहाती सर्वहारा में खेत मजदूर हैं और उन-जैसे निर्धन किसान हैं। "जिन दिनों शुक्ल जी ने यह लेख लिखा, उन दिनों अवध के इलाके में बाबा रामचन्द्र के नेतृत्व में किसानों का एक बड़ा आन्दोलन चला था।...उस आन्दोलन में खेत मजूर बड़ी संख्या में शामिल हुए थे। उन्हें मजूरी बहुत कम मिलती थी—उनसे बेगार बहुत ज्यादा ली जाती थी। आन्दोलन मुख्यत: गरीब और साधारण किसानों का था। खेत मजूर उनके साथ थे" (18) क्रान्ति की यह मंजिल तो फरवरी, 1917 में रूस-जैसे स्वाधीन देश में भी नहीं थी। जारशाही के विरुद्ध बोल्शेविक पार्टी ने सामन्त-विरोधी क्रान्ति की सफलता के लिए धनी और निर्धन, सभी किसानों का संयुक्त मोर्चा बनाने का प्रयास किया था। स्तालिन ने जनवादी और समाजवादी क्रान्तियों का भेद बताते हुए लिखा था : "फरवरी, 1917 तक हमने अपना काम सर्वहारा वर्ग और 'किसानों' की क्रान्तिकारी 'जनवादी' डिक्टेटरशिप के नारे के अन्तर्गत किया था जबकि फरवरी, 1917 के बाद इस नारे का स्थान सर्वहारा वर्ग और गरीब किसानों की 'समाजवादी' डिक्टेटरशिप ने ले लिया।" जनवादी क्रान्ति के दौरान सर्वहारा वर्ग किसानों के साथ किस तरह का संयुक्त मोर्चा बनाता है, यह दिखाने के लिए स्तालिन ने लेनिन की यह स्थापना उद्धृत की : "निरंकुश सत्ता [जारशाही] के प्रतिरोध को बलपूर्वक दबाने और पूँजीपतिवर्ग की अस्थिरता को पंगु कर देने के लिए सर्वहारा वर्ग को किसान समुदाय से सहयोग करके जनवादी क्रान्ति पूर्णत: सम्पन्न करनी चाहिए।" आगे स्तालिन ने कहा : "दूसरे शब्दों में—निरंकुश सत्ता के खिलाफ, पूँजीपतिवर्ग को तटस्थ करते हुए, सभी किसानों के साथ, जनवादी क्रान्ति के लिए।" फिर "पूँजीपति वर्ग के विरुद्ध—शहर और देहात के निम्न पूँजीपतिवर्ग को तटस्थ करते हुए—

गरीब किसानों और आबादी के, आम तौर से, अर्द्ध सर्वहारा स्तरों के साथ समाजवादी क्रान्ति के लिए।" ('Stalin Problems of Leninism', 1947, पृ. 183)।

जिस तरह का संयुक्त मोर्चा समाजवादी क्रान्ति के लिए रूस में दरकार था, उस तरह का संयुक्त मोर्चा वीरभारत ने 1921 के पराधीन भारत में बनाया। इतिहास के इस प्रस्तुतीकरण का सीधा सम्बन्ध आज की राजनीति से है। साम्राज्यवाद से भारत का अन्तर्विरोध पूरी तरह समाप्त नहीं हुआ, सामन्ती अवशेष खत्म नहीं हुए। भारत समाजवादी क्रान्ति नहीं, नई जनवादी क्रान्ति की मंजिल में है। एक ओर पूँजीपतिवर्ग का पिछलगुआ दक्षिणपंथी अवसरवाद, दूसरी ओर सर्वहारा वर्ग को शेष जनता में अलग-थलग कर देनेवाला वामपंथी अवसरवाद—दोनों का वस्तुगत परिणाम एक ही है : नई जनवादी क्रान्ति की शक्तियों को छिन्न-भिन्न कर देना।

9. प्रेमचन्द और रामचन्द्र शुक्ल

'प्रेमाश्रम' और 'अवध का किसान आन्दोलन'—इस विषय पर वीरभारत तलवार ने शोध प्रबन्ध लिखा है। जुलाई-सितम्बर, '84 की 'आलोचना' वाले लेख के अन्त में इस प्रबन्ध का जिक्र है। अवध के किसान आन्दोलन से 'प्रेमाश्रम' का कोई सम्बन्ध नहीं है, यह दिखाने के लिए तो उन्होंने यह प्रबन्ध लिखा न होगा। अवध में सन् '20-22 में एक शक्तिशाली आन्दोलन चला, उस आन्दोलन की पृष्ठभूमि में ही 'प्रेमाश्रम' का अध्ययन करना उचित है। अभी तक किसी ने इस सम्बन्ध पर ध्यान नहीं दिया, यहाँ पहली बार इस सम्बन्ध पर विस्तार से विचार किया गया है—ऐसा ही कुछ उन्होंने शोध प्रबन्ध में लिखा होगा, वर्ना 'प्रेमाश्रम' और 'अवध का किसान आन्दोलन'—इस तरह का नाम सार्थक न होगा। यह आन्दोलन हिन्दी जनता के इतिहास को, और भारत के स्वाधीनता आन्दोलन को, समझने के लिए बहुत महत्त्वपूर्ण है, इसमें कोई सन्देह नहीं, पर उसका 'प्रेमाश्रम' से कोई सम्बन्ध नहीं है।

बाबा रामचन्द्र जून, 1920 में पाँच सौ किसानों को लेकर इलाहाबाद पहुँचे थे। वहाँ उन्होंने पुरुषोत्तमदास टंडन, जवाहरलाल नेहरू, गौरीशंकर मिश्र आदि नेताओं से कहा था कि वे एक आयोग बनाएँ जो किसानों की दुरवस्था की जाँच करे (Kapil Kumar, 'Peasants in Revolt', दिल्ली, 1984, पृ. 91-92) इसके बाद जवाहरलाल नेहरू ने देहात का दौरा किया था। जून के अन्त में 53 हजार किसानों ने ताल्लुकेदारों के खिलाफ पट्टी में सभा की थी। (उप., पृ. 94) बाबा रामचन्द्र को पहली बार अगस्त, 1920 में गिरफ्तार किया गया था। (उप., पृ. 98) किसानों के विद्रोह के भय से अधिकारियों ने उन्हें लोगों की नजर से बचाकर छोड़ा, दुबारा वह फरवरी, सन् '21 में गिरफ्तार किये गए। प्रेमचन्द फरवरी, सन् '20 में 'प्रेमाश्रम' समाप्त कर चुके थे। किसान आन्दोलन का सारा घटनाक्रम उसके बाद का है।

अमृतराय के अनुसार : "मूल उर्दू पांडुलिपि का लेखनकाल 2 मई, 1918 से 25 फरवरी, 1920 तक है, जो कि पांडुलिपि पर ही अंकित है। प्रकाशन 1921 के पूर्वार्द्ध में हुआ।" ('प्रेमचन्द : कलम का सिपाही', इलाहाबाद, 1962, पृ. 654) इस सूचना के अलावा उपन्यास के अध्ययन से भी यह स्पष्ट हो जाता है कि प्रेमचन्द ने अपना लेखन-कार्य जून, सन् '20 से पहले पूरा कर लिया था। सत्याग्रह आन्दोलन और अवध का किसान आन्दोलन लगभग एक ही समय आरम्भ हुए थे। तिलक और गांधी में मतभेद कौंसिलों के बहिष्कार को लेकर हुआ; सत्याग्रह आन्दोलन का एक खास मुद्दा यह बहिष्कार था। बाबा रामचन्द्र भी हिन्दू-मुस्लिम एकता आदि के साथ कौंसिलों के बहिष्कार का प्रचार करते थे। (Peasants in Revolt, पृ. 108) 'प्रेमाश्रम' में कौंसिलों का बहिष्कार नहीं है, इसके विपरीत चुनाव हुए : "ज्ञानशंकर ने मैदान मार लिया; लेकिन प्रेमाश्रम वासियों को जो सफलता प्राप्त हुई वह आश्चर्यजनक थी...सबसे बड़ी फतह प्रेमशंकर की थी।...यहाँ लोग पहले से ही सेवाधर्म के अनुगामी थे। अब उन्हें अपने कार्यक्षेत्र को और विस्तृत करने का सुअवसर मिला। ये लोग नये-नये सुधार के प्रस्ताव सोचते...।" ('प्रेमाश्रम', इलाहाबाद, 1962, पृ. 397-98) प्रेमचन्द कौंसिलों का उपयोग करने के पक्ष में हैं। प्रेमाश्रमवासियों की नीति न तो सत्याग्रह आन्दोलन के अनुरूप थी, न किसान आन्दोलन के। जून, सन् '20 तक गांधी और तिलक, दोनों जिस नीति का समर्थन करते रहे थे, उसी का समर्थन 'प्रेमाश्रम' में है। कौंसिलों का चुनाव उपन्यास के चौंसठवें अध्याय में है, उसके बाद बस एक अध्याय और है, फिर उपसंहार है। उपसंहार में "बलराज रेशमी साफा बाँधे, मिर्जई पहने, घोड़े पर सवार" आता दिखाई देता है; "वह अब जिला सभा का सदस्य था।" (उप., पृ. 409)

प्रेमचन्द यदि चाहते तो हिन्दी रूपान्तर के तैयार होने, फिर उसके प्रकाशित होने तक उसके अन्तिम अध्यायों में परिवर्तन कर सकते थे, पर ऐसा करना उन्होंने आवश्यक न समझा था। 'प्रेमाश्रम' में न तो कांग्रेस के असहयोग आन्दोलन को चित्रित किया गया है, न अवध के किसान-आन्दोलन को। लेकिन प्रेमचन्द ने यह कैसे लिखा : "सत्याग्रह में अन्याय को दमन करने की शक्ति है, यह सिद्धान्त भ्रान्तिपूर्ण सिद्ध हो गया।" ('प्रेमाश्रम', पृ. 239)

सत्याग्रह का जन्म दक्षिण अफ्रीका में हुआ था। 1915 में गांधी जी ने अहमदाबाद में सत्याग्रह आश्रम स्थापित किया था। इसके बाद उन्होंने चम्पारन और खेड़ा में सत्याग्रह का प्रयोग किया, इस प्रयोग का सीधा सम्बन्ध किसानों से था। इस प्रयोग को देखकर प्रेमचन्द सत्याग्रह के बारे में यह राय कायम कर सकते थे कि उसमें अन्याय का दमन करने की शक्ति नहीं है। उन्हें साधारण प्रतिरोध से संतोष नहीं था, वह ऐसा प्रतिरोध चाहते थे जो अन्याय का दमन कर सके। इससे तुलनीय है शुक्ल जी का क्षोभ कि पंजाब में ढाये गए अत्याचार और "इस जुर्म के कर्णधारों

का बिना दंड पाए मुक्त घूमना" प्रत्येक राष्ट्रभक्त भारतीय के हृदय को गहरे क्रोध से भर देता है। ('दस्तावेज़', पृ. 4) 1908 में खुदीराम बोस को फाँसी दी गई। प्रेमचन्द "खुदीराम की एक तसवीर ले आए और बड़े प्रेम से अपने कमरे में उसे टाँग लिया।" ('प्रेमचन्द : कलम का सिपाही', पृ. 98) शुक्ल जी की तरह प्रेमचन्द को क्रान्तिकारियों से गहरी सहानुभूति थी। खुदीराम बोस, रामप्रसाद बिस्मिल, भगतसिंह जैसे क्रान्तिकारियों की परम्परा में है प्रेमचन्द का मनोहर। 'एक्शन' से पहले वह भरपेट भोजन करता है, फिर गहरी नींद सोता है; चलने से पहले बेटे को समझाता है, "अपने मरजाद की रक्षा करना मरदों का काम है। ऐसे अत्याचारों का हम और क्या जवाब दे सकते हैं? बेइज्जत होकर जीने से मर जाना अच्छा है।" ('प्रेमाश्रम', पृ. 197-98) अन्यायी का दमन करना उचित है, इस दृढ़ विश्वास के कारण उसका मनोबल अटूट है, चित्त पूरी तरह उसके नियंत्रण में है।

मनोहर अहीर है। वीरभारत के अनुसार अवध के किसान-आन्दोलन में गरीब किसानों और खेत मजदूरों ने भाग लिया; "इनमें ज्यादातर कुर्मी, अहीर और दूसरी छोटी जातियों के थे जो खुद हल चलाते थे। खेत मजदूरों की ज्यादा जरूरत धनी किसानों और जमींदारों को थी। जमीन के बड़े टुकड़े भी ज्यादातर इन्हीं के पास थे। शुक्ल जी ने जमींदारों के साथ-साथ जिन किसानों के उत्पीड़न की बात कही, वे ऐसे ही ऊँची जातवाले किसान थे। ये कई कारणों से जमींदारों के साथ थे।" (18-19) एक ओर ऊँची जातियों के जमींदार और उनका साथ देने वाले धनी किसान हैं, दूसरी ओर उनका विरोध करनेवाले नीची जाति के गरीब किसान और खेत मजदूर हैं। वर्गसंघर्ष का अर्थ हुआ, ऊँची जातियों से नीची जातियों का संघर्ष! लेकिन 'प्रेमाश्रम' में कुर्मियों और अहीरों को नीची जाति का नहीं माना गया। लखनपुर के किसानों में सबसे ज्यादा जमीन—चालीस बीघे—सुक्खू चौधरी के पास है। ('प्रेमाश्रम', पृ. 409) और वह कुर्मी हैं। (उप., पृ. 9) गौस खाँ के अनुसार मनोहर के पास बीस बीघे जमीन थी (उप., पृ. 23) वह स्वयं खेत में काम करता था पर उसके यहाँ एक हलवाहा भी था। बलराज भोजन करने बैठा, "उसके एक ओर मनोहर था और जरा हटकर उसका हलवाहा रंगी चमार बैठा हुआ था।" (उप., पृ. 60) किसानों ने जमीन लीपने से इनकार किया था; तहसीलदार ने उन्हें बल प्रयोग द्वारा जमीन लीपने को बाध्य किया। बैरिस्टर इरफान अली ने तहसीलदार से जिरह करते हुए कहा : "मगर आपको इससे तो इनकार नहीं हो सकता कि आम तौर पर अहीर और ठाकुर यह काम नहीं करते।" (उप., पृ. 360) ज्ञान शंकर ने गौस खाँ के कातिल के बारे में पूछा तो फैजू ने कहा : "वही मनोहर अहीर है।" (उप., पृ. 203)

अंग्रेजी राज में छोटे जमींदार और धनी किसान तबाह हो रहे थे, और वे बड़े जमींदारों, ताल्लुकेदारों और विदेशी राज्यसत्ता से लड़ रहे थे। अवध में किसानों के आदि संगठनकर्ताओं में झिंगुरीसिंह थे। मौजा रूरे, तहसील पट्टी, जिला प्रतापगढ़ में उन्होंने सहदेवसिंह के सहयोग से 1917 में किसान सभा बनाई थी। ('Peasants in Revolt', पृ. 71)

बाबा रामचन्द्र इस सभा में बाद में 1918-19 में शामिल हुए (उप., पृ. 73) झिंगुरीसिंह की सामाजिक स्थिति यह थी : "उनके पुरखे पुराने जमाने में छोटे जमींदार थे, लेकिन वह स्वयं गरीब थे और उनका लालन-पालन मामूली ढंग से हुआ था।" (उप.) अवध में ऐसे तबाह जमींदार भरे हुए थे। भारत में किसान आन्दोलनों पर अपनी पुस्तक में धनगरे ने अवध के जमींदारों और किसानों के बारे में दिलचस्प आँकड़े दिये हैं। 1920 में 200 रुपये या उससे ज्यादा सालाना मालगुजारी देनेवाले 14,351 जमींदार थे (D.N. Dhanagare, 'Peasant Movements in India', 1920-1950, Oxford University Press, Bombay, 1983, पृ. 114) "इस वर्ग में जो लोग 5,000 रुपये या उससे ज्यादा की भारी सालाना मालगुजारी देते थे, उनकी संख्या बहुत कम थी।" (उप., पृ. 115)

1 से 24 रुपये तक मालगुजारी देनेवाले जमींदार सबसे ज्यादा हैं—79,453। ये पूरे जमींदार समुदाय का लगभग आधा हैं—45.68 प्रतिशत। जिस सरकारी विवरण से धनगरे ने ये आँकड़े दिये हैं, उसके बारे में लिखा है, इसमें 1 रुपये से कम सलाना मालगुजारी देनेवालों को, तथा खेत मजदूरों को, छोड़ दिया गया है। "सारे संयुक्त प्रान्त में 1921 में 15 लाख जमींदार ऐसे थे जो एक रुपये से कम मालगुजारी देते थे। अवध में भूमिहीन खेतमजूरों की संख्या 1,83,903 थी।" (उप., पृ. 114) धनगरे ने 'गरीब किसानों' में (क) उन जमींदारों को गिना है जो 25 रुपये से कम मालगुजारी देते थे; (ख) उन आसामियों को गिना है जो 50 रुपये से कम लगान देते थे; (ग) उन बटाईदारों को गिना है जिन्हें (क) श्रेणी के जमींदारों से या (ख) श्रेणी के आसामियों से अलग नहीं किया जा सकता। (उप., पृ. 115) इससे जाहिर है कि वीरभारत की नीति के अनुसार किसान आन्दोलन चलाया गया होता तो उसमें गरीब आदमी एक-दूसरे का गला काटते होते, और इससे लाभ बड़े जमींदारों और विदेशी राज्यसत्ता को होता है। इसी प्रकार ऊँची-नीची जातियों के आधार पर किसान आन्दोलन चलाया जाता तो वह बहुत जल्दी विघटित हो जाता।

अवध के किसान आन्दोलन में ऊँची जातियों के नेता थे, नीची जातियों के भी। इस आन्दोलन में "जाति बिरादरीवाला तनाव गायब था।" ('Peasants in Revolt', पृ. 224) क्यों गायब था? इसलिए कि किसान, बिरादरी के हित में नहीं, वरन किसानों के सामन्त-विरोधी वर्गहित में संगठित हो रहे थे। नौकरियों के प्रतिष्ठानों में और शिक्षा संस्थानों में बिरादरीवाला तनाव आजकल जोरों पर है क्योंकि क्रान्तिकारी संघर्षों का स्थान अवसरवाद और तिकड़म ने ले लिया है। लेकिन अवध के किसान आन्दोलन में "बाबा रामचन्द्र, अमोल शर्मा, देव नारायण पांडेय और रामलाल जी शर्मा ब्राह्मण थे; झिंगुरी सिंह, सहदेव सिंह, राम अवतार और सालिक कुर्मी थे। बृजपाल सिंह और ठाकुरदीन सिंह राजपूत थे। माताबदल कोरी थे, रामगुलाम और मदारी पासी थे।" (उप.) स्वाधीन भारत में बिरादरियोंवाला तनाव बढ़ा है।

क्रान्तिकारियों के लिए आसान रास्ता यह है कि कुछ बिरादरियों को प्रगतिशील मानें, कुछ को प्रतिक्रियावादी। जो प्रगतिशील हों, उनके साथ हो जाएँ। सन् '37 में कांग्रेसी मंत्रिमंडल बनने पर साम्प्रदायिक तनाव बढ़ा। कुछ क्रान्तिकारियों ने मुस्लिम सम्प्रदायवाद में जातीय आत्मनिर्णय की माँग छिपी हुई देखी और उसका समर्थन किया। पंजाब में इस समय हिन्दू सम्प्रदायवाद है, सिख सम्प्रदायवाद है। दोनों में कोई एक तो प्रगतिशील होगा ही! आप आसपास देखें तो ऐसे लोग मिल जाएँगे जो बिरादरियों के आधार पर किसान-क्रान्ति कर रहे हैं और पंजाब में सम्प्रदायवाद विशेष के आधार पर जातीय आत्मनिर्णय की समस्या हल कर रहे हैं! अवध के किसान आन्दोलन ने बिरादरीवाद और सम्प्रदायवाद, दोनों को हटाकर सामाजिक एकता का नया आदर्श देश के सामने रखा था।

कपिल कुमार का यह विवरण खूब ध्यानपूर्वक पढ़ना चाहिए : "अवध का किसान आन्दोलन साम्प्रदायिक और जाति-बिरादरीवाले तनावों से मुक्त था। धार्मिक और जाति-बिरादरी के सम्बन्ध किसान आन्दोलन को वर्ग एकता के आधार पर विकसित होने से रोकते हैं, इस प्रचलित धारणा के प्रतिकूल हम देखते हैं कि अवध में अत्याचार का मुकाबला करने में हिन्दू और मुसलमान एक साथ थे। इलाहाबाद के लिए जो किसान मार्च हुआ, उसमें हिन्दू किसानों और मुस्लिम किसानों, दोनों ने उत्साहपूर्वक भाग लिया। किसान नेता बाबा रामचन्द्र किसानों को संगठित करने के लिए 'रामायण' के उद्धरण देते थे; उन्हें प्रतापगढ़ जेल से छुड़ाने में मुस्लिम किसान सक्रिय थे और यह काम उन्होंने बिस्मिल्लाह कहकर किया। अयोध्या में किसान सम्मेलन के दौरान पुजारियों ने हिन्दुओं और मुसलमानों, दोनों के लिए मंदिरों के 'दरवाजे' खोल दिये थे और वहाँ उन्होंने रात में एक साथ शरण ली।" ('Peasants in Revolt', पृ. 223) बाबरी मस्जिद और राम जन्मभूमि को लेकर जो झगड़ा हुआ, उसका सम्बन्ध क्या इसी अयोध्या से था?

वीरभारत ने शुक्ल जी पर आरोप लगाया है कि उन्होंने जलियाँवाला कांड का जिक्र किया पर "खिलाफत के सवाल पर चुप्पी साध ली" (13) पर खिलाफतियों ने बाबा रामचन्द्र के साथ जो व्यवहार किया था, उसके बारे में स्वयं वीरभारत ने क्यों चुप्पी साधी है? जनवरी, 1921 में रायबरेली में किसान आन्दोलन तेजी पर था। मुंशीगंज में किसानों पर गोलियाँ चलाई गईं और बहुत-से किसान मारे गए। 'प्रताप' ने इसे 'छोटा जलियाँवाला कांड' कहा था। ('Peasants in Revolt', पृ. 134) खिलाफती नेता इस प्रयत्न में लगे थे कि बाबा रामचन्द्र रायबरेली के किसानों से न मिलने पाएँ। वह बाराबंकी में थे। उन्हें खिलाफती नेता मौलाना अब्दुल बारी ने लखनऊ बुलाया। लखनऊ पहुँचने पर उन्हें मुंशीगंज की घटना का समाचार मिला। वह तुरत रायबरेली जाना चाहते थे, पर उन्हें जाने न दिया गया। वह अब्दुल बारी के यहाँ कैदी की-सी हालत में थे। ('he was virtually a prisoner of Abdul Bari', उप., पृ. 136)

वह रोए-गिड़गिड़ाए, पर कोई नतीजा न निकला। जब भी बाहर जाने की कोशिश की, पहरेदारों ने उन्हें रोक लिया। रायबरेली की स्थिति के बारे में गांधी जी का आदेश पाने के लिए अब्दुल बारी ने मोहम्मद अली को तार दिया। गांधी जी की ओर से शौकत अली का तार आया कि रामचन्द्र अहिंसा के सिद्धान्त के अनुसार किसानों को शान्त करें। गांधी जी ने इस तार की पुष्टि की। "अब्दुल बारी ने परेशानी में पड़े हुए रामचन्द्र से इन तारों के आधार पर कहा कि उन्हें कहीं भी जाने न दिया जाएगा क्योंकि नेताओं की यही इच्छा है।" ('Peasants in Revolt', पृ. 137) बारी के घर में बन्द रहकर तो बाबा रामचन्द्र किसानों को शान्त कर न सकते थे; स्पष्ट ही खिलाफती नेता गांधी जी के आदेश का उल्लंघन करके बाबा रामचन्द्र को रोके हुए थे। बाबा रामचन्द्र अपना यह अनुभव भूले नहीं। जब वह पकड़े गए और उन पर मुकदमा चला तो "उन्होंने खिलाफती नेता शौकत अली की सेवाएँ अस्वीकार कर दीं और अपनी पैरवी खुद की।" नीचे कपिल कुमार की पाद टिप्पणी है : "शायद वह अपने प्रति अब्दुल बारी का दुर्व्यवहार भूल नहीं पाए। बारी संयुक्त प्रान्त के सबसे बड़े खिलाफती नेता थे। और इस तरह दूसरे खिलाफती की सेवाएँ अस्वीकार कीं।" (उप., पृ. 160)

ऐसा लगता है कि खिलाफत के समर्थन को छोड़कर बाकी अनेक मुद्दों पर बाबा रामचन्द्र कांग्रेस की नीति मानते थे। "रामचन्द्र हिन्दू-मुस्लिम एकता, स्वदेशी को प्रोत्साहन, किसानों की एकता, बच्चों की शिक्षा, बाहरवालों को उपज की बिक्री [स्थानीय बनियों की लूट से बचने के लिए], रेल मार्गों के प्रसार और कौंसिलों के बहिष्कार का प्रचार करते थे।" (उप., पृ. 108) अवध का किसान आन्दोलन राष्ट्रीय स्वाधीनता आन्दोलन का अंग था। बाबा रामचन्द्र ने बाराबंकी का दौरा किया, वहाँ उन्होंने इस आन्दोलन की माँगों का प्रचार किया और जनता की साम्राज्य-विरोधी चेतना को उभारा। "रामचन्द्र ने कोशिश की कि किसान आन्दोलन ऐसे रास्ते चले जिससे कांग्रेस का कार्यक्रम अमल में आए। 29 दिसम्बर को उन्होंने रुदौली में अपने श्रोताओं से कहा कि जिला अधिकारियों और पुलिस का जुल्म बर्दाश्त न करें। उनका आह्वान किया कि वे स्वदेशी और खादी को अपनाएँ। वह व्याख्यानों में सरकार के खिलाफ आग उगलते थे। वह अंग्रेजों से कहते थे, "यहाँ से जाओ, यह देश तुम्हारा नहीं है।" उनकी घोषणा थी कि सरकार दगाबाज, अत्याचारी और बेईमान है और जब तक इसे निकाल न लूँगा, दम न लूँगा।...रामचन्द्र ने एक पखवारे तक बाराबंकी का दौरा उन्हीं दिनों किया था जब नागपुर में कांग्रेस अधिवेशन हुआ था जिसमें असहयोग के कार्यक्रम का अनुमोदन हुआ था।" (उप., पृ. 118-20)

बाबा रामचन्द्र का वास्तविक नाम श्रीधर बलवन्त जोधपुरकर था। ग्वालियर के एक गाँव में एक मराठी-भाषी ब्राह्मण परिवार में उनका 1864 में जन्म हुआ था। फिजी में उन्होंने कुलीगीरी की, कुलियों की दशा सुधारने का आन्दोलन किया।

अंग्रेज ब्राह्मणों को शक की निगाह से देखते थे; उनके शक से बचने के लिए उन्होंने अपना नाम रामचन्द्र राव रखा। किसानों में धार्मिक प्रचार करते हुए उन्होंने उनकी दुरवस्था देखी। "शुरू में उनकी प्रतिक्रिया यह थी कि किसानों और जमींदारों में मेल-जोल के लिए काम करें।" (उप., पृ. 82-83) बाबा रामचन्द्र ने अवध के किसानों को बहुत सी बातें सिखाईं, कुछ उनसे सीखीं भी। बलराज ने सरकारी चपरासी से कहा : "मियाँ, हमारी गरमी पाँच-पाँच रुपल्ली के चपरासियों के मान की नहीं है, जाओ, अपने साहब बहादुर के जूते सीधे करो, जो तुम्हारा काम है; हमारी गरमी के फेर में न पड़ो; नहीं तो हाथ लग जाएँगे। उस जन्म के पापों का दंड भोग रहे हो, लेकिन अब भी तुम्हारी आँखें नहीं खुलतीं?" ('प्रेमाश्रम', पृ. 57) अवध में किसान आन्दोलन के संगठित होने से पहले नौजवान किसानों के ये तेवर थे। 'प्रेमाश्रम' का सम्बन्ध अवध के किसान-आन्दोलन से नहीं है, पर अवध के किसानों से है। (इसकी चर्चा 'प्रेमचन्द और उनका युग', चौथा संस्करण, के अन्तिम अध्याय में है।)

मार्च, 1921 में कढ़िया, रायबरेली का किसान-संघर्ष इस दृष्टि से विशेष महत्त्वपूर्ण है कि उसका संगठन एक सैनिक ने किया था। बृजपालसिंह नवीं भोपाल इन्फैंट्री में सिपाही थे, साढ़े तीन महीने की छुट्टी पर आए हुए थे। उनका घर जिला प्रतापगढ़ के एक गाँव में था, वह किसानों का संगठन रायबरेली में कर रहे थे। एक महिला ताल्लुकेदारिन ने आसामियों से कहा—इस बाहर के आदमी को निकाल दो। इस पर किसानों ने ताल्लुकेदारिन की थुड़ी बोल दी। बृजपालसिंह के नेतृत्व में किसानों ने रियासत के कारिन्दे को बरखास्त करने की माँग की। ताल्लुकेदारिन ने सरकार से सहायता माँगी। पुलिस मदद को आ गई। उसने बृजपालसिंह को पकड़ लिया और उनके हथकड़ियाँ डाल दीं। बृजपालसिंह ने विरोध किया और कहा कि वह जर्मनी में चार साल तक युद्धबन्दी रहे थे और जर्मनों तक ने उन्हें हथकड़ियाँ न पहनाई थीं।" ('Peasants in Revolt', पृ. 166) पुलिस अफसर ने गालियाँ देना शुरू किया तो बृजमोहनसिंह ने उससे चुप रहने को कहा और किसानों को ललकारा—पुलिस के हाथों अपने नेताओं की बेइज्जती होने दोगे तो तुम्हारा जिन्दा रहना बेकार है।" लगभग सात सौ किसान इकट्ठा हो गए थे। उन्होंने लाठियों और ईंटों से पुलिस पर हमला किया और बृजपालसिंह तथा अन्य नेताओं को छुड़ा लिया। पुलिस ने गोली चलाई। जगमोहन ब्राह्मण मारे गए, कई लोग घायल हुए। एक आदमी को मरते और दूसरों के शरीर से खून बहते देखकर किसान पुलिस पर टूट पड़े। पुलिसदल भागकर ताल्लुकेदारिन की कोठी में जा छिपा। किसानों ने कोठी को घेर लिया। आसपास के गाँवों से और किसान आ गए और डिप्टी कमिश्नर, पुलिस सुपरिंटेंडेंट भी कुमक लेकर पहुँचे। बृजपालसिंह ने डिप्टी कमिश्नर से किसानों की शिकायतें सुनने और इन्साफ करने को कहा। डिप्टी कमिश्नर ने एक न सुनी तो बृजपालसिंह ने पुलिस के जवानों से कहा : ऐ हिन्दुओ, ऐ मुसलमानो, हम सब भाई-भाई हैं,

तुम्हें हमारा साथ देना चाहिए। किसानों से कहा : महात्मा गांधी ग्यारह बजे आएँगे और डिप्टी कमिश्नर का काम ठीक करेंगे। इस पर किसानों ने 'महात्मा गांधी की जय' बोली। कोठी के सामने बैलगाड़ियाँ अड़ाकर उन्होंने रास्ता रोक दिया था। किसान बड़े अफसरों को पुलिस का जुल्म दिखाने के लिए दो शहीदों के शव और चार-पाँच घायलों को खाटों पर लाए। एक घायल को इलाज के बहाने पुलिस पड़ोस के गाँव में ले गई, डाक्टर के साथ बृजपालसिंह गए। वहाँ उन्हें पुलिस ने गिरफ्तार कर लिया। उन्हें चार साल की सख्त कैद और तीन महीने काल कोठरी में रहने की सजा दी गई। ('Peasants in Revolt', पृ. 165-66)

तिलक ने युद्धबन्दियों की जो भूमिका मन में सोची थी, वह निराधार नहीं थी। कम-से-कम उसका एक निदर्शन यहाँ मौजूद है। फौज के जवानों से किसानों की मैत्री अंग्रेजों के लिए कितनी खतरनाक हो सकती है, वे जानते थे, और उनके दोस्त ताल्लुकेदार भी जानते थे। रामगोपाल सिंह के नाम से किसी ने वाइसराय को खत लिखा था कि ताल्लुकेदारों के जान-माल को खतरा है और 1857 से भी ज्यादा खतरनाक गदर होनेवाला है। (उप., पृ. 97-98) यह पत्र बृजपालसिंह वाली घटना की प्रतिक्रिया में न लिखा गया था, वह घटना मार्च सन् '21 की है और यह पत्र सितम्बर, सन् '20 का है। पर इससे पता चलता है कि वह घटना अपवादरूप न थी; उथल-पुथल के चिह्न पहले से दिखाई दे रहे थे। "जाँच करने से पता चला कि रामगोपाल सिंह फर्जी नाम था पर अधिकारियों को विश्वास था कि इस पत्र में उस क्षेत्र के ताल्लुकेदारों की भावनाएँ सही ढंग से व्यक्त हुई थीं।" (उप., पृ. 98) अवध के किसान-आन्दोलन के दौरान हर घटना से जाहिर होता है कि ताल्लुकेदारी के खिलाफ संघर्ष तुरत साम्राज्य-विरोधी संघर्ष में बदल जाता है। सामन्त-विरोधी संघर्ष की सफलता उसके साम्राज्य-विरोधी पक्ष के प्रसार पर निर्भर है। किसानों के देशप्रेम की भावना को कम करके न आंकना चाहिए। ताल्लुकेदारिन की कोठी को घेरनेवाले किसान जब 'महात्मा गांधी की जय' बोल रहे थे, तब वे इसी देशप्रेम की भावना को व्यक्त कर रहे थे; इस प्रकार वे अपने वर्ग-संघर्ष को राष्ट्रीय आन्दोलन से जोड़ रहे थे।

'प्रेमाश्रम' की विशेषता यह है कि उसमें अंग्रेजी राज अत्याचारी जमींदारों का समर्थक ही नहीं है वरन् स्वतंत्र रूप से, उनसे अलग, वह किसानों पर अत्याचार करता है। ज्वालासिंह की पत्नी शीलमणि बतलाती है, किस तरह युद्ध का खर्च चलाने के लिए अंग्रेजों ने अपनी प्रजा से कर्ज लिया : "अधिकारियों ने दीन-दरिद्र प्रजा पर नाना प्रकार के अत्याचार किये, तरह-तरह के दबाव डाले, यहाँ तक कि उन्हें अपने हल-बैल बेचकर सरकार को कर्ज देने पर मजबूर किया।" ('प्रेमाश्रम', पृ. 343)

वर्षा समाप्त होने पर सरकारी अफसर देहात के दौरे पर निकलते हैं। प्रेमचन्द ने इनकी तुलना कीड़ों-मकोड़ों से की है, लेकिन कीड़े-मकोड़े दो तरह के होते हैं :

"वर्षा के आदि में राजसिक कीट और पतंग का उद्भव होता है, उसके अन्त में तामसिक कीट और पतंग का। उनका उत्थान होते ही देहातों में भूकम्प-सा आ जाता है और लोग भय से प्राण छिपाने लगते हैं।" (उप., पृ. 53) ये अफसर प्रजा की दशा का ज्ञान प्राप्त करने, न्यायप्रार्थी के द्वार तक पहुँचने के उद्देश्य से निकलते हैं लेकिन उनकी सदिच्छाएँ बहुत जल्दी गायब हो जाती हैं : "सत्य और न्याय पैरों के नीचे आ जाता है, लोभ और स्वार्थ की विजय हो जाती है।" ('प्रेमाश्रम', पृ. 343) सरकारी अफसरों को लूट-पाट के लिए जैसी सुविधा देहात में होती है, वैसी शहरों में नहीं। "वहाँ प्रत्येक वस्तु के लिए उन्हें जेब में हाथ डालना पड़ता है, किन्तु देहातों में जेब की जगह उनका हाथ सोंटे पर होता है या किसी दीन किसान की गर्दन पर! जिस घी, दूध, शाक-भाजी, मांस-मछली आदि के लिए शहर में तरसते थे, जिनका स्वप्न में भी दर्शन नहीं होता था, उन पदार्थों की यहाँ केवल जिह्वा और बाहु के बल से रेल-पेल हो जाती है। जितना खा सकते हैं, खाते हैं, बार-बार खाते हैं, और जो नहीं खा सकते, वह घर भेजते हैं। घी से भरे हुए कनस्तर, दूध से भरे हुए मटके, उपले और लकड़ी, घास और चारे से लदी हुई गाड़ियाँ शहरों में आने लगती हैं।...देहातवालों के लिए वे बड़े संकट के दिन होते हैं, उनकी शामत आ जाती है, मार खाते हैं, बेगार में पकड़े जाते हैं; दासत्व के दारुण निर्दय आघातों से आत्मा का भी ह्रास हो जाता है।" (उप.) राज्यसत्ता अपने मातहत अधिकारियों की लूट और उनके आतंक के जरिये इस प्रकार किसानों को अपने दासत्व का, अंग्रेजी राज में गुलामी का, बोध कराती है।

जिस घटना में किसानों से घास छीलने और जमीन लीपने को कहा गया था, उसका सम्बन्ध ऐसे ही अधिकारियों के दौरे से था। वह कोई अनोखी घटना न थी, मानो यह जताने के लिए प्रेमचन्द ने लिखा : "लखनपुर शहर से दस ही मील की दूरी पर था। हाकिम लोग आते और जाते यहाँ जरूर ठहरते। अगहन का महीना लगा ही था कि पुलिस के एक बड़े अफसर का लश्कर आ पहुँचा। तहसीलदार स्वयं रसद का प्रबन्ध करने के लिए आए। चपरासियों की एक फौज साथ थी। लश्कर में भी सवा-सौ आदमी थे। गाँव के लोगों ने यह जमघट देखा तो समझा कि कुशल नहीं है। मनोहर ने बलराज को ससुराल भेज दिया और ससुरालवालों को कहला भेजा कि इसे चार-पाँच दिन न आने देना। लोग अपनी-अपनी लकड़ियाँ और भूसा उठा-उठाकर घरों में रखने लगे। लेकिन बोवनी के दिन थे; इतनी फुरसत किसे थी?" (उप., पृ. 178)

किसानों को सताने के लिए अंग्रेजों की सरकार जमींदारों पर निर्भर नहीं है, पर इसी काम के लिए जमींदार उस सरकार के शस्त्रबल पर निर्भर हैं। जमींदार साम्राज्यवाद का सामाजिक आधार है, इस तरह कि आधार अपने अस्तित्व के लिए ऊपर की इमारत पर निर्भर है, साम्राज्यवाद की इमारत अपने अस्तित्व के लिए उस

आधार पर निर्भर नहीं है। साम्राज्यवाद निश्चिन्त भाव से छोटे जमींदारों को तबाह करता जाता है; इससे इमारत के डगमगाने की शंका उसे जरा भी नहीं है। उसके वास्तविक सहयोगी बड़े-बड़े ताल्लुकेदार और हैदराबाद-कश्मीर जैसी रियासतों के राजा हैं। जमींदारी प्रथा सारे भारत में नहीं थी पर कश्मीर से लेकर त्रावनकोर-कोचीन तक, राजकोट से लेकर कूच बिहार तक देशी रियासतों का जाल बिछा था। असली शतरंज के मोहरे ये राजा और नवाब थे। संवैधानिक सुधारों की राजनीति में कांग्रेस को मात देने के लिए साम्राज्यवाद इन मोहरों से अपना खेल खेलता था। मायाशंकर ने अपने इलाके में किसानों को जमीन का मालिक बना दिया। अंग्रेजी राज की इमारत ज्यों-की-त्यों खड़ी रही। बलराज ने जिला सभा में बेगार रोकने का बिल तो पास करा लिया पर उसे कानून तभी माना जाएगा जब जिलाधीश उसे मंजूर कर लेंगे। बलराज कहता है : "अन्त में मेरा प्रस्ताव स्वीकृत हुआ। देखें, जिलाधीश क्या फैसला करते हैं।" ('प्रेमाश्रम', पृ. 410) बलराज ने जिस बेगार का विरोध किया था, उसका सम्बन्ध जमींदारों से नहीं सरकारी अफसरों से था। बलराज ने मायाशंकर को बताया : "वही बेगार का प्रश्न छिड़ा हुआ था। खूब गर्मागर्म बहस हुई। मेरा प्रस्ताव था कि जिले का कोई हाकिम देहात में जाकर गाँववालों से किसी तरह की खिदमत का काम न ले, जैसे पानी भरना, घास छीलना, झाड़ू लगाना, जो रसद दरकार हो वह गाँव के मुखिया से कह दी जाए और बाजार भाव से उसी दम दाम चुका दिया जाए। इस पर दोनों तहसीलदार और कई हुक्काम बहत भन्नाये। कहने लगे, इससे सरकारी काम में बड़ा हर्ज होगा।" (उप., पृ. 409-10) मुख्य अन्तर्विरोध उस राज्यसत्ता से है, जिसके प्रतिनिधि ये तहसीलदार और हुक्काम हैं।

सन् '20 में तिलक कौंसिलों का उपयोग करने के पक्ष में थे। इसके लिए वीरभारत ने उन्हें आड़े हाथों लिया है, लेकिन 'प्रेमाश्रम' में प्रेमचन्द भी तो कौंसिलों के उपयोग के पक्ष में थे। उनके बारे में वीरभारत ने एक शब्द नहीं कहा। सन् 30-32 का सविनय अवज्ञा आन्दोलन स्वराज्य की प्राप्ति के बिना समाप्त हो गया, तब गांधी जी इन कौंसिलों में जाने के अलावा कांग्रेस को और कौन-सा रास्ता दिखा रहे थे? और प्रेमचन्द भी इस नीति का समर्थन कर रहे थे या नहीं? जुलाई, सन् '33 में प्रेमचन्द ने लिखा था : "हम यह चाहते हैं कि यदि प्रान्तीय कौंसिल में सरकार किसानों के हित के लिए कोई कानून बनाना चाहती है, तो जनता के प्रतिनिधियों को चाहिए कि वे सरकार का समर्थन करें।" ('प्रेमचन्द के विचार', भाग एक, पृ. 491-92) जनवरी, 1934 में प्रेमचन्द ने टिप्पणी के शीर्षक रूप में गांधी जी के शब्द दिये : "बेकार बैठने से काउंसिल में जाना अच्छा है", फिर लिखा : "ये हैं वह शब्द, जो महात्मा गांधी ने राष्ट्र की वर्तमान स्थिति पर विचार करके दिल्ली में श्रीमुख से कहे थे। महात्माजी का आदर्शवाद व्यावहारिक आदर्शवाद है।...इस समय कांग्रेस को अपना कार्यक्रम बदलना पड़ेगा और चारों ओर बाधाओं

को देखते हुए काउंसिल प्रवेश के सिवा कोई दूसरा मार्ग नहीं रह गया है।" (उप., पृ. 225-26) अप्रैल, 1934 में प्रेमचन्द ने लिखा : "कहा जाता है, काउंसिलों में जाकर हमने इतने दिनों में क्या कर लिया? लेकिन काउंसिल में न जाकर ही हमने क्या कर लिया? हाँ, अगर कुछ किया, तो यह किया कि बीसों ही ऐसे कानून पास करा दिये, जो शायद कांग्रेसवालों के काउंसिलों में रहते हुए इतनी आसानी से पास न हो सकते। गुड़ खाने और गुलगुलों से परहेज करनेवाली नीति बहुत कुछ अच्छी नीति नहीं है।" ('प्रेमचन्द के विचार', पृ. 255)

प्रेमचन्द और रामचन्द्र शुक्ल, इन दोनों ही साहित्यकारों का विकास अन्तर्विरोधों से मुक्त नहीं था। अक्सर ये अन्तर्विरोध एक से हैं। शुक्ल जी के अन्तर्विरोधों के बारे में हल्ला मचाना और प्रेमचन्द के अन्तर्विरोधों के बारे में चुप रहना कुछ अच्छी नीति नहीं है। शुक्ल जी का विचार था कि अंग्रेजों से पहले का सामन्ती समाज संतुलित और सामंजस्यपूर्ण था। इस सम्बन्ध में प्रेमचन्द के विचार देखें : "पश्चिमी जीवन की नस-नस में, अणु-अणु में संघर्ष भरा हुआ है। उसी तरह भारतीय जीवन के अंग-अंग में अहिंसा और धर्म बसा हुआ है।...संघर्ष में गोलबन्दी होती है : भारत में इस तरह की गुटबन्दी का प्रमाण नहीं मिलता।...प्रत्येक वर्ग का कार्यक्षेत्र नियत था। उस क्षेत्र के अन्दर वह अपना जीवन व्यतीत करता था। ब्राह्मण, समाज और राष्ट्र का नेता था, इसलिए नहीं कि उसमें धनबल था, या बाहुबल था, इसलिए कि उसमें ज्ञानबल था। वैश्य धन कमाता था; पर उस धन को जनहित में खर्च करता था। मनोवृत्तियाँ कुछ इस तरह की हो गई थीं कि लोग अधिकारों की अपेक्षा अपने कर्तव्यों का ज्यादा विचार करते थे। उस वक्त का राजा केवल सिंहासन की शोभा न बढ़ाता था; बल्कि उसे रात-दिन प्रजा के हित की चिन्ता रहती थी।" (उप., पृ. 207) प्रेमचन्द ने यह सब सितम्बर, 1932 में लिखा था!

वीरभारत ने प्रश्न किया है : "क्या शुक्ल जी के पूरे साहित्य में कहीं भी इसका आभास मिलता है कि वे जमींदारी प्रथा को उठा देने के पक्ष में थे?" (22)

प्रतिप्रश्न : क्या प्रेमचन्द के पूरे साहित्य में कहीं भी इसका आभास मिलता है कि वे जमींदारी प्रथा को हमेशा-हमेशा के लिए बनाए रखने के पक्ष में थे?

उत्तर है : मिलता है। इस प्रकार : "जमींदारों में भी और सब समुदायों की भाँति अच्छे भी हैं, बुरे भी। अगर जमींदार अपने अन्याय से अपने को इतना कलंकित न कर ले, कि उसका अस्तित्व ही दूसरों की आँखों में खटकता हो, तो वह किसानों का मुखिया, नेता और रक्षक बना हुआ अनन्तकाल तक जीवन का उपभोग कर सकता है। स्वराज्यकाल में लगान तो कुछ-न-कुछ जरूर ही कम हो जाएगा, किसान पचास सैकड़े से कम की कमी को स्वीकार न करेंगे, और उसी के साथ जमींदार की आमदनी भी कम हो जाएगी, लेकिन क्या स्वराज्य, न्याय और धर्म से इतना शून्य हो जाएगा, कि वह किसी समुदाय के जायज हकों का अपहरण कर ले?

यह असम्भव है। जमींदार रहेंगे, उनका आदर और सम्मान भी रहेगा, उनका रौब-दाब भी रहेगा; हाँ, बेगार न रहेगी, नजराने न रहेंगे, अन्धाधुन्ध लूट न रहेगी, मगर होंगे वे अपने घर के राजा।" ('प्रेमचन्द के विचार', भाग एक, पृ. 42-43)

हर वर्ग में भले-बुरे आदमी होते हैं, जमींदार वर्ग में भी हैं। उनके कुछ हक जायज हैं, कुछ नाजायज हैं। नाजायज हक खत्म कर दो, जायज हक बनाए रहो। जायज हकों को खत्म करने अर्थात्—जमींदारी प्रथा का निर्मूल करने का मतलब है—स्वराज्य का न्याय और धर्म में शून्य हो जाना। जमींदारों को सुधारने की जरूरत है, सुधर जाएँ तो सभी जमींदार, न सुधरे तो उनमें जो भले हैं, वे, किसानों के मुखिया, नेता और रक्षक बनकर अनन्त काल तक जीवन का उपभोग कर सकते हैं। प्रेमचन्द ने ये विचार अप्रैल, 1930 में प्रकट किये थे।

वीरभारत के लिए सवाल सामन्तवाद का है। किसानों का, "शोषण-उत्पीड़न जैसे बड़े जमींदार करते हैं, वैसे ही छोटे जमींदार भी करते थे" (22) प्रेमचन्द की राय इससे कुछ भिन्न थी। नवम्बर, 1933 में उन्होंने लिखा था : "छोटा जमींदार अपने असामियों पर ज्यादा सख्ती करते डरता है। उसका पुलिस पर, अदालत के कर्मचारियों पर और अधिकारियों पर इतना प्रभाव नहीं होता, कि वह कानून अपने हाथ में ले सके और उसे जिस तरह चाहे, तोड़-मरोड़ सके। प्यादों और लठैतों की फौज रखने का भी उसके पास साधन नहीं होता। फिर बहुधा वह अपने असामियों ही के गाँव में रहता है और उनकी यथार्थ स्थिति से वाकिफ होने के कारण बेजा सख्ती नहीं करता, कुछ मुलाहजा मुरव्वत भी होती ही है। इसके विपरीत बड़ा जमींदार तो अपने इलाके का बादशाह होता है। असामियों से उसका कोई निजत्व नहीं होता।" ('प्रेमचन्द के विचार', भाग-एक, पृ. 467)

यहाँ प्रेमचन्द के विचारों में अन्तर्विरोध का सवाल नहीं है। उन्होंने छोटे जमींदारों की तुलना में बड़े जमींदारों को शासन से अधिक सम्बद्ध, अधिक अत्याचारी ठीक ही समझा है। शुक्ल जी ने छोटे जमींदारों की आर्थिक स्थिति पर अधिक जोर दिया था, वह दृष्टिकोण ज्यादा सही है। पड़ोस में रहने से मुरव्वत हो, यह जरूरी नहीं है। कुछ पति एक ही घर में रहते हुए स्त्री से बड़ा क्रूर व्यवहार करते हैं। अन्तर्विरोध वीरभारत के विचारों में भी नहीं है। वह सुसंगत रूप से ऐसी वामपंथी नीति का अनुमोदन करते हैं जिससे जनता की एकता टूटे और साम्राज्यवाद का हित हो।

पुरानी शिक्षा के बारे में प्रेमचन्द ने 1932 में लिखा था : "बौद्धकाल तक गुरुकुल प्रथा जीवित रही। मुसलिम युग में वह प्रथा नष्ट हो गई और उसके नष्ट होते ही राष्ट्र नौका का लंगर उखड़ गया। जीवन के किसी विभाग पर नियंत्रण न रह सका। वर्ण और आश्रम, जो आर्य संस्कृति के स्तम्भ थे, अपना असली रूप खोकर जात-पाँत के रूप में आ गए और गेरुए वस्त्रधारी, अकर्मण्य, पेट के बन्दों ने संन्यास और वानप्रस्थ का स्थान छीन लिया। अंग्रेजी राज्य में नये-नये विद्यालय खुले,

मगर उनका आदर्श और उद्देश्य कुछ और था। वह दफ्तरी शासन का एक विभाग मात्र था, जिसका उद्देश्य सत्य की खोज और संस्कृति का विकास नहीं, दफ्तरों के लिए कर्मचारियों का निर्माण था। यहाँ की पुस्तकों पर, शिक्षा विधि पर, अंग्रेजी राज की छाप थी।" ('प्रेमचन्द के विचार', भाग-दो, पृ. 202) नई शिक्षा के ऊपर अंग्रेजी राज की जो छाप थी, उसे वीरभारत ने मिटा दिया है; नई शिक्षा का समर्थन उनके लेख में अंग्रेजी राज का समर्थन बन गया है।

वीरभारत ने व्यक्तिवाद को लेकर शुक्ल जी की बड़ी नुक्ताचीनी की है। शुक्ल जी ने अपने लेख में "व्यक्तिवादी महत्त्व की अतिरंजित धारणा" की आलोचना की थी; वीरभारत ने 'अतिरंजित' को एक तरफ सरका दिया। शुक्ल जी ने वैयक्तिक स्वतंत्रता के उन विचारों पर आक्षेप किया था जो "अधिकांश स्थितियों में इतने अस्पष्ट एवं असंतुलित हैं कि वे सामाजिक एवं नैतिक अनुशासन के सम्पूर्ण बोध को निष्प्रभ कर देते हैं।" ('दस्तावेज़', पृ. 5) वीरभारत के विवेचन में वैयक्तिक स्वतंत्रता के विचार सभी स्थितियों में इतने स्पष्ट एवं संतुलित होते हैं कि वे सामाजिक एवं नैतिक अनुशासन के सम्पूर्ण बोध को प्रभामंडित कर देते हैं! अब नई शिक्षा और व्यक्तिवाद पर प्रेमचन्द के विचार देखें। सितम्बर, 1933 में उन्होंने लिखा था : "समाज पर अब तक व्यक्तिवाद की प्रमुखता रही है और हमारी शिक्षा प्रणाली भी व्यक्ति का ही समर्थन करती थी। बचपन से ही व्यक्ति का विकास होने लगता है और यूनिवर्सिटियों में जाकर पूरा हो जाता है। उस साँचे में ढलकर युवक आत्मसेवी, घोर स्वार्थी, मित्रता में भी स्वार्थ की रक्षा करनेवाला, पक्का उपयोगितावादी और घमंडी होकर रह जाता है। [निःसन्देह जवाहरलाल नेहरू विश्वविद्यालय जैसे संस्थानों में इसके शानदार अपवाद हैं पर कुल मिलाकर यह बात जितना सन् '33 में सही थी, उससे ज्यादा सन् '86 में सही है। फर्क इतना ही है कि पहले की शिक्षा पर अंग्रेजी छाप थी, अब अमरीकी छाप है, और शिक्षा का प्रतिष्ठान जितना ही ऊँचा होता है, यह छाप भी उतना ही गहरी होती है—रा. वि. श.।] हमारी शिक्षा हमारी सामाजिक चेतना को नहीं जगाती, उसका उद्देश्य अपने फायदे के लिए समाज से काम निकालना है। समाज केवल इसलिए है कि उसे बढ़ने और संचय करने का अवसर दे। वही मनुष्य सफल समझा जाता है, जो समाज को खूब अच्छी तरह एक्सप्लाइट कर सके। व्यवस्था ही कुछ ऐसी है कि व्यक्ति को मजबूर होकर उसी लीक पर चलना पड़ता है, दूसरा कोई रास्ता नहीं है।" (उप., पृ. 221)

शुक्ल जी पर वीरभारत का आरोप है कि वह ब्रिटिश शासन से भारतीय पूँजीवाद के "अन्तर्विरोध को नहीं देखते, इसे महत्त्व देना तो दूर रहा" (10) पर शुक्ल जी औद्योगीकरण के विरोधी नहीं थे, वह टॉल्स्टॉय और गांधी के अनुयायी नहीं थे। प्रेमचन्द औद्योगीकरण के मामले में टॉल्स्टॉय और गांधी के अनुयायी थे, वह औद्योगीकरण के विरोधी थे, तब ब्रिटिश शासन से देशी पूँजीवाद के अन्तर्विरोध को क्या महत्त्व देते?

1919 में उन्होंने लिखा था : "और क्या यह व्यापार और कल-कारखानों की उन्नति, तरह-तरह के यंत्रों का आविष्कार, जिस पर नये युग को इतना गर्व है, विशुद्ध सौभाग्य है जबकि सिगरेट कौड़ियों के मोल बिकता है, बटन और टीन के खिलौने मारे-मारे फिरते हैं मगर दूध और घी, मकई और ज्वार का स्थायी अकाल पड़ा हुआ है, जबकि देहात उजड़ते जाते हैं और शहरों की आबादियाँ बढ़ती जाती हैं।" ('प्रेमचन्द के विचार', भाग-तीन, पृ. 461-62) 'प्रेमाश्रम' में राय कमलानन्द देशी पूँजीवाद के प्रतिनिधि, कम्पनी के एक एजेंट, से कहते हैं : "निस्सन्देह आप कई हजार कुलियों को काम में लगा देंगे, पर यह मजूरे अधिकांश किसान ही होंगे और मैं किसानों को कुली बनाने का कट्टर विरोधी हूँ। मैं नहीं चाहता कि वे लोभ के वश अपने बाल-बच्चों को छोड़कर कम्पनी की छावनियों में जाकर रहें। और अपना आचरण भ्रष्ट करें। अपने गाँव में उनकी एक विशेष स्थिति होती है। उनमें आत्मप्रतिष्ठा का भाव जाग्रत रहता है। बिरादरी का भय उन्हें कुमार्ग से बचाता है। कम्पनी की शरण में जाकर वह अपने घर के स्वामी नहीं, दूसरे के गुलाम हो जाते हैं, और बिरादरी के बन्धनों से मुक्त होकर नाना प्रकार की बुराइयाँ करने लगते हैं।" ('प्रेमाश्रम', पृ. 86)

प्रेमचन्द औद्योगिक विकास का महत्त्व नहीं समझते; सामाजिक विकास-क्रम में आम तौर से, पराधीन देशों के सन्दर्भ में खास तौर से, वह औद्योगिक विकास के महत्त्व की अनदेखी करते हैं। बिरादरी के बन्धनों का जितना विरोध प्रेमचन्द ने किया है, उतना अन्य किसी हिन्दी लेखक ने नहीं किया। वह यह भी जानते हैं कि औद्योगीकरण मजदूरों को ऐसी परिस्थितियों में रहने को बाध्य करता है कि बिरादरियों के बन्धन टूट जाते हैं। छोटे पैमाने का उत्पादन इन बन्धनों का निर्माण करता है, बड़े पैमाने का उत्पादन उन्हें ध्वस्त करता है। फिर भी वह औद्योगीकरण के विरोधी हैं! राय कमलानन्द प्रेमचन्द के ही विचार प्रकट करते हैं : "हम अगणित मिलें खोलेंगे, बड़ी संख्या में कारखाने कायम करेंगे, परिणाम क्या होगा? हमारे देहात वीरान हो जाएँगे, हमारे कृषक कारखानों के मजदूर बन जाएँगे, राष्ट्र का सत्यानाश हो जाएगा।" (उप., पृ. 265)

सितम्बर, 1932 में, कथा साहित्य के दायरे से बाहर, 'जागृति' शीर्षक टिप्पणी में, प्रेमचन्द ने लिखा था : "कलों के आविष्कार ने व्यावसायिकता की एक हवा-सी फैला दी है। यह व्यावसायिकता पश्चिमी सभ्यता का कलंक है। संसार का जितना अहित इस व्यवसायवाद से हुआ है और आगे होगा, वह अभूतपूर्व है। इसी का यह कुपरिणाम है कि जो लोग अपने घरों में बैठकर अपना काम करते थे, वे अब मिलों में आकर गुलामी करने पर मजबूर हैं।" ('प्रेमचन्द के विचार', भाग दो, पृ. 207) प्रेमचन्द औद्योगिक विकास को सामाजिक ह्रास का लक्षण मानते हैं, इसलिए वह औद्योगिक सर्वहारा को बिरादरी के बन्धनों में जकड़े हुए किसान से पिछड़ा हुआ नैतिकता में पतित मानते हैं।

'गोदान' में गोबर शक्कर की मिल में मजदूरी करता है। गाँव में ज्यादा मेहनत करता था, थकता न था, यहाँ पस्त हो जाता है। "सभी श्रमिकों की यही दशा थी। सभी ताड़ी या शराब में अपनी दैहिक थकन और मानसिक अवसाद को डुबाया करते थे।" ('गोदान', इलाहाबाद, 1954, पृ. 280) मजदूरवर्ग के प्रति इस दृष्टिकोण से बोल्शेविक क्रान्ति का मेल नहीं है। रूस, जर्मनी और ब्रिटेन की तुलना में, पिछड़ा हुआ देश था। बड़े पैमाने पर उसका औद्योगिक विकास, वास्तव में, बोल्शेविक क्रान्ति के बाद हुआ। प्रेमचन्द के लिए औद्योगीकरण और पूँजीवाद लगभग समानार्थी शब्द हैं। बोल्शेविक क्रान्ति ने पूँजीवाद को खत्म किया, जरूर औद्योगीकरण को भी खत्म किया होगा! यह धारणा स्पष्ट रूप में व्यक्त नहीं हुई पर उनकी तर्क-योजना में सतह के नीचे विद्यमान है। 'जागृति' वाली टिप्पणी में उन्होंने मजदूरों के बारे में लिखा : "मिल का स्वामी उनसे अधिक-से-अधिक काम लेकर कम-से-कम मजूरी देना चाहता है, और यह संघर्ष यहाँ तक जोर पकड़ गया है कि योरोप के प्रत्येक देश में इसे उखाड़ फेंकने का प्रयत्न जोरों से हो रहा है। रूस ने तो उसे उखाड़ ही दिया, पर अन्य देशों में भी कम या ज्यादा संघर्ष छिड़ा हुआ है। मिलों में थोड़े-से मजूर बहुत-से आदमियों का काम कर लेते हैं, इसलिए बहुत-से लोग बेकार रहते हैं।" ('प्रेमचन्द के विचार', भाग-दो, पृ. 207-08) रूस ने पूँजीवाद को खत्म कर दिया, लेकिन कारखाने रहेंगे तो थोड़े-से मजूर बहुत-से आदमियों का काम करेंगे ही। बेकारी की समस्या कैसे हल होगी? पूँजीवादी देश बेकारी दूर करने के लिए ज्यादा माल बनाते हैं, उस माल की खपत के लिए बाजार खोजते हैं। "व्यवसायवाद और साम्राज्यवाद इस तरह एक स्थान पर आकर मिल जाते हैं।" (उप., पृ. 208) सही बात है। लेकिन व्यवसायवाद की जड़ क्या है? वही मशीनों से चलनेवाले उद्योग-धन्धे! "इस व्यावसायिक संस्कृति ने कल-प्रधान राष्ट्रों के लिए लाजिम कर दिया है कि उनके अधिकार में पराधीन राष्ट्रों की अधिक-से-अधिक संख्या हो।" (उप.) कल-प्रधान राष्ट्र ब्रिटेन है, जर्मनी है, रूस भी है! कल-प्रधानता से मुक्त हुए बिना, अर्थात् औद्योगीकरण को रोके बिना, वह साम्राज्यवाद का मार्ग छोड़कर समाजवाद के मार्ग पर कैसे चलेगा?

प्रेमचन्द का समाजवाद भारतीय वेदान्त से, संतों के मानवतावाद से, बहुत मिलता-जुलता है। शिक्षा-सम्बन्धी जिस टिप्पणी में प्रेमचन्द ने व्यक्तिवाद की आलोचना की है, उसी में सामाजिक क्रान्ति की चर्चा करते हुए उन्होंने वेदान्ती मानवतावाद की श्रेष्ठता प्रतिपादित की है। लिखा है : "लेकिन समाज-व्यवस्था में बड़े वेग से क्रान्ति हो रही है। कम्यूनिज्म का प्रचार हो या न हो, पर समाज का आदर्श बदल गया है। भारत जैसे रूढ़ियों के गुलाम देश दस-बीस साल और परलोक चिन्तन में पड़े रहें लेकिन संसार समष्टि की ओर जा रहा है और सच पूछो तो समष्टिवाद की अनीश्वरता, जो हर आदमी के लिए समान अवसर की व्यवस्था करती है,

जो किसी का जन्म-सिद्ध या परम्परागत अधिकार नहीं मानती, ईश्वरता के कहीं निकट है। एकात्मवाद का प्रकट रूप इसके सिवा और क्या हो सकता है। मानवी सभ्यता का और धर्म का सबसे ऊँचा आदर्श 'संसारव्यापी' भाईचारा रहा है। आदि से हम उसी ओर जाने की चेष्टा कर रहे हैं...समाज के सामने उससे ऊँचे आदर्श की सृष्टि नहीं हुई।" ('प्रेमचन्द के विचार', पृ. 221)

कम्यूनिज्म का प्रचार हो या न हो, जा रहे हैं सब एक ही आदर्श की ओर। यह आदर्श समष्टिवाद का है। समाजवाद का पर्याय है समष्टिवाद। इस समष्टिवाद का दार्शनिक आधार है एकात्मवाद। वेदान्त का पर्याय है एकात्मवाद। एकात्मवाद का प्रकट रूप है संसार-व्यापी भाईचारा। आदिकाल से हम इसी आदर्श की ओर चल रहे हैं, पहुँचे अभी तक नहीं। वह आदर्श है ही इतना ऊँचा, इतना ऊँचा कि समाज के सामने उससे ऊँचे आदर्श की सृष्टि नहीं हुई, मार्क्सवाद कुछ भी करे! उद्योगीकरण, सर्वहारावर्ग का संगठन, बोल्शेविक पार्टी की भूमिका आदि बातें यहाँ अप्रासंगिक हैं। प्रेमचन्द ने बोल्शेविक क्रान्ति को और सोवियत संघ के समाजवाद को अपने ढंग से समझा था। उन्होंने बोल्शेविक क्रान्ति का समर्थन किया, शुक्ल जी ने उसका विरोध किया। ऊपर से देखने में दोनों के बीच बहुत बड़ा फासला है। वास्तव में इतना ज्यादा फासला है नहीं। पुराने समाज के संतुलित होने के बारे में दोनों के विचार एक से थे। संतुलन का आधार थी वर्ण-व्यवस्था। लेकिन दोनों विद्वान् भक्ति साहित्य से प्रभावित थे और यह साहित्य मूलत: वर्ण-व्यवस्था का विरोधी था। प्रेमचन्द और रामचन्द्र शुक्ल, दोनों के मानवतावाद का एक आधार भक्ति साहित्य में प्रतिपादित मनुष्य मात्र की समानता का भाव है। प्रेमचन्द ने समाजवाद को इस मानवतावाद से जोड़ा था। शुक्ल जी ने भी वर्गहीन समाज की धारणा को अपने ढंग से समझा था। 'कामायनी' के प्रसंग में लिखा था : "विज्ञान द्वारा सुख साधनों की वृद्धि के साथ-साथ विलासिता और लोभ की असीम वृद्धि तथा यंत्रों के परिचालन से जनता के बीच फैली हुई अशक्तता, दरिद्रता आदि के कारण वर्तमान जगत् की जो विषम स्थिति हो रही है, उसका भी थोड़ा आभास मनु की विद्रोही प्रजा के इन वचनों द्वारा किया गया है :

प्रकृत शक्ति यंत्रों से तुमने सब की छीनी।
शोषण कर जीवनी बना दी जर्जर झीनी!

वर्गहीन समाज की साम्यवादी पुकार की भी दबी-सी गूँज दो-तीन जगह है।" ('हिन्दी साहित्य का इतिहास', पृ. 835)

प्रेमचन्द वेदान्त से प्रभावित थे और नास्तिक थे। शुक्ल जी कभी-कभी वेदान्तियों की तरह बातें करते हैं पर वह संसार को मिथ्या प्रपंच नहीं कहते। वह एक ओर भारत के प्राचीन दर्शन 'लोकायत' से, दूसरी ओर इंग्लैंड के सत्रहवीं-अठारहवीं

सदियों के भौतिकवाद से प्रभावित थे। अपने इस दार्शनिक बोध का उपयोग उन्होंने दरबारी साहित्य और सामन्ती काव्यशास्त्र के खंडन के लिए किया। आलोचना में रीतिवाद विरोध का वही महत्त्व है जो कथा-साहित्य में भारतीय किसानों के चित्रण का है। रामचन्द्र शुक्ल महान् आलोचक हैं और प्रेमचन्द महान् कथाकार हैं क्योंकि दोनों ही भारतीय रूढ़िवाद के विरोधी हैं, मूलत: दोनों ही सामन्त-विरोधी लेखक हैं।

प्रेमचन्द और रामचन्द्र शुक्ल का लेखन अन्तर्विरोधों से मुक्त नहीं है, अक्सर ये अन्तर्विरोध एक-से हैं। उनका साहित्य इन अन्तर्विरोधों को पार करते हुए विकसित होता है। शुक्ल जी का आलोचना साहित्य अपने तमाम अन्तर्विरोधों के बावजूद उस वामपंथी लेखन से कहीं ऊँचे स्तर का है जो प्रच्छन्न रूप से साम्राज्यवाद का समर्थक है। शुक्ल जी के अन्तर्विरोधों को अतिरंजित ढंग से प्रस्तुत करना और प्रेमचन्द के अन्तर्विरोधों के बारे में चुप्पी साधना नये ढंग का अवसरवाद है, जिसका कारण शुक्ल-विरोधी मोर्चे में अनेक प्रकार के सिद्धान्तहीन लेखकों का शामिल होना है। वीरभारत ने प्रेमचन्द के अन्तर्विरोधों को नहीं देखा, कोई बात नहीं। उनकी उपलब्धियों को किस रूप में देखा है? अवध के किसान आन्दोलन का जो चित्र उन्होंने खींचा है, वह यदि सामन्त-विरोधी आन्दोलन है तो प्रेमचन्द सामन्त-विरोधी लेखक नहीं हैं। वैसे आन्दोलन का चित्रण न तो 'प्रेमाश्रम' में है, न उनके अन्य किसी उपन्यास में। और अवध के किसान आन्दोलन का जो चित्र वीरभारत ने खींचा है, वह खुद अपने में कहाँ तक सही है? वीरभारत ने सर्वहारा क्रान्ति-सम्बन्धी अपनी आज की समझ को उस समाज पर आरोपित किया है जिसकी मुख्य समस्या अंग्रेजी राज से मुक्ति पाना था। साम्राज्यवाद से भारतीय जनता के अन्तर्विरोध अभी बने हुए हैं, उस समय तो भारत पर साम्राज्यवाद का सीधा शासन था। सर्वहारा क्रान्ति की मंजिल में हम आज भी नहीं हैं, उस समय तो और भी नहीं थे। अवध के किसान आन्दोलन में किस तरह व्यापक स्तर पर किसानों को संगठित किया गया, इसका सही ढंग से अध्ययन करें तो हम आज के जनवादी आन्दोलन के लिए सही निष्कर्ष निकाल सकते हैं। सामाजिक इतिहास के प्रति सही दृष्टिकोण हो तो साहित्य के इतिहास के प्रति भी दृष्टिकोण सही होगा। दोनों के ही प्रति वीरभारत का दृष्टिकोण गलत है।

10. स्वदेशी आन्दोलन और नई शिक्षा

'आलोचना' के जिस अंक में वीरभारत तलवार का लेख 'राष्ट्रीय आन्दोलन और रामचन्द्र शुक्ल' छपा है, उसी में शुक्ल जी का लेख 'भारत को क्या करना चाहिए?' भी छपा है। 'असहयोग और अव्यापारिक श्रेणियाँ' की तरह यह भी उनके एक अंग्रेजी लेख का अनुवाद है। 1907 के इस लेख से 1921 वाले दूसरे लेख को समझने में मदद मिलती है और उनके समग्र साहित्यिक लेखन को समझने में मदद मिलती है। उसकी मुख्य स्थापनाओं की चर्चा यहाँ प्रासंगिक है।

शुक्ल जी के चिन्तन की महत्त्वपूर्ण विशेषता यह है कि उसमें सामाजिक, राजनीतिक, आर्थिक और सांस्कृतिक प्रश्न एक-दूसरे से जुड़े हुए हैं। इनका जुड़ना स्वत:स्फूर्त ढंग से नहीं हुआ, शुक्ल जी ने उन्हें सचेत रूप से जोड़ा है। प्रत्येक प्रश्न को हल करनेवाले कार्यकर्ता अलग-अलग होंगे पर यदि वे "सिर्फ अपने काम से ही मतलब रखें तो क्या उससे काम चल जाएगा? नहीं।" देश को "समाज-सुधारक, राजनीतिक [राजनीतिज्ञ], आन्दोलनकर्ता, कवि और शिक्षाविद्—इन सबकी एक ही साथ, एक ही समय में, जरूरत है।" प्रश्न चौमुखी प्रगति का है, केवल एक दिशा में बढ़ने का नहीं। विभिन्न कार्यक्षेत्रों में काम करनेवाले काफी आदमी हैं या नहीं, इस सबकी देखभाल करनेवाले लोग भी चाहिए। अभी स्थिति यह है कि एक कार्यक्षेत्र का आदमी अपने दायरे में बन्द रहता है, दूसरे कार्यक्षेत्र के बारे में बहुत कम जानता है। "बहुधा हमें किसी एक विशेष कार्यक्षेत्र से सम्बन्ध रखनेवाले ऐसे व्यक्ति मिलते हैं, जो दूसरी तरह के काम करनेवालों के बारे में बहुत हल्के ढंग से बात करते हैं। किसी भी स्थिति में यह वांछनीय नहीं है।" राजनीतिक कार्यकर्ता साहित्य के बारे में बहुत कम जानते हैं। यह स्थिति 1907 में थी, 1986 में भी है। अनेक साहित्यकार राजनीति से साहित्य को दूर रखना चाहते हैं। इसके लिए सन् 1947 से पहले इतना प्रयत्न नहीं किया गया जितना 1947 के बाद। 1952 में जिन लोगों ने शुक्ल जी पर एकांगी समाजशास्त्रीयता का दोष लगाया था, उनका उद्देश्य यही था कि साहित्य को सामाजिक-राजनीतिक प्रश्नों से दूर रखा जाए। शुक्ल जी के लिए कवि, शिक्षाविद्, राजनीतिज्ञ—सब एक ही उद्देश्य से प्रेरित हैं। इससे निष्कर्ष यह निकलेगा कि भाषा और साहित्य की सेवा देश की सेवा का ही एक रूप है, साहित्यिक लेखन भी देशप्रेम की अभिव्यक्ति है, शुक्ल जी ने हिन्दी साहित्य का इतिहास लिखा तो यह एक सामाजिक दायित्व का निर्वाह था।

सामाजिक समस्याओं में शुक्ल जी ने सबसे पहले बालविवाह की कुप्रथा की ओर ध्यान दिया है। ऐसी कुरीतियों पर ध्यान देना इसलिए जरूरी है कि "इनका असर सीधे उस सामाजिक स्रोत पर पड़ता है, जहाँ से हमें प्रत्येक क्षेत्र में काम करने के लिए कार्यकर्ता प्राप्त होते हैं।...उदाहरण के लिए बाल-विवाह को लें। इस प्रथा ने समाज के विभिन्न क्षेत्रों में जो नुकसान पहुँचाया है, उसे पूरी तरह कौन बयान कर सकता है?" शुक्ल जी बाल-विवाह की कुप्रथा को शारीरिक, मानसिक और नैतिक पतन का एकमात्र कारण मानते हैं। केवल अपने परिवार के बारे में सोचना, देश के बारे में न सोचना—मानसिक और नैतिक पतन का यह रूप है। परिवार की समस्याएँ शुक्ल जी राष्ट्रीय परिप्रेक्ष्य में देखते हैं। "अपने अतिरिक्त दूसरी बातों पर ध्यान देने के लिए आवश्यक शक्ति और अवकाश से हमें वंचित करके यह प्रथा हमें स्वार्थी बना देती है और इस प्रकार हमारे अन्दर सारी राष्ट्रीय भावनाओं के विकास को अवरुद्ध कर देती हैं।"

परिवार का पुनर्गठन होना चाहिए—राष्ट्रीय भावनाओं के विकास के लिए; इस पुनर्गठन में सबसे बड़ी बाधा है बाल-विवाह।

'भारत दुर्दशा' में सत्यानाश फौजदार कहता है :

बालकपन में ब्याहि प्रीतिबल नास कियो सब।

वही बात शुक्ल जी नये सन्दर्भ में दोहरा रहे थे। शुक्ल जी को रूढ़िवादी सिद्ध करने के लिए वीरभारत ने तिलक का उल्लेख बार-बार किया है, भारतेन्दु हरिश्चन्द्र का उल्लेख एक बार भी नहीं किया। पाश्चात्य शिक्षा की युगान्तरकारी भूमिका दिखाने के लिए उन्होंने नेहरू परिवार की चर्चा की, भारतेन्दु के परिवार की चर्चा नहीं की। भारतेन्दु ने 'नाटक' नाम के निबन्ध में अपने पिता के लिए लिखा है : "उनके सब विचार परिष्कृत थे। बिना अंग्रेजी की शिक्षा के भी उनको वर्तमान समय का स्वरूप भली भाँति विदित था।" काशी में लेफ्टिनेंट गवर्नर टामसन के समय में लड़कियों का पहला स्कूल खुला तो "हमारी बड़ी बहन को उन्होंने उस स्कूल में प्रकाश रीति से पढ़ने बैठा दिया। यह कार्य उस समय में बहुत ही कठिन था क्योंकि इसमें बड़ी ही लोकनिन्दा थी।" ('भारतेन्दु ग्रंथावली', प्रथम भाग, काशी, सं. 2031, पृ. 788) "नेहरू परिवार की पाश्चात्य शिक्षा प्राप्त स्त्रियों ने" एक पत्रिका निकाली 'स्त्री दर्पण'। इससे पहले "संवत् 1931 में भारतेन्दुजी ने स्त्री शिक्षा के लिए "बालाबोधिनी' निकाली थी" (रामचन्द्र शुक्ल, 'हिन्दी साहित्य का इतिहास', पृ. 547) विलायत यात्रा करने पर विष्णुनारायण दर ने प्रायश्चित्त किया, मोतीलाल नेहरू ने इनकार कर दिया। भारतेन्दु इससे और पहले 'भारत दुर्दशा' में लिख गए थे :

रोकि बिलायत गमन कूप मंडूक बनायो।

वीरभारत के अनुसार, पाश्चात्य शिक्षा की युगान्तरकारी भूमिका यह थी कि वह एशिया में मनुष्य मात्र के व्यक्ति-स्वातंत्र्य की सामान्य रूप से, और नारी जाति के व्यक्ति-स्वातंत्र्य की विशेष रूप से, घोषणा कर रही थी; तब राष्ट्रवादियों की एक धारा सामन्ती संस्कृति की आचार संहिता की रक्षा करने में लगी थी। इस धारा के प्रतिनिधि तिलक थे : "जिनका साम्राज्यवाद-विरोध तो उग्र था, पर 12 वर्ष से कम उम्र की लड़की से पति का संभोग करना वे हिन्दू धर्म की पवित्र पहचान समझते थे" (13) सामन्ती संस्कृति की तुच्छता दिखाने के लिए वीरभारत को तिलक याद आए, पड़ोस के स्वामी दयानन्द क्यों याद नहीं आए? प्रश्न है : विवाह का समय और प्रकार कौन-सा अच्छा है? 'सत्यार्थप्रकाश' में इस प्रश्न का उत्तर इस प्रकार है : "सोलहवें वर्ष से लेके चौबीसवें वर्ष तक कन्या और पच्चीसवें वर्ष से लेके अड़तालीसवें वर्ष तक पुरुष का विवाह समय उत्तम है।" बारह साल की कन्या के ब्याह की बात तो यहाँ कट ही गई, आगे निकृष्ट, मध्यम और उत्तम श्रेणियों के विवाहों की जो व्याख्या की गई है, वह विशेष शिक्षाप्रद है।

"इसमें जो सोलह और पच्चीस में विवाह करे तो निकृष्ट; अठारह, बीस की स्त्री तीस-पैंतीस व चालीस वर्ष के पुरुष का मध्यम; चौबीस वर्ष की स्त्री और अड़तालीस वर्ष के पुरुष का विवाह होना उत्तम है।" ('सत्यार्थप्रकाश', दिल्ली, सं. 2011, पृ. 76) स्वामी दयानन्द के इस मत का उल्लेख करने से पाश्चात्य शिक्षा की, अत: अंग्रेजी राज की, ऐतिहासिक आवश्यकता प्रमाणित न होती।

1891 में भारत की ब्रिटिश सरकार ने स्वीकृति-वय-विधेयक पारित किया। इस बिल का विरोध तिलक के अलावा बंगाल में सर रमेशचन्द्र मित्र और सुरेन्द्रनाथ बनर्जी ने भी किया। रमेशचन्द्र मित्र ने कहा कि इससे जनता में असंतोष फैलेगा और समाज-सुधार के काम में मदद मिलना तो दूर, उसमें रुकावट पड़ेगी। तिलक ने महाराष्ट्र में विधेयक का तीव्र विरोध किया। बहरामजी मरवानजी मलाबारी नाम के पारसी सज्जन ऐसा कानून बनाने के लिए ब्रिटेन में प्रचार कर रहे थे। उनका एक प्रस्ताव यह था : "पति के द्वारा बारह वर्ष से कम उम्र की पत्नी के साथ वैवाहिक सम्पर्क स्थापित करने को दंडनीय अपराध माना जाए।" (विश्वनाथप्रसाद वर्मा, 'लोकमान्य तिलक', पृ. 41) तिलक विवाह जैसे कार्यों में सरकारी हस्तक्षेप के विरुद्ध थे। वह स्वयं बाल-विवाह के समर्थक न थे। उनका कहना था कि समाज-सुधारक खुद आगे आएँ, बाल-विवाह की जगह वयस्क युवा-युवतियों के विवाह का नियम बनाएँ, उसे अपने परिवार में लागू करें। जो तोड़े, उसे दंड दें।

तिलक के जीवनी लेखक केलकर ने 26 अक्तूबर, 1890 को विवाह-सम्बन्धी सुधार पर विचार करने के लिए आयोजित सभा का विवरण दिया है। इसमें एक प्रस्ताव पेश किया गया था और उस पर अन्य व्यक्तियों के साथ तिलक के हस्ताक्षर भी थे। "प्रस्ताव के मसौदे में कुछ सुधार तुरत करने का सुझाव भी था। इसके अनुसार लड़की की आयु विवाह के समय 16 वर्ष होनी चाहिए और लड़के की 20-40 वर्ष की आयु के बाद पुरुषों को विवाह न करना चाहिए। इस बात पर बहुत ज्यादा जोर दिया गया था कि उन्हें ब्याह करना ही हो तो विधवाओं से ब्याह करनां चाहिए। इसके अतिरिक्त तिलक ने अपनी ओर से एक विशेष व्यक्तिगत पर्चा भी भेजा। उसमें उन्होंने स्पष्ट कर दिया कि उनकी राय में कानून बनाकर जनता पर समाज-सुधार लादने से कुछ भला होने के बदले सत्यानाश होगा। उनके विचार से यह बहुत जरूरी था कि जो लोग समाज-सुधारों के लिए लड़ रहे थे, वे जिस कानून को दूसरों पर लादना चाहते थे, उसकी धाराओं के अनुसार वे व्यवहार में स्वयं आचरण करने की प्रतिज्ञा करें; सरकार से कानून बनाने के लिए कहने से पहले शर्त यह होनी चाहिए कि एक निश्चित संख्या कुछ ऐसे व्यक्तियों की हो जो अपने परिवारों में प्रस्तावित समाज-सुधार लागू करने की शपथ लें।" (N.C. Kelkar, 'Life and Times of Lokamanya Tilak', Translated by D.V. Divekar, 1928, Madras, पृ. 193) यह बात तिलक के अन्य जीवनी लेखकों ने भी दोहराई है।

इससे यह सिद्ध नहीं होता कि "12 वर्ष से कम उम्र की लड़की से पति का संभोग करना वे हिन्दू धर्म की पवित्र पहचान समझते थे।" यह वाक्य स्वयं वीरभारत की मानसिकता की पहचान है। उल्लेखनीय है कि तिलक ने अपनी पुत्रियों को अंग्रेजी पढ़ने के लिए स्कूल भेजा था और जब तक वे सोलह वर्ष की न हुईं, उनका ब्याह न किया।" (Tahmankar, 'Lokamanya Tilak', पृ. 49)

वीरभारत ने आगे लिखा है : "महाराष्ट्र की पंडिता रमाबाई ने पाश्चात्य शिक्षा के प्रभाव से पितृसत्तात्मक सामन्तवादी संस्कृति के खिलाफ बगावत कर वैयक्तिक स्वतंत्रता का झंडा फहराया था। तिलक ने उसका विरोध कर 'सामाजिक और नैतिक अनुशासन' की वकालत की थी।" (13) रमाबाई का परिचय इस प्रकार है : "वह एक सुपठित निर्धन ब्राह्मण परिवार में उत्पन्न हुई थीं। उनका विवाह अति अल्प आयु में हो गया था पर वह शीघ्र ही विधवा हो गईं। फिर कलकत्ता पहुँच गईं। यद्यपि वह निर्धन थीं, फिर भी सौभाग्य से उन्हें संस्कृत का विशद ज्ञान था। यह ज्ञान उनके बहुत काम आनेवाला था। संस्कृत में उनके धाराप्रवाह व्याख्यानों और वाद-विवाद में उनकी विलक्षण प्रतिभा से कलकत्ते का विद्वत्समाज खूब प्रभावित हुआ।" (Tahmankar, 'Lokamanya Tilak', पृ. 42) रमाबाई की आधारभूमि संस्कृत की थी; उन्होंने आगे चलकर संस्कृत के विशद ज्ञान से काम लिया। इन सबका पाश्चात्य शिक्षा से कोई सम्बन्ध न था। अंग्रेजी न जानने से उन्हें अपने काम में कठिनाई हुई। अंग्रेजी सीखने के लिए उन्होंने पुणे के बालिका विद्यालय की अधिकारी मिस हरफोर्ड से दोस्ती की। इस दोस्ती के फलस्वरूप वह इंग्लैंड गईं और वहाँ ईसाई हो गईं। अंग्रेजी सीख लेने पर उन्होंने ऑक्सफोर्ड, कैम्ब्रिज आदि अनेक स्थानों पर भाषण दिये। उनकी नियुक्ति संस्कृत अध्यापिका के पद पर एक महिला विद्यालय में हुई। उन्हें अमरीका आने का निमंत्रण मिला। वहाँ ईसाई धर्म प्रचारक संस्थाओं ने उनके काम में बहुत दिलचस्पी दिखाई। उन्होंने दस साल तक उन्हें खर्च देते रहने का वादा किया। तै हुआ कि वह एक महिला शिक्षा संस्थान का संचालन करेंगी। उसमें सामान्य शिक्षा दी जाएगी। धार्मिक शिक्षा जैसी कोई चीज न होगी। धार्मिक शिक्षा देनी ही होगी तो वह ईसाई धर्म की होगी। अपने अमरीकी दाताओं से रिआयतें पाकर उन्होंने बम्बई में 11 मार्च, 1889 को शारदा सदन की स्थापना की। संस्थान में प्रवेश के लिए उच्चवर्ग की विधवाओं को तरजीह दी जाती थी। (Kelkar, 'Lokamanya Tilak', पृ. 217-18) वीरभारत तलवार ने अमरीकी पैसे और ईसाइयत के प्रचार का उल्लेख करना आवश्यक नहीं समझा।

दिसम्बर, 1889 में न्यूँयार्क के साप्ताहिक 'क्रिश्चियन वीकली' ने शारदा सदन की प्रगति पर रिपोर्ट प्रकाशित की। इसमें कहा गया था : "इस समय शारदा सदन में सात युवती विधवाएँ हैं। इनमें से दो ने ईसाइयत के प्रति अपना प्रेम दर्शाया है। वे नियमित रूप से रमाबाई के साथ दैनिक प्रार्थना में शामिल होती हैं।

संस्थान में धर्म-सम्बन्धी पूरी आजादी है। इस आजादी से किसी का कोई अहित नहीं हुआ। इससे प्रतीत होता है कि सदन स्पष्ट ही ईसाई संस्थान है।" (Tahmankar, 'Lokamanya Tilak', पृ. 43-44) तिलक के पत्र 'केसरी' ने इस रिपोर्ट की ओर ध्यान आकर्षित किया और रमाबाई के संस्थान का विरोध किया। डॉ. भंडारकर और न्यायमूर्ति रानाडे ने संस्थान से सम्बन्ध विच्छेद कर लिया। उन्होंने अपने वक्तव्य में यह भी कहा था : "हमें खेद है कि हमने रमाबाई के प्रति व्यक्तिगत रूप से जो विरोध ज्ञापित किया, उसका कोई फल न निकला। यदि सदन को खुले धर्मप्रचारक संस्थान के रूप में चलाना है, तो हम उससे किसी तरह का सम्बन्ध न रखेंगे।" ('Lokamanya Tilak', पृ. 44) "कुछ साल बीतने पर शारदा सदन खुलकर ईसाई [संस्थान] बन गया। उसका मुख्यालय पुणे से हटकर पास के एक गाँव में चला गया। स्वभावत: लोगों की आँखों के सामने से हट गया तो उनके दिमाग से भी हट गया।" (Kelkar, 'Lokamanya Tilak', पृ. 222)

अंग्रेजी राज में भारतीय जनता के साम्राज्य-विरोधी जागरण के अनेक स्तर थे, अनेक रूप थे। एक ही प्रदेश में उसकी अनेक, एक-दूसरे से भिन्न, धाराएँ थीं। तिलक सम्भवत: मानते थे कि सबसे पहले स्वराज्य के लिए प्रयत्न करना चाहिए, समाज-सुधार की समस्या उसके बाद हल करेंगे। "उन्हें विश्वास था कि अस्पृश्यता निवारण, विधवा-विवाह, स्त्री-शिक्षा, बाल-विवाह पर रोक आदि सभी समाज-सुधार, एक बार देश राजनीतिक स्वाधीनता प्राप्त कर ले तो, किसी कठिनाई के बिना सम्पन्न हो जाएँगे।" (Tahmankar, 'Lokamanya Tilak', पृ. 50) शुक्ल जी का दृष्टिकोण इससे भिन्न था। भारत को क्या करना चाहिए—इस प्रश्न का मतलब यह था कि "अपनी सामाजिक स्थिति को देखते हुए भारत को क्या करना चाहिए, अपनी राजनीतिक परिस्थिति को बदलने के लिए भारत को क्या [कौन से] कदम उठाने चाहिए।" पहले राजनीतिक परिस्थिति, फिर सामाजिक स्थिति—यह अनुक्रम शुक्ल जी के यहाँ नहीं है। उन्हें समाज-सुधारकों, राजनीतिज्ञों आदि की "एक ही साथ, एक ही समय में, जरूरत है।" वह वास्तव में सामाजिक कार्यों को राजनीतिक कार्यों से अधिक महत्त्वपूर्ण मानते थे। "महत्त्व के लिहाज से जिस चीज पर हमें सबसे पहले ध्यान देना चाहिए, वह है सामाजिक बुराइयों को दूर करने का काम।" इनमें उन्होंने सबसे पहले बालविवाह की कुप्रथा को लिया क्योंकि यह "हमारे अन्दर सारी राष्ट्रीय भावनाओं के विकास को अवरुद्ध कर देती है।" स्वाधीनता संग्राम के दौरान सामाजिक रूप से राष्ट्र को अपना कायाकल्प करना है। समाज-सुधार के सन्दर्भ में शुक्ल जी को तिलकपंथी कहना स्पष्ट ही भ्रामक है।

नये ढंग का समाज चाहिए, 'शक्तिशाली समाज'; इसकी पहचान यह है कि उसके "सदस्य कोई भी काम करने को तैयार हों।" फिर इनकी शिक्षा का प्रबन्ध करना चाहिए। शिक्षा का उद्‌देश्य सरकारी नौकरियाँ पाना नहीं, सामाजिक दायित्व के निर्वाह की क्षमता होना चाहिए। नई शिक्षा ऐसी हो "जो दूसरी बातों के अतिरिक्त एक

उच्च उत्तरदायित्व के भाव से किसी को युक्त कर देती है और उसकी महत्त्वाकांक्षाओं के लिए ऐसे क्षेत्र प्रदान करती है, जो सलाम बजाने या मालगुजारी इकट्ठा करने के काम से बड़े होते हैं।" सरकारी नौकरियों को मुआवजा समझनेवाले छोटे जमींदारों की स्थिति सन् '21 में शुक्ल जी को दयनीय जान पड़ी, यहाँ भी ये नौकरियाँ शिक्षा के प्रधान उद्देश्य से दूर हैं। ध्यान देने की बात है कि नई शिक्षा के प्रसंग में शुक्ल जी बंगाल का नाम लेते हैं और वहाँ इस शिक्षा का प्रसार देखकर प्रसन्न होते हैं। "हमें इस बात से खुशी है कि बंगाल के हमारे भाई बहुत अरसे से महसूस की जा रही इस कमी को दूर करने की कोशिश कर रहे हैं।"

'हिन्दी साहित्य का इतिहास' में भारतेन्दुयुगीन साहित्य का विवेचन करते हुए शुक्ल जी नई शिक्षा के प्रति 1907 की यह धारणा दोहराते हैं।

पर शिक्षा को सरकारी स्कूलों के अहाते से बाहर निकालकर शुक्ल जी उसे आम जनता के बीच ले जाने की बात कहते हैं। उनका राजनीतिक उद्देश्य स्पष्ट है। "शिक्षा से मेरा मतलब सामान्य महत्त्व के मामलों के बारे में हमारे नेताओं की राय का [अर्थात् राजनीतिक विचारों का] अशिक्षित जनता तक सम्प्रेषण भी है, ताकि अवसर आने पर उनका [उसका] सहयोग (अशिक्षित जनता का—अनु.) मिलने से न रह जाए।" नेताओं की राय से जनता परिचित होगी तो अवसर आने पर—राजनीतिक आन्दोलन में—उनसे सहयोग करेगी। शहरों को देखते अशिक्षित जनता गाँवों में अधिक है। इस जनता के लिए शुक्ल जी शिक्षा का कार्यक्रम निर्धारित करते हैं : "प्रत्येक ग्रामवासी को यह जानना चाहिए कि अधिक काम करने के बाद भी उसे उसके बदले में कम क्यों दिया जाता है, प्रत्येक नागरिक को यह बताया जाना चाहिए कि उसकी सेवाओं की इतनी कम माँग क्यों है, और वस्तुत: प्रत्येक भारतीय को यह साफ-साफ पता होना चाहिए कि उसका देश दिन-ब-दिन और गरीब क्यों होता जा रहा है? आप अगर चाहें तो इसे राजनीतिक शिक्षा भी कह सकते हैं।" जो बात महावीर प्रसाद द्विवेदी ने 'सम्पत्तिशास्त्र' में कही थी, वही बात शुक्ल जी ने इस लेख में कही। आगे चलकर यही बात जनार्दन भट्ट ने कही। 'सरस्वती' में 'सम्पत्तिशास्त्र' के कुछ अंश 1907 में प्रकाशित हुए थे। 'इंडियन रिव्यू' में शुक्ल जी का लेख भी इसी साल छपा था। महावीर प्रसाद द्विवेदी जिस हिन्दी नवजागरण के संयोजक हैं, उसी का एक अंश है शुक्ल जी का शिक्षा सम्बन्धी कार्यक्रम। जैसे भारत के विभिन्न भाषाओं में रचे हुए साहित्य से अलग भारतीय साहित्य नहीं है, वैसे ही भारत के विभिन्न प्रदेशों के जातीय नवजागरण से अलग राष्ट्रीय जागरण नहीं है। ये जातीय नवजागरण परस्पर सम्बद्ध है, पृथक् भी हैं; उनके सामान्य लक्षण हैं, विशेष भी। भारतेन्दु ने 1879 में लिखा था : "भारतवर्ष की उन्नति के जो अनेक उपाय महात्मागण आजकल सोच रहे हैं, उनमें एक और उपाय भी होने की आवश्यकता है। इस विषय के बड़े-बड़े लेख और काव्य प्रकाश होते हैं, किन्तु वे जनसाधारण को दृष्टिगोचर नहीं होते।

इसके हेतु मैंने यह सोचा है कि जातीय संगीत की छोटी-छोटी पुस्तकें बनें और वे सारे देश, गाँव-गाँव में साधारण लोगों में प्रचार की जाएँ। यह सब लोग जानते हैं कि जो बात साधारण लोगों में फैलेगी, उसी का प्रचार सार्वदेशिक होगा और यह भी विदित है कि जितना शीघ्र ग्रामगीत फैलते हैं और जितना काव्य को संगीत द्वारा सुनकर चित्त पर प्रभाव होता है, उतना साधारण शिक्षा से नहीं होता।" (रा.वि. शर्मा, 'भारतेन्दु-युग और हिन्दी भाषा की विकास परम्परा', पृ. 12) भारतेन्दु 'साधारण शिक्षा' से अलग "गाँव-गाँव में साधारण लोगों में' ग्रामगीतों द्वारा देशोन्नति के विचार फैलाना चाहते थे। उसी तरह रामचन्द्र शुक्ल स्कूली शिक्षा से अलग सामान्य महत्त्व के मामलों के बारे में नेताओं की राय अशिक्षित जनता तक पहुँचाना चाहते थे। सामान्य महत्त्व के मामलों का अर्थ है, राजनीति और अर्थशास्त्र की मोटी-मोटी बातें जनता को बताना।

इस तरह की शिक्षा के लिए लिखित साहित्य काफी नहीं है। शुक्ल जी कहते हैं : "इस प्रकार की शिक्षा देने के लिए हमें विभिन्न तरीके और साधन अपनाने चाहिए। स्कूल और कॉलेज ही शिक्षा के एकमात्र स्थान नहीं होने चाहिए। सुविधाजनक स्थानों पर सार्वजनिक भाषणों का आयोजन करके और ऐसे लोगों को गाँवों में भेजकर, जो अशिक्षित जनता को उन्हें [उसे] प्रभावित करनेवाली परिस्थितियों के बारे में समझाकर उसे काम करने का रास्ता बतलाएँ, हम बहुत कुछ कर सकते हैं।" बलिया के मेले में देशोन्नति पर व्याख्यान देकर भारतेन्दु ने इसी नीति का सूत्रपात किया था। हिन्दी काव्य के तृतीय उत्थान के बारे में जब शुक्ल जी ने लिखा था : "गाँव-गाँव राजनीतिक और आर्थिक परतंत्रता के विरोध की भावना जगाई गई।" ('इतिहास', पृ. 778), तब वह अंशत: अपने 1907 के स्वप्न को ही साकार होते देख रहे थे।

ज्ञान की अनेक शाखाएँ हैं। सबका विवेचन आवश्यक नहीं है। मूल बात है देश का उद्योगीकरण; इसके लिए तकनीकी शिक्षा की दरकार है। "भारत की आर्थिक स्थिति की माँग यह है कि किसी भी दूसरे काम से पहले उसके उद्योग-धन्धों का परिवर्द्धन और परिष्कार किया जाए और यह, जिसे हम तकनीकी शिक्षा कहते हैं, उस पर सबसे ज्यादा निर्भर करता है।" गांधी जी कुछ दिन बाद औद्योगीकरण का विरोध करनेवाले थे, उनके सर्वोदयी अनुयायी अब भी करते हैं। इनसे भिन्न शुक्ल जी भारत को औद्योगिक दृष्टि से विकसित एक सशक्त, आधुनिक राष्ट्र के रूप में देखना चाहते हैं। देश को पुराने जमाने की तरफ लौटाने के बदले वह उसके पूँजीवादी विकास के समर्थक हैं। भारतेन्दु हरिश्चन्द्र ने हिन्दी की उन्नति पर अपने पद्यबद्ध व्याख्यान में कहा था :

जानि सकैं सब कछु सबहिं बिबिध कला के भेद।
बनै बस्तु कल की इतै मिटै दीनता खेद।

रामशंकर शर्मा व्यास ने भारतेन्दु की जीवनी में लिखा था कि वे चार काम करना चाहते थे। इनमें चौथा काम यह था : "एक शिल्पकला का पश्चिमोत्तर देश में कॉलेज स्थापित करना।" ('भारतेन्दु हरिश्चन्द्र और हिन्दी नवजागरण की समस्याएँ', पृ. 77) यहाँ शिल्पकला प्रौद्योगिकी है, मूर्तिकला नहीं। 1872 में उन्होंने लिखा था : "अंग्रेज लोग केवल हम लोगों को उसी शिक्षा का उपदेश करते हैं जिसमें किसी प्रकार की शिल्पादिक कोई कला न हो केवल पंडित मात्र बन जाएँ।" (उप., पृ. 71) रामचन्द्र शुक्ल इसी शिक्षा नीति का अनुसरण कर रहे थे। भारत की आर्थिक और सामाजिक प्रगति के साथ साहित्य का विकास सम्बद्ध है। यह विकास देशी भाषाओं के माध्यम से सम्पन्न होगा। "भारतीय जनमानस को एक सामंजस्यपूर्ण धरातल पर लाने में देशी भाषा के बढ़ते हुए साहित्य की जो भूमिका है, उसकी शायद हम उपेक्षा नहीं कर सकते।" आर्थिक और राजनीतिक क्षेत्रों के कार्यकर्ता साहित्य की उपेक्षा नहीं कर सकते। साहित्य का निश्चित सामाजिक उद्देश्य है—भारतीय जनमानस को एक सामंजस्यपूर्ण धरातल पर लाना।

भारत में अंग्रेजी राज और उसके समर्थकों की आलोचना करते हुए उन्होंने लिखा है : "जहाँ तक हम देख पाए हैं, साम्राज्यवाद ही भारत में ब्रिटिश राष्ट्र की नीति की प्रेरक शक्ति रहा है।" कहने को ब्रिटेन में लोकतंत्र कायम है पर भारत में ब्रिटिश नीति लोकतंत्र द्वारा निर्धारित नहीं होती, वह साम्राज्यवाद द्वारा निर्धारित होती है। ऊपर से देखने में यहाँ लोकतंत्र की अनेक संस्थाएँ कायम कर दी गई हैं। "हमारे पास म्युनिसिपल बोर्ड है, लेजिस्लेटिव काउंसिलें हैं, क्या नहीं है? लेकिन दिखावे के अलावा उनका और कोई मकसद भी है?" बहुत-से लिबरल विचारक अंग्रेजों द्वारा भारत में कायम किये हुए इस लोकतंत्र के गुन गाते थे, कहते थे और अब भी कहते हैं, अंग्रेजों ने हमें राष्ट्रीयता का पाठ पढ़ाया, हमें लोकतंत्र सिखाया। उनका यह लोकतंत्र उनकी शिक्षा-नीति से अलग कोई चीज न था। शुक्ल जी अंग्रेजों की शिक्षा-नीति की जगह नई शिक्षा-नीति पेश कर रहे हैं, स्वभावत: वह उनके लोकतंत्र की आलोचना भी करते हैं। आप चाहें तो कह सकते हैं, शुक्ल जी पाश्चात्य शिक्षा के विरोधी थे, वह लोकतंत्र के विरोधी भी थे। शुक्ल जी ने लोकतंत्र के रूप और सारतत्त्व में भेद किया था : "इसमें शक नहीं कि वे रूप को सुरक्षित रखते हैं, लेकिन वे उसके सारतत्त्व को खत्म कर देते हैं।" यदि ब्रिटेन के लोकतंत्र से भारत के लोकतंत्र की तुलना की जाए तो पता चलेगा कि "भारतीय प्रशासन में उनकी अपनी ब्रिटिश परिकल्पना का एक रेशा भी नहीं दिखाई देता।" ब्रिटेन में तकनीकी और गैरतकनीकी शिक्षा के अनुपात पर ध्यान दें तो पता चलेगा कि उस अनुपात का एक रेशा भी भारत में नहीं है। इसी तरह ब्रिटेन में शहरी और देहाती आबादी के अनुपात पर ध्यान दें तो पता चलेगा कि भारत में ब्रिटेन के औद्योगिक विकास का रेशा भी नहीं है। और ब्रिटेन का यह औद्योगिक विकास भारत के उद्योग-धन्धों का नाश करने के बाद हुआ था।

भारत में ब्रिटिश लोकतंत्र की जय बोलनेवालों का अच्छा-खासा दल था। इसके सदस्य "उस परम सत्ता के साथ एकाकार हो जाते हैं। इस तरह हिन्दुओं की अवधारणा के अनुसार वे मोक्ष प्राप्त करते हैं।" जो लोग शासन की थोड़ी-बहुत आलोचना करते हैं, उन्हें बहुत ही चालाकी भरे ढंग से 'लाखों-लाख लोगों के स्व-घोषित प्रतिनिधि' कहा जाता है। नतीजा यह कि प्रशासनिक जगत् में प्रतियोगिता के लिए जगह नहीं है, योग्यता की जाँच का मौका नहीं है। यह बनावटीपन और चालाकी की दुनिया है। यहाँ सिर्फ 'अनुभव' की जरूरत है, जो सलाम बजाने और 'हुजूर' के हुक्म को दोहराने का ही दूसरा नाम है। इसलिए जो लोग देश की उन्नति के लिए काम करना चाहते हैं, उन्हें 'राजकीय मान्यता' प्राप्त करने का विचार छोड़ देना चाहिए। यदि वे निःस्वार्थ भाव से काम करते हैं तो उन्हें अपना पुरस्कार 'ईमानदार दिलों' में खोजना चाहिए। यदि स्वार्थ भाव से काम करते हैं तो 'बटुओं में खोजना चाहिए।' स्वार्थ साधक देशभक्तों की कमी न थी; शुक्ल जी के मन में इनके प्रति घृणा का भाव है। यदि कवि आपका यश गाएँ, स्त्रियाँ आप पर फूल बरसाएँ, बुरी स्थितियों में फँस जाने पर आँसू बहाएँ, आप जहाँ जाएँ—'राष्ट्रीय उत्साह का सागर' साथ चले, आपकी 'एक झलक पाने को' लोग बेचैन रहें, तो "क्या मानवीय अहं की तुष्टि के लिए यह पर्याप्त नहीं है?" जनता द्वारा किया गया यह अभिनन्दन बटुओं में मिलनेवाले पुरस्कार से बड़ा है, जी-हुजूरी से प्राप्त की हुई राजकीय मान्यता से बड़ा है।

शुक्ल जी के चिन्तन में शिक्षा का प्रसार और उद्योग-धन्धों का प्रसार एक-दूसरे से जुड़े हैं। शिक्षा का प्रसार होने पर शिक्षितों की संख्या बढ़ेगी। "यह तो तय है कि उन सारे लोगों को हमारी कचहरियाँ रोजगार नहीं दे सकेंगी।" इसलिए "हमें उद्योग और शिक्षा के विभिन्न केन्द्र खोलने होंगे।" शुक्ल जी को विश्वास है : "कितने ही ज्यादा लोग क्यों न हों, काम हमेशा उनके लिए काफी होना चाहिए।" स्वदेशी आन्दोलन चल रहा है। शुक्ल जी को इससे बड़ी आशाएँ हैं। "यह लाखों लोगों को भुखमरी से बचाने के लिए और नियमित रोजगार के अभाव में भटक रहे लाखों लोगों को काम देने के उद्‌देश्य से चलाया गया आन्दोलन है।" जो इस आन्दोलन के साथ हैं, वे हमारे दोस्त हैं, जो अलग हैं, वे उदासीन हैं : "और जो हमारी मुखालिफत करते हैं, वे हमारे दुश्मन हैं।" स्पष्ट है, दुश्मनों से किसी तरह का समझौता न किया जाएगा।

स्वदेशी आन्दोलन हुल्लड़बाजी में समाप्त न हो जाए, यह चिन्ता शुक्ल जी को 1907 में भी है। वह स्वदेशी आन्दोलन को दृढ़ता से चलाने और चलाते रहने के पक्ष में हैं। "मेरे देशवासियो, जो इलाज आपने खोजा है, वही एकमात्र इलाज है, उसे दृढ़ता से पकड़े रहिए। अपनी पकड़ ढीली न होने दीजिए, वरना वह हमेशा के लिए हाथ से निकल जाएगा और आपका विनाश सुनिश्चित हो जाएगा।" सन् '21 के लेख में शुक्ल जी ने स्वदेशी आन्दोलन के बारे में जो कुछ कहा,

वह उनकी 1907 की मान्यताओं के अनुरूप है। जलियाँवाला कांड का जवाब सुनिश्चित योजना के अनुसार देना चाहिए। नया आन्दोलन हुल्लड़बाजी में न खत्म हो जाना चाहिए। 1907 में वह देशवासियों से कह रहे थे : "अपने दुश्मनों को अपने बारे में यह कहने का मौका न दीजिए, 'उनका सोचना ज्यादातर एक छत की बीमारी की तरह होता है। वे किसी मत को ऐसे पकड़ते हैं जैसे उन्हें सर्दी लगी हो! और जब तक यह दौरा उन पर रहता है, तब तक इसके अलावा छोटी या बड़ी कोई भी दूसरी चीज ऐसी नहीं होती, जिसे लेकर वे इतना भयानक गर्जन-तर्जन करें। लेकिन दौरा गुजरने के एक घंटे के अन्दर ही वे सब कुछ भूलकर बैठ जाते हैं।'" असहयोग आन्दोलन के सिलसिले में शुक्ल जी ने जिस हुल्लड़बाजी की चर्चा की है, उसकी तुलना उक्त चेतावनी से करें तो उनका आशय स्पष्ट हो जाएगा।

उद्योगीकरण के बिना देश की कोई समस्या हल नहीं हो सकती। शुक्ल जी की शिक्षा-सम्बन्धी नीति स्वदेशी आन्दोलन का अंग है, देशी भाषाओं में साहित्य रचना भी इस आन्दोलन के अन्तर्गत है। भारत के औद्योगिक विकास की माँग सामन्तवर्ग की माँग न थी; वह न बड़े जमींदारों की माँग थी, न छोटे जमींदारों की। वह साम्राज्यवाद के सहारे मुनाफा कमानेवाले व्यापारियों की माँग थी। भारत का अपना औद्योगिक पूँजीवाद अभी लगभग अस्फुट अवस्था में था; यह उसकी माँग थी। यह मध्यवर्ग के देशभक्त युवकों की माँग थी जो पुरानी सामन्ती व्यवस्था को बहाल करने के बदले योरप की तरह अपने देश का आर्थिक विकास करना चाहते थे। शुक्ल जी समाज और साहित्य को विकासवादी दृष्टि से देखते थे; विकासवादी दृष्टि बड़े या छोटे भू-स्वामियों की वर्गदृष्टि नहीं थी।

11. स्वाधीनता आन्दोलन और सर्वहारा क्रान्तिवाद

1907 में शुक्ल जी का चिन्तन उस समय के लिबरल नेताओं के चिन्तन से आगे बढ़ा हुआ है। लिबरल नेता समाज-सुधार के लिए, आधुनिक शिक्षा के प्रसार के लिए, भारत में लोकतंत्र की स्थापना के लिए अंग्रेजी राज को जरूरी समझते थे। शुक्ल जी इस सबके लिए भारतीय जनता के अपने प्रयत्नों का भरोसा करते थे। उस समय के कांग्रेसी नेताओं के लिए स्वाधीन भारत की स्थिति ब्रिटिश साम्राज्य के भीतर थी, बाहर नहीं। औपचारिक रूप से उन्होंने पूर्ण स्वाधीनता के लक्ष्य की घोषणा 1930 में की, अनौपचारिक रूप से डोमीनियन स्टेटस उनका लक्ष्य 1947 तक बना रहा। 1945-47 के जनआन्दोलन—नाविक विद्रोह, आजाद हिन्द फौज के नेताओं से सम्बन्धित प्रदर्शन, मजदूरों की हड़तालें, किसानों के संघर्ष आदि—के दबाव से लाभ उठाकर उन्होंने डोमीनियन स्टेटस से कुछ अधिक प्राप्त किया पर ब्रिटिश साम्राज्य से अपने आर्थिक और राजनीतिक सम्बन्ध बनाए रहे। भारत में सशस्त्र क्रान्ति का प्रयास करनेवाले युवक, वासुदेव बलवन्त फड़के, खुदीराम बोस,

लाला हरदयाल, रामप्रसाद बिस्मिल, भगत सिंह, चन्द्रशेखर आजाद—ये सब पूर्ण स्वाधीनता के समर्थक थे। इनकी कल्पना में स्वाधीन भारत की स्थिति ब्रिटिश साम्राज्य के भीतर नहीं, बाहर थी। बालकृष्ण भट्ट को क्रान्तिकारियों से गहरी सहानुभूति थी। वीरभारत तलवार ने उन्हें 'उग्रपंथी राष्ट्रवादी' ठीक कहा है। ('आलोचना', जुलाई-सितम्बर, '84; पृ. 74) रामचन्द्र शुक्ल को भी इनसे गहरी सहानुभूति थी; इसी अर्थ में वह भी "उग्र राष्ट्रवादी' थे। वह उन साम्राज्य-विरोधी लेखकों के प्रतिनिधि हैं जो भारत को पूर्णत: स्वतंत्र, ब्रिटिश साम्राज्य से बाहर, एक शक्तिशाली राष्ट्र के रूप में देखना चाहते हैं। भारत में सशस्त्र क्रान्ति का प्रयास करनेवाले युवक क्रमश: इस सिद्धान्त की ओर बढ़ रहे थे कि जनता को, विशेष रूप से किसानों को संगठित करके ही क्रान्ति के प्रयास में सफलता मिल सकती है। रामप्रसाद बिस्मिल ने यह बात बहुत स्पष्ट रूप में 'आत्मकथा' में लिख दी थी।

शुक्ल जी 1907 में लिबरलों से आगे हैं, बहुत-से लोकतंत्रवादियों से भी आगे हैं। उनकी शिक्षा प्रसार-योजना की विशेषता है, उसमें जनता की भूमिका। स्कूलों और कॉलेजों से बाहर प्रत्येक ग्रामवासी को यह जानना चाहिए कि अधिक काम करने के बाद भी उसे उसके बदले में कम क्यों दिया जाता है। स्वाधीनता आन्दोलन से किसान की स्थिति में परिवर्तन होना चाहिए। किस तरह परिवर्तन होगा, यह सब शुक्ल जी ने नहीं लिखा किन्तु परिवर्तन होना चाहिए, यह आशय स्पष्ट है। शुक्ल जी ने चन्द्रशेखर आजाद से किसानों को संगठित करने के बारे में जो कुछ कहा और 'हिन्दी साहित्य का इतिहास' में उन्होंने गाँव-गाँव राजनीतिक और आर्थिक परतंत्रता के विरोध की भावना जगाने की जो बात लिखी, इससे उनके लोकतंत्रवाद की दिशा पहचानी जा सकती है। यह नये जनतंत्र की दिशा है, समाजवादी चेतना की दिशा है।

पर शुक्ल जी ने तुलसीदास के लिए लिखा था : "उनका लोकवाद वह लोकवाद नहीं है, जिसका अकांड तांडव रूस में हो रहा है। वे व्यक्ति की स्वतंत्रता का हरण नहीं चाहते जिसमें व्यक्ति इच्छानुसार हाथ-पैर भी न हिला सके; अपने श्रम, शक्ति और गुण का अपने लिए कोई फल ही न देख सके।" 1917 से लेकर अब तक पूँजीवादी लेखक यही कहते आए हैं कि रूस की जनता गुलाम है, उसे अपनी मेहनत का फल नहीं मिलता, वह अधिकारियों की आज्ञा के बिना हाथ-पैर भी नहीं हिला सकती। शुक्ल जी पर इस प्रचार का असर हुआ था, उसे उन्होंने सच मान लिया था। लेनिन को जो सफलता मिली, उसका कारण उन्होंने यह समझा कि नीची श्रेणियों में ईर्ष्या, द्वेष और अहंकार का प्राबल्य हुआ और लेनिन ने उससे लाभ उठाया। रूस से भागकर बहुत-से लेखक दूसरे देशों में शरण ले रहे थे, इसे शुक्ल जी ने अपनी स्थापना का प्रमाण माना। उन्होंने लिखा : "जनता के किसी भाग की दुवृत्तियों के सहारे जो व्यवस्था स्थापित होगी, उसमें गुण, शील, कला-कौशल, बल-बुद्धि के असामान्य उत्कर्ष की सम्भावना कभी नहीं रहेगी, प्रतिभा का विकास कभी नहीं होगा।

रूस से भारी-भारी विद्वानों और गुणियों का भागना इस बात का आभास दे रहा है।" ('तुलसीदास', सं. 2005, पृ. 44) ब्रिटेन, अमरीका आदि देशों में धुआँधार प्रचार किया गया था कि सोवियत सत्ता साहित्य और संस्कृति की शत्रु है। यह प्रचार अभियान अभी तक जारी है। शुक्ल जी इससे प्रभावित हुए थे।

सोवियत साहित्य पुराने समय की सम्पूर्ण साहित्यिक उपलब्धियों का निषेध है, यह धारणा भी खूब प्रचारित की गई थी। 1939 में हिन्दी साहित्य सम्मेलन के अन्तर्गत साहित्य परिषद के स्वागताध्यक्ष पद से अपने भाषण में शुक्ल जी ने कहा था : "योरप की दशा तो आजकल यह हो रही है कि वहाँ जीवन के हर एक विधान से उसे धारण करनेवाला शाश्वत् तत्त्व निकलता जा रहा है। क्या राजनीति, क्या समाज, क्या साहित्य—सब डगमगा रहे हैं। रूस के बोल्शेविकों की बात सुनिए तो वे बड़ी उपेक्षा से अब तक के सारे साहित्य को ऊँचे वर्ग के लोगों का साहित्य बताकर बढ़ैयों, लोहारों और मजदूरों के साहित्य का आसरा देखने को कहेंगे। जर्मनी की ओर दृष्टि दौड़ाइए तो वहाँ केवल नात्शी सिद्धान्तों का समर्थक साहित्य ही सिर उठा सकता है। फ्रायड साहब अभी मरे हैं जिनकी समझ में स्वप्न भी हमारी अतृप्त वासनाओं के तृप्ति विधान के छायामय रूप हैं और काव्यादिकलाएँ भी हमारी अतृप्त कामवासनाओं की तृप्ति के विधान हैं।" ('चिन्तामणि-3', दिल्ली, 1983, पृ. 276) उस समय भारत में हिटलर की वीरता के प्रशंसक काफी थे। शुक्ल जी साहित्य के प्रति नात्शी नीति का विरोध करते हैं। उस समय ऐसे काफी लेखक थे जो मार्क्स की तुलना में फ्रायड को सही प्रगतिशील विचारक मानते थे अथवा मार्क्स और फ्रायड के समन्वय की बात करते थे। शुक्ल जी साहित्य और ललित कलाओं को अतृप्त वासनाओं की अभिव्यक्ति न मानते थे। यह सब उनके चिन्तन का प्रगतिशील पक्ष है। क्या समाजवादी साहित्यकारों को समस्त पुराने साहित्य का निषेध करना चाहिए? स्पष्ट ही उत्तर है, नहीं। यहाँ भी शुक्ल जी की मूलभूत धारणा सही है। रह जाता है सवाल तथ्यों का। क्या यह बात सही है कि रूस में बोल्शेविक अब तक के सारे साहित्य को ऊँचे वर्ग के लोगों का साहित्य कहकर उसकी उपेक्षा करते थे? केवल सर्वहारा वर्ग का साहित्य निर्मित कराना चाहते थे? रूस में ऐसे बोल्शेविक थे। ये अति वामपंथी और त्रोत्स्कीवादी धारणाओं का प्रचार करते थे। लम्बे संघर्ष के बाद इन्हें बोल्शेविक दल से निकाला गया और दल के बाहर इनकी कार्रवाई रोकी गई।

शुक्ल जी का भाषण 1939 का है। उससे दो साल पहले मार्च, 1937 के 'विशाल भारत' में शिवदानसंह चौहान का लेख 'भारत में प्रगतिशील साहित्य की आवश्यकता' प्रकाशित हुआ। यदि शुक्ल जी ने वह लेख पढ़ा हो और यह समझा हो कि बोल्शेविक लोग पुराने साहित्य की उपलिब्धयों को नकारते हैं तो इसके लिए उन्हें दोष नहीं दिया जा सकता। समाजवादी क्रान्ति के सत्रह साल बाद सोवियत लेखकों के सम्मेलन में जो समाजवादी यथार्थवाद का नारा दिया गया,

उसे भारत पर लागू करते हुए शिवदानसिंह चौहान ने लिखा : "साम्यवादी यथार्थवाद साहित्य की अन्य सभी धाराओं से वस्तु, रूप, प्रकाशन और सिद्धान्त में भिन्न है। वह सबका व्यतिरेक कर स्वयं अपने पैरों पर खड़ा होने का दावा करता है। यह एक युद्धात्मक, असहनशील, क्रान्तिकारी धारा है।" 'सबका व्यतिरेक' अर्थात् समस्त पुराने साहित्य को नकारना, चौहान की निगाह में "साम्यवादी यथार्थवाद' का यही सारतत्त्व था। (यहाँ सोशलिस्ट का अनुवाद है : 'साम्यवादी')

जरा भारतीय दर्शन पर निगाह डालिए! यहाँ अनादि काल से "अनेक बेहूदी बातें गढ़-गढ़कर वर्ण व्यवस्था कायम की और रखी गई। तब से अब तक द्वैतवाद को लीजिए या विशिष्टाद्वैतवाद को या भारतीय दर्शन के अन्य पहलुओं पर नजर डालिए; गौतम, मनु, वेदव्यास या शंकराचार्य, चाहे किसी को ले लीजिए; या इस भारतीय आदर्शवाद के नये संस्करणों पर दृष्टि डालिए—इन सब वेदान्त या कर्म की फिलासफियों में कुछ ऐसी बुनियादी बातें हैं, जो एक-दूसरे से अलग नहीं की जा सकतीं। [यहाँ आइडियलिज्म का अनुवाद है आदर्शवाद।] सभी सामन्ती समाज (Feudal Society) के औचित्य को स्वीकार करते हैं। अत: किसी प्रकार शोषित वर्ग कभी अपनी आन्तरिक एकता का अनुभव न कर सके, इसके लिए आदर्शवाद या समन्वयवाद पर खूब पॉलिश हुई और होती जा रही है। यह ऐसी पॉलिश है, जिसमें असली चेहरा दिखाई ही नहीं पड़ सकता।"

भारत में जितने भी दर्शन हैं, सभी सामन्ती समाज के औचित्य को स्वीकार करते हैं। सामन्ती समाज के औचित्य को अब स्वीकार नहीं किया जा सकता, अत: पुराने दर्शन को भी स्वीकार नहीं किया जा सकता। बात केवल भारतीय दर्शन या साहित्य की नहीं है, बात विश्वदर्शन और विश्वसाहित्य की है। औद्योगिक सर्वहारा के अभ्युदय से पहले, सर्वहारा क्रान्ति से पहले, दार्शनिकों ने जो कुछ सोचा है, साहित्यकारों ने जो कुछ रचा है, सब त्याज्य है। कारण यह कि "हर एक देश, काल और समाज में यह बात सामान्य रूप से अब तक प्रचलित रही कि अब तक एक छोटी श्रेणी एक बड़ी श्रेणी पर अपनी सत्ता कायम किये जा रही है, और यह सत्ता छोटी श्रेणी के ही स्वार्थ में हमेशा रही है। अतएव यह 'सत्ता उचित है' के साबित करनेवाले विचारों में तो साम्य मिलेगा ही, चाहे होमर लिखे या कालिदास, शेक्सपियर या तुलसीदास।"

प्रगतिशील साहित्य होमर, कालिदास, शेक्सपियर और तुलसीदास की अस्वीकृति का साहित्य है। इनमें तुलसीदास की अस्वीकृतिवाली धारा काफी बलवती सिद्ध हुई है। हर दस-पन्द्रह साल के बाद इसमें ज्वार आया करता है। चौहान के लेख में इस धारा को विश्व साहित्य की अस्वीकृति के सही परिप्रेक्ष्य में देखा गया है। शुक्ल जी ने जो कहा था कि बोल्शेविक अब तक के सारे साहित्य की उपेक्षा करते हैं, वह हिन्दी में प्रगतिशील साहित्य के तत्कालीन सूत्रधारों के आचरण को देखते निराधार नहीं माना जा सकता।

अब हिन्दी साहित्य की स्थिति पर विचार कीजिए। "साहित्य का समाज के साथ अत्यन्त निकट सम्बन्ध रहता है"—यह बताने के बाद चौहान कहते हैं : "मगर साहित्य—विशेष कर हिन्दी साहित्य, या उर्दू साहित्य—एक ऐसी परिस्थिति में उत्पन्न हुए, जब समाज की प्राचीन शृंखलाएँ स्वयं ही कमजोर हो चली थीं। इस प्रकार ये साहित्य (यद्यपि असंतुष्ट और परतंत्र जनता की भावनाओं को ग्रहण कर तथा उनकी आहों को अपने स्वर में भर कर प्रगतिशील हो सकते थे) उन्नति, प्रगति या विकास के सूचक न होकर समाज पर बन्धन ही बने रहे।" चौहान के इस वाक्य में स्वाधीनता आन्दोलन की अस्वीकृति छिपी हुई है। यहाँ कोई कहने-सुनने लायक साम्राज्य-विरोधी संघर्ष तो था नहीं, जनता आहें भरकर रह जाती थी। पर हिन्दी-उर्दू के साहित्यकार उसकी आहें भी अपने साहित्य में न भर सके। इस धारणा से तुलनीय है वीरभारत तलवार की स्थापना कि असहयोग आन्दोलन का मुख्य आधार शहरी शिक्षित मध्यवर्ग था और देश के गरीब किसानों से उसे कोई लगाव न था। यह तो हुई स्वाधीनता आन्दोलन की मूलभूत अस्वीकृति। अवध में एक वर्ग-संघर्ष चला। यह संघर्ष मुख्यत: गरीब और साधारण किसानों का था और खेत मजदूर उनके साथ थे। यह वर्ग संघर्ष न तो प्रेमचन्द के कथा-साहित्य में प्रतिबिम्बित है, न अन्य लेखकों की रचनाओं में। यह हुई आधुनिक हिन्दी साहित्य की मूलभूत अस्वीकृति।

अब देखें, शिवदानसिंह चौहान भक्तिकाल के साहित्य के बारे में क्या कहते हैं?

"भक्तिकाल में भी केवल आत्मसमर्पण, भक्ति में तल्लीनता आदि भाव ही हमारे तुलसी, सूर आदि के साहित्य में भर पाए थे।" सवाल केवल हिन्दी साहित्य का नहीं है। सवाल पूरे भारतीय साहित्य का है। "हिन्दी साहित्य या अन्य किसी भारतीय साहित्य ने [अर्थात् अन्य किसी भाषा के साहित्य ने] कभी किसी तत्कालीन प्रचलित सामाजिक यथार्थवादी विचारधारा का दामन क्यों नहीं पकड़ा?"—यह मूल प्रश्न है। लेकिन साहित्य का समाज के साथ अत्यन्त निकट सम्बन्ध रहता है, अत: मूल प्रश्न सामाजिक है : "दो-तीन हजार वर्ष तक हम सामन्ती समाज में रहे। इस बीच में हमारी उन्नति क्यों न हुई, जबकि योरप के देशों में मनुष्य अर्द्ध-सभ्य देशों से उन्नति करता-करता सामन्तीय जमाने में आया, फिर उसकी शृंखलाओं को तोड़कर व्यावसायिक हो गया और फिर पूँजीवादी और अब एक स्थान पर यानी रूस में साम्यवादी? आखिर यहाँ का समाज क्यों इतनी अर्द्ध-सभ्य दशा में ही पड़ा दम तोड़ता रहा? हजारों वर्षों में राम और रावण यही दो नाम सीख पाया और आगे की एक मंजिल भी पूरी न की?" इस मूल प्रश्न का मूल उत्तर यह है कि "हमारी सामाजिक या आर्थिक प्रणाली में लगभग दो-ढाई हजार वर्ष से कोई क्रान्ति नहीं हुई। इस पर लज्जित होने के बदले यहाँ के लोग उस पर गर्व करते हैं। "हमारे यहाँ कोई क्रान्ति नहीं हुई, क्या यह कोई गौरव की बात है? क्या भारत के धर्म के ठेकेदार इस पर शर्म से मुँह छिपाने का साहस न करेंगे?"

इस स्थिति में अंग्रेजी राज की प्रगतिशील भूमिका के बिना आप भारत के उद्धार की आशा कैसे कर सकते थे? मुसीबत यह है कि स्वराज्य मिलने पर लोग फिर उसी पुराने जमाने की तरफ लौट जाना चाहेंगे। "ये लोग ऐतिहासिक तथ्य की उपेक्षा तो करते ही हैं, साथ ही वर्तमान काल की ओर देखना या वास्तविकता को समझना भी नहीं चाहते। वर्तमान काल में अगर कोई हलचल या परिवर्तन है, तो यह 'असाधारण परिस्थितियों' की वजह से; अन्यथा स्वराज्य होते ही फिर वही पुराने राग की अलाप शुरू हो जाएगी। उनका ऐसा खयाल है। कौन जानता है, वे यह भी सोचते हों कि स्वराज्य होने पर बिहारी, देव, पद्माकर श्मशान से उठ आवेंगे और वाजिदअली शाह फिर से लखनऊ के नवाब बनाए जाएँगे! शायद कोट, पतलून बनानेवाले दर्जियों और बूट बनानेवाले मोचियों के अँगूठे कटवा लिये जाएँगे और अहमदाबाद, बम्बई की मिलें गोले से उड़ा दी जाएँगी; उन्हें अपना अँगरखा, मिर्जई और चमरौधा जूता मुबारक। मगर प्रगतिशील साहित्यिक होने के लिए प्रगतिशील दृष्टिकोण की जरूरत पड़ती है।" वास्तविकता क्या है? अंग्रेजी राज। इसे असाधारण परिस्थिति कौन समझता है? वही लोग जो स्वराज्य की रट लगाए हैं। वाजिदअली शाह को अवध की गद्दी से किसने उतारा था? अंग्रेजों ने। ये स्वराजी क्या चाहते हैं? वाजिदअली शाह को फिर से लखनऊ का नवाब बनाना। कोट, पतलून और बूट पहनना किसने सिखाया? अंग्रेजों ने। स्वराजी क्या चाहते हैं? अँगरखा, मिर्जई और चमरौधा जूता! यदि भारत में अंग्रेजी राज कुछ दिन और बना रहे तो क्या बुरा है?

हिन्दी साहित्य या अन्य किसी भारतीय साहित्य ने कभी किसी तत्कालीन प्रचलित सामाजिक यथार्थवादी विचारधारा का दामन क्यों नहीं पकड़ा—इस प्रश्न में तत्कालीन प्रचलित पर ध्यान दें। यहाँ के समाज में जड़ता, साहित्य और दर्शन में जड़ता—यथार्थवादी विचारधारा किसी भी काल में भारत की धरती पर तो प्रचलित हो न सकती थी, भारत के बाहर ही प्रचलित रही होगी, या फिर अंग्रेजी राज कायम होने पर यहाँ प्रचलित हुई होगी। तो यथार्थवादी विचारधारा से प्रभावित न होने का मूल कारण था वर्णाश्रम धर्मवाली सामन्ती व्यवस्था की अपरिवर्तनशीलता। दूसरा कारण था आदर्शवाद। इसमें वेदान्त से लेकर स्वर्ग-नरक की पौराणिक कल्पनाएँ शामिल हैं। स्वर्ग : "वहाँ इन्द्र का वैभव है, विशाल अट्टालिकाएँ हैं, कामधेनु गाय है, अक्षयवट है, गंधर्व हैं और अक्षय सौंदर्यवाली अनन्त यौवना उर्वशी या मेनका जैसी परियाँ या हूरें हैं।" जैसे साहित्यकार वर्ण-व्यवस्था वाले समाज पर गर्व करते हैं, वैसे ही आदर्शवाद पर। "इन अक्ल के दुश्मनों को यह देखकर शर्म भी नहीं आती कि वे एक मुर्दे की पूँछ से बँधे हैं; लेकिन छुड़ाने का प्रयत्न नहीं करते! यही दो कारण हैं, जिनकी वजह से हमारे समाज या साहित्य में कोई जीवित विचारधारा अब तक न बह सकी।" ऐसा लगता है कि दोनों कारणों में दूसरा कारण ज्यादा शक्तिशाली था। बम्बई और अहमदाबाद में मिले चालू हुईं,

सामाजिक जड़ता किसी हद तक टूटी, पर अंग्रेजी राज में भी हिन्दी साहित्यकार कोई उल्लेखनीय कार्य न कर सके।

भारत के बाहर प्रगतिशील और प्रतिक्रियावादी लेखकों के दो खेमे बन गए हैं। "मगर भारतीय साहित्य में इस प्रकार श्रेणी विभाजन अभी तक नहीं हो पाया है, क्योंकि प्रगतिशील शक्तियों ने साहित्य के अखाड़े में अभी आकर ताल नहीं ठोंका है।" विश्व पैमाने पर जो श्रेणियाँ बनी हैं, उनमें भारतीय भाषाओं का एक भी लेखक नहीं है : न रवीन्द्रनाथ ठाकुर, न प्रेमचन्द, न अन्य कोई। भारत का प्रतिनिधित्व करनेवाले केवल एक साहित्यकार हैं, अंग्रेजी के लेखक मुल्कराज आनन्द! हिन्दी-उर्दू के लेखक प्रेमचन्द किस तरह के लेखक हैं? "हजारों वर्षों से अधिकारच्युत, पददलित, अत्याचार पीड़ित स्त्रियों के लिए 'सेवासदन' और कर्ज और नौकरशाही के आतंक में रहनेवाले किसानों के लिए 'प्रेमाश्रम' खोलकर वे संतुष्ट हैं।" बेशक मरने से पहले वह यथार्थवादी लेखक बन गए पर अफसोस! "क्रान्तिकारी प्रेमचन्द का जीवन अभी शैशव में ही था कि उनका निधन हो गया।" मैथिलीशरण गुप्त? उनकी 'भारत भारती' "न साम्राज्य-विरोधी है और न दलित श्रेणी की भावनाओं की रक्षक। वह अगर कुछ है, तो साम्राज्यवाद की पृष्ठपोषक और ब्रिटिश साम्राज्यशाही की चाटुकार।" क्या मैथिलीशरण गुप्त इस ढंग के अकेले साहित्यकार हैं? नहीं, यह रोग अखिल भारतीय है। अंग्रेजी राज की प्रतिक्रिया स्वरूप "चारों ओर से पुन: 'वैदिककाल की ओर' की आवाज आने लगी। बंगाल में जिस प्रकार बंकिम बाबू और रवीन्द्रबाबू ने इस आवाज को ऊँचा किया, हिन्दी में गुप्त जी ने यही आवाज बुलन्द की।" अब आप समझ गए होंगे, संसार के प्रगतिशील साहित्यकारों में मुल्कराज आनन्द का नाम क्यों था, रवीन्द्रनाथ ठाकुर का नाम क्यों नहीं था? लेकिन वैदिक काल की ओर लौट चलने की यह सनक इन सब पर क्यों सवार हुई?

इसलिए सवार हुई कि अंग्रेज सभ्य थे, भारतवासी असभ्य। बहुत-से बहुत अर्द्ध-सभ्य थे। "इस बार भारत पर जिन्होंने कब्जा किया, उनकी संस्कृति या सभ्यता यहाँ के निवासियों से अधिक उन्नत थी...उनके सम्पर्क में आने के कारण यहाँ की सांस्कृतिक छिन्नता होने लगी। इस कारण देश में और खास कर पढ़े-लिखे लोगों में बड़ी हलचल मचने लगी। लोगों को, और उनमें पुराने विचार के लोगों को, यह लगने लगा कि उनकी संस्कृति और सभ्यता की जमीन उनके पैरों के नीचे से तेजी के साथ निकलती जा रही है। इससे एक छुटपन (Inferiority Complex) या विद्वेष की भावना पैदा हुई; और वह अब तक यहाँ के लोगों में भरी हुई है। इसी भावना से प्रेरित होकर स्वभावत: लेखकों का एक समुदाय उठ खड़ा हुआ, जो अतीत के गौरव के गीत गाने लगा।" एक ओर है प्रगतिशील अंग्रेजी सभ्यता, दूसरी ओर है प्रतिक्रियावादी भारतीय सभ्यता। अंग्रेजी राज की प्रगतिशीलता जिन्होंने स्वीकार नहीं की, उनमें हैं रवीन्द्रनाथ ठाकुर और बंकिमचन्द्र चटर्जी। इन्हीं के पास खड़े हैं मैथिलीशरण गुप्त।

मृत्यु से पहले प्रेमचन्द तो यथार्थवादी लेखक बन गए थे, 'भारत भारती' के बाद मैथिलीशरण गुप्त का तो और भी पतन हुआ। "'भारत भारती' के लिखने के बाद उनकी विचारधारा पतनोन्मुख होकर 'रामायण' या 'महाभारत' के ही कुछ प्राचीन युगों तक सीमित रह गई।" छोड़िए मैथिलीशरण गुप्त को। यहाँ कुछ छायावादी कवि भी हैं। चौहान का मत है : "इस छायावाद की धारा ने हिन्दी के साहित्य को जितना धक्का पहुँचाया, उतना शायद ही हिन्दू महासभा या मुस्लिम लीग ने भारत को पहुँचाया हो।" और रामचन्द्र शुक्ल? वह इस योग्य भी नहीं थे कि मैथिलीशरण आदि के साथ नाम लेकर उनकी आलोचना की जाए। पन्द्रह साल बाद शिवदानसिंह चौहान ने अक्तूबर, 1952 की 'आलोचना' में शुक्ल जी पर एकांगी समाजशास्त्रीय दृष्टिकोण से हिन्दी साहित्य का इतिहास लिखने का आरोप लगाया। मानना चाहिए कि इस अवधि में शुक्ल जी का महत्त्व इतना तो बढ़ा कि उनकी आलोचना करना जरूरी हो गया।

वीरभारत तलवार ने 1985 में रामचन्द्र शुक्ल को अन्य साहित्यकारों से अलग करके उन पर आक्रमण किया। शिवदानसिंह चौहान ने 1937 में समूचे भारतीय दर्शन और साहित्य पर हमला किया। यदि चौहान 1937 में शुक्ल जी पर लिखते तो बहुत कुछ वही लिखते जो वीरभारत के लेख में है। यदि वीरभारत तलवार की तर्क-योजना भारतीय साहित्य पर लागू की जाए तो उसका वही रूप दिखाई देगा जो चौहान के लेख में है। दोनों की आधार भूमि एक है। अंग्रेजी राज कायम होने से पहले भारतीय समाज में कोई उल्लेखनीय परिवर्तन नहीं हुआ—यह मूल स्थापना है। ('भारत में अंग्रेजी राज और मार्क्सवाद' तथा 'मार्क्स और पिछड़े हुए समाज' में इस स्थापना पर मैं विस्तार से लिख चुका हूँ, इसलिए यहाँ उसके बारे में और कुछ कहना अनावश्यक है।) भारतीय समाज में कोई परिवर्तन नहीं हुआ, तब साहित्य और संस्कृति में परिवर्तन कहाँ से होगा? वीरभारत की तर्क-योजना के बल पर पुराने भारतीय दर्शन और साहित्य के बारे में वही निष्कर्ष निकलेगा जो शिवदानसिंह चौहान ने निकाला है।

फिर आया अंग्रेजी राज। पाश्चात्य सभ्यता का प्रकाश फैला। अन्धकार में डूबे हुए लोगों ने इसका विरोध किया। वीरभारत ने पाश्चात्य शिक्षा, व्यक्तिवाद आदि के विरोधियों में दो को चुना है : लोकमान्य तिलक और रामचन्द्र शुक्ल को। शिवदानसिंह चौहान ने समूचे भारतीय साहित्य को पाश्चात्य सभ्यता का विरोधी माना; शुक्ल जी की तरह भारत के सारे लेखक वर्ण-धर्म पोषक पुरानी संस्कृति से चिपके रहना चाहते हैं। शुक्ल जी पर आक्रमण समूचे हिन्दी साहित्य पर आक्रमण है, यह वीरभारत के लेख के साथ चौहान के लेख को मिलाकर देखने से स्पष्ट हो जाएगा। जिन आधारभूत मान्यताओं के बल पर वीरभारत ने शुक्ल जी की आलोचना की है, उन्हीं की तर्कसंगत परिणति है, चौहान द्वारा समस्त भारतीय साहित्य का तिरस्कार। वीरभारत तलवार ने प्रेमचन्द को शुक्ल जी के मुकाबले खड़ा किया है। पर किसानों के जिस क्रान्तिकारी आन्दोलन की कल्पना वीरभारत ने की है,

वह प्रेमचन्द के साहित्य में नहीं है। एक तरह के किसान-मजदूर आन्दोलन की कल्पना चौहान के लेख में भी है। वह आन्दोलन भी भारतीय साहित्य में कहीं प्रतिबिम्बित नहीं है। वीरभारत तलवार द्वारा शुक्ल जी का और चौहान द्वारा समस्त भारतीय साहित्य के तिरस्कार का कारण है इन दोनों लेखकों का प्रच्छन्न सर्वहारा क्रान्तिवाद। इनके लिए समाजवादी विचारधारा और किसान-मजदूर आन्दोलन राष्ट्रीय स्वाधीनता आन्दोलन को अधिक शक्तिशाली बनाने के लिए नहीं हैं, वरन् इस आन्दोलन को एक तरफ ठेलकर जनवादी क्रान्ति को सर्वहारा क्रान्ति बना देने के लिए हैं।

चौहान का प्रगतिशील साहित्य साम्राज्य-विरोधी होगा, "लेकिन साथ ही उसे साम्राज्यशाही के सहायक भारत के महन्तवाद, सामन्तवाद तथा चमगादड़-रूपी पूँजीवाद का भी दुश्मन होना पड़ेगा।...प्रगतिशील साहित्य शोषण का साथ नहीं दे सकता, चाहे वह लंकाशायर और टोकियो के पूँजीपति द्वारा हो या बम्बई या अहमदाबाद के पूँजीपति या दक्खिन के महन्तों और देशी नरेशों द्वारा हो।" देशी पूँजीवाद और विदेशी पूँजीवाद, दोनों को एक साथ खत्म करना है; जनवादी क्रान्ति और सर्वहारा क्रान्ति, दोनों एक साथ करनी हैं, इसीलिए प्रगतिशील साहित्य 'साम्यवादी यथार्थवाद' का साहित्य है। वीरभारत ने सर्वहारा क्रान्ति की बात इस तरह नहीं कही, पर उनके निर्धन किसान और खेत मजदूर, छोटे जमींदारों और धनी किसानों के विरुद्ध हल्ला बोलकर, बढ़ते हैं सर्वहारा क्रान्ति की ओर। राधामोहन गोकुल जी ने 'देश का धन' (1908) में देशी पूँजीपतियों को जनता का 'रुधिर पान' करनेवाला कहा। उनके चिन्तन में खामी क्या है? "राधामोहन जी 'रुधिर पान' को सभ्यता को मिटाने की नहीं, नियंत्रित करने की बात कहते हैं।" ('आलोचना', जु.-सि., 84, पृ. 72) स्वाधीनता आन्दोलन के दौरान देशी पूँजीवाद को मिटाना है, नियंत्रित करने से काम न चलेगा।

राधामोहन जी ने कहा, देशी पूँजीपतियों में इतनी ईमानदारी तो होनी चाहिए जितनी चोर-डाकुओं में होती है। क्या राधामोहन जी देशी पूँजीपतियों को चोर-डाकू समझते थे? हर्गिज नहीं। "राधामोहन जी ने देश में उद्योग-धन्धे खड़े करने की आवाज उठाई थी। क्या वे चोर-डाकुओं के व्यवसाय का प्रसार चाह रहे थे?" (उप.) बहुत माकूल सवाल है। कम्युनिस्टों को पराधीन देशों में उद्योग-धन्धे खड़े करने की माँग न करनी चाहिए। यदि वे ऐसी माँग करेंगे तो साबित होगा कि वे देशी पूँजीपतियों को चोर-डाकू नहीं समझते। साम्राज्यवादी नहीं चाहते कि पराधीन देशों में उद्योग-धन्धों का विकास हो। जैसाकि वीरभारत ने बताया है : "अँगरेज इस काम के लिए भारत नहीं आए थे।" (10) तब कम्युनिस्टों को औद्योगिक विकास की माँग करनी चाहिए क्या? कैसे कर सकते हैं? कम्युनिस्ट होकर क्या वे चोर-डाकुओं के व्यवसाय का प्रसार चाहेंगे? चाहना वही चाहिए जो साम्राज्यवादी चाहते हैं। भारत का औद्योगिक विकास न हो!

रूस स्वाधीन देश था। वहाँ पूँजीवाद का विकास हो रहा था, पर राज्यसत्ता पर सामन्त वर्ग का अधिकार था। सामन्त वर्ग का यह प्रभुत्व पूँजीवादी विकास में बाधक था।

1896 में लेनिन ने मजदूर वर्ग की पार्टी, रूसी सोशल डिमोक्रेटिक पार्टी, के कार्यक्रम का मसौदा तैयार किया। इसमें उन्होंने लिखा कि पार्टी निरंकुश राज्यसत्ता के खिलाफ संघर्ष चलाएगी, साथ ही "पूजीवाद के विकास को रोकने की, फलत: मजदूर वर्ग के विकास को रोकने की, तमाम कोशिशों" के खिलाफ युद्ध ठानेगी। (Lenin, 'Collected Works', मॉस्को, 1972, पृ. 66) उद्योग-धन्धों के विकास के बिना औद्योगिक सर्वहारा का निर्माण हो जाए तो समाजवादी क्रान्ति का काम कितना सरल हो जाए, पर दुर्भाग्य से ऐसा होता नहीं है। इसलिए जो लोग समाज में क्रान्तिकारी परिवर्तन चाहते हैं, वे औद्योगिक विकास का समर्थन करते हैं। उसके रास्ते में जो भी रुकावटें होती हैं, उनके खिलाफ संघर्ष करते हैं। पूँजीवादी विकास के लिए स्वच्छंद व्यापार जरूरी होता है। इस तरह के विकास के मार्ग में जो रुकावटें हों, क्या उनके खिलाफ कम्युनिस्टों को संघर्ष करना चाहिए? लेनिन की राय थी कि उन्हें संघर्ष करना चाहिए।

रूस में एक दल लोकवादियों (नरोद्निकों) का था। ये लोग मानते थे, पूँजीवाद रूस के लिए अस्वाभाविक है, उसका विकास न होना चाहिए। इनकी विचारधारा के खिलाफ संघर्ष चलाते हुए लेनिन ने 1895 में लिखा था : "यद्यपि रूसी मार्क्सवादी इस बात पर खूब जोर देते हैं और सबसे पहले जोर देते हैं कि स्वच्छंद व्यापार और संरक्षण की समस्या पूँजीवादी समस्या है, वह पूँजीवादी नीति की समस्या है, फिर भी उन्हें स्वच्छंद व्यापार का समर्थन अवश्य करना चाहिए। कारण यह है कि रूस में यह खूब स्पष्ट है कि संरक्षण का स्वरूप प्रतिक्रियावादी है, उससे देश का आर्थिक विकास धीमा पड़ जाएगा, उससे समूचे पूँजीपतिवर्ग का हित नहीं होता वरन् मुट्ठी भर परम शक्तिशाली महासेठों का ही हित होता है, और स्वच्छंद व्यापार का अर्थ उस प्रक्रिया को तेज करना है जिससे पूँजीवाद से मुक्त होने के साधन प्राप्त होते हैं।" (उप., खंड-1, पृ. 436)

रूस तो औद्योगिक विकास में बहुत पिछड़ा हुआ था, ब्रिटेन योरप में सबसे विकसित पूँजीवादी देश था, लेकिन यहाँ भी राज्यसत्ता पर भू-स्वामी अभिजातों का गुट हावी था। पूँजीवाद के भरपूर विकास के लिए सत्ता पद से इस गुट को हटाना जरूरी था। किन्तु यह गुट पराधीन आयरलैंड में अपनी जमींदारियाँ कायम किये था और वहाँ अपने पैर जमाये था। इसलिए ब्रिटेन के पूँजीवादी विकास के लिए आयरलैंड का स्वाधीन होना जरूरी था। 29 नवम्बर, 1869 के पत्र में मार्क्स ने कुगलमन को लिखा था : "यहाँ मुक्ति की पहली शर्त है अंग्रेज भू-स्वामी गुट का तख्ता उलटना। इस शर्त का पूरा होना असम्भव बना हुआ है क्योंकि यहाँ उसके गढ़ पर तब तक हल्ला नहीं बोला जा सकता जब तक वह अपनी मजबूत मोर्चाबन्दी वाली बाहरी चौकियाँ आयरलैंड में बनाए हुए है।...आयरलैंड से उसके वर्तमान सम्बन्ध के कारण न केवल इंग्लैंड का आन्तरिक सामाजिक विकास पंगु बना रहता है वरन् उसकी विदेश-नीति, विशेष रूप से ऑस्ट्रिया और अमरीका से सम्बन्धित उसकी विदेश-नीति, का भी यही हश्र हो रहा है।"

इंग्लैंड के भरपूर पूँजीवादी विकास के लिए अभिजात गुट के प्रभुत्व को खत्म करना जरूरी था, रूस के भरपूर पूँजीवादी विकास के लिए इसी तरह जारशाही को खत्म करना जरूरी था। सामन्ती रुकावटों के विरुद्ध औद्योगिक विकास की माँग न करना सामन्तवाद का समर्थन करना है। पराधीन देशों में ऐसे विकास की माँग न करना सामन्तवाद के साथ साम्राज्यवाद का भी समर्थन करना है। यदि 1869 में भू-स्वामीवर्ग इंग्लैंड के विकास में बाधक था, तो जिस आयरलैंड में उसने मोर्चाबन्दी कायम कर रखी थी, उसके पूँजीवादी विकास में तो और भी कठिनाइयाँ थीं। पर भारत में ब्रिटिश साम्राज्यवाद ने औद्योगिक विकास की मूल प्रक्रिया पूरी करके सर्वहारा क्रान्ति की परिस्थितियाँ तैयार कर दी थीं!

शिवदानसिंह चौहान ने लिखा था : "पूँजीवादी साम्राज्यशाही के आगमन से जो एक क्रान्तिकारी शोषित मजदूर वर्ग उठ खड़ा हुआ है, जिसका उठना ऐतिहासिक और आर्थिक है, जिसका अपना अलग वैज्ञानिक दृष्टिकोण है, जो अपनी महान शक्ति, महान प्रवृत्ति के कारण समाज में एक नई व्यवस्था कायम करने की क्षमता रखता है, जो हमारी स्वतंत्रता की लड़ाई का नेतृत्व ग्रहण करेगा, उस क्रान्तिकारी वर्ग की यहाँ के साहित्यिक मुँह बिचकाकर उपेक्षा कर देते हैं।" मार्क्स के लिए ब्रिटेन के शासक भू-स्वामीवर्ग ने वहाँ के पूँजीवादी विकास का, अत: मजदूर वर्ग की मुक्ति का, रास्ता रोक रखा था; लेनिन के लिए रूस में यही काम और भी बड़े पैमाने पर सामन्ती वर्ग ने कर रखा था, पर भारत में पूँजीवादी साम्राज्यशाही ने क्रान्तिकारी मजदूर वर्ग तैयार कर दिया था! यह बात त्रोत्स्की चीन के लिए कह चुके थे, एम.एन. राय भारत के लिए कह रहे थे। शिवदानसिंह चौहान अपने लेख में वही बात दोहरा रहे थे।

शुक्ल जी ने योरप और भारत के औद्योगिक विकास तथा मजदूर आन्दोलन की परिस्थितियों में भेद करते हुए लिखा था : "योरप में जब देश के देश बड़े-बड़े कल-कारखानों से भर गए हैं और जनता का बहुत-सा भाग उनमें लग गया है तब मजदूर आन्दोलन की नौबत आई है। यहाँ अभी कल-कारखाने केवल चल खड़े हुए हैं और उनमें काम करनेवाले थोड़े-से मजदूरों की दशा खेत में काम करनेवाले करोड़ों अच्छे-अच्छे किसानों की दशा से कहीं अच्छी है, पर मजदूर आन्दोलन साथ लग गया।" ('हिन्दी साहित्य का इतिहास', पृ. 779) शुक्ल जी ने योरप और भारत के औद्योगिक विकास में जो भेद किया था, वही भेद शिवदानसिंह चौहान की आँखों से ओझल था। मजदूर आन्दोलन का लक्ष्य था राष्ट्रीय स्वाधीनता आन्दोलन सुदृढ़ हो, वह सुसंगत रूप से साम्राज्य-विरोधी नीति पर चले, पर इस लक्ष्य की सिद्धि में त्रोत्स्कीवादी, रायवादी विचारधारा का प्रभाव बाधक था। शुक्ल जी का आशय सर्वहारा क्रान्तिवाद के तत्कालीन प्रचार-प्रसार को ध्यान में रखने से स्पष्ट हो जाएगा। शुक्ल जी के वर्तमान विरोध का कारण भी सर्वहारा क्रान्तिवाद के समकालीन प्रचार-प्रसार पर ध्यान देने से स्पष्ट हो जाएगा।

वीरभारत तलवार को इस बात पर आपत्ति है कि 1908 में राधामोहन गोकुल जी ने पूँजीपतियों से कहा, कारीगरों के साथ उदारता बरतो, कम्पनियाँ बनाओ, बुद्धिमानी के साथ ईमानदारी से भी काम लो। "जिस बात को राधामोहन गोकुल जी 1908 में नहीं पकड़ सके, उसको 1907 में माधवराव सप्रे लिख चुके थे। मई, 1907 की 'सरस्वती' में सप्रे जी ने 'हड़ताल' शीर्षक का लेख लिखा था। मजदूर किन परिस्थितियों में हड़ताल करने को लाचार होते हैं, यह बतलाते हुए उन्होंने लिखा : "जब किसी देश की सम्पत्ति थोड़े-से पूँजीपतियों के हाथ में आ जाती है और अन्य लोगों को मजदूरी से अपना निर्वाह करना पड़ता है, तब पूँजीवाले अपने व्यापार का सब नफा स्वयं आप ही ले लेते हैं, और जिन लोगों के परिश्रम से यह सम्पत्ति उत्पन्न की जाती है, उनको वे पेट भर खाने को नहीं देते। ऐसी दशा में श्रम करनेवाले मजदूरों को हड़ताल करनी पड़ती है। हड़ताल पूँजीपतिवर्ग की मुनाफाखोरी को रोकने और अपनी आर्थिक दशा सुधारने के लिए मजदूर वर्ग का एक अस्त्र है।" ('आलोचना', जु.-सि., '84, पृ. 73) वीरभारत ने आगे चलकर शुक्ल जी के मुकाबले प्रेमचन्द को खड़ा किया, वैसे ही यहाँ उन्होंने राधा मोहनजी के मुकाबले माधवराव सप्रे को खड़ा किया। पर न तो सप्रे जी सर्वहारा क्रान्तिकारी थे, न प्रेमचन्द। सप्रे जी का वाक्य यों शुरू होता है : "जब किसी देश की सम्पत्ति थोड़े-से पूँजीपतियों के हाथ में आ जाती है।" वीरभारत ने मान लिया कि भारत की सम्पत्ति थोड़े-से देशी पूँजीपतियों के हाथ में आ गई, इसलिए मजदूर जैसा संघर्ष योरप में चला सकते हैं, वैसा ही संघर्ष उन्हें भारत में चलाना चाहिए। जिस बात को वीरभारत तलवार 1984 में नहीं पकड़ सके, उसको 1907 में माधवराव सप्रे लिख चुके थे। वह बात है, योरप और भारत के औद्योगिक विकास में आकाश-पाताल के अन्तर की। "श्रम और पूँजी में (अर्थात् मजदूरों और कारखानेवालों में) जो हित-विरोध होता है, उसका नाश करने के लिए योरप में यूनियन के सिवा और भी अनेक उपाय किये जाते हैं, परन्तु योरप और हिन्दुस्तान की आर्थिक तथा औद्योगिक दशा में आकाश-पाताल का अन्तर है। वहाँ के सब कारखाने स्वतंत्र हैं, किन्तु यहाँ एक भी ऐसा कारखाना नहीं है जो किसी-न-किसी तरह सरकार की कृपा पर अवलम्बित न हो। यथार्थ में इस देश के सब कारखाने या तो खुद सरकार के हाथ में हैं या सरकार के आश्रित हैं। जैसे रेलवे, टेलिग्राफ, पोस्ट ऑफिस, आबपाशी, अकालरक्षण आदि सब सरकार ही के अधीन हैं। यदि यह कहा जाए कि इस देश की गवर्नमेंट एक बड़े भारी कारखाने की मालिक है तो अतिशयोक्ति न होगी।" ('महावीर प्रसाद द्विवेदी और हिन्दी नव-जागरण', पृ. 80-81)

1937 के शिवदानसिंह चौहान भटके हुए मार्क्सवादी थे, 1984-85 के वीरभारत तलवार सचेत रूप से दूसरों को भटकानेवाले मार्क्सवादी हैं। जब किसी देश की सम्पत्ति थोड़े-से पूँजीपतियों के हाथ में आ जाती है, इस स्थिति को वह भारत पर फिट कर देते हैं। माधवराव सप्रे ने योरप और भारत के आर्थिक तथा औद्योगिक

विकास में जो आकाश-पाताल का अन्तर बताया, उसे गोल कर जाते हैं। भारत के बारे में लेनिन को उद्धृत करते हैं, लेनिन ने तिलक की सजा के विरोध में बम्बई के मजदूरों के प्रदर्शन का जोरदार अभिनन्दन किया, उसके बारे में चुप्पी साध जाते हैं। तिलक भारतीय राष्ट्रवाद के प्रतिनिधि थे। उनके समर्थन में किया गया मजदूरों का प्रदर्शन देशी पूँजीवाद के विरुद्ध प्रदर्शन नहीं है, अत: वीरभारत के लिए उसका महत्त्व नहीं है। वह इतिहास का विवरण इस तरह प्रस्तुत करते हैं कि साम्राज्यवाद की भूमिका उदात्त दिखाई दे, भारत का अपना विकास क्षुद्र जान पड़े। वह राजनीतिक परिस्थितियों का विश्लेषण इस तरह करते हैं कि मुख्य शत्रु साम्राज्यवाद न प्रतीत हो वरन् साम्राज्य-विरोधी शक्तियों में विघटन हो। उन्होंने शुक्ल जी की विचारधारा का जो विश्लेषण किया है, वह इसी रण-कौशल का नमूना है।

जब किसी देश पर कोई विदेशी शत्रु हमला कर रहा हो तब उस देश की जनता के सभी वर्गों के सामने पहला और सबसे महत्त्वपूर्ण कर्तव्य यह होता है कि वे उस शत्रु के हमले से देश की रक्षा करें, और यदि उसने अधिकार कर लिया हो तो हर सम्भव उपाय से उसके प्रभुत्व को खत्म कर दें। शत्रु सामाजिक विकास में आगे है, उसे प्रभुत्व जमाये रहने देना चाहिए जिससे हमें आगे बढ़ने का मौका मिले, यह तर्क क्रान्ति-विरोधियों का है। 1853 में मार्क्स ने भारत पर अपने लेखों में अंग्रेजों की विध्वंसक भूमिका को प्रगतिशील मानते हुए भी अंग्रेजों के प्रभुत्व को बनाए रखने का सुझाव कहीं नहीं दिया। इसके विपरीत अंग्रेजों द्वारा प्रशिक्षित देशी सेना को उन्होंने देश की मुक्ति का साधन कहा था। 1857 में गदर पर अपने लेखों में उन्होंने अपनी इस स्थापना की पुष्टि की थी। 1935 में जापान ने चीन पर हमला किया। चीन पिछड़ा हुआ देश था, औद्योगिक विकास में जापान योरप के विकसित देशों की श्रेणी में था, वह एशिया में ब्रिटिश और अमरीकी साम्राज्यवादों का प्रतिद्वंद्वी था। वह चीन के लिए और समस्त एशिया के लिए अपनी प्रगतिशील भूमिका की घोषणा उसी तरह कर रहा था जिस तरह अंग्रेजी राज के समर्थक उसकी प्रगतिशील भूमिका की घोषणा भारत में कर रहे थे। पर चीनी कम्युनिस्ट पार्टी ने उसकी यह घोषणा स्वीकार नहीं की। माओ जे दुंग ने कहा : "चीन की धरती जापानियों को मिले या चीनियों के पास रहे—यह पहला सवाल है।" ('माओ त्से तुंग : चुनी हुई कृतियाँ', पहला ग्रंथ, पृ. 334) भारत की धरती भारतवासियों के पास रहे या उस पर अंग्रेजों का अधिकार हो, यह सवाल भारतीय जनता के सामने 1857 में था, 1921 में भी था।

चीन भारत से बड़ा देश है। उसकी आबादी भारत की आबादी से बड़ी है। फिर भी तमाम सामन्तवादी पिछड़ेपन के बावजूद चीन में उतने मनुष्य भुखमरी से नहीं मरे जितने भारत में। इसका कारण यह था कि चीन पर अंग्रेजों का सीधा शासन न था, जैसे भारत में था। भारत में कुछ समाज-सुधारक ऐसे थे जो अंग्रेजी राज के विरोधी थे

लेकिन ऐसे भी काफी थे जो उसके समर्थक थे, जो समाज-सुधार के लिए अंग्रेजी राज को आवश्यक मानते थे। इनका समाज-सुधार भारत में ब्रिटिश साम्राज्यवाद के शोषण को बनाए रखने का एक बहाना बन गया था। 1857 में और उसके बाद अधिकांश भारतीय सामन्तों ने अंग्रेजों का साथ दिया, ये सब प्रतिक्रियावादी थे। जो छोटे-बड़े सामन्त अंग्रेजों से लड़े, वे प्रगतिशील थे। चीन के जापान विरोधी संग्राम ने सिद्ध कर दिया कि साम्राज्यवाद से देश को मुक्त करने में पूँजीपति ही नहीं, सामन्त भी योगदान कर सकते हैं। अंग्रेजी राज में जो छोटे जमींदार तबाह हो रहे थे और जो बड़े जमींदार उसके आधार स्तम्भ बने हुए थे, उनमें भेद करना जरूरी था। नये-पुराने सामन्ती शोषण में गुणात्मक अन्तर था, यह बात याद रखनी चाहिए। अंग्रेजी राज में सूदखोरी बहुत बड़े पैमाने पर फैली, यह बात भुलाई नहीं जा सकती।

लोकमान्य तिलक के नेतृत्व में स्वाधीनता आन्दोलन किसानों और मजदूरों के नये स्तरों तक फैला। तिलक ने आन्दोलन के जो तरीके अपनाये, उनका उपयोग आगे चलकर गांधी जी ने किया। इनमें सबसे महत्त्वपूर्ण था विदेशी माल का बहिष्कार। सन् '20 और '30 के आन्दोलनों ने अपनी सीमाओं के बावजूद जनजागरण में महत्त्वपूर्ण भूमिका निबाही। इसके साथ ही यह तथ्य भी ध्यान देने के योग्य है कि भारत के बहुत-से नौजवान गांधीवादी तरीकों से अलग हटकर सशस्त्र क्रान्ति के प्रयास में लगे थे। राष्ट्रीय आन्दोलन के सामने पूर्ण स्वाधीनता का लक्ष्य इन्होंने रखा। ये लोग जनता की यह आकांक्षा व्यक्त कर रहे थे कि अंग्रेजों के विरुद्ध कारगर संघर्ष चलाना चाहिए। ये लोग 1857 के स्वाधीनता संग्राम का ऐतिहासिक महत्त्व जनचेतना में जगाये रहे। इनमें बहुतों ने मार्क्सवादी विचारधारा स्वीकार की और किसानों-मजदूरों को संगठित करने में अपनी सारी शक्ति लगा दी। जो मार्क्सवादी कार्यकर्ता कांग्रेस में थे, वे पूँजीवादी जनतंत्र के साथ संयुक्त मोर्चा बना रहे थे, और ऐसा मोर्चा बनाना जरूरी था, पर उससे यह साबित नहीं होता कि वे स्वयं पूँजीवादी जनतंत्रवादी थे। चीन में 1927 तक कम्युनिस्ट च्याङ काई शेक के दल के भीतर रहकर काम कर रहे थे, सन् '34 के बाद उन्होंने फिर उनके साथ संयुक्त मोर्चा बनाया। इससे यह साबित नहीं होता कि वे कम्युनिस्ट नहीं थे। असली कम्युनिस्ट वह है जो स्वाधीनता आन्दोलन के दौरान सर्वहारा क्रान्ति के लिए काम करे—यह मार्क्सवाद-विरोधी धारणा है और चीन से लेकर निकारागुआ तक कहीं भी कम्युनिस्ट इस नीति पर नहीं चले।

सर्वहारा क्रान्तिवाद स्वाधीनता आन्दोलन की अस्वीकृति है, इसी तरह साहित्य में वह जनता की प्रगतिशील विरासत की अस्वीकृति है। यह बीमारी कितनी पुरानी है, इसकी जानकारी शिवदानसिंह चौहान के 1937 वाले लेख से हो जाएगी। उसमें कौन-से नये लक्षण प्रकट हुए हैं, इसकी जानकारी वीरभारत तलवार के 1985 वाले लेख से होगी। वामपंथी अवसरवाद के विरुद्ध विचारधारात्मक संघर्ष चलाना पचास साल पहले जरूरी था, आज भी जरूरी है।

राधाकृष्णदास की जीवनी तथा कविताएँ

रामचन्द्र शुक्ल ने राधाकृष्णदास की एक जीवनी* लिखी है। इसे पढ़ने से स्वयं शुक्ल जी के साहित्यिक विकास का ज्ञान होता है, साथ ही भारतेन्दु-युग से शुक्ल जी और महावीर प्रसाद की पीढ़ी के गहरे सम्बन्ध का भी पता चलता है।

राधाकृष्णदास भारतेन्दु हरिश्चन्द्र के फुफेरे भाई थे, उनकी प्रेरणा से उन्होंने 'नि:सहाय हिन्दू' आदि अनेक पुस्तकें लिखी थीं। शुक्ल जी ने राधाकृष्णदास के साथ मिलकर काम किया था, नागरी प्रचारिणी सभा के कार्यकर्ताओं में राधाकृष्णदास के साथ श्यामसुन्दरदास और रामचन्द्र शुक्ल जैसे नई पीढ़ी के लोग भी थे। भारतेन्दु-युग में अनेक सभाओं और संस्थाओं द्वारा हिन्दी प्रचार के लिए जो प्रयत्न किया गया था, उसी का नया संगठित रूप थी नागरी प्रचारिणी सभा। इंडियन प्रेस ने जब 'सरस्वती' पत्रिका निकालने की तैयारी की, तब उसके सम्पादन का भार पहले नागरी प्रचारिणी सभा को सौंपा गया था, बाद को उसके सम्पादक महावीर प्रसाद द्विवेदी हुए। इस तरह बीसवीं सदी में हिन्दी साहित्य का विकास उन्नीसवीं सदी की साहित्यिक प्रगति से जुड़ गया था।

भारतेन्दु ने अपने समकालीन लेखकों को अपनी देशभक्ति से जिस तरह प्रेरित किया था, वह बात शुक्ल जी के लिए अभी बीते दिनों की कहानी न बन गई थी। उस प्रेरणा की आँच कहीं उन्हें भी लगी थी। राधाकृष्णदास के बालकपन की चर्चा करते हुए उन्होंने लिखा है : "इनका उठना-बैठना बाबू हरिश्चन्द्र ही के पास होता था। अत: एक प्रकार से इनकी शिक्षा हर घड़ी हुआ करती थी। विद्या ही की चर्चा इन्हें अधिक सुनने को मिलती थी। जिस भारतेन्दु की सभा में विद्वानों का सम्मान और उनके गुणों की परीक्षा होती थी, उसमें ये भी जा बैठते थे। जहाँ देश की दुरवस्था पर शोक प्रकट किया जाता था, समाज की अधम गति की आलोचना होती थी, हिन्दी की उन्नति के उपाय सोचे जाते थे, वहाँ रहकर बालक राधाकृष्ण बूढ़ों के भी कान काटने लगे।"

---

* मुझे जो प्रति देखने को मिली है, उसमें आवरण पृष्ठ नहीं है। सम्भवत: 1913 में नागरी प्रचारिणी सभा, काशी द्वारा प्रकाशित हुई थी।

कुछ बातों में यह कान काटनेवाली बात शुक्ल जी को पसन्द थी, कुछ बातों में नापसन्द। पन्द्रह साल की उम्र में राधाकृष्णदास ने 'दुखिनी बाला' नाम का रूपक लिखा। इसके प्रकाशित होने के बाद काशीनाथ खत्री ने 'बाल विधवा संताप' लिखा जिस पर एक लेख राधाकृष्णदास ने लिखा। विधवा-विवाह के विरोधियों को फटकारते हुए उस लेख में राधाकृष्णदास ने लिखा था : "हम लोगों के जीवन को धिक्कार है कि हम लोगों के जीते ही हमारे यहाँ की विधवा स्त्रियाँ इतना दु:ख सहें, और हम लोगों के इस मिथ्या धर्म को धिक्कार है जिसके कारण लाखों अबलाओं को यह सबल दु:ख भोगना पड़े। धिक्कार है उन पाखंडी ब्राह्मणों को जो ऐसे सत्कर्म नहीं होने देते और वृथा लाखों जीवों को सताते हैं। धिक्कार है उन पुराने लोगों की बुद्धि को जो कहते हैं कि 'जो बाप-दादे करते रहे यों ही होइहै'।"

भारतेन्दु और उनके सहयोगियों ने रूढ़िवाद के विरुद्ध जो विकट संघर्ष आरम्भ किया था, उसकी झलक ऊपर के वाक्यों में दिखाई देती है। शुक्ल जी को यह धिक्कार-फटकारवाला लेख पसन्द नहीं आया। इस पर उनकी टिप्पणी है : "एक पन्द्रह-सोलह वर्ष के बालक को विधवाओं की व्यथा वर्णन करने बैठना स्वाँग-सा मालूम होता है। कभी-कभी लड़के गम्भीर आकृति बनाकर बड़ों के मुँह से सुनी हुई बातों की नकल करते हैं। यही बात यहाँ बाबू राधाकृष्णदास ने की है।" यदि राधाकृष्णदास ने सुनी-सुनाई बातें लिखी थीं, तो उस समाज को धन्य कहना चाहिए जिसमें ऐसी बातें कही और सुनी जाती थीं। यदि ये बातें सुनी-सुनाई भर न थीं वरन् समाज-सुधार के लिए उस युग की व्यापक आकांक्षा प्रकट करती थीं, तो इसके लिए राधाकृष्णदास को साधुवाद देना चाहिए।

शुक्ल जी ने इसी आयु में लिखी हुई राधाकृष्णदास की अन्य पुस्तकों की प्रशंसा की है। विधवा-विवाह-सम्बन्धी लेखन की आलोचना का कारण यह है कि शुक्ल जी स्वयं अभी रूढ़िवादी प्रभाव से मुक्त नहीं हुए थे। अन्यत्र 15 वर्ष के बालक की प्रतिभा की प्रशंसा करते हुए उन्होंने लिखा है : "पन्द्रह वर्ष की छोटी अवस्था में इन्होंने बनारस कॉलेज में एक डिबेटिंग क्लब जारी होने की सूचना, देखिए, किस उत्साह के साथ और कैसी अच्छी भाषा में 'कविवचन-सुधा' में दी थी।" इस प्रशंसा का कारण यह है कि डिबेटिंग क्लब की सूचना में कहीं भी रूढ़िवादी धारणाओं का खंडन नहीं है, खंडन का अवसर भी नहीं था। जब राधाकृष्णदास सोलह साल के थे, तब वह अलीगढ़ की 'भाषा संवर्द्धिनी सभा' के सदस्य बने। शुक्ल जी ने लिखा है कि "सेक्रेटरी बाबू तोताराम भी इनसे बराबर परामर्श लिया करते थे। इसी से समझ लीजिए कि इस छोटी अवस्था में इन्होंने लोगों की दृष्टि में अपने को कैसा बना लिया था।" इससे भी सिद्ध होता है कि विधवा-विवाह के समर्थन में उन्होंने जो कुछ लिखा था, वह बड़ों का अनुकरण मात्र नहीं था।

सनातनधर्मियों में किसी को 'दयानन्दी' कहना उस समय एक तरह से उसे गाली देना था। राधाचरण गोस्वामी के 'विदेश-यात्रा' लेख पर राधाकृष्णदास ने जो सम्मति भेजी थी, उसे पढ़कर राधाचरण गोस्वामी ने लिखा था कि "उसमें दयानन्दी बू आती है।" शुक्ल जी ने यह सिद्ध करने का प्रयास किया है कि उन पर आर्य समाज का प्रभाव नहीं पड़ा। 'दुखिनी बाला' लिखने के बाद वह तीर्थयात्रा को निकले और "बड़े भक्तिभाव से सब देवस्थानों का इन्होंने दर्शन किया।" यहाँ स्वयं शुक्ल जी का भक्तिभाव रूढ़िवाद से जुड़ा हुआ है।

भारतेन्दु-युग में देशभक्ति और राजभक्ति की धाराएँ कहीं एक-दूसरे से टकराती हैं, कहीं नजदीक आकर घुल-मिल जाती हैं। इस घुलने-मिलने में कहीं देशभक्ति कमजोर पड़ती है, कहीं राजभक्ति। शुक्ल जी अभी—प्रथम महायुद्ध के पूर्व—राजभक्तिवाली धारा के ही साथ अधिक हैं। काशी में लॉर्ड रिपन आनेवाले हैं। कौन हैं लॉर्ड रिपन? "भारतबन्धु महात्मा लॉर्ड रिपन!" उनके स्वागत के वर्णन में शुक्ल जी गद्यकाव्य लिखने लगे हैं : "मार्ग में फूलों की वर्षा होती थी, बाजे बजते थे, शंखध्वनि के साथ-साथ जयध्वनि सुनाई पड़ती थी। नगर की सजावट का क्या कहना है!" भारतेन्दु-युग में अनेक लेखक जनता की शक्ति और उसके आन्दोलन का भरोसा न करके अंग्रेजों की न्यायप्रियता की प्रशंसा के द्वारा हिन्दी के प्रचार और प्रसार में सिद्धि पाना चाहते थे। यह दृष्टिकोण शुक्ल जी के अनेक विशेषणों में झलकता है, यथा 1895 ई. में "परम न्यायशील सर ऐंटनी मैकडानल इन प्रान्तों के गवर्नर होकर आए।" किन्तु जब राधाकृष्णदास ने केदारनाथ पाठक को कचहरियों में नागरी लिपि के व्यवहार के पक्ष में हस्ताक्षर कराने भेजा, तब पुलिस इंस्पेक्टर तहकीकात करने आया कि नागरी के लिए कौन-कौन दस्तखत कराने गया है। कारण यह था कि "उन दिनों सूफी अंबालाल और मि. तिलक आदि पर राजविद्रोह के अभियोग चल रहे थे।" चारों ओर "डिटेक्टिवों की धूम थी। थोड़े-से सन्देह में भी लोग पकड़ लिये जाते थे।" यह सब 'परम न्यायशील' ऐंटनी मैकडानल और "भारतबन्धु महात्मा लॉर्ड रिपन" के राज्य में ही होता था। स्वयं केदारनाथ पाठक ने इटावा से राधाकृष्णदास को लिखा था : "डिटेक्टिवों के हाथ में पड़कर हम कई दिन हैरान हुए।" अंग्रेजों ने हिन्दीभाषी जनता को दबाए रखने के लिए अरबी के बोझ से दुरूह जो कठिन भाषा उर्दू नाम से अदालतों में चलाई थी, उसका अत्यन्त विनम्र विरोध भी उन्हें राजद्रोह दिखाई देता था।

राधाकृष्णदास जैसे-जैसे बड़े हुए, वैसे-वैसे व्यापार और साहित्य-सेवा में संतुलन स्थापित करने की ओर ज्यादा ध्यान देने लगे। परिणाम यह हुआ कि उनकी समाज-सुधारवाली पहले की आग अब मद्धिम पड़ने लगी। अंग्रेजों पर कविताएँ लिखकर वह उर्दू-प्रेमी अंग्रेज-भक्तों से होड़ करने लगे। 1898 में लाट साहब एक

ईवनिंग पार्टी में शामिल होनेवाले थे। राधाकृष्णदास ने मैकडानलाष्टक कविता उन्हें भेंट करने के लिए लिखी। भेंट कबूल हो, इस प्रयत्न में इलाहाबाद गए। मदनमोहन मालवीय तथा अन्य सज्जनों ने कविता भेंट करने की बात का अनुमोदन किया। लाट साहब से आज्ञा माँगी गई और उन्होंने कूटनीतिक उत्तर दिया कि कविता स्वीकार की जा सकती है यदि प्रान्तीय कमेटी मंजूर करे। यह प्रान्तीय कमेटी उनके स्वागत के लिए बनी थी और उसमें हिन्दू और मुसलमान, दोनों तरफ के राजभक्त विद्यमान थे। एक नवाब साहब ने आपत्ति की और कमेटी ने कविता पढ़ने की अनुमति न दी। इस तरह तिरस्कृत होने पर राधाकृष्णदास निराश न हुए और कविता "श्रीमान् की सेवा में यों ही भेज दी गई।"

फिर एक डेपुटेशन लाट साहब से मिला। इसमें राजा साहब मांडा, राजा साहब आवागढ़, राजा घनश्यामसिंह आदि 'प्रतिष्ठित' जनों के साथ मदनमोहन मालवीय जैसे विद्वान् लाट साहब से मिले। यह भारतेन्दु-युग की वह दूसरी धारा है जो जनता से कटकर अंग्रेज-भक्त सामन्तों के सहारे हिन्दी की उन्नति करने में अग्रसर थी। लाट साहब ने डेपुटेशन की बातें सुनीं, उसकी प्रार्थना को 'उचित और न्यायसंगत बतलाया' किन्तु यह भी कहा कि "इतने दिनों से प्रचलित अक्षरों को एकबारगी बदलने से गड़बड़ होगा। तथापि अभी सरकार की आज्ञा प्रजा को और प्रजा की प्रार्थना सरकार को हिन्दी में भी होने की आज्ञा दी जानी चाहिए।" इसी से डेपुटेशन के लोग आनन्दविभोर हो गए। अप्रैल, 1900 में मदनमोहन मालवीय ने इलाहाबाद से तार दिया कि "आज के गजट में नागरी में भी दरख्वास्त लेने और सम्मन आदि निकालने की आज्ञा छपी है।"

इसके कुछ दिन बाद ऐंटनी मैकडानल काशी आने को हुए। राधाकृष्णदास ने नई कविता लिखी : 'मैकडानल पुष्पांजलि'। नागरी प्रचारणी सभा की प्रबन्ध समिति ने निश्चय किया कि लाट साहब को धन्यवाद देने के लिए एक डेपुटेशन भेजा जाए, किन्तु लाट साहब ने सूचित किया कि केवल धन्यवाद देने के लिए डेपुटेशन भेजना आवश्यक नहीं है : "और साहित्य-सम्बन्धी बातों को हमारे चीफ सेक्रेटरी से मिलकर कहिए।" फिर भी लाट साहब के स्वागत में स्टेशन खूब सजाया गया और म्युनिसिपैलिटी की ओर से एड्रेस दिया गया। श्यामसुन्दरदास, राधाकृष्णदास आदि कई सज्जन लाट साहब से मिले भी।

1908 से 1913 के बीच जब रामचन्द्र शुक्ल ने राधाकृष्णदास की यह जीवनी लिखी थी, तब उन पर राजभक्ति का प्रभाव था, समाज-सुधार के लिए युग की उग्र आकांक्षाओं से उन्हें सहानुभूति न थी, इसी के अनुरूप वह अभी साहित्य में रीतिवादी धारा के प्रखर आलोचक न बने थे। 'कविवचन सुधा' में राधाकृष्णदास ने शृंगार-रस के जो 'चुहचुहाते' दोहे और कबित्त लिखे थे, वे शुक्ल जी को बहुत रुचे थे। "वर्षा की रात्रि में चन्द्रमा के बादलों से छिपने

और मेंह के बरसने पर बालक राधाकृष्णदास ने कैसी उक्ति बाँधी है, देखिए और आश्चर्य कीजिए :

देख लाड़िली की दसा, चन्दा गयो लुभाय।
बदरी में मुँह ढाँकिके, नीर बहावत हाय।"

उनके समस्या-पूर्तिवाले कौशल की प्रशंसा भी शुक्ल जी ने की है। "'मंद करै चन्दहि अमंद मुख प्यारी को' देखिए, इसकी कैसी अच्छी पूर्ति इन्होंने की थी!"

हिन्दी में रीतिवाद-विरोधी संघर्ष राष्ट्रीय चेतना के निखार से सम्बद्ध रहा है। भारतेन्दु-युग में एक ओर अधिकांश गद्य साहित्य रीतिवादी प्रभाव से मुक्त है—जहाँ-तहाँ आलंकारिक पद-रचना में ही वह प्रभाव देखा जा सकता है—दूसरी ओर कविता में रीतिवादी और रीति-विरोधी धाराएँ समानान्तर चलती हैं। रीति-विरोधी धारा लोकगीतों, मुकरियों, अनेक प्रकार की व्यंग्य रचनाओं में ही अधिक प्रकट होती है; रीतिवादी धारा समस्यापूर्ति वाली, शृंगारपरक, चमत्कारवादी रचनाओं में व्यक्त होती है। राधाकृष्णदास कवि-रूप में इस दूसरी चमत्कारवादी धारा से ही अधिक सम्बद्ध थे।

प्रथम महायुद्ध के दौरान शुक्ल जी ने अवश्य ही अपने मानसिक विकास की कई मंजिलें पार की होंगी। रूढ़िवादी आस्तिकता से हटकर वह चेतना और संसार के परस्पर सम्बन्ध के नये व्याख्याकार बने, विकासवादी विचारक हैकेल की पुस्तक का अनुवाद किया, भक्ति और रीति के सम्बन्ध में अपनी मान्यताएँ स्थिर कीं। हिन्दी साहित्य के सुपरिचित आचार्य शुक्ल का यह विकास प्रथम महायुद्ध के दौरान और भारत के नवीन राष्ट्रीय उत्थान के साथ हुआ, यह बात उनकी लिखी हुई राधाकृष्णदास की जीवनी को पढ़ने से स्पष्ट हो जाती है।

पुस्तक में कई जगह शुक्ल जी ने राधाकृष्णदास और उनके परिवेश को तीखी विवेक-दृष्टि से परखा है। शिवनन्दन सहाय ने भारतेन्दु हरिश्चन्द्र की जो जीवनी लिखी है, उसमें इसी दृष्टि का अभाव है। राधाकृष्णदास के व्यक्तित्व को परखते हुए शुक्ल जी ने बड़ी तटस्थता और आलोचनात्मक सूझबूझ से लिखा है : "इन्हें संसार का पूरा ज्ञान था। अत: अर्थ-संग्रह की चिन्ता भी इन्हें कभी नहीं छोड़ती थी। ये ग्रंथकार भी बनना चाहते थे और नगर के धनीमानियों में भी अपनी गिन्ती रखना चाहते थे। ये सरस्वती के अनन्य उपासक नहीं थे। इनमें लिखने-पढ़ने की वासना इतनी तीव्र और प्रचंड नहीं थी कि ये संसार की और बातों की परवा न करते।" भारतेन्दु हरिश्चन्द्र और उनके फुफेरे भाई राधाकृष्णदास में यही अन्तर था। ऊपर के वाक्य लिखते समय अवश्य ही शुक्ल जी का ध्यान हरिश्चन्द्र के व्यक्तित्व और उनकी अखंड निष्ठा की ओर गया होगा। स्वयं शुक्ल जी उस निष्ठा से प्रभावित थे। उन्होंने आगा-पीछा सोचे बिना तय कर लिया था कि सारा

जीवन हिन्दी भाषा और साहित्य की सेवा में लगाना है। यह निष्ठा उनके जीवन की बहुत बड़ी शक्ति थी; उसी के बल पर वह हिन्दी का सूत्र पकड़े हुए उस मंजिल तक पहुँचे जहाँ उनका समकालीन कोई भी प्रगतिशील भारतीय राजनीतिज्ञ न पहुँचा था।

राधाकृष्णदास ब्याज पर रुपया उठाते थे, अन्नपूर्णा मिल में शेयरहोल्डर थे, चौखम्भे में रेशमी कपड़ों की दुकान खोली थी, ठेकेदारी अलग करते थे। अन्य इमारतों के अलावा नागरी प्रचारिणी सभा का भवन इन्हीं के ठेके में बना था। अफसरों से मेल किये बिना ठेकेदारी नहीं चलती। शुक्ल जी के अनुसार "हाकिमों से भी ये मेलजोल रखते थे और उनसे काम भी निकालते थे।"

भारतेन्दु हरिश्चन्द्र के परिवार में हर आदमी उन्हीं की तरह साहित्य पर सब-कुछ निछावर कर देनेवाला न था। व्यापारी लोग उन्हें उड़ाऊ-खाऊ समझकर उनसे घृणा करते थे। "अर्थोपासकों की मंडली में उन्हें 'नालायक' की पदवी मिल चुकी थी।" लायक थे उनके छोटे भाई गोकुलचन्द्र। वह चाहते थे कि राधाकृष्णदास हरिश्चन्द्र की तरह साहित्य के दीवाने न बनें। सारा परिवार और इष्ट मित्र समुदाय—शुक्ल जी के अनुसार—गोकुलचन्द्र के साथ था। इस तरह हरिश्चन्द्र अपने ही परिवार में अकेले पड़ गए थे। वह चाहते थे कि राधाकृष्णदास को साहित्य की राह पर चलाएँ पर गोकुलचन्द्र "सदा इन पर कड़ी दृष्टि रखते कि ये लेखनी हाथ में न लेने पावें।" स्वयं भारतेन्दु के भाई हिन्दी के कैसे शुभचिन्तक थे, यह इस वाक्य से स्पष्ट हो जाता है। शुक्ल जी की प्रशंसा करनी चाहिए कि उन्होंने यह पारिवारिक अन्तर्विरोध उद्घाटित किया। गोकुलचन्द्र अपनी व्यवसाय बुद्धि से राधाकृष्णदास को प्रभावित करने लगे। अपनी व्यवसायी मंडली में बैठे हुए गोकुलचन्द्र राधाकृष्णदास को ताने देते : "क्यों बच्चा बाबू, दुखिनी बाला और स्वर्णलता न लिखी जाएगी?" शुक्ल जी राधाकृष्णदास की प्रशंसा करते हैं कि इतना दबाव होने पर भी वह साहित्य-रचना से विमुख न हुए। "पहरा चौकी रहने पर भी ये कुछ-न-कुछ लिख ही डालते थे, पर उनकी दृष्टि बचाकर।"

भारतेन्दु हरिश्चन्द्र के घर में साहित्य लिखना अपराध माना गया। राधाकृष्णदास को भारतेन्दु की नियति से बचाने के लिए चौकी और पहरे की व्यवस्था की गई! भारतेन्दु का एक भाई साहित्य लिखता था तो दूसरे भाई की निगाह बचाकर! "एक दिन एक रूई का बोरा रखा हुआ था और आप उसी की आड़ में बैठे कलम चला रहे थे। इतने में बाबू गोकुलचन्द्र पहुँच गए और ये पकड़े गए।"

किन्तु भारतेन्दु के निधन के बाद उनकी पुस्तकों के कॉपीराइट के बारे में गोकुलचन्द्र ने बड़ी मुस्तैदी दिखाई। दूसरी तरफ खड्गविलास प्रेस के मालिक रामदीनसिंह भी एक ही व्यवसायी थे। उन्होंने गोकुलचन्द्र को सूचित किया कि हरिश्चन्द्र अपने समस्त ग्रंथों का स्वत्व हमें सौंप गए हैं! 'भारत जीवन' के अध्यक्ष

रामकृष्ण वर्मा भारतेन्दु की पुस्तकें छापने के दूसरे दावेदार थे। गोकुलचन्द्र ने इन्हें उत्साहित किया और यह भी लिखा कि हरिश्चन्द्र के जो ग्रंथ अधूरे रह गए हैं : "भगवत इच्छा से उनके पूर्ण करने का उल्लास रखता हूँ।" हरिश्चन्द्र का नाम अब बिकता था। साहित्य-सेवा से पैसा कमाया जा सकता है, लोग समझने लगे थे। 'हरिश्चन्द्र चन्द्रिका' के पुन: प्रकाशन के प्रयत्न होने लगे। किन्तु मोहनलाल विष्णुलाल पंड्या ने पत्र लिखा कि 'चन्द्रिका' पर हमारा स्वत्व है। निराला के निधन के बाद जो नाटक देखने को मिला, उसकी रिहर्सल भारतेन्दु के निधन के बाद हो चुकी थी। कॉपीराइट के झगड़ों के अलावा नाटक का महत्त्वपूर्ण अंश स्मारक-सम्बन्धी योजनाएँ थीं। काशी से एक दैनिक पत्र निकाला जाए; एक समिति बनाई जाए जो उत्तम ग्रंथों और लेखों पर मेडल दिया करे। राधाचरण गोस्वामी ने कहा, ग्रंथकारों को मेडल देने से पारितोषिक देना अच्छा है। स्मारक योजनाओं पर शुक्ल जी की टिप्पणी : "हिन्दी-प्रेमियों की गुण-ग्राहकता से यह बात शब्दों ही में समाप्त हो गई।" हिन्दीभाषी उच्च वर्ग के प्रति शुक्ल जी के मन में हल्की-सी खीझ है। वह इस वर्ग को भीतर से पहचानने लगे थे। खड्गविलास प्रेस के मालिक पर उनका व्यंग्य इस पहचान का प्रमाण है। भारतेन्दु की पुस्तकें छापने के लिए उनका आग्रह बढ़ने लगा। "उनके उत्साह की शाब्दिक तरंगें इनके (अर्थात् राधाकृष्णदास के) हृदय पर टकराने लगीं। ऐसा जान पड़ा कि वे चटपट सर्वसाधारण के उपकार के लिए हानि-लाभ का विचार छोड़ भारतेन्दु कृत समस्त पुस्तकों को छापकर बाँटने लगेंगे।"

राधाकृष्णदास से जो भी सामग्री माँगी गई, वह भेज दी गई। भारतेन्दु की पुस्तकें खड्गविलास प्रेस से निकलने लगीं। वार्षिक मूल्य 6 रुपया रखा गया। 80 प्रतियाँ सरकार लेने लगी। किन्तु कुछ दिन बाद सरकार ने ये प्रतियाँ लेना बन्द कर दिया। इस पर शुक्ल जी लिखते हैं : "अब परोपकार में रत बाबू रामदीनसिंह को उसके निकालने में घाटा दिखाई देने लगा। ग्राहकों की संख्या की भी शिकायत होने लगी।" शुक्ल जी की यह दृष्टि निरन्तर पैनी होती गई। व्यापारी वर्ग की देशभक्ति को उन्होंने जिस तरह पहचाना था, उस तरह प्रेमचन्द और निराला जैसे कुछ साहित्यकारों ने ही उसे पहचाना था। नवम्बर, 1889 के 'हिन्दोस्थान' में राधाकृष्णदास ने हिन्दी-प्रेमियों की उदासीनता पर खेद प्रकट करते हुए लिखा था : "हिन्दी के रसिको! जरा बताइए तो सही कि जिसने अपना जीवन आप ही लोगों को अर्पण कर दिया, आप लोगों ने उसके लिए या उसकी प्यारी हिन्दी के लिए अब तक क्या किया? कुछ नहीं; सिवाय रोने के और कुछ नहीं किया। और किसी देश में हरिश्चन्द्र का जन्म हुआ होता तो क्या उनके पीछे ऐसी उदासीनता दिखांई देती?" जो बात राधाकृष्णदास ने भारतेन्दु के मरने के बाद लिखी थी, उसे निराला ने अपने जीवन में अनुभव किया था। यदि किसी और देश में जन्म हुआ होता,

यदि मैं बंगला और अंग्रेजी का लेखक होता...! हिन्दी प्रदेश का शासक वर्ग, यहाँ का व्यापारी और धनी वर्ग हिन्दी के प्रति अब भी उदासीन है। यह उदासीनता केवल वोट लेने के समय दूर होती है, हिन्दी पुस्तक बेचकर मुनाफा कमाने के समय दूर होती है।

भारतेन्दु के संग्रह में दुर्लभ ऐतिहासिक सामग्री थी। रामदीनसिंह ने एक लम्बी सूची वह सामग्री मँगाने के लिए राधाकृष्णदास के पास भेजी—विश्वनाथजी के मंदिर के समीप औरंगजेब की मसजिद का लेख, बादशाही जमाने के कागज, जिनमें एक पत्र अकबर ने शहजादे को लिखा था, बड़े-बड़े गवर्नर-जनरलों के अनेक पत्र, नवाबों ने छोटी-छोटी बेगमों और शहजादों को जो पत्र लिखे हैं, वे सब, सिख गुरुओं की कई चिट्ठियाँ...।

शुक्ल जी ने लिखा है कि ये सब चीजें भेजी गईं, भारतेन्दु के अनेक पत्र और उनके जीवन से सम्बन्धित घटनाओं का विवरण भी राधाकृष्णदास ने उन्हें भेजा : "इन सब सामग्रियों का खड्गविलास प्रेस द्वारा क्या उपयोग हुआ, यह हिन्दी प्रेमियों से छिपा नहीं है।...पुस्तकों का मूल्य देखकर भी ग्राहकों को एक बार जरूर चौंकना पड़ता है...न जाने कितनी पुस्तकें उनके नाम से निकाली गईं जिनका कर्तत्व स्वीकार करने में अविख्यात उपन्यासों के अनुवादक भी एक बार हिचकेंगे।" राधाकृष्णदास के अनुसार 'पूर्ण प्रकाश वा कुलीन कन्या' पुस्तक मल्लिका की लिखी हुई थी, 'माधुरी' राजा भरतपुर की रचना थी। ये हरिश्चन्द्र की कृतियाँ मानकर छापी गईं। "जीवन-सम्बन्धिनी जितनी सामग्रियाँ भेजी गईं, उनमें से कुछ ही मनुष्य जाति के काम में आईं।" हिन्दी भाषा और साहित्य से सम्बन्धित कोई अच्छा संग्रहालय विशाल हिन्दीभाषी प्रदेश में अभी तक न बन पाया हो तो आश्चर्य ही क्या! ऐतिहासिक सामग्री लूट का माल है; उससे पैसा कमाया जा सके तो कमाओ, नहीं तो कूड़े के ढेर पर फेंक दो! बहुत दिनों से यही परम्परा है।

शुक्ल जी ने जिस तरह व्यवसायी वर्ग के हिन्दी प्रेम का खोखलापन देखा था, उसी तरह धर्म के नाम पर अनेक संस्थाओं की दुरंगी नीति को पहचाना था। काशी की ऐसी ही एक संस्था के बारे में उन्होंने लिखा है : "इन बातों को पढ़ते समय पाठकों को ध्यान रखना चाहिए कि उस समय तक 'भारत धर्म महामंडल' का आडम्बर नहीं खड़ा हुआ था।" शायद आजकल कोई भी राजनीतिज्ञ धर्म का साइनबोर्ड लगानेवाली किसी भी संस्था के बारे में 'आडम्बर' शब्द का प्रयोग न करेगा। धार्मिक अन्धविश्वासों और रूढ़ियों का विरोध करने के बदले उनकी प्रशंसा करके वोट बटोरना व्यापारी वर्ग के लिए अधिक लाभदायक है।

एक दिलचस्प घटना गदाधरसिंह की सम्पत्ति से सम्बन्धित है। इन्होंने अपने वसीयतनामे में लिखा था कि निधन के बाद उनकी सारी सम्पत्ति नागरी प्रचारिणी सभा को दे दी जाए। उसके ट्रस्टी बनाए गए थे राधाकृष्णदास, किन्तु मुसम्मात

परतापी और विन्धेसरी ने उज्र किया कि गदाधरसिंह सारी जायदाद उनके नाम लिख गए थे। इन्हें 600 रुपये देकर इकरारनामा लिखाया गया कि जायदाद पर इनका हक नहीं है। तब जीतनसिंह और पुन्नू महाराज ने सूचित किया : "आप कितना ही रुपया फूँकिए, लेकिन मकान में नहीं घुस सकते। घुसते ही पचासों क्या, हजारों आदमी टूट पड़ेंगे और खून की नदी बह निकलेगी।"

इस बनारस में भारतेन्दु को यदि "नालायक' की उपाधि मिली हो तो आश्चर्य न होना चाहिए। पुरानी समाज-व्यवस्था की आधारशिला है—व्यक्तिगत सम्पत्ति। हिन्दी-प्रेम, देशभक्ति, साहित्य-सेवा—सब कुछ इस आधारशिला के नीचे है। जाली वसीयतनामा बनाने के अपराध से राधाकृष्णदास किसी तरह बच निकले। ट्रस्टीशिप से इस्तीफा दे दिया "किन्तु इस्तीफा देने पर भी इनका पिंड नहीं छूटा। बरसों तक काशी के धूर्त बदमाश मुसम्मात परतापी को उभाड़कर इनसे रुपया ऐंठने का एक-न-एक ढर्रा निकालते रहे।" रात को घर लौट रहे थे; भीतर जाने लगे कि "डेवढ़ी पर मुसम्मात परतापी ने इनका दुपट्टा पकड़ लिया और कहने लगी कि हमारा रुपया दिये जाओ।" गदाधरसिह ने स्वप्न में भी न सोचा था कि हिन्दी की सेवा के लिए उन्होंने जो सम्पत्ति-दान किया था, उसके कारण उनके बनाए हुए ट्रस्टी की यह दशा होगी।

काशी हिन्दी का महान् केन्द्र है। वह भारतेन्दु हरिश्चन्द्र, प्रेमचन्द, जयशंकर प्रसाद और रामचन्द्र शुक्ल का कार्यक्षेत्र रही है। किन्तु 'मैली गली भरी कतवारन'—उसमें गन्दगी भी कम नहीं है। भारतेन्दु की 'मनो नरक चौरासी' वाली बात सही है। और जितनी गन्दगी गलियों में थी, उससे ज्यादा लोगों के मन में थी। इस काशी के पूर्ण ज्ञान से ही विदित होगा कि भारतेन्दु और उनके परवर्ती साहित्यकारों ने साहित्य-साधना का मार्ग अपनाकर कितनी बड़ी वीरता का परिचय दिया था, हिन्दी भाषा और साहित्य के लिए उनकी सेवाएँ कितनी महत्त्वपूर्ण हैं।

रामचन्द्र शुक्ल लिखित राधाकृष्णदास की जीवनी से स्वयं शुक्ल जी के साहित्यिक विकास की मंजिलों का ज्ञान होता है, साथ ही भारतेन्दु-युग के अन्तर्विरोधों का पता चलता है जिनका सामना करते हुए हिन्दी भाषा और साहित्य की धारा आगे बढ़ी थी। शुक्ल जी को जीवनी लिखने में बहुत रस न आता था। सामग्री एकत्र करने में जो मेहनत पड़ती है, उससे वह कतराते थे। फिर भी श्यामसुन्दरदास के कहने से उन्होंने जीवनी पूरी कर ही डाली—इसके लिए उनके धैर्य की प्रशंसा करनी चाहिए। इस लेखन-क्रम में उन्होंने हिन्दी साहित्य के बारे में बहुत-सी जानकारी प्राप्त की जो बाद को हिन्दी साहित्य का इतिहास लिखते समय उनके काम आई।

× × ×

आलोचक रूप में शुक्ल जी के विकास को समझने में उनकी कविताओं से भी सहायता मिलती है। अनेक कवियों ने आलोचनाएँ भी लिखी हैं; शुक्ल जी इनमें नहीं हैं।

वे उन आलोचकों में हैं जिन्होंने कविताएँ भी लिखी हैं। उनका महत्त्व यही है कि वे आलोचक रामचन्द्र शुक्ल के विकास को समझने में सहायक हैं। यह प्रयत्न किया जा सकता है कि शुक्ल जी ने काव्यालोचन के जो सिद्धान्त स्थिर किये थे, उन्हीं के अनुसार इन कविताओं की समीक्षा की जाए अथवा शुक्ल जी के काव्य-सिद्धान्तों की छाया रेखाएँ इन कविताओं में प्रतिबिम्बित देखी जाएँ। ऐसा प्रयत्न अनावश्यक है। आलोचना के सिद्धान्त शुक्ल जी के गद्य में बड़े साफ-सुथरे ढंग से विवेचित हैं; उन्हें फिर से निश्चित करने के लिए कविताओं को मथना जरूरी नहीं है। शुक्ल जी के आलोचना-साहित्य से उनका जो विकास प्रकट नहीं होता, उसी की जानकारी के लिए कविताओं का अध्ययन आवश्यक है।

नागरी प्रचारिणी सभा, वाराणसी ने 'मधु स्रोत' नाम से उनकी कविताओं का संग्रह छापा है। इसमें 1901 से लेकर 1929 तक की रचनाएँ संकलित हैं। लगभग 30 वर्षों में लिखी हुई ये कविताएँ सौ पृष्ठों से भी कम—कुल 98 पृष्ठों में छप गई हैं। शुक्ल जी कविताएँ जब-तब ही लिखते थे; जमकर कविताएँ रचने और कवि बनने का प्रयास उन्होंने नहीं किया—सम्भवत: आलस्यवश। कभी गाँवों की सैर को गए, तब जो कुछ देखा-सुना, उसे डायरीनुमा कविताओं में लिख डाली, या छायावादियों के उत्पात से उत्तेजित हुए तो दो-चार खरी-खोटी सुना दीं। सन् '29-'30 तक छायावादी कवि लोग हिन्दी साहित्य में प्रतिष्ठित हो गए थे और सम्भव है, शुक्ल जी ने देखा हो कि इन्हें अब निकाल भगाना असम्भव है, इसलिए कविता लिखना बन्द कर दिया हो। जिस भावबोध और काव्य-शिल्प के वह प्रतिनिधि हैं, वह मुख्यत: भारतेन्दु हरिश्चन्द्र और महावीर प्रसाद द्विवेदी के युग का है। छायावादियों ने इसी भावबोध और काव्य-शिल्प की जड़ें उखाड़ फेंकी थीं। किन्तु क्या शुक्ल जी छायावादी भावबोध से एकदम अछूते रह गए थे?

प्रथम महायुद्ध से पहले की अधिकांश रचनाएँ ब्रजभाषा में हैं। उस समय बहुत-से ऐसे लोग थे जो यह तय न कर पाए थे कि कविता की भाषा खड़ी बोली हो या ब्रज। प्रथम महायुद्ध के बाद प्रकाशित होनेवाले उनके 'बुद्ध-चरित' की भाषा भी ब्रज है। महावीर प्रसाद द्विवेदी की कविताओं से शुक्ल जी की कविताओं की तुलना की जाए तो एक बात अवश्य स्पष्ट हो जाएगी कि द्विवेदी जी के मन में काव्यभाषा को लेकर कोई दुविधा न थी। उन्होंने अधिक दृढ़ता से खड़ी बोली का पक्ष समर्थन किया था; समकालीन कवियों पर उनका प्रभाव स्वभावत: शुक्ल जी से अधिक था। छंदों में कहीं संस्कृत के गणात्मक वृत्तों, कहीं ब्रजभाषा के सुपरिचित कबित्त-सवैया का प्रयोग शुक्ल जी ने किया है। किन्तु उन्होंने बरवै, रोला आदि छंदों का प्रयोग भी किया है जिनसे अधिकांश परम्परावादी कवि बचते थे। हरिगीतिका छंद की धूम के बाद वाले दौर में जिस तरह के मात्रिक छंदों का चलन हुआ,

उनका उपयोग भी शुक्ल जी ने किया है। एक अनिश्चय की-सी दशा जैसे भाषा के प्रयोग में है, वैसे ही छंदों के प्रयोग में है।

प्रथम महायुद्ध से पहले की रचनाओं में शुक्ल जी की राजनीतिक चेतना भारतेन्दुकालीन नर्म उदारपंथी लेखकों की है। वह बालकृष्ण भट्ट जैसे उग्र देशभक्तों से ही पीछे नहीं है, प्रतापनारायण मिश्र की कविताओं में जो तड़प है उसका भी यहाँ अभाव है। भारतेन्दु हरिश्चन्द्र अंग्रेजों के न्याय की प्रशंसा करते थे, उन्हें कसकर गालियाँ भी सुनाते थे। शुक्ल जी प्रशंसा करते हैं, गालियाँ नहीं सुनाते। पराधीनता की घुटन भारत दुर्दशा पर आँसू बहानेवाली काव्यधारा के अनुरूप ही प्रकट होती है।

ब्रिटिश जाति के न्याय नीति की मची धूम जब भारी।
सुख के स्वप्न दिखाई देने लगे हमें दुःख हारी।
उठे चौंक कर बन्धु कई जो थे सचेत औ ज्ञानी।
मिलकर यही बिचारा रोवैं अपनी राम कहानी।
ब्रिटिश न्याय की अनल शिखा को अपनी ओर घुमावें।
जिसमें पड़ कर सभी हमारे दुःख दरिद्र जल जावें।
फिर से उस भूतल के ऊपर हम भी मनुज कहावें।
परम प्रबल अँगरेज जाति का प्रलय तलक यश गावें।

ये पंक्तियाँ 'फूट' कविता में हैं जो 'आनन्द कादम्बिनी' (पूस-माघ, सं. 1964) में प्रकाशित हुई थी। सूरत-कांग्रेस में जब नर्म-गर्म दलवालों में युद्ध हुआ, तब उससे व्यथित होकर शुक्ल जी ने यह कविता लिखी थी। उनके लिए आदर्श एकता वह थी जिसमें सभी देशभक्त एक ही मंच पर खड़े होकर ब्रिटिश जाति की न्यायप्रियता के गीत गाते थे और समवेत स्वरों में अपनी रामकहानी रोकर ब्रिटिश न्याय की अनलशिखा को अपनी ओर घुमाने का प्रयास करते थे। इससे अधिक कुछ हो सकता है या अन्य देशों में हुआ है, इसकी जानकारी मानो शुक्ल जी को नहीं है। कविता में दादाभाई, सुरेन्द्रनाथ आदि अनेक नेताओं के नाम हैं, तिलक का नाम नहीं है। शायद फूट डालनेवालों का नाम लेना उन्होंने उचित नहीं समझा।

पर एक बात साबित हुई कि शुक्ल जी राजनीतिक गतिविधि के प्रति उदासीन रहनेवाले कवि नहीं थे। भारतेन्दु और प्रतापनारायण मिश्र की तरह आर्य गौरव का स्वप्न उन्हें भी पुलकित करता है। किन्तु नई बात यह है कि 1905 की लड़ाई में जब एशिया के एक देश जापान ने योरप के एक देश रूस को हरा दिया, तब शुक्ल जी को लगा—जापानी भी आगे बढ़ रहे हैं, योरप वालों के छक्के छुड़ा रहे हैं : हमारे देश को क्या हो गया है?

'भारत दुर्दशा' के अन्दाज में एक प्राचीन राजभवन के खँडहरों के आगे "भारत निश्चेष्ट पड़ा है।" झूमते हुए वसंत का आना उसे पसन्द नहीं है।

भारत महमूद गजनवी की लूटपाट की बातें याद करके दुखी हो रहा है, तब वसंत उसे यह खबर सुनाता है :

प्रवीर जापान प्रचण्ड रूस हीं।
परास्त कीनो तुमने सुन्यो नहीं।
भारत—अरे! अरे!! का कहिगे विचार लो।
वसंत—कही हमारी सब सत्य धार लो।

जापान द्वारा रूस की पराजय ऐसी घटना है जिस पर भारत को अचानक विश्वास नहीं होता। जब विश्वास होता है तब "लम्बी साँस लेकर' यही कहता है :

कोउ नृप होइ हमैं का हानी
चेरि छोड़ि नहिं होउब रानी।

इसके बाद भारत-महिषी का प्रवेश होता है। इनके प्रवचन के बाद नेपथ्य में यह शब्द सुनाई देता है :

सहि चुके जननी! बहु यातना
बचन ना कबहूँ अब टारिहैं।
प्रण करैं 'पर आस किये बिना
अवसि आपुहि आप उबारिहैं'।

ये शब्द अवश्य ही भारतवासियों के होंगे। पर आस किये बिना का अर्थ क्या है? पहले किसकी आशा करते थे जो अब न करेंगे? एक ही उत्तर हो सकता है—ब्रिटिश जाति से न्याय की आशा थी, वह आशा अब न करेंगे। नेपथ्य में सुने जानेवाले शब्दों के बाद कवि की ओर से यह रंगमंचीय निर्देश है : "'वन्देमातरम्' की भीषण ध्वनि"। यह नये युग की आवाज है। 'भारत दुर्दशा' में वन्देमातरम् की 'भीषण ध्वनि' नहीं सुनी जाती। शुक्ल जी को विश्वास हो गया है, पर-आस किये बिना भारत अपना खोया हुआ स्वत्व प्राप्त कर सकता है, नये जन-आन्दोलन की स्वीकृति की यह अग्रसूचना है।

'भारत और वसंत' नाम की इस कविता के साथ उसकी रचना अथवा प्रकाशन का समय नहीं दिया गया। 1907 की 'फूट' कविता से वह पहले लिखी गई हो चाहे बाद को, इसकी राजनीतिक चेतना उस उदारपंथी स्तर से भिन्न है जो 'फूट' में ब्रिटिश न्याय के प्रति आस्था में प्रकट हुआ है। शुक्ल जी का यह विकास उनकी आलोचना में नहीं है; उनकी कविता से ही समझा जा सकता है।

भारत के अतीत गौरव के प्रति गहरी आस्था और योरप की भौतिकवादी सभ्यता के प्रति उपेक्षा का भाव इस नई देशभक्ति की विशेषताएँ हैं।

छायावाद और रहस्यवाद जैसी चीजें भारत में नहीं थीं, और थीं तो अपने विशुद्ध रूप में थीं। इनसे भौतिकवादी योरप को बहकाया जा सकता है, भारत को नहीं। क्या भारत अध्यात्मवादी है? अजी नहीं, भारत को अध्यात्मवादी कहकर योरप वाले यहाँ अपना उल्लू सीधा करते हैं। भारत प्रकृति का उपासक है, वाल्मीकि भारत के महान कवि हैं क्योंकि प्रकृति-प्रेमी हैं; भारत की विशेषता है, नर में नारायण को देखना। तुलसीदास भारत के श्रेष्ठ कवि हैं क्योंकि उन्होंने नारायण को नर रूप में अवतरित करके सभी को उनकी बाँकी झाँकी दिखा दी है।

भौतिक उन्माद ग्रस्त योरप पड़ा है जहाँ
वहाँ तेरे चोंचले ये मन बहलावेंगे।
आज अति श्रम से शिथिल जो विराम हेतु
आकुल है उसको ये टोटके सुलावेंगे।
हम अब उठना हैं चाहते जगत् - बीच,
भारत की भारती की शक्ति को जगावेंगे।
दंडक ये दंड के प्रहार से लगेंगे तुझे।
भाग भाग भंडता! न तुझको टिकावेंगे।

छायावादी भी कहते थे, योरप भौतिक उन्माद से ग्रस्त है, शुक्ल जी भी वही कहते हैं। दोनों के कहने में अन्तर यह है कि छायावादी कवियों के लिए मर्ज की दवा है रहस्यवाद, शुक्ल जी के लिए ये सब मूर्खों के बहलाने के टोटके हैं।

दो बातें यहाँ मान लेनी चाहिए। शुक्ल जी ने छायावाद का विरोध बदनीयती से नहीं किया। यह विरोध उनकी देशभक्ति से प्रेरित था। वह सच्चे मन से विश्वास करते थे कि भारत को अध्यात्मवाद की घूँटी उसे गुलाम बनाए रखने के लिए पिलाई जाती है। दूसरी बात यह कि भारत के अनेक अध्यात्मवादी कवि जनता को राजनीतिक संघर्ष से तटस्थ रहने का पाठ पढ़ाते थे। भारत का अतीत गौरव संघर्ष की प्रेरणा देने के बदले उसे और कमजोर करता था। इस हद तक शुक्ल जी का विरोध वाजिब था।

मजे की बात है कि पिछले पच्चीस वर्षों में नई कविता के दर्जनों समर्थक शुक्ल जी का हवाला देते हुए कह चुके हैं—उन्होंने छायावाद का विरोध किया पर छायावाद विजयी हुआ; वैसे ही नई कविता का विरोध हो रहा है, पर नई कविता विजयी होगी (या हो गई है) इससे शायद आप समझें कि ये सब लोग छायावाद के समर्थक होंगे, उसकी विजय—और शुक्ल जी की पराजय—से उन्हें इसीलिए प्रसन्नता होती है। पर ऐसी कोई बात नहीं है। छायावाद उन्हें फूटी आँखों नहीं सुहाता। किसी कवि को 'रोमांटिक' कहना उसे गाली देना है। नई कविता ने एक मुक्ति-अभियान चलाया है और छायावादी प्रतिमानों से युवा कवि-मानस को मुक्त किया है।

तब शायद वे शुक्ल जी से प्रसन्न हों कि उन्होंने छायावादी प्रपंच का विरोध अकेले दम इतने दिनों तक किया। पर यह बात भी नहीं है। शुक्ल जी उन्हें ब्राह्मणवाद, थोथी नैतिकता, गलत किस्म की सामाजिकता से ग्रस्त दिखाई देते हैं। फिर भी ये मित्र नतीजा यह निकालते हैं कि जैसे शुक्ल जी का छायावाद विरोध निरर्थक साबित हुआ, वैसे ही नई कविता का विरोध निरर्थक साबित होगा।

प्रश्न किया जा सकता है कि जब शुक्ल जी और छायावाद, दोनों निकम्मे हैं, तब जैसे नागनाथ, वैसे साँपनाथ; कोई जीते कोई हारे, आपसे मतलब?

सो नहीं; इन्हें मतलब है। अनेक प्रगतिशील तत्त्व शुक्ल जी की आलोचना में थे, छायावादी कविता में भी थे। इनसे नई कविता वालों को सख्त नफरत है। मार्क्सवाद के नाम से उनके चेहरे तमतमा उठते हैं। काव्य के सामाजिक पक्ष का उल्लेख करते ही उन्हें संकीर्ण प्रगतिवाद और कुत्सित समाजशास्त्र की गंध आने लगती है। नई कविता के समर्थकों में कुछ हिन्दू पुनरुत्थानवादी भी हैं। इन पुनरुत्थानवादियों में किसी को ब्राह्मणवाद की गंध नहीं आती। छायावाद के प्रगतिशील तत्त्वों की जानकारी नये लेखकों को न हो, निराला को केवल मृत्यु और विघटित व्यक्तित्व का कवि बना दिया जाए, आक्रोश-प्रदर्शन को क्रान्तिकारी साहित्य का पर्याय मान लिया जाए—इस प्रयत्न में भारत की सोशल डिमोक्रेसी (मार्क्सवाद विरोधी लोकतांत्रिक समाजवाद), हिन्दू पुनरुत्थानवाद, नर्म और गर्म, कई तरह के वामपंथी रुझान एक विराट् संयुक्त मोर्चा बनाए हुए हैं। यह मोर्चा जितना मार्क्सवाद के विरुद्ध है, उतना ही शुक्ल जी और छायावाद के (और भारतेन्दु हरिश्चन्द्र तथा प्रेमचन्द के) विरुद्ध है। ऐसा होना स्वाभाविक है क्योंकि भारत में मार्क्सवादी साहित्य भारतेन्दु-शुक्ल-प्रेमचन्द-निराला की प्रगतिशील परम्परा का अगला विकास ही हो सकता है, उसका आमूल विरोधी नहीं।

नई कविता के समर्थक—अस्तित्ववादी समाज-निरपेक्ष व्यक्तिवाद तथा अराजकतावादी मूल्यहीनता के समर्थक—मार्क्सवादियों पर अति सरलीकरण और सतही समाधान ढूँढ़ने का दोष लगाते हैं। ध्वनि यह कि तुम सतह पर उतराते हो, हम गहरे पैठकर मोती निकालते हैं। मुट्ठी में चाहे बालू ही निकले, सतही समाधान का आरोप ही सुननेवालों के मन को आतंकित कर देता है कि कहनेवाला कोई बहुत गम्भीर तत्त्व प्रस्तुत करने जा रहा है। उलझे हुए वाक्यों और अपच तत्सम शब्दावली को जरा झकझोर दीजिए, पता चलेगा—पतझर के मौसम में इतने सूखे पत्ते इकट्ठे हो गए हैं कि उनके नीचे सतह भी दिखाई नहीं देती!

ऐसा न होता तो छायावाद और शुक्ल जी के चिन्तन की सामान्य भूमि अस्तित्वादियों के सामने स्पष्ट हो जाती। प्रसाद के 'रहस्यवाद' नामक निबन्ध और 'कामायनी' में संसार और लोक-मंगल से सम्बन्धित अनेक स्थापनाएँ शुक्ल जी के आलोचना-साहित्य और उनकी कविताओं में मिल जाएँगी।

इनमें सबसे महत्त्वपूर्ण स्थापना वह है जो परलोकवाद, अध्यात्मवाद, परोक्षवाद की विरोधी है। "रूपमय हृदय' कविता में शुक्ल जी इहलौकिकता का प्रतिपादन करते हैं, कहते हैं कि भौतिक रूपों से ही मन के अनेक भाव खुलते हैं :

विविध रूप-संगीत-नीत स्वर
भीतर हृदय हमारे होकर
भावसूत्र शुभ खोल बाँटते हैं हमको दहने औ बायें।

इसलिए रूपों से परे हमारा हृदय न कभी गया है, न जा सकता है।

शुक्ल जी और छायावाद का परस्पर विरोध सतह पर ज्यादा है, गहराई में कम। दोनों को मिलानेवाली कड़ी है इहलौकिकता की। और शुक्ल जी और छायावाद का विरोध ही नहीं, शुक्ल जी और योरप के भौतिकवाद का विरोध भी सतह पर ज्यादा है, गहराई में कम। शुक्ल जी ने परम भौतिकवादी हेकल की पुस्तक का अनुवाद किया था, अपनी लम्बी भूमिका में उसकी अनेक मान्यताओं का समर्थन किया था। उन्होंने अंग्रेज लेखक ऐडीसन के कल्पना-सम्बन्धी लेखों का अनुवाद किया था। ऐडीसन ब्रिटेन के भौतिकवादी विचारक जॉन लॉक के सिद्धान्त ही साहित्यालोचन में आजमा रहे थे। इन सिद्धान्तों का गहरा असर शुक्ल जी के गद्य पर है, जहाँ-तहाँ पद्य पर भी है। उनका प्रकृतिवाद वड्‌र्सवर्थ की याद दिलाता है और वड्‌र्सवर्थ अपने श्रेष्ठ रचनाकाल में लॉक के दर्शन से प्रभावित था। इस दर्शन का सारतत्त्व यह है कि मनुष्य के विचार उसके भौतिक अनुभव से उत्पन्न होते हैं; यह अनुभव पवित्र होगा, तो विचार भी पवित्र होंगे।

'मधुस्रोत' में जो कविता 'हृदय का मधुर भार' नाम से छपी है, उसके दूसरे अंश में शुक्ल जी नये आर्थिक सम्बन्धों के प्रसार से गाँवों को बचाना चाहते हैं। जैसे वड्‌र्सवर्थ को सबसे बड़ी चिन्ता यह थी कि छोटी जोत के स्वाधीन किसान औद्योगीकरण से मिटे जा रहे हैं, वैसे ही शुक्ल जी को साम्राज्यवाद के अन्तर्गत पूँजीवादी सम्बन्धों के प्रसार से यह भय होता है कि गाँवों में सनातनकाल से चले आते भाईचारे के सम्बन्ध नष्ट हो जाएँगे। यह दृष्टिकोण टॉल्स्टॉय के कथा-साहित्य में है, प्रेमचन्द की 'रंगभूमि' में है। वड्‌र्सवर्थ और शुक्ल जी के लिए जो पवित्र मानव सम्बन्ध हैं, वे पूँजीवाद से पहले के हैं। पूँजीवाद का प्रतीक है नगर, इसलिए अपवित्रता का केन्द्र है नगर। कहा जा सकता है कि शुक्ल जी का यह दृष्टिकोण प्रतिक्रियावादी है किन्तु इस 'प्रतिक्रियावाद' के ही कारण वह किसानों की वह व्यथा देख सकते हैं जो नये अर्थतंत्र के प्रसार से उत्पन्न हुई है। फिर यह भी याद रखना चाहिए कि किसानों की बर्बादी का कारण देशी पूँजीवाद द्वारा की हुई कोई सामन्त-विरोधी क्रान्ति नहीं है, वरन् देशी पूँजीवाद, विदेशी साम्राज्यवाद और उसके आश्रित सामन्तवाद के दोहरे-तेहरे शोषण से उत्पन्न हुई परिस्थिति है। उल्लेखनीय यह है कि

शुक्ल जी केवल पश्चिमी विचारधारा की आलोचना नहीं करते वरन् उस आर्थिक व्यवस्था की आलोचना भी करते हैं जिसका सर्वाधिक विकास पश्चिम में हुआ था।

चढ़ी चली आती देख पश्चिमी सनक सब
हृदय हमारे आज और भी हैं हारते।
जीवन विधायिनी विभूति जीती-जागती जो
भूमि के दुलारे निज श्रम से पसारते।
उसे धातु - निगड़ से जकड़ बना के जड़,
पालन - प्रसार की समस्त गति मारते।
सोखते हैं रक्त भरपेट कुछ लोग बैठ
उनका जो तन के पसीने नित्य गारते।

शुक्ल जी को विशुद्ध ब्रह्मवादी आलोचक बना देने में कितना सुख है! उनकी साहित्य-सेवा—उसमें भी कविता का सम्बन्ध वर्ग-शोषण से हो ही क्या सकता है? वर्ग-संघर्ष और वर्ग-शोषण की बातें तो कम्युनिस्ट करते हैं; शुक्ल जी का उनसे क्या नाता? किन्तु शुक्ल जी कहते हैं कि भूमि के दुलारे अपने परिश्रम से जिस जीवनदायिनी विभूति को सँवारते हैं, उसे पश्चिम से चली आती हुई 'सनक' अपने फौलादी शिकंजे में जकड़ रही है। परिणाम यह होता है कि जो लोग नित्य अपने तन का पसीना गारते हैं, उनका रक्त कुछ लोग बैठे-बैठे—परिश्रमहीन जीवन व्यतीत करते हुए—सोखते हैं। शुक्ल जी के लिए गाँव का बढ़ता हुआ वर्गशोषण पश्चिम—अर्थात् ब्रिटिश साम्राज्यवाद—की देन है। यह बात इस दृष्टि से सही है कि पुराने सामन्ती उत्पीड़न की तुलना में यह साम्राज्यवादी शोषण कहीं अधिक भयानक और तीव्र था।

आगे कहते हैं :

ऐसे क्रूर कठिन विधान में कहाँ से यह
मंगल की आभा की झलक रह पावेगी?
नगरों के धातु खंड-राशि जिस घड़ी सब
ग्रामगत भूमि झनकार से जुतावेगी।
खाके पति पानी, हार अपनी स्वतंत्रता को
जनता वहाँ की मजदूर बन जावेगी।
लुच्चे औ' लफंगे नई काट के मिलेंगे, फिर
वहाँ भी पुनीतता न मुँह दिखलावेगी।

पूँजीवाद का विधान क्रूर और कठिन है। साहित्य में लोकमंगल की साधना इसके अन्तर्गत कैसे होगी? मंगल की आभा की झलक भी न रह जाएगी।

नये ढंग की खेती का चलन होने से किसान जमीन के मालिक न रह पाएँगे; वे भी पूँजीपतियों के गुलाम—अपनी श्रमशक्ति बेचनेवाले मजदूर—बन जाएँगे। पूँजीवादी सभ्यता का अर्थ है—नई काट के लुच्चों और लफंगों की बढ़त। फिर ग्रामजीवन की पवित्रता अपना मुँह भी न दिखा पाएगी।

वड्र्सवर्थ, टॉल्स्टॉय और शुक्ल जी मजदूरों में समाज को बदलने की क्षमता नहीं देखते। बहुत कम लोगों ने उस समय भारत के मजदूरों में यह क्षमता देखी थी। वह क्षमता 1927 से 1973 तक सामाजिक जीवन में कितना चरितार्थ हुई है? भारत की नरम-गरम कम्युनिस्ट पार्टियों के कितने नेता मजदूर हैं? किसान के मजदूर बन जाने का यह अर्थ नहीं होता कि वह अनिवार्य रूप से क्रान्तिकारी भी बन गया। मजदूर बनने की प्रक्रिया का यही अर्थ होता है कि उसके क्रान्तिकारी बनने की वस्तुगत परिस्थिति तैयार है। शुक्ल जी और 'गोदान' के लेखक प्रेमचन्द के सामने जो प्रक्रिया सम्पन्न हो रही थी, वह यह थी कि छोटी सम्पत्ति वाले किसान तबाह होकर बेजमीन, बेसहारा मुफलिसों की तरह मर रहे थे। भूख और अकाल से ब्रिटिश भारत में जो करोड़ों आदमी मरे, उनमें सबसे ज्यादा संख्या इन बेजमीन मुफलिसों की ही थी।

पूँजीवादी अर्थतंत्र की आलोचना करते हुए शुक्ल जी आगे कहते हैं :

जीने हेतु हाथ-पाँव मारना ही जीवन का
एकमात्र रूप हम चारों ओर पावेंगे।
अवसर आयु में से क्रीड़ा के कटेंगे सब
बालक भी खेलते न देखने में आवेंगे।
सारी वृत्ति अर्थ से बँधेगी इस भाँति, लोग
कहीं आँख-कान तक व्यर्थ न लगावेंगे।
ऐसे इस अर्थ के अनर्थ से विभीत होके
मन के पुनीत भाव सारे भाग जावेंगे।

मनुष्य की सारी शक्ति जीविका के साधन जुटाने में खर्च होगी; साहित्य और कला की साधना के लिए समय किसके पास बचेगा? मनुष्य की सारी वृत्तियाँ—उसका सारा व्यवहार अर्थ की डोर से बँध जाएगा; सुन्दर शब्द सुनना, सुन्दर दृश्य देखना व्यर्थ क्रियाएँ हैं क्योंकि उनसे अर्थ प्राप्ति होने की नहीं। पूँजीवाद के समर्थक समाजवाद की आलोचना करते हुए कहते हैं कि मनुष्य को जीवन रोटी तक सीमित नहीं है, आर्थिक आवश्यकताओं से परे उसे अपनी कलात्मक तृषा शान्त करने का अवसर मिलना चाहिए। किन्तु मनुष्य को अर्थोपार्जन की मशीन कौन बनाता है? मशीन न बनने पर उसे कौन चूर-चूर करके एक तरफ फेंक देता है? कला और साहित्य को व्यापार की वस्तु कौन बनाता है? स्वयं कलाकार को खरीदने और उसे

अपना प्रचारक बनाने का काम कौन करता है? ये सारे काम पूँजीवाद के हैं। जो समाजवाद रोटी तक सीमित हो, समझना चाहिए, उस पर अभी पूँजीवादी व्यवस्था का असर बना हुआ है। पर ऐसा समाजवाद कहीं है नहीं; उसका अस्तित्व केवल पूँजीवादी प्रचारकों की पोथियों में है। शुक्ल जी का यह सोचना स्वाभाविक है कि अर्थ के अनर्थ से डरकर मन के सारे पुनीत भाव नष्ट हो जाएँगे।

पूँजीवाद की विशेष सांस्कृतिक देन है व्यक्तिवाद। उसके अभ्युदयकाल में इस व्यक्तिवाद का भी सीमित महत्त्व था। उसके ह्रासकाल में यह व्यक्तिवाद अनेक विकृतियों को जन्म देता है। मूल्यहीनता, सामाजिक जीवन की उपेक्षा, साहित्य के कलात्मक सौन्दर्य का ह्रास, अनुभूति के नाम पर तरह-तरह की अराजकता, बचकाना विद्रोह, यौन विकृतियाँ—'आधुनिकता-बोध' से जुड़ी हुई ये सब विशेषताएँ व्यक्तिवाद के ही विभिन्न रूप हैं। शुक्ल जी इस व्यक्तिवाद का विरोध अपने लोकमंगल के सिद्धान्त से करते हैं।

वीणापाणी वाणी लोकमानस विहारिणी है,
लुकी-छिपी किसी-किसी कोने में न रहती।
परख पुरानी यह भारत की भास रही।
काल बल खाती काव्यधारा बीच बहती।
पहुँचा उन्माद की दशा को जहाँ व्यक्तिवाद
कविता वहाँ की रूपहानि घोर सहती।
नाचती नटी सी निरी दंभ की सताई हुई।
सच्चे भोले भाव कभी भूल के न कहती।

शुक्ल जी ने ये बातें छायावाद के सन्दर्भ में कही थीं। उस सन्दर्भ में वे आंशिक रूप से सत्य हैं किन्तु आज की कविता देखते हुए लगता है, व्यक्तिवाद उन्माद की दशा तक अब पहुँचा है, उस उन्माद की दशा से कविता की रूपहानि कितना ज्यादा हुई है, यह अब स्पष्ट हुआ है। भारत की काव्य-परम्परा इस व्यक्तिवाद की विरोधी रही है, यह बात भी सही है।

शुक्ल जी अपनी अनेक कविताओं में 'भोले भाव' प्रकट करके संतुष्ट हो जाते हैं। भावबोध की जटिलता से वह दूर हैं। भावों की गहराई की जगह भावुकता के दर्शन होते हैं। वस्तु-वर्णन के साथ वह अपना मत विशेष अथवा आलोचनात्मक टिप्पणियाँ सुनाते चलते हैं। अक्सर बहस करते हैं पर जहाँ व्यंग्य नहीं होता, वहाँ उनकी बहस फीकी लगती है। अन्योक्तियाँ उन्हें बहुत प्रिय हैं। छायावादियों की वस्तु-केन्द्रित कविता उन्हें न रुची हो तो आश्चर्य नहीं। जैसे राधाकृष्णदास की जीवनी में वह रीतिवादी कविताओं की प्रशंसा करते हैं, वैसे ही अपनी कविताओं में पुरानी परिपाटी के अनुसार बहुत जगह चमत्कार-प्रदर्शन करते हैं।

"कभी न कपट कपाट को कठिन कंठ के खोलते"—यह पुराना अनुप्रास-प्रेम है, जो नाथूराम शर्मा शंकर और सनेही की खड़ी बोली में प्रकट हुआ था।

उजली कंकरीली तटी में धँसी।
तनुधार लटी बल खाती जहाँ।

केशवदास के 'पंचवटी'—वर्णनवाली सवैया की सानुप्रास पदावली—लटी, दुपटी, पंचवटी—से काफी मिलती-जुलती यह पंक्ति है।

घायल दुर्गावती का वर्णन करते हुए कहते हैं :

श्रवत रुधिर इमि लसत कनक से रुचिर गात पर।
छुटत अनल परवाह मनहुँ कोमल पराग पर।

कोमल पराग पर अनल प्रवाह की कल्पना से चमत्कार उत्पन्न कर रहे हैं।

शुक्ल जी की कविताएँ पढ़ने का एक अकाव्यात्मक आनन्द यह है कि उनमें अनेक कवियों की प्रतिध्वनियाँ सुनने को मिलती हैं। कविताएँ क्या हैं, हिन्दी कविता के विकास का अप्रत्यक्ष इतिहास हैं। वे आलोचक रामचन्द्र शुक्ल के विकास का भी इतिहास हैं। रीतिवादी चमत्कार प्रेम के उदाहरण ऊपर दिये गए हैं। 'बाल-विनय' की भाषा और विचार भारतेन्दु के 'खलगनन सों सज्जन दुखी नहिं होंहिं' आदि के साँचे में ढले हुए हैं :

विविध विद्या कला सीखैं त्यागि आलस घोर।
दूर दुःख दारिद बहावें देश को इक ओर।

'शिशिर पथिक' के अन्त में :

'आशा त्यागी बहु दिनन की नेकु ही में पुरावै'—पढ़कर मालूम होता है, युवा रामचन्द्र शुक्ल राजा लक्ष्मणसिंह की संस्कृत से अनुवादित कविताओं के प्रेमी थे। पर्वतीय सौन्दर्य का वर्णन करते हुए कहते हैं :

तिन सब कर प्रतिबिम्ब भाँति जल माँहि लखाई।
देखन हित निज रूप प्रकृति दर्पन ढिग आई।

मालूम होता है, श्रीधर पाठक कश्मीर का सौन्दर्य-वर्णन कर रहे हैं।

अटपट बानी ने जीवन की खटखट से खटकाया।
लोकधर्म के रुचिर रूप पर चटपट पट फैलाया।

'गोस्वामी जी और हिन्दू जाति' में शंकर और बेताब के नगाड़े की आवाज सुनाई देती है। 'वसंत पथिक' की भाषा और हरिगीतिका छंद मैथिलीशरण गुप्त की टकसाल के हैं।

अनेक कबित्त-सवैया सनेही-हितैषी परम्परा की याद दिलाते हैं। तब यह कैसे सम्भव है कि छायावादी भावबोध—और उससे सम्बद्ध शब्दयोजना—से रामचन्द्र शुक्ल का कविमानस अछूता रह गया हो?

किस अतीत-पट से छन-छन कर
रूप अमित स्मृति-मधु बन-बन कर
× × ×
किस अतीत के अंचल से ढल।
संग राग के स्रोत अनर्गल।

अतीत के ध्यान में डूबे हुए यह प्रसाद, पंत या निराला नहीं हैं, छायावाद के परम विरोधी आलोचक रामचन्द्र शुक्ल हैं। सारी कविता—'मधुस्रोत'—इसी स्तर पर नहीं लिखी गई, प्रसाद शैली के साथ मैथिलीशरण स्टाइल घुलमिल गया है :

बालक घर से निकल रहे हैं,
अब भी उन पर उछल रहे हैं।

दो शैलियों के प्रयोग से उन्होंने कोई नाटकीय चमत्कार उत्पन्न नहीं किया; दो शैलियाँ उनके भावबोध की अनिश्चयात्मक स्थिति की ओर संकेत करती हैं। 'उठे तरल श्यामल दल गुंफित, अरुण दिगंचल से प्राची के'—इस तरह की पदावली भी उसी कविता में है।

शुक्ल जी ने गाँवों पर काफी लिखा है। इस लेखन में घटनाओं और वस्तुओं की गिनती ज्यादा है, समर्थ मूर्तिविधान और भावगरिमा कम। जिस प्रकृति की वह प्रशंसा करते हैं, उसमें रूप-रस-गन्ध की सघनता का अभाव-सा है। किन्तु एक जगह पढ़ते-पढ़ते आदमी ठिठक जाता है :

लीन अभी श्यामता में पेड़ हो न पाए थे कि
जहाँ-तहाँ गए स्वर्ण-आभा से झलक छोर,
टेढ़ी-मेढ़ी धूम्र कृष्ण शैल शीर्ष रेखा पर
देख पड़ी झाँकती-सी उठी चन्द्रबिम्ब कोर।

यहाँ शुक्ल जी प्रकृति-सौन्दर्य पर विचार नहीं कर रहे, न एक खेत से दूसरे तक पहुँचने की डायरी लिख रहे हैं। साँझ हुई है; पेड़ अभी अँधेरे में डूबे नहीं हैं कि पहाड़ी पर चन्द्रमा निकल आया। अँधेरे में डूबते-से पेड़ अचानक नये सुनहले रंग में रँग गए। कुछ क्षणों तक ही दिखाई देनेवाला हल्के प्रकाश और गाढ़े अँधेरे के मिश्रण का यह दृश्य शुक्ल जी के कवि-मन को छू गया और छंद के पारम्परिक होते हुए भी उसे वे सफलतापूर्वक अंकित कर गए।

यहाँ नये ढंग का लोकदर्शन है जो भक्त कवियों के पास नहीं था। पहले कालिदास-भवभूति के पास था, नये युग में रवीन्द्रनाथ और हिन्दी के छायावादी कवियों ने उसे पुन: प्राप्त किया।

एक जगह खेतों का वर्णन करते हुए कल्पना करते कि पर्वत की रहस्यमयी चोटियों के पास ही कहीं देवलोक होगा जहाँ अप्सराएँ नाच रही होंगी। शुक्ल जी अपने बुद्धिवादी मन को ठोंक-पीटकर छायावादी कल्पना के सोपान पर चढ़ा रहे हैं। उनका मन अनदेखी अप्सराओं के सौन्दर्य पर रीझनेवाला मन नहीं है। किन्तु इससे पहले प्रत्यक्ष दृश्य का जैसा वर्णन उन्होंने किया है, वैसा छायावादोत्तर काल की नई यथार्थपरक रचनाओं में ही ज्यादा देखने को मिलता है।

भूरी, हरी घास आसपास, फूली सरसों है,
पीली-पीली बिंदियों का चारों ओर है पसार।
कुछ दूर विरल, सघन फिर, और आगे
एक रंग मिला चला गया पीत-पारावार।
गाढ़ी हरी श्यामता की तुंग राशि-रेखा घनी।
बाँधती है दक्षिण की ओर उसे घेरघार।
जोड़ती है जिसे खुले नीले नभमंडल से
धुँधली-सी नीली नगमाला उठी धुआँधार।

वर्णन की सरलता, फिर भी दृश्य की विपुलता और वर्णों की विविधता का आभास;—भावात्मक प्रतिक्रिया को बहुत स्पष्ट किये बिना भी शुक्ल जी केवल दृश्य वस्तुओं के वर्णन को उदात्त स्तर के निकट तक उठा ले गए हैं। उनकी विचारधारा यदि प्रसाद के चिन्तन को स्पर्श करती है तो उनका भावबोध, कुछ क्षणों में, कभी-कभी निराला के कविमानस की झलक भी दिखा जाता है।

यदि इसी स्तर की अनेक कविताएँ शुक्ल जी लिखते पर हिन्दी साहित्य का इतिहास न लिखते, विश्व-प्रपंच की भूमिका, अपने अनेक आलोचनात्मक निबन्ध न लिखते तो हिन्दी भाषा को वह जो कुछ सबसे अच्छा दे सकते थे, न दे पाते। मन का आलस त्यागकर, चित्तवृत्तियों को सँभालकर, अनेक कवियों के प्रभाव एक तरफ ठेलकर वह अपने कवि-रूप को सँवार और निखार सकते थे, किन्तु उनकी-सी कविता—उससे अच्छी कविता—लिखनेवाले अनेक कवि थे, आलोचना के क्षेत्र में उन्होंने जो काम किया, उसे वही कर सकते थे। जो लोग चिन्तन और विश्लेषण का मूल्य नहीं समझते, वही कह सकते हैं कि शुक्ल जी गद्य छोड़कर थोड़ा पद्य और लिखते तो ज्यादा अच्छा था।

यदि कोई कहे, जैसा गद्य वैसा पद्य; शुक्ल जी को कवि-रूप में तो सफलता मिली ही नहीं, आलोचना में ही सफलता मिली—यह निश्चयपूर्वक नहीं कहा जा सकता।

ऐसी बातों पर भी आश्चर्य न होना चाहिए। शुक्ल जी को असफल आलोचक सिद्ध करने का प्रयास बहुत दिनों से चल रहा है, किन्तु अभी तक तो उस प्रयास में सफलता मिली नहीं।

प्रथम महायुद्ध के बाद भारत में देशभक्ति की प्रेरणा नये स्तरों पर विकसित हुई। साहित्य में वह अनेक रूपों में प्रतिफलित हुई। जहाँ आलोचना में वह सबसे अधिक प्रतिफलित हुई है, वह मुकाम रामचन्द्र शुक्ल का है। भारतेन्दु-युग के सीमान्त से आरम्भ करके छायावाद की परिसमाप्ति तक की अवधि में उनका कृतित्व फैला हुआ है। उनकी आलोचना का मुख्य अंश प्रथम महायुद्ध के बाद का है। आलोचक रामचन्द्र शुक्ल का विकास किन मंजिलों को पार करते हुए हुआ, यह उनकी कविताओं और राधाकृष्णदास की जीवनी से समझ में आता है।

भारतेन्दु से लेकर निराला तक हिन्दी साहित्य परम्परा से रामचन्द्र शुक्ल बहुत मजबूती से जुड़े हुए हैं। यह परम्परा गतिरुद्ध साहित्यिक रूढ़ि नहीं है। वह निरन्तर विकासमान, रूढ़ियों की कड़ियाँ तोड़नेवाली, नये अनुभव सँजोनेवाली, अभिव्यंजना और विश्लेषण की नई राहें निकालनेवाली जीवन्त परम्परा है। इस परम्परा से शुक्ल जी का सम्बन्ध समझना आवश्यक है। राधाकृष्णदास की जीवनी और शुक्ल जी की कविताएँ इस कार्य को सम्पन्न करने में सहायक होती हैं।